江苏经济年鉴

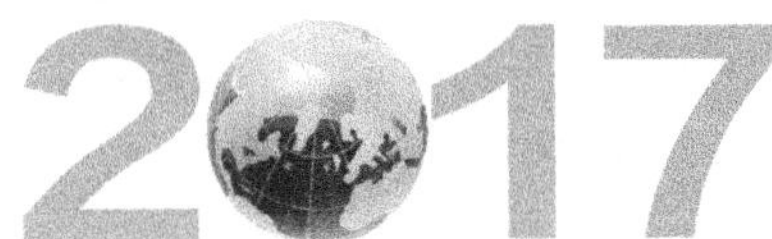

主 编 张为付

南京大学出版社

图书在版编目(CIP)数据

江苏经济年鉴. 2017 / 张为付主编. —南京：南京大学出版社，2018.3

ISBN 978-7-305-19990-5

Ⅰ. ①江… Ⅱ. ①张… Ⅲ. ①区域经济—江苏—2017—年鉴 Ⅳ. ①F127.53-54

中国版本图书馆 CIP 数据核字(2018)第 046763 号

出版发行 南京大学出版社
社　　址 南京市汉口路 22 号　　邮　编 210093
出 版 人 金鑫荣

书　　名 江苏经济年鉴(2017)
主　　编 张为付
责任编辑 秦　露　王日俊

照　　排 南京理工大学资产经营有限公司
印　　刷 虎彩印艺股份有限公司
开　　本 880×1230　1/16　印张 33.5　字数 827 千
版　　次 2018 年 3 月第 1 版　2018 年 3 月第 1 次印刷
ISBN 978-7-305-19990-5
定　　价 480.00 元

网　　址:http://www.njupco.com
官方微博:http://weibo.com/njupco
官方微信号:njupress
销售咨询热线:(025)83594756

指导委员会

编辑委员会

本书为江苏省发展和改革委员会服务业重大课题、江苏高校优势学科建设工程(PAPD)、江苏高校现代服务业协同创新中心、江苏高校人文社会科学校外研究基地“江苏现代服务业研究院”和江苏省重点培育智库“现代服务业智库”研究成果。

本书出版得到江苏省服务业重大课题专项资金、江苏高校优势学科建设工程(PAPD)、江苏高校现代服务业协同创新中心、江苏高校人文社会科学校外研究基地“江苏现代服务业研究院”和江苏省重点培育智库“现代服务业智库”的资助。

书　名:江苏经济年鉴(2017)

主　编:张为付

出版社:南京大学出版社

目　录
Contents

第一篇　重要文献篇

第二篇　江苏省省情概况

第三篇 经济社会发展报告

第四篇　江苏省经济社会发展比较研究报告

第五篇　江苏省区域经济发展报告

第六篇 县域经济篇

第七篇 江苏城市发展报告

第八篇　重要数据指标

第一篇　重要文献篇

第一章　江苏省政府2017年政府工作报告

2017年2月6日，省长石泰峰在江苏省第十二届人民代表大会第五次会议上作报告。

各位代表：

现在，我代表江苏省人民政府，向大会报告政府工作，请予审议，并请各位政协委员提出意见。

一、2016年工作回顾

过去的一年，面对错综复杂的国内外形势，我们认真落实党中央、国务院决策部署和省委要求，紧紧围绕“强富美高”新江苏建设目标，坚持稳中求进工作总基调，自觉践行新发展理念，主动适应经济发展新常态，以推进供给侧结构性改革为主线，统筹做好改革发展稳定各项工作，较好地完成了省十二届人大四次会议确定的主要目标任务，实现了“十三五”发展的良好开局。全省地区生产总值7.6万亿元，增长7.8%；一般公共预算收入8121亿元，同口径增长5%；全社会研发投入占地区生产总值比重达到2.61%；城乡居民人均可支配收入分别增长8%和8.3%；城镇登记失业率控制在3%；居民消费价格涨幅2.3%；节能减排完成国家下达的目标任务，保障改善民生十项实事全面完成。

（一）突出抓好五大任务，供给侧结构性改革取得初步成效

制定实施“1＋5＋1”政策意见，综合运用市场化和法治化手段，有力有效落实“三去一降一补”各项重点任务。积极化解过剩产能，全年压减煤炭产能818万吨、钢铁产能580万吨、水泥产能512万吨、平板玻璃产能300万重量箱，化解船舶产能330万载重吨。对房地产市场分城、分类调控，热点城市房价过快上涨势头得到遏制。积极稳妥降低企业杠杆率，注重发挥资本市场作用，规模以上工业企业资产负债率下降0.76个百分点，发行政府债券4512亿元，到期政府债务全部置换为政府债券，年均节省利息支出150多亿元。两次出台降低实体经济企业成本政策意见，直接降低企业成本1070亿元。加大补短板力度，启动实施民生保障、公共服务等五大领域200个补短板项目，完成投资4000亿元以上。

（二）积极扩大有效需求，经济运行保持在合理区间

认真落实国家宏观调控政策，定向施策、精准发力，经济运行总体平稳、稳中有进、稳中向好。进一步加大有效投入力度，固定资产投资增长7.5%，其中技术改造投资增长14.8%，交通、能源、水利、信息等一批重大基础设施项目相继建成。制定实施促进民间投资持续健康发展的政策意见，民间投资增长6.8%，增幅高于全国3.6个百分点。实施金融支持制造业发展等政策，强化土地、能源、劳动力等要素保障，实体经济整体竞争力进一步增强，规模以上工业企业利润达到1.05万亿

元,增长10%。大力实施智慧信息、健康养老等六大消费工程,培育壮大网络消费,社会消费品零售总额增长10.9%,其中限额以上网上零售额增长44.8%,旅游业总收入突破万亿元,消费对经济增长的贡献率达到54.2%。制定落实促进外贸回稳向好的政策措施,大力实施"优进优出"行动计划,进出口总额3.36万亿元,其中出口2.1万亿元,对外贸易实现难中有进、稳中提质。

(三) 强化创新驱动发展,转型升级步伐不断加快

深入推进"一中心""一基地"建设,苏南国家自主创新示范区建设取得新成效。全社会研发投入1985亿元,其中企业研发投入占80%以上,高新技术企业总数突破1.1万家,90%以上的大中型企业建立了研发机构,省级以上众创空间384家,万人发明专利拥有量18.5件,科技进步贡献率达61%,区域创新能力连续八年位居全国第一。实施中国制造2025江苏行动纲要八大工程,支持企业制造装备升级和互联网化提升,开展中国制造2025苏南城市群试点建设,累计创建309个省级示范智能车间,战略性新兴产业销售收入增长10.5%,高新技术产业产值占比达到41.5%。大力实施生产性服务业"双百"工程和互联网平台经济"百千万"工程,服务业增加值占地区生产总值比重达到50.1%,提高1.5个百分点。成功举办世界物联网博览会和世界智能制造大会。

(四) 切实加强环境治理,生态文明建设稳步推进

深入落实习近平总书记关于长江经济带"共抓大保护、不搞大开发"的重要指示精神,启动实施"两减六治三提升"专项行动,更大力度推进环境保护和生态建设。扎实推进大气治理重点工程,PM2.5平均浓度下降12.1%,城市空气质量优良天数比例提高3.4个百分点。圆满完成G20杭州峰会空气质量保障任务。切实加强水污染防治,推进污水处理厂提标改造和城市黑臭水体整治,104个国家考核断面水质优Ⅲ比例提高9.9个百分点,太湖流域连续九年实现"两个确保"。出台土壤污染防治工作方案,建立完善土壤环境监测网络。积极推进生产方式绿色化转型,加强重点领域节能减排,单位地区生产总值能耗降低3.7%以上。城乡环境综合整治成效显著,林木覆盖率达到22.8%。建立网格化环境监管机制,突出抓好化工园区专项整治,积极配合中央环境保护督察,严厉打击环境违法行为。加大生态文明制度创新力度,制定领导干部生态环境损害责任追究实施细则,落实生态环境保护工作责任规定,出台与污染物排放总量直接挂钩的财政政策,水环境资源"双向补偿"制度不断完善,生态红线管控、区域发展战略环评等重点改革任务扎实推进。

(五) 深入推进改革开放,发展动力活力明显增强

"放管服"改革不断深化,全面取消非行政许可事项,取消和下放行政审批事项193项,审批时限压缩到法定时间的50%以下。建立省市县标准统一的权力清单,"江苏12345在线"正式启动,政务服务"一张网"上线试运行。"多证合一、一照一码"登记模式和个体工商户"两证合一"全面推行,新登记企业数、注册资本分别增长30.4%和45.2%,民营经济增加值比重提高到55%。全面推开"营改增"试点。制定落实深化投融资体制改革政策措施,政府和社会资本合作入库项目实现全覆盖,累计吸引社会资本1896亿元。机关事业单位养老保险制度改革有序展开,城乡居民基本医疗保险制度整合取得新进展,大病保险制度不断完善。积极参与"一带一路"建设,推进国际产能合作、工程设计咨询建造和装备制造走出去,新增对外投资项目1067个、中方协议投资额142亿美

元。实施“八聚焦八提升”行动计划，实际利用外资245.2亿美元。建立开发区综合评价发布和动态管理机制，国家级、省级开发区和各类开放载体功能进一步提升。

（六）持续加大统筹力度，城乡区域发展协调性进一步提高

深入开展国家新型城镇化综合试点，农业转移人口市民化等12项试点任务有序展开，城镇化率达到67.7%。克服连续降雨等自然灾害影响，粮食总产693.2亿斤。新农村建设扎实推进，完成1.5万户农村危房改造任务，新建改建农村公路4100公里，新解决211万农村居民饮水安全问题。农村宅基地制度改革试点有序推进，“两权”抵押贷款国家级试点顺利开展。深入推进节约集约用地“双提升”行动，资源保护和利用水平大幅提升。出台长江经济带发展实施规划，沿江地区融合发展、特色发展步伐加快。全面实施支持苏北发展的新一轮政策措施，认真落实沿海地区发展各项任务，加快培育沿东陇海线经济带新增长极，制定出台全面振兴徐州老工业基地的政策意见，支持连云港沿海新型临港产业基地建设。长三角区域经济发展一体化深入推进，省际合作取得新进展，对口支援和扶贫协作工作取得新成效。

（七）全面发展社会事业，人民生活水平持续提升

切实增加民生投入，全省公共财政支出75%以上用于民生保障，省级财政民生支出比重达到80%。深入落实促进居民增收政策，城乡居民人均可支配收入分别达到40152元和17606元。坚持促进就业和支持创业并举，城镇新增就业143.2万人，应届高校毕业生年末总体就业率达到96.9%，分流安置去产能职工2.4万人，扶持城乡劳动者自主创业22.8万人。稳步提升社会保障水平，退休人员人均基本养老金最低标准上调6.9%，城镇职工医保和居民医保报销比例进一步提高，基本实现省内异地就医联网结算，新农合政策范围内报销比例达到76%以上。社会救助体系进一步健全。法律援助范围延伸至低收入人群。深入开展教育综合改革，基础教育质量有新提升，高水平大学建设启动实施，教育公平有新进展。“健康江苏”建设扎实推进，省级综合医改试点取得新成效，分级诊疗制度加快实施，基层诊疗人次占诊疗总数的比重达到60%。全面两孩政策平稳有序推进。促进医养融合对接，养老服务体系不断完善。进一步健全现代公共文化体育服务体系，城乡公共文化体育设施网络基本建成。文化遗产的保护、传承和合理利用得到加强，全民阅读促进工作继续走在全国前列。我省体育健儿在里约奥运会和残奥会取得优异成绩。大力实施脱贫致富奔小康工程，76.8万农村低收入人口人均收入提高到6000元。扎实推进保障性安居工程，新开工棚户区（危旧房）和城中村改造27.4万套、基本建成27.5万套。全面实施不动产统一登记。法治江苏、平安江苏建设不断深化，“七五”普法规划全面启动，信访工作扎实开展，社会信用体系不断完善。食品药品安全监督工作得到加强。安全生产形势总体平稳，稳妥处置靖江德桥化工仓储“4?22”爆炸火灾事故。全力抵御太湖流域性、长江区域性特大洪水，积极抗击盐城“6?23”特大龙卷风冰雹灾害，受灾群众正常生产生活得到切实保障。妇女、儿童、老龄、残疾人、慈善事业取得新进步，民族、宗教、外事、对台事务、港澳、侨务工作取得新成效。深入推进军民融合式发展，扎实开展国防教育、国防动员、双拥共建、优抚安置、人民防空、民兵和预备役建设，军政军民关系进一步密切。

过去的一年，我们坚持依法行政，自觉接受人大工作监督、法律监督和政协民主监督，共办理省人大代表建议543件、省政协提案587件。提请省人大常委会审议地方性法规11项，制定、修改、

废止政府规章5项。严格落实中央八项规定精神,加大“四风”问题监督检查力度,加强行政监察和审计监督,强化行政问责,政府运行效率进一步提升。

各位代表!过去一年的成绩来之不易,这是党中央、国务院和省委坚强领导的结果,是全省人民团结奋斗的结果。我代表江苏省人民政府,向全省人民,向各位人大代表、政协委员,向各民主党派、工商联、无党派人士,向各人民团体、各界人士,向驻苏人民解放军、武警官兵和人民警察,表示崇高敬意!向关心和支持江苏建设的香港特别行政区同胞、澳门特别行政区同胞、台湾同胞、海外侨胞和国际友人,表示衷心感谢!

我们也清醒地看到,我省经济社会发展中还存在不少困难和问题。供给侧结构性矛盾突出,转型升级任务艰巨,实体经济困难较多,有效需求增长乏力,财政收支平衡压力加大,房地产、金融等领域潜在风险增加。大气、水、土壤污染治理形势严峻,城乡居民持续增收难度较大,人民群众关心的教育、医疗、养老、食品药品安全等方面还存在较多问题。政府职能转变还不到位,一些政府公务人员法治意识、责任意识、服务意识还不强,“四风”和腐败问题仍有发生。在整治“地条钢”工作中,存在部署落实不到位、执行政策不严格等情况。我们一定高度重视这些问题,采取更加有力措施,切实加以解决。

二、2017年主要目标任务

今年是党的十九大召开之年、供给侧结构性改革的深化之年,也是全面落实省党代会部署的开局之年。当前,国际形势依然错综复杂,保护主义和逆全球化倾向抬头,国内经济发展长期积累的深层次矛盾尚未实质性缓解,经济下行压力仍然较大。但同时也要看到,随着国家宏观调控政策效应进一步显现,供给侧结构性改革深入推进,我国经济将出现更多积极变化,经济运行稳中有进、稳中向好的势头仍可继续保持。我们要认清大势、坚定信心、积极作为,扎实做好各项工作,确保全面完成本届政府提出的目标任务。

做好今年政府工作,要全面贯彻党的十八大和十八届三中四中五中六中全会精神,深入贯彻习近平总书记系列重要讲话精神,按照省第十三次党代会部署要求,统筹推进“五位一体”总体布局和协调推进“四个全面”战略布局,坚持稳中求进工作总基调,牢固树立和贯彻落实新发展理念,适应把握引领经济发展新常态,坚持以提高发展质量和效益为中心,以推进供给侧结构性改革为主线,聚力创新,聚焦富民,全面做好稳增长、促改革、调结构、惠民生、优生态、防风险各项工作,促进经济平稳健康发展和社会和谐稳定,在高水平全面建成小康社会征程上迈出坚实步伐,以优异成绩迎接党的十九大胜利召开。

今年经济社会发展的主要预期目标是:地区生产总值增长7%—7.5%,全社会研发投入占地区生产总值比重达到2.65%,一般公共预算收入同口径增长5%左右,固定资产投资增长7.5%左右,社会消费品零售总额增长10%左右,外贸进出口和实际利用外资保持稳定,居民消费价格涨幅3%左右,城镇新增就业110万人,城镇登记失业率控制在4%以内,城乡居民收入增长与经济增长同步,节能减排和大气、水环境质量确保完成国家下达的目标任务。重点做好十个方面工作。

（一）着力优化供需结构，全力保持经济平稳健康发展

加大供给侧结构性改革力度，推动“三去一降一补”取得实质性进展，不断提高供给体系质量和效益。深入实施淘汰落后产能、违法违规项目清理和联合执法三项行动，严禁新增钢铁产能，鼓励和支持水泥、船舶、平板玻璃等行业化解过剩产能。坚决打击非法产能，对“地条钢”等非法生产经营行为保持高压态势，坚决防止死灰复燃。积极稳妥处置“僵尸企业”，做好企业职工分流安置工作。注重因城施策、分类调控，把去库存和促进人口城镇化结合起来，提高三四线城市和特大城市间基础设施的互联互通，促进产城融合，有效释放农业转移人口和其他常住人口的城镇住房需求。大力发展住房租赁市场，统筹做好非住宅类商品房去库存工作。坚持去库存与稳市场并重，促进房地产市场平稳健康发展。认真贯彻国务院关于积极稳妥降低企业杠杆率的意见，进一步扩大直接融资特别是股权融资比重，实现各类债权融资7000亿元以上。支持企业境外发债。妥善处置大型企业债务和企业互联互保风险，强化互联网金融风险专项整治，加强政府性债务管理，坚决守住不发生区域性系统性风险的底线。全面落实国家和省降低实体经济企业成本政策措施，加强专项督查，进一步降低企业税费负担、制度性交易成本、用能成本、物流成本，确保为企业降低成本1000亿元以上。继续实施五大领域补短板专项工程，完善补短板项目储备和推进机制，重点在增强公共服务能力、加强基础设施薄弱环节、强化民生保障和生态建设等领域加大补短板力度。

适度扩大总需求，推动需求结构优化升级。深入实施六大消费工程和十大扩消费行动，继续开展“增品种、提品质、创品牌”专项行动，扩大内外销产品“同线同标同质”实施范围。实施“互联网＋流通”行动计划，推动实体零售创新转型。积极推进“旅游＋”融合发展，大力发展全域旅游。加强消费基础设施建设，进一步优化消费环境。加快国家和省内重大科创载体、重大产业、重大生态环保、重大民生和重大基础设施项目建设，抓好与央企重大签约项目的对接落地，提高工业技改投资、高新技术产业投资、生态环保投资的比重。完善政府和社会资本合作模式，进一步激发社会投资活力。深入实施对外贸易“优进优出”行动计划，积极有效应对贸易摩擦，加快出口商品结构调整与贸易主体结构优化。支持企业参与境内外优质贸易展会。加快外贸新业态发展，推进海门叠石桥国际家纺城、常熟服装城市场采购贸易方式等试点，建设一批外贸综合服务企业和海外仓。推进苏州工业园区国家级进口贸易促进创新示范区、省级进口交易中心等载体建设。

（二）深入实施创新驱动发展战略，加快构建区域创新体系

进一步落实科技创新40条政策措施，围绕建设具有全球影响力的产业科技创新中心，深入开展“一深化四提升”专项推进行动，不断提升创新型省份建设水平。集中力量建设苏南国家自主创新示范区，积极创建国家可持续发展实验区，打造区域创新示范引领高地。组织实施前瞻性产业技术创新专项和重大科技成果转化专项，力争攻克一批关键核心技术，培育50个重大自主创新战略产品。开展国家技术创新工程试点，加快纳米技术、医疗器械、智能装备、激光与光电、环保装备、通信与网络等六大产业科技创新中心建设。实施产学研协同创新行动计划，强化产业技术创新战略联盟建设，推进创新资源共享和共性关键技术联合攻关。充分发挥省技术产权交易市场作用，加快健全市场化成果转化机制。实施创新型企业培育计划，培育一批创新型领军企业和“科技小巨人”，大力发展科技型中小企业，力争全省高新技术企业总数达到1.3万家。积极开展“百企示范、千企

试点、万企行动”,发挥大企业研发机构的骨干和带动作用,鼓励和促进企业加大研发投入。着力打造高水平创新平台,推进高新区创新机制、争先进位,促进经济开发区转型升级。加快建设省产业技术研究院、制造业创新中心、大学科技园等重大创新平台,支持南京江北新区中德智能制造研究所建设。创建专业化创新创业载体,启动众创社区建设,完善科技创业孵化服务链。加强人才服务平台建设,完善人才培育、引进和使用的体制机制,加快培育本土人才,大力引进海内外高端人才。通过提供人才公寓、薪酬补贴、创业空间等方式,不断降低人才创新创业和居住生活成本。扎实推进知识产权强省建设,完善知识产权创造、保护和运用制度。深化国家科技与金融结合试点工作,扩大科技金融风险补偿资金池规模,完善风险分担机制,鼓励更多风投基金投资创新型企业。

(三)大力振兴实体经济,不断推动产业优化升级

实体经济占我省经济总量的80%以上,是我省经济社会发展的重要根基,必须高度重视、倍加珍惜。要在“调整存量、优化增量、提升质量”上下功夫,围绕建设具有国际竞争力的先进制造业基地,进一步提升我省实体经济整体竞争力。加快改造提升传统产业,全面落实中国制造2025江苏行动纲要,继续实施企业制造装备升级和互联网化提升计划,促进制造业和互联网深度融合。组织开展大规模技术改造,实施200项省重点技术改造项目,累计创建450个智能车间。大力发展先进制造业,推进中国制造2025苏南城市群试点建设,带动全省智能制造水平提升。出台制造业布局调整优化的指导意见,推动各地产业错位发展、特色发展。组织实施一批具有高端技术水平和产业化规模的战略性新兴产业项目,推进产业迈向中高端。抓好国家新兴产业集聚区试点和国家高新技术产业基地建设,着力打造一批重点平台。深入实施生产性服务业“双百”工程和互联网平台经济“百千万”工程,加快推进服务型制造和服务业集聚区建设。开展质量提升行动,弘扬“工匠精神”,增加高质量、高水平产品和服务供给。实施商标品牌战略三年行动计划,加大品牌培育、推广和保护力度,培育更多“百年老店”。依托特色产业和技术优势,打造具有世界影响力的展会品牌。加大对实体经济服务支持力度,进一步做强大企业和大企业集团,着力培育一批行业领军企业、标杆企业和龙头企业。促进中小企业专业化、精细化、特色化、新颖化发展。加强经济运行监测,稳定市场预期,研究制定重点行业和特困企业精准性政策,健全制度化的政企互动机制。强化资金、土地、能源、劳动力等要素保障,启动建设省级综合金融服务平台,继续抓好小微企业转贷方式创新试点,进一步规范担保行业发展,扩大“小微创业贷”和私募债发行规模,建立完善“投贷联动”支持政策,服务更多创新创业企业。

(四)加快农业供给侧结构性改革,促进农业提质增效

大力调整农业结构,因地制宜扩大特色产业规模,提高优质品牌稻米比重,推广一批农田复合经营模式,积极发展高效设施农业,大力推进农业综合开发。加快发展创意休闲农业和乡村旅游,促进农村一二三产业融合发展。加大绿色优质农产品开发力度,加强农产品品牌创建,大力发展农产品电子商务、直供直销等新型营销方式,支持农产品展示推介和境外促销。强化农业新技术、新品种、新装备创新应用,大力发展“互联网+”现代农业,培育一批网络化、智能化、精细化的现代农业新模式和示范基地。持续推动农村道路、供电、供水、通信、物流、信息等基础设施建设,提高公共服务水平。全面完成农村土地承包经营权确权登记颁证工作,深化农村土地“三权分置”改革。依

法推进农村土地经营权有序流转，大力培育新型农业经营主体，鼓励发展多种形式的适度规模经营。稳步推进农村集体产权制度改革，扩大农村集体“三资”管理“阳光行动”试点。做好农村土地征收、集体经营性建设用地入市、宅基地制度改革和“两权”抵押试点工作。

（五）进一步加大统筹力度，提升城乡区域协调发展水平

以城市群为主体形态，发挥南京特大城市带动作用，推动宁镇扬一体化取得实质性进展，促进沿江城市集群发展、融合发展。着力提高中小城市综合承载能力和公共服务能力，支持具备条件的小城镇发展成为新市镇或卫星镇。抓好国家新型城镇化综合试点，深入落实农业转移人口市民化、投融资机制多元化、产城融合发展等重点任务。稳步扩大经济发达镇行政管理体制改革试点。加强区域间经济社会发展、土地利用、城镇建设等重大规划的衔接协调，扎实开展“多规合一”试点，提高城市规划建设管理水平。加强城市综合交通网络、地下综合管廊等基础设施建设，推进海绵城市建设和易淹易涝点整治，推动城市特色发展、绿色发展、集约发展。深入开展城乡环境综合整治行动，保护历史文化和传统村落，建设一批美丽乡村。积极推进城乡发展一体化，在统筹城乡产业发展、基础设施、公共服务、就业社保等方面取得新突破。

进一步提高苏南、苏中、苏北发展的协调性，统筹推进沿江、沿沪宁线、沿海、沿东陇海线发展。深入实施长江经济带发展规划，支持南京江北新区、通州湾江海联动开发示范区等载体建设，着力抓好长江南京以下 12.5 米深水航道二期工程等重点项目。加快建设沿沪宁线自主创新高地、先进制造业集聚区和服务贸易对外开放先导区。推进沿海及周边地区一体化发展，抓好新一轮沿海发展规划和政策落地，加快实施一批海工装备、新能源、交通运输和港口物流等重大项目。认真落实沿东陇海线经济带重大项目三年行动计划，尽快搭建改革创新、集聚资源的载体平台。完善和提升高铁交通网络体系，加快推进苏北高铁、长江两岸高铁环线和过江通道建设，提升高速公路、干线航道供给能力和服务水平，做大做强基地航空公司，大力发展航空产业，着力构建内外通达、便捷高效的现代综合交通运输体系。加强省际区域合作交流，推进淮河生态经济带、宁杭生态经济带、苏皖合作示范区规划建设。扎实做好对口支援和扶贫协作工作。

（六）坚定不移深化改革开放，增创体制机制新优势

认真落实中央各项改革部署要求，创新制度供给，推动关键性改革取得更大突破。深入推进“放管服”改革，推动权力清单和互联网政务深度融合，加快建立高效便捷透明的审批体制。稳步扩大相对集中行政许可权改革试点，进一步优化审批流程。加快建立以信用为基础的监管执法体系，实现“双随机、一公开”监管全覆盖。强化以市场监管为重点的综合行政执法，营造宽松便捷的准入环境、公平有序的竞争环境、安全放心的消费环境。稳步开展事业单位分类改革。扎实推进预决算公开，积极对接国家重大税制改革，调整完善省对市县财政体制，加大财政资金整合力度，优化财政支出结构，防控政府债务风险，有序推动政府融资平台市场化转型。支持民营银行发展，促进金融机构开展普惠金融业务，大力发展各类非银行金融机构。推进省级国有资本投资、运营公司改建工作，加快国有企业资产证券化步伐，开展省属企业市场化选聘管理者和职业经理人试点，创新国有资产监管体制。加大沿江沿海港口整合力度，加快组建省级港口集团。推动国有企业调整内部组织结构，清理整合所属企业，加快电力、盐业、国有林场等重点行业体制改革。进一步消除各种隐性

壁垒，放宽非公有制经济市场准入。积极发展混合所有制经济，鼓励民营企业和民间资本参与国有企业改革。加强对各种所有制组织和自然人财产权的保护，支持各类所有制经济相互促进、共同发展。加快落实阶梯价格制度，推进输配电价改革试点，继续开展公平竞争审查，逐步建立网格化市场价格监管机制。积极稳妥推进社会保险制度改革。抓好重大改革试点，及时总结推广经验，努力提高改革整体效能，扩大改革受益面。

积极应对世界贸易格局变化，加快构建更深层次更高水平的双向开放格局。深度参与“一带一路”建设，全面实施国际产能合作三年行动计划，支持企业以增强核心竞争力为目标开展海外并购重组。加快推进连云港上合组织国际物流园和中哈物流基地、常州苏澳合作园区建设。加强国际友城工作，深化与港澳台地区的合作交流。认真落实长三角区域发展一体化战略，深化与长江中上游、中西部地区的交流合作，加快实施统一的市场准入制度和标准，推动劳动力、资本、技术等要素跨区域流动和优化配置，不断拓展对内开放的广度和深度。积极复制推广自贸试验区新一批改革试点经验，开展苏州工业园区开放创新综合试验和构建开放型经济新体制综合试点试验。完善各类开放平台功能，建成并推广国际贸易“单一窗口”。大力发展入境旅游，提高旅游服务贸易水平。进一步降低外资准入门槛，全面实施外商投资准入前国民待遇加负面清单管理制度，修订外商投资产业指导目录，有序推进服务业扩大开放，鼓励外资以特许经营方式参与基础设施建设。大力实施利用外资“八聚焦八提升”行动计划，积极引进跨国公司地区总部和功能性机构。

（七）多措并举加快富民步伐，着力保障和改善民生

落实聚焦富民持续提高城乡居民收入水平33条政策措施，推动产业富民、就业创业富民取得新成效。深入推进以大学生、城镇失业人员、农民、回国留学人员和科技人员等群体为重点的全民创业，鼓励返乡下乡人员创业，引导和支持小微创业者在“双创”中实现创业致富。实施更加积极的就业政策，坚持产业升级和扩大就业规模、调整就业结构联动推进，有针对性地安排一批富民产业项目，积极拓展就业新空间，构建和谐劳动关系，实现更加稳定更高质量的就业。突出抓好高校毕业生、农民工、退役军人及化解过剩产能分流职工等重点群体就业工作，加强对灵活就业、新就业形态的扶持。强化职业技能培训，实施新型技能大军培育工程、新型职业农民整省推进培育工程。进一步完善收入分配制度，适时适度提高最低工资标准，扎实推进工资集体协商，引导企业形成以一线职工为重点的工资正常增长机制。围绕增收潜力大、带动能力强的重点群体实施差别化收入分配激励政策，努力扩大中等收入群体，缩小城乡、区域、行业和社会成员之间的收入差距。深入实施脱贫致富奔小康工程，落实精准扶贫、精准脱贫措施，加快实施教育、旅游、健康等专项扶贫，更加有效推进产业扶贫和就业扶贫，着力解决好因病因残致贫返贫问题。对革命老区、集中连片困难地区和经济薄弱村实施重点帮扶，增强内生发展动力。

持续提升基本公共服务惠民水平，提供更多更优质的公共服务产品，着力解决群众关注的热点民生问题。围绕公平和质量，深化教育领域综合改革，扩大普惠性学前教育资源，按照城乡一体、优质均衡的要求加快义务教育学校标准化建设步伐，推行产教深度融合的职业教育模式，以高水平大学建设为引领促进高等教育更好地服务经济社会发展，加快完善终身教育体系，进一步办好民办教育、社会教育、家庭教育、特殊教育。加大扶困助学力度，对普通高中和普通高校建档立卡的家庭经济困难学生实行免学费政策。推进“健康江苏”建设，坚持预防为主，中西医并重，让广大人民群众

享有更多更公平的健康服务。扎实开展省级综合医改试点，加快建立现代医院管理制度，加强分级诊疗制度建设和家庭医生签约服务工作，健全药品供应保障制度，实施智慧健康工程。有效扩大养老服务供给，促进养老服务业健康发展。加快开展基本公共服务标准化试点和监测工作。织密扎牢民生保障网，实施全民参保计划，稳步提高退休人员和城乡居民基本养老保障标准。落实征地补偿和被征地农民社会保障办法，完善社会救助和保障标准与物价上涨挂钩联动机制。进一步提高财政对城乡居民基本医疗保险的最低补助标准，稳步扩大长期护理保险制度试点范围。加快住房保障和供应体系建设，巩固提升棚户区改造工作成效，持续推进保障性安居工程，开展适宜养老住区建设试点示范，推动“住有所居”向“住有宜居”迈进。

（八）更大力度推进生态文明建设，持续改善生态环境

牢固树立“绿水青山就是金山银山”的绿色发展理念，坚决抓好中央环保督察整改工作，扎实开展“两减六治三提升”专项行动，以最有力的行动和举措解决突出环境问题。严格落实煤炭消耗总量和强度“双控”机制，实施能源绿色化改造，大力推广电能替代，提高清洁能源消费比重，开展工业污染源全面达标排放行动，减少燃煤机组排放。深入开展化工企业专项整治行动，通过关停一批、转移一批、升级一批、重组一批，坚决淘汰落后化工产能。实施大气污染防治行动计划，全面加强挥发性有机物治理，深入开展机动车船污染治理，大力推广新能源汽车，着力控制扬尘污染。深入实施水污染防治行动计划和水资源总量、强度“双控”行动，全面推行河长制，加强长江、淮河流域和近岸海域污染防治，推进新时期太湖治理，抓紧实施重点断面水质和水功能区达标整治。落实土壤污染防治行动计划，开展重金属重点防控区专项整治。积极发展农牧结合、种养结合生态循环模式，加强畜禽污染治理，严格实施化肥农药使用零增长行动。严格落实主体功能区规划，统筹实施山水林田湖生态保护和修复工程。全力推进长江生态廊道建设，高起点规划建设江淮生态大走廊，加快打造太湖生态保护圈和苏中苏北地区生态保护网，设立一批“生态保护引领区”和“生态保护特区”。启动实施重要交通干线沿线环境综合整治。严格控制建设用地总量和强度，积极盘活闲置用地，切实提高节地水平和产出效益。深入开展生态环境保护制度综合改革试点，实施与污染物排放总量直接挂钩的财政政策，进一步完善水环境资源“双向补偿”制度，全面推行排污权有偿使用和交易制度，开展生态文明建设年度评价，实行领导干部自然资源资产离任审计。建立省级环保督察机制，加快实施省以下环保机构监测监察执法垂直管理改革。加大对环境违法行为查处力度，有效落实网格化环境监管体系。

（九）推动文化繁荣发展，丰富人民文化生活

加大对公益性文化事业的投入，加强文化遗产和档案记忆的保护、传承和利用。实施文脉整理与研究工程，做好地方志和年鉴的编修工作。大力发展文化产业，培育骨干文化企业和文化品牌，推动文化与科技、金融、旅游等相关产业融合发展，扩大和引导文化消费。加强文化市场监管，深化文化市场综合执法改革。深入实施文化惠民工程，推进基层综合性文化服务中心建设，促进基本公共文化服务标准化均等化。广泛开展全民阅读，普及科学文化知识，加快“书香江苏”品牌建设，提高全民科学文化素质。大力推广全民健身，制定出台公共体育服务指标体系，促进群众体育和竞技体育、体育事业和体育产业协调发展，做好十三届全运会备战参赛工作。

(十)加强和创新社会治理,切实维护社会和谐稳定

进一步健全基层社会治理体系,优化城乡社区布局,实行"组团式"服务管理,推进网格化管理全覆盖。完善社会组织扶持保障政策,健全政府向社会组织购买服务常态机制。全面完成村(居)民委员会换届选举。健全社会和公众参与机制,推动社会共治。全面实施重大决策社会稳定风险评估机制。严格落实信访工作责任制,依法化解信访突出问题。进一步做好民族宗教工作。深入推进法治江苏建设,加强全民法治教育,依法打击违法犯罪。深入推进平安江苏建设,加快构建立体化、信息化社会治安防控体系,全面落实流动人口和特殊人群服务管理措施。严格落实安全生产责任制,坚决遏制重特大安全生产事故发生。完善食品药品安全监管制度,切实保障人民群众饮食、用药安全。强化灾害监测预警和风险防控,完善突发事件应急处置机制。扎实推进诚信江苏和新一轮社会信用体系建设。促进军民融合深度发展,深化国防动员和双拥共建,进一步巩固发展军政军民团结的良好局面。

各位代表,保障和改善民生是政府工作的根本出发点和落脚点。今年我们将加大投入力度,继续办好民生十项实事。一是就业创业方面,新增城镇失业人员再就业 36 万人、就业困难人员再就业 5 万人,扶持大学生创业 2 万人,开发提供 2 万个高校毕业生就业见习岗位。扶持农民创业 3 万人,组织新生代农民工职业技能培训 12 万人。退役士兵参加免费教育培训率达到 80%以上,培训合格后就业率不低于 95%。新增残疾人实名制就业 1 万人、辅助性就业 1 万人。二是教育惠民方面,新建改扩建幼儿园 300 所,省级免费培训农村教师 6 万名,全面落实各学段建档立卡家庭经济困难学生的教育资助政策。三是民生托底保障方面,城乡居民基本养老保险基础养老金最低标准提高到每人每月 125 元。城乡居民基本医疗保险财政补助最低标准提高到每人每年 470 元。7 月份起农村低保最低标准提高到每人每月 400 元。四是人居环境改善方面,实施 100 条以上城市黑臭河道整治,改造易淹易涝片区 100 个以上。基本实现建制镇垃圾中转站、行政村生活垃圾收集点全覆盖,镇村生活垃圾集中收运率达到 85% 以上。推进 30 个县(市、区)省级村庄生活污水治理试点建设。疏浚整治农村河道土方 2.5 亿立方米。新建农村小型桥梁 6000 座,更新改造农村供水管网 4.5 万千米。改造提升和新建 300 个社区综合服务中心。五是关爱妇女儿童方面,建成省级巾帼示范合作组织 100 个,带动 1 万名农村妇女就业增收。为 24.22 万名农村留守儿童提供关爱保护服务。在全省 90% 以上的设区市和 60% 以上的县(市、区)建成孕产妇和新生儿危急救治中心。六是健康与养老服务方面,基本公共卫生服务补助标准提高到人均不低于 60 元。新增公益性应急救护培训 100 万人。新建 100 个街道老年人日间照料中心、2000 个社区老年人助餐点、500 个乡镇街道"残疾人之家"。对重点医疗救助对象,在基本医保政策范围内个人自付费用按 70%以上的比例给予救助。七是住房保障方面,新开工棚户区改造 25.8 万套,基本建成 18 万套。6 月底前全面完成盐城"6? 23"特大龙卷风冰雹灾害集中安置点建设。八是便民出行方面,新改建农村公路 3500 公里,新辟、优化城市公交线路 100 条以上,新购节能环保公交车 1000 辆以上。新增 50 个乡镇开通镇村公交,"交通一卡通"县(市、区)覆盖率达到 100%。九是公共文化和体育方面,新建 4000 个基层综合文化服务中心,新建健身步道 500 公里以上。城市(县城)公园免费开放率达到 90% 以上。十是脱贫奔小康方面,确保全省 60 万以上的建档立卡农村低收入人口人均收入提高到 6000 元,200 个以上的省定经济薄弱村集体年收入达到 18 万元。

三、加强政府自身建设

落实省委“两聚一高”战略部署，完成本届政府各项目标任务，对政府自身建设提出了更高要求。我们要牢固树立政治意识、大局意识、核心意识、看齐意识，深入开展“两学一做”学习教育，进一步加强人民满意的服务型政府、法治政府和廉洁政府建设，不断提高政府治理现代化水平。

优化政务服务。加大简政放权力度，进一步取消和下放行政审批事项，加强事中事后监管，以更彻底的放权、更严格的监管、更精准的服务，推动职能转变、释放市场活力。充分发挥政务服务“一张网”作用，使政府的服务更加精准便捷、更加规范透明。深入一线问政于民、问需于民、问计于民，积极主动做好服务，以公务人员的辛苦指数赢得人民群众的满意指数。

切实改进作风。大力弘扬敢于担当精神，积极营造想干事、能干事、干成事的氛围，不断提振工作精气神。坚持求真务实、真抓实干，不搞虚假政绩、不搞数字攀比，出实招、办实事、求实效。持续改进机关作风，严格机关绩效管理，加大督查检查力度，健全问责处罚机制，力戒敷衍了事、推诿扯皮、为官不为，全面整治庸政懒政怠政，让人民群众真正感受到“门好进、脸好看、事更好办”。

推进依法行政。自觉接受人大工作监督和法律监督、政协民主监督。全面推行政务公开，依照法律法规建立完善权力清单、责任清单和负面清单制度，明晰行政权力边界，推动行政权力公开透明。健全依法决策机制，开展重大政策举措第三方评估。认真做好行政复议和行政应诉工作。提高各级政府的执行力和公信力，切实维护社会公平正义。完善司法监督、社会监督和舆论监督机制，确保权力在法治轨道上正确运行。

加强廉政建设。严格执行党内政治生活若干准则、党内监督条例和问责条例，严格执行党风廉政建设责任制，切实履行主体责任。认真落实“一岗双责”，深化廉政风险防控，坚持不懈纠正“四风”。坚持用制度管权管事管人，强化权力运行制约监督，加快形成不敢腐、不能腐、不想腐的体制机制。不断加大行政监察和审计监督力度，严管公共资金，严管公共资源交易，严管国有资产资本。坚持无禁区、全覆盖、零容忍，严查重点领域和关键岗位腐败，严惩损害群众利益的不正之风和腐败行为。

各位代表！全面完成今年工作目标任务，是政府的应尽职责，更是对全省人民的庄严承诺，我们深感责任重大，使命光荣。让我们更加紧密地团结在以习近平同志为核心的党中央周围，在省委的坚强领导下，坚定信心、攻坚克难，积极进取、扎实工作，以推进“两聚一高”、建设“强富美高”新江苏的新业绩，迎接党的十九大胜利召开！

第二章　关于江苏省2015年预算执行情况与2016年预算草案的报告

——2016年1月24日在江苏省第十二届人民代表大会第四次会议上

省财政厅厅长　刘捍东

各位代表：

受省人民政府委托，我向大会报告江苏省2015年预算执行情况与2016年预算草案，请予审议，并请省政协委员和列席会议的同志提出意见。

一、2015年预算执行情况

2015年，全省各级财政部门以习近平总书记系列重要讲话精神为引领，认真落实省十二届人大三次会议的有关决议，围绕"迈上新台阶、建设新江苏"的发展定位，实施一系列积极财政政策，财政收入稳步增长，支出绩效不断提高，财税体制改革取得重大进展，较好地完成了省十二届人大三次会议确定的预算任务。

1. 一般公共预算执行情况

全省一般公共预算收入8028.59亿元，比上年(下同)增加795.44亿元，增长11%。其中，税收收入6610.12亿元，增长10.1%，占一般公共预算收入的82.3%。全省一般公共预算支出9681.47亿元，增加1209.02亿元，增长14.3%。(见会议文件〈十七〉表一)

当年全省一般公共预算收入，加中央税收返还及转移支付收入、地方政府一般债券收入及上年结转收入等4943.94亿元，收入共计12972.53亿元。当年一般公共预算支出，加上解中央支出、地方政府一般债务还本支出、安排预算稳定调节基金等2609.93亿元，当年支出共计12291.4亿元。收支相抵，预计结转下年支出681.13亿元。(见会议文件〈十七〉表十一、十二)

省级一般公共预算收入683.81亿元，增长11.7%。省级一般公共预算支出994.33亿元，增长5.2%。省级一般公共预算收入，加中央税收返还和转移支付收入、地方政府一般债券收入、下级上解收入及上年结转收入等5072.14亿元，收入共计5755.95亿元。省级一般公共预算支出，加上解中央支出、对市县税收返还及转移支付支出、地方政府一般债务转贷支出、地方政府一般债务还本支出、安排预算稳定调节基金等4701.81亿元，当年支出共计5696.14亿元。收支相抵，预计结转下年支出59.81亿元。(见会议文件〈十七〉表五、六、七)

2. 政府性基金预算执行情况

全省政府性基金收入4618.08亿元，下降14.7%。全省政府性基金支出4625.28亿元，下降13.1%。全省政府性基金收入，加中央补助收入、地方政府专项债券收入、上年结转收入等1817.06亿元，收入共计6435.14亿元。当年政府性基金支出，加上解中央支出、地方政府专项债务还本支出、调出资金等1116.32亿元，当年支出共计5741.6亿元。收支相抵，预计结转下年支出693.54亿元。（见会议文件〈十七〉表二、十三、十四）

省级政府性基金收入171.8亿元，增长6.7%。省级政府性基金支出85.5亿元，下降7.3%。省级政府性基金收入，加中央补助收入、地方政府专项债券收入、上年结转收入等1108.07亿元，收入共计1279.87亿元。当年政府性基金支出，加上解中央支出、地方政府专项债务转贷支出、调出资金等1093.58亿元，当年支出共计1179.08亿元。收支相抵，预计结转下年支出100.79亿元。（见会议文件〈十七〉表八）

3. 国有资本经营预算执行情况

全省国有资本经营预算收入94.4亿元，加上年结转收入5.5亿元，收入共计99.9亿元。全省国有资本经营预算支出86.84亿元，加调出资金8.37亿元，当年支出共计95.21亿元。收支相抵，预计结转下年支出4.7亿元。（见会议文件〈十七〉表三、十五）

省级国有资本经营预算收入17.98亿元，增长40%，加上年结转收入0.02亿元，收入共计18亿元。省级国有资本经营预算支出15.96亿元，下降27.7%，加调出资金2亿元，当年支出共计17.96亿元。收支相抵，预计结转下年支出0.04亿元。（见会议文件〈十七〉表九）

4. 社会保险基金预算执行情况

全省社会保险基金收入3580.22亿元，增长8.6%。全省社会保险基金支出3152.56亿元，增长15.2%。全省社会保险基金当年收支结余427.66亿元，年末滚存结余5075.23亿元。（见会议文件〈十七〉表四、十八）

省级社会保险基金收入243.38亿元，增长4.6%。省级社会保险基金支出198.77亿元，增长7%。省级社会保险基金当年收支结余44.61亿元，年末滚存结余538.45亿元。（见会议文件〈十七〉表十）

在省财政与中央财政、市县财政办理正式结算后，上述预算执行情况还会有一些变动，届时我们再向省人大常委会报告。

5. 地方政府债务情况

截至2015年底，我省地方政府债务余额10556.26亿元，其中：一般债务6249.23亿元，专项债务4307.03亿元。2015年底我省债务率为68.5%，地方政府债务风险总体可控。

2015年全省和省级预算执行和管理主要体现了以下重点：

（一）创新财政支持方式，促进经济健康发展

一是盘活存量用好增量。全年发行地方政府债券3194亿元，全部用于置换政府存量债务和重大公益性项目建设；全省盘活财政存量资金超过1200亿元，统筹用于稳增长、调结构、惠民生等重点领域。二是落实和实施减税降费政策。“营改增”试点以来减税面超过96%。小微企业税收减免65亿元以上，取消、停征和免征58项行政事业性收费，激发实体经济活力。三是带动社会资本投资。省财政首期出资50亿元创新设立江苏省政府投资基金，现已吸引金融资本680亿元，预计综合融资规模可达4920亿元。加快PPP模式推广运用，省级以上试点项目已落地18个，引入社会资本459亿元。四是促进基本公共服务均等化。健全市县基本财力保障资金稳定增长机制，市县基本财力缺口基本补齐，我省人均财力水平逐年提升。

(二)完善民生保障机制,推动城乡区域协调发展

一是支持民生改善。改善民生十件实事全面完成,全省民生支出占公共财政支出比重超过75%,民生“六大体系”建设资金增长10.3%,省级财政民生支出占比达到80%。二是推进城乡发展一体化。继续深化农村综合改革,农村公共服务运行维护机制建设向全省推开。完善财政支持新型城镇化的政策措施,探索实施财政转移支付同农业转移人口市民化挂钩机制。三是推动区域协调发展。加大转移支付力度,促进苏北振兴、苏中崛起和苏南提升的财政政策进一步完善。整合设立相关创业、产业投资基金,支持实施沿海开发、“一带一路”、长江经济带、南京江北新区、苏南自主创新示范区等国家重大战略。

(三)深化财税体制改革,加快构建现代财政制度

一是坚持深化改革和依法理财“双轮驱动”。全面贯彻新预算法,以法治思维推进财政改革,加强各项财税改革方案与新预算法的衔接,在法治框架内组织财政财务收支活动,主动接受人大监督。二是深入推进预算管理改革。全面完善政府预算体系,在全国率先出台政府性基金预算管理办法;进一步加大一般公共预算与政府性基金预算、国有资本经营预算统筹力度。大力推进预决算公开,除法定公开事项外,首次公开会议费、培训费,继续公开省级部门专项资金管理清单、行政事业性收费清单。建立跨年度预算平衡机制,省级试编了2016—2018年中期财政规划。实行地方政府债务余额限额管理,将我省2015年末地方政府债务余额限额10954.3亿元合理分配到各市县,切实防范政府债务风险。加强预算绩效管理,出台省级财政专项资金绩效跟踪管理暂行办法。三是税制改革有序推进。积极复制推广上海自贸区改革试点经验,加快落实启运港退税试点、贸易多元化试点、海关特殊监管区域整合优化工作。四是财政体制不断完善。优化转移支付制度,压减省对市县专项转移支付项目超过三分之一,全省一般性转移支付与专项转移支付比例基本达到1∶1。

“十二五”时期是江苏发展史上综合实力提升快、转型发展进展大、人民群众受惠多的五年,也是江苏财政事业稳中求进、不断创新、硕果累累的五年。一般公共预算收入连续突破6000亿元、7000亿元、8000亿元,财政支出规模连续突破7000亿元、8000亿元、9000亿元,财政支持稳增长、调结构、惠民生、防风险的能力显著增强。同时,我们也清醒地认识到当前财政工作中存在的问题和不足:财政收入增速趋缓与财政支出刚性增长矛盾突出,现代财政管理的长效机制有待进一步健全,财政资金使用的规范性安全性有效性还需不断加强,个别地方政府债务风险不容忽视等。我们将高度重视这些问题,通过深化改革与加强管理,努力加以解决。

二、2016年预算草案

(一)2016年预算安排的指导思想

2016年预算安排的指导思想是:全面贯彻落实党的十八大,十八届三中、四中、五中全会精神,认真落实省委十二届十一次全会和经济工作会议部署,坚持稳中求进、改革创新,围绕“五个迈上新台阶、建设强富美高新江苏”的目标任务,深入推进预算管理制度改革,继续加大实施积极财政政策

力度，培育经济转型升级发展新动力；优化财政支出结构，重点保障民生支出，改善和增加基本公共服务供给，加大财政资金统筹使用力度，提高资金使用绩效，推动我省经济社会发展不断迈上新台阶。

（二）一般公共预算草案

1. 全省一般公共预算草案

2016年全省一般公共预算收入预计8670亿元，比2015年执行数（下同）增加641.41亿元，增长8%。全省一般公共预算支出预计10456.13亿元，增加774.66亿元，增长8%。（见会议文件〈十七〉表十一、十二）

2016年全省一般公共预算收入，加中央税收返还及转移支付收入、地方政府一般债券收入及上年结转收入等4854.05亿元，收入共计13524.05亿元。当年一般公共预算支出，加上解中央支出、地方政府一般债务还本支出及结转下年支出等3067.92亿元，支出共计13524.05亿元。收支相抵，保持平衡。（见会议文件〈十七〉表十一、十二）

2. 省级一般公共预算草案

省级收入预算预计情况。2016年省级征收的一般公共预算收入预计713亿元，同口径增长6.5%，加上预计中央税收返还及转移支付收入1457.54亿元、下级上解收入1192.7亿元、上年结转59.81亿元、调入资金34.8亿元、地方政府一般债券收入2415.38亿元，收入共计5873.23亿元。（见会议文件〈十七〉表十九、二十一）

省级支出预算安排情况。上述省级一般公共预算收入5873.23亿元，减去财政部下达的专项补助600亿元、上解中央支出197.68亿元、对市县税收返还及一般性转移支付支出1431.36亿元、上年结转59.81亿元、地方政府一般债务转贷支出2194.38亿元、地方政府一般债务还本支出221亿元，省级当年可用财力1169亿元，考虑2016年部分专项改列一般性转移支付等因素后，较上年年初预算同口径增长8%，拟全部安排支出。（见会议文件〈十七〉表二十、二十一）

省级一般公共预算重点科目安排情况如下：

——社会保障和就业支出拟安排69.41亿元，同口径增长21.0%。重点支持实施更加积极的就业政策，促进就业创业，提高城乡低保补助水平，加大社会养老服务体系投入，保障残疾人生活教育和康复救助。此外，安排一般性转移支付用于提高城乡居民基本养老保险基础养老金最低标准、企业职工基本养老保险补助、城乡困难群众补助等。

——医疗卫生与计划生育支出拟安排47.07亿元，同口径增长22.3%。支持构建“医疗、医药、医保”三医联动机制，推动公立医院改革，实施基本药物制度，推进基层医疗卫生机构建设、中医药事业发展。此外，安排一般性转移支付用于提高城乡居民医疗保险财政补助标准、基本公共卫生服务经费财政补助标准等。

——农林水支出拟安排168.18亿元，同口径增长10.7%。支持加快农业现代化步伐，构建现代农业产业、生产和经营体系。加强以水利为重点的农业基础设施建设，加大农业综合开发力度。支持推进新一轮脱贫帮扶工作，坚持到户到人精准帮扶和重点片区整体帮扶紧密结合。此外，安排一般性转移支付用于支持农村综合改革试点、农业保险保费补贴、农作物秸秆综合利用等。

——教育支出拟安排257.69亿元，同口径增长8.7%。支持教育优先发展，完善教育经费保障机制。促进义务教育优质均衡发展、职业教育创新发展和高等教育内涵发展,提高省属高校生均财政拨款基本标准。健全政府扶困助学体系。此外,安排一般性转移支付用于补助经济薄弱地区义务教育学校教师绩效工资和农村义务教育学校公用经费等。

——科学技术支出拟安排70.07亿元,同口径增长9.7%。推进创新驱动发展,支持科技创新工程。整合设立基础研究计划、重点研发计划、科技成果转化计划、创新能力建设计划、政策引导类计划、苏南自主创新示范区建设等六大专项。支持科技金融业创新发展。支持省级高层次创新创业人才引进,保障科教与人才强省战略实施。

——文化体育与传媒支出拟安排28.03亿元,同口径增长14.6%。促进文化事业、文化产业健康繁荣发展。推进文化体育产业发展和文化艺术精品生产。支持省级重大公益性文化活动的开展、省级重点精神产品的创作、生产和推广。支持现代公共文化服务体系建设,促进地区间公共文化服务均等化。

——节能环保支出拟安排51.59亿元,同口径增长13%。支持加快绿色发展,建设美丽宜居家园。加大大气、土壤、水环境污染防治力度。继续安排太湖治理专项经费。支持城乡环境综合整治提升行动、建筑节能减排。此外,安排一般性转移支付对生态红线区域继续予以补偿等。

——商业服务业、资源勘探信息等支出拟安排102.95亿元,同口径增长8%。支持新型装备制造、企业"互联网+"提升计划和智能化工厂建设,促进战略性新兴产业创新发展、现代服务业优质高效发展。支持扩大产品出口。

(三)政府性基金预算草案

2016年全省政府性基金收入预计4540.31亿元,下降1.7%。加中央补助收入、地方政府专项债券收入、上年结转收入2287.16亿元,全省政府性基金收入总量预计6827.47亿元,减去调出进入一般公共预算、地方政府专项债务还本支出等2227.47亿元,其余4600亿元全部安排支出。(见会议文件〈十七〉表十三、十四)

2016年省级政府性基金收入预计160亿元,下降6.9%。加中央补助收入、市县上解收入、地方政府专项债券收入、上年结转收入1704.41亿元,省级政府性基金收入总量预计1864.41亿元。减去补助市县支出229.79亿元、调出1亿元进入一般公共预算、地方政府专项债务转贷支出1553.62亿元后,其余80亿元全部安排支出。(见会议文件〈十七〉表二十九、三十)

(四)国有资本经营预算草案

2016年全省国有资本经营收入预计90.55亿元,加上年结转收入4.7亿元,全省国有资本经营收入总量预计95.25亿元,减去调出13.64亿元进入一般公共预算后,其余81.61亿元全部安排用于对国有企业的资本金注入、政策性补贴等。(见会议文件〈十七〉表十五、十六)

2016年省级国有资本经营收入预计19.97亿元,加上年结转收入0.04亿元,省级国有资本经营收入总量预计20.01亿元,减去调出3.8亿元进入一般公共预算后,其余16.21亿元全部安排用于对国有企业的资本金注入、政策性补贴等。(见会议文件〈十七〉表三十一、三十二)

（五）社会保险基金预算草案

2016年全省社会保险基金收入预计3882.1亿元，支出预计3610.61亿元，收支相抵，本年结余为271.49亿元，加上上年滚存结余5075.23亿元，年末滚存结余5346.72亿元。（见会议文件〈十七〉表十七、十八）

2016年省级社会保险基金收入预计261.54亿元，支出预计215.52亿元，收支相抵，本年结余46.02亿元，加上上年滚存结余538.45亿元，年末滚存结余584.47亿元。（见会议文件〈十七〉表三十三、三十四）

（六）省十二届人大四次会议前支出情况

根据预算法第五十四条规定，在本次大会审议批准前，省级安排支出39.49亿元，主要用于省级预算单位的基本支出和2015年结转的项目支出、省级经办的企业退休职工养老金发放等。

2016年，中央可能会对税制和中央与地方事权财权进一步调整，届时，我们将及时修改完善省财政预算安排，并报省人大常委会审定。

三、努力完成2016年财政改革与预算收支任务

（一）支持打造“强、富、美、高”新江苏

一是推动“经济强”。加大对转型升级、科技创新、农业现代化工程支持力度。完善产业财政扶持政策，重点支持战略性新兴产业及养老、健康、信息消费等现代服务业加快发展。二是加快“百姓富”。围绕“七个更”，实施民生幸福工程，强化社会政策托底功能，增加教育、医疗卫生、社会保障等公共服务供给。三是打造“环境美”。完善财税支持政策，强化税费对资源节约与环境保护的激励约束，有力推动生态文明工程建设。四是促进“社会文明程度高”。加大财政扶持力度，保障文化建设、社会管理创新等工程顺利实施。

（二）加快推进“三去一降一补”结构性改革

一是支持去产能、去库存、去杠杆。积极运用财政政策工具，支持化解过剩产能和房地产库存；逐步建立“借、用、还”相统一的政府债务管理机制，有效防范财政风险。二是支持降成本。落实国家减税清费政策，降低企业制度性成本与相关生产成本；推动完善社会保障、土地流转等政策，促进劳动力、资本等生产要素的合理流动。三是支持补短板。创新公共服务供给机制，通过特许经营、股权合作、设立基金等政策，拉动社会资本进入公共服务领域。强化财政综合扶贫投入体系，深入推进财政扶贫机制创新。继续加大对生态环境治理的财政投入力度。

（三）继续打好深化财税体制改革攻坚战

一是加强和改进预算管理。完善全面规范、公开透明的现代预算制度，加大“四本预算”统筹力度，扎实推进中期财政规划管理，全面推进预算绩效管理，继续积极盘活存量资金，着力推动重点领

域资金整合,切实提高财政资金使用效益。二是落实税收制度改革。按照国家部署推进各项税制改革任务。三是进一步完善财政体制。进一步理顺省和市县收入划分,完善省对下转移支付制度,逐步推进省与市县事权和支出责任划分改革。

各位代表:今年是“十三五”开局之年。我们将在省委省政府的坚强领导下,按照省十二届人大四次会议的要求,全面贯彻落实新预算法,实实在在谋事创业,兢兢业业理财辅政,进一步求真务实,勇于担当,为建设经济强、百姓富、环境美、社会文明程度高的新江苏,谱写好中国梦的江苏篇章作出积极贡献!

第三章　关于江苏省2015年国民经济和社会发展计划执行情况与2016年国民经济和社会发展计划草案的报告

——2016年1月24日在江苏省第十二届人民代表大会第四次会议上

省发展和改革委员会主任　陈震宁

各位代表：

受省人民政府的委托，我向大会报告2015年全省国民经济和社会发展计划执行情况与2016年国民经济和社会发展计划草案，请予审议，并请各位政协委员提出意见。

一、2015年国民经济和社会发展计划执行情况

过去一年，全省上下全面贯彻党的十八大和十八届三中、四中、五中全会精神，以邓小平理论、“三个代表”重要思想、科学发展观为指导，深入贯彻习近平总书记系列重要讲话特别是视察江苏重要讲话精神，认真落实党中央、国务院决策部署和省委工作要求，坚持稳中求进工作总基调，主动适应经济发展新常态，牢牢把握经济社会发展主动权，妥善应对各种风险和挑战，全面展开“迈上新台阶、建设新江苏”工作布局，全省经济运行总体平稳、稳中有进、稳中有好，主要经济指标保持在合理区间，省十二届人大三次会议确定的年度主要目标任务完成情况较好。

——地区生产总值70116.4亿元，增长8.5%；

——全社会研发投入1788亿元，占地区生产总值比重达到2.55%；

——一般公共预算收入8028.6亿元，增长11%；

——固定资产投资45905.2亿元，增长10.5%；

——社会消费品零售总额25876.8亿元，增长10.3%；

——外贸进出口总额5456.1亿美元，下降3.2%；

——城镇居民人均可支配收入37173元，增长8.2%；农村居民人均可支配收入16257元，增长8.7%；

——居民消费价格涨幅1.7%；

——预计单位地区生产总值能耗下降6%左右，单位地区生产总值二氧化碳排放量削减4%左右，化学需氧量排放量削减2.5%，二氧化硫排放量削减3%，氨氮排放量削减2%，氮氧化物排放量削减5%，均完成年度预期目标；

——城镇登记失业率3%，城镇新增就业139.8万人；

——人口自然增长率2.02‰。

上述指标中，全部约束性指标完成或超额完成计划目标，部分预期性指标完成情况与预期存在

差距。受市场需求总体不旺、部分行业产能过剩、企业投资意愿下降以及房地产去库存任务艰巨等因素制约,投资增速比上年有所回落;当前传统消费疲软,新的消费热点形成尚需时日,消费增长乏力状况尚未明显改观,加上一些新的消费业态尚未全部纳入现行统计体系,社会消费品零售总额增速低于预期目标;外贸进出口在一系列政策措施的综合作用下,总额占全国比重有所提高,下降幅度逐步收窄,但仍未能实现适度增长。

一年来,面对错综复杂的宏观经济环境和艰巨繁重的改革发展任务,全省上下认准目标不放松,攻坚克难求突破,务实创新促发展,执行国民经济和社会发展计划的工作绩效主要体现在六个方面:

(一)着力扩大有效需求,经济运行保持总体平稳

认真落实国家稳增长一系列重大政策措施,采取有力措施应对下行压力,保持经济运行在合理区间。积极扩大消费需求,务实推进六大领域消费工程,打造信息、健康、旅游等多点支撑的新兴消费增长格局,消费对经济增长的贡献率达到51.5%。着力培育新型消费业态,网络零售额约4300亿元,增长45%左右。切实增加有效投入,突出抓好国家11大类重大工程布局我省项目和省级重大项目。不断优化投资结构,民间投资占比达69.7%,省以上18个PPP试点项目共引入社会资本459亿元。工业技改投资增长25.6%,占工业投资比重达到54.2%。200个省级重大项目进展顺利,宁安铁路、南京轨道交通3号线、张家港东华页岩气制烯烃一期、侵华日军大屠杀遇难同胞纪念馆三期等项目竣工;沪通铁路、镇江中陆航星通用航空装备、徐州高氟地区健康饮水工程等项目顺利推进;徐宿淮盐铁路、常州中科院南方遗传研发中心、宿迁京东云数据中心及信息科技园等项目开工建设;江阴中芯3D集成芯片、常州东风乘用车、上合组织(连云港)国际物流园3个储备项目提前开工。积极推动外贸稳增长促转型,一般贸易出口占比提高到43.8%,服务贸易进出口增长10%以上,进出口总额占全国比重提高约0.7个百分点。大力支持实体经济发展,规上工业增加值达3.3万亿元,增长8.3%,规上工业利润总额约占全国的14%左右。金融服务实体经济力度加大,直接融资发行额超过1万亿元;新增小微企业贷款1895.6亿元,小微企业贷款余额增长10.7%。

(二)坚持创新驱动发展,转型升级步伐继续加快

加大创新驱动发展力度,深入实施转型升级和科技创新工程,加快经济发展动能转换,积极培育新增长点,推动产业迈向中高端。推动创新型省份建设,区域创新能力连续7年位居全国首位,科技进步贡献率达60%,发明专利授权量居全国第一,新增高技能人才数量连续4年列全国之首。新建21家产学研产业协同创新基地,省产业技术研究院累计转化技术成果1000多项。扎实推进苏南自主创新示范区建设,促进中关村相关政策在苏南落地。新建各类创新创业载体700多家,纳入省级以上备案的众创空间达207家。推动提速发展现代服务业,突出抓好十大重点行业和150个省级重点项目,服务业增加值34084.8亿元,增长9.3%,占比达到48.6%,超过第二产业,产业结构实现“三二一”标志性转变。着力培育生产性服务业核心竞争力,生产性服务业占比超过50%。125家省级服务业集聚区营业收入1.5万亿元,吸纳就业125万人。推动战略性新兴产业规模化发展,实施新型平板显示、新能源集成应用、关键材料升级换代等15个重大工程和28个重

点专项，战略性新兴产业实现产值4.5万亿元，占比达29.4%。高新技术企业总数突破1万家，高新技术产业产值超过6万亿元，占规上工业比重达到40.1%。推动传统产业优化提升，制定实施中国制造2025江苏行动纲要，高端装备、智能制造、工业强基等一批重大工程专项取得积极进展。加快推动全省制造业布局优化调整，制订先进制造业发展水平统计评价方法，重点打造100家省级特色产业基地，规划提升20家省级先进制造业产业基地。推动信息化与工业化融合发展，区域两化融合水平总指数达到94左右。大力发展互联网经济，建成10个省级互联网产业园。积极化解过剩产能，淘汰落后技术装备。

（三）深入推进改革开放，发展动力活力持续增强

坚持以经济体制改革为主轴，着力抓好273项重点改革任务落地见效。出台国有企业、社会体制、生态文明体制等配套改革方案，在行政审批、财税、金融等多个领域推出重大改革举措。率先制定省级政府行政审批事项目录等5张清单，分两批取消下放行政审批事项81项，审批时限压缩到法定时间50%以下，非行政许可审批事项全部取消。扎实推进南通、苏州工业园区、盱眙、大丰相对集中行政许可权改革试点。商事制度改革成效明显，"先照后证"和"三证合一"登记制度改革稳步推进，全省新登记企业数增长40.6%，注册资本增长46.7%。加快推进税费改革，减免小微企业收费超过110亿元；"营改增"试点企业达47万户，累计减税570亿元。顺利实施地方政府债券置换工作，发行债券3194亿元。规范企业债券发行，成功发行34期，发行规模384.5亿元，居全国首位。推进科技和金融结合，扩大小微企业转贷方式创新试点。各项综合配套改革试点扎实推进。坚持扩大开放与深化改革互动并进。认真落实"一带一路"国家战略，发布行动计划，设立专项基金，建立部省协同机制，在沿线国家投资项目180余个，中哈（连云港）物流合作基地建设扎实推进。制定出台推进国际产能和装备制造合作行动方案，扎实推进柬埔寨西港特区和埃塞俄比亚东方工业园等国家级境外经贸园区建设，积极推动企业走出去，全省境外中方协议投资额103亿美元，增长42.8%。主动融入长江经济带建设大局，制定实施方案，开工建设长江南京以下12.5米深水航道二期工程，扎实推进南京区域性航运物流中心、通州湾江海联动开发示范区建设和沿江港口一体化改革试点，国家级南京江北新区成功获批。加强与上海自贸区对接互动，积极推广35项试点经验。苏州工业园区获批开展国家开放创新综合试验，国家级开发园区达到44个。实际利用外资242.8亿美元，其中战略性新兴产业、服务业利用外资占比均超过46%。率先在苏州、南通开展境外投资项目备案和企业备案"单一窗口"模式试点。

（四）注重统筹协调推进，城乡区域发展更趋均衡

大力发展现代农业，扎实推进新型城镇化，积极构建区域发展新格局。农业综合生产能力进一步提高，粮食生产实现"十二连增"，总产达3561.3万吨。设施农业、设施渔业面积占比分别达到17%以上和25.7%，高标准农田比重超过50%。农村经济新业态快速发展，农产品网上营销额超过200亿元。新型农业经营主体规模经营比重超过47%，家庭农场、农民合作社分别达到2.8万和7.2万家。90%的行政村开展农村土地承包经营权确权登记颁证工作，农村宅基地制度改革试点有序推进。农村实事工程进展顺利，新增农村饮水安全达标人口345万人，新建改建农村公路5176公里。有序推进国家新型城镇化综合试点，城镇化率达66.5%。城市基础设施建设进一步加

强,海绵城市、地下管廊试点顺利开展,市县多规合一和中小城市综合改革试点取得初步成效。认真落实新一轮区域发展布局,苏南现代化建设示范区建设扎实推进;落实支持苏中发展的重点任务和政策措施,加大对苏中苏北结合部经济相对薄弱地区的支持力度,积极推进宁镇扬同城化,苏中特色发展融合发展势头良好;继续支持苏北发展振兴,深入推进"四项转移"和南北共建园区建设,六项关键工程三年推进计划全面完成,苏北新开工500万元以上产业转移项目2137个,新开工项目总投资和实际引资额分别达4304亿元和2332亿元,增长29.2%和10.1%;沿海开发六大行动阶段性目标顺利实现,苏北和沿海主要经济指标增幅继续高于全省平均水平。沿江地区全面融入长江经济带建设,转型发展步伐明显加快;部署推进沿东陇海线经济带建设,着力培育区域发展新的增长点。认真做好新一轮援疆援藏援青工作,积极推进苏陕挂钩协作、苏黔对口帮扶,年度援建任务圆满完成。深入实施长三角一体化战略,深化交通、能源、信息、科技、环保等专题合作,不断拓展省际合作协同发展新空间。

(五)推动绿色低碳发展,生态文明建设扎实推进

制定落实加强生态文明建设的政策措施,促进生态环境不断改善。加大节能减排力度,万元GDP能耗强度和四类主要污染物减排超额完成国家下达的年度目标任务。严格落实节能评估审查制度,严控"两高一资"项目准入,全年关停小火电机组52.6万千瓦。制定大气污染防治条例,实施1727项大气治理重点工程,PM2.5平均浓度比2013年考核基准数下降20.5%。深入开展水环境治理,太湖水质保持稳定,长江、淮河流域治污工作进展顺利,南水北调江苏段水质达到通水要求,100条城市臭黑河道完成集中整治,建制镇污水处理设施覆盖率达到90.4%。抓好城乡环境综合整治,累计整治自然村18万个,实施城市环境整治项目5.28万个。新增11个市县通过国家生态市县考核验收。加快绿色江苏建设,新增成片造林61万亩,林木覆盖率提高到22.5%,自然湿地保护率提高到42.9%。积极推进国家生态文明先行示范区建设,镇江、淮河流域示范区建设扎实推进,南京、南通获批列入国家第二批示范区。大力发展循环经济,《江苏省循环经济促进条例》颁布实行,88家省级以上产业园区开展循环化改造,获批国家级循环经济示范试点达24家,推进城市矿产、再制造等资源循环利用产业发展。积极应对气候变化,开展碳排放权交易市场建设,完善碳强度倒逼约束机制,碳排放强度年度下降率超过国家下达的考核任务。推进全国生态环境管理制度综合改革试点,在全国率先划定生态红线,出台监管考核细则和生态补偿办法,"绿评"范围扩大到县市和重点工业园区,率先建立党政同责的网格化环境监管体系,生态文明建设群众抽样调查满意率达86.5%。

(六)切实保障改善民生,人民生活得到持续改善

持续加大投入力度,全省公共财政支出75%以上用于民生,着力增加公共产品和公共服务的有效供给。认真落实促进居民增收政策措施,城乡居民收入稳步增长,农村居民收入增幅继续高于城镇居民。实施新一轮促进就业创业政策,新增农村转移劳动力达到21万人,失业人员再就业77.7万人,高校毕业生年终就业率96.7%。健全社会保障体系,主要险种参保率保持在95%以上,全民参保登记试点扎实推进,机关事业单位养老保险制度改革顺利启动。保障房建设加快推进,新开工保障性住房29.2万套,基本建成31.8万套,均超额完成年度目标任务。深入实施脱贫

奔小康工程，农村411万低收入人口整体实现4000元脱贫目标。加快发展社会事业。促进各级各类教育提升水平、协调发展，实现县域义务教育基本均衡全覆盖，高中阶段毛入学率达99.1%。省级综合医改试点取得重要突破，实现公立医院综合改革、城乡居民大病保险等六个全覆盖，新型农村合作医疗人均财政补助提高到380元，基本公共卫生服务人均补助提高到44.6元。积极推进养老服务业发展，养老床位数达56万张，城市社区居家养老服务中心实现全覆盖。率先出台公共文化服务促进条例，服务设施覆盖率达到95%。全民健身活动广泛开展，11个省辖市和86个县（市、区）成为公共体育服务体系示范区。国家公祭在南京成功举办。军民融合发展取得新成效。深入推进平安江苏、法治江苏建设，社会治安综合治理工作绩效居全国前列，"阳光信访"深入推行，食品安全风险监测网络覆盖到县，安全生产形势总体平稳，社会安定和谐、人民安居乐业的良好局面得到巩固和发展。

在困难挑战明显增多的情况下，过去一年全省经济社会继续保持良好发展态势，实现了"十二五"圆满收官，为"十三五"发展打下了坚实基础。在看到显著发展绩效的同时，还要清醒地认识到当前我们正面对着深刻的结构性、体制性矛盾，全国普遍存在的若干共性问题在我省也不同程度存在，包括内需不足和外需不振交织、工业产品价格下降和部分要素成本上升叠加、中低端产品过剩和高品质服务供给不足并存等等，经济下行压力依然较大。从省情实际看，创新能力还不够强，新增长点支撑作用不足，发展动能尚需加快转换；部分行业产能过剩严重，部分企业生产经营困难，经济风险隐患有所凸显；城乡区域发展不够平衡，基本公共服务供给不足，收入差距仍然较大，人口老龄化加快；资源约束趋紧，生态环境质量尚未根本好转；行政职能转变还不到位，制约发展的体制机制障碍仍然存在。这些矛盾和问题，需要在发展实践和实际工作中切实加以解决。

二、2016年经济社会发展主要预期目标和重点工作任务

今年是全面建成小康社会决胜阶段的开局之年，是推进结构性改革的攻坚之年，也是"十三五"发展开局起步的关键之年。安排好今年国民经济和社会发展计划，对于保持经济社会持续稳健发展、实现"十三五"发展良好开局，具有十分重要的意义。综合分析把握各方面情况和因素，就今年国民经济和社会发展主要预期目标提出如下建议：

地区生产总值增长7.5%—8%；

研发经费支出占地区生产总值比重达到2.6%；

一般公共预算收入增长8%左右；

固定资产投资增长10.5%左右；

社会消费品零售总额增长10%左右；

外贸进出口力争实现正增长；

城乡居民收入增长与经济增长基本同步；

居民消费价格涨幅3%左右；

城镇登记失业率控制在4%以内，城镇新增就业100万人；

单位地区生产总值能耗下降3.5%，单位地区生产总值二氧化碳排放量削减2.1%，化学需氧量、二氧化硫、氨氮和氮氧化物排放量削减1.5%、2%、1%和2%，PM2.5浓度比2013年考核基准

数下降13%；

人口自然增长率5‰左右。

提出上述年度经济增长预期目标建议，是基于必要性、可能性、主动性的综合考量，既坚持统筹安排、长短结合，注重年度计划与“十三五”目标任务相衔接，又坚持尽力而为、量力而行，为推进结构性改革留空间，体现了既积极奋进、又稳妥可行的方针原则。实现以上预期目标，必须认真贯彻落实中央决策部署和省委工作要求，牢固树立“五大发展理念”，扎实推进“八项工程”，深入实施“七大战略”，全面把握“十个更加注重”，坚持从供需两端发力，重点突出供给侧结构性改革，坚决落实去产能、去库存、去杠杆、降成本、补短板“五大任务”，着力增加有效供给，不断提高全要素生产率，推动全省经济社会更高质量、更有效率、更加公平、更可持续发展。

（一）围绕推进供给侧结构性改革，深度调整优化产业结构

推动战略性新兴产业高端化规模化发展。编制实施新一轮战略性新兴产业发展规划和推进方案，加快发展新一代信息技术、绿色低碳、高端装备与新材料等重点产业。发挥产业投资引导基金作用，继续推进实施15个重大工程和28个重点专项。落实新兴产业“双创”行动计划，大力培育大数据开放创新、工业机器人等新增长点，着力打造新兴产业集群。加快建设南京智能电网、泰州新型疫苗和特异性诊断试剂、盐城风电装备等国家级集聚区。制定落实重大技术产业化和重大产品首购首用政策，加强新技术新产品新模式的应用示范，加速产业迭代。

加快发展先进制造业。实施“中国制造2025”江苏行动纲要，以智能制造为突破口，促进“两化”融合，提高产业核心竞争力。实施企业制造装备升级计划和企业互联网化提升计划，加快推进智能制造工程和高端装备创新工程，深入开展智能车间、智能工厂创建活动，推动制造业数字化、网络化、智能化。支持常州智能制造和石墨烯产业发展。实施“互联网+”行动计划，建设一批云计算和互联网数据中心、大数据产业园。支持无锡国家传感网创新示范区建设。调整优化制造业布局，重点推进重型装备、石化等重化工业江海联动、整体搬迁，积极引导纺织、轻工等传统优势产业转移。进一步规划提升一批省级先进制造业基地。推进南京等地率先开展城市重化工产业布局调整，提高新增制造业项目准入门槛。扎实开展质量品牌提升行动，推进质量强省和品牌强省建设。

创新发展现代服务业。实施现代服务业跨越发展五年行动计划，打造“江苏服务”品牌。启动实施生产性服务业“双百工程”，培育一批具有较强影响力的生产性服务业集聚区和领军企业，推进150个服务业重点项目建设。实施服务型制造重点项目，培育100家制造业服务化示范企业，支持80个制造业服务化项目。推进互联网平台经济“百千万”工程，围绕六大重点领域，放大平台经济集聚辐射效应。坚持以民生需求为导向，提升生活性服务业品质内涵，推动向精细化高品质转变。

大力支持实体经济发展。切实加强经济运行调节和分析研判，保障生产要素有效供给，引导技术、劳动力、资金、土地等要素流向实体经济。以促进实体经济稳健发展为重点，认真落实结构性改革重点任务。扎实推进去产能，运用市场机制、经济手段、法治办法继续化解过剩产能、坚决淘汰落后产能，抓紧制定“僵尸企业”处置方案，加快兼并重组或依法破产，盘活存量资产和资源；扎实推进去库存，优化住房供给结构，加快发展住房租赁市场，有效释放合理需求；扎实推进去杠杆，着力化解政府债务风险，强化金融、企业联保、非法集资等重点领域的风险防控；扎实推进降成本，落实各项减税清费政策，制定实施降低实体经济企业成本行动方案；扎实推进补短板，针对服务实体经济

发展的薄弱环节，有效落实软硬基础设施建设对策措施，不断优化实体经济发展环境。

（二）围绕保持经济运行在合理区间，着力促进稳健增长

更好发挥投资关键作用。积极扩大有效投入，实施总投资2.4万亿元的省级200个重大项目，确保完成年度投资5000亿元。突出全局性、基础性、战略性和补短板、促转型"三一一"重点领域，既快又好建设重大项目，重点推进治太、治淮等水利设施，地铁、地下综合管廊等市政设施，苏北铁路、内河高等级航道和过江通道等交通设施，风光电、油气输储等能源设施建设。着力优化投向、提高投效，抓好百项重点工业投资和百项重点技改项目。积极推进PPP等新型投融资模式，探索投贷结合、债贷结合，进一步激发民间资本投资活力和企业投资能力。加强统筹引导，适度控制同质化竞争投资，避免形成新的过剩产能。

持续扩大社会消费规模。依托"智慧江苏""健康江苏""畅游江苏"等载体平台，大力推进品质提升和供给创新，积极培育消费新热点新模式。加强信息基础设施建设，扩大电子商务、智能家居等信息消费，大力推进线上线下互动消费。鼓励民间和外商资本进入养老健康领域，增加有效供给扩大养老健康消费。大力发展个性化、智能化、定制式文化消费。落实带薪休假制度，顺势而为促进旅游消费。加大新能源汽车充电设施和停车场建设力度，落实轻型货车下乡政策和小排量汽车、新能源汽车税收优惠政策。推进实施现代物流业发展示范工程，创建一批国家级物流示范城市、示范园区。加强诚信体系建设，维护消费者合法权益。

促进外贸"优进优出"。落实完善稳定外贸增长政策措施，狠抓重点地区、重点市场和重点企业，加大国际市场开拓力度。深入推进出口基地和品牌建设，促进加工贸易创新升级，提升一般贸易产品附加值。促进跨境电商等新型贸易方式加快发展，推进海门叠石桥市场采购贸易方式、海关特殊监管区域贸易多元化试点。着力优化贸易结构，扩大服务贸易规模，大力发展服务外包。建设一批进口商品交易中心，扩大先进技术设备和关键零部件、紧缺能源资源和原材料进口，以进口带动出口。

（三）围绕增强产业核心竞争力，实施创新驱动发展战略

突出企业主体地位。制定创新型企业培育行动计划实施方案，深化国家技术创新工程试点省建设，继续实施中小企业创新工程"四大行动"，高新技术企业数达到1.1万家，培育30家创新型领军企业。支持规模以上企业普建研发机构，鼓励开展基础性前沿性创新研究。支持企业加快设备更新和技术改造，落实企业研发费用加计扣除政策，扩大固定资产加速折旧实施范围。实施大众创业万众创新"六大行动计划"，积极打造众创众包众扶众筹支撑平台。

推进产业技术创新。围绕建设具有全球影响力的产业科技创新中心，布局建设一批重大产业科技创新平台，完成无锡超级计算中心建设并试运行，启动未来网络实验设施建设。制定产业创新集群实施方案，实施200个以上重大技术突破项目、200个以上科技成果转化和战略性新兴产业项目。加快省产业技术研究院建设发展，建设一批产业科技创新基地。组织实施产学研协同创新和高校协同创新行动计划，全面实施自主创新能力"六大行动"和改革创新"五项试点"。加快苏南国家自主创新示范区建设，打造沿江产业技术创新带、沿海创新创业走廊。广泛集聚国际创新资源，支持企业建设5家海外研发中心。

增加创新资源供给。推进科技体制改革,完善技术创新市场导向机制。实施产业人才高峰行动计划,引进50个双创团队、400名双创人才。实施创业江苏行动计划,纳入省级备案的众创空间达到250家。大力发展科技服务业,培育80家科技服务机构。完善科技人员股权和分红激励办法,提高科研人员成果转化收益分享比例。健全知识产权运用保护机制,建设江苏(国际)知识产权交易中心。

(四)围绕增强发展动力与活力,全面深化改革扩大开放

深化行政体制改革。持续推进简政放权、放管结合、优化服务,开展相对集中行政许可权和综合行政执法改革试点。健全清单式投资动态管理体系,加快推进并联办理、多评合一,强化企业投资自主权。统筹推进预算改革、税制改革、事权和支出责任改革,建立全面规范、公开透明预算制度,完善地方政府举债融资体制。加强政务服务体系建设,推进平台一体化建设。组织实施行业协会商会与行政机构脱钩试点。

深化经济领域改革。积极推进国有企业、国有资本采取混合所有制方式开展增量改革重组。建立国有资产出资人监管权力清单和责任清单,改建组建国有资本投资、运营公司。深入实施商事制度改革,落实放宽市场主体住所登记条件、全程电子化登记等改革举措。大力推进金融创新,以基金、创投和资产证券化等路径扩大有效融资,推动设立民营银行和企业应急转贷基金,扩大小微企业转贷方式创新试点。完善市场化价格形成机制,逐步放开竞争性领域商品和服务价格。稳妥有序推进村级集体资产股份量化改革,深入推进农村产权制度、农垦、林权和供销社综合改革。启动新一轮电力体制改革试点,推进石油、天然气、盐业等重点行业改革。

深化社会领域改革。全面推进综合医改省试点,加强医疗、医保、医药联动,加快推进公立医院综合改革和社会办医试点。深入推进教育现代化示范区建设,完善考试招生制度和教育教学改革,大力发展职业教育,分类发展民办教育。完善文化事业管理体制和文化产业经营机制,促进文化产业与相关产业融合发展,培育一批重点文化产业园区。加快整合城乡居民基本医疗保险制度,推进机关事业单位养老保险制度改革。推进户籍制度改革,建立以常住人口为基础的社会公共资源配置机制。

全方位扩大对外开放。落实我省实施"一带一路"战略任务,重抓新亚欧大陆桥经济走廊节点城市建设,建立健全对外交流合作综合服务体系平台。制定实施国际产能和装备制造合作三年行动计划,推进境外产业集聚区建设,培育一批本土跨国公司。进一步加快上合组织(连云港)国际物流园、中哈物流合作基地建设。积极对接和复制推广上海自贸区改革创新经验。扩大金融、旅游、电子商务等服务业领域开放,提高服务业利用外资质量。推进开发区管理体制和运营模式创新,加快苏州工业园区开放创新综合试验区和中韩(盐城)产业园建设,支持南京海峡两岸产业协同发展和创新驱动合作试验区建设,提升昆山深化两岸产业合作试验区、淮安台资企业转移集聚服务示范区建设水平。推广"清单化审核、备案化管理"外商投资企业设立审批方式,加快通关一体化建设。

(五)围绕促进城乡协调发展,加快推进新型城镇化和城乡发展一体化

大力发展现代农业。稳定发展优质粮油业,积极发展设施园艺业、规模畜牧业和特色水产业,新增高效设施农业50万亩、设施渔业16万亩。实施藏粮于地、藏粮于技战略,探索耕地轮作休耕

试点，不断提高农业物质装备和生产技术水平，加强粮食收储设施和冷链物流体系建设。推进土地综合整治，规划建设高标准农田300万亩。大力培育新型农业经营主体，新增省级示范家庭农场300家，建设一批合作社联合社。推进新型职业农民培育整省试点。促进农村一二三产业融合发展，推动生产与加工、流通、服务有机结合。深入开展“互联网＋现代农业”行动，大力发展农村电商，积极推广“一村一品一店”。

切实加强城市工作。认真落实中央城市工作会议精神，研究制定我省实施意见。按照国家层面总体规划要求，协同建设长三角世界级城市群。制定实施新一轮省域城镇体系规划，优化全省城镇布局形态，加快建设沿江、沿海、沿东陇海线、沿运河城镇轴。加强市政基础设施建设，推进智慧城市、海绵城市、地下空间开发与综合管廊建设，疏浚整治城市河道100条，轨道交通运营里程力争突破400公里。全面提高城市管理水平，有效缓解交通拥堵，健全城市应急体系。

加快推进新型城镇化。落实国家新型城镇化综合试点，围绕3项基本任务和9项特色任务探索创新。突出以人为核心的新型城镇化，有序推进农民工市民化，不断完善居住证制度，加快提高户籍人口城镇化率，推动基本公共服务常住人口全覆盖。扩大经济发达镇行政管理体制改革试点，打造一批具有江苏特点的特色小镇。深入推进城乡发展“六个一体化”，在农村基础设施、公共服务、就业社保等补短板上取得新成效。实施新一轮农村实事工程，新建改建农村公路4000公里、桥梁7000座。加强城镇基础设施建设，新增供水能力50万立方米/日、自来水厂深度处理能力100万立方米/日。

（六）围绕更高层次统筹区域发展，强化分类指导综合施策

深入推进三大区域协调发展。扎实推进苏南现代化建设示范区建设，加快南京江北新区开发建设。推动苏中特色发展、融合发展，重点实施跨江产业合作项目，加大对苏中苏北结合部经济相对薄弱地区支持力度，推进南通陆海统筹发展综合配套改革试验区建设、扬州跨江融合发展综合改革试点，支持泰州建设转型升级示范区。深入实施支持苏北发展各项关键工程，大力实施快速铁路网、区域供水等重点项目，支持徐州老工业基地振兴和宿迁区域协调发展改革试点。

着力培育区域经济发展新增长点。全面融入长江经济带建设，依托黄金水道，构建综合立体交通走廊和绿色生态廊道。着力抓好长江南京以下深水航道、南京区域性航运物流中心、长江下游江海联运港区和长江经济带转型升级示范开发区建设。加快建设沿沪宁线、沿江、沿海、沿东陇海线经济带，促进宁镇扬、锡常泰、(沪)苏通融合发展。更高起点推动沿海地区一体化发展，实施一批沿海重大项目。推动淮海经济区、淮河生态经济带规划建设，构建更加完善的城市群、城镇带之间的快速交通网络。

加强区域合作交流。拓展深化省际合作，更大范围吸纳集聚发展资源。协同推进长三角各项专题合作，完善区域合作协调机制。继续做好新一轮对口支援工作。更大力度推进军民融合深度发展。

实施精准扶贫精准脱贫。实施新一轮脱贫致富奔小康工程，按照“两个6%”原则，聚焦低收入人口、经济薄弱村、苏北重点片区和黄桥茅山革命老区，确保60万以上建档立卡农村低收入人口人均收入提高到6000元。推进社会扶贫、教育扶贫、健康扶贫、保障扶贫，健全“五方挂钩”帮扶机制，探索多渠道、多元化扶贫新路径。

（七）围绕建设美丽宜居新江苏，切实加强生态文明建设。

全面落实主体功能区规划。突出加强生态空间管控和保护，对不同主体功能区实行差别化政策，重点生态功能区实行产业负面清单。实行最严格的节约集约用地制度，严守城市开发边界、耕地保护和生态保护红线。以主体功能区规划为基础，统筹规范各类空间性规划，扎实推进"多规合一"试点。

推动生产方式绿色化。实施能源和水资源消耗、建设用地等总量和强度双控行动。加大节能减排力度，严格项目准入、落后产能淘汰和清洁生产标准，严控"两高一资"行业发展，推动化石能源清洁高效利用，提高可再生能源消费比重。强化主要污染物减排，加强重点工业行业提标改造，实施煤电节能减排与升级改造行动计划，大幅削减燃煤电厂污染物排放量。启动实施循环发展引领计划，落实碳排放权交易市场建设实施方案，开展碳市场配额分配试点，推动企业循环式生产、产业循环式组合、园区循环式改造。

加强环境污染综合治理。深入推进大气污染防治行动计划，加大雾霾治理力度，强化机动车船等移动源污染治理和秸秆综合利用，实施重污染天气应急预案，推广新能源汽车 6 万辆。落实水污染防治工作方案，实施城市黑臭水体整治及滨水环境改善行动，制定实施新一轮太湖治理方案，促进湖体水质持续好转；加强长江、淮河流域水污染防治，建设南水北调沿线、通榆河清水廊道，抓好地下水和近岸海域污染防治。制定实施土壤污染防治行动计划，健全土壤环境监测网络，扩大典型污染土壤修复试点。加强农业面源污染防治，强化重金属和危险废物污染防治。

突出抓好生态建设。大力推进"绿色江苏"建设，全年新增成片造林 25 万亩，抚育森林 100 万亩。深入实施城市环境整治接续提升行动和村庄环境改善提升行动，新增城镇污水处理能力 40 万立方米/日、污水收集管网 1500 公里，推进 16 个试点县(区)村庄生活污水治理和 1200 个村庄环境综合治理，疏浚整治农村河道土方 2.5 亿立方米，解决 211 万农村居民饮水安全问题。积极开展生态环境保护制度综合改革试点，完善绿色发展评估制度，严厉打击各类违法行为。支持镇江生态文明综合改革试点和低碳城市建设。

（八）围绕补短板保基本托底线，切实保障和改善民生

持续增加城乡居民收入。进一步落实促进居民增收政策措施，不断拓宽城乡居民增收渠道。推进企业普建工资集体协商制度，完善适应机关事业单位特点的工资制度，健全工资决定和正常增长机制。着力提高居民经营性收入，多渠道提高财产性收入，稳步提高转移性收入。对丧失劳动能力的实施托底性保障政策，对因病致贫的提供医疗救助保障。

更大力度促进就业创业。实施更加积极的就业政策，注重化解就业结构性矛盾，加强对灵活就业、新就业形态的支持。突出抓好高校毕业生就业、困难群体再就业，新增城镇失业人员再就业 36 万人、就业困难人员就业 5 万人，开发 2 万个高校毕业生就业见习岗位。实施全民创业工程，完善创业扶持政策，落实高校毕业生就业促进和创业引领计划，支持农村富余劳动力返乡创业，扶持农民创业 3 万人。组织新生代农民工就业技能培训 10 万人。

加快完善更加公平可持续的社会保障制度。全面实施全民参保登记计划，完善职工养老保险个人账户制度，城乡居民基础养老金最低标准提高到每人每月 115 元，农村低保标准提高到每人每

月 365 元以上。完善城乡居民大病保险运行机制，城乡居民医保财政补助标准提高到 425 元以上，基本公共卫生服务补助标准提高到人均不低于 50 元，对医疗救助对象个人自负费用按 70%以上的比例给予救助。筑牢以社会救助为重点的托底保障，对困难家庭和失能残疾人发放生活护理补助。推进住房保障和供应体系建设，扩大公租房租售转换试点，新开工城镇棚户区、城中村改造 25 万套，基本建成 20 万套，改造农村危房 1.5 万户。

不断提升社会事业发展水平。坚持教育优先发展和促进教育公平，完成义务教育薄弱学校改造项目 500 个，新建改扩建幼儿园 300 所，省级免费培训农村教师 6 万人。加快构建医疗分级诊疗体系，推行医疗服务市区一体化、县乡村一体化。实施文艺精品创作工程和文化惠民系列工程，完善公共文化服务体系，建成 4000 个基层综合性文化服务中心。加快公共体育服务体系示范区建设，推动公共体育设施免费开放，新建健身步道 500 公里，567 个乡镇建成多功能运动场。大力发展多层次社会化养老服务，落实经济困难的高龄失能老人养老服务补贴制度，新建 100 个街道老年人日间照料中心、2000 个社区老年人助餐点，建立 500 个残疾人之家。全面实施两孩政策，关心关爱妇女儿童，为 100 万农村妇女实施专项疾病免费筛查，全面落实困境儿童救助保护制度。加强和创新社会治理，深入推进“社政互动”和社区减负，改造提升 300 个社区综合服务中心。严格落实安全生产责任，推进食品药品安全专项整治，深入推进法治江苏、平安江苏建设，确保社会大局和谐稳定。

各位代表，做好今年经济社会发展各项工作，任务艰巨，责任重大。让我们紧密团结在以习近平同志为总书记的党中央周围，高举中国特色社会主义伟大旗帜，务实创新，锐意进取，奋发实干，努力实现“十三五”发展开好局、起好步，在新的起点上开创全省改革发展新局面，为“迈上新台阶、建设新江苏”、谱写好中国梦的江苏篇章作出新的更大贡献！

第二篇　江苏省省情概况

第一章　总体介绍

江苏，简称“苏”，省会南京。位于中国大陆东部沿海中心，介于东经 116°18′—121°57′，北纬 30°45′—35°20′之间。江苏位于我国大陆东部沿海中心、长江下游，东濒黄海，东南与浙江和上海毗邻，西接安徽，北接山东。省际陆地边界线 3383 公里，面积 10.26 万平方公里，占全国的 1.06%，人均国土面积在全国各省区中最少。

江苏跨江滨海，平原辽阔，水网密布，湖泊众多。海岸线 954 公里，长江横穿东西 425 公里，京杭大运河纵贯南北 718 公里。有淮、沂、沭、泗、秦淮河、苏北灌溉总渠等大小河流 2900 多条。全国五大淡水湖，江苏得其二，太湖 2250 平方公里，居第三；洪泽湖 2069 平方公里，居第四，此外还有高宝湖、高邮湖、邵伯湖、骆马湖、微山湖等大小湖泊 290 多个，其中 50 平方公里以上的湖泊 12 个。平原、水域面积分别占 69%和 17%，比例之高居全国首位。低山丘陵面积占 14%，集中分布在西南和北部。连云港云台山玉女峰是全省最高峰，海拔 625 米。

江苏属于温带向亚热带的过渡性气候，基本以淮河为界。江苏省各地平均气温介于 13℃—16℃，江南 15℃—16℃，江淮流域 14℃—15℃，淮北及沿海 13℃—14℃，由东北向西南逐渐增高。最冷月为 1 月份，平均气温－1.0℃—3.3℃，其等温线与纬度平行，由南向北递减，7 月份为最热月，沿海部分地区和里下河腹地最热月在 8 月份，平均气温 26℃—28.8℃，其等温线与海岸线平行，温度由沿海向内陆增加。江苏省春季升温西部快于东部，东西相差 4—7 天；秋季降温南部慢于北部，南北相差 3—6 天。

第二章　自然地理

一、江苏地形

江苏地处东经116°18′—121°57′，北纬30°45′—35°20′之间。东濒黄海，西连安徽，北接山东，东南与浙江和上海毗邻。全省总面积10.26万平方千米，占全国总面积的1.1%。其中平原面积7.06万平方千米，水面面积1.73万平方千米。主要有苏南平原、苏中江淮平原、苏北黄淮平原组成。江苏地形地势低平，跨江滨海，平原辽阔，水网密布，湖泊众多，成为江苏一大地理特点。江苏海岸线954公里，长江横穿东西425公里，京杭大运河纵贯南北718公里。有淮、沂、沭、泗、秦淮河、苏北灌溉总渠等大小河流2900多条。全国五大淡水湖，江苏得其二，太湖2250平方公里，居第三，洪泽湖2069平方公里，居第四，此外还有高宝湖、高邮湖、邵伯湖、骆马湖、微山湖等大小湖泊290多个，其中50平方公里以上的湖泊12个。平原、水域面积分别占69%和17%，比例之高居全国首位。

江苏是全国地势最低的一个省区，绝大部分地区在海拔50米以下，低山丘陵集中在北部和西南部，占全省总面积的14.3%，主要有老山山脉、云台山脉、宁镇山脉、茅山山脉、宜溧山脉。连云港的市郊云台山玉女峰为全省最高峰，海拔625米。江苏第二高山：宜兴市张渚镇岭下村黄塔顶，最高峰海拔611.5米，苏南山区第一高峰。位于徐州市区东北40公里贾汪区境内的大洞山，海拔361米，又名茱萸山、九十九顶莲花山，属淮阴山脉，周围大小100余山头，连成一气，森林、灌丛、灌节丛、衡疏四种植被300多种植物分布其中，景深木秀，绿涛汹涌，被徐州市列为生态自然保护区。江苏处于亚热带向暖温带的过渡区，气候温和，雨量适中，四季分明。年均气温13℃—16℃，多年平均降雨量1002.7毫米。

二、江苏水文

江苏省地处江淮沂沭泗五大河流下游，长江横穿江苏省南部，江水系江苏省最可靠的水资源。境内有太湖、洪泽湖、高邮湖、骆马湖、白马湖、石臼湖、微山湖等大中型湖泊，以及大运河、淮沭河、串场河、灌河、盐河、通榆运河、灌溉总渠和通扬运河等各支河，河渠纵横，水网稠密。中国五大淡水湖，有两个位于江苏，太湖2250平方公里，居第三；洪泽湖2069平方公里，居第四，此外还有大小湖泊290多个，其中50平方公里以上的湖泊12个。全省大部分地区水系相当发达，共有大小河流和人工河道2900多条，陆域水面面积达1.73万平方公里，水面所占比例之大，在全国各省中居首位。其中尤其以长江以南的太湖平原和长江以北的里下河平原，大大小小的河流形成蛛网状，分布极为稠密，为大面积的水网密集地带。

长江是流经江苏最大的河流，呈东西向横穿江苏，省境内长度425公里，将江苏省分割为南北两部分。在江苏省境内，长江的支流有江苏省西南部的秦淮河，在南京市汇入长江。

三、江苏气候

江苏属于温带向亚热带的过渡性气候。江苏省各地平均气温13℃—16℃，江南15℃—16℃，江淮流域14℃—15℃，淮北及沿海13℃—14℃，由东北向西南逐渐增高。最冷月为1月份，平均气温－1.0℃—3.3℃，其等温线与纬度平行，由南向北递减，7月份为最热月，沿海部分地区和里下河腹地最热月在8月份，平均气温26℃—28.8℃，其等温线与海岸线平行，温度由沿海向内陆增加。全省春季升温西部快于东部，东西相差4—7天；秋季降温南部慢于北部，南北相差3—6天。

第三章　资源环境

一、土地资源

全省耕地面积7032万亩，占全国的3.85%，人均占有耕地0.91亩。沿海滩涂1031万亩，占全国的1/4，是重要的土地后备资源。江苏是著名的“鱼米之乡”。农业生产条件得天独厚，农作物、林木、畜禽种类繁多。粮食、棉花、油料等农作物几乎遍布全省。种植利用的林果、茶桑、花卉等品种260多个，蔬菜80多个种类、1000多个品种，江苏蚕桑闻名全国，名茶有“碧螺春”等。

二、水资源

江苏地处江、淮、沂沭泗流域下游和南北气候过渡带，滨江临海，河湖众多，水系复杂，特殊的地理位置和水系特点，给江苏带来丰富的水资源优势。江苏省多年平均径流深259.8毫米，地表水资源量264.9亿立方米，总水资源量320.2亿立方米。

三、矿产资源

本省地跨华北地台和扬子地台两大地质构造单元，有色金属类、建材类、膏盐类、特种非金属类矿产是江苏矿产资源的特色和优势。目前已发现的矿产品种有133种，探明资源储量的有66种，其中铌钽矿、含钾砂页岩、泥灰岩、凹凸棒石黏土、二氧化碳气等矿产查明资源储量居全国前列。

四、生物资源

本省野生动物资源为数较少，鸟类主要是野鸡、野鸭，沿海有丹顶鹤、白鹤、天鹅等珍稀飞禽，沿海地区还建有世界上第一个野生麋鹿保护区。植物资源非常丰富，约有850多种，尚有可利用和开发前途的野生植物资源600多种。水生动物资源极为丰富。东部沿海渔场面积达10万平方公里，其中包括著名的吕四、海州湾、长江口、大沙等四大渔场，盛产黄鱼、带鱼、鲳鱼、虾类、蟹类及贝藻类等水产品。内陆水面有2600多万亩，养殖面积836万亩。有淡水鱼类140余种，是全国河蟹、鳗鱼苗的主要产地。被称为“长江三鲜”的鲥鱼、刀鱼、河豚，“太湖三白”的白鱼、银鱼、白虾，都是水中珍品。

五、交通资源

（一）公路

江苏公路总里程和高速公路总里程均居中国各省首位。江苏省首轮规划的“四纵四横四联”高速公路网主骨架全面建成，包括宁盐高速公路、沪宁高速公路、京沪高速公路、苏嘉杭高速公路、连徐高速公路、宁靖盐高速公路、宁宿徐高速公路、宁杭高速公路、沿江高速公路、盐徐高速公路、徐济高速公路、沿海高速公路、宁连高速公路等，至 2015 年，通车里程将达到 5200 公里，基本建成“五纵九横五联”江苏高速公路网。

（二）航空

2016 年，江苏省已有南京、无锡、盐城、徐州、常州、扬州泰州、南通、淮安等 8 个一类航空口岸，数量位居全国前列，连云港机场口岸也实现临时开放，开放型经济发展的承载能力明显增强。值得注意的是，这两年国际客运增速明显。2015 年，全省机场完成国际及地区旅客吞吐量 313 万人次，同比增长 19.8%。其中国际旅客吞吐量 148 万人次，同比增长 48.5%。"十二五"国际（地区）旅客吞吐量年均增长 21.1%，保持高速发展态势。2016 年 1—10 月，全省 9 家机场完成国际及地区旅客吞吐量 348.5 万人次，已超去年全年，其中国际航线旅客吞吐量 209.0 万人次，同比增长高达 70.7%。同时，出境目的地也从传统的以我国台港澳地区为主转向欧美、日韩、东南亚。

表 1 江苏民用机场（12 个，含 2 个合建，江苏省覆盖）

所在地	机　　场	通航时间
南京	南京禄口国际机场	1997 年 7 月 1 日
徐州	徐州观音国际机场	1997 年 11 月 8 日
常州	常州奔牛国际机场	1986 年 3 月 15 日
无锡	苏南硕放国际机场（与苏州合建）	2004 年 02 月 19 日
盐城	盐城南洋国际机场	2000 年 3 月 29 日
南通	南通兴东机场	1993 年 8 月 24 日
淮安	淮安涟水机场	2010 年 09 月 26 日
连云港	连云港白塔埠机场	1985 年 3 月 26 日
扬州	扬州泰州机场（与泰州合建）	2012 年 05 月 08 日
连云港	连云港花果山国际机场	选址，即将建设

（三）铁路

江苏铁路交通发达，现已江苏省覆盖，京沪铁路、陇海铁路两条铁路干线经过境内，京沪铁路主要呈东西向穿越江苏的南部，陇海铁路也呈东西向经过江苏的最北部，徐州则为两大干线交汇的枢纽。京沪铁路南京至上海段为中国最繁忙的铁路之一，高峰时段平均每 5 分钟就有列车通过。除此之外，还有新长铁路、宁芜铁路、宁启铁路、宁西铁路、宁杭城际和宁安城际客运专线。但是，江苏铁路存在苏南与苏中、苏北分布不均的特点。待开工或已经开工的铁路有：连淮扬镇铁路（2013 年已完成了立项审批，2014 年确定将开工建设）、沪泰宁铁路（2020 年）、通苏嘉城际铁路/沪通铁路（先行段 2013 年 12 月开工）、宁启铁路二线（南通—启东）、徐宿淮盐铁路（2014 年开工）、徐淮宿城际铁路、盐连铁路、宁连铁路（待建）、徐连客运专线等。“十三五”末，江苏全省跨江达海、承东接西、辐射南北、方便快捷的快速铁路网构建完毕，将从根本上改变江苏铁路布局不均、在综合交通运输体系发展中相对滞后的现状。

(四)航运

江苏省东濒黄海,长江和京杭大运河呈十字形贯穿江苏省,太湖平原和里下河平原水网密布,水运历来在江苏省的交通体系中占有重要地位,江苏省绝大部分城市历史上均是依托水运优势得以发展繁荣。

江苏是港口大省,国家交通运输部公布的中国 53 个主要港口名录中,江苏有 7 个;在沿海 25 个主要港口中,江苏有 5 个。南京港是中国沿海主要港口,是国家重要的主枢纽港和对外开放一类口岸。连云港港是国家 25 个沿海主要港口、12 个区域性中心港口之一。徐州港是国家 28 个内河主要港口之一。苏州港吞吐量居中国内河港口之首。

表 2 江苏港口(21 个,江苏省覆盖)

分 类	名 单
海洋港口(黄海)	连云港港、大丰港、洋口港、吕四港
内河港口(长江、京杭大运河)	南京港、镇江港、常州港、徐州港(万寨港、邳州港、双楼港、孟家沟港)、如皋港、淮安港、宿迁港、江阴港、苏州港(张家港港区、常熟港区、太仓港区,其中太仓港区享受海港待遇)、南通港、淮安港、泰州港、扬州港(高邮港)

2016 年,全省港口建设投资完成 123.8 亿元,新建成万吨级以上泊位 19 个,截至 2016 年底,全省共有生产用泊位 7278 个(万吨级以上 480 个),货物通过能力 19.4 亿吨,集装箱能力 1452 万标箱。2016 年完成货物吞吐量 24.1 亿吨,集装箱 1629 万标箱,连云港、南京、镇江、苏州、南通、江阴、泰州等 7 港吞吐量超亿吨。港口货物通过能力、万吨级以上泊位数、货物吞吐量、亿吨大港数等多项指标全国第一。

连云港港:江苏沿海开发的龙头,国家 25 个沿海主要港口、12 个区域性中心港口和江苏重点打造的集装箱干线港之一。至 2016 年底,共有生产用泊位 66 个(万吨级以上 57 个),货物通过能力 14101 万吨,2016 年完成货物吞吐量 2.2 亿吨。

南京港:国家 25 个沿海主要港口之一。至 2016 年底,共有生产用泊位 238 个(万吨级以上 63 个),货物通过能力 22957 万吨,2016 年完成货物吞吐量 2.2 亿吨。

南通港:国家 25 个沿海主要港口之一。至 2016 年底,共有生产用泊位 112 个(万吨级以上 53 个),货物通过能力 11996 万吨,2016 年完成货物吞吐量 2.3 亿吨。

镇江港:国家 25 个沿海主要港口之一。至 2016 年底,共有生产用泊位 208 个(万吨级以上 44 个),货物通过能力 12549 万吨,2016 年完成货物吞吐量 1.3 亿吨。

徐州港:国家 28 个内河主要港口之一。至 2016 年底,共有生产用泊位 382 个,货物通过能力 9901 万吨,2016 年完成货物吞吐量 9122 万吨。

无锡港:国家 28 个内河主要港口之一。至 2016 年底,共有生产用泊位 817 个,货物通过能力 7178 万吨,2016 年完成货物吞吐量 5618 万吨。

太仓港:江苏重点打造的集装箱干线港之一。至 2016 年底,共有生产用泊位 74 个(万吨级以上 34 个),货物通过能力 13650 万吨,2016 年完成货物吞吐量 2.3 亿吨。

第四章　经济社会发展

2016年，面对复杂多变的宏观经济环境和艰巨繁重的改革发展任务，全省上下认真贯彻中央和省委省政府决策部署，坚持稳中求进工作总基调，自觉践行新发展理念，以供给侧结构性改革为主线，扎实做好各项工作，经济社会保持平稳健康发展，实现了“十三五”良好开局。全省综合实力明显增强，转型升级步伐加快，新旧动力加速转换，发展质量稳步提升，社会事业取得进步，民生福祉持续改善。

一、综合

经济发展总体平稳、稳中有进。全年实现地区生产总值76086.2亿元，比上年增长7.8%。其中，第一产业增加值4078.5亿元，增长0.7%；第二产业增加值33855.7亿元，增长7.1%；第三产业增加值38152亿元，增长9.2%。全省人均生产总值95259元，比上年增长7.5%。全社会劳动生产率持续提高，全年平均每位从业人员创造的增加值达159934元，比上年增加12620元。产业结构加快调整。三次产业增加值比例调整为5.4∶44.5∶50.1，全年服务业增加值占GDP比重提高1.5个百分点。全年实现高新技术产业产值6.7万亿元，比上年增长8.0%；占规上工业总产值比重达41.5%，比上年提高1.4个百分点。战略性新兴产业销售收入4.9万亿元，比上年增长10.5%；占规上工业总产值比重达30.2%。经济活力继续增强。全年非公有制经济实现增加值51510.3亿元，比上年增长8.0%，占GDP比重达67.7%，其中私营个体经济占GDP比重为43.6%。民营经济增加值占GDP比重达55.2%。年末全省工商部门登记的私营企业达222.9万户，当年新增50.1万户，注册资本98090.7亿元，比上年增长34.4%；个体户438.8万户，当年新增77.6万户。新型城镇化建设加快。年末城镇化率达67.7%，比上年提高1.2个百分点。区域发展协调性进一步提高。苏中和苏北对全省经济增长的贡献率达45.3%，沿海地区对全省经济增长的贡献率达18.4%。

就业形势保持平稳。年末全省就业人口4756.22万人，第一产业就业人口841.85万人，第二产业就业人口2045.17万人，第三产业就业人口1869.2万人。城镇地区就业人口3126.26万人，城镇新增就业143.22万人，城镇登记失业率3.0%。新增转移农村劳动力26.49万人。促进失业人员再就业77.82万人，其中就业困难人员就业13.12万人。分流安置去产能职工2.31万人，应届高校毕业生年末总体就业率达到96.9%，扶持城乡劳动者自主创业22.82万人。

消费价格温和上涨。全年居民消费价格比上年上涨2.3%，其中城市上涨2.4%，农村上涨1.8%。分类别看，食品烟酒上涨3.8%，衣着上涨1.8%，居住上涨1.2%，生活用品及服务上涨1.6%，交通和通信下降1.2%，教育文化和娱乐上涨0.9%，医疗保健上涨9.1%，其他用品和服务上涨2.7%。在食品烟酒中，鲜菜上涨11.3%，畜肉类上涨11.1%，水产品上涨6.7%，禽肉类上涨

1.2%,食用油上涨0.9%,粮食上涨0.2%,蛋类下降3.7%。工业生产者价格有所回升。全年工业生产者出厂价格同比下降1.9%,降幅较上年收窄2.8个百分点,其中生产资料下降2.2%,生活资料下降0.7%。全年工业生产者购进价格下降2.0%,降幅较上年收窄5.9个百分点。

表1 居民消费价格指数及其构成情况(以上年为100)

指 标	全省	城市	农村
居民消费价格	102.3	102.4	101.8
食品烟酒	103.8	103.6	104.3
#粮食	100.2	100.3	100.0
衣着	101.8	101.8	102.0
居住	101.2	101.5	100.3
生活用品及服务	101.6	101.7	101.0
交通和通信	98.8	98.7	99.1
教育文化和娱乐	100.9	100.9	100.7
医疗保健	109.1	111.2	102.6
其他用品和服务	102.7	102.8	102.5

全省经济社会发展中还存在不少困难和问题,如供给侧结构性矛盾突出,转型升级任务艰巨,实体经济困难较多,有效需求增长乏力,城乡居民增收难度较大等。

二、农林牧渔业

种植业产品产量有所下降。全年粮食播种面积543.3万公顷,比上年增加0.8万公顷;棉花面积6.3万公顷,减少3.1万公顷;油料面积43.9万公顷,减少3.7万公顷;蔬菜面积143万公顷,减少0.1万公顷。受灾害天气影响,全年粮食总产量3466万吨,比上年减产95.3万吨,下降2.7%。其中,夏粮1216.5万吨,下降4.3%;秋粮2249.5万吨,下降1.8%。林牧渔业总体稳定。全年造林面积2.8万公顷,比上年下降34.3%。全年猪牛羊禽肉产量345.9万吨,比上年下降3.7%;禽蛋产量198.5万吨,增长1.2%;牛奶总产量59万吨,下降1.0%;水产品总产量524.7万吨,增长0.5%,其中淡水产品373.4万吨,海水产品151.3万吨,分别增长0.1%和1.4%。

现代农业加快推进。全省高标准农田比重达到56%,农业科技进步贡献率提高到67%,家庭农场、农民合作社分别达到3.4万家和7.4万个。有效灌溉面积达406.7万公顷,新增有效灌溉面积4.1万公顷,新增节水灌溉面积19.2万公顷;新增设施农业面积3.4万公顷;年末农业机械总动力4906.6万千瓦,比上年增长1.7%。

表 2　主要农产品产量情况

产品名称	产量(万吨)	比上年增长(%)
粮食	3466.0	−2.7
棉花	7.4	−36.8
油料	131.9	−7.8
#油菜籽	93.6	−12.0
花生	36.7	4.7
蚕茧	4.0	−20.6
茶叶	1.4	−3.6
水果(含瓜果类)	893.0	−2.3
猪牛羊禽肉	345.9	−3.7
水产品	524.7	0.5

三、工业和建筑业

工业经济运行平稳。全年规模以上工业增加值比上年增长 7.7%,其中轻工业增长 7.6%,重工业增长 7.7%。分经济类型看,国有工业增长 4.2%,集体工业增长 5.5%,股份制工业增长 9.3%,外商港澳台投资工业增长 5.3%。在规模以上工业中,国有控股工业增长 4.0%,私营工业增长 10.6%。

企业效益稳步改善。全年规模以上工业企业实现主营业务收入 15.8 万亿元,比上年增长 7.5%;利润 10525.8 亿元,增长 10.0%。企业亏损面 12.3%,比上年下降 1.5 个百分点。规模以上工业企业总资产贡献率、主营业务收入利润率和成本费用利润率分别为 16.7%、6.7%和 7.2%。

表 3　主要工业产品产量情况

产品名称	单位	产量	比上年增长(%)
纱	万吨	536.86	−0.7
布	亿米	91.46	4.8
化学纤维	万吨	1458.19	3.0
卷烟	亿只	1027.68	−1.8
智能手机	万台	4998.80	30.2
彩色电视机	万台	1839.38	14.7
#智能电视	万台	921.25	21.0
家用电冰箱	万台	945.75	−4.1
房间空调器	万台	454.10	12.7
发电量	亿千瓦时	4667.73	6.7
粗钢	万吨	11080.49	3.4
钢材	万吨	13469.72	2.9

续表

产品名称	单位	产量	比上年增长(%)
十种有色金属	万吨	33.87	−14.8
水泥	万吨	17989.78	0.3
硫酸	万吨	349.66	3.1
纯碱	万吨	311.13	11.2
乙烯	万吨	162.95	6.0
化肥(折 100%)	万吨	207.63	1.4
汽车	万辆	144.89	14.3
#轿车	万辆	73.77	9.2
#新能源汽车	万辆	3.11	8.6
民用钢质船舶	万载重吨	1646.30	−22.2
太阳能电池	万千瓦	3484.40	22.6
发电设备	万千瓦	623.72	−12.6
光纤	万千米	5447.41	17.6
光缆	万芯千米	10053.51	6.9
微型电子计算机	万台	5285.18	−10.6
集成电路	亿块	453.96	22.9
程控交换机	万线	0.68	−15.0

先进制造业加快发展。全年规模以上工业中,汽车制造业实现产值 7967.7 亿元,比上年增长 13.1%;医药制造业产值 3992.4 亿元,增长 12.3%;专用设备制造业产值 6450.7 亿元,增长 8.4%;电气机械及器材制造业产值 17986.5 亿元,增长 9.4%;通用设备制造业产值 9401.6 亿元,增长 6.4%;计算机、通信和其他电子设备制造业产值 19438.7 亿元,增长 2.3%。代表智能制造、新型材料、新型交通运输设备和高端电子信息产品的新产品产量实现较快增长。全年工业机器人产量增长 90.6%,服务器增长 50.2%,碳纤维增强复合材料增长 36.6%,智能手机增长 30.2%,智能电视增长 21.0%,太阳能电池增长 22.6%。

建筑业稳定发展。全年实现建筑业总产值 25791.8 亿元,比上年增长 4.1%;竣工产值 21270.4 亿元,增长 4.1%;竣工率达 82.5%;全省建筑企业实现利税总额 1823.5 亿元,增长 4.1%;建筑业劳动生产率为 30.5 万元/人,增长 2.5%;建筑业企业房屋建筑施工面积 221493.6 万平方米,增长 2.7%;竣工面积 74990.3 万平方米,减少 2.4%,其中住宅竣工面积 54532.7 万平方米,减少 3.3%。

四、固定资产投资

固定资产投资缓中趋稳。全年完成固定资产投资 49370.9 亿元,比上年增长 7.5%。其中,国有及国有经济控股投资 10444.3 亿元,增长 5.1%;港澳台及外商投资 4692.8 亿元,增长 20.3%;民间投资 34233.7 亿元,增长 6.8%,占固定资产投资比重达 69.3%。分类型看,完成项目投资 40414.5 亿元,比上年增长 7.1%;房地产开发投资 8956.4 亿元,增长 9.8%。

投资结构持续调优。第一产业投资 293.1 亿元,比上年增长 26.2%;第二产业投资24673.8 亿元，增长7.8%；第三产业投资24403.9亿元，增长7.1%。第二产业投资中，工业投资24544.4亿元，增长7.9%，其中制造业投资22869.7亿元，增长7.7%。技术改造投资14570亿元，增长14.8%，占全部投资比重达29.5%；其中工业技改投资13603.9亿元，增长10.2%，占工业投资比重达55.4%。高新技术产业投资8010.8亿元，增长6.3%。

重点项目扎实推进。启动实施民生保障、公共服务等五大领域200个项目，完成投资4000亿元以上。交通、能源、水利、信息等一批重大基础设施项目相继建成。

五、国内贸易

消费品市场平稳运行，全年实现社会消费品零售总额28707.1亿元，比上年增长10.9%。按经营单位所在地分，城镇消费品零售额25768亿元，增长10.8%；乡村消费品零售额2939.1亿元，增长12.0%。按消费类型分，商品零售额25947.6亿元，增长10.6%；餐饮收入额2759.5亿元，增长14.0%。在限额以上企业商品零售额中，粮油、食品类增长12.5%，饮料类增长10.3%，烟酒类增长9.3%，服装、鞋帽、针纺织品类增长9.1%，金银珠宝类增长1.8%，日用品类增长6.5%，五金、电料类增长20.1%，书报杂志类增长10.2%，家用电器和音像器材类增长9.2%，中西药品类增长11.5%，通信器材类增长16.9%，文化办公用品类增长26.2%，家具类增长14.8%，石油及制品类增长2.4%，建筑及装潢材料类增长15.4%，汽车类增长10.5%。网上零售保持较快增长，全省限额以上批发和零售业网上零售额增长44.8%。

六、开放型经济

外贸形势略有好转。全年进出口总额33634.8亿元，比上年下降0.7%。其中，出口总额21063.2亿元，比上年增长0.2%；进口总额12571.6亿元，下降2.2%。

表5　进出口贸易主要分类情况

指　　标	绝对数(亿元)	比上年增长(%)
出口总额	21063.2	0.2
＃一般贸易	10253.4	6.4
加工贸易	9165.1	－0.2
＃工业制成品	20300.3	－0.5
初级产品	338.6	7.1
＃机电产品	13721.1	－1.7
＃高新技术产品	7718.0	－5.2
＃国有企业	1892.7	－0.8
外商投资企业	12305.7	2.3
私营企业	6473.2	－2.4
进口总额	12571.6	－2.2

续表

指　　标	绝对数(亿元)	比上年增长(%)
#一般贸易	5849.9	12.7
加工贸易	5093.5	0.4
#工业制成品	10518.0	−3.2
初级产品	1541.5	−1.9
#机电产品	7557.3	−4.1
#高新技术产品	5199.6	−7.8
#国有企业	830.0	−6.2
外商投资企业	9210.2	3.5
私营企业	2346.0	−17.1

在外贸规模稳定发展的同时,贸易结构也在不断优化。2016年,江苏一般贸易进出口16103.2亿元,逆势增长8.6%,占江苏省外贸总值的47.9%,同比提升4.1个百分点。其中,高新技术产品持续发力,生命科学技术、航天航空技术产品出口分别增长10.9%和16.6%,带来的增加值远高于传统产品,显示出江苏省部分高尖端产业的出口比较优势正在提升。

表6　对主要国家和地区货物进出口额及增长速度

国家和地区	出口额(亿元)	比上年增长(%)	进口额(亿元)	比上年增长(%)
美国	4732.5	4.7	811.7	−6.3
欧盟	3922.6	4.0	1495.8	0.5
东盟	2316.0	6.3	1559.2	2.3
中国香港	1799.5	−16.9	41.6	47.2
日本	1713.8	−1.7	1591.5	3.7
拉丁美洲	1114.3	−5.0	625.4	10.9
韩国	1100.9	6.4	2478.0	−4.6
中国台湾	657.9	−22.9	1821.9	−1.0
印度	654.5	9.5	65.5	−16.4
非洲	507.7	−5.9	103.0	6.9
俄罗斯	254.9	18.1	53.5	36.4

境外投资较快增长。全年新批外商投资企业2859家,新批协议注册外资431.4亿美元;实际使用外资245.4亿美元,比上年增长1.1%。新批及净增资9000万美元以上的外商投资大项目290个。全年新批境外投资项目1067个,比上年增长21.3%;中方协议投资142.2亿美元,比上年增长38.0%。

七、交通、邮电和旅游

交通运输基本平稳。全年旅客运输量、货物运输量分别比上年下降3.3%和增长2.3%,旅客周转量、货物周转量分别增长1.6%和5.9%。全省机场飞机起降39.2万架次，比上年增长14.1%；旅客吞吐量3726.1万人次，比上年增长20.2%，货邮吞吐量51.6万吨，比上年增长6.3%。完成规模以上港口货物吞吐量21.6亿吨，比上年增长3.7%，其中外贸货物吞吐量4.5亿吨，增长12.0%；集装箱吞吐量1621.6万标准集装箱，增长1.0%。年末全省公路里程15.7万公里。其中，高速公路里程4657.4公里，新增118.3公里。铁路营业里程2721.9公里，铁路正线延展长度4676.7公里。年末民用汽车保有量1435.5万辆，增长15.0%；净增186.7万辆，增长29.7%。年末个人汽车保有量1252.2万辆，增长16.3%；净增175.3万辆，增长24.2%。其中，个人轿车保有量892.1万辆，增长15.3%；净增118.2万辆，增长9.2%。

2016年，全省社会物流总额245868.4亿元，同比增长6.5%。其中工业品物流总额200285.3亿元，同比增长6.0%，占社会物流总额的81.5%；进口物流总额12638.2亿元，下降2.0%，占社会物流总额的5.1%；农产品物流总额2857.8亿元，同比增长5.3%，占社会物流总额的1.2%；外省市商品购进额28796.6亿元，同比增长13.4%，占社会物流总额的11.7%。2016年全省社会物流总费用10973.6亿元，同比增长5.4%。社会物流总费用与GDP的比率为14.4%，比去年下降0.4个百分点。物流总费用的构成为：运输费用5598.2亿元，同比增长3.7%，占社会物流总费用的51.0%；保管费用4208.8亿元，增长7.4%，占社会物流总费用的38.4%；管理费用1166.6亿元，增长6.5%，占社会物流总费用的10.6%。

表6　各种运输方式完成运输量

运输方式	货物周转量		货运量		旅客周转量		客运量	
	绝对数（亿吨公里）	比上年增长（%）	绝对数（万吨）	比上年增长（%）	绝对数（亿人公里）	比上年增长（%）	绝对数（万人）	比上年增长（%）
总计	7815.9	5.9	213831.6	2.3	1591.9	1.6	134604.2	−3.3
铁路	282.5	−7.0	5335.0	5.3	672.7	9.6	17814.2	10.5
公路	2140.3	3.2	117166.0	3.4	779.9	−5.5	113493.0	−5.3
水路	4749.8	2.5	77495.0	−1.2	2.4	−11.5	2272.1	−5.0
民航	1.1	10.4	7.6	8.6	136.9	18.9	1024.9	1.6
管道	642.2	3.0	13828.0	7.4	—	—	—	—

注：民航运输量数据仅指东航江苏公司完成数。

邮政电信快速发展。全年邮政电信业务总量3431.2亿元，比上年增长50.5%。分类型看，邮政行业业务总量663.7亿元，增长28.6%；电信业务总量2767.5亿元，增长56.8%。邮政电信业务收入1345.3亿元，比上年增长8.1%。分类型看，邮政行业业务收入463.3亿元，增长13.8%；电信业务收入882亿元，增长5.4%。年末局用交换机总容量288.6万门。年末固定电话用户1708.3万户，比上年末减少264.7万户。分城乡看，城市电话用户1097万户，乡村电话用户611.4万户。年末移动电话用户8198.8万户，比上年末减少28.6万户。年末电话普及率达124.2部/百人，其中移动电话普及率为102.2部/百人。长途光缆线路总长度4万公里，新增1107.7公里。年末互联网宽带接入用户2685.2万户，新增502.2万户。

旅游业较快增长。全年接待境内外游客68109.8万人次，比上年增长9.4%；实现旅游业总收入10263.6亿元,增长13.4%。接待入境过夜旅游者329.8万人次,增长8.1%。其中:外国人218万人次,增长8.5%;港澳台同胞111.8万人次,增长7.3%。旅游外汇收入38亿美元,增长7.8%。接待国内游客67780万人次,增长9.4%,实现国内旅游收入9952.5亿元,增长13.5%。

八、财政、金融

财政收入保持增长。全年完成一般公共预算收入8121.2亿元,同口径增长5.0%;上划中央四税5295.4亿元,比上年增长5.8%。

表7 财政收入分项情况

指　　标	绝对数(亿元)	比上年增长(%)
一般公共预算收入	8121.2	5.0(同口径)
#增值税	1974.6	-2.5(同口径)
营业税	1325.1	-2.5(同口径)
企业所得税(40%)	978.8	6.7
个人所得税(40%)	382.4	6.0
上划中央四税	5295.4	5.8
#国内消费税	709.1	4.8
增值税	2622.2	5.6

财政支出结构优化。全年一般公共预算支出9990.1亿元,比上年增长3.1%。一般公共预算支出中,教育支出1845.1亿元,比上年增长5.7%;公共安全支出632.5亿元,增长21.6%;医疗卫生支出715.3亿元,增长10.2%;社会保障和就业支出907.2亿元,增长8.2%;住房保障支出265.9亿元,增长7.6%。

金融信贷规模扩大。年末全省金融机构人民币存款余额121106.6亿元,比年初增加13233.6亿元,比上年末增长12.3%。其中,住户存款比年初增加3337.5亿元,同比多增476.1亿元;非金融企业存款比年初增加6344.6亿元,同比多增2382.7亿元。年末金融机构人民币贷款余额91107.6亿元,比年初增加12238.1亿元,比上年末增长15.5%。其中,中长期贷款比年初增加12169.2亿元,同比多增6208.4亿元;短期贷款比年初下降991.4亿元,同比少增2516.2亿元。

表8 年末金融机构人民币存贷款情况

指 标	绝对数(亿元)	比年初增(亿元)	比上年末增长(%)
各项存款余额	121106.6	13233.6	12.3
#住户存款	43900.5	3337.5	8.2
非金融企业存款	45277.9	6344.6	16.3
各项贷款余额	91107.6	12238.1	15.5
#短期贷款	29729.7	-991.4	-3.1

续表

指 标	绝对数(亿元)	比年初增(亿元)	比上年末增长(%)
中长期贷款	54873.6	12169.2	28.4
#消费贷款	22397.9	6926.1	44.8
#住房贷款	19872.7	6517.7	48.8

证券交易稳定发展。年末全省境内上市公司317家，省内上市公司通过首发、配股、增发、可转债、公司债在上海、深圳证券交易所筹集资金2254.6亿元，比上年增加1040.6亿元。江苏企业境内上市公司总股本2838.5亿股，比上年增长31.8%；市价总值37174.1亿元，增长1.2%。年末全省共有证券公司6家，证券营业部805家；期货公司10家，期货营业部140家；证券投资咨询机构3家。全年证券市场完成交易额34.6万亿元。分类型看，证券经营机构股票交易额19.7万亿元，下降44.0%；期货经营机构代理交易额14.9万亿元，下降51.3%。

保险行业快速发展。全年保费收入2690.2亿元，比上年增长35.2%。分类型看，财产险收入733.4亿元，增长9.1%；寿险收入1507亿元，增长39.0%；健康险和意外伤害险收入449.8亿元，增长92.4%。全年赔付额915.1亿元，比上年增长24.9%。其中，财产险赔付437.7亿元，增长8.6%；寿险赔付404亿元，增长50.6%；健康险和意外伤害险赔付73.5亿元，增长19.8%。

九、科学技术和教育

科技创新能力增强。区域创新能力连续八年保持全国第一。全省科技进步贡献率达61%，比上年提高1个百分点。90%以上的大中型企业建立了研发机构，省级以上众创空间384家。全年授权专利23.1万件，其中发明专利4.1万件。万人发明专利拥有量18.5件。全年共签订各类技术合同2.9万项，技术合同成交额达728亿元，比上年增长4.0%。全省企业共申请专利33.9万件。

高新产业较快发展。组织实施省重大科技成果转化专项资金项目173项，省资助资金投入13.5亿元，新增总投入108.6亿元。全省按国家新标准认定高新技术企业累计达1.2万家。新认定省级高新技术产品9816项，已建国家级高新技术特色产业基地147个。

科研投入比重提高。全社会研究与发展(R&D)活动经费1985亿元，占地区生产总值比重为2.61%，比上年提高0.04个百分点。全省从事科技活动人员118万人，其中研究与发展(R&D)人员75万人。全省拥有中国科学院和中国工程院院士97人。全省各类科学研究与技术开发机构中，政府部门属独立研究与开发机构达144个。全省已建国家和省级重点实验室170个，科技服务平台294个，工程技术研究中心3126个，企业院士工作站344个，经国家认定的技术中心104家。

教育事业全面发展。全省共有普通高校141所。普通高等教育本专科招生45.3万人，在校生174.6万人，毕业生48.2万人；研究生教育招生5.3万人，在校生16.2万人，毕业生4.4万人。高等教育毛入学率达54.7%，比上年提高2.4个百分点。全省中等职业教育在校生达65.3万人(不含技工学校)。九年义务教育巩固率100%，高中阶段教育毛入学率99.2%，基本普及高中阶段教育。特殊教育招生0.4万人，在校生2.5万人。全省共有幼儿园6867所，比上年增加108所；在园幼儿257.2万人，比上年增加6.5万人。学前三年教育毛入园率达97.8%。

表 9　各类教育招生和在校生情况

指标	招生数		在校生数		毕业生数	
	绝对数（万人）	比上年增长（%）	绝对数（万人）	比上年增长（%）	绝对数（万人）	比上年增长（%）
普通高等教育	50.6	1.2	190.7	1.9	52.5	－0.3
＃研究生	5.3	4.1	16.2	3.8	4.4	2.1
普通高中教育	31.8	－0.4	95.2	－2.7	33.9	－8.2
普通初中教育	70.2	10.6	195.0	4.4	61.6	0.6
小学教育	93.5	1.6	522.2	4.5	72.2	11.6

十、文化、卫生和体育

文化服务水平提升。城乡公共文化设施网络基本建成，全民阅读促进工作走在全国前列。年末全省共有文化馆、群众艺术馆 115 个，公共图书馆 114 个，博物馆 312 个，美术馆 25 个，综合档案馆 117 个，向社会开放档案 52.2 万件。共有广播电台 8 座，中短波广播发射台和转播台 21 座，电视台 8 座，广播综合人口覆盖率和电视综合人口覆盖率均为 100%。有线电视用户 2063 万户。生产故事影剧片 29 部。全年报纸出版 23.3 亿份，杂志出版 1.2 亿册，图书出版 5.6 亿册。

卫生事业快速发展。年末共有各类卫生机构 32080 个。其中医院 1679 个，疾病预防控制中心 117 个，妇幼卫生保健机构 110 个。各类卫生机构拥有病床 43.3 万张，其中医院拥有病床 34.8 万张。共有卫生技术人员 51.9 万人，其中执业医师、执业助理医师 19.6 万人，注册护士 21.8 万人，疾病预防控制中心卫生技术人员 0.6 万人，妇幼卫生保健机构卫生技术人员 1.1 万人。新型农村合作医疗人口覆盖率达 99%以上。分级诊疗制度加快实施，基层诊疗人次占诊疗总数的比重达到 60%。

体育事业保持稳定。江苏体育健儿在里约奥运会和残奥会取得优异成绩。在重大比赛中获世界冠军 22 项，获金牌 67 人次，获银牌 44 人次，获铜牌 62 人次。

十一、环境保护、节能降耗和安全生产

生态建设稳步推进。年末全省设立自然保护区 31 个，其中国家级自然保护区 3 个，面积达 53.6 万公顷。实施大气治理重点工程，PM2.5 平均浓度同比下降 12.1%，城市空气质量优良天数比例提高 3.4 个百分点。切实加强水污染防治，推进污水处理厂提标改造和城市黑臭水体整治，104 个国家考核断面水质优Ⅲ比例提高 9.9 个百分点，太湖流域连续九年实现“两个确保”。出台土壤污染防治工作方案，建立完善土壤环境监测网络。城乡环境综合整治成效显著，林木覆盖率提高到 22.8%，国家生态市(县、区)达到 45 个。

节能减排扎实推进。积极推进生产方式绿色化转型，加强重点领域节能减排，圆满完成 G20 杭州峰会空气质量保障任务。万元地区生产总值能耗降低率及化学需氧量、二氧化硫、氨氮、氮氧

化物排放削减均完成年度目标任务。

安全生产形势总体平稳。事故起数和死亡人数实现“双下降”，全年发生各类生产安全事故8686起，死亡4819人，按可比口径计算，分别下降3.1%和4.0%。亿元GDP生产安全事故死亡率为0.063，比上年下降13.7%。

十二、人口、人民生活和社会保障

人口总量缓慢增长。年末全省常住人口7998.6万人，比上年末增加22.3万人，增长0.3%。在常住人口中，男性人口4025.66万人，女性人口3972.94万人；0—14岁人口1080.58万人，15—64岁人口5896.39万人，65岁及以上人口1021.63万人。全面二孩政策平稳有序推进。全年人口出生率9.76‰，比上年提高0.71个千分点；人口死亡率为7.03‰，与上年持平；人口自然增长率2.73‰，比上年提高0.71个千分点。

居民收入持续增加。根据城乡一体化住户抽样调查，全年全省居民人均可支配收入32070元，比上年增长8.6%。按常住地分，城镇居民人均可支配收入40152元，增长8.0%；农村居民人均可支配收入17606元，增长8.3%。全省居民人均可支配收入中位数27436元，增长9.3%。全省居民人均可支配收入中，按五等份分组，低收入组人均可支配收入9436元，增长11.2%；中低收入组人均可支配收入18581元，增长11.8%；中等收入组人均可支配收入27670元，增长10.1%；中高收入组人均可支配收入40363元，增长11.0%；高收入组人均可支配收入73201元，增长6.7%。全省居民人均消费支出22130元，比上年增长7.7%。

社保体系更加牢固。机关事业单位养老保险制度改革全面展开，城乡居民基本医疗保险制度整合取得突破，全民参保登记全面完成，社会保险主要险种覆盖率达97%以上。年末全省企业职工基本养老保险(含离退休人员)、城镇职工基本医疗保险(含退休人员)、失业保险参保人数分别达2726.07万人、2486.73万人和1538.12万人，分别比上年末增长2.7%、2.4%和3.2%。年末享受企业职工基本养老保险离退休人员679.37万人，享受城镇职工基本医疗保险退休人员640.06万人。年末城乡居民基本养老保险参保人数1289.54万人，领取基础养老金人数1045.79万人。年末城镇居民基本医疗保险参保人数(含人社部门经办的新型农村合作医疗)为1999.28万人，比上年末增长26.1%。机关事业单位和企业退休人员养老金首次统筹调整，人均上调6.9%。城镇职工医保和居民医保报销比例进一步提高，基本实现省内异地就医联网结算，新农合政策范围内报销比例达到76%以上。保障性安居工程扎实推进，新开工棚户区(危旧房)和城中村改造27.4万套，基本建成27.5万套。

第五章 人口与行政区划

一、人口结构

2015 年 11 月 1 日零时，全省常住人口为 7973 万人，同第六次全国人口普查 2010 年 11 月 1 日零时的 7866 万人相比，五年共增加 107 万人，增长 1.36%，年平均增长率为 0.27%。全省常住人口中，平均每个家庭户的人口为 2.94 人，与 2010 年第六次全国人口普查持平。全省常住人口中，男性人口为 4013 万人，占 50.33%；女性人口为 3960 万人，占 49.67%。总人口性别比（以女性为 100，男性对女性的比例）由 2010 年第六次全国人口普查的 101.54 下降为 101.34。

全省常住人口中，具有大学（指大专以上）文化程度的人口为 1230 万人；具有高中文化（含中专）程度的人口为 1356 万人；具有初中文化程度的人口为 2741 万人；具有小学文化程度的人口为 1744 万人（以上各种受教育程度的人包括各类学校的毕业生、肄业生和在校生）。与 2010 年第六次全国人口普查相比，每 10 万人中具有大学文化程度的由 10815 人上升为 15427 人；具有高中文化程度的由 16143 人上升为 17007 人；具有初中文化程度的由 38670 人减少为 34379 人；具有小学文化程度的由 24176 人下降为 21874 人。

2016 年年末，江苏省常住人口 7998.60 万人，比上年末增加 22.3 万人，增长 0.3%。在常住人口中，男性人口 4025.66 万人，女性人口 3972.94 万人；0—14 岁人口 1080.58 万人，占比 13.51%，占比增加 0.17 个百分点；15—64 岁人口 5896.39 万人，占比 73.72%，占比减少 0.41 个百分点；65 岁及以上人口 1021.63 万人，占比 13.51%，占比增加 0.24 个百分点。

表 1 2016 年江苏人口

年末常住人口	7998.60	万人
年末户籍人口	7775.66	万人
从业人员	4756.22	万人
出生人口	77.96	万人
死亡人口	56.15	万人
结婚人数	71.61	万对
离婚人数	26.13	万对
人口密度	746	人/平方公里
人口平均期望寿命（2015 年）	77.51	岁
男	75.50	岁
女	79.52	岁

数据来源：江苏统计局。

二、行政区划

江苏现有13个省辖市，下辖100个县(市、区)，其中22个县、23个县级市、55个市辖区。截至2016年底，全省共有832个乡镇、455个街道办事处。截至2016年底，全省共有14477个村委会、7079个居委会。

表2　江苏省行政区划

市　名	各级市单位数	县　级单位数				镇	乡	街　道办事处	村　民委员会	居　民委员会
			县	县级市	市辖区					
全　　省	13	96	20	21	55	763	69	455	14477	7079
南京市	1	11			11	13		87	287	944
无锡市	1	7		2	5	30		51	639	590
徐州市	1	10	3	2	5	97		66	2041	650
常州市	1	6		1	5	36		25	645	394
苏州市	1	9		4	5	55		41	1036	1128
南通市	1	8	2	3	3	65		37	1304	606
连云港市	1	6	3		3	50	10	29	1432	251
淮安市	1	7	3		4	84	20	21	1451	246
盐城市	1	9	5	1	3	96		26	1826	617
扬州市	1	6	1	2	3	62	5	14	1005	374
镇江市	1	6		3	3	31		25	490	271
泰州市	1	6		3	3	71	5	20	1425	437
宿迁市	1	5	3		2	73	29	13	896	571

数据来源:江苏统计局。

1996年以来，经国务院批准，全省对省辖市行政区划进行了较大规模调整。1996年，扬泰分设，撤县级泰州市，设地级泰州市;淮宿分设，撤县级宿迁市，设地级宿迁市。2000年以来，全省调整了苏州、无锡、常州、南京、镇江、扬州、南通、徐州、淮安、连云港、盐城、泰州、宿迁13个省辖市市区行政区划。其中，2011年，经国务院批准，对扬州市行政区划进一步进行调整，撤销县级江都市，设立扬州市江都区，撤销扬州市维扬区。2012年，经国务院批准，苏州市撤销沧浪区、平江区、金阊区，合并设立姑苏区，撤销了吴江市，设立吴江区;泰州市撤销了姜堰市，设立姜堰区。2013年2月，南京市撤销秦淮区与白下区，合并设立新的秦淮区，撤销鼓楼区与下关区，合并设立新的鼓楼区，撤销高淳县、溧水县，分别设立高淳区、溧水区。2014年，连云港市撤销新浦区、海州区，设立新的海州区。2015年，常州戚墅堰区和武进区合并组建新的武进区。2015年，撤销淮安市清河区、清浦区，设立淮安市清江浦区，以原清河区、清浦区的行政区域为清江浦区的行政区域。2016年，根据国务院、省政府批复，同意设立无锡市新吴区，将无锡市锡山区的鸿山街道和滨湖区的江溪、旺庄、硕放、梅村、新安街道划归新吴区管辖,以上述 6 个街道的行政区域为新吴区的行政区域。

1998 年以来,全省对布局不尽合理和规模偏小的乡镇、村进行了撤并。至 2011 年底,共撤并乡镇 1018 个,撤并率 51%,其中 2011 年撤并乡镇 19 个。2012 年,江苏省围绕城镇化和城乡一体化发展战略,撤并 24 个镇、3 个街道办事处,新设立 10 个街道办事处。如今全省乡镇平均规模为 87.79 平方公里,人口 6.06 万人,分别是 1998 年底的 1.7 倍和 1.9 倍,乡镇规模和人口数量更加合理,对优化资源配置、统筹城乡发展、加快推进工业化和城市化进程起到了重要推动作用。

表 3　全省县级以上行政区划一览表

设区市	县(市、区)
南京(11 个)	玄武区、秦淮区、建邺区、鼓楼区、浦口区、栖霞区、雨花台区、江宁区、六合区、溧水区、高淳区
无锡(7 个)	梁溪区、新吴区、锡山区、惠山区、滨湖区、江阴市、宜兴市
徐州(10 个)	鼓楼区、云龙区、贾汪区、泉山区、铜山区、丰县、沛县、睢宁县、新沂市、邳州市
常州(6 个)	天宁区、钟楼区、新北区、武进区、溧阳市、金坛市
苏州(9 个)	姑苏区、虎丘区、吴中区、相城区、吴江区、常熟市、张家港市、昆山市、太仓市
南通(8 个)	崇川区、港闸区、通州区、海安县、如东县、启东市、如皋市、海门市
连云港(6 个)	连云区、海州区、赣榆县、东海县、灌云县、灌南县
淮安(7 个)	淮安区、淮阴区、清浦区、涟水县、洪泽县、盱眙县、金湖县
盐城(9 个)	亭湖区、盐都区、响水县、滨海县、阜宁县、射阳县、建湖县、东台市、大丰市
扬州(6 个)	广陵区、邗江区、江都区、宝应县、仪征市、高邮市
镇江(6 个)	京口区、润州区、丹徒区、丹阳市、扬中市、句容市
泰州(6 个)	海陵区、高港区、兴化市、靖江市、泰兴市、姜堰区
宿迁(5 个)	宿城区、宿豫区、沭阳县、泗阳县、泗洪县

第三篇　经济社会发展报告

第一章　2016年江苏省经济和社会发展分析

2016年，面对复杂多变的宏观经济环境和艰巨繁重的改革发展任务，全省上下认真贯彻中央和省委省政府决策部署，坚持稳中求进工作总基调，自觉践行新发展理念，以供给侧结构性改革为主线，扎实做好各项工作，经济社会保持平稳健康发展，实现了"十三五"良好开局。全省综合实力明显增强，转型升级步伐加快，新旧动力加速转换，发展质量稳步提升，社会事业取得进步，民生福祉持续改善。

一、综合

江苏省在2016年实现了"十三五"良好开局。全省经济运行总体平稳、稳中有进、稳中有好，主要指标增幅保持在合理区间，转型升级步伐不断加快，新旧动力加速转换，发展质量稳步提升，民生福祉持续改善。全年实现地区生产总值76086.2亿元，比上年增长7.8%。

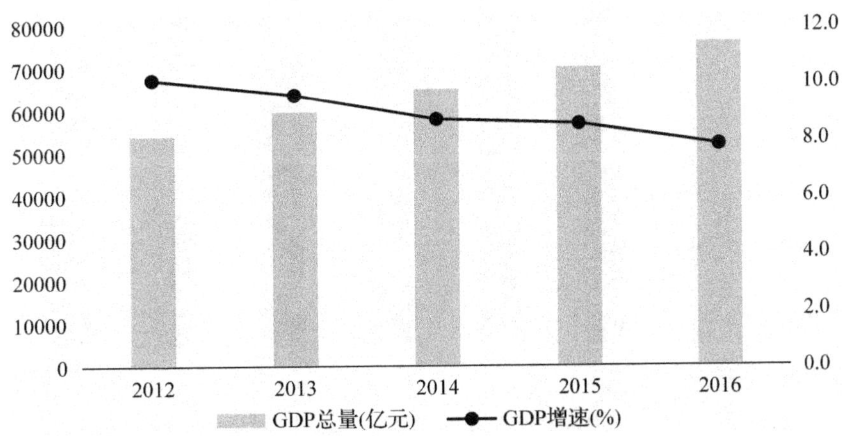

图1　2012—2016年江苏省地区生产总值及增速变动（单位：亿元、%）

数据来源：历年《江苏统计年鉴》。

江苏经济1992—2012年这21年间一直保持两位数的增速，近5年来，受多种因素影响，增长速度有所放缓，从2012年的10.1%，下滑到2016年的7.8%，从高速转为中高速，在合理区间运行。

其中，2016年第一产业增加值4078.5亿元，增长0.7%；第二产业增加值33855.7亿元，增长7.1%；第三产业增加值38152亿元，增长9.2%。全省人均生产总值95259元，比上年增长7.5%。全社会劳动生产率持续提高，全年平均每位从业人员创造的增加值达159934元，比上年增加12620元。

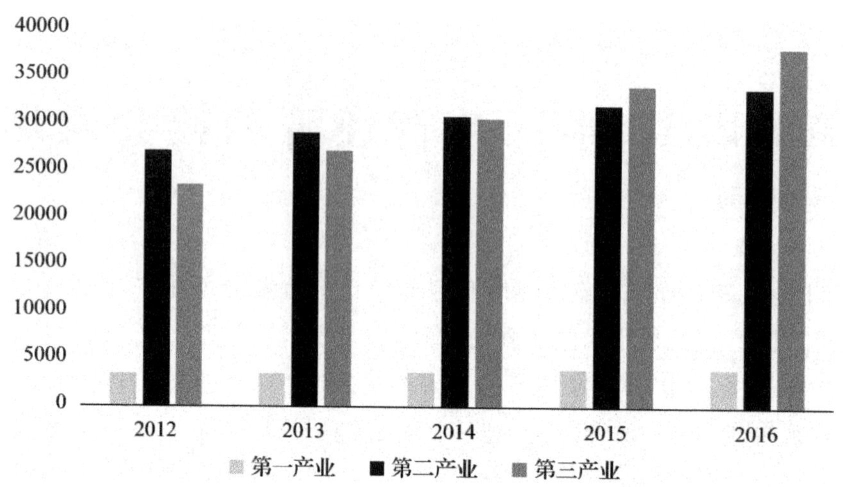

图 2　2012—2016 年江苏省三次产业增加值变动(单位:亿元)

数据来源:历年《江苏统计年鉴》。

近年来,江苏产业结构发展出现一些新特点,三次产业结构已从"二、三、一"转变为"三、二、一"型,三次产业增加值比例调整为 5.4∶44.5∶50.1,全年服务业增加值占 GDP 比重提高 1.5 个百分点。

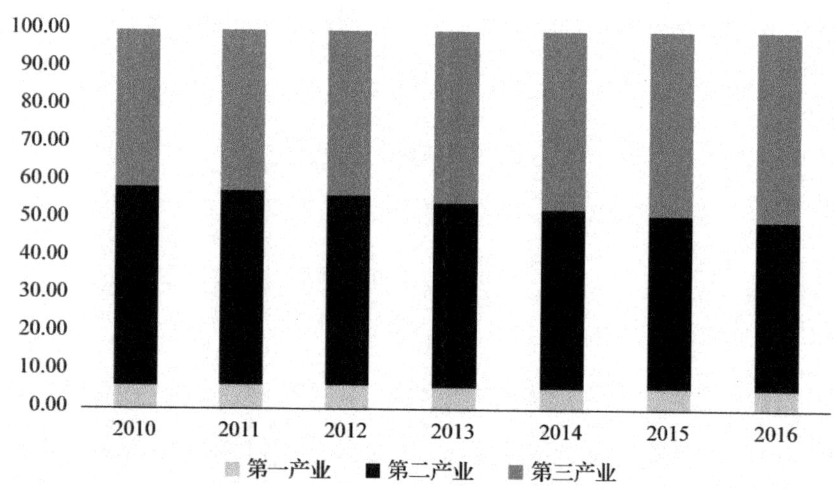

图 3　2010—2016 年江苏省三次产业增加值比重(单位:%)

数据来源:历年《江苏统计年鉴》。

第一产业占 GDP 的比重呈现不断下降趋势。1992 年,全省第一产业占 GDP 的比重为 18.4%,到 2003 年占比已经下降到 9.3%,降幅非常明显,随后到 2016 年一产占比下降为 5.4%。随着全省经济的不断发展和第三产业的持续壮大,2013 年至今第一产业占 GDP 比重基本维持在 5.4%—6%。

第二产业始终在全省经济中占据重要的地位,占 GDP 的份额最大,对经济增长的贡献也最大。改革开放以来,第二产业在 GDP 中所占的比重呈现波浪式运动,但总体上看没有发生大幅度的变化。从波动情况看,第二产业的比重从 1978 年的 52.6%下降到 1991 年的 49.6%,随后从 1992 年起开始保持在50%以上,2005年上升到56.6%,再到顶点,随着工业化进程的推进,江苏从工业高速发展阶段进入到工业化后期和后工业化时代,二产占比逐年下降,2013年占比下降到50%以下,2015年下降为45.7%,被三产超过,从雄踞多年的首位下降为第二位,实现了江苏产业结构的重大转型。

第三产业占GDP的比重总体呈现上升趋势,增长趋势的阶段性特征明显。自改革开放到1987年,第三产业占GDP的比重一直没有发生明显变化,占比始终保持在20%以下。而在1988年以后,第三产业的比重迅速上升,1989年首次超过了第一产业达到25.8%,随后保持稳定提高的趋势,2010年第三产业增加值占GDP的比重超过40%。2015年为50.1%,1992—2016年间三产比重提高接近20个百分点,上升首个10个百分点用了17年的时间(1992—2009年),而上升到现在的水平只用了6年(2009—2016年),目前仍在稳定提高中。

表1　江苏三次产业GDP总值及年实际增速(2009—2016年)

年份	总值(亿元)				年增速(%)			
	GDP	第一产值	第二产业	第三产业	GDP	第一产业	第二产业	第三产业
2009	34457.30	2261.86	18566.37	13629.07	12.45	4.47	12.55	13.59
2010	41425.48	2540.10	21753.93	17131.45	12.70	4.90	13.10	13.35
2011	49110.27	3064.78	25203.28	20842.21	10.97	4.01	11.69	11.09
2012	54058.22	3418.29	27121.95	23517.98	10.10	4.60	11.10	9.70
2013	59161.75	3646.08	29094.02	26421.65	9.60	3.10	10.00	9.80
2014	65088.3	3634.3	31057.5	30396.5	8.70	2.90	8.80	9.30
2015	70116.4	3988	32043.6	34084.8	8.50	3.20	8.40	9.30
2016	76086.2	4078.5	33855.7	38152	7.80	0.70	7.10	9.20

数据来源:历年《江苏统计年鉴》。

全年实现高新技术产业产值6.7万亿元,比上年增长8.0%;占规上工业总产值比重达41.5%,比上年提高1.4个百分点。战略性新兴产业销售收入4.9万亿元,比上年增长10.5%;占规上工业总产值比重达30.2%。符合转型升级方向的新行业、新产品快速增长。代表智能制造、新型材料、新型交通运输设备和高端电子信息产品的新产品产量实现较快增长。全年工业机器人产量增长90.6%,服务器增长50.2%,碳纤维增强复合材料增长36.6%,智能手机增长30.2%,智能电视增长21%,太阳能电池增长23%。

在行业层面,2016年江苏省第二产业中工业的增加值为33550.54亿元,占地区生产总值44.10%,与上年相比,下降1.6个百分点。其中制造业增加值为27813.3亿元,占地区生产总值36.5%,与上年相比,同样下降1.2个百分点。第三产业中的批发和零售业、金融业、房地产业增加值规模较大,分别为7470.27亿元、6011.13亿元和4292.79亿元,占地区生产总值的比重分别为9.82%、7.90%和4.27%,较2015年,只有金融业的占比呈现上升趋势。表2汇总了2012—2016年江苏分行业的增加值情况。

表 2　2012—2016 年江苏省各行业生产总值　　(单位:亿元)

行　　业	2012 年	2013 年	2014 年	2015 年	2016 年
地区生产总值	54058.2	59161.7	65088.32	70116.4	76086.17
第一产业	3418.3	3646.1	3634.33	3986.05	4077.18
农、林、牧、渔业	3418.3	3646.1	3835.16	4209.52	4323.53
第二产业	27122.0	29094.0	30854.50	32044.45	33550.54
工业	23908.5	25612.2	26962.97	27996.43	29385.87
采矿业	327.5	245.0	251.44	186.80	153.87
制造业	22393.8	24227.2	25484.27	26434.83	27813.27
电力、燃气及水的生产和供应业	1187.2	1140.1	804.9	1374.80	1418.73
建筑业	3213.5	3481.8	2101.4	4055.42	4173.66
第三产业	23518.0	26421.7	30599.49	34085.88	38458.45
批发和零售业	5704.7	6223.5	6559.03	6992.68	7470.27
交通运输、仓储和邮政业	2352.4	2500.1	2591.15	2705.44	2834.56
住宿和餐饮业	1045.2	1053.0	1094.45	1189.40	1291.32
信息传输、计算机服务和软件业	1103.8	1341.6	1579.55	1870.81	2443.22
金融业	3136.5	3808.8	4723.69	5302.93	6011.13
房地产业	2992.8	3308.4	3564.44	3755.45	4292.79
租赁和商务服务业	1415.2	1861.6	2469.55	2845.33	3451.12
科学研究、技术服务和地质勘查业	612.5	703.6	884.50	998.71	1097.81
水利、环境和公共设施管理业	322.0	348.0	428.27	496.67	551.91
居民服务和其他服务业	686.0	803.2	1073.53	1259.45	1507.03
教育	1420.5	1527.0	1866.58	2195.15	2426.57
卫生、社会保障和社会福利业	731.6	819.0	1015.45	1230.89	1410.95
文化、体育和娱乐业	303.0	383.4	536.56	635.64	795.79
公共管理和社会组织	1691.9	1740.5	2003.97	2376.46	2618.65

数据来源:历年《江苏统计年鉴》。

全年非公有制经济实现增加值 51510.3 亿元,比上年增长 8.0%,占 GDP 比重达 67.7%,其中私营个体经济占 GDP 比重为 43.6%。民营经济增加值占 GDP 比重达 55.2%。年末全省工商部门登记的私营企业达 222.9 万户,当年新增 50.1 万户,注册资本 98090.7 亿元,比上年增长 34.4%;个体户 438.8 万户,当年新增 77.6 万户。

2016 年,江苏民营经济呈现"规模扩大、效益提升、贡献加大"的发展态势。目前,江苏民营经济发展的现状和特点如下:

(1) 规模已超半壁江山,拉动作用明显增强。随着江苏民营企业逐步发展壮大,民营经济规模数量不断扩大。2015 年末,江苏私营企业和个体工商户登记户数共 569.4 万户,本期登记 39.4 万户;注册资本(金)总额 72965.4 亿元,比上年增长 30.7%。2015 年民营经济增加值达到 38564 亿元，占全省 GDP 的比重达 55%，上年提高0.5 个百分点。全省民营经济继续保持着较快的发展态势，全年增长 8.9%，高于全省 GDP 增速 0.4 个百分点，是推动全省经济较快发展的最强劲、最活跃的积极因素。

(2) 利润实现较快增长，社会贡献不断加大。江苏民营经济总量占比越来越高，对全省经济社会发展的贡献越来越大，成为推动全省经济增长的新引擎。2015 年，江苏规模以上民营工业实现利润 5536.01 亿元，比上年增长 12.4%；主营业务收入利润率 6.5%，与规模以上工业企业持平，高于国有企业 2.4 个百分点。规模以上民营服务业实现利润 893.8 亿元，增长 21.2%，快于规模以上服务业企业 5 个百分点。2015 年，民营企业上缴税金占全部税收比重近 60%，已成为江苏财税收入的重要来源；同时，吸纳就业能力不断提升，社会效益显著。全省个体工商户、私营企业从业人员达 2791.1 万人，占全省常住人口的 35%，在全省境内每三个人中就有一人从事个体私营经营活动。

(3) 民营科技企业量质齐升，科技含量明显提高。2015 年，全省民营科技企业达 101046 家，同比增长 19.8%；实现总收入 72812 亿元，同比增长 17.8%。全省民营科技企业研发投入约占全省企业研发投入的 2/3，近半数以上的民营科技企业建有独立研究开发机构，能自主开发新产品或新工艺。民营科技企业知识产权创造能力显著增强，截至 2015 年底，全省民营科技企业拥有有效专利数 40 万件。

新型城镇化建设加快。年末城镇化率达 67.7%，比上年提高 1.2 个百分点。从全省情况看，常州市城镇化率居全省第四位，低于南京(82.0%)、无锡(75.8%)和苏州(75.5%)，高于全省平均水平 3.3 个百分点。

区域发展协调性进一步提高。苏中和苏北对全省经济增长的贡献率达 45.3%，沿海地区对全省经济增长的贡献率达 18.4%。

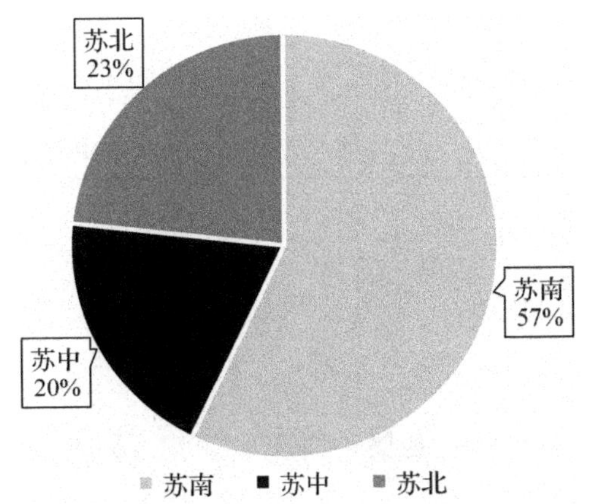

图 4　2016 年江苏省三大区域生产总值比重(单位：%)

数据来源：《2016 江苏统计年鉴》。

就业形势保持平稳。年末全省就业人口 4756.22 万人，第一产业就业人口 841.85 万人，第二产业就业人口 2045.17 万人，第三产业就业人口 1869.2 万人。城镇地区就业人口 3126.26 万人，城镇新增就业 143.22 万人，城镇登记失业率 3.0%。新增转移农村劳动力 26.49 万人。促进失业人员再就业 77.82 万人,其中就业困难人员就业 13.12 万人。分流安置去产能职工 2.31 万人,应届高校毕业生年末总体就业率达到 96.9%,扶持城乡劳动者自主创业 22.82 万人。总体平稳的经济增长、调轻调优的经济结构,以及快速发展的以"互联网+"相关行业为代表的新产业、新业态和新商业模式,提供了大量新增就业机会,全省城镇新增就业 143.2 万人,同比增加 3.4 万人,增长 2.4%,连续 4 年保持增长,并达到历史最高水平。

消费价格温和上涨。全年居民消费价格比上年上涨 2.3%,其中城市上涨 2.4%,农村上涨 1.8%。分类别看,食品烟酒上涨 3.8%,衣着上涨 1.8%,居住上涨 1.2%,生活用品及服务上涨 1.6%,交通和通信下降 1.2%,教育文化和娱乐上涨 0.9%,医疗保健上涨 9.1%,其他用品和服务上涨 2.7%。在食品烟酒中,鲜菜上涨 11.3%,畜肉类上涨 11.1%,水产品上涨 6.7%,禽肉类上涨 1.2%,食用油上涨 0.9%,粮食上涨 0.2%,蛋类下降 3.7%。工业生产者价格有所回升。全年工业生产者出厂价格同比下降 1.9%,降幅较上年收窄 2.8 个百分点,其中生产资料下降 2.2%,生活资料下降 0.7%。全年工业生产者购进价格下降 2.0%,降幅较上年收窄 5.9 个百分点。

表 3　2016 年江苏居民消费价格指数及其构成情况(以上年为 100)

指　　标	全省	城市	农村
居民消费价格	102.3	102.4	101.8
食品烟酒	103.8	103.6	104.3
#粮食	100.2	100.3	100.0
衣着	101.8	101.8	102.0
居住	101.2	101.5	100.3
生活用品及服务	101.6	101.7	101.0
交通和通信	98.8	98.7	99.1
教育文化和娱乐	100.9	100.9	100.7
医疗保健	109.1	111.2	102.6
其他用品和服务	102.7	102.8	102.5

数据来源:《2016 江苏统计年鉴》。

二、农林牧渔业

种植业产品产量有所下降。全年粮食播种面积 543.3 万公顷,比上年增加 0.8 万公顷;棉花面积 6.3 万公顷,减少 3.1 万公顷;油料面积 43.9 万公顷,减少 3.7 万公顷;蔬菜面积 143 万公顷,减少 0.1 万公顷。受灾害天气影响,全年粮食总产量 3466 万吨,比上年减产 95.3 万吨,下降 2.7%。其中,夏粮 1216.5 万吨,下降 4.3%;秋粮 2249.5 万吨,下降 1.8%。

林牧渔业总体稳定。全年造林面积 2.8 万公顷,比上年下降 34.3%。全年猪牛羊禽肉产量 345.9 万吨,比上年下降 3.7%;禽蛋产量 198.5 万吨,增长 1.2%;牛奶总产量 59 万吨,下降 1.0%;水产品总产量 524.7 万吨,增长 0.5%,其中淡水产品 373.4 万吨,海水产品 151.3 万吨,分别增长 0.1%和 1.4%。

现代农业加快推进。全省高标准农田比重达到56%，农业科技进步贡献率提高到67%，家庭农场、农民合作社分别达到3.4万家和7.4万个。有效灌溉面积达406.7万公顷，新增有效灌溉面积4.1万公顷，新增节水灌溉面积19.2万公顷；新增设施农业面积3.4万公顷；年末农业机械总动力4906.6万千瓦，比上年增长1.7%。

表4　2016年江苏主要农产品产量情况

产品名称	产量(万吨)	比上年增长(%)
粮食	3466.0	−2.7
棉花	7.4	−36.8
油料	131.9	−7.8
#油菜籽	93.6	−12.0
花生	36.7	4.7
蚕茧	4.0	−20.6
茶叶	1.4	−3.6
水果(含瓜果类)	893.0	−2.3
猪牛羊禽肉	345.9	−3.7
水产品	524.7	0.5

数据来源：《2016江苏统计年鉴》。

三、工业和建筑业

工业经济运行平稳。全年规模以上工业增加值比上年增长7.7%，其中轻工业增长7.6%，重工业增长7.7%。分经济类型看，国有工业增长4.2%，集体工业增长5.5%，股份制工业增长9.3%，外商港澳台投资工业增长5.3%。在规模以上工业中，国有控股工业增长4.0%，私营工业增长10.6%。

企业效益稳步改善。全年规模以上工业企业实现主营业务收入15.8万亿元，比上年增长7.5%；利润10525.8亿元，增长10.0%。企业亏损面12.3%，比上年下降1.5个百分点。规模以上工业企业总资产贡献率、主营业务收入利润率和成本费用利润率分别为16.7%、6.7%和7.2%。

表5　主要工业产品产量情况

产品名称	单位	产量	比上年增长(%)
纱	万吨	536.86	−0.7
布	亿米	91.46	4.8
化学纤维	万吨	1458.19	3.0
卷烟	亿只	1027.68	−1.8

续表

产品名称	单位	产量	比上年增长(%)
智能手机	万台	4998.80	30.2
彩色电视机	万台	1839.38	14.7
#智能电视	万台	921.25	21.0
家用电冰箱	万台	945.75	-4.1
房间空调器	万台	454.10	12.7
发电量	亿千瓦时	4667.73	6.7
粗钢	万吨	11080.49	3.4
钢材	万吨	13469.72	2.9
十种有色金属	万吨	33.87	-14.8
水泥	万吨	17989.78	0.3
硫酸	万吨	349.66	3.1
纯碱	万吨	311.13	11.2
乙烯	万吨	162.95	6.0
化肥(折100%)	万吨	207.63	1.4
汽车	万辆	144.89	14.3
#轿车	万辆	73.77	9.2
#新能源汽车	万辆	3.11	8.6
民用钢质船舶	万载重吨	1646.30	-22.2
太阳能电池	万千瓦	3484.40	22.6
发电设备	万千瓦	623.72	-12.6
光纤	万千米	5447.41	17.6
光缆	万芯千米	10053.51	6.9
微型电子计算机	万台	5285.18	-10.6
集成电路	亿块	453.96	22.9
程控交换机	万线	0.68	-15.0

数据来源:《2016江苏统计年鉴》。

先进制造业加快发展。全年规模以上工业中,汽车制造业实现产值7967.7亿元,比上年增长13.1%;医药制造业产值3992.4亿元,增长12.3%;专用设备制造业产值6450.7亿元,增长8.4%;电气机械及器材制造业产值17986.5亿元,增长9.4%;通用设备制造业产值9401.6亿元,增长6.4%;计算机、通信和其他电子设备制造业产值19438.7亿元,增长2.3%。代表智能制造、新型材料、新型交通运输设备和高端电子信息产品的新产品产量实现较快增长。全年工业机器人产量增长90.6%,服务器增长50.2%,碳纤维增强复合材料增长36.6%,智能手机增长30.2%,智能电视增长21.0%,太阳能电池增长22.6%。

建筑业稳定发展。全年实现建筑业总产值25791.8亿元，比上年增长4.1%；竣工产值21270.4亿元，增长4.1%；竣工率达82.5%；全省建筑企业实现利税总额1823.5亿元，增长4.1%；建筑业劳动生产率为30.5万元/人，增长2.5%；建筑业企业房屋建筑施工面积221493.6万平方米，增长2.7%；竣工面积74990.3万平方米，减少2.4%，其中住宅竣工面积54532.7万平方米，减少3.3%。

2016年，江苏建筑业产值全国第一，行业总产值、企业营业额、利润总额、建筑业增加值等主要指标在中国各省市居前列。江苏省近年来不断开拓境外市场，鼓励企业开展境外工程承包、劳务输出，参与国家"一带一路"倡议，拓展沿线国家基础建设市场，对外援助工程建设；支持企业在境外设立分支机构，独立承揽建筑工程，"走出去"的建筑项目覆盖全球120个国家及地区。

四、固定资产投资

固定资产投资缓中趋稳。全年完成固定资产投资49370.85亿元，比上年增长7.5%。其中，国有及国有经济控股投资10444.3亿元，增长5.1%；港澳台及外商投资4692.85亿元，增长20.3%；民间投资34233.7亿元，增长6.8%，占固定资产投资比重达69.3%。分类型看，完成项目投资40414.5亿元，比上年增长7.1%；房地产开发投资8956.4亿元，增长9.8%。

表6　2012—2016年江苏省固定资产投资额　（单位：亿元）

指　标	2012年	2013年	2014年	2015年	2016年
投资总额(亿元)	31706.58	35982.52	41552.75	45905.17	49370.85
按经济类型分					
国有经济	6022.51	6865.27	8308.13	8901.58	8236.65
集体经济	1393.13	1639.37	1835.30	1872.50	806.51
私营个体经济	12074.90	14955.56	18185.36	21252.12	23417.12
联营经济	74.66	82.69	66.04	52.32	42.52
股份制经济	1645.86	1567.00	1376.93	1210.16	1176.19
有限责任公司	5738.63	5924.45	6792.92	7752.74	10481.14
港澳台投资经济	1599.75	1597.74	1679.36	1648.71	2306.36
外商投资经济	2218.49	2315.26	2476.57	2253.73	2386.47
其他经济	938.66	1035.18	832.16	961.31	517.88
按资金来源分					
国家预算内资金	448.05	529.19	627.26	806.89	990.43
国内贷款	4658.42	5091.04	5360.60	4810.95	5778.54
利用外资	1216.78	1127.55	1152.05	926.17	599.88
自筹资金	25824.05	29444.25	33325.52	36305.15	36257.99
其他资金来源	5262.67	6822.96	6232.21	7206.37	10830.18

续表

指　　标	2012年	2013年	2014年	2015年	2016年
按构成分					
建筑安装工程	17913.03	20821.56	24686.18	27570.90	28989.35
设备工器具购置	9756.39	10903.11	12327.57	14225.16	15368.57
其他费用	4037.16	4257.84	4539.00	4109.11	5012.94
按产业分					
#住宅	4842.52	5646.33	6367.41	6527.16	6971.13
第一产业	205.23	195.71	206.97	232.24	293.11
第二产业	16631.07	18412.48	20298.45	22890.96	24673.81
第三产业	14870.28	17374.32	21047.33	22781.97	24403.93
新增固定资产(亿元)	23327.46	26434.29	32156.36	36648.83	33963.72
房屋建筑面积(万平方米)					
施工面积	93565.19	100944.93	109353.56	98850.04	93782.52
#住宅	37150.80	42305.79	44641.13	45370.63	45254.99
竣工面积	32938.72	33342.59	34562.35	36541.38	24665.24
#住宅	9301.97	9251.55	8426.35	9349.36	8335.47
商品房销售面积(万平方米)	9019.18	11454.77	9846.84	11414.05	13962.09

数据来源:《江苏统计年鉴2016》。

投资结构持续调优。第一产业投资293.1亿元,比上年增长26.2%;第二产业投资24673.8亿元,增长7.8%;第三产业投资24403.9亿元,增长7.1%。第二产业投资中,工业投资24544.4亿元,增长7.9%,其中制造业投资22869.7亿元,增长7.7%。技术改造投资14570亿元,增长14.8%,占全部投资比重达29.5%;其中工业技改投资13603.9亿元,增长10.2%,占工业投资比重达55.4%。高新技术产业投资8010.8亿元,增长6.3%。

表7　2011—2016年江苏固定资产投资产业结构

年份	总值(亿元)			比重(%)		
	一产	二产	三产	一产	二产	三产
2010	131.8	11518.5	9992.7	0.61	53.22	46.17
2011	155.2	13927.2	12232.2	0.59	52.93	46.48
2012	205.2	16631.1	14870.3	0.65	52.45	46.90
2013	195.7	18412.5	17374.3	0.54	51.17	48.29
2014	206.9	20298.5	21047.3	0.50	48.85	50.65
2015	232.2	22891.0	22782.0	0.51	49.86	49.63
2016	293.1	24673.8	24403.9	0.59	49.98	49.43

数据来源:历年《江苏统计年鉴》。

重点项目扎实推进。启动实施民生保障、公共服务等五大领域200个项目，完成投资4000亿元以上。交通、能源、水利、信息等一批重大基础设施项目相继建成。2016年，全省固定资产投资中，铁路运输业完成投资93.8亿元，同比增长323.2%；航空运输业完成投资20亿元，同比增长132.0%；环境治理业完成投资112.6亿元，同比增长22.8%；文化体育和娱乐业完成投资642.2亿元，同比增长14.7%；广播、电视、电影和影视录音制作业完成投资55.8亿元，同比增长13.9%；教育特别是初等教育完成投资156.8亿元，同比增长18.9%。

表8　2016年江苏分行业固定资产投资情况　（单位:亿元）

行　业	投资额	#新　建	#扩　建	#改　建
总计	40414.48	21064.65	8049.64	8967.07
农、林、牧、渔业	410.46	321.88	63.81	23.10
农业	166.39	131.40	26.29	7.93
林业	13.64	11.73	1.56	0.35
畜牧业	79.76	59.55	16.52	3.59
渔业	33.32	29.51	2.77	1.04
农、林、牧、渔服务业	117.35	89.68	16.68	10.19
采矿业	72.94	36.48	7.50	28.39
煤炭开采和洗选业	14.04	1.92	2.84	9.29
石油和天然气开采业	17.28	7.01	0.00	10.27
黑色金属矿采选业	14.41	11.15	2.77	0.49
有色金属矿采选业	2.78	1.63	0.00	1.16
非金属矿采选业	23.85	14.77	1.89	6.62
开采辅助活动	0.57	0.00	0.00	0.57
其他采矿业				
制造业	22869.69	8648.42	4945.36	7530.47
农副食品加工业	609.39	263.10	121.08	216.78
食品制造业	353.72	167.74	59.99	114.74
酒、饮料和精制茶制造业	141.95	61.75	24.09	53.92
烟草制品业	11.92	1.07	8.38	2.47
纺织业	1211.63	346.04	339.96	449.79
纺织服装、服饰业	613.37	233.35	160.56	193.38
皮革、毛皮、羽毛及其制品和制鞋业	160.07	68.85	39.02	47.68
木材加工和木、竹、藤、棕、草制品业	433.03	208.37	122.44	89.88
家具制造业	271.73	153.52	46.01	59.97
造纸和纸制品业	249.03	90.30	52.26	84.40

续表

行　业	投资额	#新　建	#扩　建	#改　建
印刷和记录媒介复制业	195.58	57.36	54.27	69.54
文教、工美、体育和娱乐用品制造业	325.12	102.55	96.33	116.61
石油加工、炼焦和核燃料加工业	147.14	95.22	12.20	35.68
化学原料和化学制品制造业	1879.68	680.77	309.44	796.00
医药制造业	678.36	348.26	103.09	190.91
化学纤维制造业	240.38	51.96	94.59	79.19
橡胶和塑料制品业	787.43	241.28	202.24	249.58
非金属矿物制品业	1251.40	578.95	250.26	367.80
黑色金属冶炼和压延加工业	454.30	181.61	70.33	185.16
有色金属冶炼和压延加工业	372.36	143.34	83.36	121.45
金属制品业	1460.32	550.91	365.63	447.48
通用设备制造业	2361.80	749.33	578.40	816.34
专用设备制造业	2151.39	860.32	401.49	709.84
汽车制造业	1293.03	505.72	304.27	366.49
铁路、船舶、航空航天和其他运输设备制造业	456.45	188.68	109.43	127.98
电气机械和器材制造业	2349.53	916.48	490.28	760.00
计算机、通信和其他电子设备制造业	1711.72	513.24	316.90	556.04
仪器仪表制造业	414.49	126.85	87.63	152.73
其他制造业	164.81	108.42	21.75	28.80
废弃资源综合利用业	101.24	45.66	16.97	32.88
金属制品、机械和设备修理业	17.31	7.43	2.75	6.96
电力、热力、燃气及水生产和供应业	1619.65	882.82	380.07	334.51
电力、热力生产和供应业	1327.62	725.75	320.28	264.15
燃气生产和供应业	77.90	26.76	18.21	31.67
水的生产和供应业	214.13	130.32	41.58	38.68
建筑业	129.41	83.23	21.45	14.10
房屋建筑业	28.53	14.64	5.52	4.17
土木工程建筑业	56.37	43.09	8.67	3.02
建筑安装业	17.44	12.20	2.41	2.28
建筑装饰和其他建筑业	27.08	13.31	4.84	4.64
批发和零售业	1640.53	988.94	462.21	126.45
批发业	858.23	477.57	271.83	69.59

续表

行　　业	投资额	#新　建	#扩　建	#改　建
零售业	782.29	511.37	190.38	56.85
交通运输、仓储和邮政业	2542.29	1869.93	379.16	186.96
铁路运输业	93.85	87.88	0.68	0.29
道路运输业	1408.80	1013.44	238.75	103.82
水上运输业	287.10	199.91	29.10	29.71
航空运输业	20.02	11.37	8.34	0.30
管道运输业	35.94	17.20	9.16	9.58
装卸搬运和运输代理业	82.88	53.44	19.30	3.31
仓储业	581.79	466.11	64.14	39.42
邮政业	31.92	20.56	9.69	0.53
住宿和餐饮业	455.91	314.87	97.84	28.77
住宿业	231.01	178.28	33.24	12.29
餐饮业	224.90	136.60	64.60	16.48
信息传输、软件和信息技术服务业	635.48	448.02	92.76	44.78
电信、广播电视和卫星传输服务	134.04	99.02	20.08	13.93
互联网和相关服务	84.47	50.87	14.98	5.47
软件和信息技术服务业	416.97	298.12	57.70	25.38
金融业	141.65	110.72	15.86	6.37
货币金融服务	71.29	49.12	10.86	5.09
资本市场服务	38.79	32.58	3.92	0.48
保险业	3.47	1.70	0.29	0.79
其他金融业	28.10	27.31	0.79	0.00
房地产业	1320.73	1080.92	178.23	33.87
房地产业	1320.73	1080.92	178.23	33.87
租赁和商务服务业	1545.71	1252.20	191.18	70.13
租赁业	48.14	31.56	8.20	3.85
商务服务业	1497.57	1220.65	182.99	66.28
科学研究和技术服务业	639.21	410.98	132.59	58.27
研究和试验发展	174.88	121.58	33.77	13.23
专业技术服务业	259.57	158.58	51.08	21.98
科技推广和应用服务业	204.76	130.81	47.74	23.06
水利、环境和公共设施管理业	3965.38	2781.49	742.12	362.61

续表

行　　业	投资额	#新　建	#扩　建	#改　建
水利管理业	398.21	274.21	90.49	28.14
生态保护和环境治理业	123.21	77.03	22.07	20.69
公共设施管理业	3443.96	2430.25	629.55	313.79
居民服务、修理和其他服务业	260.86	187.44	43.11	17.57
居民服务业	158.87	120.04	22.41	10.15
机动车、电子产品和日用产品修理业	57.60	32.66	15.37	5.11
其他服务业	44.39	34.75	5.34	2.31
教育	590.09	448.18	94.60	18.57
教育	590.09	448.18	94.60	18.57
卫生和社会工作	446.43	288.49	75.90	27.41
卫生	379.36	249.53	62.61	14.35
社会工作	67.07	38.97	13.29	13.07
文化、体育和娱乐业	642.24	534.10	68.83	22.68
新闻和出版业	2.71	1.57	0.58	0.00
广播、电视、电影和影视录音制作业	55.79	45.74	4.35	2.02
文化艺术业	294.80	250.83	28.40	9.33
体育	135.10	115.90	10.37	6.65
娱乐业	153.84	120.06	25.14	4.68
公共管理、社会保障和社会组织	485.82	375.54	57.05	32.06
中国共产党机关	2.26	2.18	0.00	0.08
国家机构	407.35	322.74	36.47	27.07
人民政协、民主党派				
社会保障	2.48	2.20	0.28	0.00
群众团体、社会团体和其他成员组织	24.35	14.23	8.38	1.74
基层群众自治组织	49.39	34.20	11.92	3.17

数据来源:2016年《江苏统计年鉴》。

五、财政

2016年,全省各级财政部门认真贯彻中央和省委、省政府决策部署,认真落实省十二届人大四次会议的有关决议,全力支持经济平稳增长和加快转型升级,着力保障和改善民生,深入推进财政改革创新,努力为实现“十三五”良好开局提供坚实保障。全省和省级预算执行情况良好。

表 9 2016 年江苏省财政收入分项情况

指 标	绝对数(亿元)	比上年增长(%)
一般公共预算收入	8121.2	5.0(同口径)
#增值税	1974.6	−2.5(同口径)
营业税	1325.1	−2.5(同口径)
企业所得税(40%)	978.8	6.7
个人所得税(40%)	382.4	6.0
上划中央四税	5295.4	5.8
#国内消费税	709.1	4.8
增值税	2622.2	5.6

数据来源:2016 年《江苏统计年鉴》。

财政支出结构优化。全年一般公共预算支出 9990.1 亿元,比上年增长 3.1%。一般公共预算支出中,教育支出 1845.1 亿元,比上年增长 5.7%;公共安全支出 632.5 亿元,增长 21.6%;医疗卫生支出 715.3 亿元,增长 10.2%;社会保障和就业支出 907.2 亿元,增长 8.2%;住房保障支出 265.9 亿元,增长 7.6%。

1. 一般公共预算执行情况

全省一般公共预算收入 8121.23 亿元,比上年(下同)增加 92.64 亿元,同口径增长 5.0%。其中,税收收入 6531.83 亿元,同口径增长 3.8%,占一般公共预算收入的 80.4%。全省一般公共预算支出 9990.13 亿元,增加 302.55 亿元,增长 3.1%。当年全省一般公共预算收入,加中央税收返还及转移支付收入、地方政府一般债务收入及上年结转收入等 5366.2 亿元,收入共计 13487.43 亿元。当年一般公共预算支出,加上解中央支出、地方政府一般债务还本支出、补充预算稳定调节基金等 2844.99 亿元,当年支出共计 12835.12 亿元。收支相抵,预计结转下年支出 652.31 亿元。

省级一般公共预算收入 647.33 亿元,同口径增长 11.1%。省级一般公共预算支出 966 亿元,下降 2.8%。省级一般公共预算收入加中央税收返还和转移支付收入、地方政府一般债务收入、下级上解收入及上年结转收入等 5399.51 亿元,收入共计 6046.84 亿元。省级一般公共预算支出加上解中央支出、对市县税收返还及转移支付支出、地方政府一般债务转贷支出、地方政府一般债务还本支出、补充预算稳定调节基金等 5012.19 亿元,当年支出共计 5978.19 亿元。收支相抵,预计结转下年支出 68.65 亿元。

表 10 江苏省 2016 年一般公共预算收入执行情况 (金额单位:万元)

收入项目	2016 年执行数	2015 年决算数
1. 税收收入	65318270	66101160
国内增值税收入	14385350	8212699
改征增值税收入	5360462	2256452
营业税收入	13251398	24428158
企业所得税收入	9788067	9175801

续表

收入项目	2016年执行数	2015年决算数
个人所得税收入	3823719	3608894
城市维护建设税收入	4339794	4214595
房产税收入	2565992	2480079
土地增值税收入	4805785	4370106
契税收入	3354028	3701110
城镇土地使用税收入	1851223	1880627
其他各项税收收入	1792452	1852639
2. 非税收入	15894029	14184710
专项收入	4844196	4636429
行征事业性收费收入	4104695	3900061
罚没收入	1325231	1316609
国有资源(资产)有偿使用收入	4407132	3651698
其他收入	1212775	679913
本年收入	81212299	80285870
债务收入		
地方政府一般债务收入	23301320	22306856
转移性收入		
返还性收入	7481857	5351157
一般性转移支付收入	3467413	3068098
专项转移支付收入	5063811	5805724
调入资金等	7698787	7495277
上年结转及结余收入	6648812	7665540
收入合计	134874299	131978522

数据来源:江苏省财政厅。

2. 政府性基金预算执行情况

全省政府性基金收入6047.81亿元,增长31%。全省政府性基金支出6191.83亿元,增长33.5%。全省政府性基金收入,加中央补助收入、地方政府专项债务收入、上年结转收入等2796.4亿元,收入共计8844.21亿元。当年政府性基金支出,加上解中央支出、地方政府专项债务还本支出、调出资金等1868.27亿元,当年支出共计8060.1亿元。收支相抵,预计结转下年支出784.11亿元。

省级政府性基金收入141.93亿元,下降17.4%。省级政府性基金支出63.83亿元,下降25.4%。省级政府性基金收入,加中央补助收入、地方政府专项债务收入、上年结转收入等

2294.66亿元，收入共计2436.59亿元。当年政府性基金支出，加上解中央支出、地方政府专项债务转贷支出、调出资金等2342.67亿元，当年支出共计2406.5亿元。收支相抵，预计结转下年支出30.09亿元。

表11　江苏省2016年省级政府性基金预算支出执行情况表

支出项目	2016年执行数	2015年决算数
1. 城乡社区支出	1710	817
其中：农业土地开发资金安排的支出	1710	110
2. 交通运输支出	514008	667714
其中：车辆通行费安排的支出	350245	382520
公路还贷支出	175903	224776
政府还贷公路养护支出	19112	23612
政府还贷公路管理支出	29165	28367
其他车辆通行费安排的支出	126065	105765
港口建设费安排的支出	138000	265043
航道建设和维护支出	138000	249043
3. 其他支出	122533	186471
其中：彩票公益金安排的支出	50638	75559
彩票发行销售机构业务费安排的支出	60182	57195
本年支出	**638251**	**855002**
转移性支出		
上解上级支出		
初助下级支出	1170982	1333945
调出资金	427466	259828
地方政府专项债务转贷支出	21828264	9633144
结转下年支出	**300908**	**729834**
支出合计	**24365871**	**12811753**

数据来源：江苏省财政厅。

3. 国有资本经营预算执行情况

全省国有资本经营预算收入121.56亿元，加上年结转收入5.02亿元，收入共计126.58亿元。全省国有资本经营预算支出94.98亿元，加调出资金5.02亿元，当年支出共计100亿元。收支相抵，预计结转下年支出26.58亿元。

省级国有资本经营预算收入26.22亿元，增长45.9%，加上年结转收入0.04亿元，收入共计26.26亿元。省级国有资本经营预算支出16.21亿元，增长1.5%，加调出资金3.8亿元，当年支出共计20.01亿元。收支相抵，预计结转下年支出6.25亿元。

4. 社会保险基金预算执行情况

全省社会保险基金收入 3855.47 亿元，增长 3.7%。全省社会保险基金支出 3530.87 亿元，增长 12.5%。全省社会保险基金当年收支结余 324.6 亿元，年末滚存结余 5550.25 亿元。

省级社会保险基金收入 259.51 亿元，增长 2%。省级社会保险基金支出 216.6 亿元，增长 9.9%。省级社会保险基金当年收支结余 42.91 亿元，年末滚存结余 594 亿元。

六、国内贸易

消费品市场平稳运行，全年实现社会消费品零售总额 28707.1 亿元，比上年增长 10.9%。按经营单位所在地分，城镇消费品零售额 25768 亿元，增长 10.8%；乡村消费品零售额 2939.1 亿元，增长 12.0%。按消费类型分，商品零售额 25947.6 亿元，增长 10.6%；餐饮收入额 2759.5 亿元，增长 14.0%。在限额以上企业商品零售额中，粮油、食品类增长 12.5%，饮料类增长 10.3%，烟酒类增长 9.3%，服装、鞋帽、针纺织品类增长 9.1%，金银珠宝类增长 1.8%，日用品类增长 6.5%，五金、电料类增长 20.1%，书报杂志类增长 10.2%，家用电器和音像器材类增长 9.2%，中西药品类增长 11.5%，通信器材类增长 16.9%，文化办公用品类增长 26.2%，家具类增长 14.8%，石油及制品类增长 2.4%，建筑及装潢材料类增长 15.4%，汽车类增长 10.5%。网上零售保持较快增长，全省限额以上批发和零售业网上零售额增长 44.8%。

2016 年江苏省消费品市场特点：

一是乡村消费市场增速快于城镇市场。全省城镇市场实现零售额 25768 亿元，增长 10.6%，占全省社会消费品零售总额的 89.7%；乡村市场实现零售额 2939.1 亿元，增长 14.7%，占全省社会消费品零售总额的 10.3%。农村市场增速快于城镇市场 4.1 个百分点。

二是与消费升级有关商品销售良好。消费升级类商品热销且增速明显快于社会消费品零售总额增速，促使消费品市场结构持续优化。全省限上通信器材类商品零售额同比增长 16.9%，文化办公用品类商品零售额增长 18.1%，家用电器和音像器材类商品增长 9.2%，中西药品类商品增长 11.5%，书报杂志类商品增长 10.2%。

三是新兴业态保持快速增长。商贸企业加大网络销售力度，加快“互联网+”步伐。全省限额以上批零业通过公共网络实现商品零售额 454.1 亿元，同比增长 44.8%，继续保持调整增长；全省限上住餐业通过公共网络实现餐费收入 4.8 亿元，增长 29.8%。

四是实体企业经营状况有所好转。实体零售企业加快了转型升级的步伐，销售增速回升明显。超市、百货店、专卖店零售额同比分别增长 10.3%、6.6%和 5.5%，增速比去年分别提高 1.9 个、3.6 个和 3.4 个百分点。

从整体上看，2012—2016 年江苏省商贸流通转型升级步伐加快，区域城乡协调发展，现代化水平显著提升，营商环境明显改善，为应对复杂多变的国内外经济形势、促进国民经济持续健康发展作出了重要贡献。但是，也存在着实体商业亟待转型，线上与线下、内贸与外贸融合发展有待协调，总体流通效率低、成本高，市场布局有待优化，供应链发展水平不高等问题。

表 12　2012—2016 年江苏省批发与零售业发展情况

指　　标	2012 年	2013 年	2014 年	2015 年	2016 年
限额以上法人企业(个)	**16358**	**25175**	**22683**	**22165**	**22514**
批发业	7871	13050	11388	10753	10852
零售业	5740	8681	8147	8290	8571
住宿业	935	1042	1026	1057	1061
餐饮业	1812	2402	2122	2065	2030
限额以上产业活动单位(个)	**28452**	**39672**	**36544**	**36099**	**36611**
批发业	11221	16009	13474	12734	12437
零售业	13052	18645	18395	18635	19436
住宿业	1072	1178	1156	1203	1203
餐饮业	3107	3840	3519	3527	3535
限额以上企业(单位)从业人数(人)	**1229898**	**1442376**	**1372467**	**1316192**	**1288982**
批发业	347101	462293	426460	414793	404339
零售业	515393	605001	589719	573752	561763
住宿业	144273	134364	127611	129100	126789
餐饮业	223131	240718	228677	198547	196091
限额以上批发和零售业					
商品购进总额(亿元)	32972.76	42377.61	41554.17	40149.81	43797.28
商品销售总额(亿元)	35792.88	46399.82	46152.51	42772.98	47801.39
商品库存总额(亿元)	2108.28	2496.86	2582.84	2471.78	2928.76
社会消费品零售总额(亿元)	18411.11	20878.20	23458.07	25876.77	28707.12
商品交易市场数(个)	**3890**	**2625**	**2826**	**2861**	**2817**
消费品市场	3492	2204	2438	2466	2448
生产资料市场	398	421	388	395	369

数据来源:2016 年《江苏统计年鉴》。

七、开放型经济

江苏是外贸大省,改革开放 30 多年来,江苏对外贸易取得了长足发展,进出口规模连续 13 年保持在全国第二位,连续 5 年跃上 5000 亿美元台阶,为江苏省开放型经济发展作出了积极贡献。

外贸形势略有好转。全年进出口总额 33634.8 亿元,比上年下降 0.7%。其中,出口总额 21063.2 亿元,比上年增长 0.2%;进口总额 12571.6 亿元,比上年下降 2.2%。

表 13　2012—2016 年江苏省对外贸易发展情况　　(单位:亿美元)

指　　标	2012 年	2013 年	2014 年	2015 年	2016 年
进出口总额	**5480.93**	**5508.44**	**5637.62**	**5456.14**	**5096.12**
进口总额	2195.55	2219.88	2218.93	2069.45	1902.68
初级产品	329.81	346.21	330.39	253.40	233.26
工业制成品	1816.88	1831.55	1840.54	1749.47	1591.87
出口总额	3285.38	3288.57	3418.69	3386.68	3193.44
初级产品	54.86	52.56	56.01	50.99	51.38
工业制成品	3189.55	3193.96	3321.42	3285.58	3077.73
协议注册外资项目(个)	**4156**	**3453**	**3031**	**2580**	**2859**
协议注册外资	**571.41**	**472.68**	**431.87**	**393.61**	**431.39**
实际使用外资	**357.60**	**332.59**	**281.74**	**242.75**	**245.43**
外商投资企业基本情况					
年底登记户数(户)	50461	50514	51634	53551	55938
投资总额	6250.00	6663.76	7181.31	7821.54	8798.68
注册资本	3301.38	3542.82	3839.34	4229.01	4718.23
对外经济合作					
对外承包工程					
合同金额	71.98	86.57	96.61	77.96	72.87
完成营业额	64.68	72.63	79.54	87.61	91.11
对外劳务合作					
新签劳务人员合同工资总额	6.20	7.57	12.08	5.19	4.53
劳务人员实际收入总额	7.74	8.88	8.54	7.46	6.96
境外投资情况					
新批项目数(个)	572	605	736	880	1067
贸易型项目	243	210	277	315	286
非贸易型项目	329	395	459	565	781
中方协议金额(万美元)	504547	614272	721571	1030460	1422365
贸易型项目	154336	128831	167014	225716	242426
非贸易型项目	350210	485441	554557	8047444	1179940

数据来源:2016 年《江苏统计年鉴》。

贸易结构进一步优化。首先是贸易方式更趋合理。在加工贸易增长乏力的同时,更能反映经济发展实力、带来增加值更多的一般贸易逆势增长,占比继续提升。2016 年,江苏省一般贸易进出口 16103.2 亿元，逆势增长 8.6%，占江苏省外贸总值的 47.9%，较去年同期提升 4.1 个百分点。其次，地区发展更趋平衡。在苏南地区外贸进出口下降 1.3%的情况下，苏中、苏北地区外贸保持增长，2016 年苏中、苏北地区进出口分别增长 3.4%和 2.1%。第三，市场多元化取得一定进展。在巩固传统市场的同时，江苏省对东盟、印度和俄罗斯等新兴市场进出口逆势增长。2016 年，江苏省对东盟、印度、俄罗斯、墨西哥和智利进出口分别增长 4.7%、6.5%、20.9%、8.6%和 5.6%。

表 14　2016 年江苏省进出口贸易主要分类情况

指　　标	绝对数(亿元)	比上年增长(%)
出口总额	21063.2	0.2
#一般贸易	10253.4	6.4
加工贸易	9165.1	−0.2
#工业制成品	20300.3	−0.5
初级产品	338.6	7.1
#机电产品	13721.1	−1.7
#高新技术产品	7718.0	−5.2
#国有企业	1892.7	−0.8
外商投资企业	12305.7	2.3
私营企业	6473.2	−2.4
进口总额	12571.6	−2.2
#一般贸易	5849.9	12.7
加工贸易	5093.5	0.4
#工业制成品	10518.0	−3.2
初级产品	1541.5	−1.9
#机电产品	7557.3	−4.1
#高新技术产品	5199.6	−7.8
#国有企业	830.0	−6.2
外商投资企业	9210.2	3.5
私营企业	2346.0	−17.1

数据来源：2016 年《江苏统计年鉴》。

进出口产品“优进优出”取得良好进展。从出口方面看，机电产品仍然是江苏省出口的主打产品，2016 年，江苏省机电产品出口 13721.1 亿元，下降 1.7%，占江苏省出口总值的 65.2%。部分机电产品出口形势较好，如机械设备出口增长 1.1%，手机增长 35.4%；集成电路中的存储器增长 19.5%；汽车零件增长 7.1%；医疗器械增长 6.3%。与此同时，部分高新技术产品出口明显增长，2016 年，江苏省生命科学技术、航天航空技术产品出口分别增长 10.9%和 16.6%，显示江苏省部分高尖端产业的出口比较优势正在提升。从进口方面看，上半年能源资源类产品价格相对低位，为江苏省扩大相关产品进口提供了一定的机会。2016 年,江苏省进口铁矿砂 1.1 亿吨,增加 9.3%;煤 572.1 万吨,增加 13%;成品油 133.8 万吨,增加 6.8%;液化石油气 463.4 万吨,增加 52.4%;大豆 1473.9 万吨,增加 27.8%。与此同时,扩大进口和优化进口结构的政策效应显现,部分先进技术、关键零部件和重要设备等高新技术产品进口较快增长。2016 年,江苏省生命科学技术、计算机集成制造技术和航空航天技术产品进口分别增长 15.9%、10.4%和 17.2%;制造单晶柱或晶圆用的机器及装置增长 10.9%;计量检测分析自控仪器及器具增长 12%;自动数据处理设备及其部件增长 16.9%

表 15　2016 年江苏省对主要国家和地区货物进出口额及增长速度

国家和地区	出口额(亿元)	比上年增长(%)	进口额(亿元)	比上年增长(%)
美国	4732.5	4.7	811.7	−6.3
欧盟	3922.6	4.0	1495.8	0.5
东盟	2316.0	6.3	1559.2	2.3
中国香港	1799.5	−16.9	41.6	47.2
日本	1713.8	−1.7	1591.5	3.7
拉丁美洲	1114.3	−5.0	625.4	10.9
韩国	1100.9	6.4	2478.0	−4.6
中国台湾	657.9	−22.9	1821.9	−1.0
印度	654.5	9.5	65.5	−16.4
非洲	507.7	−5.9	103.0	6.9
俄罗斯	254.9	18.1	53.5	36.4

数据来源:2016 年《江苏统计年鉴》。

境外投资较快增长。全年新批外商投资企业 2859 家,新批协议注册外资 431.4 亿美元;实际使用外资 245.4 亿美元,比上年增长 1.1%。新批及净增资 9000 万美元以上的外商投资大项目 290 个。全年新批境外投资项目 1067 个,比上年增长 21.3%;中方协议投资 142.2 亿美元,比上年增长 38.0%。

表 16　2012—2016 年江苏省 FDI 情况　　单位:万美元

指　标	2012 年	2013 年	2014 年	2015 年	2016 年
合　计	3575956	3325922	2817416	2427469	2454296
合资经营企业	577193	590073	429339	460420	545032
合作经营企业	19118	20102	9508	14383	22837
独资经营企业	2887099	2692125	2322693	1856173	1825448
外商投资股份制企业	92546	23622	55876	96493	60979

数据来源:2016 年《江苏统计年鉴》。

八、交通、邮电和旅游

交通运输基本平稳。全年旅客运输量、货物运输量分别比上年下降3.3%和增长2.3%，旅客周转量、货物周转量分别增长1.6%和5.9%。全省机场飞机起降39.2万架次，比上年增长14.1%；旅客吞吐量3726.1万人次，比上年增长20.2%，货邮吞吐量51.6万吨，比上年增长6.3%。完成规模以上港口货物吞吐量21.6亿吨，比上年增长3.7%，其中外贸货物吞吐量4.5亿吨，增长12.0%；集装箱吞吐量1621.6万标准集装箱，增长1.0%。年末全省公路里程15.7万公里。其中，高速公路里程4657.4公里，新增118.3公里。铁路营业里程2721.9公里，铁路正线延展长度4676.7公里。年末民用汽车保有量1435.5万辆，增长15.0%；净增186.7万辆，增长29.7%。年末个人汽车保有量1252.2万辆，增长16.3%；净增175.3万辆，增长24.2%。其中，个人轿车保有量892.1万辆，增长15.3%；净增118.2万辆，增长9.2%。

表17 2016年江苏省各种运输方式完成运输量

运输方式	货物周转量		货运量		旅客周转量		客运量	
	绝对数（亿吨公里）	增长（%）	绝对数（万吨）	增长（%）	绝对数（亿人公里）	增长（%）	绝对数（万人）	增长（%）
总计	7815.9	5.9	213831.6	2.3	1591.9	1.6	134604.2	−3.3
铁路	282.5	−7.0	5335.0	5.3	672.7	9.6	17814.2	10.5
公路	2140.3	3.2	117166.0	3.4	779.9	−5.5	113493.0	−5.3
水路	4749.8	2.5	77495.0	−1.2	2.4	−11.5	2272.1	−5.0
民航	1.1	10.4	7.6	8.6	136.9	18.9	1024.9	1.6
管道	642.2	3.0	13828.0	7.4	—	—	—	—

注：民航运输量数据仅指东航江苏公司完成数。

邮政电信快速发展。全省邮政业累计完成业务总量516亿元，同比增长43.7%；完成业务收入407.2亿元，同比增长36%，业务量收分别位居全国第三位和第四位。其中，快递业务量完成22.9亿件，同比增长54.3%，快递业务收入完成290.7亿元，同比增长44.6 %，快递业务量收分别位于全国第三位和第四位。日均快递业务量达到627.5万件，年人均快递业务量突破28件。邮政普遍服务水平超过国家标准，快递服务满意度位居全省十大服务业前列。分类型看，邮政行业业务收入463.3亿元，增长13.8%；电信业务收入882亿元，增长5.4%。年末局用交换机总容量288.6万门。年末固定电话用户1708.3万户，比上年末减少264.7万户。分城乡看，城市电话用户1097万户，乡村电话用户611.4万户。年末移动电话用户8198.8万户，比上年末减少28.6万户。年末电话普及率达124.2部/百人，其中移动电话普及率为102.2部/百人。长途光缆线路总长度4万公里，新增1107.7公里。年末互联网宽带接入用户2685.2万户，新增502.2万户。

旅游业较快增长。全年接待境内外游客68109.8万人次，比上年增长9.4%；实现旅游业总收入10263.6亿元，增长13.4%。接待入境过夜旅游者329.8万人次，增长8.1%。其中：外国人

218万人次,增长8.5%;港澳台同胞111.8万人次,增长7.3%。旅游外汇收入38亿美元,增长7.8%。接待国内游客67780万人次,增长9.4%,实现国内旅游收入9952.5亿元,增长13.5%。

九、金融

财政收入保持增长。全年完成一般公共预算收入8121.2亿元,同口径增长5.0%;上划中央四税5295.4亿元,比上年增长5.8%。

金融信贷规模扩大。年末全省金融机构人民币存款余额121106.6亿元,比年初增加13233.6亿元,比上年末增长12.3%。其中,住户存款比年初增加3337.5亿元,同比多增476.1亿元;非金融企业存款比年初增加6344.6亿元,同比多增2382.7亿元。年末金融机构人民币贷款余额91107.6亿元,比年初增加12238.1亿元,比上年末增长15.5%。其中,中长期贷款比年初增加12169.2亿元,同比多增6208.4亿元;短期贷款比年初下降991.4亿元,同比少增2516.2亿元。

表18　2016年江苏省年末金融机构人民币存贷款情况

指　　标	绝对数(亿元)	比年初增(亿元)	比上年末增长(%)
各项存款余额	121106.6	13233.6	12.3
#住户存款	43900.5	3337.5	8.2
非金融企业存款	45277.9	6344.6	16.3
各项贷款余额	91107.6	12238.1	15.5
#短期贷款	29729.7	−991.4	−3.1
中长期贷款	54873.6	12169.2	28.4
#消费贷款	22397.9	6926.1	44.8
#住房贷款	19872.7	6517.7	48.8

数据来源:2016年《江苏统计年鉴》。

证券交易稳定发展。年末全省境内上市公司317家,省内上市公司通过首发、配股、增发、可转债、公司债在上海、深圳证券交易所筹集资金2254.6亿元,比上年增加1040.6亿元。江苏企业境内上市公司总股本2838.5亿股,比上年增长31.8%;市价总值37174.1亿元,增长1.2%。年末全省共有证券公司6家,证券营业部805家;期货公司10家,期货营业部140家;证券投资咨询机构3家。全年证券市场完成交易额34.6万亿元。分类型看,证券经营机构股票交易额19.7万亿元,下降44.0%;期货经营机构代理交易额14.9万亿元,下降51.3%。

保险行业快速发展。全年保费收入2690.2亿元,比上年增长35.2%。分类型看,财产险收入733.4亿元,增长9.1%;寿险收入1507亿元,增长39.0%;健康险和意外伤害险收入449.8亿元,增长92.4%。全年赔付额915.1亿元,比上年增长24.9%。其中,财产险赔付437.7亿元,增长8.6%;寿险赔付404亿元,增长50.6%;健康险和意外伤害险赔付73.5亿元,增长19.8%。

十、科学技术和教育

科技创新能力增强。区域创新能力连续八年保持全国第一。全省科技进步贡献率达61%,比上年提高1个百分点。90%以上的大中型企业建立了研发机构,省级以上众创空间384家。全年授权专利23.1万件,其中发明专利4.1万件。万人发明专利拥有量18.5件。全年共签订各类技术合同2.9万项,技术合同成交额达728亿元,比上年增长4.0%。全省企业共申请专利33.9万件。

高新产业较快发展。组织实施省重大科技成果转化专项资金项目173项,省资助资金投入13.5亿元,新增总投入108.6亿元。全省按国家新标准认定高新技术企业累计达1.2万家。新认定省级高新技术产品9816项,已建国家级高新技术特色产业基地147个。

科研投入比重提高。全社会研究与发展(R&D)活动经费1985亿元,占地区生产总值比重为2.61%,比上年提高0.04个百分点。全省从事科技活动人员118万人,其中研究与发展(R&D)人员75万人。全省拥有中国科学院和中国工程院院士97人。全省各类科学研究与技术开发机构中,政府部门属独立研究与开发机构达144个。全省已建国家和省级重点实验室170个,科技服务平台294个,工程技术研究中心3126个,企业院士工作站344个,经国家认定的技术中心104家。

表19　2016年江苏省科研发展情况

指　　标	2012年	2013年	2014年	2015年	2016年
科技机构数(个)	17776	19393	21844	23101	25402
科研单位	148	143	144	142	135
规模以上工业企业	16417	17996	20411	21542	23564
#大中型工业企业	7395	7231	7538	7432	7816
高等院校	761	801	854	971	1055
其他	450	453	435	446	648
科技活动人员数(万人)	98.23	109.46	115.00	111.99	117.00
#大学本科及以上学历	44.96	49.09	53.61	54.84	70.16
研究与发展经费内部支出(亿元)	1288.02	1487.45	1652.82	1801.23	2026.87
研究与发展经费支出占地区生产总值比重(%)	2.33	2.45	2.54	2.57	2.66

数据来源:2016年《江苏统计年鉴》。

教育事业全面发展。全省共有普通高校141所。普通高等教育本专科招生45.3万人,在校生174.6万人,毕业生48.2万人;研究生教育招生5.3万人,在校生16.2万人,毕业生4.4万人。高等教育毛入学率达54.7%,比上年提高2.4个百分点。全省中等职业教育在校生达65.3万人(不含技工学校)。九年义务教育巩固率100%,高中阶段教育毛入学率99.2%,基本普及高中阶段教育。特殊教育招生0.4万人,在校生2.5万人。全省共有幼儿园6867所,比上年增加108所;在园幼儿257.2万人,比上年增加6.5万人。学前三年教育毛入园率达97.8%。

表 20　2016 年江苏省各类教育招生和在校生情况

指标	招生数		在校生数		毕业生数	
	绝对数(万人)	增长(%)	绝对数(万人)	增长(%)	绝对数(万人)	增长(%)
普通高等教育	50.6	1.2	190.7	1.9	52.5	−0.3
#研究生	5.3	4.1	16.2	3.8	4.4	2.1
普通高中教育	31.8	−0.4	95.2	−2.7	33.9	−8.2
普通初中教育	70.2	10.6	195.0	4.4	61.6	0.6
小学教育	93.5	1.6	522.2	4.5	72.2	11.6

数据来源:2016 年《江苏统计年鉴》。

人才队伍建设成绩斐然。全省新入选国家“千人计划”98 人、国家“千人计划”外专项目 6 人、江苏“外专百人计划”35 人,新引进长期外国专家 2894 名、海外留学回国人员 8608 名。“六大人才高峰”高层次人才培养选拔计划资助 662 个项目、5754 人。实施国家级、省级引智项目 476 项。全省新增专业技术人才 49.01 万人,组织专业技术人员参加继续教育 153.62 万人次。举办国家级高级研修项目 6 期、省级高级研修项目 24 期,累计培养 4362 名高层次专业技术人才,评审通过具有高级专业技术资格人员 3.1 万人。全省新增高技能人才 33.32 万人。组织开展职业技能鉴定 158.8 万人次,其中 130.56 万人次取得不同等级的职业资格证书,平均通过率 82.2%,高级工以上鉴定取证人数占 25.5%。新设省级博士后创新实践基地 75 个、博士后科研成果转化基地 3 个、省级留学人员创业园 5 个,新增国家级高技能人才培训基地 5 个、国家级技能大师工作室 5 个、省级专项公共实训基地 10 个、省级技能大师工作室 20 个,新建引进国外智力成果示范推广基地和示范单位 22 家。年末全省共有技工院校 121 所,在校学生 24.33 万人。全年招生 10.2 万人,毕业7.5 万人,毕业生当年总体就业率 98.8%,培训社会人员 47.8 万人次。确定 12 所技工院校为省级职业教育实训基地,评选技工院校示范专业 10 个、精品课程 40 门、教学名师 20 名。3 名外国专家获得年度中国政府“友谊奖”,20 名外国专家获省政府颁发的“江苏友谊奖”。发放海外人才居住证 63 个。

表 22　2016 年江苏省人才引进情况

全省新入选国家“千人计划”	98 人
国家“千人计划”外专项目	6 人
江苏“外专百人计划”	35 人
新引进长期外国专家	2894 人
海外留学回国人员	8608 人
全省新增专业技术人才	49.01 万人
全省新增高技能人才	33.32 万人
外国专家年度中国政府“友谊奖”	3 名
外国专家“江苏友谊奖”	20 名
发放海外人才居住证	63 个

数据来源:江苏省人社厅。

十一、文化、卫生和体育

文化服务水平提升。城乡公共文化设施网络基本建成，全民阅读促进工作走在全国前列。年末全省共有文化馆、群众艺术馆 115 个，公共图书馆 114 个，博物馆 312 个，美术馆 25 个，综合档案馆 117 个，向社会开放档案 52.2 万件。共有广播电台 8 座，中短波广播发射台和转播台 21 座，电视台 8 座，广播综合人口覆盖率和电视综合人口覆盖率均为 100%。有线电视用户 2063 万户。生产故事影剧片 29 部。全年报纸出版 23.3 亿份，杂志出版 1.2 亿册，图书出版 5.6 亿册。

全省共有 1 个国家级文化产业试验园区、16 个国家文化产业示范基地、3 个国家级文化和科技融合示范基地，以及 14 个省级文化产业示范园区、44 个省级文化产业示范基地。全省共有 96 家企业、27 个项目入选国家文化出口重点企业和项目。南京、苏州成功入选国家文化消费试点城市。2016 年，全省新闻出版业收入超过 2000 亿元；广告经营收入达 508 亿元；广播影视业收入超过 300 亿元；电影票房收入超过 40 亿元；文化产品进出口额达 73.59 亿美元；各类商业演出场次超过 1600 场次。2016 年，凤凰集团、省广电集团、江苏有线入选“全国文化企业 30 强”。根据文化部发布的统计数据，江苏文化产业综合指数连续三年位居全国前列。

表 23 2016 年江苏省分地区文化法人单位数

地区	法人单位数(个)			
		文化制造业	文化批发和零售业	文化服务业
全省	7578	2836	1181	3561
南京市	1327	155	207	965
无锡市	630	294	87	249
徐州市	418	104	156	158
常州市	853	301	111	441
苏州市	1022	455	151	416
南通市	842	369	113	360
连云港市	245	157	42	46
淮安市	362	126	37	199
盐城市	533	186	117	230
扬州市	327	158	38	131
镇江市	385	184	45	156
泰州市	291	114	51	126
宿迁市	343	233	26	84

数据来源：2016 年《江苏统计年鉴》。

卫生事业快速发展。年末共有各类卫生机构 32080 个。其中医院 1679 个，疾病预防控制中心 117 个，妇幼卫生保健机构 110 个。各类卫生机构拥有病床 43.3 万张，其中医院拥有病床 34.8 万张。共有卫生技术人员 51.9 万人，其中执业医师、执业助理医师 19.6 万人，注册护士 21.8 万人，疾病预防控制中心卫生技术人员0.6万人，妇幼卫生保健机构卫生技术人员1.1万人。新型农村合作医疗人口覆盖率达99%以上。分级诊疗制度加快实施，基层诊疗人次占诊疗总数的比重达到60%。

表24 江苏省卫生事业基本情况

项目	机构数(个)	床位数(张)	卫生工作人员(人)	#卫生技术人员	
					#医师
总　计	32135	443100	654210	517065	204687
医院	1679	356228	397939	332678	111971
综合医院	1033	224834	261802	222874	75114
中医医院	111	43781	54705	47217	17262
中西医结合医院	27	6329	8178	6833	2646
专科医院	403	61125	65398	51664	16117
护理院	105	20159	7856	4090	832
基层医疗卫生机构	29116	77546	212852	155894	81286
社区卫生服务中心(站)	2660	18480	44447	37674	16151
卫生院	1041	58803	79787	67002	30562
村卫生室	15481		48417	15893	14629
门诊部	1300	157	16892	13317	6576
诊所.卫生所.医务室	8634	106	23309	22008	13368
专业公共卫生机构	1059	6495	36528	24801	9978
疾病预防控制中心	117		7956	6135	3734
专科疾病防治院(所、站)	42	1079	1507	1141	509
健康教育所(站、中心)	6		99	38	12
妇幼保健院(所、站)	110	5411	13096	10640	4412
急救中心(站)	43	5	1541	651	355
采供血机构	30		2166	1520	132
卫生监督所(中心)	106		3447	3064	
计划生育技术服务机构	605		6716	1612	824
其他卫生机构	281	2831	6891	3692	1452
疗养院	15	2831	1367	761	294
医学科学研究机构	9		402	188	111
医学在职培训机构	29		966	202	88
临床检验中心(所、站)	32		1654	904	61
统计信息中心	4		55	6	2
其他	192		2447	1631	896

数据来源：2016年《江苏统计年鉴》。

体育事业保持稳定。江苏体育健儿在里约奥运会和残奥会取得了优异成绩。在重大比赛中获世界冠军22项，获金牌67人次，获银牌44人次，获铜牌62人次。

十二、环境保护、节能降耗和安全生产

生态建设稳步推进。年末全省设立自然保护区31个，其中国家级自然保护区3个，面积达53.6万公顷。实施大气治理重点工程，PM2.5平均浓度同比下降12.1%，城市空气质量优良天数比例提高3.4个百分点。切实加强水污染防治，推进污水处理厂提标改造和城市黑臭水体整治，104个国家考核断面水质优Ⅲ比例提高9.9个百分点，太湖流域连续九年实现"两个确保"。出台土壤污染防治工作方案，建立完善土壤环境监测网络。城乡环境综合整治成效显著，林木覆盖率提高到22.8%，国家生态市(县、区)达到45个。

节能减排扎实推进。积极推进生产方式绿色化转型，加强重点领域节能减排，圆满完成G20杭州峰会空气质量保障任务。万元地区生产总值能耗降低率及化学需氧量、二氧化硫、氨氮、氮氧化物排放削减均完成年度目标任务。

表25　2012—2015年江苏省环境保护情况

项　目	2012年	2013年	2014年	2015年
污染排放与处理利用情况				
废水				
工业废水排放量(亿吨)	23.61	22.06	20.49	20.64
城镇生活污水排放量(亿吨)	36.18	37.35	39.59	41.45
集中式治理设施污水排放量(亿吨)	0.03	0.03	0.03	0.04
化学需氧量排放量(万吨)	119.7	114.89	110.00	105.46
#工业源	23.14	20.92	20.44	20.13
农业源	38.77	37.61	36.41	35.07
城镇生活源	57.25	55.87	52.79	49.96
集中式治理设施	0.54	0.49	0.37	0.29
氨氮排放量(万吨)	15.31	14.74	14.25	13.77
#工业源	1.63	1.44	1.37	1.35
农业源	3.91	3.82	3.75	3.62
城镇生活源	9.7	9.43	9.08	8.76
集中式治理设施	0.07	0.05	0.05	0.03
废气				
二氧化硫排放量(万吨)	99.2	94.17	90.47	83.51
#工业源	95.92	90.95	87.02	79.47
城镇生活源	3.25	3.20	3.43	4.03

续表

项　　目	2012年	2013年	2014年	2015年
集中式治理设施	0.03	0.03	0.03	0.01
氮氧化物排放量(万吨)	147.96	133.80	123.26	106.76
#工业源	113.36	98.53	88.82	75.36
城镇生活源	0.65	0.61	0.64	0.86
机动车	33.9	34.62	33.74	30.50
集中式治理设施	0.05	0.04	0.05	0.05
烟(粉)尘排放量(万吨)	44.32	50.00	76.37	65.45
#工业源	39.6	45.56	72.05	61.22
城镇生活源	1.85	1.71	1.82	1.94
机动车	2.85	2.70	2.48	2.27
集中式治理设施	0.02	0.03	0.03	0.02
工业固体废物				
一般工业固体废物产生量(万吨)	10224.44	10855.87	10924.73	10701.01
一般工业固体废物综合利用量(万吨)	9341.57	10501.86	10577.77	10206.98
#综合利用往年贮存量	34.32	113.87	114.3	11.32
一般工业固体废物综合利用率(%)	91.06	95.73	95.82	95.28
一般工业固体废物处置量(万吨)	630.40	286.79	278.92	407.37
#处置往年贮存量	16.10	16.04	0.70	0.12
一般工业固体废物贮存量(万吨)	302.87	197.14	182.75	98.09
自然生态保护与建设情况				
自然保护区个数(个)	31.00	31.00	31.00	31.00
#国家级自然保护区	3.00	3.00	3.00	3.00
自然保护区面积(万公顷)	56.64	56.64	56.64	56.64
自然保护区面积占辖区面积(%)	5.5	5.5	5.5	5.5

数据来源:2016年《江苏统计年鉴》。

安全生产形势总体平稳。事故起数和死亡人数实现“双下降”,全年发生各类生产安全事故8686起,死亡4819人,按可比口径计算,分别下降3.1%和4.0%。亿元GDP生产安全事故死亡率为6.3%,比上年下降13.7%。

十三、人口、人民生活和社会保障

人口总量缓慢增长。年末全省常住人口7998.6万人,比上年末增加22.3万人,增长0.3%。在常住人口中,男性人口4025.66万人,女性人口3972.94万人;0—14岁人口1080.58万人,15—64岁人口5896.39万人,65岁及以上人口1021.63万人。全面二孩政策平稳有序推进。全年人口出生率9.76‰,比上年提高0.71个千分点;人口死亡率为7.03‰,与上年持平;人口自然增长率 2.73‰，比上年提高 0.71 个千分点。

表 26　2010—2016 年江苏省人口数、户数(常住)

年　份	总户数(万户)	总人口(万人)	按性别分				平均每户人数(人/户)	年平均人口(万人)	人口密度(人/平方公里)
			男		女				
			人口数	比重(%)	人口数	比重(%)			
2010	2564.59	7869.34	3964.31	50.38	3905.03	49.62	3.07	7839.80	767
2011	2572.90	7898.80	3977.69	50.36	3921.11	49.64	3.07	7884.07	770
2012	2588.23	7919.98	3987.91	50.35	3932.07	49.65	3.06	7909.40	772
2013	2593.31	7939.49	3997.09	50.34	3942.40	49.66	3.06	7929.74	774
2014	2601.33	7960.06	4007.09	50.34	3952.97	49.66	3.06	7949.78	742
2015	2617.80	7976.30	4014.65	50.33	3961.65	49.67	3.05	7968.18	744
2016	2621.20	7998.60	4025.66	50.33	3972.94	49.67	3.05	7987.45	746

数据来源：2016 年《江苏统计年鉴》。

居民收入持续增加。根据城乡一体化住户抽样调查，全年全省居民人均可支配收入 32070 元，比上年增长 8.6%。按常住地分，城镇居民人均可支配收入 40152 元，增长 8.0%；农村居民人均可支配收入 17606 元，增长 8.3%。全省居民人均可支配收入中位数 27436 元，增长 9.3%。全省居民人均可支配收入中，按五等份分组，低收入组人均可支配收入 9436 元，增长 11.2%；中低收入组人均可支配收入 18581 元，增长 11.8%；中等收入组人均可支配收入 27670 元，增长 10.1%；中高收入组人均可支配收入 40363 元，增长 11.0%；高收入组人均可支配收入 73201 元，增长 6.7%。全省居民人均消费支出 22130 元，比上年增长 7.7%。

2016 年全省一、二、三类地区月最低工资标准分别为 1770 元、1600 元和 1400 元，比上年分别增长 8.6%、9.6%和 10.2%。全省 6 个市发布企业工资指导线，12 个市发布人力资源市场工资指导价位，涉及工种岗位 2490 个。

就业形势良好。年末全省城乡从业人员 4756.2 万人，比上年末减少 2.3 万人，其中，第一产业 841.9 万人，第二产业 2045.2 万人，第三产业 1869.2 万人，分别占全省总数的 17.7%、43%、39.3%。城镇新增就业 143.22 万人，年末城镇登记失业人数 35.21 万人，城镇登记失业率控制在 3.00%。

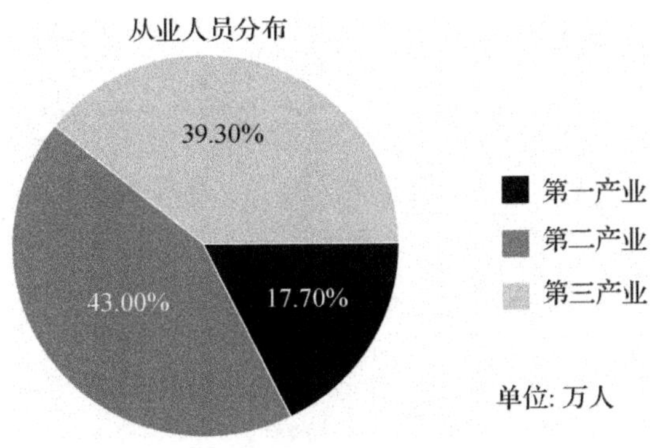

图 5　2016 年江苏省分行业就业情况

数据来源：2016 年《江苏统计年鉴》。

大力推进全民创业。支持22.82万人成功自主创业并带动就业89.31万人,其中,引领大学生创业3.11万人,扶持农村劳动力创业7.99万人。一是落实完善就业创业政策。重抓新一轮就业创业政策落地见效,优化就业资金支出结构,加强政策享受实名制管理,丰富和完善促进就业创业政策体系。二是大力促进创业带动就业。出台全民创业工程实施意见,深化创业型城市建设,分类推进大学生创业引领、农村创业富民、城镇失业人员创业促进、留学回国人员创新创业"四大计划",支持电商等新业态创业就业。改进创业培训,建立培训对象甄选、政府购买培训成果、培训主体报告和培训师资管理等制度。三是做好结构调整中失业人员再就业工作。研究制定应对规模性失业风险预案,采取稳定岗位、职业培训、就业帮扶、就业服务等综合性措施,更好发挥就业专项资金、失业保险基金在安置职工中的作用,促进失业人员再就业。四是着力做好重点群体就业工作。深入实施高校毕业生就业促进计划和创业引领计划,积极开展离校未就业毕业生就业促进专项活动,做好实名制就业服务等工作,促进毕业生多渠道就业创业。加强对灵活就业、新就业形态的扶持,统筹做好托底帮扶城乡困难人员就业、农村劳动力转移就业、退役军人和残疾人就业工作,支持农民工等人员返乡创业,继续确保城乡"双零"家庭动态清零。五是加强职业培训和就业服务。启动实施新生代农民工职业技能提升计划,开展重点群体免费接受职业培训行动,完善城乡统一的职业培训补贴制度,促进更多劳动者技能就业。

切实保障重点人群就业。帮助城镇失业人员再就业77.82万人,其中就业困难人员就业13.12万人,城镇零就业家庭动态为零。新增转移农村劳动力26.49万人,累计转移1901.59万人,转移比重72.5%。为0.64万名去产能企业职工提供免费培训,妥善安置2.31万名钢铁煤炭行业去产能职工。帮助5.77万名建档立卡低收入农户劳动力实现稳定转移就业。

表27 2000—2016年江苏省就业基本情况

指　　标	2000年	2005年	2010年	2015年	2016年
就业人员合计(万人)	4418.14	4578.75	4754.68	4758.50	4756.22
第一产业	1890.96	1414.83	1060.29	875.56	841.85
第二产业	1335.16	1703.29	1996.97	2046.16	2045.17
第三产业	1192.02	1460.62	1697.42	1836.78	1869.20
就业人员构成(合计=100)					
第一产业	42.8	30.9	22.3	18.4	17.7
第二产业	30.2	37.2	42.0	43	43.0
第三产业	27.0	31.9	35.7	38.6	39.3
城镇地区就业人员(万人)	1655.00	2133.58	2809.58	3076.22	3126.26
城镇单位就业人员(万人)	693.09	628.82	763.75	1552.08	1497.30
国有单位	421.75	283.75	281.21	294.31	289.86
城镇集体单位	117.94	38.70	30.31	33.71	32.36
其他单位	153.41	306.37	452.23	1224.06	1175.08
内资单位	102.03	176.27	243.52	789.10	759.93
股份合作单位	17.84	8.31	6.31	4.05	3.65
联营单位	5.45	1.78	1.10	1.13	0.97

续表

指　　标	2000 年	2005 年	2010 年	2015 年	2016 年
有限责任公司	47.07	88.09	106.90	601.66	576.91
股份有限公司	30.66	52.88	59.27	169.38	165.16
其他	0.99	25.21	69.95	12.88	13.24
港澳台商投资单位	20.00	50.38	65.03	164.43	155.59
外商投资单位	31.38	79.72	143.68	270.53	259.57
城镇私营企业就业人员(万人)	96.57	397.20	958.85	1459.36	1680.22
城镇个体就业人员(万人)	81.18	189.20	338.45	518.33	616.27
在岗职工人数(万人)	673.25	602.93	710.58	1467.53	1410.73
国有单位	411.40	273.43	263.95	275.97	271.01
城镇集体单位	114.85	36.84	27.35	30.43	29.51
其他单位	147.00	292.67	419.28	1161.13	1110.21
城镇单位女性就业人员(万人)	270.20	264.94	319.03	529.34	510.07
年末城镇登记失业人数(万人)	30.36	41.63	40.65	36.01	35.21
年末城镇登记失业率(%)	3.2	3.6	3.16	3.00	3.00

数据来源:2016 年《江苏统计年鉴》。

社保体系更加牢固。机关事业单位养老保险制度改革全面展开,城乡居民基本医疗保险制度整合取得突破,全民参保登记全面完成,社会保险主要险种覆盖率达 97%以上。年末,全省企业职工基本养老保险(含离退休人员)、城镇职工基本医疗保险(含退休人员)、失业保险参保人数分别达 2726.07 万人、2486.73 万人和 1538.12 万人,分别比上年末增长 2.7%、2.4%和 3.2%。年末,享受企业职工基本养老保险离退休人员 679.37 万人,享受城镇职工基本医疗保险退休人员 640.06 万人。年末,城乡居民基本养老保险参保人数 1289.54 万人,领取基础养老金人数 1045.79 万人。

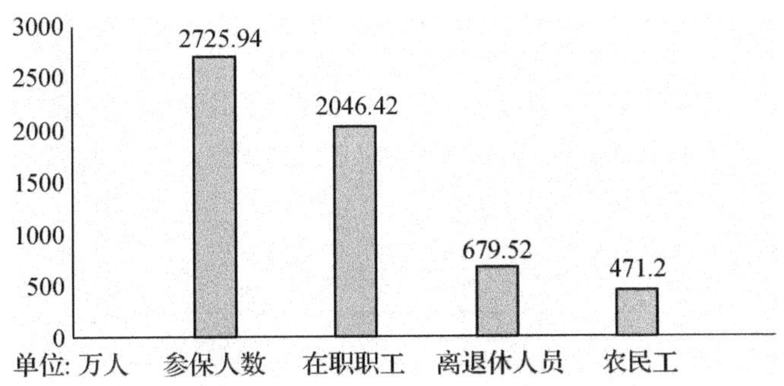

图 6　2016 年江苏省城乡居民基本医疗保险

数据来源:2016 年《江苏统计年鉴》。

年末,城镇居民基本医疗保险参保人数(含人社部门经办的新型农村合作医疗)为 1999.28 万人,比上年末增长 26.1%。机关事业单位和企业退休人员养老金首次统筹调整,人均上调 6.9%。城镇职工医保和居民医保报销比例进一步提高,基本实现省内异地就医联网结算,新农合政策范围内报销比例达到 76%以上。保障性安居工程扎实推进,新开工棚户区(危旧房)和城中村改造 27.4 万套,基本建成 27.5 万套。

第二章　2016 年江苏省产业发展分析

一、第一产业发展分析

第一产业是国民经济的基础产业，主要包括农、林、牧、渔业及相关服务业。2016 年，江苏农林牧渔业实现增加值 4077.18 亿元，同比增长 0.7%，增速较上一年有一定下滑。图 1 显示了 2011—2016 年江苏第一产业的发展情况，从中可以看出，在 2012 年前后，第一产业占 GDP 的比重有着明显的下滑，从 2012 年的 6.3%下滑到 2016 年的 5.4%，而这一占比在 2000 年是 12.2%。

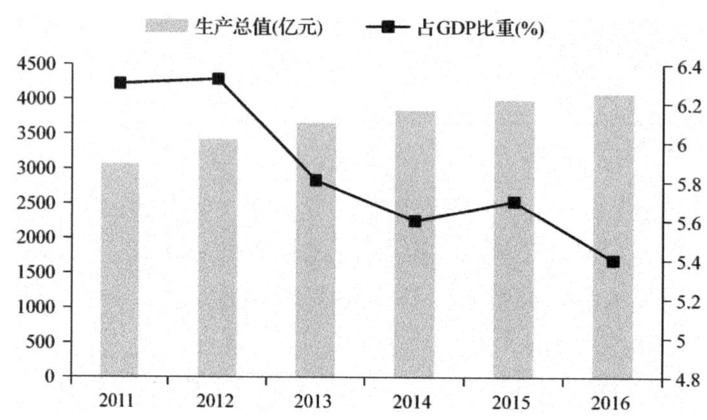

图 1　2011—2016 年江苏省第一产业增加值变动

数据来源：历年《江苏统计年鉴》。

在第一产业增速不断下滑的同时，第一产业对江苏经济 GDP 的贡献率和拉动作用也呈现出明显的下滑趋势。2016 年，江苏省第一产业贡献率为 0.5%，比 2015 年减少 1.2 个百分点；第一产业拉动为 0.0%，比 2015 年减少 0.1 个百分点。

表 1　第一产业对 GDP 贡献及拉动作用(单位：%)

年份	第一产业贡献率	第一产业拉动	第一产业年增速
2010	2.1	0.3	4.90
2011	2.2	0.2	4.01
2012	2.6	0.3	4.60
2013	1.8	0.2	3.10
2014	1.7	0.1	3.40
2015	1.7	0.1	3.20
2016	0.5	0.0	0.50

数据来源：历年《江苏统计年鉴》。

注：产业贡献率指各产业增加值增量与 GDP 增量之比；产业拉动指 GDP 增长速度与各产业贡献率之乘积。

从构成看，2016 年江苏省第一产业增加值中，农业占 51%，渔业占 23%，畜牧业占 18%，林业和农、林、牧、渔服务业所占比例较小，分别为 2%和 6%。参见图 2。

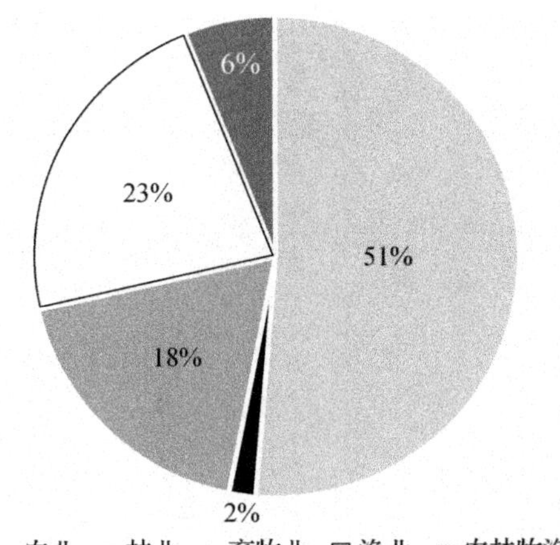

图 2　2016 年江苏省第一产业行业构成情况

数据来源：《江苏统计年鉴 2016》。

2016 年，全省粮食播种面积 8149.1 万亩，较上年增加 12.1 万亩；受灾害天气影响，全年粮食总产量 3466 万吨，较上年减产 95 万吨，下降 2.7%，但总产量依然属于历史上较高的年份。全年油料产量 131.9 万吨，下降 7.8%。

表 2　2012—2016 年江苏省农作物播种面积和产量

指　　标	播种面积(千公顷)	单位面积产量(千克/公顷)	总产量(吨)
农作物总播种面积	7676.93		
粮食作物	5432.70	6380	34660068
夏粮	2423.17	5020	12165340
小麦	2189.85	5112	11195516
元麦	2.49	3645	9088
大麦	139.07	5313	738819
蚕豌豆	91.76	2418	221917
秋粮	3009.53	7474	22494728
稻谷	2294.82	8416	19313939
#中稻和一季晚稻	2294.82	8416	19313939
#籼稻	252.62	7900	1995653
玉米	444.21	5266	2339281
高粱	0.22	7250	1595
谷子	0.15	1387	208
薯类	53.45	6135	327952

续表

指　　标	播种面积(千公顷)	单位面积产量(千克/公顷)	总产量(吨)
大豆	201.73	2336	471148
其他秋粮	14.95	2716	40605
经济作物	518.86		
棉花	63.4	1165	73849
油料	438.63	3008	1319336
#花生	93.87	3910	366989
油菜籽	336.04	2785	936013
芝麻	8.66	1869	16189
麻类	0.3	2737	821
#黄麻			
苎麻	0.3	2737	821
糖类	1.48	60980	90251
#甘蔗	1.47	61327	90151
烟叶			
药材	14.83		
其他经济作物	0.22	491	108
#薄荷	0.22	491	108
其他农作物	1725.37		
#蔬菜	1430.36	39108	55939133
瓜果类	157.08	37987	5966956
绿肥	6.57		

数据来源:2017年《江苏统计年鉴》。

江苏粮食产量是波动性微增,但消费总量却持续上升,增产的幅度赶不上消费增长的速度,粮食自给率逐年下降。粮食消费持续上升的原因:一是人口的增加。从2003年到2015年底,全省常住人口增加571万人,按照人均消费粮食400公斤计算,每年增加粮食需求20万吨左右,导致粮食需求总量的刚性上升。二是城乡居民消费结构改变。越来越多的农民转移到城镇,由粮食生产者变为粮食消费者,消费结构也随之改变,即口粮消费减少、肉蛋奶消费增加。据测算,一个城镇居民每日的肉蛋奶消费,折合成产出这些肉蛋奶所消耗的饲料粮约713.7克,比农村居民的463.6克高出约250克。随着人口总量增长、城镇人口比重上升和生活水平提高,城乡居民对农产品数量、质量、安全性和多样化的需求不断提高,保障粮食和重要农产品有效供给的任务越来越重。

全年累计出栏生猪2847.3万头,同比下降4.4%;年末生猪存栏1690.6万头,下降5%;猪肉产量216.4万吨,下降4.2%;家禽累计出栏71462.1万只,同比下降2.8%;年末家禽存栏30122.6万只,下降1.6%;禽肉产量118.1万吨,下降3.2%;禽蛋产量198.5万吨,增长1.2%。预计水产品总量524.7万吨,与上年基本持平或略减。

表 3　2012—2016 年江苏省畜牧业发展情况

指　　标	2012 年	2013 年	2014 年	2015 年	2016 年
牲畜年末头数(万头)					
大牲畜	36.40	34.53	34.54	34.15	33.54
牛	32.06	30.41	30.59	30.70	30.30
#奶牛	20.87	20.41	20.51	19.98	19.88
马	0.31	0.29	0.28	0.25	0.21
驴	2.98	2.82	2.77	2.44	2.34
骡	1.05	1.01	0.90	0.76	0.69
猪	1775.17	1787.26	1799.50	1780.30	1690.56
羊	400.61	403.07	413.80	417.50	404.30
山羊	391.24	393.59	404.10	407.64	394.84
绵羊	9.37	9.48	9.70	9.86	9.46
畜禽产品产量					
猪牛羊出栏头数(万头)					
当年肉猪出栏头数	3043.12	3049.56	3073.60	2978.32	2847.27
当年出售和自宰的肉用牛	18.82	17.29	17.60	17.40	16.97
当年出售和自宰的肉用羊(万只)	687.96	703.87	719.45	730.24	739.27
肉类产量(万吨)	396.52	383.23	379.46	369.43	355.63
猪肉	228.84	229.86	232.35	225.84	216.36
牛肉	3.47	3.19	3.27	3.22	3.11
羊肉	7.61	7.79	8.01	8.14	8.26
禽肉	146.08	131.93	125.40	122.02	118.13
其他畜禽产品产量(吨)					
牛奶产量	612980	598912	607200	595900	590100
绵羊毛产量	340	344	359	366	348
山羊毛产量	9	10	10	10	11
蜂蜜	3975	4058	4521	4844	4423
禽蛋(万吨)	197.20	200.07	196.97	198.81	201.15

数据来源:2017 年《江苏统计年鉴》。

按照“转变发展方式,突出提档升级,围绕全程全面,服务现代农业”总体思路,以粮食生产全程机械化整体推进示范省建设为着力点,统筹推进各项重点工作,2016 年全省农机化发展呈现“稳中有进、稳中向好”的良好态势。突出表现为“一优两高”。

——农机装备结构得到优化。2016 年全省农机总动力达 4906 万千瓦,同比增长 1.68%。粮食生产机械呈现“高、大、上”发展态势,全省新增 75 马力以上拖拉机 1.43 万台,占拖拉机新增量的 86%;新增乘坐式插秧机 5540 台,占插秧机新增量的 60%;新增各类联合收割机 1.99 万台,向大功率、大喂入量发展趋势非常明显。粮食生产薄弱环节装备加快发展,新增喷杆式植保机 2199 台,保有量近4000台,比上年增长120%;新增谷物烘干机6445台,保有量超过1.7万台,比上年增长57%。农产品初加工、林果业、设施农业(园艺)、畜牧业、渔业(水产养殖)等生产机械得到较快增长,为高效农业发展提供了装备支撑。

——农机作业水平再创新高。全省农业机械化水平达到82%。水稻种植机械化水平稳步提升,水稻机插秧总面积2486万亩,机插率超过75%;玉米生产机械化实现稳定发展,纯作玉米机播、机收水平分别达到90%、81%;稻麦秸秆机械化还田面积超过4080万亩,还田率达到52%;薄弱环节机械化水平显著提高,粮食产地烘干能力达到27%,比上年提高11个百分点。

——农机社会化服务能力持续提高。全省共有各类农机服务组织1.12万个,其中农机合作社8250个,农机合作社作业服务面积超过2亿亩次,占农机作业总面积的60%。全省农机服务经营总收入超过300亿元,其中跨区作业收入近50亿元,为粮食丰产、农民增收、农村劳动力转移提供了保障。

表4　2012—2016年江苏省农业现代化情况

指　　标	2012年	2013年	2014年	2015年	2016年
农业机械化情况					
农业机械总动力(万千瓦)	4214.64	4405.78	4649.98	4825.49	4906.55
机耕面积(千公顷)	5845.67	5947.94	6100.16	6066.15	5939.63
机播面积(千公顷)	3887.94	4371.78	4437.83	4576.06	4663.12
#机播小麦面积	2026.10	2099.42	2117.97	2148.19	2158.20
机械植保面积(千公顷)	5400.50	6732.05	5736.80	5649.06	5699.61
机械收获面积(千公顷)	4896.87	5114.39	5549.26	5142.77	5199.94
农村电气化情况					
农村用电量(亿千瓦小时)	1696.41	1801.86	1834.93	1836.19	1869.27
农用物资使用情况					
化肥施用量(折纯量)(万吨)	330.94	326.82	323.61	319.99	312.52
每亩耕地施用化肥(折纯量)(千克)	48.03	47.43	47.00	46.54	45.46
农用塑料薄膜使用量(万吨)	11.26	11.68	11.98	11.32	11.39
农用柴油使用量(万吨)	102.97	106.80	107.45	108.58	108.71
农药使用量(万吨)	8.37	8.12	7.95	7.81	7.62
农田水利情况					
有效灌溉面积(千公顷)	3704.17	3785.27	3890.53	3952.50	4054.07
节水灌溉面积(千公顷)	1923.37	2005.43	2189.54	2336.09	2422.57
除涝面积(千公顷)	2812.02	2853.25	2961.97	3017.69	3125.61
水土流失治理面积(千公顷)	717.31	886.97	899.66	893.82	907.89
堤防长度(公里)	55105	55403	55387	55654	55797
堤防保护面积(千公顷)	3257.81	3519.38	2767.32	2826.85	2885.60

数据来源:2017年《江苏统计年鉴》。

二、第二产业发展分析

江苏省第二产业稳步发展。2016 年，全年实现增加值 33550.54 亿元，按不变价格计算，比 2015 年增长 8.4%；第二产业占地区生产总值的比重为 45.7%，比 2014 年下降 2 个百分点。

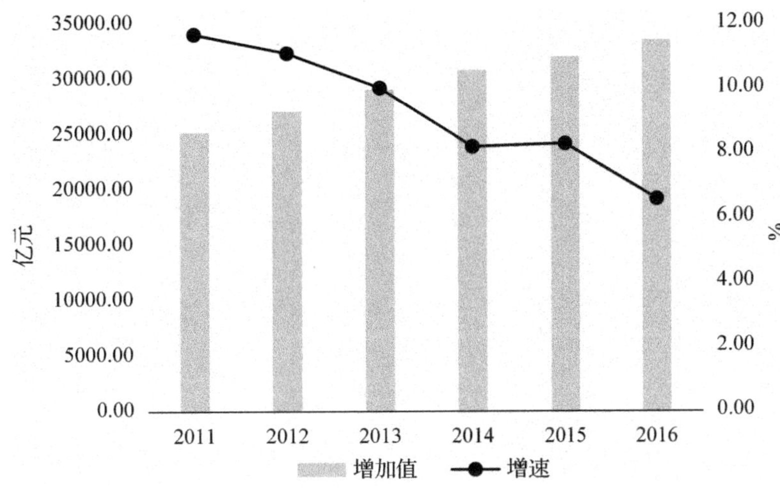

图 3　江苏省 2012—1016 年工业运行情况

伴随着第二产业增速的逐年下滑，第二产业对江苏 GDP 的贡献率和拉动作用也不断减少，从 2010 年的 59.3%和 7.5%，迅速下降到 2016 年的 38.7%和 3.0%。

表 5　第二产业对 GDP 贡献及拉动作用(单位:%)

年份	第二产业贡献率	第二产业拉动	第二产业年增速
2010	59.3	7.5	13.10
2011	56.0	6.2	11.69
2012	57.7	5.8	11.10
2013	55.8	5.4	10.02
2014	50.4	4.4	8.20
2015	51.8	4.4	8.30
2016	38.7	3.0	6.59

数据来源：历年《江苏统计年鉴》。

2016 年以来，江苏工业经济呈现出平稳向好的运行特征，结构调整稳步推进，新的增长动能不断积聚，各项指标维持在经济新常态下的合理区间，工业经济持续下行的压力逐步减弱。2016 年，全省规模以上工业企业完成增加值 35433.2 亿元，同比增长 7.7%，基本与上月、半年增速持平，平稳向好的趋势得到进一步巩固。

表 6　2016 年江苏规上工业企业个数及产销总值　(单位:亿元)

项　　目	企业单位数(个)	工业总产值	新产品产值	工业销售产值	出口交货值
总　计	**47900**	**157640.23**	**28598.31**	**155820.09**	**23299.50**
按登记注册类型分					
内资企业	37845	104695.74	16582.72	103581.43	5762.88
国有企业	77	3250.47	164.27	3243.42	23.60
集体企业	192	553.71	41.39	549.21	9.89
股份合作企业	63	148.11	10.67	144.68	4.41
联营企业	11	18.42	3.53	18.76	0.18
有限责任公司	6027	25714.25	4964.80	25533.37	1524.68
#国有独资	190	2509.15	498.88	2480.79	102.63
股份有限公司	1293	9720.46	2651.98	9450.13	871.74
私营企业	30122	65186.20	8740.22	64539.01	3320.89
其他企业	60	104.12	5.86	102.85	7.48
港、澳、台商投资企业	3612	17384.85	3722.98	17152.50	4080.68
外商投资企业	6443	35559.64	8292.61	35086.16	13455.94
按轻重工业分					
轻工业	17710	43986.98		43425.98	6312.98
重工业	30190	113653.25		112394.11	16986.52
按企业规模分					
大型企业	1249	57474.68	15669.90	56785.28	14422.51
中型企业	6018	39928.40	7523.78	39599.85	5242.86
小微型企业	40633	60237.15	5404.62	59434.96	3634.12
按行业分					
采矿业	**130**	**588.52**	**41.72**	**586.27**	**1.13**
煤炭开采和洗选业	12	191.41	0.49	192.28	
石油和天然气开采业	2		0.14		
黑色金属矿采选业	12	38.18	12.94	39.77	
有色金属矿采选业	6	8.82	1.30	8.78	
非金属矿采选业	97	311.22	26.85	306.47	1.13
开采辅助活动	1				
其他采矿业					
制造业	**47208**	**151934.14**	**28537.62**	**150132.65**	**23291.55**
农副食品加工业	1679	5076.24	345.79	5073.24	112.12
食品制造业	429	1181.98	100.89	1152.39	114.73
酒、饮料和精制茶制造业	189	1187.29	169.00	1158.53	5.07

续表

项　　目	企业单位数(个)	工业总产值	新产品产值	工业销售产值	出口交货值
烟草制品业	6	542.46	6.17	530.20	0.19
纺织业	4454	7280.16	779.09	7163.73	827.41
纺织服装、服饰业	2393	4619.83	570.64	4573.09	910.31
皮革、毛皮、羽毛及其制品和制鞋业	606	1121.38	72.31	1099.19	179.27
木材加工和木、竹、藤、棕、草制品业	1299	2615.74	214.41	2594.17	150.07
家具制造业	296	397.93	55.57	393.71	93.86
造纸和纸制品业	556	1634.17	387.55	1633.00	107.34
印刷和记录媒介复制业	654	895.59	85.04	883.24	75.22
文教、工美、体育和娱乐用品制造业	1340	2336.47	224.38	2322.53	539.61
石油加工、炼焦和核燃料加工业	146	2074.02	43.44	2056.11	11.82
化学原料和化学制品制造业	3657	17850.13	3016.59	17707.77	1315.73
医药制造业	703	3933.97	928.68	3838.94	217.15
化学纤维制造业	737	2850.79	589.96	2786.86	234.32
橡胶和塑料制品业	2099	3196.69	414.36	3159.23	416.37
非金属矿物制品业	2780	5187.47	490.61	5129.70	200.59
黑色金属冶炼和压延加工业	1249	9055.63	1149.01	8954.96	504.38
有色金属冶炼和压延加工业	1035	4064.79	471.03	4034.17	175.00
金属制品业	3089	6461.34	863.02	6367.55	579.30
通用设备制造业	4132	9203.60	1959.32	9088.57	1178.28
专用设备制造业	3042	6470.63	1194.51	6451.61	751.47
汽车制造业	1742	7910.63	1729.57	7790.50	452.68
铁路、船舶、航空航天和其他运输设备制造业	870	3799.84	1175.94	3770.80	777.83
电气机械和器材制造业	4124	17420.15	4556.41	17216.82	2311.02
计算机、通信和其他电子设备制造业	2676	19199.77	6096.23	18864.38	10592.93
仪器仪表制造业	899	3727.26	798.01	3711.33	407.07
其他制造业	166	331.30	36.12	325.09	49.95
废弃资源综合利用业	138	267.77	13.11	262.95	0.36
金属制品、机械和设备修理业	23	39.12	0.86	38.29	0.12
电力、热力、燃气及水的生产和供应业	**562**	**5117.57**	**18.97**	**5101.17**	**6.83**
电力、热力的生产和供应业	332	4500.11	14.86	4489.06	
燃气生产和供应	101	452.72	1.28	449.44	6.83
水的生产和供应业	129	164.74	2.83	162.66	

数据来源：历年《江苏统计年鉴》。

一是工业经济增势平稳。从进度数据看,全省规上工业增加值增速区间为[7.5%,7.9%],变动幅度为0.4个百分点,保持了相对平稳的增长趋势。重工业增速继续领先于轻工业,重工业完成增加值25308.8亿元,同比增长7.7%,轻工业完成10124.4亿元,同比增长7.6%。股份制企业、股份合作企业增速超过全省平均水平,分别为14.2%、9.3%,对稳定工业增长发挥了重要作用。外商港澳台投资企业增速依旧保持在5%左右的中速区间。民营工业继续保持相对较高增速,私营工业企业完成增加值13582.7亿元,增速达到10.6%。同时,江苏工业增速继续高于全国及沪、浙、鲁、粤等沿海省(市)。

表6 江苏规模以上工业企业主要经济指标 (单位:亿元)

年份 地区	企业单位数 (个)	工业总产值	主营业务 收入	利润总额	应收账款 净额	产成品
2009	60817	73200.03	71724.90	4099.58	8316.41	2676.61
2010	64136	92056.48	91077.41	5970.56	10261.18	3042.05
2011	43368	107680.68	107030.09	7074.44	11885.97	3655.22
2012	45859	120124.91	119286.78	7250.20	13577.65	3986.09
2013	48787	134080.91	133605.91	8379.50	15212.05	4214.89
2014	48708	143016.94	141955.99	9057.17	16341.30	4525.64
2015	48488	149841.41	147074.45	9686.84	17500.33	4596.18
2016	47900	157640.23	156591.04	10574.40	19022.03	4787.06
南京市	2661	12945.02	12442.36	959.35	1904.88	378.20
无锡市	4888	14352.96	14120.24	968.02	2850.04	766.11
徐州市	2992	13644.36	13947.04	1108.89	765.50	240.72
常州市	4139	12096.82	12435.86	725.27	1690.21	434.66
苏州市	9616	30713.99	30380.18	1772.74	6175.53	1341.83
南通市	5071	14525.72	14650.80	1118.27	1269.40	388.14
连云港市	1815	5974.81	5946.41	496.53	367.66	102.09
淮安市	2609	6951.32	7014.24	404.81	353.83	112.45
盐城市	3185	9180.84	8870.47	475.83	582.45	192.68
扬州市	2686	9661.65	9502.36	593.15	761.72	158.43
镇江市	2635	8722.84	8632.13	582.17	898.25	245.12
泰州市	3018	12170.80	12139.45	938.67	1073.92	302.23
宿迁市	2599	4096.70	3896.33	391.93	365.18	135.84

数据来源:历年《江苏统计年鉴》。

二是产业升级深入推进。2016年,工业经济结构调整稳步推进,工业产值达到161716亿元,增长7%,创年内增速新高,比去年同期提高0.8个百分点。以电子信息、新能源汽车、医药制造等为代表的高新技术产业增速较快,高新技术产业产值占规模以上工业产值的比重超过40%,医药制造、汽车制造、仪器仪表制造等产业产值增速超过10%。相比之下,低技术含量行业和高耗能行业增长继续放缓，煤炭开采和洗选业、石油加工、炼焦和核燃料加工、黑色金属冶炼和压延加工等行业进入产能收缩周期。这表明，全省工业结构调整成效已经显现，工业技术水平不断提高。

三是区域工业协调发展。苏北、苏中工业发展的速度继续超过苏南地区，工业指标增幅继续高于全省平均水平。徐州、南通、淮安、泰州分别增长9.8%、9.8%、9.8%、10%，各月累计增速均在全省平均水平以上。苏南地区正逐步度过转型调整困难期，工业增速区间逐步上移至[6%—7%]的增速区间，稳中回升的态势正在确立与巩固中。同时，工业经济新增长极正在加快培育与壮大，沿江、沿海、沿东陇海线、沿运河等地取得了较快发展速度，智能制造装备、先进轨道交通装备等高新技术产业正在形成新的集聚区，依托特定工业方向形成发展的特色小镇数量也在稳步提高。

四是投资结构日趋优化。2016年，全省工业投资趋势性放缓压力有所缓解，工业完成投资24544.4亿元，增长7.9%，比上月提升0.4个百分点，高于全社会固定资产投资0.4个百分点。在投资放缓的情况下，符合产业结构中高端发展的投资结构调整方向基本确立。工业技改投资保持较好增势，工业技改全年完成投资13603.9亿元，同比增长10.2%，增幅快于工业投资1.3个百分点，占工业投资比重为55.4%。2016年，投资比重大幅增加的行业主要是专用设备制造业、电器机械及器材制造业、通用设备制造业等行业，智能装备制造业、新能源制造业、软件业等高新技术产业投资增速较快。

表7　江苏2016年工业分行业规定资产投资情况　　（单位：亿元）

行　业	投资额			
		#新建	#扩建	#改建
采矿业	72.94	36.48	7.50	28.39
煤炭开采和洗选业	14.04	1.92	2.84	9.29
石油和天然气开采业	17.28	7.01	0.00	10.27
黑色金属矿采选业	14.41	11.15	2.77	0.49
有色金属矿采选业	2.78	1.63	0.00	1.16
非金属矿采选业	23.85	14.77	1.89	6.62
开采辅助活动	0.57	0.00	0.00	0.57
其他采矿业				
制造业	22869.69	8648.42	4945.36	7530.47
农副食品加工业	609.39	263.10	121.08	216.78
食品制造业	353.72	167.74	59.99	114.74
酒、饮料和精制茶制造业	141.95	61.75	24.09	53.92
烟草制品业	11.92	1.07	8.38	2.47
纺织业	1211.63	346.04	339.96	449.79
纺织服装、服饰业	613.37	233.35	160.56	193.38
皮革、毛皮、羽毛及其制品和制鞋业	160.07	68.85	39.02	47.68

续表

行业	投资额	#新建	#扩建	#改建
木材加工和木、竹、藤、棕、草制品业	433.03	208.37	122.44	89.88
家具制造业	271.73	153.52	46.01	59.97
造纸和纸制品业	249.03	90.30	52.26	84.40
印刷和记录媒介复制业	195.58	57.36	54.27	69.54
文教、工美、体育和娱乐用品制造业	325.12	102.55	96.33	116.61
石油加工、炼焦和核燃料加工业	147.14	95.22	12.20	35.68
化学原料和化学制品制造业	1879.68	680.77	309.44	796.00
医药制造业	678.36	348.26	103.09	190.91
化学纤维制造业	240.38	51.96	94.59	79.19
橡胶和塑料制品业	787.43	241.28	202.24	249.58
非金属矿物制品业	1251.40	578.95	250.26	367.80
黑色金属冶炼和压延加工业	454.30	181.61	70.33	185.16
有色金属冶炼和压延加工业	372.36	143.34	83.36	121.45
金属制品业	1460.32	550.91	365.63	447.48
通用设备制造业	2361.80	749.33	578.40	816.34
专用设备制造业	2151.39	860.32	401.49	709.84
汽车制造业	1293.03	505.72	304.27	366.49
铁路、船舶、航空航天和其他运输设备制造业	456.45	188.68	109.43	127.98
电气机械和器材制造业	2349.53	916.48	490.28	760.00
计算机、通信和其他电子设备制造业	1711.72	513.24	316.90	556.04
仪器仪表制造业	414.49	126.85	87.63	152.73
其他制造业	164.81	108.42	21.75	28.80
废弃资源综合利用业	101.24	45.66	16.97	32.88
金属制品、机械和设备修理业	17.31	7.43	2.75	6.96
电力、热力、燃气及水生产和供应业	1619.65	882.82	380.07	334.51
电力、热力生产和供应业	1327.62	725.75	320.28	264.15
燃气生产和供应业	77.90	26.76	18.21	31.67
水的生产和供应业	214.13	130.32	41.58	38.68
建筑业	129.41	83.23	21.45	14.10
房屋建筑业	28.53	14.64	5.52	4.17
土木工程建筑业	56.37	43.09	8.67	3.02
建筑安装业	17.44	12.20	2.41	2.28
建筑装饰和其他建筑业	27.08	13.31	4.84	4.64

数据来源:历年《江苏统计年鉴》。

2016年，江苏工业在外部条件复杂多变、内部结构深度调整等多种因素的影响下，也出现了一些亟待解决的问题：

一是高新技术产业投资增速亟须提振。受传统产业投资萎缩、投资收益率下滑影响，工业投资动能不足，增速继续阶梯式换挡，增速从[9%，10%]区间进一步回落到[7%，8%]区间。同期，高新技术产业投资增速仅为5.8%，落后工业投资增速2.1个百分点，落后全社会固定资产投增速1.7个百分点。这表明，依靠投资高新技术产业培育新动能的方式尚未弥补传统产业减速发展带来的影响。

二是工业发展资金紧张局面亟须改善。制造业资金投放依然乏力，11月末，制造业金融机构贷款余额1.4万亿元，比年初下降430.1亿元，降幅呈现继续扩大之势，占全部金融机构贷款余额的比重下降为15.3%，工业发展资金紧张局面未见明显改善。与此同时，企业资金周转压力有所上升，11月末，全省规模以上工业企业应收账款、存货两项资金达到3.2万亿元，占流动资金余额比重超过50%。

三是进出口严峻形势长期性亟须适应。发达国家工业经济再平衡一系列战略如“再工业化”进一步提高了制造业智能化、信息化等技术含量，东南亚等国家承接制造业加工、组装等生产流程进一步降低了劳动、土地等生产要素价格，接连遭遇的贸易摩擦进一步增加了产品进入国外市场的壁垒限制，“一升一降一增”削弱了江苏省工业品出口依托的低成本生产竞争优势，预计规模以上工业共实现出口交货值将延续回落趋势，机电产品、高新技术产品出口分别下降7%、10%左右(以美元计价)，需要适应工业进出口严峻形势的长期性。

三、第三产业发展分析

2016年，全省实现服务业增加值38152亿元，比上年增长9.2%，增速高出地区生产总值增速1.4个百分点；全省服务业增加值占地区生产总值比重为50.1%，占比首次超过50%，对经济增长的贡献率达57.6%，比2015年提高11.6个百分点。从设区市情况看，南京、苏州、无锡、常州四市服务业增加值占GDP比重超过50%，分别达58.4%、51.5%、51.3%和50.9%。全省服务业用电量为677.1亿千瓦时，同比增长12.3%，增速比2015年加快5.1个百分点，高出全社会用电量增速5.6个百分点。尽管受到“营改增”等政策变化影响，全省服务业税收收入仍同比增长3.7%，高出全部税收收入增速1.9个百分点。其中地税服务业税收收入占地税收入比重68.2%，比上年同期提高0.1个百分点。

从服务业结构上看，江苏省营利性服务业实现增加值7760.49亿元，金融业实现增加值6060.01亿元，增幅在各行业大类中领先，分别达到14.8%和13.8%。从分行业营业收入看，保险业、商务服务业、软件业、科技服务业、航空运输业等生产性服务业均呈两位数以上较快增长，其中保险业持续体现领先增长势头，增速达37.7%，商务服务业增长23.0%。从商贸流通领域看，全省实现社会消费品零售总额28707.12亿元，呈现10.9%的平稳增长，批发和零售业、住宿和餐饮业增速近两年保持趋稳，增速分别达11.7%和14.5%。房地产开发经营业升温明显，全年营业收入12293.02亿元，增长46.4%。

2012年以来，全省服务业增加值一直保持9%以上的增长速度，2012—2016年分别增长

9.7%、9.8%、10.0%、9.4%和9.7%。除2012年服务业增加值增速低于地区生产总值增速0.4个百分点外,2013年、2014年、2015年和2016年分别高于地区生产总值增速0.2个、1.3个、0.9个和1.9个百分点。2014年,全省服务业增加值首次突破3万亿元大关,达30599.5亿元。2016年,全省服务业增加值达38458.5亿元,增长9.7%。按可比价格计算,2013—2016年年均增长9.7%。

表8　2011—2016年江苏省第三产业增加值　　(单位:亿元)

行　业	2011年	2012年	2013年	2014年	2015年	2016年
第三产业	20842.2	23518.0	26421.7	30599.5	34085.9	38458.5
批发和零售业	5341.4	5704.7	6223.5	6559.03	6992.68	7470.27
交通运输、仓储和邮政业	2127.9	2352.4	2500.1	2591.15	2705.44	2834.56
住宿和餐饮业	919.1	1045.2	1053.0	1094.45	1189.40	1291.32
信息传输、软件和信息技术服务业	910.9	1103.8	1341.6	1579.55	1870.81	2443.22
金融业	2600.1	3136.5	3808.8	4723.69	5302.93	6011.13
房地产业	2747.9	2992.8	3308.4	3564.44	3755.45	4292.79
租赁和商务服务业	1191.3	1415.2	1861.6	2469.55	2845.33	3451.12
科学研究和技术服务业	496.4	612.5	703.6	884.50	998.71	1097.81
水利、环境和公共设施管理业	280.8	322.0	348.0	428.27	496.67	551.91
居民服务、修理和其他服务业	568.8	686.0	803.2	1073.53	1259.45	1507.03
教育	1217.2	1420.5	1527.0	1866.58	2195.15	2426.57
卫生和社会工作	664.5	731.6	819.0	1015.45	1230.89	1410.95
文化、体育和娱乐业	268.0	303.0	383.4	536.56	635.64	795.79
公共管理和社会组织	1507.9	1691.9	1740.5	2003.97	2376.46	2618.65

数据来源:历年《江苏统计年鉴》。

2016年,全省服务业增加值占地区生产总值比重为50.5%,比2012年提高7个百分点,年均提高1.8个百分点,超出二产6.4个百分点。2013年,服务业占比首次超过工业占比,两者比例为45.5:42.7,服务业超出工业2.8个百分点。2015年,服务业占比首次超过第二产业占比,两者比例为48.6:45.7,服务业占比超出二产2.9个百分点。2016年,服务业占比首次超过50%,标志着产业结构实现从"二三一"到"三二一"的根本性转变。

2012年以来,服务业对经济增长的贡献率和拉动均显著增强。2014年,服务业对经济增长贡献率首次超过工业,贡献率达47.9%,超出工业1.9个百分点。2016年,服务业对经济增长贡献率首次超过第二产业,贡献率达60.8%,超出第二产业22.1个百分点。2016年,服务业对经济增长拉动4.8个百分点,高出二产1.8个百分点。2016年,服务业对地区生产总值贡献率、拉动均超过二产,成为对经济增长贡献最大、拉动最高的产业。

2012年以来,随着产业结构转型升级的深入推进,服务业产业结构明显优化,在传统服务业保持平稳发展的同时,现代服务业呈快速发展态势。现代服务业主要行业占比明显提升。从四年行业占比变化情况看,现代服务业各行业增加值占比显著提升。金融业是服务业中占比提升幅度最大的行业，2016年占比较2012年提高2.1个百分点。租赁和商务服务业占比提高1.9个百分点。信息传输、软件和信息技术服务业占比提高1.2个百分点。居民服务、修理和其他服务业占比提高0.7个百分点。其他现代服务业各行业占比也均有不同程度提升。传统服务业主要行业占比明显下降。与2012年相比，2016年各行业中，只有批发和零售业，交通运输、仓储和邮政业，住宿和餐饮业增加值占比下降。批发和零售业增加值占比由2012年的10.6%下降至2016年的9.8%，四年降低0.8个百分点；交通运输、仓储和邮政业降低0.7个百分点；住宿和餐饮业降低0.2个百分点。

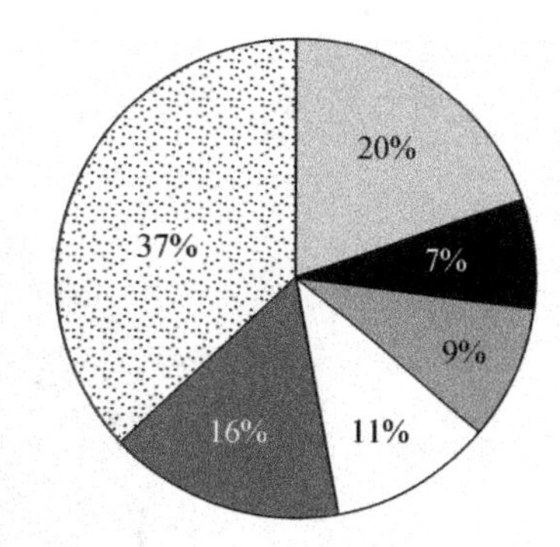

图4　第三产业增加值分行业比重

数据来源：《江苏统计年鉴2017》。

从总量规模看，2016年除宿迁外，全省12个设区市服务业增加值突破1000亿元，比2012年增加2个，新增淮安、连云港。2016年，苏州、南京、无锡增加值列前三位，其中苏州增加值为7975.8亿元、南京为6133.2亿元、无锡为4728.1亿元。2011—2016年江苏省各市第三产业增加值情况见表9。

表9　2011—2016年江苏省各市第三产业增加值　　（单位：亿元）

地区	2011年	2012年	2013年	2014年	2015年	2016年
南　京	3220.4	3845.7	4356.6	4983.0	5571.61	6133.16
无　锡	3029.0	3418.9	3714.2	3971.2	4183.11	4728.05
徐　州	1440.1	1665.6	1885.1	2244.1	2460.06	2751.79
常　州	1518.4	1742.7	1972.0	2355.3	2610.56	2938.73
苏　州	4581.5	5314.3	5951.6	6663.9	7243.24	7975.82
南　通	1571.5	1825.5	2070.0	2500.8	2815.96	3231.24
连云港	552.1	634.9	718.8	814.2	918.95	1025.02
淮　安	672.4	783.7	900.1	1082.4	1260.76	1455.24
盐　城	1048.2	1191.0	1350.3	1563.7	1772.5	1992.15
扬　州	1017.9	1173.6	1333.9	1584.8	1762.88	2000.36
镇　江	938.3	1095.1	1248.9	1499.9	1642.63	1825.66
泰　州	939.3	1075.4	1227.0	1464.2	1657.93	1927.89
宿　迁	496.6	578.4	655.7	751.1	836.75	935.92

数据来源：历年《江苏统计年鉴》。

苏南、苏中地区占比提升较快。2016年，从占地区生产总值比重情况看，苏南服务业增加值占比较2012年提高6.5个百分点，苏中提高6.7个百分点，苏北提高5.1个百分点。2016年，南京、苏州、无锡增加值占比列全省前三位，占比分别为58.4%、51.5%和51.3%；南京、苏州、无锡服务业占比分别较 2012 年提高 5.0 个、7.3 个、6.1 个百分点。13 个设区市中,南通提高最快,2016 年比 2012 年提高 7.7 个百分点。连云港、宿迁提升较为缓慢,2016 年分别比 2012 年提高 3.5 个和 1.8 个百分点。

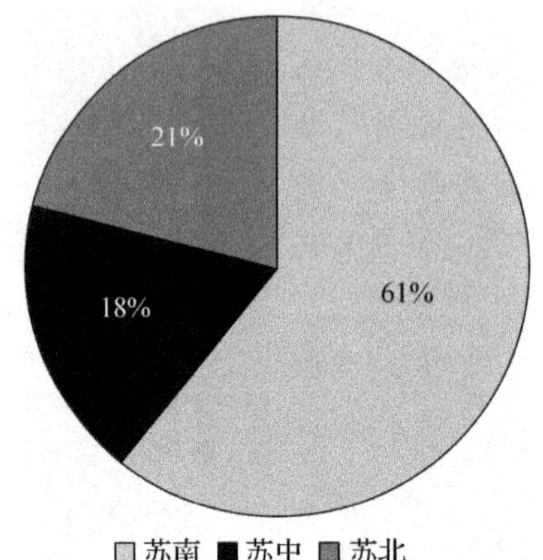

图 5　2016 年江苏省区域第三产业增加值比重(单位:%)

数据来源:《江苏统计年鉴 2017》。

从增长速度来看,2016 年江苏各市中第三产业增加值增长最快的城市是扬州市,达到了 12.0%,其次是泰州市 11.4%、盐城市 10.8%、镇江市 10.7%、南通市 10.6%、淮安市 10.6%,而增速最慢的城市是无锡市 8.6%,其余地区的增速基本在 10%—11%。

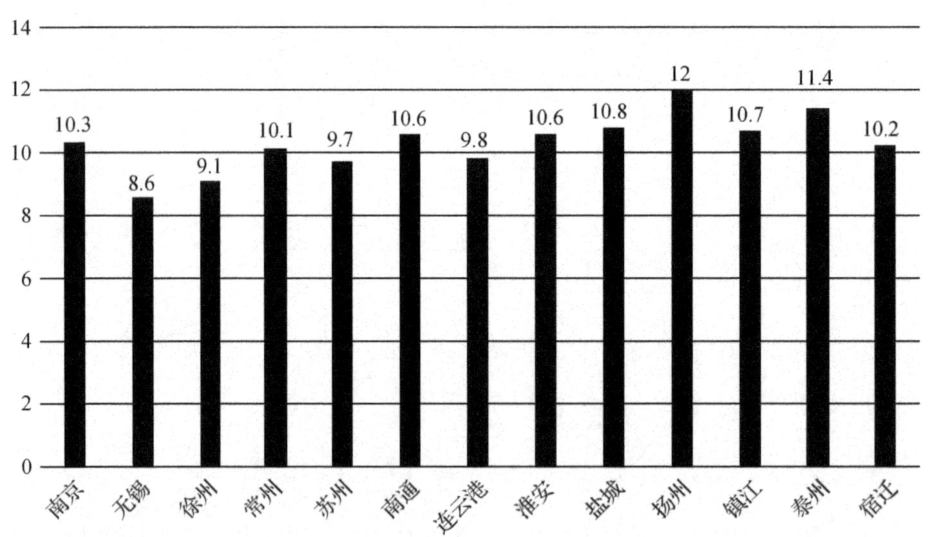

图 6　2016 年江苏省各市第三产业增加值增速(单位:%)

数据来源:《江苏统计年鉴 2017》。

2016 年,全省完成国地税服务业税收 5669 亿元,是 2012 年的 1.4 倍,2013—2016 年,年均增长 9.5%,高于同期税收总额增速 1.5 个百分点。2016 年,全省服务业税收占税收总额比重为 47.8%,比 2012 年提高 2.6 个百分点。分行业看,房地产业税收占服务业税收比重最大。2016 年房地产业税收为 2075 亿元,占服务业税收的 36.6%,年均增长 8.6%。租赁和商务服务业年均增长最快。2016 年,租赁和商务服务业税收为 619.9 亿元,年均增长 24.5%。

2012—2016年，全省第一产业就业人数占比明显下降，第二产业和服务业就业人数占比均呈提高态势，服务业提高幅度高于第二产业。2016年，全省服务业吸纳就业人数1869.2万人，比2012年净增132万人；服务业就业人数占比为39.3%，比2012年提高2.8个百分点，年均提高0.7个百分点。2016年，服务业增加值占地区生产总值的50.5%，说明服务业用较少的就业人数创造了较大的经济总量。

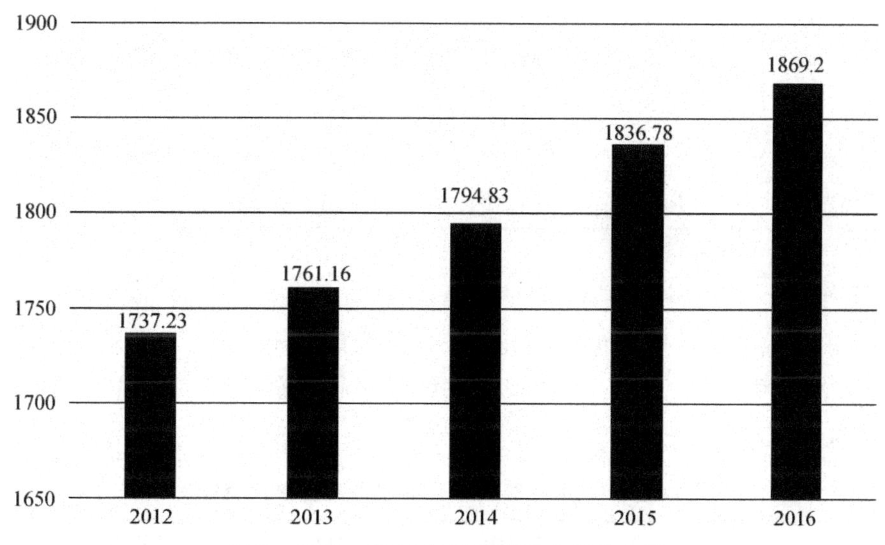

图7 2012—2016年江苏服务业就业人数

数据来源：《江苏统计年鉴2017》。

2012年以来，全省固定资产投资结构进一步优化，服务业投资占全部投资比重持续提高。2016年，全省服务业固定资产投资为24403.9亿元，是2012年的1.6倍，占全部固定资产投资的49.4%，比2012年提高2.5个百分点，年均提高0.6个百分点。2013—2016年服务业投资年均增长13.2%，高于全部投资1.5个百分点。分行业看，2016年占服务业投资比重最大的房地产业投资首次突破1万亿元，达10277.1亿元，是2012年的1.4倍，年均增长7.9%。4年间，卫生和社会工作，信息传输、软件和信息技术服务业，居民服务、修理和其他服务业投资平均增速列前三位，年均分别增长28.2%、23.7%和23.1%。

表10 2016年江苏省第三产业固定资产投资额 （单位：亿元）

行　业	投资额	#内资	#港澳台投资	#外商投资
第三产业	24250.7	22823.31	973.5	432.2
交通运输、仓储和邮政业	2542.29	2401.50	92.95	40.25
信息传输、软件和信息技术服务业	635.48	621.07	10.73	3.68
批发和零售业	1640.53	1587.66	25.37	20.07
住宿和餐饮业	455.91	427.96	8.08	4.02
金融业	141.65	141.23	0.42	—
房地产业	10277.10	9200.42	754.23	322.44

续表

行　　业	投资额	#内资	#港澳台投资	#外商投资
租赁和商务服务业	1545.71	1506.55	29.18	9.47
科学研究和技术服务业	639.21	610.85	11.18	16.99
水利、环境和公共设施管理业	3965.38	3941.24	19.97	2.18
居民服务、修理和其他服务业	260.86	252.19	—	4.60
教育	590.09	586.09	1.36	2.49
卫生和社会工作	446.43	441.49	0.88	3.40
文化、体育和娱乐业	624.24	619.75	19.15	2.29
公共管理和社会组织	485.82	485.31	—	0.32

数据来源:《江苏统计年鉴 2017》。

服务业利用外资上升。2016 年,服务业实际利用外资 1146256 万美元。第三产业外商直接投资项目 1702 个,占新批项目总数的 59.53%;外商实际投资 1146256 万美元,占外商实际投资总额的 46.70%。其中,批发和零售业、租赁服务、房地产业占外商实际投资总额的比重分别为 10.82%、12.00%、12.39%。

表 11　2016 年江苏省第三产业外商直接投资情况

行业	项目数(个)	项目数占比(%)	实际投资(万美元)	实际投资占比(%)
第三产业	1702	59.53	1146256	46.70
交通运输、仓储和邮政业	50	1.75	65722	2.68
信息传输、计算机服务和软件业	117	4.09	22396	0.91
批发和零售业	790	27.63	265669	10.82
住宿和餐饮业	61	2.13	5781	0.24
金融业	31	1.08	74483	3.03
房地产业	60	2.10	304135	12.39
租赁和商务服务业	284	9.93	294560	12.00
科学研究、技术服务和地质勘查业	217	7.59	68437	2.79
水利、环境和公共设施管理业	18	0.63	24530	1.00
居民服务和其他服务业	25	0.87	3305	0.13
教育	8	0.28	6289	0.26
卫生、社会保障和社会福利业	7	0.24	8435	0.34
文化、体育和娱乐业	34	1.19	2514	0.10

数据来源:《江苏统计年鉴 2017》。

第三产业境外投资稳步发展。全年第三产业新批项目 644 个,占新批项目总数的 60.36%;中方协议投资万美元 844425 万美元,占中方协议投资总额的 59.37%。其中,租赁和商务服务业、批发和零售业是江苏省 2016 年境外投资的重点行业,中方协议投资占中方协议投资总额的比重分别为 17.35%、20.40%。表 12 反映了 2016 年江苏省境外投资主要行业分布情况。

表 12　2016 年江苏省境外投资主要行业

行业	新批项目（个）	新批项目占比（%）	中方协议投资（万美元）	中方协议投资占比（%）
第三产业	644	60.36	844425	59.37
交通运输、仓储和邮政业	9	0.84	1313	0.09
信息传输、计算机服务和软件业	53	4.97	32853	2.31
批发和零售业	269	25.21	290119	20.40
住宿和餐饮业	10	0.94	2737	0.19
金融业	10	0.94	19856	1.40
房地产业	32	3.00	91205	6.41
租赁和商务服务业	153	14.34	246799	17.35
科学研究、技术服务和地质勘查业	74	6.94	100898	7.09
居民服务和其他服务业	12	1.12	12627	0.89
教育	6	0.56	4214	0.30
文化、体育和娱乐业	8	0.75	30845	2.17

数据来源:《江苏统计年鉴 2017》。

为策应《国务院关于加快发展生产性服务业促进产业结构调整升级的指导意见》,江苏省政府于 2015 年 6 月底出台了《关于加快发展生产性服务业促进产业结构调整升级的实施意见》,推动生产性服务业发展。江苏省发改委去年出台了《江苏省生产性服务业双百工程实施方案》,“双百工程”即在全省培育形成 100 家在全国有较强影响力和示范作用的生产性服务业集聚示范区及 100 家处于行业领先地位、具备显著创新能力的生产性服务业领军企业。2016 年底,经过层层推荐和多轮专家评审,南京软件谷、苏州科技城等 20 家首批集聚示范区和苏交科、中电环保等 24 家领军企业名单公布。

在江苏省政府办公厅发布的《江苏省“十三五”现代服务业发展规划》中,生产性服务业将突出抓好金融服务、现代物流、科技服务、商务服务、信息技术服务、服务贸易等六大重点服务产业,培育壮大电子商务、节能环保服务等两个服务业细分领域和行业。

生活性服务业的方向是精细化和高品质。按省政府办公厅出台的《关于加快发展生活性服务业促进消费结构升级的实施意见》,“十三五”规划提出,积极培育生活性服务新业态新模式,由生存型、传统型、物质型向发展型、现代型、服务型转变,促进和带动其他生活性服务业发展,推进传统服务业提档升级,并明确了商贸流通、健康服务、养老服务、文化服务、旅游服务、家庭服务、教育培训服务、体育服务等 8 个重点行业。

第三章　2016年江苏省行业经济发展分析

一、金融业

2016年，江苏省金融业保持平稳运行，社会融资规模增长适度，金融市场交易活跃。金融基础设施建设不断完善，金融生态环境持续优化。证券业稳步发展，多层次资本市场建设持续推进。保险业保持较快发展，保险服务能力再上新台阶。

2016年，江苏省金融业实现增加值6011.13亿元，比2015年增长13.35%，比第三产业整体增速高出近0.52个百分点，增速与2015年相比有所上升。从产业结构来看，金融业增加值占地区生产总值的比重达到7.9%，比2015年提高0.3个百分点，金融业对地区经济总量贡献率在不断提高。金融业增加值占第三产业增加值的比重上升至15.63%，比2015年提高0.7个百分点。2012—2016年江苏省金融业增加值情况见图1。

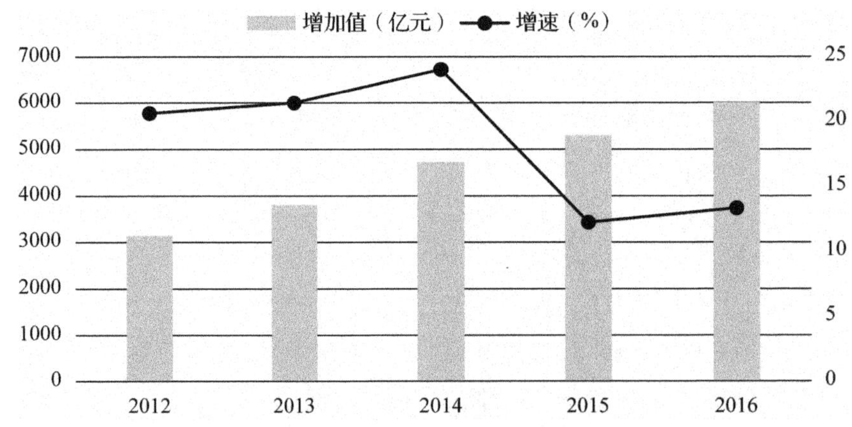

图1　2012—2016年江苏省金融业增加值

数据来源：历年《江苏统计年鉴》。

机构规模稳步增长，组织体系更趋完备。2016年末，江苏省银行业金融机构资产总额15.6万亿元，同比增长15.7%。机构数量稳步增加，年末地方法人金融机构169家，比年初新增5家（见表1）。盈利水平有所上升，全年银行业金融机构实现净利润1561.4亿元，同比增加110.3亿元。金融对实体经济的支撑作用进一步增强，全年实现金融业增加值6060亿元，同比增长13.8%。

表 1　2012—2016 年江苏省金融机构、人员基本情况

项　目	2012 年	2013 年	2014 年	2015 年	2016 年
机构数(家)	**12029**	**12330**	**12686**	**13024**	**13227**
#国有商业银行	4768	4849	4839	4822	4774
政策性银行	93	93	93	93	93
股份制商业银行	832	915	1074	1183	1325
农村商业银行	2692	2932	3034	3132	3287
农村信用社	269	146	135	109	1
财务公司	9	11	12	13	14
信托投资公司	4	4	4	4	4
租赁公司	1	1	1	3	5
职工人数(人)	**204366**	**215558**	**226183**	**236576**	**241768**
#国有商业银行	99346	100229	102718	103548	102764
政策性银行	2254	2341	2333	2331	2393
股份制商业银行	30973	34570	37513	39932	41533
农村商业银行	36592	41065	43469	46054	48774
农村信用社	3989	2293	2090	1682	542
财务公司	227	292	325	360	381
信托投资公司	285	336	400	428	461
租赁公司	112	121	118	228	388

数据来源：历年《江苏统计年鉴》。

各项存款增长平稳，活期存款占比上升。2016 年末，全省金融机构本外币存款余额为 12.6 万亿元，同比增长 12.8%，增速比上年末提高 1.2 个百分点，比年初增加 1.4 万亿元，同比多增 2234.6 亿元。分币种看，全年新增人民币存款 13233.6 亿元，同比多增 1466.8 亿元(见图 2)；受人民币对美元有所贬值影响，企业和居民持有美元意愿增强，全年新增外汇存款 112.1 亿美元，同比多增 104.5 亿美元。从部门分布看，非金融企业存款成为增长主力，非银行业金融机构存款显著

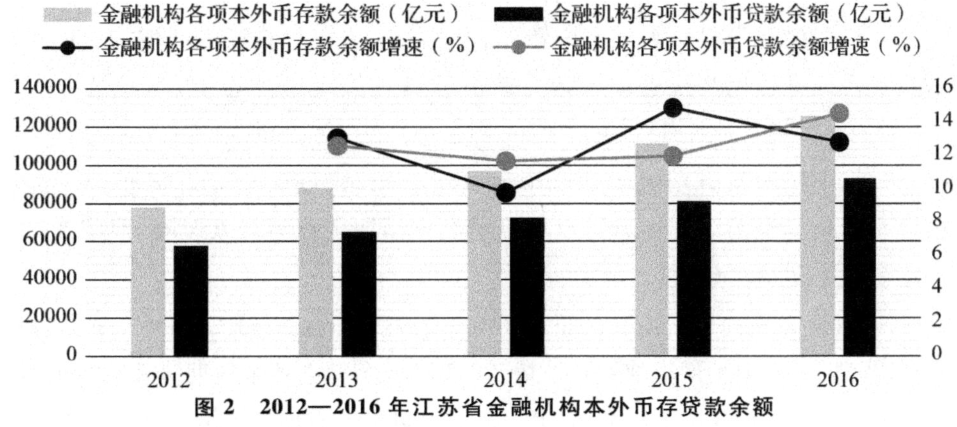

图 2　2012—2016 年江苏省金融机构本外币存贷款余额

数据来源：历年《江苏统计年鉴》。

减少。2016 年,新增非金融企业存款 7058.9 亿元,占各项存款增量的 49.6%,同比多增 2934.6 亿元。受股市活跃度降低的影响,非银行业金融机构存款减少 716 亿元,同比少增 3110.7 亿元。广义政府存款和住户存款分别同比多增 1760.1 亿元和 610.8 亿元。从期限结构看,新增存款活期化特征明显。2016 年,住户存款和非金融企业存款增量中活期存款占比分别为 61%和 68.1%,分别比上年提升 16.7 个和 19.2 个百分点。

贷款增长有所加快,新增贷款再创新高。2016 年末,江苏省本外币贷款余额为 9.3 万亿元,同比增长 14.5%,增速比上年末提高 2.6 个百分点。全年新增本外币贷款 1.18 亿元,同比多增 3115 亿元(见图 3)

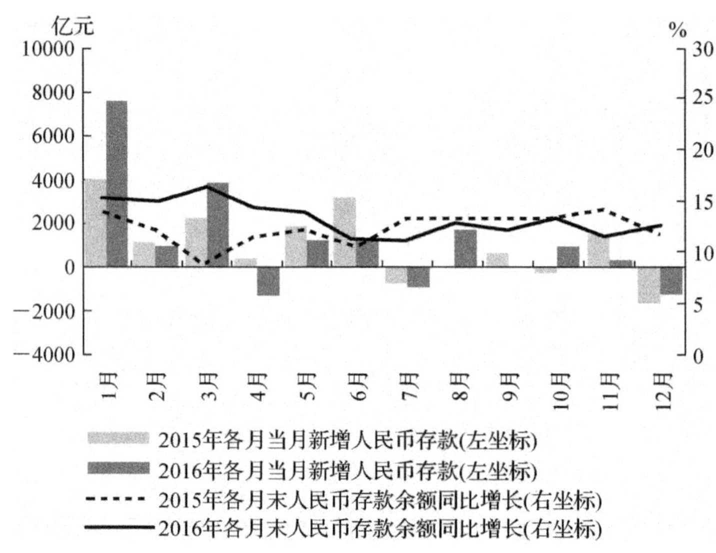

图 3　2015—2016 年江苏省金融机构人民币贷款增长

数据来源:人民银行南京分行。

全年新增贷款较多主要受以下因素影响:一是时值"十三五"开局之年,大批基础设施类、城镇化类政府项目集中上马,引发 2016 年上半年尤其是一季度基础设施类贷款增加较多。二是在房地产"去库存"政策推动下,个人住房贷款需求旺盛,个人住房贷款增加较多。三是自 2016 年起,人民银行将现有的差别准备金动态调整机制升级为"宏观审慎评估体系"(MPA),从以往关注狭义贷款转向广义信贷,促使金融机构表外资产转入表内信贷,人民币贷款有所增加。四是市场流动性充裕,加之信贷资产证券化稳步推进以及地方政府债务置换等因素影响,商业银行信贷供应能力增强。

从币种结构看,人民币贷款增长较快。全年新增人民币贷款 1.22 万亿元,同比多增 2953 亿元,新增额创历史新高。受美联储加息以及人民币汇率预期变化等因素影响,经济主体倾向于减少外币负债,外汇贷款全年减少较多。

2016 年末,全省金融机构外汇贷款余额为 266.6 亿美元,同比下降 24.8%。从期限结构看,短期贷款与票据融资此消彼长,中长期贷款增长加快。2016 年,全省本外币短期贷款减少 1368.3 亿元,同比少增 2257.7 亿元。票据融资比年初增加 719.5 亿元,同比少增 826 亿元。中长期贷款增长较多,年末全省本外币中长期贷款余额增速为 27.9%,比年初增加 1.2 万亿,同比多增 6171.9 亿元。

从贷款投向看，基础设施建设行业贷款和房地产贷款增长加快，制造业贷款增长乏力。2016年，全省金融机构本外币基础设施行业贷款余额为1.4万亿元，同比增长20.6%，增速比上年末提高7个百分点，全年新增2477.3亿元，同比多增1056.4亿元。受房地产销售量价齐升影响，房地产贷款高速增长。2016年末，全省金融机构本外币房地产贷款余额为2.7万亿元，同比增长32.4%，增速比上年末提高13个百分点。全年新增本外币房地产贷款6664.9亿元，同比多增3342.5亿元。其中，个人购房贷款新增6567.8亿元，同比多增3847.9亿元，房地产开发贷款减少55.6亿元。受产能过剩、有效信贷需求不足等因素制约，制造业贷款增长乏力。2016年末，全省制造业本外币贷款余额为1.5万亿元，较年初下降572.5亿元，同比多减138亿元。

表2　分行业金融机构贷款年末余额

行　业	本外币(亿元)		人民币(亿元)		外汇(美元)	
	2015年	2016年	2015年	2016年	2015年	2016年
总计	**76605.13**	**87656.54**	**74261.76**	**85770.22**	**360.87**	**271.92**
农、林、牧、渔业	1488.50	1482.38	1487.37	1482.30	0.17	0.01
采矿业	107.36	119.51	106.81	119.21	0.08	0.04
制造业	15839.77	15263.76	14287.81	13923.27	239.00	193.24
电力、热力、燃气及水生产和供应业	1994.42	2347.16	1916.77	2258.01	11.96	12.85
建筑业	3418.13	3335.06	3412.38	3330.98	0.89	0.59
批发和零售业	6049.68	5869.39	5607.48	5628.34	68.10	34.75
交通运输、仓储和邮政业	3993.95	4003.88	3950.83	3979.91	6.64	3.46
住宿和餐饮业	474.14	434.08	474.14	434.08		
信息传输、软件和信息技术服务业	270.62	253.76	268.02	251.00	0.40	0.40
金融业	654.48	826.34	611.37	783.15	6.64	6.23
房地产业	6080.13	6083.06	6079.54	6083.06	0.09	
租赁和商务服务业	7630.99	10062.03	7621.83	10052.54	1.41	1.37
科学研究和技术服务业	209.01	264.92	208.20	263.50	0.12	0.21
水利、环境和公共设施管理业	6005.49	8118.76	6005.29	8118.55	0.03	0.03
居民服务、修理和其他服务业	156.97	163.61	155.84	159.28	0.17	0.62
教育	405.50	359.86	405.50	359.86		
卫生和社会工作	590.84	580.72	589.62	579.65	0.19	0.15
文化、体育和娱乐业	434.79	420.16	434.10	420.09	0.11	0.01
公共管理、社会保障和社会组织	347.47	325.01	347.47	325.01		

数据来源：历年《江苏统计年鉴》。

从政策导向看，信贷结构更加侧重于调结构、惠民生。在调结构方面，金融机构对现代服务业、科技、文化等新兴领域的支持力度不断加大，2016年末，全省服务业贷款余额2.77万亿元，同比增长19.2%，超出各项贷款增速4.7个百分点，高新技术企业贷款余额3233.7亿元，文化产业贷款余额 1252 亿元。在扶持薄弱环节方面，2016 年末，全省金融机构本外币小微企业贷款(不含票据融资)余额为 2.14 万亿元，同比增长 14%，增速比上年末上升 2.6 个百分点，本外币涉农贷款(不含票据融资)余额为 2.8 万亿元，同比增长 8.2%，增速比上年末上升 0.2 个百分点。

存款利率有所上升，贷款利率继续下行。2016 年 12 月份，全省定期存款加权平均利率为 1.9812%，比上年同期上升 10.1 个基点。贷款利率维持低位，一至四季度，全省新发放人民币贷款加权平均利率分别为 5.5598% 、5.5638% 、5.5218%和 5.3886%，其中，12 月加权平均利率为 5.2836%，比上年同期下降 27.9 个基点，处于 2008 年以来的最低水平。

表 3　2016 年江苏省金融机构人民币贷款利率区间(单位:%)

月份		1月	2月	3月	4月	5月	6月	7月	8月	9月	10月	1月	12月
合计		100.0	100.0	100.0	100.0	100.0	100.0	100.0	100.0	100.0	100.0	100.0	100.0
下浮		8.6	15.3	10.0	9.6	11.6	9.9	9.9	11.1	10.8	12.4	14.2	15.2
基准		17.1	18.5	19.9	19.0	19.1	22.6	18.9	19.5	22.8	19.6	20.9	24.9
上浮	小计	74.3	66.2	70.2	71.4	69.3	67.5	71.2	69.4	66.4	68.1	64.9	59.9
	(1.0—1.1]	20.4	18.4	18.7	17.7	15.4	19.4	19.0	19.3	21.4	19.9	19.4	20.9
	(1.1—1.3]	28.4	25.6	23.2	24.6	24.6	22.3	24.1	23.2	21.0	21.5	20.6	19.2
	(1.3—1.5]	11.0	9.9	12.0	12.4	12.8	11.7	12.4	11.4	10.7	11.5	11.2	8.9
	(1.5—2.0]	10.5	8.8	11.8	11.6	11.8	10.0	10.9	10.4	9.3	10.1	9.4	7.9
	2.0 以上	3.9	3.6	4.4	5.1	4.7	4.0	4.7	5.2	4.0	5.1	4.3	3.1

证券行业平稳发展，收入和利润水平有所回落。2016 年末，江苏省共有法人证券公司 6 家，总资产 4131.4 亿元，证券分公司 78 家，证券营业部 805 家，同比增长 17.86%。受股市行情影响，证券行业全年共实现营业收入 194.36 亿元，净利润 77.71 亿元，均较上年有所下滑。私募基金蓬勃发展，全省共有 781 家私募基金管理人登记备案，管理基金规模突破 4000 亿元，为中小微企业早期健康发展、治理结构加速完善提供重要支持。

资本市场规模继续位居全国前列。截至 2016 年末，江苏省境内上市公司总数为 317 家，较上年新增 41 家，上市公司总数位居全国第三。拟上市公司 197 家，后备上市企业资源充足。IPO 融资在全国位居前列，2016 年全省上市公司首发融资 250.4 亿元，同比增长 132.6%，配股、增发融资 1452.69 亿元，同比增长 35.61%。

表 4　2012—2016 年江苏省证券业基本情况

项　目	2012 年	2013 年	2014 年	2015 年	2016 年
上市公司数(家)	236	235	254	276	317
#A 股	231	230	252	275	316
#B 股	5	5	5	4	4
辅导企业数(家)	244	206	175	193	197
证券公司数(家)	6	6	6	6	6

续表

项　目	2012年	2013年	2014年	2015年	2016年
证券营业部数(家)	365	540	624	683	805
期货经纪公司(家)	11	10	10	10	10
期货经纪公司营业部(个)	101	119	125	135	140
证券投资咨询机构数(家)	2	2	3	3	3
证券从业人员数(人)	11280	9333	9391	10908	11201
期货从业人员数(人)	2336	2636	2468	2279	1155
证券投资者开户数(万户)	737	767	811	1075	1325
期货投资者开户数(户)	195338	210026	223885	242964	178432
上市公司募集资金总额(亿元)	344	283.69	701.45	1213.98	2254.62
发行	135	0	93	108	250
配股	5.71	0.00	4.70	9.93	0.00
增发	82.46	79.84	550.43	1061.31	1452.69
公司债	120.30	203.90	53.32	35.05	551.50
上市公司总资产(亿元)	12489.34	10848.16	22963.26	30964.62	57063.33
上市公司净资产(亿元)	4360.70	5373.23	7008.93	8768.52	12855.78
上市公司总股本(亿股)	1250.60	1379.89	1596.57	2153.45	2838.48
市价总值(亿元)	11394.27	12787.24	19630.99	36720.48	37171.14
上市公司净利润(亿元)	525.25	424.42	587.80	738.74	1097.29
上市公司每股收益(元)	0.42	0.36	0.35	0.33	0.37
证券经营机构证券交易量(亿元)	41877.16	62452.24	98654.91	351317.58	196825.91
期货经营机构代理交易量(亿元)	197158.93	212668.01	196768.34	305574.82	148889.90

数据来源：历年《江苏统计年鉴》。

多层次资本市场建设持续推进。截至2016年末，江苏省新三板挂牌公司1245家，总量位列全国第三，总股本636.69亿股，总市值2363.1亿元。目前，全省13个地级市均有公司在新三板挂牌。全年实现定向增发302次，融资额达89.39亿元。截至2016年末，江苏区域股权交易中心已有1139家挂牌企业，累计通过各种方式为企业融资222.9亿元。

截至2016年末，江苏省共有法人保险机构5家，全年实现保费收入2690.3亿元，同比增长35.2%，各类赔款给付916.4亿元，同比增长25.1%。分险种看，财产险保费收入733.4亿元，同比增长9.1%，人身险保费收入1956.8亿元，同比增长48.5%(见表5)。

表 5　2012—2016 年江苏省保险业基本情况

指　标	2012 年	2013 年	2014 年	2015 年	2016 年
保费收入(亿元)	**1301.28**	**1446.08**	**1683.76**	**1989.91**	**2690.25**
财产险	440.92	518.61	606.29	672.19	733.43
＃企业财产保险	36.71	39.77	41.48	41.85	41.10
家庭财产保险	2.36	2.65	2.53	4.33	4.99
机动车辆保险	328.91	393.49	465.69	531.15	587.92
人身意外伤害险	35.20	41.88	48.47	54.22	61.32
健康险	59.29	76.41	112.27	179.58	388.53
寿险	765.87	809.17	916.72	1083.92	1506.96
各项赔款和给付(亿元)	**386.97**	**527.02**	**616.78**	**732.59**	**915.13**
财产险	240.08	303.23	336.30	403.04	437.66
＃企业财产保险	16.91	25.05	18.46	35.33	22.84
家庭财产保险	0.59	0.53	0.57	1.92	2.39
机动车辆保险	191.94	246.34	277.02	315.95	356.70
人身意外伤害险	10.02	11.18	13.45	15.26	17.64
健康险	17.85	24.00	35.16	46.09	55.89
寿险	119.03	188.62	231.87	268.21	403.95
保险公司数(家)	**90**	**90**	**93**	**95**	**99**
＃财产保险公司	39	39	39	40	41
人寿保险公司	51	51	54	55	58
＃中资保险公司	63	63	62	64	67
外资保险公司	27	27	31	31	32
保险公司分支机构(家)	5718	5743	5900	5894	6253
从业人员数(万人)	22.80	23.49	27.34	39.64	53.83

数据来源：历年《江苏统计年鉴》。

保险资金投资力度进一步加大，资金投向更加丰富多元。2016 年，全省保险资金投资保持 30％以上的增速，投资总额突破 2100 亿元，并以多种形式参与先进制造业基地、战略性新兴产业、新型城镇化和城乡发展一体化、“一带一路”和长江经济带建设。服务“三农”取得新成效。2016 年，全省农险保费及农险基金总计为 32.9 亿元，支付各类农险赔款 23.5 亿元。全省统颁的政策性农业保险险种达 55 种，保险产品不断丰富。涉农贷款保证保险覆盖全省 13 个市，保费收入突破 1 亿元，为破解农业企业融资难、融资贵问题提供了新动力。

二、建筑及房地产业

2016 年，全省建筑业总产值 29549.2 亿元，同比增长 4.8％，增幅与上年相比持平。苏南地区建筑业总产值企稳回升，产值 9032.5 亿元，同比增长 2.3%，占建筑业总产值 30.6%，较去年同期占比上升 5.4 个百分点；苏中地区建筑业保持平稳发展，完成建筑业总产值 13679.4 亿元，同比增长 5.4%，占全省产值总量的 46.4%；苏北地区完成的建筑业总产值 6805.3 亿元，同比增长 3.8%，增幅较去年同期下降 7.4 个百分点，占全省产值总量的 23.1%。

2016 年，全国建筑业总产值 193566.78 亿元，江苏占比 13.3%（以省统计局统计产值同口径测算），产值规模继续保持全国第一。全国排名前 5 位的省份是江苏、浙江、湖北、山东、四川。

2016 年，江苏省房地产市场较 2015 年明显有所升温，自从 2015 年第四季度房地产政策调整后，房地产市场明显回暖，在 2016 年实现增加值 4292.79 亿元，增速达到 14.3%，是近五年来的新高。2012—2016 年江苏省房地产业增加值情况见图 4。

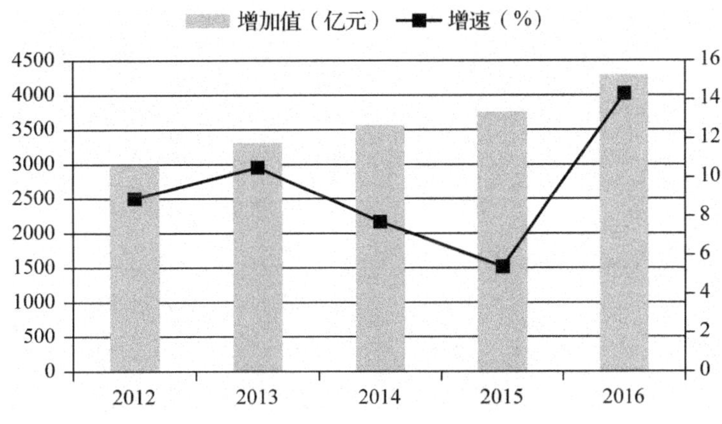

图 4　2012—2016 年江苏省房地产业增加值

数据来源：历年《江苏统计年鉴》。

按施工类别划分，房屋建筑施工产值 14850.8 亿元，同比增长 9.8%，占总产值比重 50.3%；市政工程、建筑安装、装饰装修等专业施工产值分别为 2838.2 亿元、2757.5 亿元、2575.7 亿元，同比增长 10.5%、2.8%和 7.8%；公路和铁路工程、工矿工程、水利和港口航道工程等专业工程产值，同比分别下降 6.9%、21.7%、22%。

表 6　2012—2016 年江苏省房地产开发投资基本情况

项　　目	2012 年	2013 年	2014 年	2015 年	2016 年
投资完成额(亿元)	6206.1	7241.45	8240.22	8153.68	8956.37
按构成分					
#建筑安装工程	4402.1	5248.90	6025.88	6186.30	6604.18
设备工器具购置	140.4	171.70	129.41	118.93	141.68
按工程用途分					
住宅	4354.6	5171.50	5924.51	6080.21	6628.87
#90 平方米以下	1009.5	1178.06	1293.62	1773.41	2073.60
#140 平方米以上	1047.3	1087.79	1034.88	1248.38	1465.68
办公楼	260.1	324.18	378.47	344.07	363.17

续表

项　　目	2012 年	2013 年	2014 年	2015 年	2016 年
商业营业用房	976.1	1119.95	1286.71	1130.91	1246.13
其他	615.3	625.83	650.53	598.50	718.20
按资金来源分					
国内贷款	1890.7	2373.97	2249.68	1877.93	2299.18
利用外资	61.6	109.41	80.79	44.91	8.29
自筹投资	3087.5	3932.97	4154.86	3416.80	3172.21
其他投资	4817.1	6265.69	5614.83	6700.36	10021.40
房屋建筑面积(万平方米)					
施工面积	45097.5	52574.17	57637.72	58118.44	58761.73
#住宅	33412.2	38756.78	41579.79	42315.98	43002.93
竣工面积	9848.4	9711.60	9620.47	10296.96	10073.96
#住宅	7687.1	7584.17	7259.11	7930.21	7602.69
商品房销售情况(万平方米)					
房屋销售面积	9019.2	11454.77	9846.84	11414.05	13962.09
#住宅	7923.4	10191.52	8800.93	10275.95	12657.66
#90 平方米以下	1578.8	1794.78	1755.71	1896.76	2054.14
#140 平方米以上	1267.9	1426.71	1142.38	1533.98	2144.43

数据来源:历年《江苏统计年鉴》。

截至 2016 年底,江苏省房地产开发企业共 6646 家,年平均从业人数 17.34 万人,比 2014 年增加 0.41 万人,其中内资企业增加 0.58 万人。表 7 汇总了 2012—2016 年江苏省房地产开发企业经营情况。

表 7　2012—2016 年江苏省房地产开发企业经营情况

指　　标	2010 年	2013 年	2014 年	2015 年	2016 年
企业个数(个)	**6070**	**6784**	**6829**	**6642**	**6626**
内资	5450	6164	6215	6056	6053
#国有	252	216	203	201	55
集体	124	49	37	35	29
港澳台商投资	352	392	408	396	395
外商投资	268	228	206	190	178
平均从业人数(万人)	**13.17**	**17.92**	**16.93**	**17.96**	**17.34**
内资	11.61	15.80	14.90	15.85	15.48
#国有	0.59	0.70	0.60	0.70	0.69

续表

指　　标	2010年	2013年	2014年	2015年	2016年
集体	0.19	0.10	0.08	0.09	0.08
港澳台商投资	0.87	1.32	1.26	1.41	1.23
外商投资	0.69	0.80	0.77	0.70	0.63
土地开发及购置(万平方米)					
本年土地成交价款(亿元)	613.85	1084.21	1094.55	530.42	845.47
待开发土地面积	3798.79	5872.50	5373.41	4044.91	3445.47
本年购置土地面积	2055.71	4207.74	3454.27	1693.35	1736.90
资产负债(亿元)					
实收资本	4061.51	6852.90	7969.53	8815.06	8868.63
资产总计	19791.32	37223.68	42842.86	46749.11	51534.57
累计折旧	128.74	248.39	249.42	264.16	279.84
#本年折旧	33.70	57.31	52.75	52.22	51.51
负债总计	14233.81	27375.39	32032.01	35200.59	39415.82
所有者权益	5557.51	9848.29	11810.85	11548.52	12118.75

数据来源:历年《江苏统计年鉴》。

三、旅游业

旅游业是国民经济的战略性产业,资源消耗低,带动系数大,就业机会多,综合效益好。从当前和今后一个时期的国际国内环境来看,随着工业化、信息化、城镇化、市场化、国际化的深入发展,高速交通体系的快速完善,特别是人均国民收入的稳步增加而持续增长的大众化和多样性消费需求,都为江苏旅游业发展提供了新的机遇。同时旅游业对转变发展方式、拉动有效需求、优化产业结构具有积极的促进和带动作用,与江苏省实施城乡发展一体化、经济国际化等战略息息相关。

2016年在新常态下主动探索作为,全省旅游业发展呈现出量质并举、转型升级的良好势头,"畅游江苏"体系建设和品牌打造取得了新成效,旅游业在国民经济和社会发展中的贡献度不断提高。全年接待境内外游客68109.8万人次,比上年增长9.4%;实现旅游业总收入10263.6亿元,增长13.4%。接待入境过夜旅游者329.8万人次,增长8.1%。其中:外国人218万人次,增长8.5%;港澳台同胞111.8万人次,增长7.3%。旅游外汇收入38亿美元,增长7.8%。接待国内游客67780万人次,增长9.4%,实现国内旅游收入9952.5亿元,增长13.5%。图5描述了2012—2016年江苏省旅游业收入变动情况。

2016年,全省接待境内外游客6.8亿人次,同比增长9.4%;实现旅游业增加值4577亿元,同比增长13.4%;游客在苏平均停留2.6天,人均消费达1507元;完成旅游投资1900亿元,同比增长11.4%,高于全省固定资产投资增幅3.9个百分点。在入境旅游方面,全年接待境外游客329.77万人。其中,有近一半外国游客留宿苏州。国外游客中,日本、韩国、美国游客居前三名。

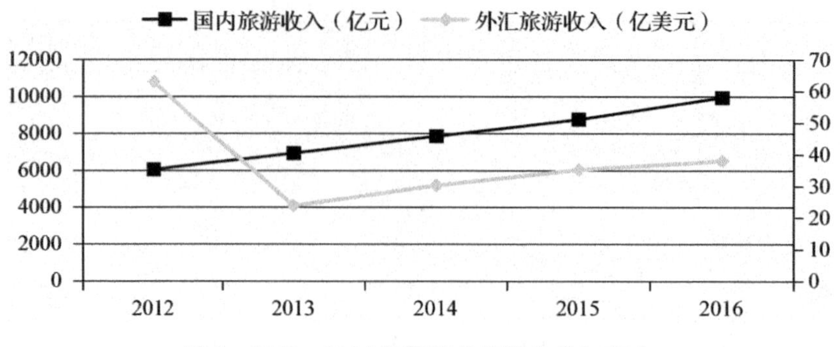

图 5　2012—2016 年江苏省旅游业收入变动

数据来源：历年《江苏统计年鉴》。

2016 年，全省接待国内旅游者 6.78 亿人次，苏州、南京、无锡成为首选目的地。上海、浙江和安徽成为江苏十大客源省(市)的前三名。在 A 级景区创建方面，去年，全省新批 A 级旅游景区 36 家，A 级景区总数达 638 家，位居全国第二。3A 级以上景区数占三分之二，其中，5A 级景区达 22 家，继续位列全国第一。在旅游公共服务方面，去年，全省共完成旅游厕所建设 944 座，实际完成投资 4.51 亿元；全省共建设旅游停车场 377 座，总面积 218.24 万平方米，总投资 16.2 亿元；目前，全省共开通各类旅游专线超过 200 条。2012—2016 年江苏省旅游业基本情况参见表 8。

表 8　2012—2016 年江苏省旅游业基本情况

指　　标	2012 年	2013 年	2014 年	2015 年	2016 年
旅行社数(个)	2117	2204	2251	2336	2469
星级饭店数(个)	890	970	873	791	696
入境旅游人数(万人次)	791.5	280.8	297.1	305.0	329.8
外国人	575.2	133.4	197.0	200.8	218.0
香港同胞	71.5	12.9	14.42	14.04	15.4
澳门同胞	8.1	5.1	0.62	0.71	0.82
台湾同胞	136.7	81.2	85.02	89.42	95.58
国内旅游人数(亿人次)	4.6	5.1	5.7	6.2	6.8
旅游外汇收入(亿美元)	63.0	23.80	30.32	35.27	38.04
国内旅游收入(亿元)	6055.8	6940.5	7863.51	8769.31	9952.47

数据来源：历年《江苏统计年鉴》。

从江苏省各市情况来看，苏州和南京旅游业规模和比重最大。2015 年、2016 年，苏州、南京接待国内旅游人数分别为 11300.37 万人次、10657.32 万人次，占全省的 16.67%和 15.72%；国内旅游收入分别为 1932.50 亿元、1803.45 亿元，占全省的 19.42%和 18.12%。2016 年苏州、南京接待海外旅游人数分别为 1612849 人次、637846 人次，占全省的 48.91%和 19.34%；旅游外汇收入分别为 216708 万美元、67617 万美元，占全省的 56.97%和 17.78%。表 9 汇总了江苏省各市 2012—2016年旅游业收入情况。

表 9 2012—2016 年江苏省各市旅游业收入

项 目	2012 年	2013 年	2014 年	2015 年	2016 年
旅游外汇收入(万美元)	**629972**	**237989**	**303271**	**352729**	**380362**
南京	136216	40063	55293	63999	67617
无锡	68138	26985	32994	35783	38954
徐州	21045	2193	2975	3861	3938
常州	47439	7590	10160	12066	13147
苏州	164723	135687	170463	200183	216708
南通	42995	11196	10792	11668	12482
连云港	14434	1668	1876	2064	2281
淮安	3056	888	1313	1558	1705
盐城	6477	2533	4511	5866	6419
扬州	55921	3711	4919	5588	6280
镇江	55819	3130	4640	5992	6479
泰州	10855	1990	2791	3255	3631
宿迁	2854	255	546	846	721
国内旅游收入(亿元)	**6055.8**	**6940.05**	**7863.51**	**8769.31**	**9952.47**
南京	1169.0	1317.48	1470.00	1612.15	1803.45
无锡	974.9	1100.40	1229.85	1356.25	1518.91
徐州	311.8	360.47	423.46	485.99	565.90
常州	482.0	557.39	639.98	718.35	820.04
苏州	1254.4	1419.09	1574.81	1728.79	1932.50
南通	299.3	348.16	400.60	453.04	521.98
连云港	221.6	257.25	297.42	338.70	391.58
淮安	172.7	200.12	231.63	264.02	305.64
盐城	142.8	166.09	195.21	226.27	265.56
扬州	392.5	454.42	525.21	592.00	681.91
镇江	410.1	474.53	543.93	614.12	706.19
泰州	160.9	186.19	213.63	241.54	278.22
宿迁	63.9	98.47	117.79	138.08	160.60

数据来源:历年《江苏统计年鉴》。

2016 年,江苏省更加注重区域旅游合作,推进苏南、苏中、苏北优势互补、协调发展。支持苏南创新发展,积极探索旅游新业态、新产品和运营管理新机制。加大对苏中、苏北地区的规划、资金和政策支持,鼓励旅游业跨越式发展。从区域情况来看,苏南、苏中、苏北地区 2016 年分别实现旅游外汇收入 34.29 亿美元、2.24 亿美元、1.51 亿美元,分别占全省的 90.1%、5.89%和 3.97%;实现国内旅游收入 6781 亿元、1482.1 亿元、1689.3 亿元,分别占全省的 68.13%、14.89%和 16.97%。图 6、图 7 描绘了2012—2016 年江苏省苏南、苏中、苏北地区旅游外汇收入、国内旅游收入比重的变动情况。

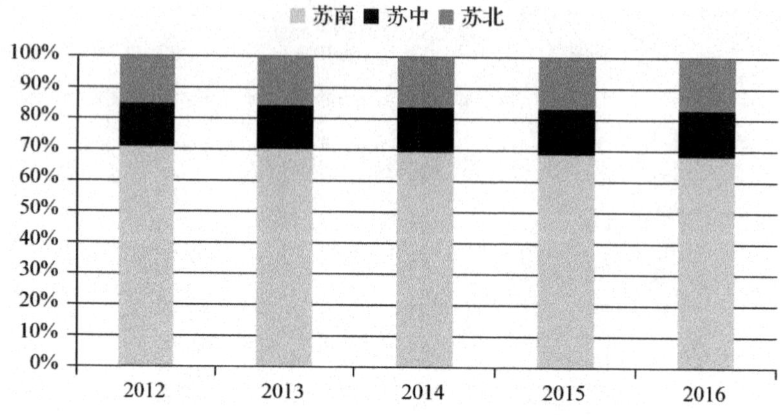

图 6　2012—2016 江苏省各区域国内旅游收入比重

数据来源:历年《江苏统计年鉴》。

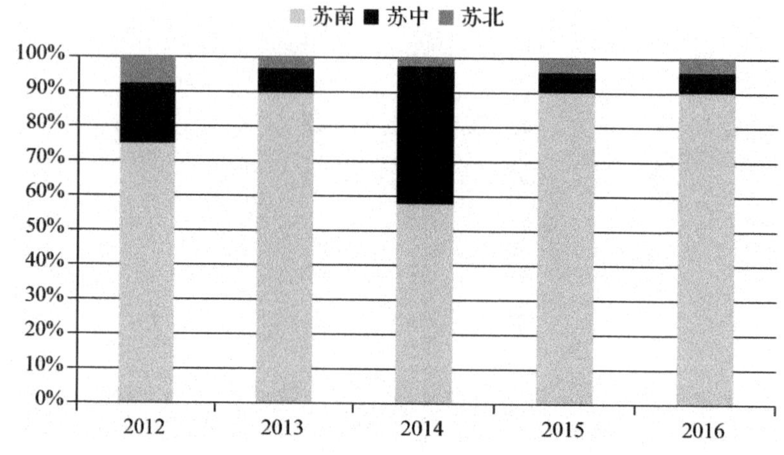

图 7　2010—2015 江苏省各区域旅游外汇收入比重

数据来源:历年《江苏统计年鉴》。

2016 年,全省 50 个年度重点旅游项目当年完成投资超 260 亿元。其中,完成投资超 5 亿元项目 21 个,超 10 亿元项目 8 个,超 20 亿元项目 2 个。淮安周恩来故里旅游景区和盐城大丰麋鹿园成功晋升国家 5A 级景区,实现了苏北地区 5A 级景区零的突破。推动建立区域旅游合作联盟,支持"苏锡常""宁镇扬"和"徐连盐"等市旅游部门联合打造旅游新线路。积极推进长三角区域旅游合作,先后两次承办了长三角旅游合作联席会议,形成了长三角旅游发展合作协议和"苏州共识",拓展了江苏的客源地,促进了与沪浙皖二省一市的交流合作。

四、信息传输、软件和信息技术服务业

信息传输、软件和信息技术服务业是关系到国民经济和社会发展全局的基础性、战略性、先导

性产业，具有技术更新快、产品附加值高、应用领域广、渗透能力强、资源消耗低、人力资源利用充分等突出特点，对经济社会发展具有重要的支撑和引领作用。按国民经济行业分类(GB/T 4754－2011)，信息传输、软件和信息技术服务业属于I门类，涵盖63(电信、广播电视和卫星传输服务)、64(互联网和相关服务)和65(软件和信息技术服务业)等3个行业大类。

2016年，江苏省信息传输、软件和信息技术服务业实现增加值2443.22亿元，比2015年名义增长30.60%，增速较2014年上升12个百分点，高于第三产业整体增速。从产业结构来看，信息传输、软件和信息技术服务业增加值占地区生产总值的比重为3.21%，比2015年提高0.5个百分点；占第三产业增加值的比重上升至6.35%，提高0.86个百分点。2012—2016年江苏省信息传输、软件和信息技术服务业增加值情况见图8。从中可以看出，江苏信息传输、软件和信息技术服务业占第三产业的比重在近五年来一直保持持续上升趋势，从2012年的4.69%提高到2016年的6.35%，增加了近1.66个百分点，显示出该产业发展的势头良好，且对整体服务业的影响越来越大。

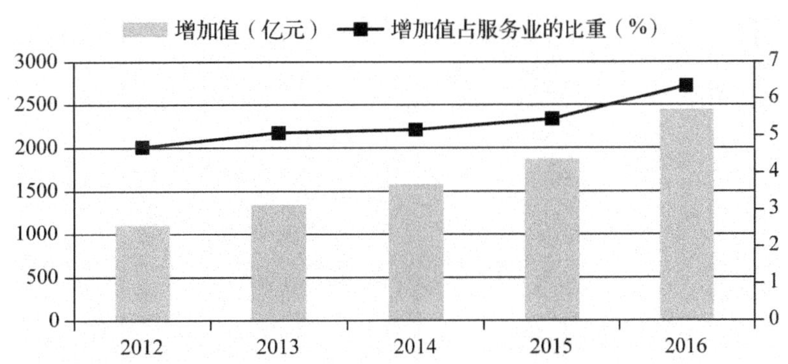

图8 2012—2016年江苏省信息传输、软件和信息技术服务业增加值

数据来源：历年《江苏统计年鉴》。

作为信息传输、软件和信息技术服务业所涵盖的3个行业大类之一，软件和信息技术服务业是江苏省重点发展的战略性新兴产业。2016年全省软件与信息服务业累计完成软件业务收入48511亿元(其中软件产品15400亿元，同比增长12.8%)，同比增长14.9%，继续保持全国领先地位。企业总数突破40000家，涌现出联创集团、焦点科技、苏宁云商、同程网、金智科技、擎天科技等一批重点企业。2012—2016年全省累计实现软件业固定资产投资1554.6亿元，年均增长27.2%。2016年底，全省软件业单位达7986家，是2012年的2.1倍，年均增长20.6%。2016年全省软件业务收入8166亿元，居广东之后列全国第二位，年均增长17.3%。从销售地看，2016年全省实现软件业务出口89亿美元，是2012年的1.5倍，2013—2016年，年均增长10.7%。从服务模式看，2016年全省实现软件外包服务收入284.7亿美元，2013—2016年，年均增长20.4%。

表10 2016年全国软件业最终核实统计数据

指标名称	单 位	2016年完成	增速%
企业个数	个	42764	—
软件业务收入	亿元	48511	14.9
其中：(一) 软件产品收入	亿元	15400	12.8

续表

指标名称	单　位	2016 年完成	增速%
（二）信息技术服务收入	亿元	25114	16.0
（三）嵌入式系统软件收入	亿元	7997	15.5
软件业务出口	亿美元	519	5.8
利润总额	亿元	6021	14.9

数据来源:中国工业与信息化部。

表 11　2016 年主要省份软件业最终核实统计数据　　单位:万元

单位名称	运营服务收入	集成电路设计	嵌入式系统软件收入
北京市	14099719	342670	988089
天津市	43000	1503622	1910200
辽宁省	2097959	103611	1050425
吉林省	232622	1055	930955
上海市	9975000	2365000	1200000
江苏省	4717240	4775372	26089635
浙江省	4771039	383868	3702882
福建省	928682	833810	2304495
山东省	4880452	1503429	6647112
湖北省	770707	86303	624014
广东省	12104350	1116958	21028220

数据来源:中国工业与信息化部。

全年软件产品实现收入 15400 亿元,同比增长 12.8%,增速比 2015 年提高 0.9 个百分点,但低于全行业平均水平 2.1 个百分点,占全行业收入比重为 31.7%。其中,信息安全产品增长 10.9%。

信息技术服务收入增长较快。信息技术服务实现收入 25114 亿元,同比增长 16%,增速高出全行业水平 1.1 个百分点,但比 2015 年回落 2.7 个百分点,占全行业收入比重为 51.8%。其中,运营相关服务(包括在线软件运营服务、平台运营服务、基础设施运营服务等在内的信息技术服务)收入增长 16.1%;电子商务平台技术服务(包括在线交易平台服务、在线交易支撑服务在内的信息技术支持服务)收入增长 17.7%;集成电路设计增长 12.7%;其他信息技术服务(包括信息技术咨询设计服务、系统集成、运维服务、数据服务等)收入增长 16%。

嵌入式系统软件收入平稳。嵌入式系统软件实现收入 7997 亿元,同比增长 15.5%,增速高出全行业平均水平 0.6 个百分点,比 2015 年提高 1.4 个百分点,占全行业收入比重为 16.5%。

表 12　2016 年中心城市软件业最终核实统计数据　　单位：万元

单位名称	（一）软件业务收入	（二）软件产品收入	（三）信息技术服务收入
合计	240977809	74423962	129455830
大连市	10933624	4437432	6074015
宁波市	3646560	496131	1656377
厦门市	9632621	1987421	5789633
青岛市	15407186	5058298	5754372
深圳市	44825053	7778381	18590929
沈阳市	9370250	3540210	5250020
长春市	886287	305731	311967
哈尔滨	832800	277965	447710
南京市	31250000	10343700	16687500
杭州市	27513832	8160953	17633144
济南市	19732707	8143233	10940429
武汉市	11554219	5910253	5031681
广州市	22137734	6535871	15079877
成都市	20728823	780508	12559563
西安市	12526113	3617876	7648613

数据来源：中国工业与信息化部。

五、公共服务业

公共服务业是指为满足全体公民的公共消费需求而提供公共产品和公共服务的产业，其涵盖范围比较广泛。《江苏省"十二五"规划纲要》把义务教育、公共就业服务、社会保障、基本医疗卫生、公共文化体育、福利救助、社会公共安全等纳入基本公共服务，因此本节所界定的公共服务业包括国民经济行业分类(GB/T 4754－2002)中，代码为 M(科学研究、技术服务和地质勘查业)、N(水利、环境和公共设施管理业)、P(教育)、Q(卫生、社会保障和社会福利业)、R(文化、体育和娱乐业)、S(公共管理和社会组织)的六个行业。

2016 年，江苏省公共服务业持续增长，产业规模不断扩大。各行业增加值分别为：科学研究、技术服务和地质勘查业 1097.8 亿元，水利、环境和公共设施管理业 551.9 亿元，教育 2426.6 亿元，卫生、社会保障和社会福利业 1411.10 亿元，文化、体育和娱乐业 795.79 亿元，公共管理和社会组织 2618.7 亿元。

表 13 汇总了 2012—2016 年江苏省公共服务业分行业增加值变化情况。不难发现，各行业 2016 年增加值较 2012 年基本上都实现了翻番，说明近年来江苏省公共服务业保持着持续发展的态势。

表 13　2012—2016 年江苏省公共服务业各行业增加值　(单位:亿元)

指　　标	2012 年	2013 年	2014 年	2015 年	2016 年
科学研究、技术服务和地质勘查业	612.5	774.2	884.5	998.7	1097.8
水利、环境和公共设施管理业	322.0	382.9	428.3	496.7	551.9
教育	1420.5	1680.2	1866.6	2195.2	2426.6
卫生、社会保障和社会福利业	731.6	887.9	1015.4	1230.9	1411.0
文化、体育和娱乐业	303.0	418.9	536.6	635.6	795.79
公共管理和社会组织	1691.9	1752.7	2004.0	2376.5	2618.7

数据来源:历年《江苏统计年鉴》。

与 2015 年相比,2016 年江苏省公共服务业各行业增加值的增速(可变价)分别为:科学研究、技术服务和地质勘查业 9.92%,水利、环境和公共设施管理业 11.11%,教育 10.54%,卫生、社会保障和社会福利业 14.63%,文化、体育和娱乐业 25.20%,公共管理和社会组织 10.19%。图 9 描述了 2012—2016 年江苏省公共服务业各行业增速情况。从中可以看出,各个公共服务业的年增速还是呈现出较为明显的放缓趋势。

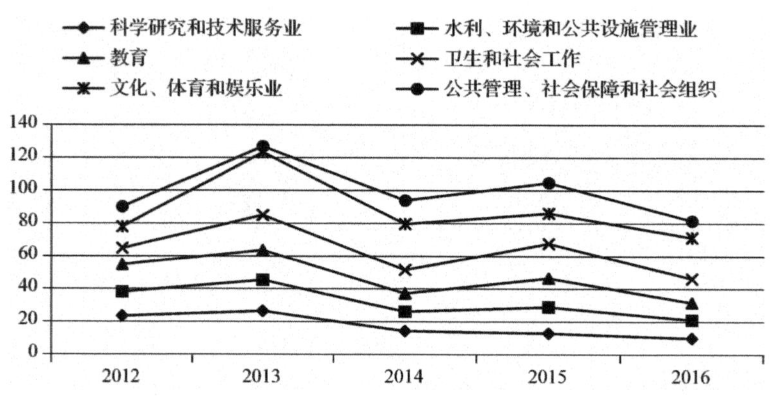

图 9　2012—2016 年江苏省公共服务业增速

数据来源:历年《江苏统计年鉴》。

为准确把握江苏省公共服务业的发展趋势,比较了 2012—2016 年公共服务业的典型指标,见表 14。由表 14 可见,2016 年技术合同成交额为 728 亿元,比 2015 年增长 4%;高等教育入学率达 54.70%,增长 2.4 个百分点;每万人医院病床数为 51.9 张,2015 年增加 3.6 张。不难看出,从与民生密切相关的指标值来看,2016 年江苏省公共服务业总体发展取得显著成绩。

表 14　2012—2016 年公共服务业典型指标比较

指　　标	2012 年	2013 年	2014 年	2015	2016
技术合同成交额(亿元)	532.0	585.6	655.3	700	728
高等教育入学率(%)	47.1	49.0	51.0	52.3	54.7
空气质量平均优良天数比例(%)	89.9			66.8	70.2
每万人医院病床数(张)	39	43	45.8	48.3	51.9

数据来源:历年《江苏统计年鉴》。

六、现代物流业

现代物流业是将运输、储存、装卸、搬运、包装、流通加工、配送、信息处理等基本功能根据实际需要有机结合的活动的集合，是融合运输业、仓储业、货代业和信息业的复合型生产服务业。现代物流业作为我国经济发展的重要产业和新的经济增长点，在促进经济增长，提高经济运行质量，改善国民经济结构等方面发挥着重要作用。作为东部最发达省份之一，江苏省独特的区位优势和雄厚的经济基础为江苏省发展现代物流业创造了有利条件。

2016 年，全省物流业运行总体平稳，物流需求稳中有增，运行效率继续提高。2016 年全省物流业增加值为 4989.4 亿元，按可比价格计算，同比增长 8.1%。物流业增加值占全省服务业增加值的比重为 13.1%。

2016 年，全省社会物流总额 245868.4 亿元，同比增长 6.5%。其中，工业品物流总额 200285.3 亿元，同比增长 6.0%，占社会物流总额的 81.5%；进口物流总额 12638.2 亿元，下降 2.0%，占社会物流总额的 5.1%；农产品物流总额 2857.8 亿元，同比增长 5.3%，占社会物流总额的 1.2%；外省市商品购进额 28796.6 亿元，同比增长 13.4%，占社会物流总额的 11.7%。

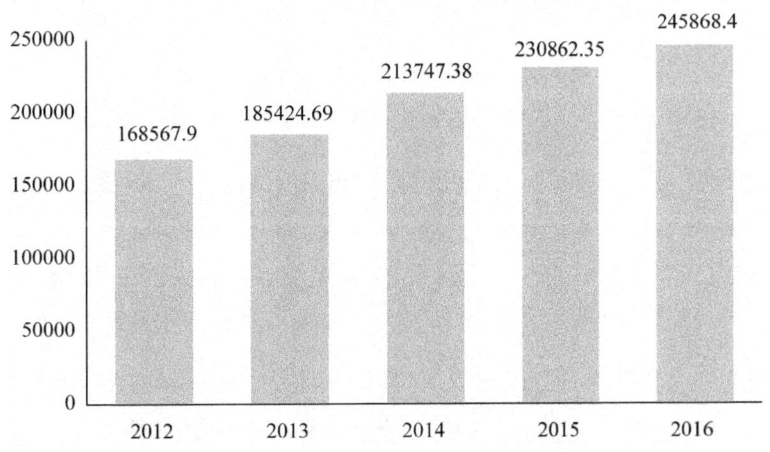

图 10 2012—2016 年江苏省物流总额(单位:亿元)

数据来源:历年《江苏省物流业统计公报》,经作者整理、计算。

与 2015 年相比，去年全省物流业总体平稳增长，增速略有下滑。钢铁、煤炭等大宗生产资料物流受产能过剩、需求乏力影响，业务下滑。即使是快递、快运等近年来增速较高的企业，增长幅度也有所放缓。电子、快消、医药、冷链等生活资料物流需求较旺，上升势头明显。特别是电子商务物流、快递和配送、跨境电子商务、加盟和结盟、车货匹配平台、农村物流等新兴业态和创新型业务发展迅猛。

2016 年，全省社会物流总费用 10973.6 亿元，同比增长 5.4%。社会物流总费用与 GDP 的比率为 14.4%，比去年下降 0.4 个百分点。物流总费用的构成为：运输费用 5598.2 亿元，同比增长 3.7%，占社会物流总费用的 51.0%；保管费用 4208.8 亿元，增长 7.4%，占社会物流总费用的 38.4%；管理费用 1166.6 亿元，增长 6.5%，占社会物流总费用的 10.6%。

物流效率得以持续性提升，一是物流企业加快了战略调整，持续推进战略性收缩，实施业务细分和客户聚焦；二是推进模式创新。物流企业与制造、商贸企业联动融合更加紧密，成为企业模式创新的重要源泉；三是加强内部管理。物流企业逐步从粗放式管理向集约化管理转型，从追求速度和价格向提升质量和效率转变；四是加大网点布局。受城镇化推进和内需市场拉动，快递、快运、城市配送等物流企业加快向农村地区、中西部地区延伸网点，向三四级市场下沉网络；五是推动技术应用。物流企业加大信息化建设投资力度，信息服务平台与实体物流平台相结合。加大设施装备投入力度，逐步减少对人工的依赖，提高物流产出效率。

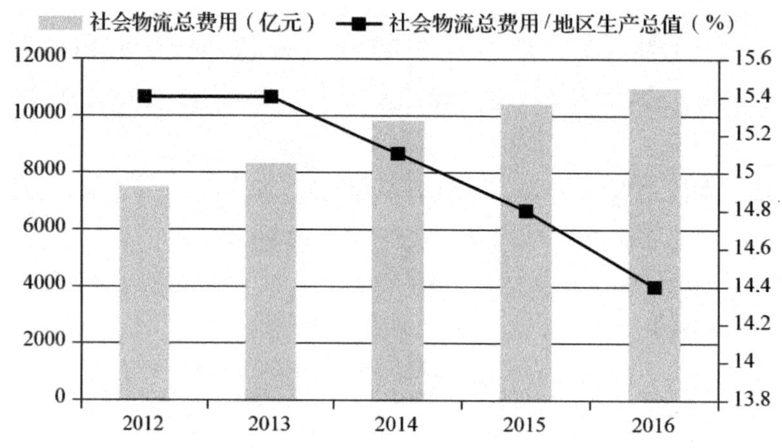

图 11　2012—2016 年江苏省社会物流总费用

数据来源：历年江苏省物流业统计公报，经作者整理、计算。

2016 年，全省货运需求总体稳定，货运量为 215651 万吨，比上年增长 1.9%，货物周转量为 8290.69 亿吨公里，增长 12.43%。其中，铁路货运量 5335 万吨，同比上升 5.3%，货物周转量 282.46 亿吨公里，比上年同期下降 7.0%；水路货运量 79314 万吨，下降 1.3%，货物周转量 5224.60 亿吨公里，下降 11.2%；公路货运量 117166 万吨，同比增长 3.37%，货物周转量 2140.33 亿吨公里，增长 3.25%。

表 15　2012—2016 年江苏省货运量和货物周转量

指　　标	2012 年	2013 年	2014 年	2015 年	2016 年
货运量(万吨)	231295	194048	208623	211648	215651
#铁路	7223	6806	6090	5066	5335
公路	153696	103709	114449	113351	117166
水运	58639	70909	75328	80343	79314
输油管道	11730	12617	12749	12881	13828
货物周转量(亿吨公里)	8474.6	10536.8	11028.5	7374	8290.69
#铁路	391.5	373.2	346.1	303.70	282.46
公路	1452.5	1790.4	1978.5	2072.96	2140.33
水运	6053.0	7753.0	8087.07	5886.75	5224.60
输油管道	576.8	619.3	615.7	623.30	642.20

数据来源：历年《江苏统计年鉴》。

2017年上半年，受工业经济下行压力影响，大宗商品中的钢材、水泥、煤炭等的物流需求增长乏力，进入三季度，受市场季节性需求拉动影响，国内钢铁、煤炭需求加大，快速消费品、食品、医药、汽车、家电、电子等与居民消费相关的物流市场继续保持较高增长。从调查的114家省重点物流企业数据显示，前三季度企业营业收入、成本和利润的降幅比上半年均有所收窄。其中，平均每单位的物流业务收入为37855.55万元，同比上升6.4%；物流业务成本为31519.18万元，同比上升5.6%；实现利润1163万元，同比上升6.2%，利润率为4.7%；纳税额为130.54万元，同比下降3.5%。其中58家企业的物流业务收入同比有所增长，56家企业有不同程度下降，56家企业的利润有所下降，共有10家企业出现亏损，亏损面达8.8%，企业总体盈利水平趋于改善。

七、制造业

江苏是闻名全国的制造业大省，期制造业总体规模大，活力强，基础好。经济总量不断扩大，2016年，制造业总产值增长5.2%，远高于采矿业和电力、热力、燃气和水生产和供应业，成为稳定工业生产的动力源。技术引领作用更加突出，工业产值占比排名前十的行业中，技术含量较高的行业占据多数。其中，医药制造业、汽车制造业、通用设备制造业、仪器仪表制造业等高技术产业均保持10%以上增速。节能降耗取得积极进展。2014年，产值增速倒数十个行业中，高耗能产业和资源类产业占据多数，且增速明显回落。其中，煤炭开采和洗选业、有色金属矿采选业等六个行业呈现负增长，石油加工、炼焦和核燃料加工业、化学纤维制造业等高耗能行业低速增长。

表16　2012—2016年江苏省制造业基本情况

指　　标	2012年	2013年	2014年	2015年	2016年
制造业增加值(亿元)	22393.8	24227.2	25484.3	26434.8	27813.3
制造业增加值占地区生产总值比重(%)	41.4	41.0	39.15	37.70	36.56
制造业固定资产投资额(亿元)	15597.6	17318.2	—	21234.6	22869.7
#发电量(亿千瓦时)	3928.4	4288.9	4347.1	4374.63	4667.73
钢材(万吨)	10989.2	12398.0	13255.2	13090.1	13469.7
水泥(万吨)	16777.9	17991.9	19439.1	17936.0	17989.8
农用化肥(万吨)	267.2	247.0	230.7	204.76	207.63
布(亿米)	80.3	81.1	91.3	87.27	91.46
汽车(辆)	886959	1072024	1257000	1267629	1448900

数据来源：历年《江苏统计年鉴》。

2016年江苏省先进制造业加快发展，在规模以上工业中，汽车制造业实现产值7967.7亿元，比上年增长13.1%；医药制造业产值3992.4亿元，增长12.3%；专用设备制造业产值6450.7亿元，增长8.4%；电气机械及器材制造业产值17986.5亿元，增长9.4%；通用设备制造业产值9401.6亿元，增长6.4%；计算机、通信和其他电子设备制造业产值19438.7亿元，增长2.3%。代表智能制造、新型材料、新型交通运输设备和高端电子信息产品的新产品产量实现较快增长。全年工业机器人产量增长90.6%，服务器增长50.2%，碳纤维增强复合材料增长36.6%，智能手机增长 30.2%,智能电视增长 21.0%,太阳能电池增长 22.6%。

江苏省制造业 2016 年共实现固定资产投资 22869.69 亿元,其中工器具购置投资 12189.18 亿元,占 53.30%;建筑工程投资 8058.83 亿元,占 35.24%;安装工程投资、其他投资分别为 1571.87 亿元、1049.81 亿元,分别占 6.87%和 4.59%。产业结构正在调轻调优,从工业看,2016 年全省规模以上重工业生产放缓,相应的重工业增加值占规上工业比重也从 2015 年的 71.7%降到 2016 年的 71.4%。医药、汽车、仪器仪表等先进制造业增长较快,2016 年产值分别增长 12.3%、13.1%和 14.1%,而整个规模以上工业产值增速是 7%,高耗能产业的产值增速只有 6.2%。如果从投资来看,计算机及办公设备、医药、新能源制造业等高技术行业投资则呈现快速增长,增速分别达到 25.2%、23.5%和 24%,而高耗能的投资只有 4.1%,比上年回落 0.7 个百分点,占全部投资比重从 9.3%降为 9%。2016 年江苏省制造业细分行业固定资产投资见表 17。

表 17　2016 年江苏省制造业细分行业固定资产投资　　(单位:亿元)

行业	投资额	建筑工程	安装工程	工器具购置	其他
制造业	22869.69	8058.83	1571.87	12189.18	1049.81
农副食品加工业	609.39	231.85	56.74	287.28	33.52
食品制造业	353.72	144.79	27.21	161.38	20.33
酒、饮料和精制茶制造业	141.95	60.41	8.75	68.31	4.48
烟草制品业	11.92	3.16	1.68	6.72	0.36
纺织业	1211.63	358.98	62.78	745.95	43.92
纺织服装、服饰业	613.37	241.25	40.85	303.59	27.69
皮革、毛皮、羽毛及其制品和制鞋业	160.07	63.33	15.51	73.64	7.60
木材加工和木、竹、藤、棕、草制品业	433.03	188.03	22.43	197.94	24.63
家具制造业	271.73	106.98	14.31	131.05	19.38
造纸和纸制品业	249.03	84.98	17.26	138.26	8.53
印刷和记录媒介复制业	195.58	67.32	9.99	110.44	7.83
文教、工美、体育和娱乐用品制造业	325.12	126.94	19.57	163.09	15.52
石油加工、炼焦和核燃料加工业	147.14	52.16	13.52	75.32	6.14
化学原料和化学制品制造业	1879.68	667.26	188.19	910.85	113.37
医药制造业	678.36	262.04	61.66	313.25	41.41
化学纤维制造业	240.38	65.63	8.78	161.29	4.68
橡胶和塑料制品业	787.43	250.36	54.18	454.74	28.15
非金属矿物制品业	1251.40	470.56	93.62	625.70	61.52
黑色金属冶炼和压延加工业	454.30	145.60	36.48	260.56	11.66
有色金属冶炼和压延加工业	372.36	135.22	28.48	193.68	14.97
金属制品业	1460.32	492.80	89.93	817.95	59.64

续表

行业	投资额	建筑工程	安装工程	工器具购置	其他
通用设备制造业	2361.80	768.00	153.80	1351.70	88.30
专用设备制造业	2151.39	805.71	133.34	1127.12	85.22
汽车制造业	1293.03.	521.13	77.28	628.01	66.61
铁路、船舶、航空航天和其他运输设备制造业	456.45	173.13	34.04	216.46	32.82
电气机械和器材制造业	2349.53	832.73	153.23	1256.14	107.43
计算机、通信和其他电子设备制造业	1711.72	455.79	103.65	1073.80	78.43
仪器仪表制造业	414.49	147.60	23.97	224.86	18.07
其他制造业	164.81	88.18	11.56	53.20	11.88
废弃资源综合利用业	101.24	40.40	7.54	49.24	4.06

数据来源:《江苏统计年鉴 2017》。

江苏省制造业 2016 年共有外商直接投资项目 902 个,金额 104.60 亿美元;境外投资新批项目 316 个,中方协议额 38.66 亿美元。与 2015 年相比,外商直接投资项目和金额都有所下降,而境外投资项目和协议额却有所上升。2016 年江苏省制造业外商直接投资和境外投资情况见表 18。

表 18　2016 年江苏省制造业外商直接投资和境外投资情况

行　　业	外商直接投资项目(个)	实际外商直接投资(万美元)	境外投资新批项目数(个)	境外投资中方协议额(万美元)
制造业	902	1046039	316	386615
农副食品加工业	14	9469		
食品制造业	27	19304	5	3097
饮料制造业	9	13147		
烟草制品业				
纺织业	18	13921	14	16129
纺织服装、鞋、帽制造业	36	36497	35	24568
皮革、毛皮、羽毛(绒)及其制品业	6	686		
木材加工及木、竹、藤、棕、草制品业	8	1777	4	5863
家具制造业	17	14791	4	8985
造纸及纸制品业	9	12235	1	500
印刷业和记录媒介的复制	1	2439	2	413
文教体育用品制造业	10	2851	1	2
石油加工、炼焦及核燃料加工业		6976	1	350
化学原料及化学制品制造业	37	93722	13	20121
医药制造业	18	107234	17	15811
化学纤维制造业	3	3002	3	2353
橡胶制品业	5	7905	8	9160
塑料制品业	31	23642	5	2054
非金属矿物制品业	30	29028	3	1709
黑色金属冶炼及压延加工业	1	2100	3	10701

续表

行　　业	外商直接投资项目(个)	实际外商直接投资(万美元)	境外投资新批项目数(个)	境外投资中方协议额(万美元)
有色金属冶炼及压延加工业	3	27298	8	39827
金属制品业	55	68077	23	40565
通用设备制造业	141	97866	24	9918
专用设备制造业	113	54362	35	32620
交通运输设备制造业	76	97518	24	22309
电气机械及器材制造业	94	100293	24	75859
通信设备、计算机及其他电子设备制造业	94	171190	38	35676
仪器仪表及文化、办公用机械制造业	15	8504	6	1377
工艺品及其他制造业	25	18884	12	2847
废弃资源和废旧材料回收加工业	7	1315	3	3800

数据来源:《江苏统计年鉴 2017》。

八、高新技术产业

按照《江苏省高新技术产业统计分类目录》(2012 年修订)所确定的统计口径,江苏省高新技术产业包括以下 9 个行业:航空航天制造业、电子计算机及办公设备制造业、电子及通信设备制造业、医药制造业、仪器仪表制造业、智能装备制造业、新材料制造业、新能源制造业以及软件业。软件业统计参见第四节,本节主要分析其余 8 个制造业行业的发展状况。

图 12 显示了江苏省 2012—2016 年规模以上工业总产值增长情况及高新技术产业产值的占比。其中,我们可以看出,近五年来,江苏工业在稳步增长的同时,结构和产业层次都在不断提升。高新技术产业产值占规模以上工业总产值的比重由 2012 年的 37.5%提高到 2016 年的 42.58%。

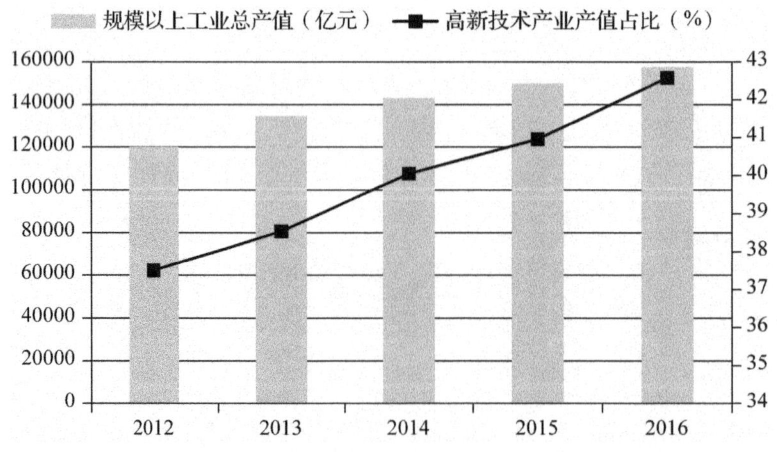

图 12　2012—2016 年江苏省工业总产值及高新技术产业产值占比情况

数据来源:《江苏统计年鉴 2017》。

全省高新技术产业中，航空航天制造业实现工业总产值 335.07 亿元，占高新技术产业总产值的 0.50%；电子计算机及办公设备制造业实现工业总产值 2882.60 亿元，占 4.29%；电子及通信设备制造业实现工业总产值 14693.38 亿元，占 21.89%；医药制造业实现工业总产值 4716.59 亿元，占 7.03%；仪器仪表制造业实现工业总产值 3874.04 亿元，占 5.77%；智能装备制造业实现工业总产值 18649.01 亿元，占 27.78%；新材料制造业实现工业总产值 18348.33 亿元，占 27.33%；新能源制造业实现工业总产值 3625.64 亿元，占 5.40%。

表 19　2012—2016 年江苏高新技术产业分行业产值　（单元：亿元）

项　目	2012 年	2013 年	2014 年	2015 年	2016 年
总计	**45041.48**	**51899.10**	**57277.28**	**61373.61**	**67014**
按行业分					
航空航天制造业	218.30	263.65	294.68	316.28	335.07
电子计算机及办公设备制造业	2260.06	2548.86	2349.71	2375.86	2882.60
电子及通信设备制造业	11367.89	12288.74	13621.74	13955.09	14693.38
生物医药制造业	2651.73	3184.23	3586.55	4170.23	4716.59
仪器仪表制造业	1084.99	1190.99	1291.54	1393.42	3874.04
高端装备制造业	12123.94	15561.06	17376.23	18182.56	18649.01
新材料制造业	12214.01	13602.31	15378.60	17289.21	18348.33
新能源制造业	3120.55	3259.25	3378.23	3690.95	3625.64

数据来源：《江苏统计年鉴 2017》。

全省高新技术产业主要分布在苏南及沿江地区，苏南五市高新技术产业产值 36962.29 亿元，占全省的 55.07%；苏中三市高新技术产业产值 16903.71 亿元，占全省的 25.18%；苏北五市高新技术产业产值 13258.64 亿元，占全省的 19.75%。

从江苏省各市的情况来看，2016 年工业增加值前三位是苏州、无锡、南京，三市工业增加值分别为 6709.02 亿元、3977.58 亿元、3581.72 亿元，分别占全省工业增加值的 21.33%、12.64%和 11.39%。工业增加值最小的是宿迁和连云港，分别为 976.89 亿元和 851.82 亿元，占全省工业增加值比重分别为 3.11%和 2.71%。2012—2016 年江苏省各市工业增加值见表 20。

表 20　2012—2016 年江苏省各市工业增加值　（单位：亿元）

地区	2012 年	2013 年	2014 年	2015 年	2016 年
南　京	2748.46	2997.63	3119.12	3395.26	3581.72
无　锡	3717.88	3893.56	3747.59	3837.28	3977.58
徐　州	1666.62	1793.48	1883.7	1976.57	2122.58
常　州	1900.55	2036.27	2170.19	2269.99	2428.84
苏　州	6055.10	6370.37	6360.14	6490.44	6709.02
南　通	1992.11	2168.16	2307.63	2453.38	2633.06

续表

地区	2012年	2013年	2014年	2015年	2016年
连云港	583.31	642.67	706.89	767.27	851.82
淮　安	737.20	819.60	903.34	985.66	1071.99
盐　城	1258.22	1405.02	1524.64	1653.9	1771.68
扬　州	1344.66	1468.79	1634.48	1749.58	1925.92
镇　江	1309.54	1431.04	1498.41	1588.95	1728.00
泰　州	1237.05	1362.30	1462.03	1565.28	1679.83
宿　迁	589.82	679.18	780.91	873.04	976.89

数据来源:历年《江苏统计年鉴》。

江苏省三个区域中,苏南2016年实现工业增加值18425.16亿元,占全省比重为58.57%,比2015年下降0.03个百分点;苏中、苏北分别实现工业增加值6238.81亿元、6794.96亿元,占全省比重分别为19.83%和21.60%。参见图13。

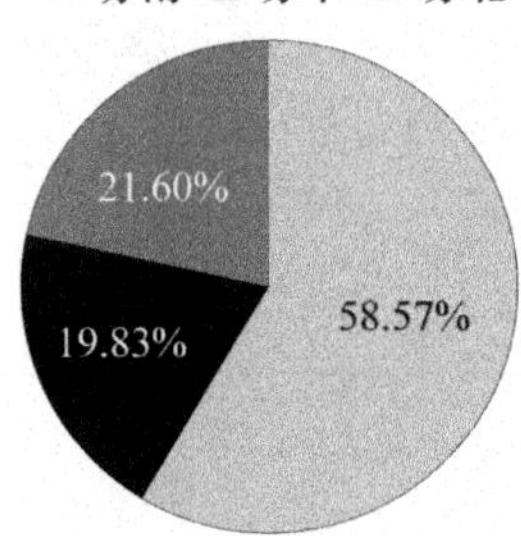

图13　2016年江苏省各区域工业增加值比重

数据来源:《江苏统计年鉴2017》。

第四章　2016 年江苏省外向型经济发展分析

一、对外贸易

2016 年，世界经济复杂多变，市场存在较大不确定性，但江苏外贸进出口值达到了 33634.82 亿元，占全国比重的 13.8%，其中出口总额达到了 21063.18 亿元，占进出口总额的 62.6%，形成了贸易顺差。但相比 2015 年来说，江苏外贸进出口总额有所下降(下降额为 235.78 亿元)，这可能与 2016 年商品市场上主要大宗商品仍面临着去库存、去产能的压力有关。

2016 年，江苏外贸进出口小幅度回落。全年实现进出口总额为 5096.12 亿美元，比去年减少了 360.01 亿美元，下降幅度为 6.6%，这或许与人民币相对于美元的年内贬值有一定关系。其中，出口总额为 3193.44 亿美元，较 2015 年减少了 193.24 亿美元，减少了 5.7%；进口总额为1902.68 亿美元，较 2015 年减少了 166.77 亿美元，减少了 8.1%。图 1 直观地描述了 2011—2016 年江苏省进出口额的变动情况。

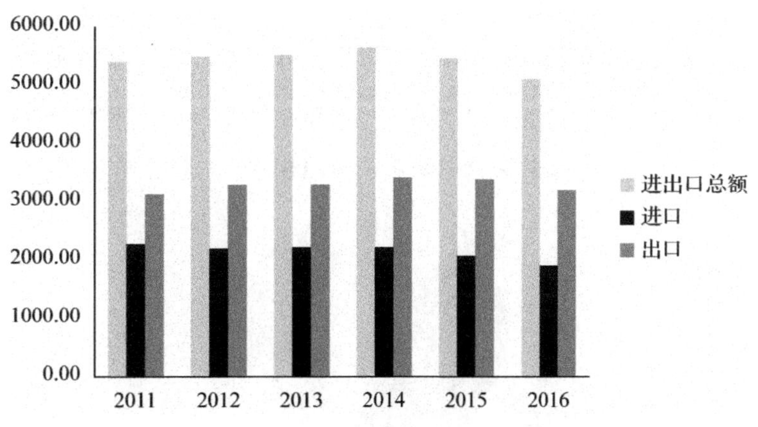

图 1　2011—2016 年江苏省进出口额变动(单位:亿美元)

数据来源:历年《江苏统计年鉴》。

近年来，江苏省进出口增速经历较大的波动。2009—2010 年增速由负转变为正，并达到近五年的高点，接近 40%。但此后连续下滑，2011 年下降到了 15%左右，增速放缓近三分之一，虽然 2014 年进出口总额实现正的 2.3%的增速，但在 2015 年、2016 年增速出现了负增长，而且处于一直下降的态势，具体见图 2。

2016 年我国外贸发展仍然存在一些困难，但江苏省进出口、出口、进口均好于全国平均水平，进出口总额(5096.12 亿美元)仅次于广东(9555.12 亿美元)。其中：进出口总额下降 6.6%，与 2015 年相比下降幅度有所扩大；出口方面，下降 5.7%，降幅为 2015 年的 6 倍。2016 年江苏省的出口结构有所改变,虽仍以机电产品、传统劳动密集型产品为主,但船舶、高新技术产业的出口也较为引人注目。2016 年机电产品出口总额 2080.04 亿美元,占出口总额的 65.1%,与 2015 年相比减少了 167.48 亿美元。而传统劳动密集型产品中纺织纱线、织物及制品一反各种出口品出口额减少的态势,出口总额达到了 201.39 亿美元,较 2015 年增加了 0.114 亿美元。船舶行业尚未走出资金链紧张、后继订单不足的经营压力,相比 2015 年而言船舶压力明显,2016 年出口船舶 386.3 亿元,较 2015 年减少了 76.6 亿元,降幅为 16.6%。高新技术产业虽一直以来都不是我国的强项,但 2016 年江苏省高新技术产品出口总额达到了 1169.78 亿美元,出口额占总出口额比重的 36.6%。

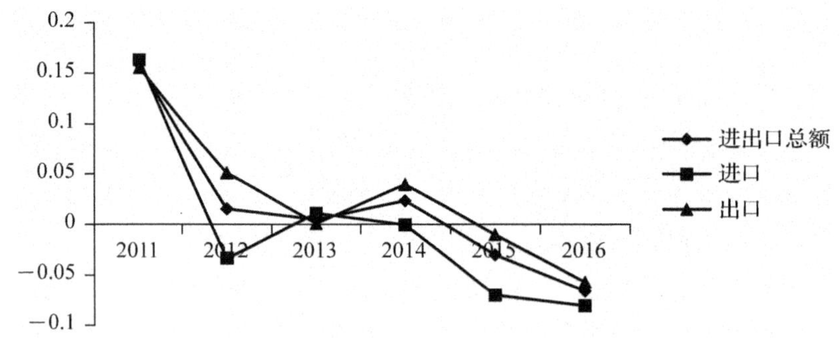

图 2　2011—2016 年江苏省进出口增速变动

数据来源:历年《江苏统计年鉴》。

一般贸易走势有所回暖,加工贸易趋向平稳。2016 年全省一般贸易方式进出口总额达到了 2439.56 亿美元,占全省进出口总额 47.87%,占比较 2015 年同期上升 4.07 个百分点。其中,一般贸易出口上升 2.9%。同期,加工贸易方式进出口总额为 2160.72 亿美元,占全省进出口总额 42.4%,较 2015 年上升了 0.28%,占比增长 0.28 个百分点。其中,出口下降 0.2%,进口上升了 0.7%。

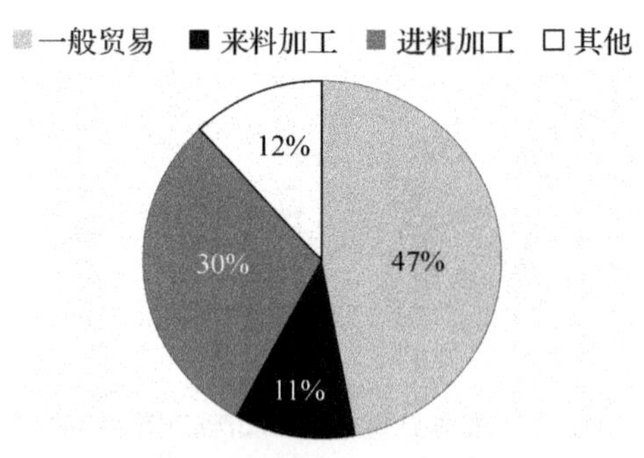

图 3　2016 年江苏省按贸易方式分进口贸易结构

数据来源:《江苏统计年鉴 2016》。

2016 年江苏省一般贸易出口额为 1554.37 亿美元,占出口总额的 48.7%,比 2015 年增加约 2.9 个百分点;来料加工装配贸易、进料加工贸易出口额分别为 136.6 亿美元、1252.7 亿美元,二者分别较 2015 年减少了 27.76 亿美元、62.49 亿美元,分别占 2016 年出口总额的 4.3%和 39.2%,见图 4。

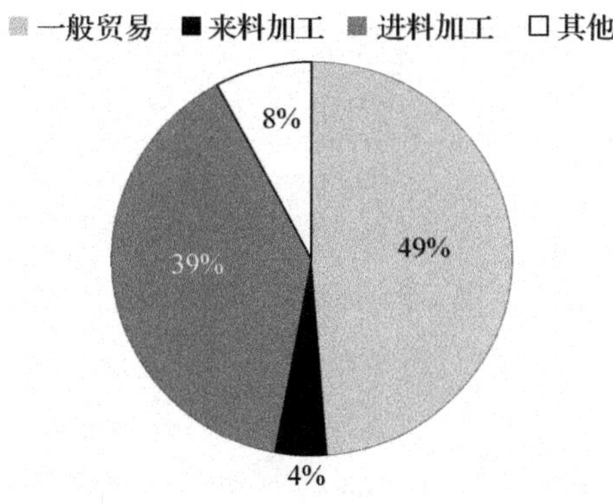

图4　2016年江苏省按贸易方式分出口贸易结构

数据来源:《江苏统计年鉴2016》。

2016年,江苏一般贸易进出口16103.2亿元,逆势增长8.6%,占江苏省外贸总值的47.9%,同比提升4.1个百分点。其中,高新技术产品持续发力,生命科学技术、航天航空技术产品出口分别增长10.9%和16.6%,带来的增加值远高于传统产品,显示出江苏省部分高尖端产业的出口比较优势正在提升。

在江苏省2016年进出口商品类型中,初级产品进口233.26亿美元,占进口总额的12.26%,较2015年下降了0.4个百分点;而初级产品出口51.38亿美元,虽比2015年增加了0.39亿美元,但仅占出口总额的1.61%,表现出明显的不平衡。初级产品进口以非食用原料(燃料除外)和矿物燃料、润滑油及有关原料为主,分别占进口总额9.02%和2.16%。工业制成品进口1591.86亿美元,占进口总额的87.22%,而工业制成品出口3077.73亿美元,占出口总额的98.36%,同时2016年工业制成品的进出口额较2015都有所下降,下降额分别为157.6亿美元和207.86亿美元。工业制成品进口中,机械及运输设备、化学成品及有关产品两项比重较大,分别占进口总额的49.42%和13.46%。工业制成品出口中,机械及运输设备、杂项制品两项比重较大,分别占出口总额的55.59%和18.83%。2016年江苏省进出口商品类型参见表1。

表1　2016年江苏省进出口商品类型

商品类型	进口金额(万美元)	进口比重(%)	出口金额(万美元)	出口比重(%)
总　计	18251304	100	31291098	100
初级产品	2332628	12.78	513846	1.642
食品及活动物	150263	8.23	243947	0.78
活动物	334	0.002	1245	0.004
肉及肉制品	57830	0.317	2466	0.008
乳品及蛋品	11402	0.062	234	0.001
鱼、甲壳及软体类动物及其制品	1393	0.008	14998	0.048
谷物及其制品	5498	0.03	9776	0.031
蔬菜及水果	48378	0.265	124489	0.398

续表

商品类型	进口金额(万美元)	进口比重(%)	出口金额(万美元)	出口比重(%)
糖、糖制品及蜂蜜	1745	0.01	10303	0.033
咖啡、茶、可可、调味料及其制品	10037	0.055	8111	0.026
饲料(不包括未碾磨谷物)	4825	0.026	28200	0.09
杂项食品	8822	0.048	44126	0.141
饮料及烟类	8924	0.049	3681	0.012
#饮料	8924	0.049	1396	0.004
非食用原料(燃料除外)	1646873	9.023	211974	0.677
生皮及生毛皮	15578	0.085	53	0.0002
油籽及含油果实	15480	0.085	58	0.0002
生橡胶(包括合成橡胶及再生橡胶)	81247	0.445	16889	0.054
软木及木材	199040	1.091	9821	0.031
纸浆及废纸	299450	1.641	1168	0.004
纺织纤维(羊毛条除外)及其废料	217098	1.189	103685	0.331
天然肥料及矿物(煤、石油及宝石除外)	35998	0.197	7831	0.025
金属矿砂及金属废料	762251	4.176	7425	0.024
其他动、植物原料	20733	0.114	65046	0.208
矿物燃料、润滑油及有关原料	394491	2.161	48339	0.154
煤、焦炭及煤砖	49807	0.273	6053	0.019
石油、石油产品及有关原料	165992	0.909	42089	0.135
天然气及人造气	178692	0.979	198	0.001
动植物油、脂及蜡	132076	0.724	5904	0.019
动物油、脂	1891	0.01	3575	0.011
植物油、脂	127016	0.696	1105	0.004
已加工的动植物油、脂及动植物蜡	3169	0.017	1225	0.004
工业制成品	15918676	87.219	30777253	98.358
化学成品及有关产品	3088347	16.921	2325642	7.432
有机化学品	1396925	7.654	869827	2.78
无机化学品	132447	0.726	130233	0.416
染料、鞣料及着色料	58356	0.32	101473	0.324
医药品	230863	1.265	191664	0.613
精油、香料及盥洗、光洁制品	42524	0.233	92651	0.296
制成肥料	13972	0.077	49508	0.158
初级形状的塑料	524817	2.876	304664	0.974

续表

商品类型	进口金额（万美元）	进口比重(%)	出口金额（万美元）	出口比重(%)
非初级形状的塑料	312495	1.712	214919	0.687
其他化学原料及产品	375948	2.06	370704	1.185
按原料分类的制成品	1439096	7.885	5154069	16.471
皮革、皮革制品及已鞣毛皮	20532	0.112	18009	0.058
橡胶制品	70039	0.384	163426	0.522
软木及木制品(家具除外)	16048	0.088	267623	0.855
纸及纸板;纸浆、纸及纸板制品	57635	0.316	263206	0.841
纺纱、织物、制成品及有关产品	214605	1.176	2002824	6.401
非金属矿物制品	154419	0.846	284188	0.908
钢铁	279031	1.529	951752	3.042
有色金属	353988	1.94	240188	0.768
金属制品	272800	1.495	962853	3.077
机械及运输设备	8996813	49.294	17396215	55.595
动力机械及设备	284553	1.559	649993	2.077
特种工业专用机械	650907	3.566	772434	2.469
金工机械	240572	1.318	127234	0.407
通用工业机械设备及零件	756888	4.147	1582330	5.057
办公用机械及自动数据处理设备	685479	3.756	4038054	12.905
电信及声音的录制及重放装置设备	582456	3.191	3528336	11.276
电力机械、器具及其电气零件	5421857	29.707	5100741	16.301
陆路车辆(包括气垫式)	331764	1.818	938831	3
其他运输设备	42337	0.232	658262	2.104
杂项制品	2384025	13.062	5893657	18.835
活动房屋;卫生、水道、供热及照明装置	12714	0.07	179756	0.574
家具及其零件;褥垫及类似填充制品	21735	0.119	580544	1.855
旅行用品、手提包及类似品	3590	0.02	135442	0.433
服装及衣着附件	45766	0.251	2257046	7.213
鞋靴	94776	0.519	203658	0.651
专业、科学及控制用仪器和装置	1602704	8.781	1209164	3.864
摄影器材、光学物品及钟表	349070	1.913	248781	0.795
杂项制品	2384025	13.062	5893657	18.835

数据来源:《江苏统计年鉴 2016》。

2016 年受全球贸易复苏乏力的影响,江苏省大部分产品的出口额呈现下降趋势,但医药产品出口额逆势而上。2016 年,全省医药产品出口 19.17 亿美元,与 2015 年相比增加了 17.99 亿美元,增长幅度高达 1537%,这也说明江苏省越来越注重医药的发展。同期,七大类传统劳动密集型产品出口 561.9 亿美元,较 2015 年减少了 4.1 亿美元,下降幅度为 0.72%,占全省出口总值的 11.03%,同比下降 5.67 个百分点。全省主要出口产品中:船舶出口 58.66 亿美元,下降 21.5%;集成电路出口 153.6 亿美元,下降 34.2 %;钢材出口额为 94.49 亿美元,下降 14.6%;蓄电池出口额为 18.12 亿美元,增长 11.17%;液晶显示板 65.21 亿美元,下降 26.3%。

2016 年国企和外资企业数量明显增加,民营企业数量也呈现大幅增多的趋势。但实际上国企和民营企业的出口额呈现下降的趋势,而外资企业呈现上升的态势。2016 年,全省民营企业进出口 1336.8 亿美元,下降 12.3%。其中,出口增长 8.1%,进口下降 22%。同期,外商投资企业进出口 3259.1 亿美元,下降 3.4%。其中,出口下降 3.8%,进口下降 2.8%。国有企业进出口 412.7 亿美元,下降 8.2%。其中,出口下降 6.6%,进口下降 11.6%。图 5 反映了不同经济类型企业进口额占江苏省 2016 年进口总额的比重;图 6 反映了不同经济类型企业出口额占江苏省 2016 年出口总额的比重。

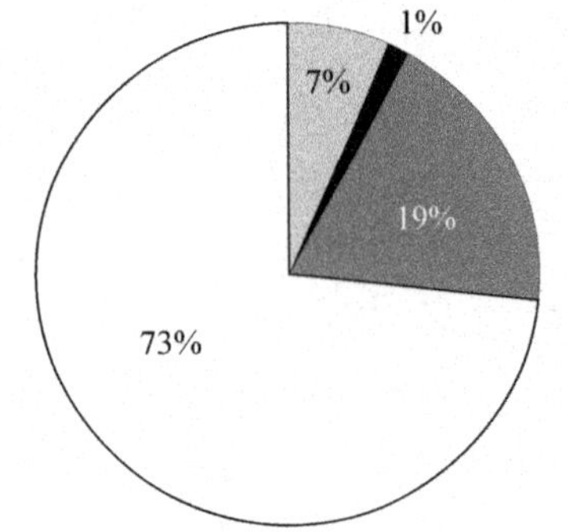

图 5 2016 年江苏省按经济类型分进口贸易结构

数据来源:《江苏统计年鉴 2016》。

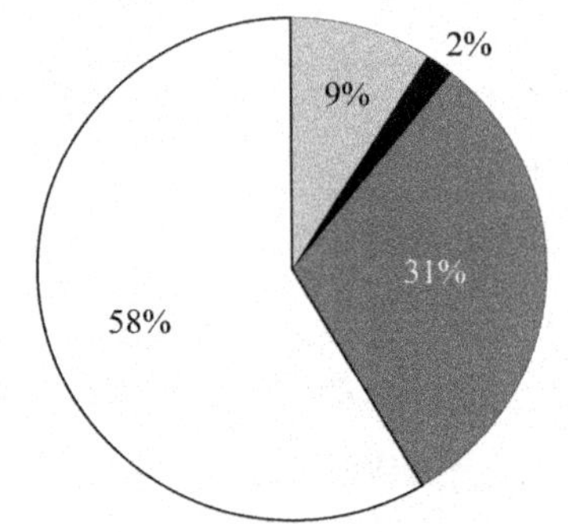

图 6 2016 年江苏省按经济类型分出口贸易结构

数据来源:《江苏统计年鉴 2016》。

对美国、东盟出口下滑,主要市场进口也呈现全线下滑的态势。2016 年,江苏省对美国、东盟出口分别下降 1.5%、0.004%;而对韩国出口增长了 0.4%,增长率高于 2015 年 0.2 个百分点。虽然 2016 年出口额有所下降,但美国仍然超越欧盟成为江苏省第一大贸易伙伴,东盟则超越韩国、日本成为第三大贸易市场。同期,对日本出口和进口分别下降 7.5%和 2.6%。当前,江苏省前五大贸易伙伴分别为:美国 717.3 亿美元,欧盟 594.8 亿美元,东盟 351.1 亿美元,日本 259.8 亿美元,韩国 166.9 亿美元。当期,对中国香港出口下降 21.6%,进口增长了 38.1%。

"一带一路"倡议已是江苏省进出口的重要增长点,2016 年,江苏对"一带一路"沿线出口好于全省 6.6 个百分点,江苏省对东盟、印度、俄罗斯、墨西哥和智利进出口分别增长 4.7%、6.5%、20.9%、8.6%和 5.6%;尤其对俄罗斯的增长速度超过 20%,海外市场多元化的趋势凸显。

从进出口商品的国家和地区来看,亚洲是江苏省对外贸易的主要来源地和目的地。2016 年,江苏省对亚洲的进出口总额为 2759.52 亿美元,占进出口总额的 54.15%,与 2015 年相比,金额有所下滑,减少了 270.02 亿美元,比重也有所下降,减少了 1.49 个百分点。其中对亚洲进口总额 1319.45 亿美元,占进口总额比重为 69.3%;对亚洲出口总额 1440.07 亿美元,占出口总额比重为

45.1%。欧洲和北美洲也是重要的对外贸易来源地和目的地，江苏省2016年对欧洲和北美洲的进出口总额分别为653.33亿美元和769.75亿美元，分别占进出口总额的12.8%和15.1%，2016年在全球回升乏力、对外贸易疲软的情况下，江苏对各大洲的进出口贸易总额都呈现一种下降的趋势。2016年，江苏省最重要的3个贸易伙伴国是美国、韩国、日本，分别占江苏省进出口总额的16.48%、10.64%和9.82%，自2015年以来，韩国取代日本成为中国的第二大贸易伙伴国。前3位的进口来源地是韩国、中国台湾、日本，分别占江苏省进口总额的19.72%、14.5%和12.66%。前3位的出口目的地是美国、中国香港、日本，分别占江苏省出口总额的22.46%、8.54%和8.14%，同样，从2015年开始中国香港取代日本成为江苏第二大出口国。另外，亚太经合组织、欧洲联盟、东南亚国家联盟等区域一体化组织也在江苏省对外贸易发展中，扮演着重要角色。参见表2。

表2　2016年江苏省进出口商品主要国家和地区

国家(地区)	金额(万美元)			比重(%)		
	进出口	进口	出口	进出口	进口	出口
亚洲	27595198	13194534	14400664	54.15	69.35	45.09
#巴林	9979	2304	7675	0.02	0.01	0.02
孟加拉国	294679	5825	288854	0.58	0.03	0.9
缅甸	77278	1628	75650	0.15	0.01	0.24
柬埔寨	91638	14030	77608	0.18	0.07	0.24
塞浦路斯	14972	45	14927	0.03	0.0002	0.05
中国香港	2789854	62922	2726932	5.47	0.33	8.54
印度	1091724	99185	992540	2.14	0.52	3.11
印度尼西亚	765010	249764	515247	1.5	1.31	1.61
伊朗	196825	34401	162424	0.39	0.18	0.51
以色列	126051	28653	97398	0.25	0.15	0.3
日本	5006702	2408686	2598016	9.82	12.66	8.14
科威特	61030	26902	34128	0.12	0.14	0.11
中国澳门	10892	274	10618	0.02	0.001	0.03
马来西亚	1143064	632689	510376	2.24	3.33	1.6
巴基斯坦	170573	9721	160852	0.33	0.05	0.5
菲律宾	605986	284472	321514	1.19	1.5	1.01
卡塔尔	93871	70291	23580	0.18	0.37	0.07
沙特阿拉伯	385842	199464	186378	0.76	1.05	0.58
新加坡	979513	386313	593200	1.92	2.03	1.86
韩国	5421156	3752512	1668644	10.64	19.72	5.23
斯里兰卡	46893	5700	41193	0.09	0.03	0.13
叙利亚	8554	40	8514	0.02	0.0002	0.03
泰国	1206156	544977	661179	2.37	2.86	2.07

续表

国家(地区)	金额(万美元)			比重(%)		
	进出口	进口	出口	进出口	进口	出口
土耳其	305509	18127	287381	0.6	0.1	0.9
阿拉伯联合酋长国	413673	76506	337168	0.81	0.4	1.06
越南	983470	238776	744694	1.93	1.25	2.33
中国台湾	3756786	2758346	998440	7.37	14.5	3.13
非洲	926501	155925	770577	1.82	0.82	2.41
#喀麦隆	10593	4411	6183	0.02	0.02	0.02
埃及	106444	1146	105298	0.21	0.01	0.33
加蓬	7447	5597	1850	0.01	0.03	0.01
摩洛哥	35183	4928	30255	0.07	0.03	0.09
尼日利亚	77250	8438	68813	0.15	0.04	0.22
南非	236534	63916	172618	0.46	0.34	0.54
欧洲	9046009	2512704	6533305	17.75	13.21	20.46
#比利时	340289	91583	248706	0.67	0.48	0.78
丹麦	116961	29046	87915	0.23	0.15	0.28
英国	1005785	160478	845307	1.97	0.84	2.65
德国	2058395	932319	1126076	4.04	4.9	3.53
法国	580088	190343	389745	1.14	1	1.22
爱尔兰	47471	11611	35860	0.09	0.06	0.11
意大利	560301	180013	380288	1.1	0.95	1.19
荷兰	1353573	93947	1259627	2.66	0.49	3.94
希腊	72712	1857	70856	0.14	0.01	0.22
葡萄牙	79552	8087	71465	0.16	0.04	0.22
西班牙	425336	94103	331234	0.83	0.49	1.04
奥地利	121866	83556	38311	0.24	0.44	0.12
芬兰	108048	49467	58581	0.21	0.26	0.18
匈牙利	142814	38925	103889	0.28	0.2	0.33
挪威	90999	36168	54831	0.18	0.19	0.17
波兰	272590	26579	246011	0.53	0.14	0.77
罗马尼亚	83268	11915	71353	0.16	0.06	0.22
瑞典	267789	166995	100794	0.53	0.88	0.32
瑞士	169498	96728	72770	0.33	0.51	0.23
俄罗斯联邦	467069	80913	386156	0.92	0.43	1.21
乌克兰	84465	32285	52180	0.17	0.17	0.16
捷克	242378	53103	189275	0.48	0.28	0.59
拉丁美洲	2638599	948219	1690380	5.18	4.98	5.29
#阿根廷	190570	94607	95963	0.37	0.5	0.3

续表

国家(地区)	金额(万美元)			比重(%)		
	进出口	进口	出口	进出口	进口	出口
巴西	938124	564537	373587	1.84	2.97	1.17
智利	245358	70130	175228	0.48	0.37	0.55
哥伦比亚	95538	1330	94208	0.19	0.01	0.3
危地马拉	25141	3458	21683	0.05	0.02	0.07
墨西哥	667090	105856	561234	1.31	0.56	1.76
巴拿马	81706	55	81651	0.16	0.0003	0.26
秘鲁	109110	23279	85831	0.21	0.12	0.27
乌拉圭	49502	28230	21272	0.1	0.15	0.07
委内瑞拉	24028	5544	18484	0.05	0.03	0.06
北美洲	9139071	1441506	7697566	17.93	7.58	24.1
#加拿大	730458	213650	516808	1.43	1.12	1.62
美国	8400748	1227817	7172931	16.48	6.45	22.46
大洋洲	1614297	772365	841932	3.17	4.06	2.64
#澳大利亚	1302733	668056	634678	2.56	3.51	1.99
新西兰	149164	72587	76577	0.29	0.38	0.24
巴布亚新几内亚	23227	18443	4784	0.05	0.1	0.01
附:东南亚国家联盟	5867436	2356850	3510585	11.51	12.39	10.99
欧洲联盟	8210844	2262865	5947979	16.11	11.89	118.63
亚太经济合作组织	35990265	15032352	20957913	70.62	79.01	65.63

数据来源:《江苏统计年鉴 2016》。

从城市来看,2015 年江苏十三个城市中,进出口总额最高的是苏州,达到 1432.59 亿美元,远高出排在第二位的南京约 933.45 亿美元,因此苏州的外贸依存度也高达 118.8%,表现出极强的外向型经济特征。外贸依存度排在第二位的城市是无锡 64.7%,其次是南通 46.2%,而徐州的外贸依存度只有 7.7%,为全省最低。宿迁的进出口总额 12.65 亿美元,位列十三个城市的末尾,其次是淮安 25.98 亿美元。

表 3　2016 年江苏省各市进出口情况　　单位:亿美元

	进出口总额	出口	进口	外贸依存度(%)
南　京	502.14	295.94	206.20	31.8
无　锡	462.28	279.70	182.58	64.7
徐　州	35.45	29.78	5.66	7.7
常　州	267.54	201.14	66.40	35.6
苏　州	1432.59	846.31	586.28	118.8
南　通	172.29	119.11	53.18	46.2
连云港	61.23	29.43	31.81	31.1

续表

	进出口总额	出口	进口	外贸依存度(%)
淮　安	25.98	18.92	7.06	8.4
盐　城	54.87	25.45	29.41	19.3
扬　州	70.09	55.20	14.89	16.1
镇　江	66.07	38.87	27.20	25.6
泰　州	45.64	30.16	15.48	17.6
宿　迁	12.65	8.82	3.84	9.8

数据来源:《江苏统计年鉴 2016》。

苏南部分地区增长乏力,苏中、苏北增长较快。2016 年,苏南五市合计进出口 2730.61 亿美元,与 2015 年相比,减少 1921.01 亿美元。无锡、南京、镇江进出口均实现负增长,分别下降 32.5%、5.7%、34.4%;苏州和常州分别下降 53.1%和 4.5%。同期,苏中和苏北地区分别进出口 288.02 亿美元和 190.18 亿美元,进出口额降幅分别达到了 44.8%、32.8%;其中苏北地区的连云港、盐城、淮安和宿迁,降幅也达到了 23.9%、32.4%、37.1%和 51.3%。

二、利用外资

近年来,江苏省外商直接投资规模稳步扩大,从 2009 年的 232.53 亿美元一直增加,至 2011 年突破 300 亿美元大关。但 2012 年后,由于世界宏观经济的影响,以及欧美企业在我国出现 FDI 回流的趋势,江苏省利用外资规模不断下滑,从 2012 年的 357.60 亿美元,减少到 2015 年的 242.75 亿美元,但 2016 年相较 2015 年来说有所回升,达到了 245.43 亿美元,比 2015 年上升了 1.1%,2011—2016 年江苏省外商直接投资规模变动见图 7。

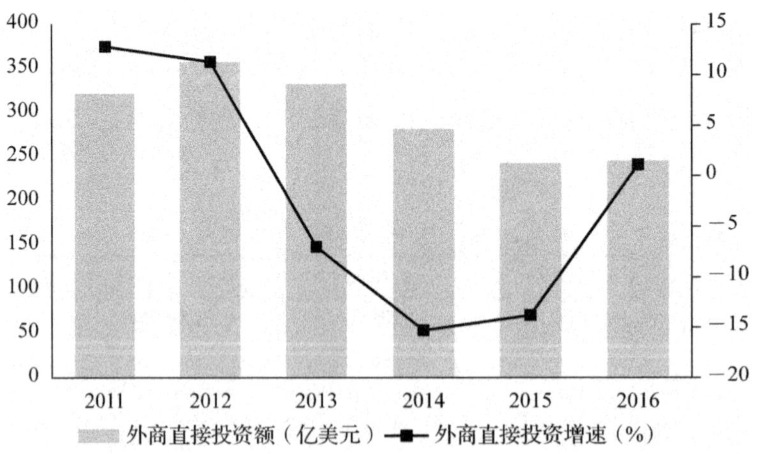

图 7　2011—2016 年江苏省外商直接投资规模及增速

数据来源:历年《江苏统计年鉴》。

江苏吸引 FDI 不断减少的原因可以归纳为：第一，欧美企业的投资意愿和能力有所下降。由于金融危机导致投资获利空间收窄、投资风险剧增，加上国内劳动力成本上升、土地等资源供应趋紧、融资困难、人民币汇率上升等多重压力，使得欧美企业投资行为趋于谨慎，投资意愿和能力明显下降。与此同时，危机造成的资金链断裂，也大大降低了发达经济体企业的投资能力。第二，发达国家资本回流倾向明显增强。在经历了 2008 年金融危机的沉重打击和长期经济下滑之后，欧美发达国家纷纷提出回归实体经济和制造业再造等口号，鼓励资本回流。在美国，2012 年 2 月，奥巴马政府表示要在 2015 年前将美国的出口提高一倍，甚至建议在海外投资设厂的跨国公司应当向美国支付基本的最低税金，用来为选择留在美国并雇佣美国人力的公司减税，以激励企业重夺全球尖端科技制造业的领先地位。特别是第三次工业革命将对利用外资形成新的冲击。以互联网技术和可再生能源的结合为基础、以数字化制造为标志的第三次工业革命，作为一种新的经济模式，将对世界经济格局产生影响，可能进一步导致技术密集型和劳动密集型的产业向发达国家"回溯"。同时。2016 年特朗普竞选美国总统成功，其反对全球化的主张对世界贸易也有所影响，特朗普提出将制造业转移回美国，使得中国整体利用外资受到冲击。第三，投资和贸易保护主义抬头影响外资企业在江苏发展。受金融危机的影响，发达经济体由于市场需求不足，经济发展和就业受到制约。各国之间争夺市场的竞争势必加剧，这就使得各种贸易保护主义措施明显增加，全球国际贸易和投资环境进一步恶化。江苏外贸依存度较高，国际投资和贸易保护主义的加强在很大程度上影响外商来华投资的信心和决心，进而影响外资企业扩大生产和经营的规模，甚至有可能导致外商撤资。第四，发展中国家和新兴经济体利用外资竞争更趋激烈。金融危机后，发展中国家和新兴经济体呈现巨大活力，流向亚洲、拉丁美洲和加勒比地区的外商直接投资保持在历史高位，非洲的外商直接投资流入量也较 2011 年有所增加。不少新兴经济体如印度、巴西、俄罗斯等国通过调整吸引外资政策以及不断改善投资环境，对国际资本的吸引力显著增强。目前，新兴经济体外商直接投资流量占 GDP 比重均高于世界平均水平并呈稳步上升态势。这将意味着，今后江苏利用外资的竞争会更趋激烈。

从行业层面来看，制造业是 2016 年江苏省外商直接投资最为集中的行业，其外商直接投资项目数达 902 个，占项目总数的 31.55%，占比较 2015 年下滑 0.93 个百分点，但项目的绝对数增加了 64 个；实际投资金额为 104.6 亿美元，占投资总额的 42.6%，占比较 2015 年下滑 3.8 个百分点。此外，房地产业、科学研究、技术服务业以及租赁和商务服务业是利用外资规模较大的 3 个行业，其 2016 年外商实际投资金额分别为 482.37 亿美元、288.91 亿美元、262.87 亿美元。值得注意的是，虽然江苏 2015 年实际利用外资金额有所上升，但在行业大类中，制造业呈现一种下降的态势，而服务业呈现一种上升的态势。这体现出江苏省利用外资政策导向的变化，通过放宽市场准入、改革管理模式、优化市场环境，进一步扩大服务业对外开放领域，提高服务业利用外资水平，形成以服务经济为主导，先进制造业和现代服务业协调并进的外资产业结构。表 4 汇总了 2016 年江苏省分行业外商直接投资情况。

表4　2016年江苏省按行业分外商直接投资情况　　(单位:万美元)

行　业	项目(个)	协议注册	实际使用
总　计	2859	4313941	2454296
农、林、牧、渔业	98	117289	48024
采矿业	2	819	1907
制造业	902	1653436	1046039
农副食品加工业	14	25604	9469
食品制造业	27	25888	19304
饮料制造业	9	26327	13147
烟草制品业			
纺织业	18	24542	13921
纺织服装、鞋、帽制造业	36	33259	36497
皮革、毛皮、羽毛(绒)及其制品业	6	3852	686
木材加工及木、竹、藤、棕、草制品业	8	4720	1777
家具制造业	17	30081	14791
造纸及纸制品业	9	8920	12235
印刷业和记录媒介的复制	1	716	2439
文教体育用品制造业	10	14337	2851
石油加工、炼焦及核燃料加工业		2846	6976
化学原料及化学制品制造业	37	115817	93722
医药制造业	18	57135	107234
化学纤维制造业	3	25606	3002
橡胶制品业	5	4698	7905
塑料制品业	31	31141	23642
非金属矿物制品业	30	55804	29028
黑色金属冶炼及压延加工业	1	10104	2100
有色金属冶炼及压延加工业	3	29153	27298
金属制品业	55	101509	68077
通用设备制造业	141	212772	97866
专用设备制造业	113	109457	54362
交通运输设备制造业	76	138048	97518
电气机械及器材制造业	94	162043	100293
通信设备、计算机及其他电子设备制造业	94	330245	171190
仪器仪表及文化、办公用机械制造业	15	17692	8504
工艺品及其他制造业	25	45662	18884
废弃资源和废旧材料回收加工业	7	5458	1315
电力、热力、燃气及水的生产和供应业	77	162084	40419
建筑业	76	395449	171651
交通运输、仓储和邮政业	50	126544	65722
信息传输、计算机服务和软件业	117	80854	22396

续表

行　　业	项目(个)	协议注册	实际使用
批发和零售业	790	662952	265669
住宿和餐饮业	61	12910	5781
金融业	31	102786	74483
房地产业	60	209192	304135
租赁和商务服务业	284	458189	294560
科学研究、技术服务和地质勘查业	217	221192	68437
水利、环境和公共设施管理业	18	50522	24530
居民服务和其他服务业	25	21699	3305
教育	8	8558	6289
卫生、社会保障和社会福利业	7	15252	8435
文化、体育和娱乐业	34	14214	2514

数据来源:《江苏统计年鉴 2016》。

截至 2016 年末,江苏省登记的外商投资企业共 55938 个,与 2015 年相比增加了 2387 家企业,实际投资总额达 8798.68 亿美元。制造业是外商投资企业最集中的行业,企业数达 28055 个,占外商投资企业总数的 50.15%,实际投资额达 5195.93 亿美元,占外商投资企业投资总额的 59.05%。服务业细分行业来看,交通运输、仓储和邮政业和科学研究、技术服务和地质勘查业这 2 个行业的外商投资企业也较多,企业数分别占外商投资企业总数的 15.83%和 6.86%。实际投资额较多的行业是房地产业以及科学研究、技术服务和地质勘查业,这 2 个行业分别占实际外商投资总额的 12.28%和 7.81%。表 5 反映了 2016 年末江苏省登记外商投资企业的行业分布情况。

表 5　2016 年末江苏省登记外商投资企业行业分布

行　　业	企业数(个)	企业数占比(%)	实际投资额(万美元)	实际投资占比(%)
总　计	55938	100	87986813	100
农、林、牧、渔业	862	1.54	942121	1.07
采矿业	16	0.03	140924	0.16
制造业	28055	50.15	51959277	59.05
电力、燃气及水的生产和供应业	568	1.02	2027423	2.3
建筑业	717	1.28	2209770	2.51
交通运输、仓储和邮政业	8856	15.83	4053899	4.61
信息传输、计算机服务和软件业	972	1.74	2269068	2.58
批发和零售业	3049	5.45	434292	0.49
住宿和餐饮业	1991	3.56	707177	0.8
金融业	1055	1.89	828849	0.94
房地产业	1831	3.27	10802994	12.28
租赁和商务服务业	3197	5.72	3486817	3.96
科学研究、技术服务和地质勘查业	3838	6.86	6869743	7.81

续表

行　　业	企业数(个)	企业数占比(%)	实际投资额(万美元)	实际投资占比(%)
水利、环境和公共设施管理业	146	0.26	499739	0.57
居民服务和其他服务业	402	0.72	307582	0.35
教育	43	0.08	15165	0.02
卫生、社会保障和社会福利业	38	0.07	174336	0.2
文化、体育和娱乐业	283	0.51	245152	0.28
其他	19	0.03	12484	0.01

数据来源:《江苏统计年鉴 2016》

江苏目前正积极发展为先进制造配套的金融保险、商贸物流、电子商务、研发设计、会计审计、信息科技等服务业,鼓励发展基于网络的平台经济、文化创意、工业设计等新兴业态,引导制造业企业延伸服务链条、增加服务环节,推动制造业由生产型向生产服务型转变。鼓励和拓展健康美容、养生养老、医疗服务、教育培训、文化娱乐、休闲旅游等民生服务业利用外资,推动生活性服务业向精细化、个性化和高品质转变,促进居民消费结构升级。

从企业类型来看,独资经营企业是江苏省外商直接投资的主体,其 2016 年投资额 182.54 亿美元,与 2015 年相比减少了 3.1 亿美元,约占外商直接投资总额的 74.4%。此外,合资经营企业、合作经营企业、外商投资股份制企业在 2016 年的投资额分别为 54.5 亿美元、2.3 亿美元和 6.1 亿美元,金额与 2015 年相比除外商投资股份制企业以外都有所上升,分别占江苏省外商直接投资总额的 22.2%、0.93%和 2.48%。图 8 描述了这 4 类外商直接投资企业 2011—2016 年投资金额占比的变动情况。由图可见,独资经营企业的直接投资额所占比重从 2011 年的 79.5%到 2016 年的 74.4%,表现出明显的下降趋势,其他各类型企业直接投资额占比则上下波动。

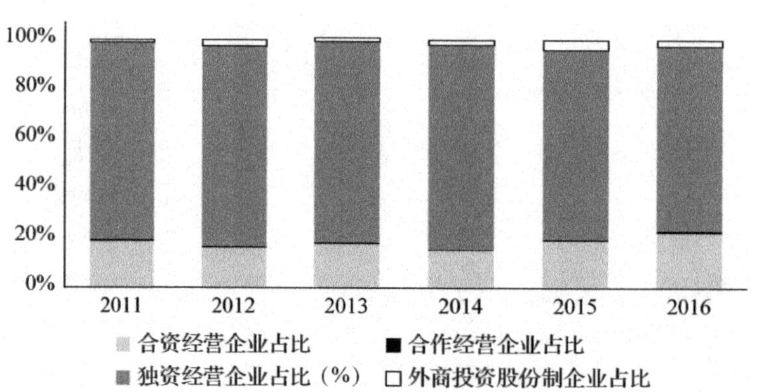

图 8　2011—2016 年江苏省各类型企业外商直接投资额比重

数据来源:历年《江苏统计年鉴》。

2016 年,亚洲成为江苏省外商直接投资的主要来源地,其项目个数达 2027 个,占项目总数的 70.9%;实际投资金额达 191.94 亿美元,占全部实际投资金额的 78.2%。亚洲国家(地区)中,中国香港、中国台湾、日本、新加坡、韩国等都是重要的投资来源地。其中中国香港投资项目数达 1084 个,占项目总数的 37.9%;实际投资金额 153.42 亿美元,占全部实际投资金额的 62.5%。另外，南美洲和欧洲也是重要来源地，其2016年实际投资金额占全部外商直接投资的比重分别为4.9%和3.8%。表6反映了2016年江苏省按国家(地区)分的外商直接投资情况。

表6　2016年江苏省按国家(地区)分外商直接投资

国家(地区)	项目数(个)	项目数比重(%)	实际投资(万美元)	实际投资比重(%)
合　计	2859	100	2454296	100
亚　洲	2027	70.9	1919350	78.2
#中国香港	1084	37.9	1534202	62.5
中国澳门	14	0.5	8315	0.3
中国台湾	419	14.7	82938	3.4
印度尼西亚	3	0.1	6247	0.3
日　本	86	3	84564	3.4
马来西亚	16	0.6	15223	0.6
菲律宾	4	0.1	3609	0.1
新加坡	96	3.4	99846	4.1
韩　国	236	8.3	77466	3.2
泰　国	1	0.03	77	0.003
非　洲	60	2.1	12711	0.5
欧　洲	264	9.2	93746	3.8
#比利时	10	0.3	362	0.01
丹　麦	2	0.1	1175	0.05
英　国	35	1.2	14852	0.6
德　国	76	2.7	21139	0.9
法　国	24	0.8	8568	0.3
爱尔兰	2	0.1	1226	0.05
意大利	29	1	6827	0.3
卢森堡	5	0.2	780	0.03
荷　兰	10	0.3	5706	0.2
希　腊	0	0	0	0
葡萄牙	1	0	0	0
西班牙	9	0.3	4490	0.2
芬兰	8	0.3	379	0.02
瑞士	7	0.2	14156	0.6
北美洲	240	8.4	114857	4.7
#加拿大	66	2.3	6973	0.3
美国	172	6	104069	4.2
大洋洲	122	4.3	55553	2.3
#澳大利亚	43	1.5	7003	0.3
南美洲	73	2.6	120582	4.9

数据来源:《江苏统计年鉴2016》。

三、对外经济合作

2016年,江苏全年新批境外投资项目1067个,比上年增长21.3%。中方协议投资142.24亿美元,大幅增长38.03%。其中企业项目1049个,比2015年增加198个;机构项目18个,比2015年减少11个。企业项目中,独资子公司项目759个,合资子公司项目231个,联营公司项目59个。2016年的新批项目中,有220个参股并购类项目、2个风险投资类项目。新批项目中,贸易型项目有286个,比2015年减少29个;非贸易型项目有781个,比2015年增加216个。图11反映了2011—2016年新批项目数的变动情况。从图中可以看出,企业新批项目数从2011年到2016年一直持续上升,而机构新批项目数则存在波动下降的趋势。

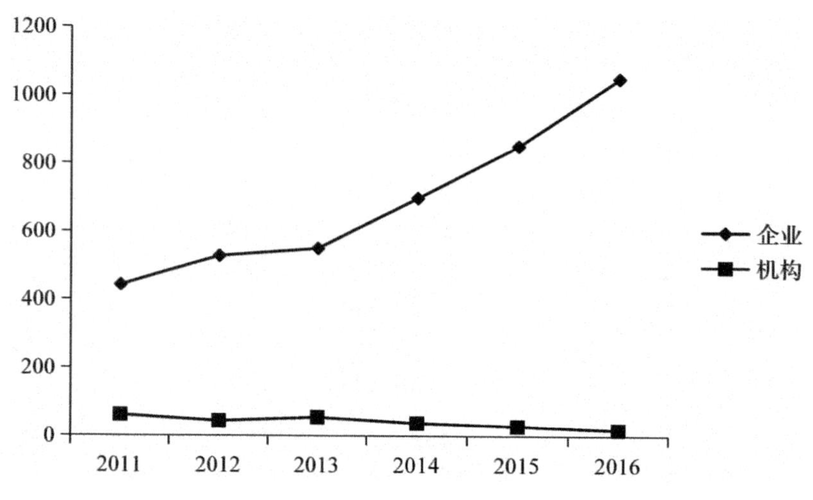

图9 2011—2016年江苏省境外投资新批项目数

数据来源:历年《江苏统计年鉴》。

2016年,江苏省境外投资金额142.24亿美元,比2015年增加39.19亿美元。其中企业境外投资额142.22亿美元,比2015年增加39.21亿美元;机构境外投资额171万美元,比2015年减少166万美元。企业项目中,独资子公司境外投资额113.71亿美元,合资子公司境外投资额23.62亿美元,联营公司境外投资额4.89亿美元。2016年,参股并购类项目实现境外投资30.64亿美元,风险投资类项目实现境外投资897万美元,分别比2015年增加10.65亿美元和减少0.69亿美元。图10反映了

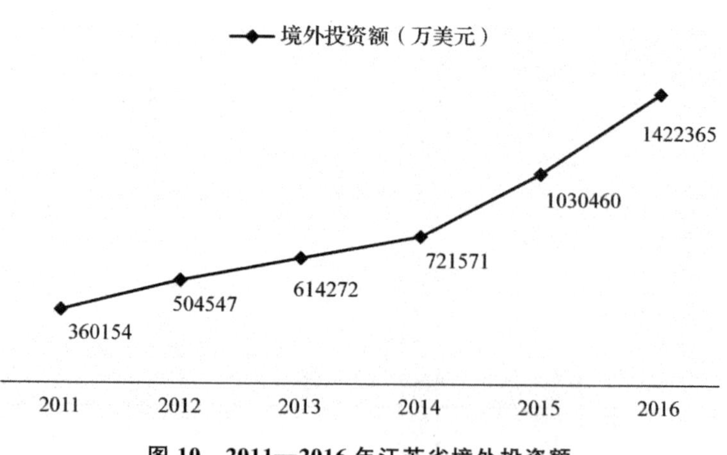

图10 2011—2016年江苏省境外投资额

数据来源:历年《江苏统计年鉴》

2011—2016年境外投资金额的变动情况，投资额从2011年的21.76亿美元，一直持续上升至2016年的142.24亿美元，6年间增加了3.9倍。

在参与江苏省境外投资的各类企业中，民营企业占据重要地位，其2016年境外投资额占境外投资总额的70.3%，比2015年下降了6.7个百分点。外资企业、国有及国有控股企业、集体企业境外投资额占江苏省境外投资总额的比重分别为16.7%、12.7%和0.33%。参见图11。

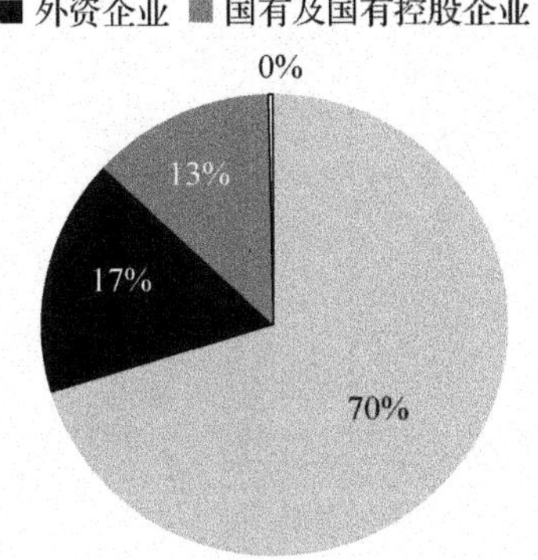

图11　2016年江苏省境外投资企业类型

数据来源:《江苏统计年鉴2016》。

在2016年江苏省境外投资总额中，贸易型项目境外投资额为24.24亿美元，占17.04%；非贸易项目境外投资额为117.99亿美元，占82.96%。图12反映了2011—2016年非贸易型项目境外投资额及其比重的变动情况。不难发现，非贸易型项目境外投资额比重2009—2012年来持续下滑，虽然在2013年有所企稳回升，投资额出现大幅增长的趋势，但比重在2014年还是下滑了近2个百分点，之后2015年又上升一个百分点，直至2016年上升了4.86个百分点。

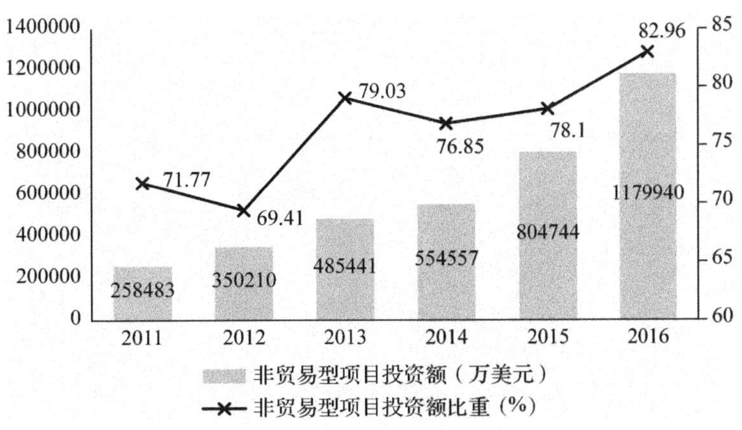

图12　2011—2016年江苏省境外投资非贸易型项目比重

数据来源：历年《江苏统计年鉴》。

2016年，亚洲成为江苏省境外投资的主要目的地，其新批项目个数达558个，占新批项目总数的52.3%；中方协议投资达81.32亿美元，占全部中方协议投资的57.17%。亚洲国家(地区)中，中国香港、印度尼西亚、新加坡等都是重要的境外投资目的地。其中对中国香港新批项目数达275个，占新批项目总数的25.77%；中方协议投资505401万美元，占全部中方协议投资的

35.53%。而对印度尼西亚、美国、泰国的中方协议投资分别达到84480万美元、182098万美元、22451万美元,占中方协议投资比重分别为5.94%、12.8%、1.58%。表7反映了2016年江苏省按国家(地区)分的境外投资情况。

表7　2016年江苏省境外投资主要国家(地区)

国家(地区)	新批项目数(个)	新批项目数比重(%)	中方协议投资(万美元)	中方协议投资比重(%)
全　部	1067	100	1422365	100
亚洲	558	52.3	813219	57.17
巴林		0		0
孟加拉国	5	0.47	1705	0.12
缅甸	22	2.06	7926	0.56
柬埔寨	18	1.69	1306	0.09
塞浦路斯		0		0
朝鲜	1	0.09	9	0
中国香港	275	25.77	505401	35.53
印度	17	1.59	37072	2.61
印度尼西亚	24	2.25	84480	5.94
伊朗	2	0.19	9925	0.7
以色列	3	0.28	1100	0.08
日本	39	3.66	4022	0.28
老挝	3	0.28	2480	0.17
中国澳门	0	0	0	0
马来西亚	15	1.41	30427	2.14
蒙古	3	0.28	287.112	0.02
尼泊尔	1	0.09	450	0.03
巴基斯坦	9	0.84	26136	1.84
菲律宾	1	0.09	250	0.02
卡塔尔		0		0
沙特阿拉伯	2	0.19	250	0.02
新加坡	26	2.44	19497	1.37
韩国	20	1.87	1835	0.13
斯里兰卡	4	0.37	2700	0.19
泰国	17	1.59	22451	1.58
土耳其	3	0.28	4649	0.33
阿拉伯联合酋长国	5	0.47	7632	0.54
越南	18	1.69	24842	1.75
中国台湾	12	1.12	1737	0.12
东帝汶		0		0

续表

国家(地区)	新批项目数(个)	新批项目数比重(%)	中方协议投资(万美元)	中方协议投资比重(%)
哈萨克斯坦	6	0.56	13182	0.93
吉尔吉斯斯坦	0	0	0	0
土库曼斯坦		0		0
乌兹别克斯坦	1	0.09	130	0.01
其他		0		0
非洲	55	5.15	80158	5.64
阿尔及利亚	5	0.47	14021	0.99
安哥拉	1	0.09	660	0.05
喀麦隆		0		0
乍得		0		0
刚果	3	0.28	11102	0.78
埃及	1	0.09	5	0
赤道几内亚	1	0.09	500	0.04
埃塞俄比亚	19	1.78	29472	2.07
加蓬		0		0
几内亚		0		0
肯尼亚	2	0.19	650	0.05
毛里塔尼亚		0		0
毛里求斯		0		0
莫桑比克	1	0.09	0	0
纳米比亚	1	0.09	408	0.03
尼日利亚	3	0.28	4999	0.35
塞内加尔		0		0
塞舌尔	1	0.09	405	0.03
南非	1	0.09	4000	0.28
苏丹		0		0
坦桑尼亚	6	0.56	3946	0.28
乌干达		0		0
赞比亚	4	0.37	5726	0.4
津巴布韦	3	0.28	860	0.06
欧洲	107	10.03	137630	9.68
比利时	2	0.19	86	0.01
丹麦	2	0.19	338	0.02
英国	15	1.41	26994	1.9
德国	34	3.19	40250	2.83
法国	14	1.31	2107	0.15
意大利	8	0.75	41722	2.93

续表

国家(地区)	新批项目数(个)	新批项目数比重(%)	中方协议投资(万美元)	中方协议投资比重(%)
卢森堡	1	0.09	1	0.0001
荷兰	10	0.94	5818	0.41
西班牙	3	0.28	1038	0.07
阿尔巴尼亚		0		0
奥地利		0		0
保加利亚		0		0
芬兰	2	0.19	8506	0.6
匈牙利		0		0
挪威	1	0.09	180	0.01
波兰	1	0.09	0	0
罗马尼亚		0		0
瑞典	1	0.09	307	0.02
瑞士	3	0.28	1152	0.08
俄罗斯联邦	7	0.66	8635	0.61
乌克兰	1	0.09	280	0.02
克罗地亚		0		0
捷克		0		0
塞尔维亚		0		0
拉丁美洲	60	5.62	86379	6.07
阿根廷	1	0.09	4	0
巴西	5	0.47	17230	1.21
开曼群岛	31	2.91	33070	2.33
智利	2	0.19	300	0.02
古巴		0		0
厄瓜多尔	1	0.09	75	0.01
墨西哥	4	0.37	3381	0.24
秘鲁	1	0.09	300	0.02
英属维尔京群岛	15	1.41	32018	2.25
北美洲	240	22.49	198528	13.96
加拿大	24	2.25	13932	0.98
美国	210	19.68	182098	12.8
其他	6	0.56	2497	0.18
大洋洲	47	4.4	106452	7.48
澳大利亚	36	3.37	95537	6.71
斐济		0		0
瓦努阿图	1	0.09	20	0.001
新西兰	6	0.56	8715	0.61
萨摩亚	3	0.28	1700	0.12

数据来源:《江苏统计年鉴 2016》

2016年,江苏省境外投资涵盖了三次产业。第一产业新批项目27个,占新批项目总数的2.5%;中方协议投资4.82亿美元,占中方协议投资总额的3.4%。第二产业新批项目396个,占新批项目总数的32.61%;中方协议投资38.86亿美元,占中方协议投资总额的37.1%。其中,采矿业、制造业、电力、燃气及水的生产和供应业以及建筑业新批项目占新批项目总数的比重分别为1.4%、29.6%和1.2%,中方协议投资占中方协议投资总额的比重分别为4.2%、27.2%和1.48%。第三产业新批项目644个,占新批项目总数的60.4%;中方协议投资84.44亿美元,占中方协议投资总额的59.4%。其中,租赁和商务服务业、批发和零售业、房地产业是江苏省2016年境外投资的重点行业,中方协议投资占中方协议投资总额的比重分别为17.4%、20.4%、6.4%。表8反映了2016年江苏省境外投资主要行业分布情况。

表8　2016年江苏省境外投资主要行业情况

行　业	新批项目(个)	新批项目占比(%)	中方协议投资(万美元)	中方协议投资占比(%)
全　部	1067	100	1422365	100
第一产业	27	2.5	48227	3.4
农、林、牧、渔业	27	2.5	48227	3.4
农业	16	1.5	39783	2.8
林业	3	0.3	13001	0.9
畜牧业		0		0
渔业	2	0.2	3175	0.2
农、林、牧、渔服务业	6	0.6	−7732	−0.5
第二产业	396	37.1	529713	37.2
采矿业	15	1.4	60036	4.2
煤炭开采和洗选业	4	0.4	33425	2.3
黑色金属矿采选业	1	0.1	11000	0.8
有色金属矿采选业	6	0.6	13609	1
非金属矿采选业	1	0.1	300	0.02
其他采矿业	3	0.3	1702	0.1
制造业	316	29.6	386615	27.2
农副食品加工业	0	0	0	0
食品制造业	5	0.5	3097	0.2
饮料制造业	0	0	0	0
纺织业	14	1.3	16129	1.1
纺织服装、鞋、帽制造业	35	3.3	24568	1.7
皮革、毛皮、羽毛(绒)及其制品业	0	0	0	0
木材加工及木、竹、藤、棕、草制品业	4	0.4	5863	0.4
家具制造业	4	0.4	8985	0.6
造纸及纸制品业	1	0.1	500	0.04
印刷业和记录媒介的复制	2	0.2	413	0.03
文教体育用品制造业	1	0.1	2	0.0001

续表

行　　业	新批项目(个)	新批项目占比(%)	中方协议投资(万美元)	中方协议投资占比(%)
石油加工、炼焦及核燃料加工业	1	0.1	350	0.02
化学原料及化学制品制造业	13	1.2	20121	1.4
医药制造业	17	1.6	15811	1.1
化学纤维制造业	3	0.3	2353	0.2
橡胶制品业	8	0.7	9160	0.6
塑料制品业	5	0.5	2054	0.1
非金属矿物制品业	3	0.3	1709	0.1
黑色金属冶炼及压延加工业	3	0.3	10701	0.8
有色金属冶炼及压延加工业	8	0.7	39827	2.8
金属制品业	23	2.2	40565	2.9
通用设备制造业	24	2.2	9918	0.7
专用设备制造业	35	3.3	32620	2.3
交通运输设备制造业	24	2.2	22309	1.6
电气机械及器材制造业	24	2.2	75859	5.3
通信设备、计算机及其他电子设备制造业	38	3.6	35676	2.5
仪器仪表及文化、办公用机械制造业	6	0.6	1377	0.1
工艺品及其他制造业	12	1.1	2847	0.2
废弃资源和废旧材料回收加工业	3	0.3	3800	0.3
电力、燃气及水的生产和供应业	13	1.2	20995	1.5
电力、热力的生产和供应业	13	1.2	20995	1.5
建筑业	52	4.9	62067	4.4
房屋和土木工程建筑业	27	2.5	11658	0.8
建筑安装业	4	0.4	6450	0.5
建筑装饰业	12	1.1	7828	0.6
其他建筑业	9	0.8	36131	2.5
第三产业	644	60.4	844425	59.4
交通运输、仓储和邮政业	9	0.8	1313	0.1
道路运输业	1	0.1	800	0.1
水上运输业	1	0.1	152	0.01
装卸搬运和其他运输服务业	2	0.2	154	0.01
仓储业	3	0.3	171	0.01
邮政业	1	0.1	5	0.0004
信息传输、计算机服务和软件业	53	5	32853	2.3
电信和其他信息传输服务业	7	0.7	2464	0.2
计算机服务业	28	2.6	10188	0.7
软件业	18	1.7	20202	1.4
批发和零售业	269	25.2	290119	20.4

续表

行　　业	新批项目（个）	新批项目占比（%）	中方协议投资（万美元）	中方协议投资占比（%）
批发业	245	23	261881	18.4
零售业	24	2.2	28238	2
住宿和餐饮业	10	0.9	2737	0.2
住宿业	1	0.1	1000	0.1
餐饮业	9	0.8	1737	0.1
金融业	10	0.9	19856	1.4
房地产业	32	3	91205	6.4
房地产业	32	3	91205	6.4
租赁和商务服务业	153	14.3	246799	17.4
租赁业	7	0.7	2305	0.2
商务服务业	146	13.7	244494	17.2
科学研究、技术服务和地质勘查业	74	6.9	100898	7.1
研究与试验发展	40	3.7	39407	2.8
专业技术服务业	20	1.9	32565	2.3
科技交流和推广服务业	14	1.3	28926	2
水利、环境和公共设施管理业	8	0.7	10960	0.8
生态保护和环境治理业	7	0.7	9760	0.7
居民服务和其他服务业	12	1.1	12627	0.9
居民服务业	3	0.3	7337	0.5
其他服务业	9	0.8	5290	0.4
教育	6	0.6	4214	0.3
教育	6	0.6	4214	0.3
文化、体育和娱乐业	8	0.7	30845	2.2
新闻出版业		0		0
广播、电视、电影和音像业	1	0.1	150	0.01
文化艺术业	5	0.5	1307	0.1

数据来源：《江苏统计年鉴2016》。

江苏省内各地区对2016年江苏省境外投资中的贡献各不相同。图15显示，苏南、苏中、苏北全年境外投资额分别为94.74亿美元、23.63亿美元和23.87亿美元，占全省境外投资总额的比重分别为66.6%、16.6%和16.8%。从表9可以看出，南京、苏州、无锡是江苏省境外投资最多的市，2016年中方协议投资金额分别为30.1亿美元、32.1亿美元和20.9亿美元，占全省境外投资总额的比重分别为21.1%、22.6%和14.7%。相对而言，苏北各市境外投资较少，例如淮安的中方协议投资金额为3883万美元，占全省境外投资总额的比重仅为0.3%。

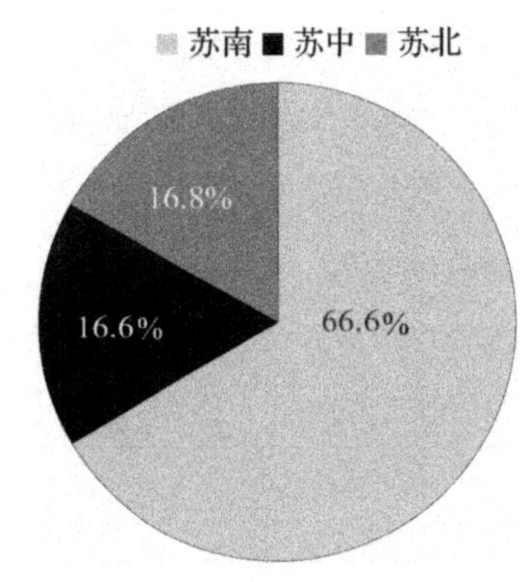

图15　2016年江苏省分地区境外投资情况

数据来源：《江苏统计年鉴2016》。

表 9　2016 年江苏各市境外投资情况

地区	新批项目(个)	新批项目占比(%)	中方协议投资(万美元)	中方协议投资占比(%)
南京市	175	16.4	300680	21.1
无锡市	142	13.3	209661	14.7
徐州市	24	2.3	76490	5.4
常州市	91	8.5	96631	6.8
苏州市	333	31.2	320896	22.6
南通市	112	10.5	120891	8.5
连云港市	24	2.3	70969	5
淮安市	15	1.4	3883	0.3
盐城市	26	2.4	56044	3.9
扬州市	47	4.4	57685	4.1
镇江市	34	3.2	19541	1.4
泰州市	38	3.6	57675	4.1
宿迁市	6	0.6	31319	2.2

数据来源:《江苏统计年鉴 2016》。

除境外投资外,对外承包工程和对外劳务合作也是江苏省对外经济合作的重要内容。2016 年,江苏省对外承包工程和对外劳务合作的合同金额分别为 72.87 亿美元、4.53 亿美元,实际完成营业额分别为 91.11 亿美元、6.9 亿美元,年末在外人数则分别为 3.2 万人、5.5 万人。表 10 反映了 2011—2016 年江苏省对外承包工程和对外劳务合作的基本情况。从表 10 可知,从 2011 年到 2016 年,江苏省对外承包工程合同金额和实际完成营业额持续增长,呈现较为稳定的发展趋势,同时年末在外人数保持基本稳定。而从 2011 年到 2016 年,江苏省对外劳务合作合同金额和实际完成营业额呈先减少再增加、再减少的情况。

表 10　2011—2016 年对外承包工程和对外劳务合作情况

项　目	2011 年	2012 年	2013 年	2014 年	2015 年	2016 年
对外承包工程合同金额(亿美元)	59.49	71.98	86.57	96.61	77.96	72.87
对外承包工程实际完成营业额(亿美元)	59.91	64.68	72.63	79.54	87.61	91.11
对外承包工程年末在外人数(万人)	3.5	3.6	3.6	3.7	3.8	3.2
对外劳务合作合同金额(亿美元)	6.5	6.2	7.6	12.1	5.2	4.5
对外劳务合作实际完成营业额(亿美元)	7.4	7.7	8.9	8.5	7.4	6.9
对外劳务合作年末在外人数(万人)	5.4	5.1	5.2	5.9	6.4	5.5

数据来源:历年《江苏统计年鉴》。

第四篇　江苏省经济社会发展比较研究报告

第一章　江苏省综合经济在全国的地位与变化分析

一、综合

江苏综合经济实力在中国一直处于前列。2016年，江苏实现地区生产总值76086.17亿元，比上年增长7.8%，位列中国省份第二。人均GDP达95257元，按平均汇率折算，为14341美元，位列中国省份第四。江苏虽然占全国的国土面积只有1.07%，但却创造了全国10.22%的国民生产总值，与2012年相比，江苏对全国经济的贡献微弱上升了0.22%。其中，第一产业比重有所下滑，第二和第三产业的比重有所上升。2016年江苏的人均生产总值比全国平均值高出近41277元，而2012年这一指标只有28430元。

表1　江苏主要经济指标占全国的比重(2012—2016年)

指　　标	2016年			2012年		
	全　国	江　苏	占全国的比重(%)	全　国	江　苏	占全国的比重(%)
土地面积(万平方公里)	960	10.26	1.069	960	10.26	1.069
年末总人口(万人)	138271	7999	5.785	135404	7920	5.849
地区生产总值(亿元)	744127.2	76086.17	10.22	540367.4	54058.22	10.0
第一产业	63670.7	4077.2	6.4036	50902.3	3418.29	6.71539
第二产业	296236.0	33550.5	11.3256	244643.3	27121.95	11.0863
第三产业	384220.5	38458.4	10.0095	244821.9	23517.98	9.60616
人均生产总值(元)	53980	95257	高41277元	40007	68347	高28340元
公共财政预算收入(亿元)	159552.08	8121.23	5.090	117253.52	7233.14	6.169
#固定资产投资(不含农户)	596500.75	49370.85	8.277	364854.15	31706.58	8.69
#房地产开发	102580.6	8956.37	8.731	71803.8	6206.1	8.643
社会消费品零售总额(亿元)	332316.3	28707.12	8.638	214432.7	18411.11	8.586
进出口总额(亿美元)	36856	5096.12	13.83	38671	5480.93	14.17
#出口	20981.5	3193.44	15.22	20487.1	3285.38	16.04
卫生机构床位数(万张)	741.0	44.31	5.98	572.5	33.31	5.82
卫生技术人员(万人)	845.4	51.71	6.11	667.6	39.61	5.93
#执业(助理)医师	319.1	20.5	6.42	261.6	15.8	6.04
城镇居民人均可支配收入(元)	33616.2	40152	高6536元	24564.7	29677	高5112元
农村居民人均纯收入(元)	12363.4	17606	高5243元	7916.6	12202	高4286元

数据来源：历年《江苏统计年鉴》、《中国统计摘要2017》。

二、GDP 与人均 GDP

(一) 地区生产总值

2016 年,面对复杂多变的宏观经济环境和艰巨繁重的改革发展稳定任务,全省坚持稳中求进工作总基调,统筹做好稳增长、促改革、调结构、重生态、惠民生、防风险各项工作,新常态下经济社会发展总体稳定、稳中有进,主要经济指标增幅保持在合理区间,综合实力再上新水平,结构调整实现新进展,发展质量有了新提升,改善民生取得新成效。

经济运行稳中有进,全年实现地区生产总值 744127.2 亿元,比上年增长 7.8%。总值仅次于广东(79512.1 亿元),增速略高于广东的 7.5%。

江苏 GDP 总量从 2012 年的 54058.2 亿元增加到 2016 年的 744127.2 亿元,名义上增幅达到 40.75%。选取 2016 年 GDP 排名前六的省份进行考察,从 GDP 排名来看,2016 年江苏排名全国第二,位居广东之后,排名第三至六位依次是山东、浙江、河南与四川。自 2007 年江苏超越山东位居 GDP 规模全国第二之后,十年间始终稳定在第二名。

表 2　全国及各地区 GDP 情况(2012—2016 年)　(单位:亿元)

	排名	排名变化	2012 年	2016 年	名义增幅(%)	年平均增幅(%)
广东	1	—	57067.9	79512.1	39.33	8.645
江苏	2	—	54058.2	76086.2	40.75	8.921
山东	3	—	50013.2	67008.2	33.98	7.587
浙江	4	—	34665.3	46485.0	34.10	7.610
河南	5	—	29599.3	40160.0	35.68	7.926
四川	6	↑2	23872.8	32680.5	36.89	8.167
湖北	7	↑2	22250.5	32297.9	45.16	9.764
河北	8	↓2	26575.0	31827.9	19.77	4.613
湖南	9	↑1	22154.2	31244.7	41.03	8.976
福建	10	↑2	19701.8	28519.2	44.75	9.688
全国			540367.4	744127.2	37.71	8.328

数据来源:历年《中国统计年鉴》、《中国统计摘要 2017》。

从 GDP 名义增幅来看,2012—2016 年间江苏 GDP 的名义增幅达到 40.75%,不仅超过广东和其他前六名的省份,还高于全国 37.71%的增幅水平;但与分别排名第七、九、十位的湖北、湖南、福建相比,该指标处于下风,原因是后发地区的经济基数较低,增长空间较大,所以增速一般都较快。

从历年 GDP 实际增幅来看,2012 年至 2016 年间全国及各地区 GDP 实际增幅呈现小幅下降趋势。2016 年江苏 GDP 实际增速为 7.8%,比 2015 年略降了 0.7 个百分点。高于广东(7.5%)、山东(7.6%)、浙江(7.5%)和四川(7.7%)等省份地区,超过全国 1.1%的水平,在 GDP 总量排名前六的省份中,排名第二,仅次于河南(8.1%)。

2012—2016 年间江苏表明江苏 GDP 实际年平均增速为 8.921%，高于全国(8.328%)水平，该指标处于下风，原因是后发地区的经济基数较低，增长空间较大，所以增速一般都较快。名义增幅与实际增幅名列前茅的事实，表明江苏经济总量在全国的发展速度还是领先的，其与广东的差距在不断缩小(见表 2，图 1)。

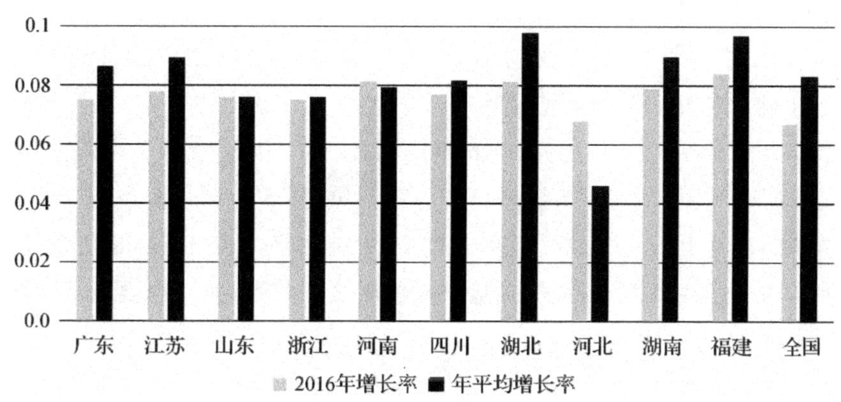

图 1　2016 年部分地区 GDP 实际增幅

数据来源：历年《中国统计年鉴》、《中国统计摘要 2017》。

从 GDP 规模占全国的比重来看，历年排名前十的省份 GDP 之和占全国的比重基本维持在 57%—60%，2016 年时占比为 60%，是 2010 年以来最高的，这也是因为相比较而言，中国中西部地区的后发省份在 2014 年的 GDP 增速不高于经济发达省份。

2010 年江苏 GDP 占全国 GDP 的比重为 9.5%，2015 年增加到 9.7%，2016 年更是达到 10.2%，而同期其他经济强省的比例都出现不同程度的下滑，其中 2016 年广东 GDP 占比较 2010 年下降了 0.2 个百分点，山东为 0.3 个百分点，排名前六的省份中，只有江苏 GDP 总量占全国的比重具有上升趋势，GDP 占比的不断提升反映出江苏在全国经济地位的持续上升以及为中国经济增长作出的巨大贡献，也表明雄厚的经济基础加之较快的经济增速，使得江苏经济在全国的地位越来越重要(见图 2)。

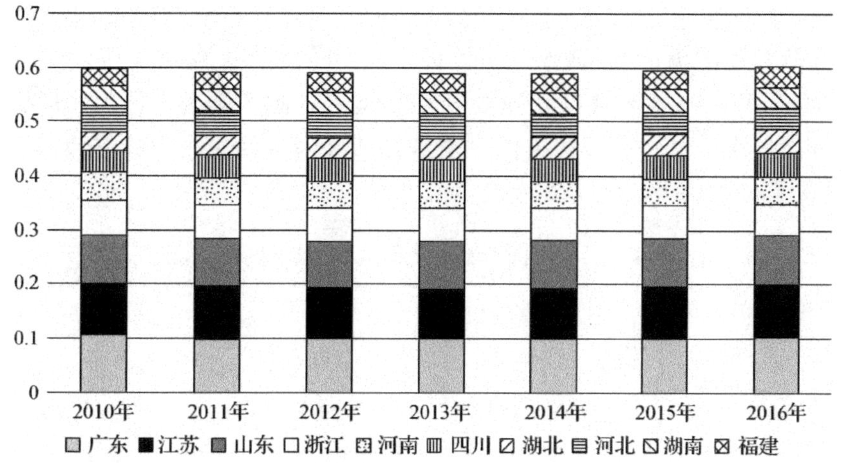

图 2　历年中国部分地区 GDP 规模占全国比重

数据来源：历年《中国统计年鉴》、《中国统计摘要 2017》。

(二) 人均 GDP

从人均地区生产总值(人均 GDP)角度来看,2016 年江苏人均 GDP 为 95257 元,位居全国第四,仅次于天津(115053 元)、北京(114653 元)和上海(113615 元)三个直辖市,是全国同期水平 53980 元的 1.76 倍,是位于第五位浙江(83538 元)的 1.14 倍。

2012—2016 年,江苏人均 GDP 名义增幅为 39.37%,在人均 GDP 排名前十的省份中,该指标位列第三,仅次于福建和重庆,高于全国水平。

从人均 GDP 排名来看(见表 3),江苏 2016 年排名较 2012 年保持不变,仍居第 4 位,而同属于经济规模大省的浙江、广东和山东 2016 年排名分别为第 5 位、第 8 位和第 9 位,与 2012 年相比,广东排名保持不变,浙江和山东都上升了 1 位。江苏人均 GDP 排名基本与本省 GDP 规模在全国的排名吻合,这反映出江苏作为全国经济大省,不仅总量规模位居全国前列,人均规模也名列前茅的事实。

表 3 全国及部分地区人均 GDP 情况(2012—2016 年) (单位:元)

	排名	排名变化	2012 年	2016 年	名义增幅(%)	年平均增幅(%)
天津	1	—	93173	115053	23.48	5.41
北京	2	—	87475	114653	31.06	6.70
上海	3	—	85373	113615	33.09	7.41
江苏	4	—	68347	95257	39.37	8.65
浙江	5	↑1	63374	83538	31.82	7.15
内蒙古	6	↓1	63886	74069	15.94	3.77
福建	7	↑2	52763	73951	40.16	8.81
广东	8	—	54095	72787	34.55	7.70
山东	9	↑1	51768	67706	30.79	6.94
重庆	10	↑2	38914	57092	46.71	10.06
全国			40007	53980	34.93	9.94

数据来源:历年《中国统计年鉴》、《中国统计摘要 2017》。

考察人均 GDP 实际增幅情况(见表 4),可以看出不同省份和地区人均 GDP 增速也呈现出与 GDP 增速相类似的特征:中、西部地区普遍高于东部地区。这一方面由于中、西部地区底子薄,进步空间大;另一方面是因为以江苏为代表的东部沿海地区的发展属于对外开放型,近期受到国际经济不稳定因素的影响较大。

表 4 历年中国及部分地区人均 GDP 实际增幅 (%)

	2012 年	2013 年	2014 年	2015	2016
天津	9.2	8.0	6.2	6.6	7.4
北京	4.9	5.2	5.2	5.5	6.2
上海	5.7	6.2	6.0	6.9	6.9
江苏	9.8	9.3	8.3	8.4	7.5
浙江	7.7	7.9	7.3	7.6	6.7

续表

	2012 年	2013 年	2014 年	2015	2016
内蒙古	11.1	8.7	7.5	7.4	6.8
辽宁	9.3	8.6	5.7	3.1	−2.4
福建	10.5	10.2	9.1	8.0	7.5
广东	7.4	7.8	7.1	7.0	6.2
山东	9.2	9.0	8.1	7.3	6.7
全国	4.9	5.2	5.2	5.5	6.2

数据来源：历年《中国统计年鉴》、《中国统计摘要 2017》。

2012 年江苏人均 GDP 实际增幅为 9.8%，十八大以后，为贯彻落实习近平总书记系列讲话精神，江苏开始推进供给侧改革去产能，提升经济增长质量，促进经济平稳增长。2013 年以后人均 GDP 增速开始逐步下降，但 2016 年江苏增速仍高于全国 6.2%的增速水平，且处于人均 GDP 较高省份的中上游位次。2012—2016 年，江苏人均 GDP 的变化轨迹与全国及其他省份（地区）情况是一致的，上海和北京的人均 GDP 在 2012 年时领先优势明显，但之后由于增速明显慢于全国其他省份，因此与之后省份的差距不断缩小，但与其他省份不同的是，在 2014 年后，北京和上海的人均 GDP 增速明显出现上升趋势，这主要可能是由于这两个城市在近些年积极调整经济结构，服务业比重超过 75%以上，通过产业结构升级转型，GDP 增速开始明显回暖。

东部沿海地区是我国各大区域中率先发展起来的地区。目前我国一般意义上的东部沿海地区包含 10 个省市，而国内目前较为成型的三大城市圈也均位于这一区域。近些年来，东部地区的经济发展速度与中西部地区相比已经没有优势，甚至还落后于后者，但因其基础好，经济总量大，在国内的领先地位是不可动摇的。分布于其中的 10 省市中有一半是 GDP 规模位于全国前十的地区，并且大多数省份经济结构和发展方式有较多的相似性。2016 年，东部 10 省（市）地区生产总值合计为 403734 亿元，占全国规模的 52.32%，比 2015 年略微上升约 0.7 个百分点。

表 5　东部省（市）2016 年 GDP 与 GDP 增速情况

	GDP（亿元）	GDP 增速
广东	79512.1	7.8
江苏	76086.2	8.7
山东	67008.2	8.7
浙江	46485	7.6
河北	31827.9	6.5
天津	17885.4	10
上海	27466.2	7
福建	28519.2	9.9
北京	24899.3	7.3
海南	4044.5	8.5

数据来源：历年《中国统计年鉴》、《中国统计摘要 2017》。

结合江苏位于中国东部①地区的事实,从区域范围来看,2016 年江苏经济发展在东部地区仍处于领先位置。2016 年江苏 GDP 规模占东部地区的 19%,仅次于广东 20%,位列东部地区第二名(见图 3)。

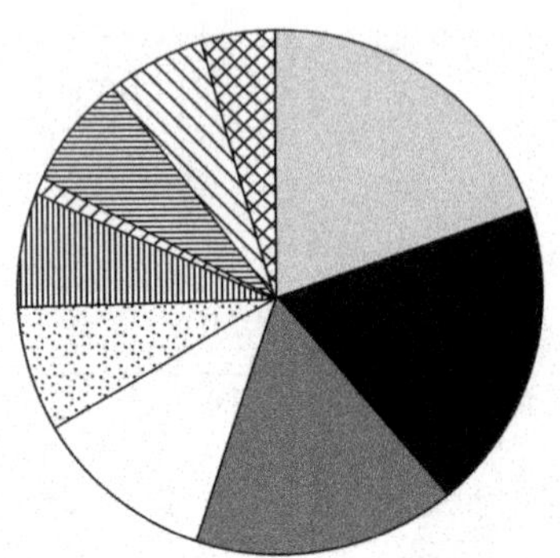

图 3　2016 年东部地区各省(市)GDP 规模占比　单位:%

数据来源:《中国统计摘要 2017》。

三、财政金融

(一) 财政

伴随着总体宏观经济的快速发展,江苏省的财政收支不断增加,金融规模不断提高,金融市场不断深化,总体呈现出增长的发展态势,但明显受到国际和国内宏观经济的影响。2016 年江苏财政收入稳定增长,全年公共财政预算收入 8121.2 亿元,比上年增长 5.0%;基金预算收入 6047.81 亿元,比上年增长 31%。公共财政预算支出 9990.1 亿元,比上年增长 3.1%;基金预算支出 6191.83 亿元,增长 33.85%。公共财政预算支出中,教育支出 1845.1 亿元,比上年增长 5.7%;公共安全支出 632.5 亿元,增长 21.6%;社会保障和就业支出 907.2 亿元,增长 8.2%;住房保障支出 265.9 亿元,增长 7.6%;医疗卫生支出 715.3 亿元,增长 10.2%。

从基本财政状况来看,全国乃至大部分省份和地区的地方财政一般预算收入呈现出明显增加趋势,江苏这一指标从 2012 年的 5860.7 亿元上升到增加到 2016 年的 8121.2 亿元。

2016 年江苏地方财政一般预算收入为 8121.2 亿元,位居全国第二,仅次于广东(10346.7 亿元),排名较 2012 年没有变化。紧随其后的依次是上海市(6406.1 亿元)、山东省(5860.2 亿元)、浙江省(5301.3 亿元)和北京市(5081.3 亿元)。

从增速来看,2016 年江苏地方财政一般预算收入增速为 1.15%,低于全国 5.05%的增速,低于广东省 10.46%、上海 16.06 和山东 10.2%。2012—2016 年,江苏地方财政一般预算收入名义增幅为 5.98%。年平均增长率为 8.50%,略低于全国平均水平。主要是由于江苏经济体量大,近两年来经济由快速发展趋于平稳发展,经济结构较为稳定。

① 注:东部包括北京、天津、河北、上海、江苏、浙江、福建、山东、广东和海南 10 省(市).

表 6　全国及部分地区地方财政预算收入(2012—2016)　(单位:亿元)

	排名	排名变化	2012 年	2016 年	名义增幅(%)	年平均增长率(%)
广东省	1	—	6229.2	10346.7	66.10	13.53
江苏省	2	—	5860.7	8121.2	38.57	8.50
上海市	3	↑1	3743.7	6406.1	71.12	14.37
山东省	4	↓1	4059.4	5860.2	44.36	9.61
浙江省	5	—	3441.2	5301.3	54.07	11.41
北京市	6	—	3314.9	5081.3	53.29	11.27
全　国			61078.3	87194.8	42.76	9.31

数据来源:历年《中国统计年鉴》、《中国统计摘要 2017》。

从地方财政规模占全国地方财政规模比重来看,2016 年江苏地方财政一般预算收入和支出占比分别为 9.3%和 6.2%。江苏财政收入规模占比与其经济规模占全国的比重基本相一致,同时历年来占比的稳定性也反映出江苏在积极应对风险和挑战中财政综合实力的不断增强。

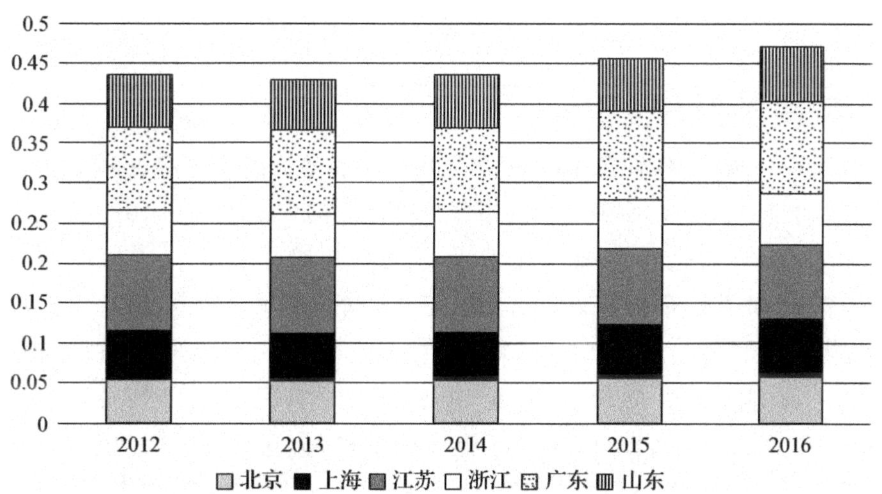

图 4　历年中国部分地区地方财政一般预算收入占全国比重

数据来源:历年《中国统计年鉴》、《中国统计摘要 2017》。

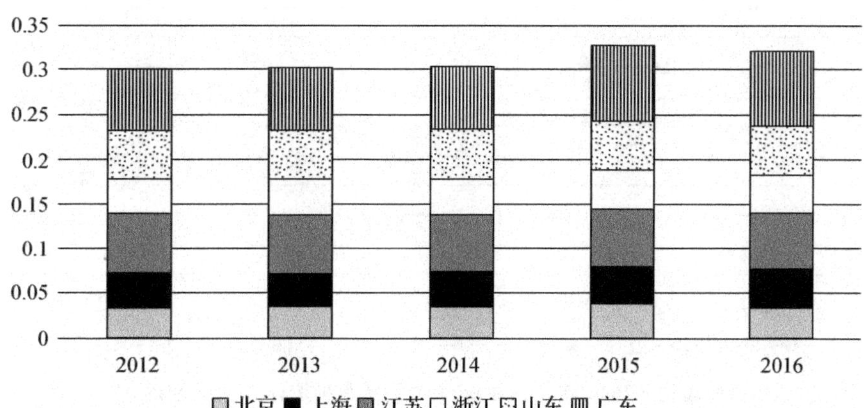

图 5　历年中国部分地区地方财政一般预算支出占全国比重

数据来源:历年《中国统计年鉴》、《中国统计摘要 2017》。

(二)金融

金融信贷规模稳步扩大。年末全省金融机构人民币存款余额 121106.6 亿元,比年初增加 13233.6 亿元,比上年末增长 12.3%。其中,住户存款比年初增加 3337.5 亿元,同比多增 476.1 亿元;非金融企业存款比年初增加 6344.6 亿元,同比多增 2382.7 亿元。年末金融机构人民币贷款余额 91107.6 亿元,比年初增加 12238.1 亿元,比上年末增长 15.5%。其中,中长期贷款比年初增加 12169.2 亿元,同比多增 6208.4 亿元;短期贷款比年初下降 991.4 亿元,同比少增 2516.2 亿元。

从全国范围看,2016 年末,存款余额和当年增量列广东和北京之后,居全国第三位;贷款余额和当年增量列广东和浙江之后,居全国第三位(表 7)。

表 7　2016 年江苏与全国部分地区基本金融状况　(亿元)

	北京	上海	广东	山东	浙江	江苏
金融机构存款余额	138408.9	110510.96	179829.19	85683.5	99530	121106.6
居民储蓄存款	28012	25112.99	59768.75	41754.9	38755	43900.5
金融机构贷款余额	63739.4	59982.25	110928.41	65234.5	81805	91107.6

数据来源:2016 年各省(市)经济运行统计公报。

从增速来看,2012—2014 年江苏金融机构货币供应量增长出现平稳回落态势,2014 年后又开始回升。江苏存款增速从 2012 年的 14.8%下降到 2014 年的 9.5%,到 2016 年又回升到 12.3%。从全国范围来看,江苏存款余额增速变化情况与全国及部分经济发达省份的波动都比较大,(图 6、7)。2016 年,江苏存款余额为 93735.6 亿元,较 2015 年增长了 12.3%,高于同期全国平均水平(11%)。江苏贷款增速先是从 2012 年的 13.6%下降到 2014 年的 12.5%,又上升到 2016 年的 15.5%。2016 年贷款余额为 91107.6 亿元,较 2015 年上升了 15.5 个百分点。同样从全国范围来看,贷款余额增速在 2012 年之后出现了小程度的下滑,但在 2014 年后又开始回升,其中江苏 2012 年的贷款余额 13.7%的增速低于同期全国水平(15%),但 2016 年贷款余额 15.5%的增速高于同期全国水平(13.5%)。这说明经济 2012 年开始放缓增长,但 2014 年后又开始逐步复苏。

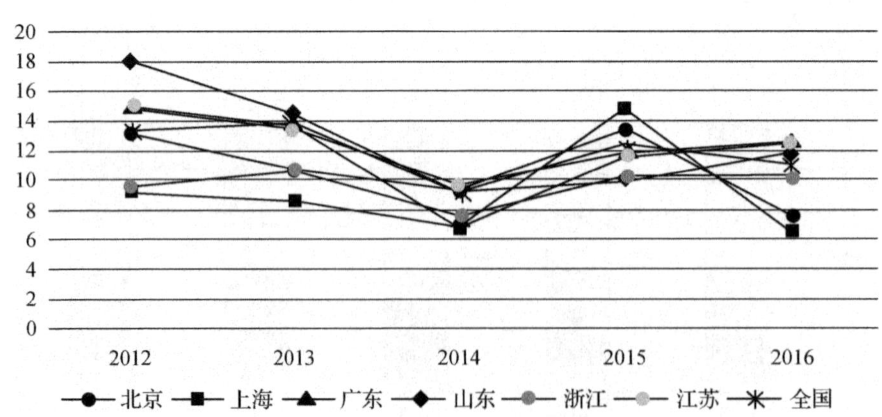

图 6　2012—2016 年全国及部分地区金融机构存款余额增速(%)

数据来源:历年《中国统计年鉴》、《江苏统计年鉴》(2017)。

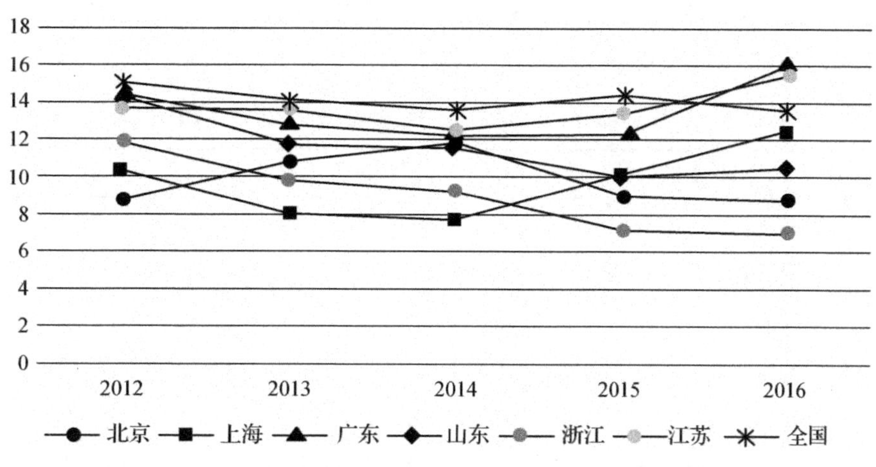

图7　2012—2016年全国及部分地区金融机构贷款余额增速(%)

数据来源:历年《中国统计年鉴》、《江苏统计年鉴》(2017)。

从存款内部结构来看,江苏城乡居民储蓄存款稳步增加。随着居民生活水平的日益提高,城乡居民储蓄存款稳定增长。2016年末,城乡居民储蓄存款余额43900.5亿元,增速为8.2%,低于全国同期水平(9.5%),但高于广东(8.7%)、北京(4.8%)、上海(7.4%)等经济发达地区。(见图8)。

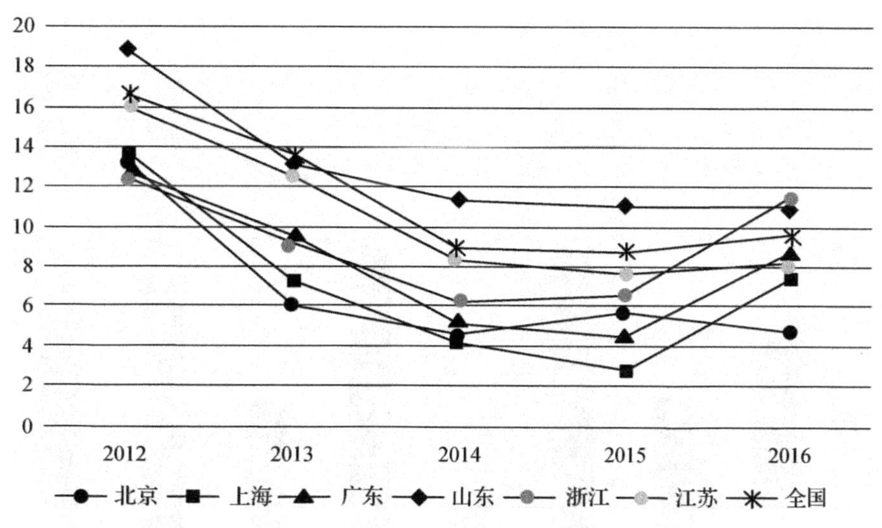

图8　2012—2016年全国及部分地区居民储蓄存款余额增速(%)

数据来源:历年《中国统计年鉴》、《江苏统计年鉴》(2017)。

四、固定资产投资

2016年江苏固定资产投资缓中趋稳。全年完成固定资产投资49370.9亿元,比上年增长7.5%。其中,国有及国有经济控股投资10444.3亿元,增长5.1%;港澳台及外商投资4692.8亿元,增长20.3%;民间投资34233.7亿元,增长6.8%,占固定资产投资比重达69.3%。分类型看,完成项目投资40414.5亿元,比上年增长7.1%;房地产开发投资8956.4亿元,增长9.8%。从总量规模来看,位列全国第二,仅次于山东(53322.9 亿元),排在其后的依次是河南(4015.1 亿元)、广东(33303.6 亿元)、河北(31750 亿元)。

表 8 江苏及部分地区固定资产投资额情况(2012—2016 年)

地区	2012 年		2014 年		2016 年	
	金额	占比	金额	占比	金额	占比
河北	19661.3	5.25%	26671.9	5.21%	31750	5.24%
辽宁	21836.3	5.83%	24730.8	4.83%	6692.2	1.10%
江苏	30854.2	8.23%	41938.6	8.19%	49370.85	8.27%
山东	31256	8.34%	42495.5	8.30%	53322.9	8.79%
河南	21450	5.72%	30782.2	6.01%	40415.1	6.66%
广东	18751.5	5.00%	26293.9	5.14%	33303.6	5.49%

数据来源:历年《中国统计年鉴》、《中国统计摘要 2017》。

2012—2016 年间,六省固定资产投资额总和占全国的比重基本维持在 37%—39%,其中江苏固定资产投资额占全国的比重由 2012 年的 8.23%上升至 2016 年的 8.27%。从固定资产投资增速来看,2012—2016 年间全国及主要省份固定资产投资增速都出现了不同程度的下降,其中江苏名义增速由 2012 年的 15.59%,上升至 2013 年的 17.89%,而后下降到 2016 年的 10.07%,五年间平均增速达到 12.6%。

2016 年,河南省固定资产投资额占 GDP 比重高达 98.99%,是这些省份中的最高值。江苏省固定资产投资占 GDP 比重 64.89%,排第 6 位,但高出同为经济大省和强省的广东、浙江。这反映出"三驾马车"中的"投资"对江苏的经济贡献度要明显高于其他省份。

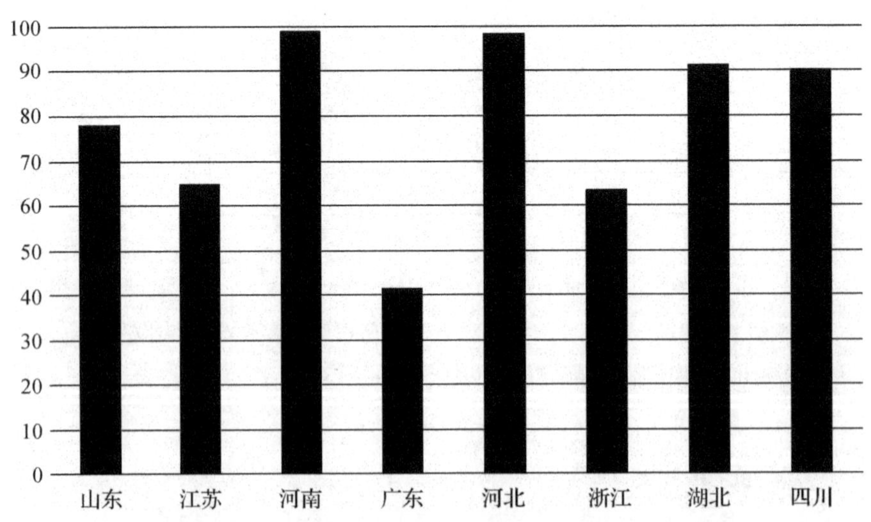

图 9 2016 年江苏及部分省份固定资产投资完成额占 GDP 比重(%)

数据来源:《中国统计年鉴》、《中国统计摘要 2017》。

投资结构持续调优。第一产业投资 293.1 亿元,比上年增长 26.2%;第二产业投资24673.8 亿元,增长 7.8%;第三产业投资 24403.9 亿元,增长 7.1%。第二产业投资中,工业投资 24544.4 亿元,增长 7.9%，其中制造业投资 22869.7 亿元，增长 7.7%。技术改造投资14570 亿元，增长 14.8%，占全部投资比重达 29.5%；其中工业技改投资 13603.9 亿元，增长 10.2%，占工业投资比重达 55.4%。高新技术产业投资 8010.8 亿元，增长 6.3%。但与其他省份地区相比，江苏省的第三产业固定资产投资比重相对偏低，广东、浙江、北京、上海等地基本上都已经达到 60%以上，而江苏只有 49%。

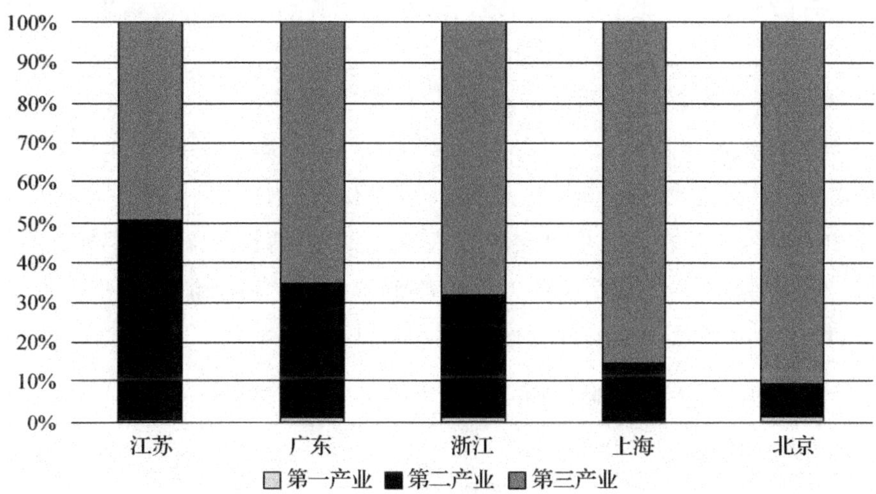

图 10　2016 年江苏及部分省份固定资产投资完成额三产结构(%)

数据来源:《中国统计年鉴 2017》、《江苏统计年鉴 2017》。

从固定资产投资内部结构来看，房地产开发投资作为其主要组成部分，受房地产调控限购、限贷等政策持续实施的影响，2016 年江苏全年房地产开发投资达到 8240.2 亿元，是全国所有省份中最高的。其增速为 13.79%，高于全国 10.49%的平均增速，但落后于广东、浙江、河北与河南等地区。

表 9　2016 年全国及部分省份房地产投资情况

	房地产开发(亿元)	房地产销售面积(万平方米)	房地产销售额(亿元)
全国	102580.6	157349	117627.0
江苏	8956.4	13962	12293.0
浙江	7469.4	8637	8280.8
山东	6323.4	11790	6902.9
辽宁	2094.8	3712	2256.9
河南	6179.1	11306	5612.9
河北	4695.6	6682	4301.8
广东	10307.8	14612	16214.6

数据来源:《江苏统计年鉴 2017》。

五、居民收入与城乡差距

伴随着经济总量的不断提高，江苏地区民生得到持续显著改善，人均可支配收入大幅提高，即使面对着金融危机与全球经济疲软的外部冲击,居民收入仍然稳步增长。2016年,江苏全体居民人均可支配收入为32070.1元,位于全国第五位,前四位分别是上海、北京、浙江和天津。

其中,江苏城镇居民名义人均可支配收入达到40151.6元,较2013年增长了近8566元,增幅达到27.1%,位列全国第四,是同期全国平均水平的1.19倍。城镇居民人均可支配收入位居其前的省份依次是上海(57692元)、北京(57275元)、浙江(47237元);但从增幅来看,2016年江苏该指标较2013年增长了27.1%,超出全国同期27.0%的增幅水平。2013—2016年间,江苏城镇居民可支配收入年平均增幅为8.3%,与同期全国水平(8.3%)持平。

2016年,江苏农村人均可支配收入17605.6元,是同期全国水平的1.4倍,位列全国第五,排在其前面的省份依次是上海(25520.4元)、浙江(22866.1元)、北京(22309.5元)和天津(20075.6元)。2016年,江苏农民人均可支配收入较2013年增长了30.2%,略低于同期全国增幅(31.2%),2013—2016年间年平均增速为9.2%,略低于全国平均增幅(表10)。可见,江苏在近年来所做的民生工作以及其惠及民生的社会效应令人瞩目。

表10 全国及部分地区人均可支配收入变化(2013—2016年)

	城镇居民人均可支配收入					农民人均可支配收入			
	2013年	2016年	增幅(%)	年平均增幅(%)		2013年	2016年	增幅(%)	年平均增幅(%)
上海	44878.3	57691.7	28.6	8.7	上海	19208.3	25520.4	32.9	9.9
北京	44563.9	57275.3	28.5	8.7	浙江	17493.9	22866.1	30.7	9.3
浙江	37079.7	47237.2	27.4	8.4	北京	17101.2	22309.5	30.5	9.3
江苏	31585.5	40151.6	27.1	8.3	天津	15352.6	20075.6	30.7	9.4
广东	29537.3	37684.3	27.6	8.5	江苏	13521.3	17605.6	30.2	9.2
天津	28979.8	37109.6	28.1	8.6	广东	11067.8	14512.2	31.1	9.5
全国	26467	33616.2	27.0	8.3	全国	9429.6	12363.4	31.2	9.4

数据来源:历年《中国统计年鉴》、《江苏统计年鉴2017》。

城乡收入差反映的是我国经济发展中存在的不平衡问题,农业对工业的补贴是过去30年来中国大部分地区采取的发展战略,但随着新型城镇化进程的提出,工业开始反哺农业。从图11可以看出,人均收入靠前的6个省份,其城乡收入比均低于全国平均水平。其中,在2013年城乡收入比最低的是天津,到2016年时仍为天津。2013—2016年,所有省份的城乡收入比都呈现出下降趋势。江苏省的城乡收入比在6省市中仅高于浙江和天津,和上海相当,但低于全国平均水平。

由于可支配收入水平决定了消费支出水平,因此可支配收入上的区域差异直接导致了人均消费支出地区差异。2016年,江苏全省居民人均消费支出22129.9元,比上年增长7.6%,是全国水平的1.29倍,与全国其他省份比较,可以发现,2016年江苏全省居民人均消费支出排名第六,落后于上海(37264.6元)、北京(35415.7元)、天津(26129.3元)、浙江(25526.6元)和广东(23488.4元),基本与人均可支配收入的全国排名状况一致。

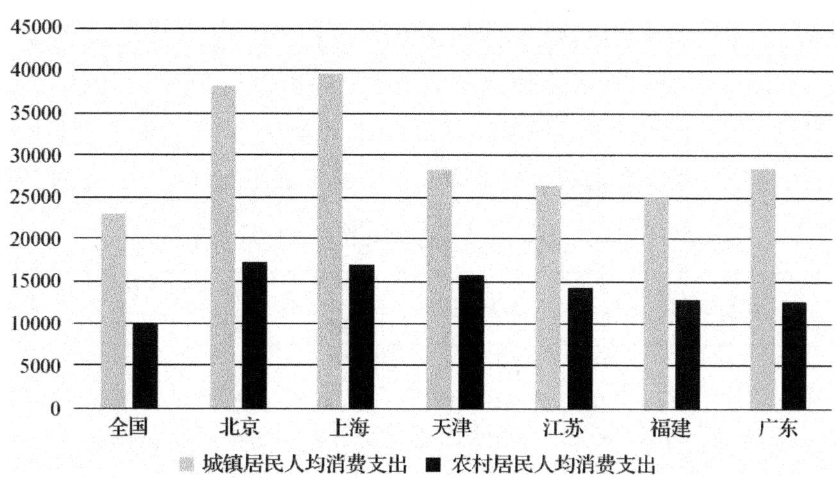

图 11　2016 年全国部分地区城乡居民人均消费支出　单位:元

数据来源:历年《中国统计年鉴》、《中国统计摘要 2017》。

六、物价水平

2016 年江苏消费价格温和上涨。全年居民消费价格比上年上涨 2.3%,其中城市上涨 2.4%,农村上涨 1.8%,略低于全国的平均水平。2016 年 6 个经济发达省市中,上海的 CPI 指数最高,达到 103.2,其次是江苏和广东(102.3),然后到山东(102.1),北京最低,只有 101.4。从 2011—2016 年的趋势来看,江苏省物价上涨只有 2011 年和 2013 年低于全国总体水平,在 2011 年出现了物价水平的较大幅度上涨,这也与金融危机有关,2011 年的物价上涨与国家应对经济危机所采取的扩张性政策不无联系。通常来看,江苏省农村的物价水平上涨幅度高于城市,且 2011 年以来高于全国农村物价上涨水平,在城乡收入差距日益增大、农村社会保障制度不完善的情况下,农村对物价上涨的抵御程度低于城市,物价上涨过快会给社会稳定和健康发展带来不利影响。江苏省的 CPI 在 2011 年增长后,2012 年到 2016 年基本都维持在 102 左右,并且低于全国平均水平,但高于山东和浙江。

表 11　江苏及全国部分省份 CPI 指数变化(2011—2016 年)

地区	2011 年	2012 年	2013 年	2014 年	2015 年	2016 年
北京	105.6	103.3	103.3	101.6	101.8	101.4
上海	105.2	102.8	102.3	102.7	102.4	103.2
江苏	105.3	102.6	102.3	102.2	101.7	102.3
浙江	105.4	102.2	102.3	102.1	101.4	101.9
广东	105.3	102.8	102.5	102.3	101.5	102.3
山东	105	102.1	102.2	101.9	101.2	102.1
全国	105.4	102.6	102.6	102	101.4	102

数据来源:历年《中国统计年鉴》和《江苏统计年鉴》(2017)。

注:上一年=100。

2016 年,江苏在八大类商品中:食品烟酒上涨 3.8%,衣着上涨 1.8%,居住上涨 1.2%,生活用品及服务上涨 1.6%,交通和通信下降 1.2%,教育文化和娱乐上涨 0.9%,医疗保健上涨 9.1%,其他用品和服务上涨2.7%。在食品烟酒中,鲜菜上涨11.3%,畜肉类上涨11.1%,水产品上涨6.7%,禽肉类上涨1.2%,食用油上涨0.9%,粮食上涨0.2%,蛋类下降3.7%。工业生产者价格有所回升。全年工业生产者出厂价格同比下降1.9%,降幅较上年收窄2.8个百分点,其中生产资料下降2.2%,生活资料下降0.7%。全年工业生产者购进价格下降2.0%,降幅较上年收窄5.9个百分点。

表12 2016年全国和东部部分省份消费者价格指数

地区	居民消费价格指数	食品烟酒	衣着	居住	生活用品及服务	交通和通信	教育文化和娱乐	医疗保健	其他用品和服务
全国	102	103.8	101.4	101.6	100.5	98.7	101.6	103.8	102.8
江苏	102.3	103.8	101.8	101.2	101.6	98.8	100.9	109.1	102.7
北京	101.4	103	100.2	103.7	99.2	96.6	98.3	102.6	104.3
天津	102.1	102.1	100.1	103.6	99.4	98.3	100.6	108.8	103.8
上海	103.2	103.7	100.8	105.1	101.2	97.0	102.7	109.0	103.3
浙江	101.9	104.4	101.5	101.0	100.2	98.7	102.7	101.3	102.5
山东	102.1	103.6	101.7.	100.9	100.8	99.6	101.9	104.9	102.9
广东	102.3	104.8	102.7	101.7	100.2	98.5	101.4	102.8	102.8
福建	101.7	103.9	100.3	100.7	99.8	99.4	101.2	102.9	102.5

数据来源:《中国统计摘要2017》。
注:上一年=100。

七、就业

年末全省就业人口4756.22万人,第一产业就业人口841.85万人,第二产业就业人口2045.17万人,第三产业就业人口1869.2万人。城镇地区就业人口3126.26万人,城镇新增就业143.22万人,城镇登记失业率3.0%。新增转移农村劳动力26.49万人。促进失业人员再就业77.82万人,其中就业困难人员就业13.12万人。分流安置去产能职工2.31万人,应届高校毕业生年末总体就业率达到96.9%,扶持城乡劳动者自主创业22.82万人。

由表13中可以看出,江苏省第一产业从业人员占比不断下降,由2010年的22.3%下降到2016年的17.7%,第二产业和第三产业的从业人员所占比例不断上升,这与全国就业人员构成的变化趋势相同,全国从事第一产业的人员占比由2010年的36.7%下降到2016年的27.7%。

表13 江苏省和全国按三次产业分从业人员构成(2012—2016年)

年份	江苏省			全 国		
	第一产业	第二产业	第三产业	第一产业	第二产业	第三产业
2010	22.3	42	35.7	36.7	28.7	34.6
2011	21.5	42.4	36.1	34.8	29.5	35.7
2012	20.8	42.7	36.5	33.6	30.3	36.1
2013	20.1	42.9	37	31.4	30.1	38.5
2014	19.3	43.0	37.7	29.5	29.9	40.6
2015	18.4	43.0	38.6	28.3	29.3	42.4
2016	17.7	43.0	39.3	27.7	28.8	43.5

数据来源:《江苏统计年鉴2015》,《中国统计摘要2017》。

江苏省的第二产业依然是吸纳就业的主要部门，从事第二产业人员占比达到43%，高于第三产业从业人员的39.3%，而全国看来，第三产业的从业人员占比最大，2016年第二产业的从业人员(28.8%)超过了第一产业(27.7%)，表明江苏省的工业依然是经济发展和保障就业的重要部门。

社保体系更加牢固。机关事业单位养老保险制度改革全面展开，城乡居民基本医疗保险制度整合取得突破，全民参保登记全面完成，社会保险主要险种覆盖率达97%以上。年末全省企业职工基本养老保险(含离退休人员)、城镇职工基本医疗保险(含退休人员)、失业保险参保人数分别达2726.07万人、2486.73万人和1538.12万人，分别比上年末增长2.7%、2.4%和3.2%。年末享受企业职工基本养老保险离退休人员679.37万人，享受城镇职工基本医疗保险退休人员640.06万人。年末城乡居民基本养老保险参保人数1289.54万人，领取基础养老金人数1045.79万人。年末城镇居民基本医疗保险参保人数(含人社部门经办的新型农村合作医疗)为1999.28万人，比上年末增长26.1%。机关事业单位和企业退休人员养老金首次统筹调整，人均上调6.9%。城镇职工医保和居民医保报销比例进一步提高，基本实现省内异地就医联网结算，新农合政策范围内报销比例达到76%以上。保障性安居工程扎实推进，新开工棚户区(危旧房)和城中村改造27.4万套、基本建成27.5万套。

江苏省2016年城镇失业率为3.0%，低于4.02%的全国水平，在长三角区域，也低于上海市的4.1%，就业政策取得良好效果。从历年数据来看，江苏省城镇登记失业率一直低于全国水平，在长三角地区与浙江省接近，而上海城镇登记失业率则一直高于全国水平，在长三角地区也是历年最高的。但相比较而言，广东省的城镇登记失业率一直以来都较低，不仅低于长三角地区省份，也是全国最低的省份。

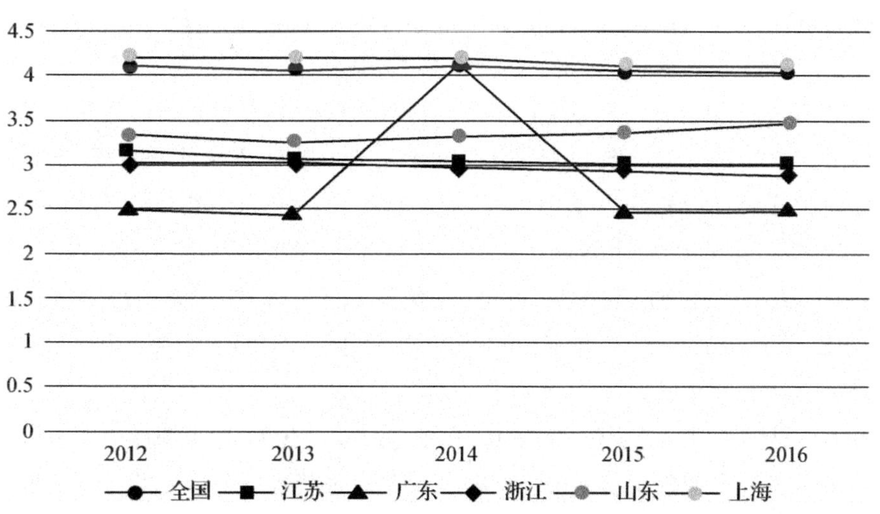

图15　全国和部分地区历年城镇登记失业率(2012—2016年)

数据来源：历年《中国统计年鉴》，上海、江苏、浙江国民经济和社会发展统计公报。

第二章　江苏省产业经济在全国的地位与变化分析

一、产业结构

经济发展水平上的地区差异同样也体现在不同省份间的三次产业结构上，按照一般规律，经济发展程度越高，农业（即第一产业）增加值在GDP中的比例越低，服务业增加值在GDP中的比例越高。江苏呈现出明显的工业化后期阶段特征，农业占比很低，并且不断下降，从2012年占比6.3％，到2013年下降到6.1％，直至2015年下降到5.7％，而2016年进一步下滑到5.4％；第二产业（工业和建筑业）比重也在不断下降，从2013年的49.2％下降到2015年的45.7％，2016年时只有44.5％，近三年来下降近4.7个百分点，而服务业（即第三产业）从2013年的44.7％增加到2016年的50.1％，增加了近5.4个百分点，服务业越来越成为经济增长的主要动力。

2016年，消费成为江苏经济增长"三驾马车"的主动力，产业结构由"二三一"变为"三二一"，服务业占GDP比重已经达到50.1％。三产比重超过二产，经济结构发生质的飞跃。江苏服务业提升以后，对先进制造业有促进作用，如生产性服务业会带动制造业发展，提升"微笑曲线"两端。此外，生活性服务业的档次和质量也会进一步提升，如健康、文化服务业将直接提升百姓的生活质量。

与全国8.6∶39.8∶51.6的三次产业构成比例相比较，可以看出江苏的第一产业比低于全国水平，约为全国平均水平的0.63倍，比东部地区略低一些，第二产业比重略高，第三产业比重不够高，工业仍是带动江苏经济增长的主要动力，产业层次有待进一步升级。但与同属于东部地区的北京、上海相比，江苏服务业占比较为落后。2016年，全年实现地区生产总值76086.2亿元，比上年增长7.8％。其中，第一产业增加值4078.5亿元，增长0.7％；第二产业增加值33855.7亿元，增长7.1％；第三产业增加值38152亿元，增长9.2％，三次产业增加值比例调整为5.4∶44.5∶50.1，全年服务业增加值占GDP比重提高1.5个百分点。

江苏经济社会已经迈入了工业化、城市化、国际化、市场化互动并进的新阶段。着力推进产业优化升级：努力调强第一产业发展能力，加快传统农业向现代农业转变；努力调优第二产业结构，提升制造业发展质量；努力调高第三产业比重，加速发展现代服务业。按三次产业的比重结构来看，新兴产业、高技术产业和现代服务业等高端产业将是该地区未来产业结构调整有转型的主要方向。2016年实现高新技术产业产值6.7万亿元，比上年增长8.0％；占规上工业总产值比重达41.5％，比上年提高1.4个百分点。战略性新兴产业销售收入4.9万亿元，比上年增长10.5％；占规上工业总产值比重达30.2％。社会经济活力继续增强。

表 1　全国及部分地区三产产业比重变化(2013—2016 年)

	2013 年			2014 年			2015 年			2016 年		
	第一产业	第二产业	第三产业	第一产业	第二产业	第三产业	第一产业	第二产业	第三产业	第一产业	第二产业	第三产业
全国	10.0	43.9	46.1	9.2	42.6	48.2	9.0	40.5	50.5	8.6	39.8	51.6
东部	6.2	47.9	45.9	5.8	45.5	48.8	6.2	48.9	44.9	6.0	45.2	48.9
北京	0.8	22.3	76.9	0.7	21.4	77.9	0.6	19.6	79.8	0.5	19.2	80.3
山东	8.7	50.1	41.2	8.1	48.4	43.5	7.9	46.8	45.3	7.4	45.4	47.3
上海	0.6	37.2	62.2	0.5	34.7	64.8	0.6	41.3	58.0	0.4	29.1	70.5
天津	1.3	50.6	48.1	1.3	49.4	49.3	1.3	46.7	52.0	1.2	44.8	54.0
浙江	4.8	49.1	46.1	4.4	47.7	47.9	4.3	45.9	49.8	4.2	44.1	51.6
江苏	6.1	49.2	44.7	5.6	47.7	46.7	5.7	45.7	48.6	5.4	44.5	50.1
广东	4.9	47.3	47.8	4.7	46.2	49.1	4.6	44.6	50.8	4.6	43.2	52.1

数据来源:《江苏统计年鉴 2017》、《中国统计摘要 2017》。

二、农业

江苏是我国东部经济大省之一,也是我国的产粮大省,通过大力实施“三化”带“三农”战略,即以工业化致富农民、城市化带动农村、产业化提升农业,全省农业产业化经营水平不断提高,农产品加工业和优势特色产业蓬勃发展,联农、富农机制不断完善,较好地形成了区域化布局、专业化分工、规模化生产、一体化经营的农业产业化发展新格局。2008 年金融危机至今的 8 年间,江苏保持了农业增长、农业增效、农民增收的好势头。从农业 GDP 规模来看,2016 年江苏一产 GDP 达到 4078.5 亿元,排名全国第三位,与 2014 年持平。排在第一名和第二名的依次是山东(4929.1 亿元)、河南(4286.3 亿元)。2016 年,江苏农业 GDP 较 2014 年增长了 12.22%,年平均增幅达到 5.94%,基本与全国 4.33%的增速持平,是农业产值靠前省份中增速较高的省份。

表 2　中国部分地区第一产业 GDP 情况(2014—2016 年)　　单位:亿元

	排名	2014 年	2016 年	增幅(%)	年平均增幅(%)
山东	1	4798.4	4929.1	2.72	1.35
河南	2	4160.8	4286.3	3.02	1.50
江苏	3	3634.3	4078.5	12.22	5.94
四川	4	3531.1	3924.1	11.13	5.42
广东	5	3166.7	3693.6	16.64	8.00
湖南	6	3148.8	3578.4	13.64	6.60
全国		58333.0	63496.2	8.85	4.33

数据来源:《江苏统计年鉴 2017》、《中国统计摘要 2017》。

2016 年,江苏农林牧渔业总产值达到 7235.1 亿元,仅次于山东(9325.9 亿元)与河南

(7799.7 亿元),位居全国第三。2016 年,每亩耕地创造的农林牧渔业总产值比 2012 年累计增长 24.8%,年均增长 5.7%。

表 3 2012—2016 年江苏及部分省份农林牧渔业总产值增速(按可比价计算) (单位:%)

	2012 年	2013 年	2014 年	2015 年	2016 年	五年平均增速
山东	4.5	3.8	4.0	4.3	4.4	4.2
河南	4.5	4.4	4.2	4.6	4.5	4.44
江苏	4.8	2.6	3.1	2.6	0.8	2.78
四川	4.5	3.5	4.0	3.6	4.0	3.92
河北	4.0	3.3	4.0	2.7	3.5	3.5
全国	4.9	4.0	4.2	4.4	3.5	4.2

数据来源:《江苏统计年鉴 2017》、《中国统计摘要 2017》。

选取全国农林牧渔业总产值排名前五位的省份进行比较(山东、河南、江苏、四川、河北),可以发现,2013 年山东、河南、江苏、四川、河北农林牧渔业总产值占全国的比重分别为 9.0%、7.4%、6.3%、6.0%和 5.8%,中间虽然有波动,但波幅很小,到 2016 年,五省比例分别为 8.32%、6.96%、6.45%、6.09%和 5.43%,与前几年相比呈现大幅下降之势。

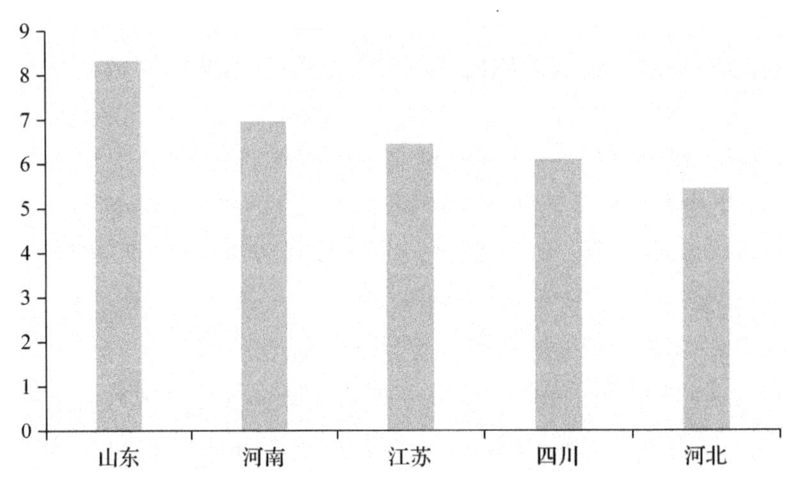

图 1 2016 年山东、河南、江苏、四川、河北农林牧渔业总产值占全国的比重(%)

从地区农业内部产业结构来看(见表 4),江苏省种植业产品产量有所下降,林牧渔业总体稳定,相对于全国来说,2016 年江苏渔业比重分别高出 12.07%,但林业和畜牧业分别低了 2.34%和 9.88%,农业比重则与全国平均水平相当,仅低了 1.55%;与其他省份相比,江苏畜牧业占比也明显偏低,但渔业占比明显偏高,农业服务业也位居前列。这种结构上的差异一方面是由自然条件决定的,如江苏自古就被称为鱼米之乡,地区河道密布,水资源丰富,因此渔业较为发达;另一方面,与农业发展形态也有关系,江苏由于经济发达,导致了都市农业、观光农业也普遍发达,因此农业服务业相对发达。

表 4　2016 年全国及部分地区农业内部结构　　单位:亿元、%

	农业		林业		牧业		渔业	
	绝对值	比重	绝对值	比重	绝对值	比重	绝对值	比重
全　国	59287.8	52.89	4631.6	4.13	31703.2	28.28	11602.9	10.35
山　东	4641.3	49.77	147.5	1.58	2540.8	27.24	1485.6	15.93
河　南	4577.2	58.68	121.3	1.56	2611.3	33.48	128.3	1.64
江　苏	3714.6	51.34	129.3	1.79	1331.5	18.40	1621.9	22.42
四　川	3711.0	54.33	219.1	3.21	2551.7	37.35	223.9	3.28
河　北	3459.4	56.86	132.3	2.17	1939.2	31.87	211.0	3.47

数据来源:《江苏统计年鉴 2017》、《中国统计摘要 2017》。

从主要农产品产量结构来看,2016 年江苏粮食产量达到 3466.0 万吨,较 2014 年减产了 24.6 万吨,产量位居全国第六;油料产量达到 131.9 万吨,较 2014 年减产 14.7 万吨,油料产量位居全国第九;棉花产量为 7.4 万吨,较 2014 年减产 8.6 万吨,排在全国第七位。从表 5 可以看出,相对于其他省份来说,江苏粮食和油料作物产量相对较高,而在肉类、奶类和棉花上产量相对较少,这和表 4 所反映的农业内部产业结构基本一致。

表 5　2016 年全国及部分地区主要农业产品产量　　(单位:万吨)

地区	粮食	油料	棉花	水果	肉类	奶类
全国总计	61625.0	3629.5	530.0	28351.1	8537.8	3712.1
河北	3460.2	156.5	30.0	2138.5	457.7	448.0
山西	1318.5	15.4	1.0	840.8	84.4	95.9
内蒙古	2780.3	220.0	0.0	316.3	258.9	741.3
辽宁	2100.6	81.3	0.11	802.3	430.9	144.2
吉林	3717.2	82.5		241.1	260.4	53.4
黑龙江	6058.5	21.7		259.9	231.2	548.6
江苏	3466.0	131.9	7.4	893.0	355.6	59
安徽	3417.4	214.8	18.5	1043.5	411.4	32.7
江西	2138.1	122.0	7.3	617.4	330.9	13.5
山东	4700.7	326.8	54.8	3255.4	777.5	276.8
河南	5946.6	619.1	9.8	2871.3	697.0	336.6
湖北	2554.1	329.8	18.8	1010.4	425.2	16.9
湖南	2953.2	242.9	12.3	1048.2	529.8	10.1
广东	1360.2	113.3		1717.0	415.5	13.0
广西	1521.3	68.9	0.3	1882.5	411.2	9.7
四川	3483.5	311.3	0.9	979.3	696.3	62.8

数据来源:《江苏统计年鉴 2017》、《中国统计摘要 2017》。

三、工业

2016年以来,江苏省工业经济运行平稳,全年规模以上工业增加值比上年增长7.7%,其中轻工业增长7.6%,重工业增长7.7%。分经济类型看,国有工业增长4.2%,集体工业增长5.5%,股份制工业增长9.3%,外商港澳台投资工业增长5.3%。在规模以上工业中,国有控股工业增长4.0%,私营工业增长10.6%。企业效益稳步改善。全年规模以上工业企业实现主营业务收入15.8万亿元,比上年增长7.5%;利润10525.8亿元,增长10.0%。企业亏损面12.3%,比上年下降1.5个百分点。规模以上工业企业总资产贡献率、主营业务收入利润率和成本费用利润率分别为16.7%、6.7%和7.2%。股份制企业、股份合作企业增速超过全省平均水平,分别为14.2%、9.3%,对稳定工业增长发挥了重要作用。民营工业继续保持相对较高增速,私营工业企业完成增加值13582.7亿元,增速达到10.6%。

2014年苏浙沪鲁粤四省一市中,江苏、山东、广东规上工业总量位居前三位,增速分别为9.9%、9.6%和8.4%,均高于全国平均水平(8.3%),浙江、上海规上工业增长较慢,增速仅分别为6.9%和4.3%。到2016年,这些省份的工业增加值有所下降,比上年增长分别为7.7%、6.8%、6.7%、6.2%和1.1%,而全国平均水平为(6.0%)。

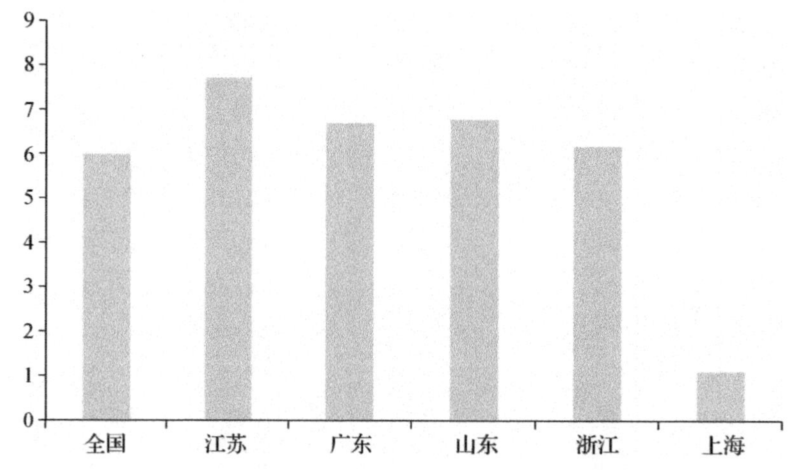

图2　2016年我国部分地区规模以上工业增加值增速对比

数据来源:《江苏统计年鉴2017》、《中国统计摘要2017》。

2016年江苏全省工业增加值达到了29689.92亿元,与2015年相比增加了1693.49亿元,增幅为6.05%,低于"十二五"期间的年平均增长速度(10%)约4个百分点,这一方面进一步反映了经济的下行压力,另一方面反映了江苏积极进行产业结构升级,从以第二产业为主转向以第三产业为带动力,促进经济的发展。

就全国范围来看,2016年江苏规模以上工业利润总额达到了10525.8亿元,位居全国第一位,超出排在第二位的山东1882.7亿元。江苏、山东和广东三省的规模以上工业利润总额分别由2012年的7250.20亿元、8016.35亿元、5464.9亿元增加到2016年的10525.8亿元、8643.1亿元、8025.4亿元,按名义价格计算,2016年的规模以上工业利润总额分别较2012年增长了145.2%、

107.8%和146.9%。

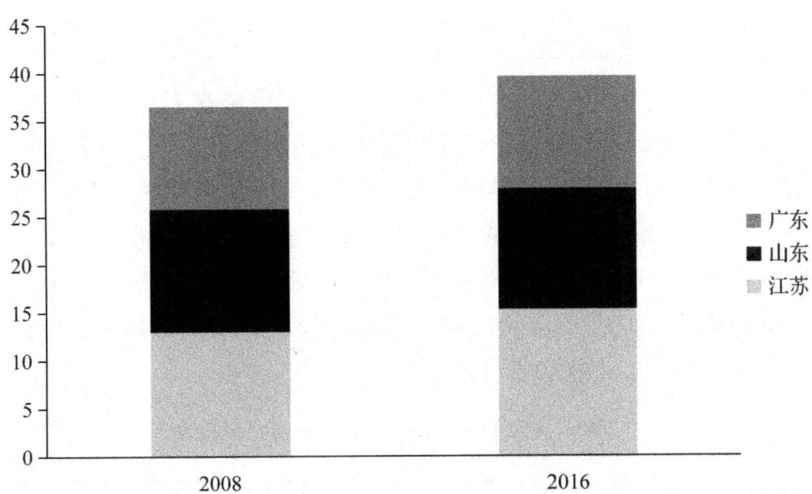

图3　2008—2016年江苏及全国部分地区工业利润总额占全国比重　单位:%

数据来源:《江苏统计年鉴2017》、《中国统计摘要2017》。

2008年至2016年间,江苏、广东和山东三省工业利润总额的增幅分别为145.2%、107.8%和146.9%。三个省份中,江苏与山东工业规模增长速度明显较快,并且要高于全国增长水平(125.1%),而广东的增速要落后于这两个省。

表6　中国及部分地区工业利润总额情况(2008—2016年)　单位:亿元

	排名	2008年	2016年	增加额	名义增幅(%)
江苏	1	3972.93	10525.8	6552.87	164.94
山东	2	3923.56	8643.1	4719.54	120.29
广东	3	3272.60	8025.4	4752.8	145.23
河南	4	2287.78	5174.1	2886.32	126.16
浙江	5	1634.20	4322.7	2688.5	164.51
上海	6	967.24	2906.2	1938.96	200.46
福建	7	896.11	2643.3	1747.19	194.97
河北	8	1369.84	2610.0	1240.16	90.53
湖北	9	909.03	2441.4	1532.37	168.57
江西	10	507.96	2399.4	1891.44	372.36
全国		30562.37	68803.2	38240.83	125.12

数据来源:《江苏统计年鉴2017》、《中国统计摘要2017》。

从工业企业主要经济指标和效益指标统计数据来看:首先,江苏主营业务收入总量居全国第一,增幅居前。2016年,随着江苏经济的快速增长,江苏工业企业主营业务收入增速也在高速运行,总量达到157789.5亿元,位列第二的是山东,总量为150034.9亿元,江苏与第二名山东的差距为7754.6亿元,二者之间的差距比2014年增加了6060.4亿元。2016年,全省128家工业企业营业收入超百亿元,比2014年减少了8家。在全省规模以上工业企业中,它们只占总数的0.27%,

却贡献了26.7%的营业收入和20%的利税总额,支撑带动效益明显。

2016年江苏工业企业利润总额达到10574.40亿元,超过山东,位居全国第一。利税14629.2亿元,增长13.1%;利润10574.40亿元,增长9.2%。企业亏损面11.29%,比2015年末下降1.92个百分点。但是2016年江苏省规模以上工业企业中外商投资和港澳台商投资工业企业亏损面分别高达到19.68%和17.75%,这也迫使江苏企业积极地采取措施转型升级,改变以依靠招商引资为主的发展模式。由于2015—2016年江苏省处于经济增长速度换挡期、结构调整阵痛期和前期刺激政策消化期"三期叠加"的宏观背景下,多数省份都出现了企业亏损的现象。2016年,江苏省规模以上工业企业总资产贡献率、主营业务收入利润率和成本费用利润率分别为15.42%、6.8%和7.12%。从江苏128家千亿级企业的经营效益看,实现利润总额1360亿元,同比增长2%,利税2937亿元,同比增长3.3%,对全省工业经济贡献度提高6.1个百分点。

表7　2016年江苏及部分省份工业企业经济指标　(单位:亿元)

地　区	主营业务收入	主营业务成本	销售费用	利润总额	亏损企业亏损总额
全国总计	1151617.5	984902.9	30648.6	68803.2	8173.6
北京	19413.6	16167.3	1019.8	1549.3	254.5
天津	27835.8	23812.4	665.2	1984.9	220.9
河北	46729.4	40926.6	859.0	2610.0	289.3
山西	13957.0	11813.2	489.0	208.7	438.0
辽宁	23802.0	20203.8	697.9	657.6	636.6
吉林	23268.3	19524.1	949.2	1397.7	219.3
黑龙江	11166.5	9595.0	283.1	985	333.6
上海	33844.3	27001.5	1317.0	2646.5	287.1
江苏	157789.5	135424.7	3890.2	8839.7	603.3
浙江	65307.6	54908.2	1845.0	3543.7	312.8
安徽	41645.9	36471.0	1038.8	1775.2	106.2
福建	42124.1	36310.5	1048.1	2081.7	158.9
江西	35518.7	31181.8	604.0	2043.9	71.8
山东	150034.9	131911.3	3051.3	8763.4	584.4
河南	79195.7	69430.1	1463.4	5174.1	382.9
湖北	45169.9	38784.3	1322.0	2441.4	183.9
广东	127363.1	107569	4365.7	8025.4	426.4

数据来源:《江苏统计年鉴2017》、《中国统计摘要2017》。

2016年江苏省工业亏损企业亏损总额较高为603.3亿元,仅次于排名第一的辽宁省(636.6亿元),但其利润总额位列第一,高出位列第二的山东省76.3亿元,高出位列第三的广东省814.3亿元。这主要是因为,一方面,沿海有些省份终端消费产品的比重比江苏高很多,出口比重也比江苏大,但是因为是终端产品,竞争很大,利润空间受到压缩,此外,出口也不是特别景气。而且,随着行业分工越来越细化,竞争激烈,利润越来越低,不少省份主导产业是加工制造产业,利润空间比较小。另一方面,江苏近年来工业总量和利润在快速上升,可能与产业选择有关,江苏的工业科技含量相对较好,主要是技术密集型产业,市场需求逐年上升,利润空间比较大。

江苏除了在工业规模和工业的产业结构上与其他工业大省有差异外,另一个非常重要的差异就是工业生产中的外资使用程度。江苏一直是我国吸引外资的重要地区,而外资最主要的投资领域是制造业,外资企业成为江苏工业生产的重要主体,而临近的浙江等省份由于自身经济发展特点,引入外资规模有限,外资企业在工业(制造业)生产中的份额相对较小。2016年江苏省外资企业比例仍然在增长,达到44.14%,比2015年的21.8%高出了22.33个百分点。而且2016年外商投资企业的亏损面较高,利润总额也仅有3723.16亿元,总资产贡献率为15.42%,比上年增长1.79%。我国的制造业自2008年已经出现外资撤出的现象,撤出的外资有相当一部分如服装纺织业流向了人力成本更为低廉的东南亚。相比之下,2016年江苏省大中型工业企业和私营企业得到了很大的发展,大中型企业和私营企业的利润总额分别达到了6860.89亿元、4214.53亿元,相较于2015年增长了580.22亿元、342.63亿元,总资产贡献率也分别达到了14.08%、20.03%,比2015年稍有下降,这与近两年来江苏的政策导向有一定的关系。近两年江苏为发展民营经济出台了一系列的政策文件,推动产学研一体化的同时鼓励其实现"五个发展"和"五个转变",并且对其发展也有一定政策偏向。2016年江苏省科研机构数达到了25402个,比2015年多了2301个,其中大中型工业企业7816个,占比为30.77%,约为1/3。

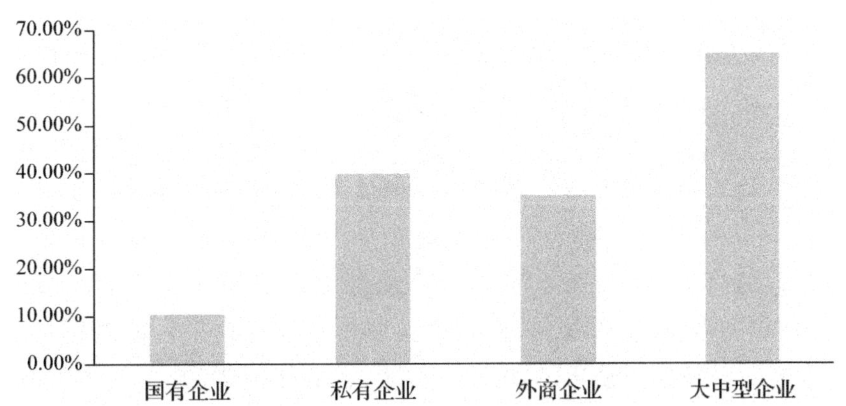

图4 2016年江苏省不同类型工业企业利润总额占全省的比重

数据来源:《江苏统计年鉴2017》、《中国统计摘要2017》。

江苏实体经济优势突出,制造业总产值约占全国1/8。推动制造业转型升级,以创新优势取代成本优势,是江苏清晰的路径。抓传统产业改造提升,江苏省突出智能制造主攻方向,实施《中国制造2025江苏行动纲要》。2016年,全省大中型企业研发中心建有率超过90%,工业技改投入达1.4万亿元。抓新兴产业培育壮大,江苏省围绕移动通信、集成电路、物联网等产业,实施前瞻性产业技术创新和重大科技成果转化两个专项,尽快让新兴产业成长为支柱产业,全省战略性新兴产业占规模以上工业总产值比重超过30%。数字经济、创意经济、分享经济等新经济增长点也快速成长。

江苏省突出抓好苏南国家自主创新示范区建设,抓好创新型试点城市、高新技术产业开发区和大学科技园建设。到2016年,苏南国家自主创新示范区全社会研发投入占地区生产总值比重达到

2.81%,每万人发明专利拥有量30件,科技进步贡献率超过62%,城市群一体化创新发展的格局正在加快形成。全省拥有国家创新型试点城市10家、国家高新区18家、国有大学科技园15家,还拥有省级高新区28家。这些创新"强磁场",使得不同区域、不同领域的创新"浓度"不断提升。截至去年底,江苏在全国市场占有率排名第一的"单打冠军"企业有120家,市场占有率全球排名第一的企业有26家,专精特新小巨人企业对制造业增长贡献率超过60%。

加快从要素驱动、投资驱动转向创新驱动。全省全社会研发投入由2012年的1288亿元增至2016年的2026.9亿元,年均增长12%;占GDP比重从2012年的2.33%提高到2016年的2.66%。江苏成为全国创新实力最强的省份之一,去年科技进步贡献率达61%,较2012年提升4.5个百分点。

四、服务业

"十二五"时期,是江苏深入贯彻落实科学发展观、加快转变经济发展方式的攻坚时期,也是全面建成更高水平小康社会并向基本实现现代化迈进的关键时期。加快发展现代服务业对于江苏推进经济转型升级和实现"两个率先"具有十分重要的意义。2010年江苏提出以实施服务业提速计划为抓手,促进生产服务业集聚化、生活服务业便利化、基础服务业网络化、公共服务业均等化,逐步实现由制造为主向服务为主的转变,树立"江苏服务"的崭新形象。2015年作为"十二五"规划的收官之年,更应大力发展服务业,服务业对其他产业、对人民生活的服务能力和服务质量需要增强。2016年第三产业的生产总值达到了38458.45亿元,比2015年增加了4372.57亿元,增幅为12.83%。服务业提质更值得关注,"两个占比过半",显现出江苏经济结构质的进步,见证了江苏经济发展方式的根本转变——服务业增加值占GDP比重2016年达到50.5%,在拉动经济增长的"三驾马车"中,最终消费占GDP的比重从2012年的42%提升至2016年的52%,以消费拉动为主要动力的经济增长模式初步确立。服务业已成为江苏拉动经济快速增长的重要力量;但是,与国内服务业发达省市相比,江苏服务业发展还存在一定的差距。作为现代服务业的代表,2016年金融业增加值占全省GDP的7.9%,比2012年提高2.1个百分点,是服务业中占比提升幅度最大的行业。2016年,全省产业结构实现从"二三一"到"三二一"的根本性转变,服务业成为对全省经济增长贡献最大、拉动最高的产业。现代物流业、科技服务业、软件和信息服务业、文化产业等也高歌猛进。

从服务业GDP规模来看,2016年江苏服务业GDP达到38152.0亿元,排名全国第二位,仅次于广东的41446亿元,高于山东(31669.0亿元)、浙江(24000.6亿元)。江苏服务业发展规模与广东的差距较大,2016年两省差值达到3294亿元,与2015年相比差距扩大了422.6亿元,但与2006年3346.3亿元的差距相比,可以发现两省服务业规模上的差距在逐渐缩小。江苏服务业增加值的全国排名基本与GDP排名一致,由此可见,江苏服务业总量、服务业发展水平与地区经济的发展基本一致。从各年服务业GDP占全国的比重来看,2006年之后,服务业GDP规模排名前十的省份占比之和基本维持在65%左右,其中2016年江苏占比为9.92%,大约居全国十分之一强,这也反映出江苏第三产业对于全国第三产业增长起到越来越重要的作用。

表 8　中国部分地区服务业 GDP 情况(2012—2016 年)　　(单位:亿元)

地　区	2012 年	2013 年	2014 年	2015 年	2016 年	2012—2016 年增幅(%)
全国	243029.98	275887.04	306038.2	346149.7	384221	58.10
北京市	13669.93	14986.43	16627.04	18331.74	19995.3	46.27
辽宁省	9460.12	10486.56	11956.19	13243.02	11360.0	20.08
上海市	12199.15	13445.07	15275.72	17022.63	19362.3	58.72
江苏省	23517.98	26421.64	30599.49	34085.88	38152.0	62.22
浙江省	15681.13	17337.22	19221.51	21341.91	24000.6	53.05
广东省	26519.69	29688.97	33223.28	36853.47	41446.0	56.28
山东省	19995.81	22519.23	25840.12	28537.35	31669.0	58.38
湖北省	8208.58	9398.77	11349.93	12736.79	14423.5	75.71
河南省	9157.57	10290.49	12961.67	14875.23	16818.3	83.65
湖南省	8643.6	9885.09	11406.51	12759.77	14485.3	67.58

数据来源:《江苏统计年鉴 2017》、《中国统计摘要 2017》。

从各年服务业 GDP 增速来看,受金融危机影响,2008 年之后,各主要经济大省的增速都呈现下滑趋势。2016 年,江苏服务业 GDP 较 2015 年增长了 11.93%,增幅比 2015 年增加了 1.92 个百分点,增长幅度在全国处于较低水平,低于浙江(12.46%)、广东(12.46%),高于北京(9.07%)以及全国平均 11%的增速。

表 9　历年中国及各地区服务业增加值指数(可比价格,上年=100)

年份	北京	上海	江苏	浙江	山东	广东
2012	107.8	110.6	109.6	109.3	109.8	109.2
2013	107.6	108.8	109.8	108.7	109.2	109.9
2014	107.5	108.8	110.01	108.59	108.9	107.99
2015	106.9	106.9	108.5	108	108	108
2016	112.3	115.5	113.5	112.9	111.2	114.1

数据来源:《江苏统计年鉴 2017》、《中国统计摘要 2017》。

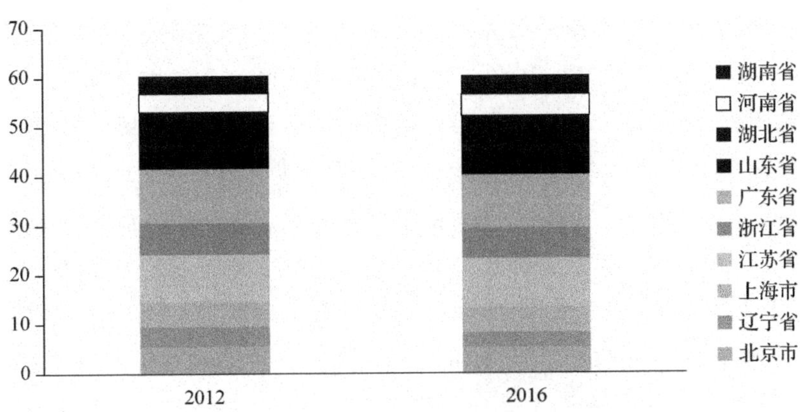

图 5　历年各地区第三产业 GDP 占全国比重

数据来源:《江苏统计年鉴 2017》、《中国统计摘要 2017》。

从服务业占GDP的比重来看，考察2012—2016年间全国及各主要省份服务业占GDP比重，可以发现各省份该指标的变化方向不一致，其中2016年江苏第三产业占GDP的比重较2012年上升了0.25个百分点，而广东省下降了0.12个百分点，浙江下降了0.2个百分点。反映出自2016年以来，在宏观经济处于“三期叠加”的背景下，江苏服务业的发展也受到了一定的影响，在这样一个背景下，政府也大力鼓励各个企业加快产业结构转型，促进产业优化升级。同时，服务业的贡献下降也与人口红利逐渐减弱有关。2016年江苏服务业占GDP比重为50.5%，比上年增长1.9个百分点。与全国其他省份在服务业占GDP比重相比较，江苏比重明显偏低，但是与全国51.6%的水平基本持平。同一时期，北京服务业的增加值占GDP比重为77.89%、上海为68.54%、广东为55.69%和浙江为52.27%，均高于江苏。与服务业发达省份相比，江苏省现代服务业企业普遍体量较小、产业雷同、竞争力弱，资源分散、同质化发展的现象比较突出。新兴业态布局分散，规模效应尚不明显，缺少龙头企业和知名品牌，集聚区集聚功能和产业带动能力还需持续提高。制造业企业大量服务资源还未真正向社会开放，仍以官办服务机构为主，服务效率相对较低。在研发创新方面，电子商务、创新型孵化器、互联网资讯等领域与北京、上海、广东、浙江等地相比较为滞后，此外，江苏省科技服务业存在政策体系不完善、业务领域发展不平衡、科技服务机构自我发展能力较弱等问题，在很大程度上制约了产业的发展。服务业跃居江苏第一大产业。

2016年，江苏服务业对地区生产总值贡献率、拉动均超过二产，成为对经济增长贡献最大、拉动最高的产业。日前，江苏省统计局发布全省服务业发展情况指出，服务业跃居江苏第一大产业，发展动力仍在积聚。2012年以来，江苏全省服务业增加值一直保持9%以上的增长速度，2012—2016年分别增长9.7%、9.8%、10.0%、9.4%和9.7%。除2012年服务业增加值增速低于地区生产总值增速0.4个百分点外，2013年、2014年、2015年和2016年分别高于地区生产总值增速0.2个、1.3个、0.9个和1.9个百分点。2016年，全省服务业增加值达38458.5亿元，增长9.7%。按可比价格计算，2013—2016年，年均增长9.7%。2016年，江苏全省服务业吸纳就业人数1869.2万人，比2012年净增132万人；服务业就业人数占比为39.3%，比2012年提高2.8个百分点，年均提高0.7个百分点。2016年，服务业增加值占地区生产总值的50.5%，说明服务业用较少的就业人数创造了较大的经济总量。

“十二五”以来，江苏省出台了一系列关于加快发展现代服务业的文件，不断完善推进现代服务业发展的政策体系，服务业重点产业的领先优势逐步明朗。江苏主动适应经济发展新常态，财税金融改革不断深化，金融宏观调控体系、财政金融体制日趋完善。全省财政金融稳健运行，在规模稳步扩张的同时，结构明显优化。金融行业总量不断攀升，多层次资本市场体系逐步完善。在保证各项重大改革措施顺利实施的同时，有力地支持了江苏经济建设和各项社会事业持续健康发展。

2016年，江苏省金融业保持平稳运行，社会融资规模增长适度，金融市场交易活跃。金融基础设施建设不断完善，金融生态环境持续优化。2016年，江苏省地税金融业税收收入929.6亿元(不含代征两税)，为2012年的1.6倍，年均增长11.8%，占全部税收及第三产业税收的比重分别为7.8%和16.4%，分别比2012年提高1.9个和3.2个百分点。证券业稳步发展，多层次资本市场建设持续推进。具体影响可以体现在以下三个方面：

一是金融业影响力明显提升。2012—2016年，江苏金融业增加值总量近乎翻番，不变价年均增速达13.4%，高于同期GDP及第三产业增加值增速。2016年，金融业增加值占GDP及第三产

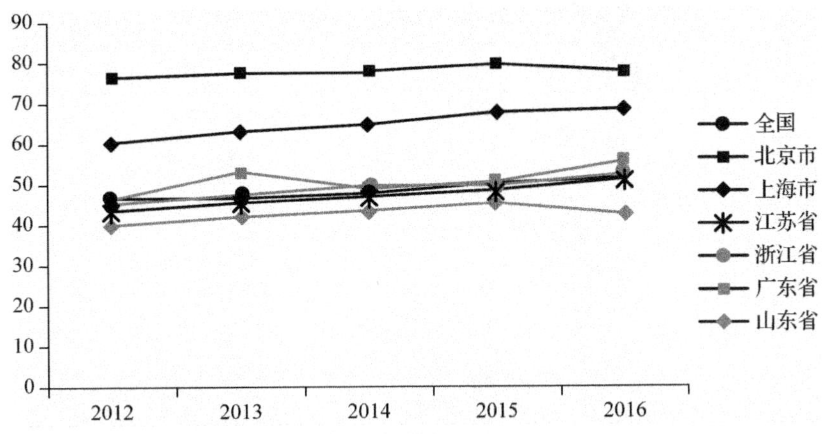

图 6　2012—2016 年全国及部分地区服务业 GDP 占总 GDP 比重　单位：%

数据来源：《江苏统计年鉴 2017》、《中国统计摘要 2017》。

业增加值的比重延续了 2004 年以来逐步提高的态势，分别达 7.9%和 15.6%，比 2012 年分别提高了 2.1 个和 2.3 个百分点；且与 2014 年相比，绝对值增加了 579.24 亿元，增幅为 12%。江苏银行综合实力跻身全国城市商业银行前三甲，华泰证券进入国内证券行业第一方阵，金融业已成为江苏省现代服务业的“第一板块”和全省经济的支柱产业。

二是现代物流业服务功能持续增强。江苏是全国的物流大省，现代物流业发展迅速。全省综合运输网络初步形成，带动了物流业的快速发展。2016 年，江苏物流综合发展水平稳步提升，综合物流指数为 0.5355，比上年增长了 4.40%。其中，物流行业基础条件及效益指数为 0.5603，增长 2.92%；物流发展与经济总量关系指数为 0.5009，增长 3.83%；物流发展对环境影响指数为 0.4872，增长 8.57%。全省物流发展规模进一步增强，物流需求结构持续优化，物流运行质量不断提升，物流企业盈利能力持续改善。从社会物流需求来看，2016 年全省社会物流总额 245868.40 亿元，同比增长 6.46%，占全国社会物流总额的 10.70%。工业品物流总额、进口物流总额和外省市商品购进额占社会物流总额的比重分别为 81.46%、5.14%和 11.71%，总体呈现工业品物流需求缓中趋稳，国际物流需求降幅收窄明显和国内贸易物流需求平稳增长的态势。电子商务、快递业快速增长进一步拉升了消费物流需求，单位与居民物品物流总额继续保持高速增长态势。从社会物流总费用构成来看，2016 年全省社会物流总费用与 GDP 的比率 14.40%，较上年下降 0.40 个百分点，经济运行中的物流成本有所下降，物流运行的质量有所提升，物流领域“降成本”取得了积极成效。

三是旅游业质态明显提高。2016 年，江苏旅游业蓬勃发展，实现旅游业增加值 4577 亿元，同比增长 13.4%；旅游业总收入首次突破万亿元大关，达 10263.58 亿元，占地区生产总值的 6%。全省 13 个设区市游客满意度全部达到 80 分以上，实现“全域满意”。旅游业已成江苏省重要的战略性支柱产业之一。“十二五”以来，全省旅游总收入年均增长 3.2%，全省目前国家 5A 级景区、旅行社及持证导游数量均居全国第一。

四是软件和信息服务业快速崛起。信息传输、软件和信息技术服务业占比提高 1.2 个百分点。居民服务、修理和其他服务业占比提高 0.7 个百分点。其他现代服务业各行业占比也均有不同程度提升。企业总数突破 5000 家，涌现出联创集团、焦点科技、苏宁云商、同程网、金智科技、擎天科技等一批重点企业。

表10　2016年全国及部分地区传统服务业情况

	批发和零售业		交通运输、仓储和邮政业	
	增加值	比重(%)	增加值(亿元)	比重(%)
全国	71113.4	18.51%	33355.3	8.68%
北京市	2372.89	11.52%	1060.97	5.15%
上海市	4119.59	20.95%	1237.32	6.29%
江苏省	7470.27	19.31%	2837.16	7.33%
浙江省	5754.19	23.88%	1774.37	7.37%
山东省	9044.95	28.49%	2725.41	8.58%
广东省	8382.48	19.93%	3209.72	7.63%

数据来源:《江苏统计年鉴2017》、《中国统计摘要2017》。

传统服务业占比的下降主要是由现代服务业在服务业中地位提升所导致,2012—2016年,江苏现代服务业占服务业的比重由43.50%上升到50.6%。房地产业在江苏现代服务业中依然占据突出地位,目前江苏省房地产、商业等传统服务业对外开放程度较高,但金融、医疗、教育等高端服务业领域拓展不够,与享有国家试点政策和改革红利的上海、广东以及天津等地相比,还存在一定差距。传统服务业比重偏大,批发零售、餐饮等传统业态仍占据主导地位,金融、电子商务、科技信息等生产性服务业落后于制造业,且在服务业中占比较低,研发、设计、创意等服务业供给不足。软件和信息服务、金融、教育等行业的地区差距相当明显,农村服务业基础比较薄弱,城市服务业发展水平有待持续提升。

表11　2016年全国及部分地区现代服务业情况

	网上零售业		实物商品网上零售业	
	比上年增长(%)	总值(亿元)	比上年增长(%)	总值(亿元)
全　国	51555.7	26.2	41944.5	25.6
北京市	5271.1	17.5	4226.5	17.9
上海市	5107.3	22.5	4704.4	21.9
江苏省	4739.7	40.1	3995.3	40.4
浙江省	9335.1	29.9	6798.5	26.7
山东省	1722.4	30.8	1504.6	31.6
广东省	11426.6	23.1	10348.0	20.3

数据来源:《江苏统计年鉴2017》、《中国统计摘要2017》。

从表11可以看出,江苏省网上零售额的增长速度位于全国领先地位,根据马斯洛需求理论,人们在满足了基本的生理需求之后,会追求更高层次的满足。江苏经济发展到今天,人们会更注重服务的质量以及服务种类的多样性。江苏省"十三五"规划中将服务业发展的目光转移到了养老服务业上。江苏省于1986年进入老龄化社会,比全国早13年,是全国最早进入老龄化的省份,也是老龄化程度最高的省份。江苏省的人口老龄化问题突出体现在以下五点:一是老年人口基数大。2016年底,全省60周岁以上老年人口达到1719.26万人,占户籍人口的22.1%,高于全国5.3个百分点;65周岁以上老年人口达到1167.5万人,占户籍人口总数的15.01%。二是增速快。从2010年到2016年,全省60周岁以上老年人口增加了421万人,平均每年净增近70万人。三是寿龄高。到2016年底，全省80周岁以上老年人口达到269万人，占老年人口的15.65%。四是空巢比例高。全省空巢老人占全省老年人口的52%。五是失能失智多。全省失能、部分失能和失智老年人约占老年人口的10%，其中完全失能的约占3%。这一现状与持续增长的社会需求相比，凸显养老服务有效供给仍不足，服务水平仍有明显差距。预计到2020年，全省60岁以上老年人口将达到1950万人，占总人口的比例将达到25%，到2030年将超过30%，2052年达到峰值37.81%，绝对数为2743.31万人。故江苏在"十二五"成果的基础上进一步发展养老服务业，在"十三五"规划中江苏计划到2020年，城乡社区居家养老服务基本实现全覆盖，城市街道开展日间照料服务，城市社区提供助餐服务，城乡标准化社区居家养老服务中心建成率分别达到80%、40%以上，以县(市、区)为单位居家呼叫服务和应急救援服务信息网络实现全覆盖。

就目前供需情况来看，一方面，物质供给和精神供给并不平衡，对于老年人的精神供给相对贫乏，这也是造成保健品市场乱象和诈骗频发的主要原因之一。另一方面，无论是物质产品还是精神产品的开发，都属于不充分的阶段，导致很多老年人难以在市面上选购到满意的产品。这也恰恰说明，老年用品市场还有很大提升空间，需要去拓展，去改进。相关企业应当把提供符合市场需求的适老产品作为发展方向。对于地方经济而言，这也将成为新的经济增长极。

第三章　2016年江苏省开放型在全国的地位与变化分析

一、对外贸易

江苏是中国开放较早、经济发展较快的省份之一。改革开放以来，开放型经济不断发展壮大，成为江苏经济社会发展的重要动力。2016年全省开放型经济运行总体平稳、稳中有进，实现了“十三五”良好开局。

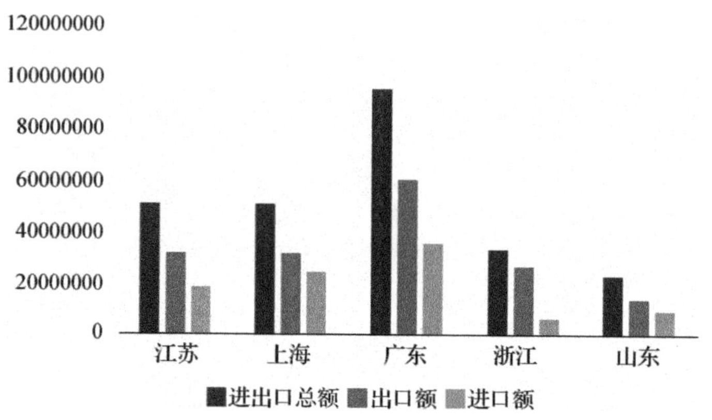

图1　2016年江苏及其他省份进出口情况(单位:万美元)

数据来源:《江苏统计年鉴2017》、各省份统计公报。

从图1可以看出，江苏2016年全年进出口总额33634.8亿元，比上年下降0.7%。其中，出口总额21063.2亿元，比上年增长0.2%；进口总额12571.6亿元，下降2.2%。广东全年进出口总额为63029.5亿元，同比下降0.8%；其中，出口39455.1亿元，下降1.3%，占全国的28.5%，提高0.2个百分点；进口23574.4亿元，增长0.01%。从总量上来看，广东对外经济规模，以及依赖度更高，江苏与广东之间的差距较为明显。

2016年广东省全年货物贸易进出口总值比2015年同期微降0.8%，外贸降幅主要表现在出口方面：出口货物贸易值为3.94万亿元，同比下降1.3%；进口货物贸易值为2.36万亿元，与2015年基本持平。广东省货物贸易结构得到进一步优化，由“外资企业＋加工贸易”向“民营企业＋一般贸易”转变的趋势明显；与此同时，机电产品和劳动密集型产品仍为外贸主力。数据显示，2016年，广东省一般贸易实现进出口2.73万亿元，增长2.2%，占全省的43.4%，首次超过加工贸易(38.8%)。2016年广东省外贸新型业态发展迅猛，跨境电子商务规模居全国首位。同时，粤东西北外贸实现逆势增长，这表明广东省外贸开放型布局更趋合理。

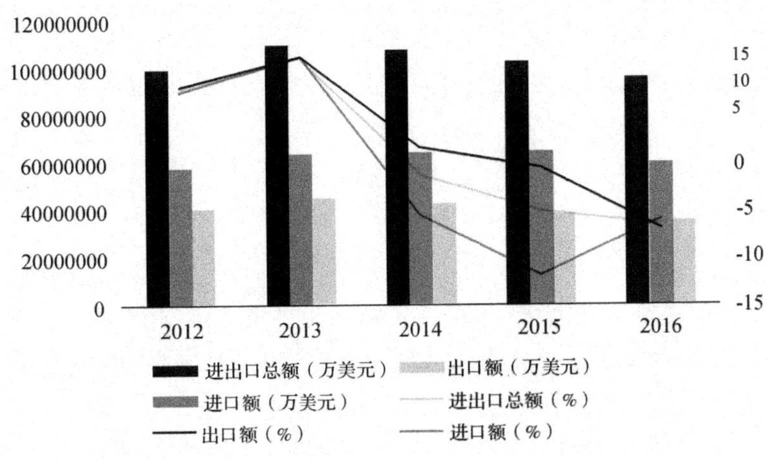

图 2 广东省对外贸易情况(2012—2016 年)

数据来源:《江苏统计年鉴 2017》。

从进出口规模来看,2010—2016 年,江苏连续六年进出口总额位居全国第二,仅次于广东。但增幅只有 13.03%,在全国前七大贸易省份中,位列倒数第一,其次就是山东,增幅为 23.08%。因此年均增长率同样只有 2.25%,排名也是倒数第一,上海为 5.07%。增幅和年均增幅较高的省份是福建省,分别为 60.56%和 11.76%,其次是山东和浙江。

2016 年,浙江省货物出口 17666 亿元,比上年增长 3.0%,增速高于全国平均水平 4.9 个百分点,也高于广东(－1.0%)、江苏(0.2%)、上海(－0.5%)、福建(－2.3%)和山东(1.2%),出口增速连续四年居沿海主要省市之首。市场份额不断提高,占全国出口的 12.8%,比上年提高 0.7 个百分点;出口规模已超越印度,占全球市场的 1.7%,相当于全球排名第 17 的西班牙的出口额。

表 1 2016 年全国及沿海主要省市数据

地区	依存度(%)			易竞争力
	进出口	出口	进口	
全国	32.7	18.6	14.1	0.138
广东	79.4	49.7	29.6	0.253
江苏	44.2	27.7	16.5	0.252
浙江	47.8	38.0	9.8	0.591
上海	104.4	44.1	60.3	－0.155
山东	23.1	13.5	9.6	0.171
福建	36.3	24.0	12.3	0.321

数据来源:《江苏统计年鉴 2017》、各省份统计公报。

2016 年中国外贸百强城市排名标准,包括外贸水平竞争力、结构竞争力、效益竞争力、发展竞争力和潜在竞争力 5 项共 25 个指标。从整体排名来看,东部沿海地区城市占有比较明显的优势,前十名当中除了天津、北京两个直辖市以外,其余城市均来自东部沿海和珠江三角洲地区。2016 年中国外贸百强城市排名当中,广东、江苏、山东三省均有 10 座城市上榜,成为入选城市最多的三个省份。紧随其后的是浙江,共有9座城市上榜。而在前十强当中,广东省就占据了4个名额,分别是深圳市、东莞市、珠海市和广州市。前10位的城市分别是:深圳、上海、东莞、苏州、珠海、广州、厦门、天津、宁波、北京。而2015年,全国外贸百强榜单总排名前10位的城市分别是:深圳、苏州、上海、东莞、厦门、珠海、北京、大连、广州、天津。

二、利用外资

2016年,江苏利用外资结构不断优化,全省实际利用外资245.2亿美元,位居全国首位。累计认定跨国公司地区总部98家,功能性机构82家。招商引资的产业结构、利用外资方式、营商环境和利用外资评价体系进一步优化。

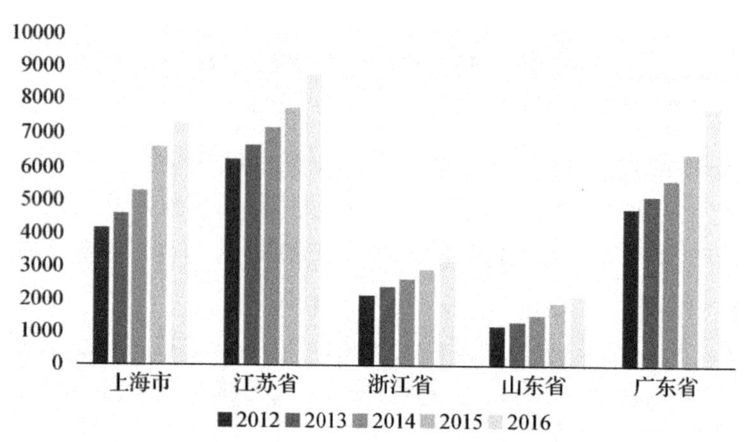

图3 沿海五省市FDI情况(单位:亿美元)

数据来源:《江苏统计年鉴 **2017**》、各省份统计公报。

2016年,浙江省外商直接投资发展稳定,项目数2145个,比上年增长20.6%;实际利用外资176亿美元,增长3.6%,占全国的份额为14.0%,份额比上年提高0.6个百分点,利用外资继续走在全国前列。服务业是浙江省外商直接投资的主要行业,2016年项目数1718个,比上年增长25.8%,占外商直接投资的80.1%。服务业合同外资和实际外资分别为180亿美元和103亿美元,比上年分别增长3.3%和6.4%,分别占外商直接投资的64.2%和58.6%。化学原料及化学制品制造业,电力、燃气及水的生产和供应业实际利用外资快速增长,增速分别为1.9倍和1.1倍。2016年,浙江省新批总投资净增资1亿美元以上的大项目68个,投资总额183亿美元,合同外资87亿美元。来自美国的合同外资12亿美元,比上年增长29.8%;日本、韩国和台湾地区出现恢复性增长,实际利用外资分别增长46.0%、37.3%和2.0倍。

三、境外投资

2016年,地方企业对外非金融类直接投资流量达1505.1亿美元 ,同比增长60.8%,占全国非金融类流量的83%,是2016年中国对外直接投资的主力军。其中:东部地区1256亿美元,占地方投资流量的83.4%,同比增长63.9%;西部地区115.5亿美元,占7.7%,同比增长55%;中部地区 101.1 亿美元，占 6.7%，同比增长 59.7%；东北三省 32.5 亿美元，占 2.2%，同比增长 1.4%。上海、广东、天津、北京、山东、浙江、江苏、河南、福建、河北位列地方对外直接投资流量前 10 位，合计 1292.4 亿美元，占地方对外直接投资流量的 85.9%。上海、广东 2016 年流量分别突破 200 亿美元，创地方对外投资新高。

表 2　2016 年末对外直接投资流量前十位的省市区（单位：亿美元）

序号	省、市、区名称	流量	同比(%)
1	上海市	239.68	3.4
2	广东省	229.62	87.2
3	天津市	179.40	609.9
4	北京市	155.74	26.8
5	山东省	130.24	83.2
6	浙江省	123.14	73.2
7	江苏省	122.02	68.3
8	河南省	41.25	214.2
9	福建省	41.19	49.4
10	河北省	30.13	220.5
	合计	1292.41	—

数据来源：《2016 年度中国对外直接投资统计公报》。

2016 年末，地方企业对外非金融类直接投资存量达到 5240.5 亿美元，占全国非金融类存量的 44.4%，较上年增加 7.7 个百分点。其中：东部地区 4232.9 亿美元，占 80.7%；西部地区 428.1 亿美元，占 8.2%；中部地区 356 亿美元，占 6.8%；东北三省 223.5 亿美元，占 4.3%。广东省以 1250.4 亿美元的存量位列地方对外直接投资存量之首，其次为上海 840.5 亿美元，其后依次为北京、山东、江苏、浙江、天津、辽宁、福建、湖南等。在 5 个计划单列市中，深圳市以 852.6 亿美元位列第一，占广东省对外直接投资存量的 68.2%，宁波市以 117.8 亿美元位列第二，占浙江省存量的 36%。

表 3　2016 年末对外直接投资存量前十位的省市区（单位：亿美元）

序号	省、市、区名称	存量
1	广东省	1250.4
2	上海市	840.5
3	北京市	543.8
4	山东省	411.9
5	江苏省	349.5
6	浙江省	326.8
7	天津市	262.3

续表

序号	省、市、区名称	存量
8	辽宁省	132.2
9	福建省	111.3
10	湖南省	101.7
合计(占地方存量 82.6%)		**4330.4**

数据来源:《2016 年度中国对外直接投资统计公报》。

2016 年,江苏省境外投资金额 142.24 亿美元,比 2015 年增加 39.19 亿美元。其中企业境外投资额 142.22 亿美元,比 2015 年增加 39.21 亿美元;机构境外投资额 171 万美元,比 2015 年减少 166 万美元。企业项目中,独资子公司境外投资额 113.71 亿美元,合资子公司境外投资额23.62 亿美元,联营公司境外投资额 4.89 亿美元。2016 年,参股并购类项目实现境外投资 30.64 亿美元,风险投资类项目实现境外投资 897 万美元,分别比 2015 年增加 10.65 亿美元和减少 0.69 亿美元。

2016 年,山东省累计新增备案核准境外投资企业(机构)599 家,中方投资 1762.6 亿元人民币(折合 265.4 亿美元),增长 70.2%;当年实现实际投资企业 527 家,累计实现对外直接投资 862.3 亿元人民币(折合 129.8 亿美元),增长 1.4 倍。

2016 年,浙江省经备案、核准的境外企业和机构共计 803 家,境外直接投资备案额 1172 亿元,比上年增长 29.0%。主要涉及制造业、电力能源、租赁和商务服务业等行业。国外经济合作营业额 474 亿元,比上年增长 16.9%;其中,对外承包工程营业额 463 亿元,增长 15.3%;新签合同额 376 亿元,与上年基本持平。外派劳务人员实际收入总额 11 亿元;共派出各类劳务人员 20396 人次,比上年增加 467 人次。

从境外非金融类企业的隶属情况看,地方企业占 88%,中央企业和单位仅占 12%。广东、浙江、江苏、上海、北京、山东、辽宁、福建、湖南、天津位列地方境外企业数量前 10 位,合计占境外企业总数的 70.2%。广东省是中国拥有境外企业数量最多的省份,占境外企业总数的 18%;其次为浙江省,占 11.2%;江苏省位列第三,占 8.9%。

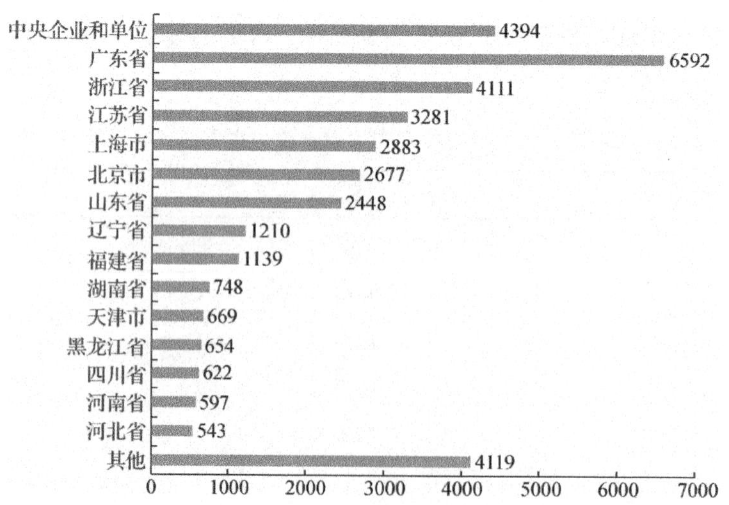

图 5　2016 年末中国主要省市区设立境外企业情况(单位:家)

第五篇　江苏省区域经济发展报告

第一章　苏南、苏中、苏北地区经济社会发展比较

江苏是中国经济最发达的省份之一，但是和中国经济一样，江苏经济发展并不平衡，呈现出明显的地区差异，其中苏南地区包括苏州、无锡、常州、镇江、南京五市，经济发达，已经进入到工业化后期阶段，力争在全国率先基本实现现代化；苏中地区包括扬州、泰州和南通三市，进入到工业化中期阶段，和苏南地区相比尚有很大差距；苏北地区包括徐州、连云港、宿迁、淮安、盐城五个省辖市，经济相对于苏南和苏中地区相对落后，加快推进工业化发展，是其目前经济发展的重要途径。

2016年，苏南转型升级步伐加快，苏中整体发展水平提升，苏北全面小康社会建设取得新成效。全年苏南、苏中、苏北地区生产总值分别比上年增长7.9%、10.6%和9.6%，苏中和苏北分别高于江苏省2.1个百分点和1.1个百分点；与2015年苏南地区生产总值高出江苏省相比，2016年苏中与苏北地区的发展水平有了显著提高，从而缩小了与苏南地区的差距。一般公共预算收入只有苏南地区比上一年增长8.2%，苏中与苏北地区都出现下降趋势，且较上一年分别下降了1.7%和10.1%；固定资产投资分别增长1.1%、13.4%和13.8%，其中只有苏南地区是低于江苏省6.4个百分点，苏中和苏北都高于江苏省分别5.8个百分点和6.3个百分点；社会消费品零售总额分别增长10.5%、10.7%和12.1%，苏北高于江苏省1.2个百分点，较之2015年减少了0.6个百分点。

沿江、沿海、沿东陇海线"三沿"联动，成为我国东部地区新的经济增长极。长三角区域一体化、江苏沿海发展战略、苏南现代化建设示范区、苏南创新示范区等国家战略的实施，与"一带一路"倡议和长江经济带建设国家战略叠加影响，江苏省区域协调发展迎来新机遇。2015年江苏区域发展新布局，一是以铁路为基础的重大公共基础设施完善联通，尤其是过江通道的加密、纵向铁路网的形成，将淡化以长江天堑为标志的自然屏障造成的地区差异，形成生产要素、经济流的环状网络，加快区域差异的缩小甚至消失。二是苏中与苏南、沿江八市融合发展步伐加快，进而形成新的经济共同体。三是支持苏北发展的力度进一步加强，苏北不是减速而是加速前行。

一、总体经济发展

（一）GDP和人均GDP

2016年苏南转型升级步伐加快，苏中整体发展水平提升，苏北全面小康社会建设取得新成效。全年苏南、苏中、苏北地区生产总值分别比上年增长7.9%、10.6%和9.6%，苏中发展高于江苏省2.1个百分点。

"十二五"时期，苏南提升、苏中崛起、苏北振兴实现重大突破，苏南现代化建设示范区引领带动作用日益显现，南京江北新区成功获批，苏中融合发展特色发展加快推进，苏北发展六项关键工程取得阶段性成效，苏中、苏北经济总量占全省比重提高2.4个百分点。

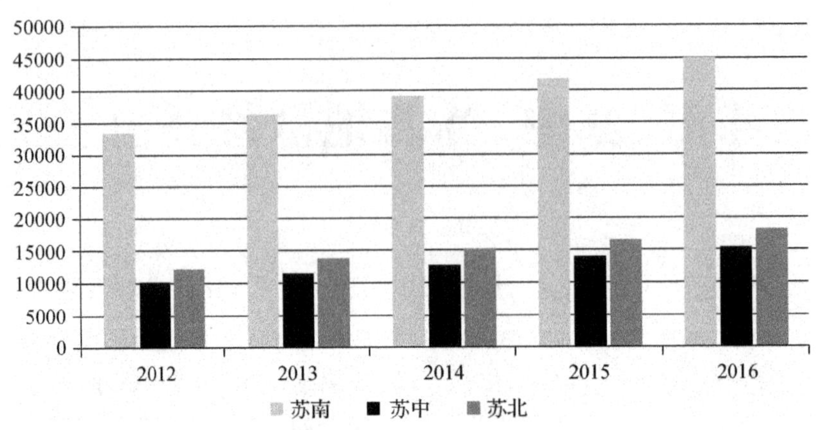

图 1　三地区名义 GDP 规模(亿元)

数据来源:历年《江苏统计年鉴》。

2012—2016 年,苏南、苏中、苏北地区名义生产总值年均分别增长 8.5%、12.6%和 12.3%。在苏南经济发展质量和效益不断提升的同时,苏中、苏北对全省经济增长的贡献率与上一年保持基本一致,三大区域各展所长、优势互补、协调发展的局面逐步形成。苏南、苏中和苏北地区 GDP 总量分别从 2012 年的 33381.7 亿元、10193.5 亿元和 12183.0 亿元增加到 2016 年的 44795.8 亿元、15319.4 亿元和 18160.2 亿元,名义上分别增长了 34.2%、50.3%和 49.1%,其中 2016 年分别实现 GDP 增速 7.9%、10.6%和 9.6%。

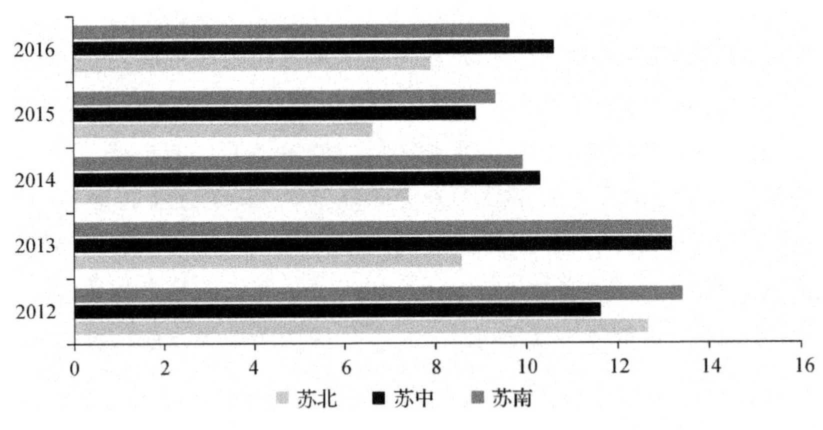

图 2　三地区实际 GDP 增速(%)

数据来源:历年《江苏统计年鉴》。

自 2007 年底,苏南五市以市为单位率先全面达小康以后,苏南人民已开启率先基本实现现代化的新征程,与此同时,一种全新的发展模式——"现代苏南模式"逐步形成并展现其风采,推动经济转型升级,大力发展高新技术产业、总部经济和生产性服务业,规模总量继续领跑全省,发展质量效益不断提升。苏南的土地面积分别仅占江苏和全国的 26.2%和 0.3%,而人口数却分别达到江苏和全国的 41.7%和 2.4%,其人口稠密程度在全国首屈一指。人口密度很大程度上跟经济发展水平呈正相关关系,苏南 2016 年的 GDP 总量分别达到江苏和全国的 58.88%和 6.02%,其中第二产业 GDP 总量分别达到江苏和全国的 60.0%和 6.9%,均大大高于其土地面积和人口数占江苏和全国的比例。这一系列数据都可以反映出苏南经济，尤其是制造业发展水平在江苏和全国的领先地位。但2008年以来，受国际金融危机和世界整体经济形势低迷的持续影响，苏南的制造业也呈现出下行态势。2012—2016年，苏南规模以上工业增加值的各年同比增长率分别为12.4%、11.5%、7.5%、7.8%和8.6%，增速呈现出明显的放缓态势。

苏中抢抓沿江开发机遇，积极推进跨江融合发展，整体发展水平实现新的提升。以南通为例，去年地区生产总值、公共财政预算收入、规模以上工业增加值、工业用电量等多个经济指标增幅高于全省平均水平。其中，在江海联动、陆海统筹、转型升级等方面表现突出的南通被称为苏中新一轮发展中的“领头雁”。2013年8月设立的上海自贸区让靠江、靠海、靠上海的南通看到了新机遇。南通提出要积极策应上海自贸区建设，抓住创建陆海统筹发展综合配套改革试验区的契机加快发展。

苏北五市以苏北振兴、沿海开发和沿东陇海产业带开发开放为重要契机，立足自身产业发展基础和禀赋，在“一中心”、“一基地”中找准定位，深入推进两化融合发展，做大做强优势主导产业，培育壮大战略性新兴产业，加快传统产业改造升级，大力发展现代服务业，形成具有区域特色和较强竞争力的现代产业体系。总量规模持续扩大，苏北主要经济指标增速连续9年高于全省、全国平均水平；一般公共预算收入由2012年的1280.2亿元提高到2016年的1696.3亿元。2016年，盐徐连淮宿五市GDP分别达到4576.08亿元、5808.52亿元、2376.48亿元、3048.0亿元和2351.1亿元。苏北五市增速较去年同期均有所放缓，但仍处于平稳运行，均高于全省8.5%的平均增速，分别增长9.2%、10.%0、11.0%、8.6%、10.6%。

苏南地区为长三角经济发达地区，其经济总量巨大，在整个江苏省GDP中占据绝对领先地位，2012年苏南、苏中和苏北GDP分别占江苏总量的61.8%、18.9%和22.5%。由于苏北地区在2008年以后增速高于苏南和苏中，使得其在江苏经济中的份额有所上升，到2016年升至23.9%，苏南降至58.9%，苏中也有所上升，为20.13%。但是三地区比例变化不大，显示区域发展不平衡仍然十分明显。

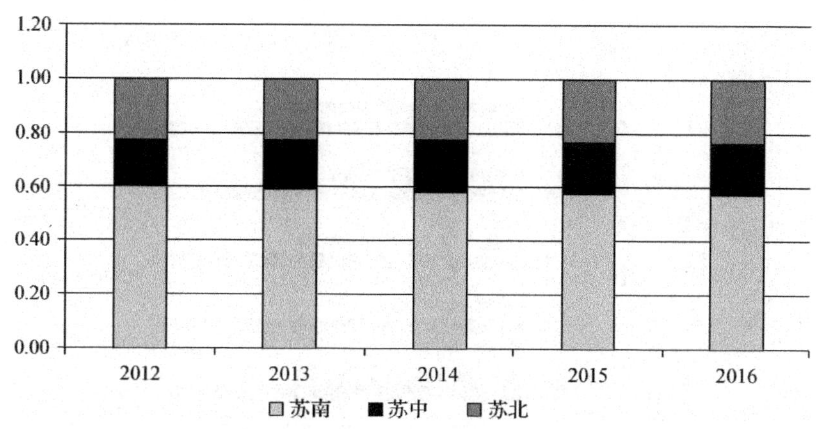

图3　三地区GDP占江苏比例(%)

数据来源：历年《江苏统计年鉴》。

从人均GDP的角度来看，苏南、苏中和苏北三地区保持了持续快速增长，分别从2012年的101370元、62208元、40914元增加到2016年的134569元、93228元和60225元(图4)，分别增长了32.75%、49.86%和47.2%，较之2015年，三地区的增速都有所放缓，且苏中增速快于苏北和苏南。因此,苏北与苏中地区的人均 GDP 与苏南地区的差距呈现逐年缩小的趋势。从三地区人均 GDP 名义增速,总体来看除了 2012 年之外,增速比较稳定,但是苏中和苏北地区增速明显高于苏南地区,其中苏北 2008 年以后增速高于苏中地区,显示了苏北地区发展具有的后发优势。

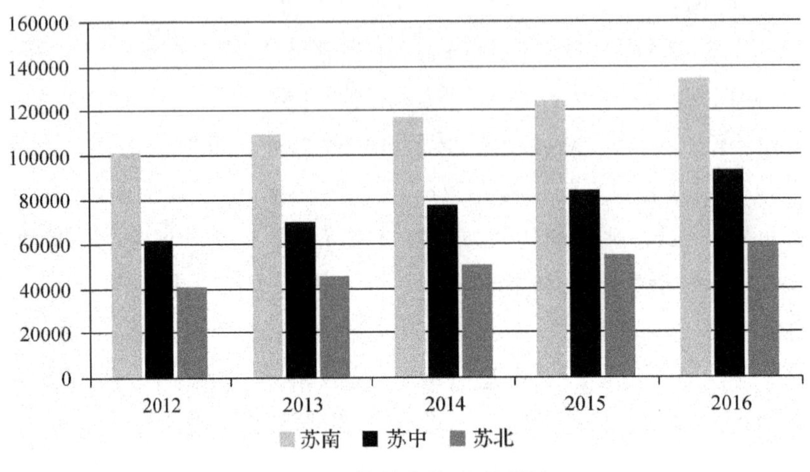

图 4　三地区人均 GDP(元)

数据来源:历年《江苏统计年鉴》。

从具有比较意义的人均指标看:2012 年苏南人均 GDP 比苏中、苏北分别高 39161.9 元和 60456.1 元,2016 年差距扩大到 41341.2 元和 74343.8 元。从图 5 我们可以看到,苏中和苏北地区相对于苏南的比例稳步提高,2012 年时,苏中、苏北地区的人均 GDP 分别是苏南地区的 61.4%和 40.4%,到 2016 年时上升到 69.3%和 44.8%,这说明在苏南保持快速增长的同时,苏中和苏北奋起直追,虽然经济总量的比例上变化不大,但是人均水平有了明显提高,反映了在各级政府和全省人民的努力下,江苏经济出现了明显的收敛趋势,经济发展逐渐趋于平衡。但是同时也必须看到,虽然苏中、苏北和苏南的相对差距在缩小,但是绝对差距却在扩大,2016 年苏中、苏北人均 GDP 分别低于苏南 41341.2 元和 74343.8 元,高于 2012 年的 39161.9 元和 60456.1 元,三地区经济平衡发展仍然任重道远。

分县(市)看,2016 年人均 GDP 最高的昆山市是最低的灌云县的 4.7 倍,较 2015 年两地区的差距有所缩小。2012 年苏南农民收入比苏中、苏北分别高 4283 元和 6658 元,2016 年差距扩大到 6318 元和 9536 元;2016 年农民收入最高的江阴市是最低的灌南县的 2.3 倍。区域发展绝对差距仍在拉大,苏中和苏北部分地区发展基础还很薄弱,城乡建设相对滞后,农村条件需要改善。

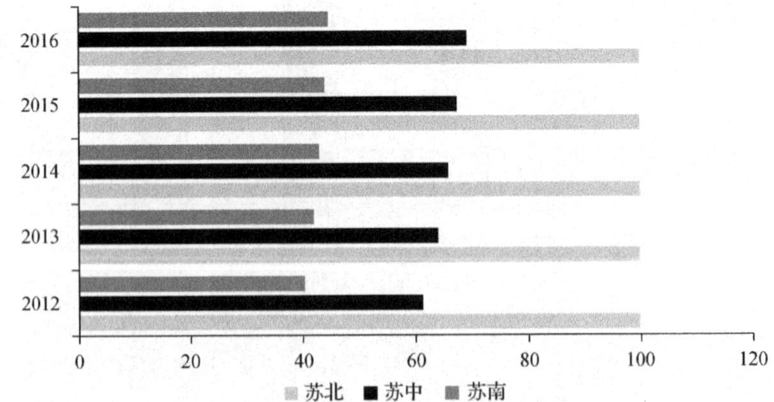

图 5　苏南、苏中、苏北人均 GDP 相对比例(苏南=100)

数据来源:历年《江苏统计年鉴》。

（二）财政金融

1. 财政

伴随着总体宏观经济的快速发展，苏南、苏中和苏北三个地区的财政收支不断增加，金融规模不断提高，金融市场不断深化，总体呈现出增长的发展态势，但明显受到国际和国内宏观经济的影响，并且地区间的差异依然十分明显。

从基本财政状况来看，三地区的财政总收入、地方财政一般预算收入和地方财政一般预算支出都呈现出明显增加，苏南三项指标分别从 2010 年的 7413.56 亿元、2355.52 亿元和 2297.04 亿元增加到 2016 年的 7968.6 亿元、4520.9 亿元和 4529.4 亿元，苏中地区三项指标分别从 2010 年的 1556.1 亿元、624.1 亿元和 734.2 亿元增加到 1923.2 亿元、1256.7 亿元和 1677.1 亿元，苏北则从 2010 年的 2149.5 亿元、785.9 亿元和 1194.9 亿元增加到 2641.5 亿元、1696.3 亿元和 2809.5 亿元。从地方财政一般预算收入和预算支出来看，2011 年之前三地区的增速相对比较稳定，这主要是由于地方分税制和支出结构相对比较稳定导致的。2012 年、2013 年、2014 年和 2015 年三地区的增速都出现了不同程度的下降，这与三地区经济增速的趋势大致相同。

2016 年，苏南、苏中、苏北及沿海一般公共预算收入分别达 4520.9 亿元、1256.7 亿元、1696.3 亿元和 1216.8 亿元，是“十一五”末的 1.9 倍、2 倍、21.6 倍和 1.9 倍；一般公共预算收入占地区生产总值的比重分别为 10.1%、8.2%、9.3%和 8.9%。

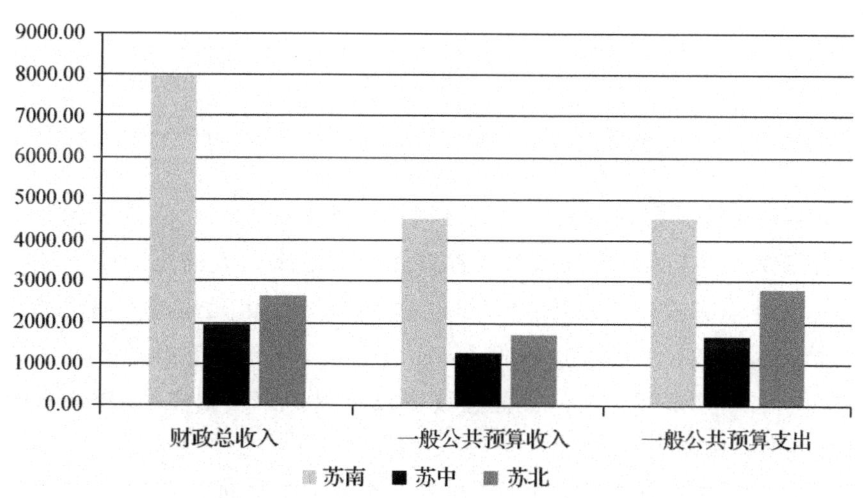

图 6　2016 年三地区基本财政状况（亿元）

数据来源：历年《江苏统计年鉴》。

2016 年江苏省一般公共预算收入完成 8121.2 亿元，比上年增长 1.2%，成为全国两个收入超 8000 亿元的省份之一，其中税收占比 80.4%。全年完成一般公共预算支出 9982.0 亿元，增长 3.0%，支出进度较 2015 年有所减缓。

从表 1 中可以发现，苏南财政总体平衡，但是苏中和苏北地区一般预算支出明显高于一般预算收入，即存在着对苏中和苏北地区的财政转移支付。根据资料显示，从 2001 年到 2008 年，省级向苏北地区累计投入各类扶持资金 1917 亿元，其中省财政转移支付和专项补助总额 733 亿元。每年财政转移支付金额从前几年的不足 10 亿元增加到 2008 年的 160 多亿元。而 2009 年国家通过《江苏沿海地区发展规划》,使得江苏省沿海开发正式上升为国家战略。国家和江苏省政府对苏北和苏中沿海地区发展提供更多的优惠政策和支持,这都有利于地方支出的增加。

表1 江苏各地市2012—2016年财政总收入情况

市 县	2012年			2016年				4年变化	
	收入	排名	贡献度(%)	收入	排名	贡献度(%)	排名±	增额	年均增长(%)
南 京	1427.3	1	15.7	2198.5	2	17.5	−1	771.2	13.5
无 锡	1165.8	3	12.8	1470.1	3	11.7	—	304.3	6.5
常 州	625.4	5	6.9	786.3	6	6.3	−1	160.9	6.4
苏 州	2197.2	2	24.1	3076.9	1	24.5	+1	879.7	10.0
镇 江	326.6	11	3.6	436.7	12	3.5	−1	110.1	8.4
南 通	648.0	4	7.1	879.3	4	7.0	—	231.3	8.9
扬 州	356.5	10	3.9	529.5	8	4.1	+2	173.0	12.1
泰 州	392.8	8	4.3	514.5	9	6.4	−1	121.7	7.7
徐 州	597.6	6	6.6	802.0	5	6.4	+1	204.4	8.6
连云港	284.5	12	3.1	315.1	13	2.5	−1	30.6	2.7
淮 安	370.9	9	4.1	483.1	10	3.9	−1	112.2	7.6
盐 城	462.9	7	5.1	597.2	7	4.8	—	134.3	7.3
宿 迁	244.8	13	2.7	444.0	11	3.5	+2	199.2	20.3

数据来源:历年《江苏统计年鉴》。

2012—2016年,江苏公共财政收入的区域结构已悄然变化:苏州、南京和无锡仍稳居中国二线发达城市前列和江苏第一方阵.财政收入对全省贡献增长幅度最大的是泰州和宿迁。昔日欠发达的宿迁年均增长率位居全省首位。2016年苏州以总量3076.9亿元超过南京。苏北地区的徐州市也在2016年超过常州,一般公共财政预算收入516.1亿元,与上一年相差不大,总量稳居全省第5位,连续10年高于全省平均增幅。沿江其他区域增长放缓,常州、镇江、扬州和泰州四市在全省排位下跌,镇江已被挤出中国城市50强。

江苏各地公共财政收入变化及其趋势,折射出在全球金融危机背景下,苏南及沿江各市产业升级所面临的挑战。外向型经济较为薄弱的苏北各地公共财政收入迅猛增长,得益于投资拉动与产业经济的快速增长,但其深层机理在于地产黄金十年形成的南北地租级差,牵动社会乃至国际资本转向苏北洼地,而苏北交通基础设施的持续改善则是推动南北经济一体化、驱动产业落户的加速器。

尽管苏北和苏中地区财政指标增速高于苏南地区,但是由于经济总量上的巨大差异,导致无论是财政总收入、一般预算收入还是一般预算支出,和苏南都有巨大的差异,2016年,苏南在三个指标上分别是苏中的4.1倍、3.6倍、2.7倍和苏北的3.0倍、2.7倍、1.6倍。

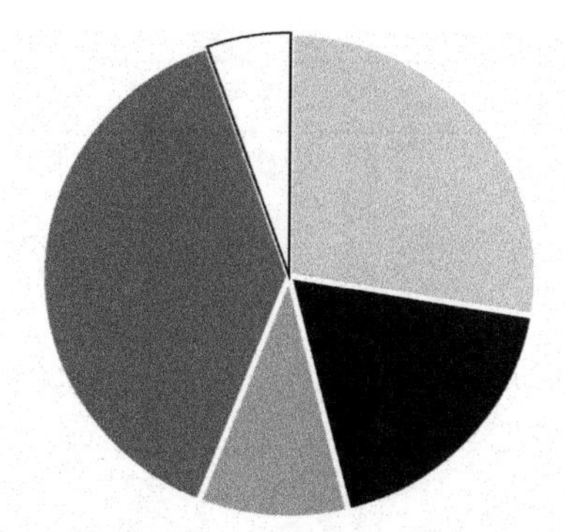

图 7　苏南财政总收入中各市所占比例(%)

数据来源:2017 年《江苏统计年鉴》。

从苏南、苏中和苏北内部来看,也存在着明显的地区差异,苏南内部:苏州占比 38.6%,其次分别是南京(27.6%)、无锡(18.4%)、常州(9.9%)和镇江(5.5%)。与 2015 年相比,无锡、镇江公共财政一般预算收入的占比有所下滑。

2016 年苏州全市完成地方公共财政预算收入 1730.0 亿元,增收 169.2 亿元,增长 10.8%,其中税收收入完成 1505.82 亿元,增长 12.5%,较 2015 年增幅较大,税收占地方公共财政预算收入的比重为 87.0%,收入总量、增量、税收占比继续保持全省第一。南京全市一般公共预算收入完成 1142.6 亿元,税比 83.7%。财政收入增速与经济增速相匹配,超过全省平均水平;收入结构科学合理、质量进一步提升,税比 83.7%,税收增幅 14.1%,较 2015 年税收增幅增长 3.3 个百分点。2016 年无锡市累计完成一般公共预算收入875 亿元,增幅 5.4%,较 2015 年的增幅有所减少。其中,实现税收收入 706.0 亿元,增幅 5.7%,列苏南五市第 3 位,税收收入占一般公共预算收入的比重为 80.7%,列全省第 4 位,较上年提高 6 位,增幅较大。常州财政收入平稳增长,全年实现一般公共预算收入 480.3 亿元,增长 3.0%,其中税收收入 383.2 亿元,增长 2.5%,税收占比达到 79.8%。镇江全年实现财政总收入 436.7 亿元,比上年减少 38.7%。其中,一般公共预算收入 293.0 亿元,减少 3.2%。在一般公共预算收入中,税收收入 231.4 亿元,减少 5.7%,占比重 79.0%。

表 2　苏南地区 2016 年公共财政预算收入分类情况

指　标	南京	无锡	常州	苏州	镇江
一般公共预算收入	1142.6	875.0	480.3	1730.0	293.0
税收收入	956.6	706.0	383.2	1505.8	231.4
增值税	296.6	262.5	132.5	553.1	66.1
营业税	158.2	121.3	55.2	165.8	60.9
企业所得税	141.4	103.7	51.3	276.1	22.2
个人所得税	77.3	49.5	27.5	105.0	11.6
城市维护建设税	78.4	54.2	26.9	103.6	15.9

续表

指　标	南京	无锡	常州	苏州	镇江
房产税	33.4	33.1	18.0	71.1	8.3
土地增值税	95.4	19.2	10.1	110.9	14.5
耕地占用税	1.4	2.0	1.9	3.9	1.7
契税	35.8	24.1	32.8	49.9	18.2
其他各项税收	38.8	36.5	27.0	66.3	11.9
非税收收入	186.0	169.0	97.1	224.2	61.6
专项收入	91.3	51.9	24.2	113.1	16.8
行政事业性收费收入	24.7	29.1	25.1	37.9	18.5
罚没收入	15.6	13.5	8.1	15.1	5.4
其他各项收入	54.3	74.6	39.8	58.1	21.0
上划中央收入	1055.9	595.1	306.0	1346.9	143.7
消费税	346.3	16.9	9.3	28.9	5.5
增值税	381.6	348.5	178.5	746.3	87.5
企业所得税	212.1	155.5	77.0	414.2	33.2
个人所得税	115.9	74.3	41.2	157.5	17.5

数据来源:2017年《江苏统计年鉴》。

2016年,苏州地方公共财政预算支出1617.1亿元,比上年增长5.9%,增幅明显小于2015年。其中城乡公共服务支出1195.8亿元,比上年增长19.6%。南京全年一般公共预算支出1173.8亿元,比上年增长12.0%。其中,教育支出增长13.9%、社会保障和就业支出增长4.7%、交通运输支出增长3.0%、医疗卫生与计划生育支出增长3.6%。无锡市本级一般公共预算总支出867.4亿元。常州全年一般公共预算支出508.1亿元,增长4.7%。一般公共预算支出中教育支出83.7亿元,增长5.7%;科学技术支出24.0亿元,增长5.6%;社会保障和就业支出54.5亿元,减少1.3%;医疗卫生与计划生育支出44.8亿元,增长16.2%。

表3　苏南地区2016年公共财政预算支出分类情况

指　标	南京	无锡	常州	苏州	镇江
一般公共预算支出	1173.8	867.4	508.1	1617.1	362.9
一般公共服务	93.7	68.9	50.1	146.2	36.5
公共安全	80.2	55.1	33.4	116.1	25.7
教育	202.9	137.3	83.7	262.3	67.1
科学技术	53.1	37.2	24.0	95.2	13.5
文化体育与传媒	30.9	14.1	7.5	37.6	9.6
社会保障和就业	121.2	70.6	54.5	142.4	32.8

续表

指　　标	南京	无锡	常州	苏州	镇江
医疗卫生	75.2	50.5	44.8	93.6	23.3
节能环保	49.7	37.7	11.7	44.0	16.7
城乡社区事务	201.5	196.7	82.6	354.1	58.8
农林水事务	65.8	47.3	49.6	89.4	34.2
交通运输	50.4	51.8	15.1	61.7	7.4
资源勘探电力信息等事务	58.1	44.0	7.7	57.6	11.5
其他各项支出	91.4	56.1	43.5	117.0	25.9

数据来源：2017年《江苏统计年鉴》。

2016年，南通全年一般公共预算收入590.2亿元，下降5.7%，其中，增值税下降1.8%，营业税增长28.4%，企业所得税减少12.0%，契税增长14.0%，财政收入总量较上年下滑严重，被扬州赶超，位居苏中第二。2016年扬州全市一般公共预算收入完成345.3亿元，同比增长3.0%，增幅在全省排名靠后，在苏中仅高于泰州。其中，税收收入267.2亿元，增幅3.0%，税收占比77.4%，较上一年下降4.2个百分点。2016年泰州全市完成一般公共预算收入321.2亿元，比2015年实绩增长1.0%，其中：税收收入257.6亿元、非税收入63.6亿元。苏中2016年整体的财政收入增长幅度较上年出现明显下降，其中，南通市出现负增长现象。

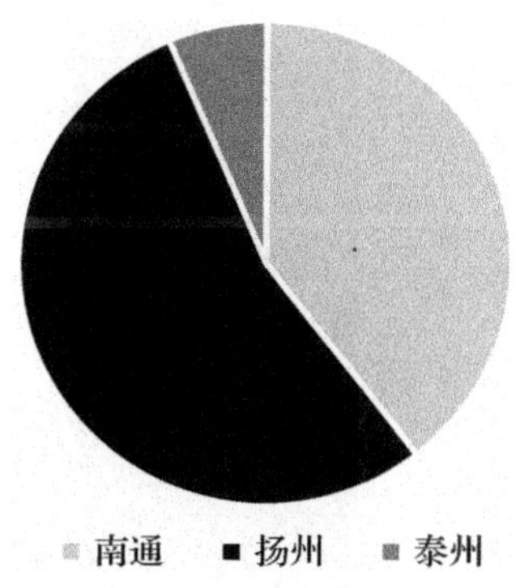

图8　苏中财政总收入中各市所占比例(%)

数据来源：2017年《江苏统计年鉴》。

2016年，南通全年一般公共预算支出749.2亿元，与上一年保持持平状态。扬州全市公共财政预算支出479.0亿元，增长8.0%，其中一般公共服务支出57.5亿元，增长3.1%；教育支出84.7亿元，增长12.5%；科学技术支出12.3亿元，增长7.0%；社会保障和就业支出40.5亿元，增长20.0%；医疗卫生与计划生育支出37.8亿元，增长16.7%；节能环保支出21.5亿元，增长34.4%。泰州市全年公共财政预算支出448.9亿元，比上年增长4.0%，公共财政预算支出中，公共安全支出29.3亿元，增长15.1%；教育支出75.6亿元，增长9.6%；科学技术支出11.7亿元，增长4.0%；文化体育与传媒支出6.4亿元，下降19.7%；社会保障和就业支出42.8亿元，增长15.0%；医疗卫生支出39.7亿元，与上年持平；节能环保支出10.9亿元，增长8.0%；城乡社区事务支出51.5亿元，下降10.1%；交通运输支出11.2亿元，增长15.0%。

表4　苏中地区2016年公共财政预算收入与支出分类情况

指　　标	南通	扬州	泰州
一般公共预算收入	590.2	345.3	321.2
税收收入	456.8	267.2	257.6
增值税	116.6	80.0	85.4
营业税	105.9	50.7	58.7
企业所得税	51.8	27.9	24.9
个人所得税	32.1	10.2	12.2
城市维护建设税	26.4	17.7	17.6
房产税	17.8	9.7	7.6
土地增值税	34.5	38.9	18.1
耕地占用税	3.1	2.5	3.8
契税	37.3	14.5	14.7
其他各项税收	31.3	15.2	14.6
非税收收入	133.4	78.1	63.6
专项收入	29.1	23.2	20.4
行政事业性收费收入	33.8	21.3	15.0
罚没收入	9.4	4.8	7.4
其他各项收入	61.1	28.8	20.7
上划中央收入	289.1	184.2	180.6
消费税	10.9	20.8	16.4
增值税	152.4	106.3	108.6
企业所得税	77.6	41.8	37.4
个人所得税	48.2	15.3	18.2
一般公共预算支出	749.2	479.0	448.9
一般公共服务	87.6	57.5	53.2
公共安全	48.0	30.9	29.3
教育	154.9	84.7	75.6
科学技术	22.8	12.3	11.7
文化体育与传媒	12.3	9.6	6.4
社会保障和就业	78.7	40.5	42.8
医疗卫生	69.6	37.8	39.7
节能环保	12.2	21.5	10.9
城乡社区事务	96.0	60.0	51.5
农林水事务	74.8	50.2	56.7
交通运输	13.9	11.7	11.2
资源勘探电力信息等事务	18.9	28.0	23.2
其他各项支出	59.6	34.3	36.8

数据来源:2017年《江苏统计年鉴》。

2016年,徐州一般公共预算收入516.1亿元,增长3.0%,其中:税收收入390.3亿元,增长9.0%;非税收入125.8亿元,增长24.0%。2016年,全市完成一般公共预算收入415.2亿元,增长13.0%,增幅全省第二,仅次于连云港。2016年连云港市一般公共预算收入完成211.5亿元,比上年同期增加 80.3 亿元，增长 28.0%，增长幅度明显提高。其中，税收收入完成 170.8 亿元，税收收入占一般公共预算收入的比重为 80.8%。宿迁市 2016 年一般公共预算收入 238.1 亿元，其中税收收入 186.3 亿元，增长 5.0%，税收占比 78.2%；非税收入 51.8 亿元，增长 34.0%，与上年增幅相差不大。2016 年盐城市一般公共预算收入实现 415.2 亿元，增幅达 13.0%，高于全省平均增幅 5.4 个百分点，居苏北第二位。2016 年淮安市一般公共预算收入实现 315.5 亿元，增幅达 10.0%，高于全省平均增幅 4.6 个百分点，居苏北第三位。

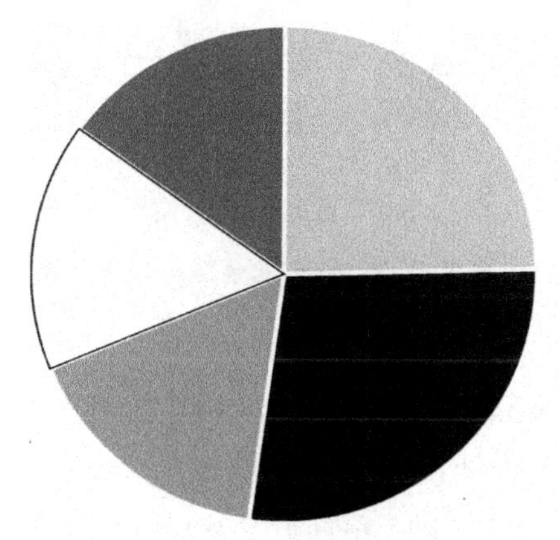

图 9　苏北财政总收入中各市所占比例(%)

数据来源：2017 年《江苏统计年鉴》。

2. 金融

2016 年末全部金融机构本外币各项存款余额 12.6 万亿元，比年初增加 12.3 万亿元，其中人民币各项存款余额 12.1 万亿元，增加 1.3 万亿元。其中，苏南地区金融机构人民币存款余额 80846.0 亿元，占全省比重 66.8%，苏中地区 21734.9 亿元，占全省比重 17.9%，苏北地区 21663.6 亿元，占全省比重 17.9%。

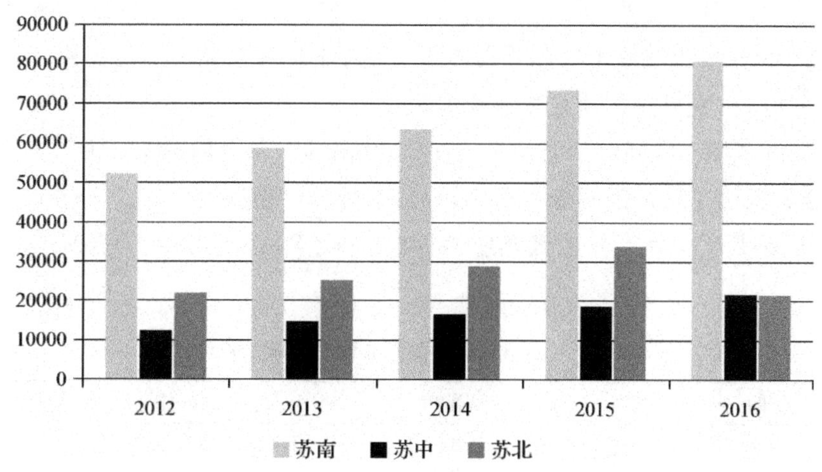

图 10　2016 年苏南、苏中、苏北金融机构存款余额(亿元)

数据来源：历年《江苏统计年鉴》。

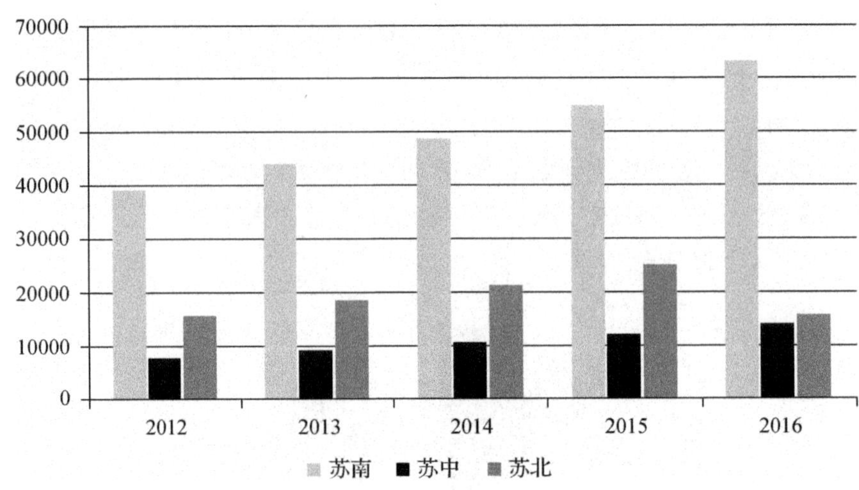

图 11　2016 年苏南、苏中、苏北金融机构贷款余额(亿元)

数据来源:历年《江苏统计年鉴》。

从金融市场来看,三个地区金融机构货币供应量增长出现平稳回落态势,受金融危机、后续的全球和国内宏观经济下行影响,苏南地区存款余额增速从 2008 年的 55%下滑到 2009 年的 32%,之后增速持续下滑到 2011 年的 10%,2012 年回升至 15%,但 2015 年再次回落到 13.5%,2016 年增速继续下滑至 9.7%;苏中地区从 2008 年的 107%大幅下降到 2009 年的 33%,再将到 2011 年的 13%,2013 年回升至 16%,2015 年下落到 11.98%,2016 年又上升到 15.5%;苏北地区则从 2008 年的 110%降到 2009 年的 28%再到 2011 年的 14%,2012 年小幅上升至 15%,2015 年则又下滑至 12.7%,2016 年增速出现负值,下降速度明显超过苏南地区。贷款余额虽然总体也呈现出下滑态势,但是 2009 年增速相对于 2008 年有明显增加,苏南从 2008 年的 18%增加到 33%,苏中和苏北则分别从 19%和 17%增加到 37%和 43%。造成这种贷款增加的主要原因是政府在应对金融危机时所采取的贷款“宽松政策”和实施“四万亿”的财政刺激计划,使得银行贷款不断增加,但是由于刺激计划的时效性,再加上全球经济的下行压力使得 2012 年至 2016 年贷款余额增速明显下滑,凸显了企业贷款投资意愿不足。此外,可以看到,苏南地区贷款余额增速下降幅度超过苏中和苏北,这可能是由于苏南经济更多地依赖出口和外资企业,受到外部需求冲击的负面影响更大导致的,而苏北和苏中地区相对来说,受外部需求影响相对较小。

由于苏南在经济规模和发展水平上的巨大优势,苏南的金融规模也明显大于苏中和苏北地区,到 2016 年底,苏南金融机构存款余额 80846.0 亿元,其中居民储蓄存款 23921.7 亿元,金融机构贷款余额 63476.2 亿元,分别是苏中和苏北地区相应指标的 3.7 倍、3.7 倍和 4.5 倍、4.0 倍,地区差异十分明显。

表 4　2016 年三地区基本金融状况(亿元)

指　　标	苏南	苏中	苏北
各项存款	80846.0	21734.9	18525.6
境内存款	80589.5	21722.0	18516.8
住户存款	23921.7	10590.6	9388.2
活期存款	8163.6	2345.7	3351.3

续表

指　　标	苏南	苏中	苏北
定期及其他存款	15758.	8244.9	6036.9
非金融企业存款	32334.7	7332.3	5610.9
活期存款	11896.9	2763.0	2589.7
定期及其他存款	20437.8	4569.3	3021.2
广义政府存款	18251.6	3334.2	3397.0
财政性存款	1135.2	104.4	280.3
机关团体存款	17116.4	3229.8	3116.7
非银行业金融机构存款	6081.5	464.9	120.6
境外存款	256.5	12.9	8.8
各项贷款	63476.2	14000.4	13631.1
境内贷款	63415.4	13976.0	13629.7
住户贷款	18357.5	3654.8	5113.8
短期贷款	2514.4	1094.5	1404.7
消费贷款	1315.6	220.2	309.6
经营贷款	1198.8	874.3	1095.2
中长期贷款	15843.1	2560.3	3709.0
消费贷款	14950.9	2268.7	3333.1
经营贷款	892.3	291.6	375.9
非金融企业及机关团体贷款	45047.1	10321.2	8515.9
短期贷款	16515.8	4444.8	3755.6
中长期贷款	24115.8	5052.5	3592.8
票据融资	3559.1	814.4	1121.7
融资租赁	796.1	0	18.7
各项垫款	60.4	9.5	27.1
境外贷款	60.8	24.4	1.4

数据来源：历年《江苏统计年鉴》。

（三）居民收入和城乡差异

城镇化率明显提高，按照产城融合、城乡统筹的发展路径，有力推动新型工业化与新型城镇化良性互动，持续促进新型城镇化与农业现代化协调发展，城镇化水平显著提高。各地推动农民集中居住力度加大，使大量乡村人口集中到本乡镇范围的小城镇居住，原来的众多自然村逐渐消失。城乡居民稳步增收。2016 年，苏南、苏中及苏北城镇居民人均可支配收入分别为 49920 元、37585 元和 28515 元，均为 2012 年的 1.4 倍；农村居民人均可支配收入分别为 24638 元、18320 元和 15102 元，也是 2012 年的 1.4 倍。“十二五”时期，城乡收入差距持续缩小。2016 年，苏南、苏中及苏北城乡居民收入比分别为 2.03、2.05、1.9，比“十一五”末缩小 0.02、0.03、0.03。

表 5　三地区城镇居民人均可支配收入(元)

	苏南	苏中	苏北
2012	35827	27095	20822
2013	39416	29292	22071
2014	42753	31969	24177
2015	46222	34758	26349
2016	49920	37585	28515

数据来源:历年《江苏统计年鉴》。

苏南地区农村人均纯收入从 2012 年的 17160 元增加到 2016 年的 24638 元,增加了 43.6%,苏中从 2012 年的 12877 元增加到 2015 年的 18320 元,增加了 42.3%,苏北从 2012 年的 10502 元增加到 2016 年的 15102 元,增加了 43.8%(表 6)。苏北的农村人均纯收入超过苏南和苏中,使得三个地区的相对差距有所缩小。

表 6　三地区农村居民人均纯收入(元)

年份	苏南	苏中	苏北
2012	17160	12877	10502
2013	18995	13958	11352
2014	20954	15476	12670
2015	22760	16862	13841
2016	24638	18320	15102

数据来源:历年《江苏统计年鉴》。

由于可支配收入水平决定了消费支出水平,因此可支配收入上的区域差异直接导致了人均消费支出地区差异。2016 年,苏南地区城镇居民人均消费支出和农村居民人均生活费支出分别达到 30444 元和 17423 元,而苏中为 23311 元和 13460 元,苏北为 17163 元和 10929 元,苏中和苏北分别是苏南的 76.6%、77.3%和 73.6%、81.2%,而这一比值在 2012 年时是 77%、74%和 64%、54%。

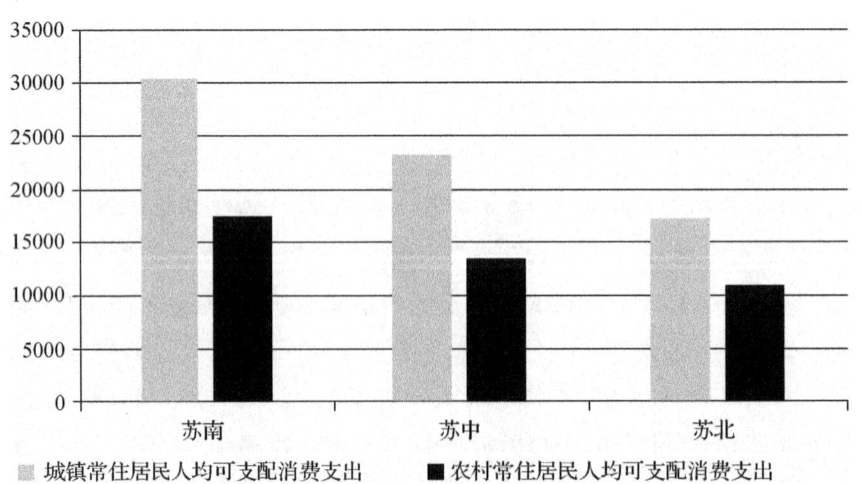

图 12　三地区城乡居民人均消费支出(元)

数据来源:2017 年《江苏统计年鉴》。

图 13 显示了江苏 13 个省辖市的城乡人均可支配收入状况，总体来看，苏南地区省辖市的人均可支配收入高于苏中地区各市，苏中地区各市高于苏北各市，在 13 个市中，苏州市的人均可支配收入最高，其次是南京市，最低的是宿迁市，这和人均 GDP 的分布状况是相似的。

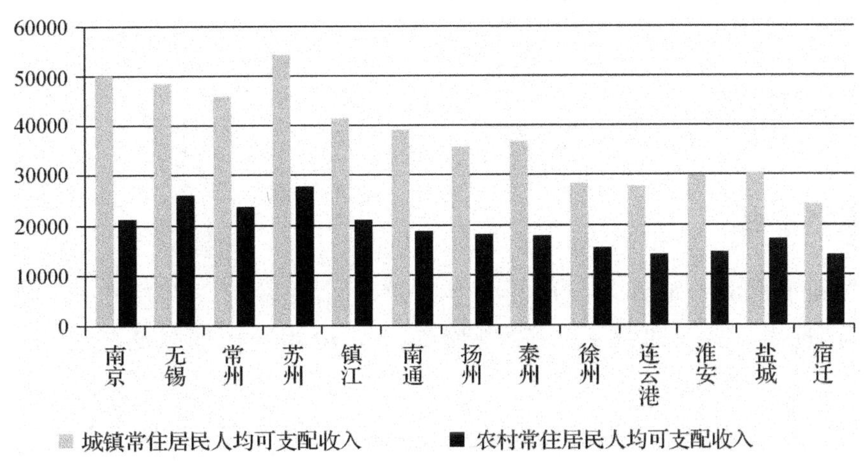

图 13 2016 年江苏各市城乡人均可支配收入(元)

数据来源：2017 年《江苏统计年鉴》。

按照江苏省定全面小康标准，2010 年苏中地区的省辖市、县级地区都达到了省定全面小康标准，2011 年底，苏北地区的省辖市实现“零突破”，徐州率先达到省定全面小康标准，25 个全面小康指标中，有 24 个达到或超过省定目标值，其中核心指标全部达标。2012 年，盐城成为苏北第二个达标省辖市。截至 2015 年底，江苏 13 个省辖市中已有 10 个达到省定全面小康标准，已达标的县(市、区)为 49 个，占纳入监测的 62 个县级地区的 79%。目前，苏南地区正在努力建设更高水平的小康社会，开启基本实现现代化新征程，苏中紧随苏南，不断提高小康水平。苏北全面小康工作加速推进，按照现行全面小康建设指标体系，苏北在已有 2 个省辖市、15 个县(市、区)达标的基础上，又有 1 个省辖市、8 个县(区)提出小康验收。

苏北的 12 个省定重点扶贫县，特别是全面小康综合评分排在末位的 5 县——泗洪、泗阳、灌南、灌云、睢宁，“人均 GDP”“城乡居民人均收入”“第三产业比重”等核心指标以潜在发展速度要到 2022 年才能达到标准值的 100%。因此，建议从加快县域经济发展与精准扶贫两个方面着手，实现定向扶持，力争在“十三五”末期一个不少地把苏北各县带进全面小康社会。在加快县域经济发展方面，建议一用“滴灌行动 5 年计划”，即针对苏北的 12 个省定重点扶贫县，由省政府主导，在产业、财政、金融、税收、投资等政策方面采取进一步的优惠政策与措施，定点定向扶持，项目安排优先；二用“涓滴行动 5 年计划”，一方面对苏北的 12 个省定重点扶贫县，组织苏南地区的企业与投资机构通过联办开发区加强投资，另一方面苏北通过发展生态旅游与观光农业等，吸引外地民众前来消费，从而带动苏北的发展和富裕。在精准扶贫方面，要进一步强化政策力度，通过设立专项基金扶贫、金融扶贫、互助资金扶贫、厂商扶贫、合作社扶贫等多种形式，让苏北贫困地区农民有更多创业增收的机会。

江苏各地区不但存在着明显的区域差异，而且存在着显著的城乡差异，无论是苏南、苏中还是苏北，农村居民的人均纯收入和人均生活费支出都明显低于同地区的城镇居民。其中，苏南地区基本维持在46%—48%的水平,而苏中地区从2007年的43%上升至2015年的48.4%,苏北从2007年的39%上升至2015年的51.3%,导致苏北地区城乡居民可支配收入比例上升的直接原因在于苏北地区农村居民人均纯收入增幅高于苏北城镇居民可支配收入增幅,根源可能在于苏北地区外出务工收入对于苏北农村居民收入的贡献在加强。

二、产业结构

(一)三次产业结构

江苏经济发展水平上的地区差异同样也体现在三个地区的三次产业结构上,按照一般规律,经济发展程度越高,农业(即第一产业)增加值在GDP中的比例越低,服务业增加值在GDP中的比例越高。

苏南地区呈现出明显的工业化后期阶段特征,农业比重很低,并且不断下降,从2005年的3.0%下降到2014年的2.1%,第二产业(工业和建筑业)比重也在不断下降,从2005年的59.7%下降到2014年的47.9%,下降了超过10个百分点,而服务业从2005年的37.4%增加到2016年的53.0%,增加了近16个百分点,服务业越来越成为经济增长的主要动力。苏南三次产业结构由2010年的2.3∶54.0∶43.7调至2016年的2.2∶50.7∶59.0。

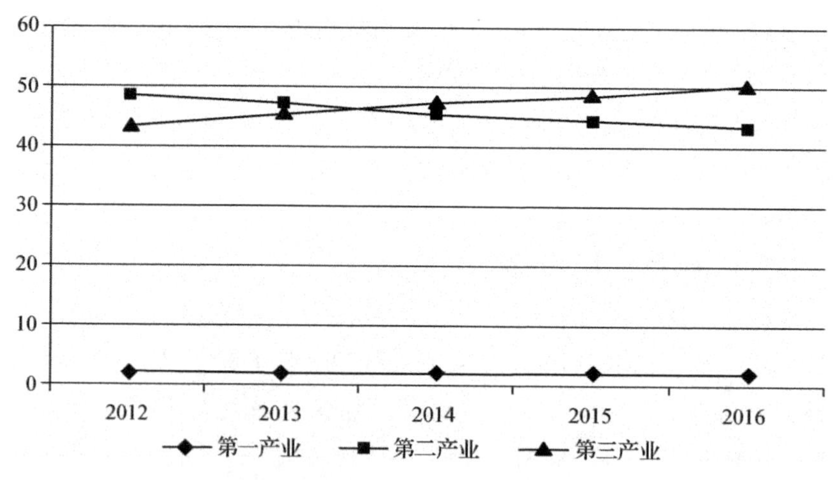

图14 苏南地区三次产业结构(%)

数据来源:历年《江苏统计年鉴》。

传统的"苏南模式"以苏州为代表,随着经济的继续向前发展,外向化、结构调整、产权改革和城市化相继赋予"苏南模式"以新的内涵,苏南地区由此抓住了国际产业资本加速向长三角地区转移的机遇,积极实施招商引资战略,区域经济得到迅速发展,同时,积极招商引资,吸引外资的投入,从"三来一补"到生产研发,不断提高外企的质量,增加高新科技企业的比重,提高了净出口的产值,提升了苏南地方经济总量,促进了地方经济的增长。2015年,江苏深入实施现代服务业"十百千"行动计划,服务业增加值占地区生产总值的比重提高1.4个百分点。苏南五市则不断加快服务业提档升级,为经济新常态下引领服务业更好更快向中高端发展,推进产业结构优化升级和持续健康发展提供有力支撑。苏南现代服务业发展壮大,生产性服务业做大做强,生活性服务业健康发展,同时构建区域金融中心和电子商务示范基地。

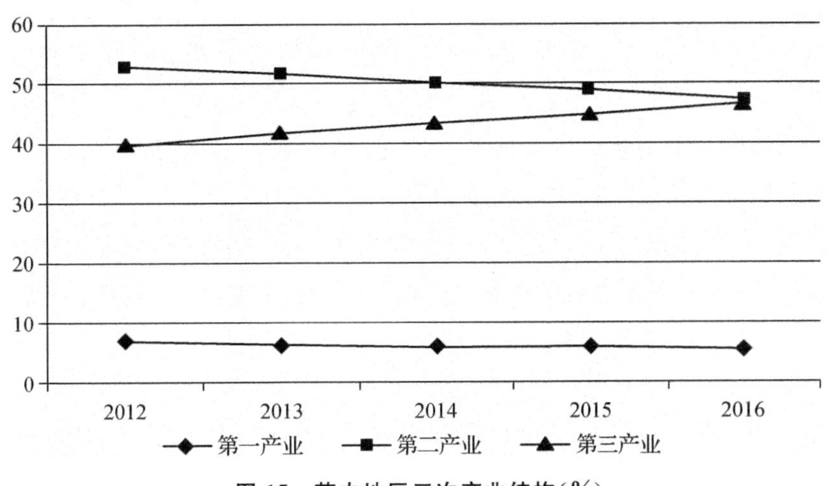

图 15　苏中地区三次产业结构(%)

数据来源:历年《江苏统计年鉴》。

苏中地区则呈现出工业化中期阶段特征,农业比重从 2005 年的 10.6%下降到 2016 年的 3.3%,服务业比重从 2005 年的 33.8%增加到 2016 年的 46.7%,第二产业比重在 2009 年以后有所下降,到 2016 年下滑到 47.6%。第二产业比重大于第三产业,且第一产业比重相对较低,这是苏中产业结构的特点。苏中三次产业结构由 2010 年的 7.5∶55.1∶37.5 调至 2016 年的 5.7∶48.7∶47.7。从实际情况看,苏中地区工业经济起步较早,玩具、机电、医药、汽车等传统产业具有明显优势,是支撑苏中经济增长的特色产业,也是提高区域竞争力的重要基础,南通海工产业、扬州汽车产业、泰州生物医药业均在全国处于领先水平。

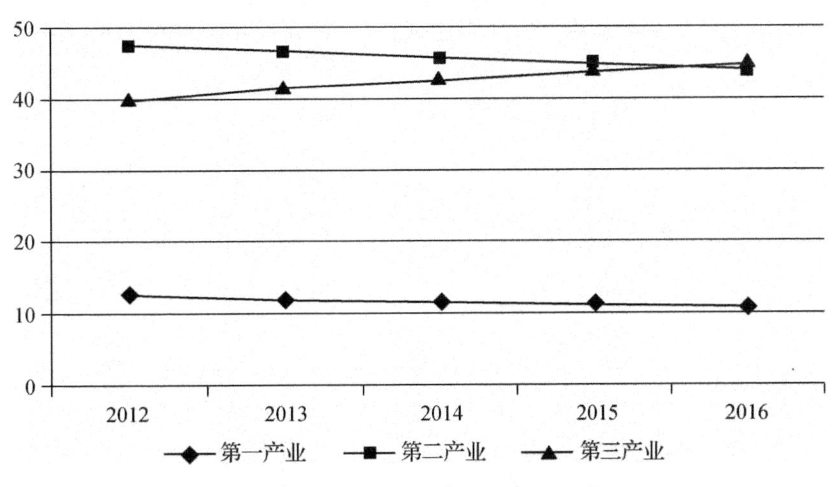

图 16　苏北地区三次产业结构(%)

数据来源:历年《江苏统计年鉴》。

苏北地区则显示出新型工业化发展特征,农业比重持续下降,从 2005 年的 20.2%下降到 2016

年的6.8%,按照一般产业结构演化趋势,农业比重的明显下降对应着工业比重的大幅提高,但是我们看到,苏北第二产业比重并没有明显提高,农业比重的下降主要对应着服务业的不断提高,从2005年的34.1%提高到2016年的44.9%。在优势产业方面,苏北新能源建设稳步推进,利用资源环境优势及港沿功口交通便利,大力发展太阳能、风能发电及相关产业链。苏北地区具有丰富的土地资源、较为充分的劳动力、相对充裕的环境容量等,这些优势是苏南和苏中地区无法比拟的。为此,苏北地区必须立足自身比较优势,实施错位发展,主动承接苏南、上海等地以及国际产业转移,积极打造具有较强竞争力的现代产业体系。在先进制造业的发展上,要依托自身要素禀赋优势和产业发展基础,积极培育提升一批市场竞争力强、产业配套能力好、科技含量高的特色产业基地。在现代服务业的发展上,要积极围绕制造业发展,提升生产服务业配套服务水平;立足苏北生态环境优美、文化底蕴深厚、旅游资源丰富的优势,重点发展特色旅游、文化休闲等生活服务业。

(二)农业

"十二五"时期,以农业现代化工程为抓手,着力转变农业发展方式,持续推进农业结构调整,全面深化农村改革,全省农业农村经济保持良好发展势头,现代农业建设加快推进。苏北地区由于其区域大,耕地面积辽阔,再加上工业相对没有苏南和苏中地区发达,农业在其GDP中的比重高,使得江苏省农业主产区域是苏北地区。然而,当前经济发展进入新常态,农业发展面临农产品价格和生产成本"双重挤压",遭受资源与环境"双重约束",苏北农业转方式调结构、推进转型升级、加快现代化进程的压力倍增。

苏南和苏中地区受限于耕地面积,农业总产值相对较小,但是三地区农业GDP占江苏的比例总体比较稳定,2007年苏南、苏中和苏北地区分别占24.60%、23.77%和51.63%,中间虽有波动,但波动幅度很小,到2016年三地区比例分别为24.4%、21.9%和53.7%,与2015年相比变动并不大(表7)。

表7　三地区农业GDP在江苏的比例(%)

年份	苏南	苏中	苏北
2012	25.1	23.7	51.2
2013	25.3	23.5	51.2
2014	24.4	23.2	52.3
2015	24.4	23.0	52.7
2016	24.4	21.9	53.7

数据来源:历年《江苏统计年鉴》。

从增长幅度来看,按照可比价格计算,从2012年到2016年,苏南和苏中地区农业增加值增幅很稳定,保持在4%左右,苏北地区除了2010年出现过11.7%的高速增长外,其余年份保持在5%的增幅,总体来看,苏北农业增速快于苏南和苏中,但是差异很小。

表 8　三地区农业增加值指数（按可比价计算，上年＝100）

年份	苏南	苏中	苏北
2010	104.2	104.3	111.7
2011	104.3	104.0	104.1
2012	104.7	104.7	104.6
2013	103.1	103.5	103.2
2014	102.4	104.2	104.6
2015	102.8	103.2	103.5
2016	104.0	104.0	105.0

数据来源：历年《江苏统计年鉴》。

现代农业是继传统农业之后农业发展的一个新阶段。其内涵是以统筹城乡社会发展为基本前提，以科技进步为驱动力，以市场为导向，通过政府的宏观调控，实现农业产业化、集约化、商品化的生产与经营，提高农产品的市场竞争力和农业整体效益的新型产业形式。按照现代农业发展的要求，江苏各地区加快农业产业结构调整，优化农业生产要素合理配置，种植业和渔业产出规模逐年递增，畜牧业发展趋势呈生产规模逐步收缩调整，产业转型升级蓄势推进的新格局。从三个地区农业内部产业结构来看，2016 年苏南农林牧渔和农业服务业的产值结构为 56.3∶4.4∶8.0∶21.2∶8.8，苏中产值结构比为 50.6∶1.1∶13.6∶20.4∶5.9，苏北产值结构为 62.1∶2.8∶20.0∶14.1∶4.3。相对于苏南来说，苏北农业、牧业比重分别高出 3.1 个和 11.3 个百分点，但林业、渔业和农业服务业分别低 1.8 个、7.8 个和 4.8 个百分点，苏中牧业高于 6.7 个百分点，渔业高出 0.8 个百分点，种植业、林业和农业服务业分别低 1.8 个、3.2 个和 2.5 个百分点。这种结构上的差异一方面是由自然条件决定的，如苏南和苏中地区河道密布，水资源丰富，渔业发达，而苏北地区土地平整，种植业有优势；另一方面，与农业发展形态也有关系，苏南地区由于城市密集，经济发达，都市农业、观光农业发达，导致农业服务业相对发达。

表 9　2016 年三地区农业总产值　（亿元）

	苏　南	苏　中	苏　北
农林牧渔业总产值	987.7	916.7	2063.3
农业	563.7	506.5	1242.0
林业	44.3	11.2	55.7
牧业	79.8	135.8	398.9
渔业	212.2	204.7	281.6
农林牧渔服务业	87.7	58.6	85.1

数据来源：2017 年《江苏统计年鉴》。

从主要农产品产量结构来看，相对于苏北来说，苏南和苏中地区各类产量普遍相对较少，这和表 10 所反映的农业内部产业结构是一致的。

表 10　2016 年三地区主要农业产品产量(万吨)

	苏　南	苏　中	苏　北
粮食	477.4	938.5	2360.4
油料	18.8	54.9	62.6
棉花(吨)	0.5	2.7	3.3
肉类	48.4	90.4	264.9
牛羊猪肉	29.2	60.0	162.3
水产品	87.0	168.8	266.8

数据来源:2017 年《江苏统计年鉴》

就业结构也能够反映三个地区农业在经济发展中的作用,2016 年苏南农业从业人员 106.2 万人,较上一年减少了 4.48 万人,占总就业人数的 16.9%,而苏中和苏北农业从业人员占所在地区从业人员的比例分别为 20.1%和 38.5%,明显高于苏南地区,这反映了苏中和苏北农业在经济结构中还比较重要。

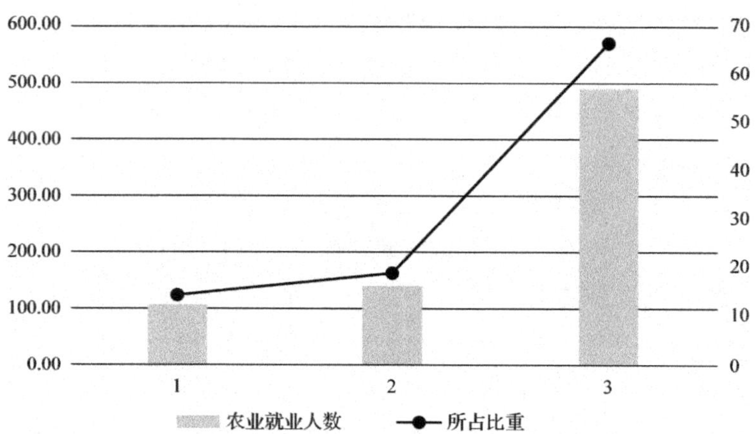

图 17　2016 年三地区农业从业人员人数及其在所有从业人员中的占比

数据来源:2017 年《江苏统计年鉴》。

从江苏 13 个省辖市来看,农业从业人员比重最低的是苏州和无锡,最多的是连云港和淮安,总体上,苏南地区该指标低于苏中,苏中则低于苏北,基本上和经济发展程度成反比,即经济越发达,农业人员从业比例越低。

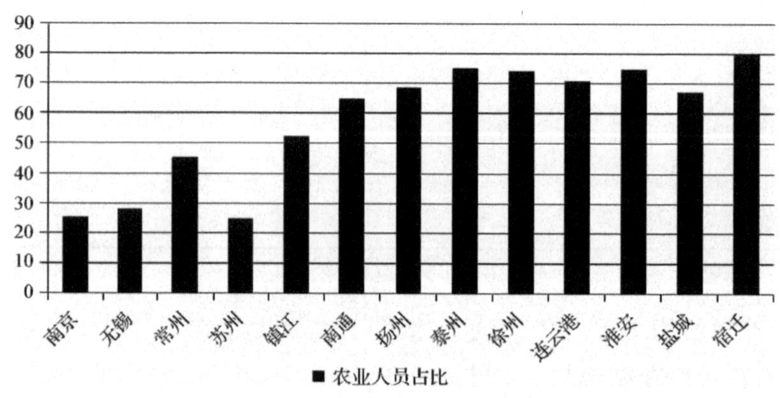

图 18　十三市农业人员在所有从业人员中的占比(%)

数据来源:2017 年《江苏统计年鉴》。

（三）工业

苏南地区工业尤其是制造业十分发达，目前逐步迈入工业化后期阶段，从产业结构来看，第二产业（主要是工业）在国民经济中的比重不断下降，但是苏南地区工业发展速度却并没有放缓，工业转型和产业升级突飞猛进，初步形成了以南京智能电网、软件，无锡物联网、集成电路，常州光伏、智能装备，苏州纳米、生物医药，镇江新材料等的先进制造业产业格局。

“十一五”期间苏南工业总量上继续保持快速发展，作为“十二五”时期的收官之年，2016 年继续保持稳定增长，实现工业增加值 18425.2 亿元，实际增长 4.8%。南京高新区的软件产业、苏州工业园区的纳米技术产业、无锡高新区的软件产业、常州高新区的太阳能光伏产业、石墨烯产业等已形成先发优势，产业创新链条日益完善，成为苏南乃至整个江苏省转变发展方式与调整经济结构的重要引擎。

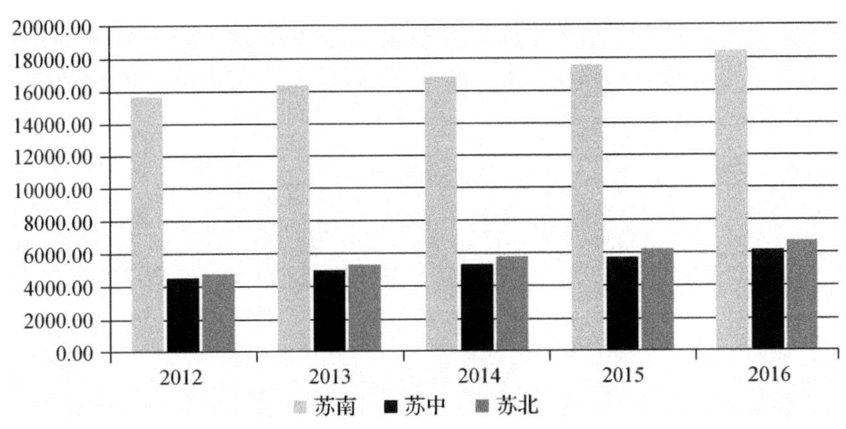

图 19　三地区工业增加值（亿元）

数据来源：历年《江苏统计年鉴》。

苏中地区抓住沿江与沿海开发的重大机遇，积极接受国际国内制造业的转移，努力构筑产业发展的新优势，经济增长不断加快，承南启北的纽带作用正逐步得到发挥。凭借沿江沿海两大经济起飞平台，以及崭新的服务理念和操作方式，加快了发达地区和苏南资源相对紧缺的产业向苏中有规划、有梯度地转移，新兴产业不断形成。加上苏中地区的纺织、机电、医药、汽车、建筑等传统产业优势，苏中工业无论是产业结构还是产业总量均有明显提升。目前，苏中地区形成了南通家纺产业、海工装备、船舶产业，泰州医药、船舶制造和扬州石油化工、汽车及零部件等特色产业集群，有力地提升了苏中的工业水平。到 2016 年，苏中实现工业增加值 6238.8 亿元，比 2015 年增加 8.2%。

苏北地区新的工业增长点持续发力，加之汽车、风电、新材料、食品、医药等地方产业的带动，苏北五市工业指标增幅继续高于全省平均水平，规模以上工业增加值完成 6795.0 亿元，同比增长 8.6%，增速高于全省平均水平 2.4 个百分点。从产业结构来看，苏北各地工业尤其是制造业结构不断优化，形成了各地具有特色的产业集群，其中徐州工程机械产业、连云港新医药产业、盐城汽车产业、新能源产业以及淮安的石油机械产业、宿迁的酿酒产业都成为江苏乃至全国重要的产业集群，带动了苏北工业的发展和升级。

表 11　三地区工业增加值指数（按可比价计算，上年＝100）

年份	苏南	苏中	苏北
2010	113.6	114.5	116.8
2011	112.1	112.9	116.0
2012	109.4	112.4	115.4
2013	109.4	112.7	114.0
2014	107.7	111.2	110.6
2015	106.1	109.9	110.6
2016	104.1	106.7	107.9

数据来源：历年《江苏统计年鉴》。

从三地区工业增速角度来看(表 11)，近 5 年来，苏北、苏中工业增速均超过苏南地区，其中苏北增速最快，这使得苏北工业增加值在江苏工业中的比重不断提高，从 2007 年的 15.77%提高到 2016 年的 21.6%，增长了近 6 个百分点，苏中从 2007 年的 17.53%增加到 2016 年的 19.8%，增加了 6.3 个百分点，苏南则从 66.7%下降到 58.6%(表 12)。

表 12　三地区工业增加值占江苏的比例(%)

年份	苏南	苏中	苏北
2010	63.47	18.43	18.10
2011	62.76	18.42	18.81
2012	62.57	18.19	19.23
2013	61.80	18.47	19.73
2014	60.28	19.27	20.55
2015	59.34	19.48	21.13
2016	58.6	19.8	21.6

数据来源：历年《江苏统计年鉴》。

尽管苏北、苏中工业增速超过苏南，但是它们与苏南之间的差距还是十分巨大的，这从三个地区的工业增加值总量上可以看得出来，2016 年，苏南地区工业增加值为苏中地区的 3.0 倍，为苏北地区的 2.7 倍。除了工业增加值，从工业总产值、资产额、主营业务收入和利润总额等指标上也可以看到这种巨大差异。

表 13　2016 年三地区工业总产值及经营状况(亿元)

	苏南	苏中	苏北
工业企业单位数(个)	23939	10775	13200
工业总产值(亿元)	78831.63	36740.87	40094.53
内资企业	41483.42	26986.65	33839.92
外商港澳台商投资企业	37348.21	9754.22	6254.62

续表

	苏南	苏中	苏北
国有控股企业	7442.65	2947.65	2120.41
大中型企业	55400.55	20036.01	19648.00
轻工业	18602.51	10533.54	14907.52
制造业	77449.31	36224.47	39088.41
资产总计(亿元)	69701.23	20134.47	22282.65
负债合计(亿元)	37206.78	10259.69	10491.70
主营业务收入(亿元)	78119.21	36383.51	39846.19
主营业务成本(亿元)	66749.46	31231.25	33825.32
利润总额(亿元)	5007.55	2651.66	2871.03

数据来源:2017年《江苏统计年鉴》。

从江苏13个省辖市情况来看,工业总产值规模最大的是苏州,达到30714.0亿元,其次是南通(14525.7亿元)、无锡(14353.0亿元)。从增速上看,苏北、苏中工业发展的速度超过苏南地区,增速分别高于全省0.1个百分点和1.4个百分点,工业主要指标增幅继续高于全省平均水平。

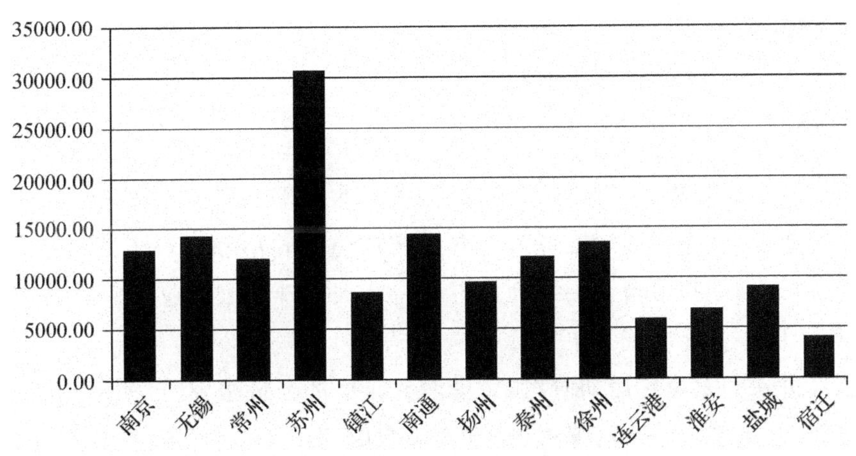

图20 2016年江苏十三市工业总产值(亿元)

数据来源:2017年《江苏统计年鉴》。

“十二五”期间,苏北五市纷纷加快结构调整步伐,新型工业化成效显著。徐州针对资源枯竭型城市实际,聚焦提质增效升级,装备制造、能源等七大产业规模均超过千亿元,新兴产业产值由2010年的460亿元增至2014年的4320亿元。关停57家小钢铁企业,主城区化工企业基本实现退城入园;连云港医药创新能力全国领先,恒瑞医药、正大天晴、豪森药业、康缘药业等4大药企名列中国医药企业创新力20强,新医药年产值超过400亿元;淮安总投资80亿元的智慧谷一期投运在即,有效支撑优势特色产业集聚集群发展。2013年起,重点培育壮大盐化新材料、电子信息、特钢、食品和高端装备制造、新能源汽车及零部件“4+2”先进制造业。2016年,苏北地区服务业增加值达8160.1亿元,占GDP比重达60.8%,比2010年提高18.6个百分点。

苏南、苏中和苏北除了在工业规模和工业的产业结构上有差异外,另一个非常重要的差异就是工业生产中的外资使用程度。苏南地区一直是我国吸引外资的重要地区,而外资最主要的投资领域是制造业,外资企业成为苏南地区工业生产的重要主体,而苏中和苏北地区由于外资规模有限,外资进入时间相对较短,外资企业在工业(制造业)生产中的份额相对较小。图 21 显示了三地区工业总产值中内外资企业比例,非常明显地看到,苏南地区外资企业比例非常高,达到 47.0%,而苏中地区外资企业比例为 27.0%,苏北地区为 16.0%。

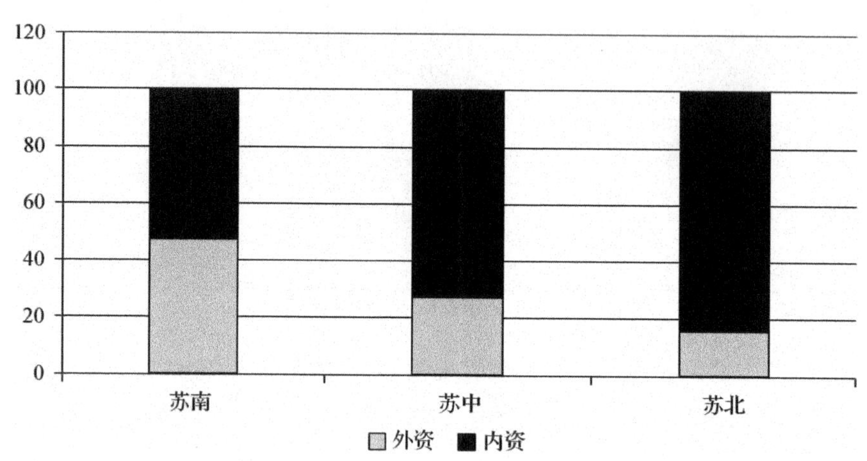

图 21　2016 年工业总产值中的内外资比例(%)

数据来源:2017 年《江苏统计年鉴》。

(四)服务业

加快发展现代服务业是省委、省政府作出的一项重大战略决策。从 2005 年开始,江苏省政府高度重视现代服务业发展,力图通过服务业发展来实现经济转型和增长方式转变。在省委省政府的带领下,各地政府也制定和出台了一系列文件支持和促进现代服务业快速发展,在政策的大力扶持下,江苏三地区的服务业都出现了快速发展。

苏南地区已经进入到工业化后期阶段,凭借着其雄厚的经济基础,再加上政府尤其是江苏省政府的大力支持,(如 2011 年 10 月,江苏省委、省人民政府印发了《转型升级工程推进计划》,明确将重点培育宁苏锡等地现代服务业示范区,重点培育南京软件谷、昆山花桥商务服务集聚区、无锡太湖国际科技园等 20—30 家省级现代服务业示范区,支持南京开展国家服务业综合改革试点等),苏南现代服务业规模不断增加,产业结构不断优化。

2016 年苏南地区服务业实现增加值 23601.4 亿元,比 2015 年增加 2350.3 亿元,增幅达到 11.1%。2016 年苏州、南京、常州、无锡四地的服务业增加值占 GDP 比重均已超过 50%,增加值年增长值分别为 10.1%、10.1%、12.6%、13.0%,分别高于同期 GDP 增幅 3.4 个、2.0 个、3.1 个、4.9 个百分点,分别高于全国服务业增幅 1.5 个、1.5 个、4 个、4.4 个百分点,成为东部沿海提速最快的地区。

苏南各市服务业在总量稳步攀升的同时,不断加快转型升级步伐,内部结构更趋优化。批发零售业、住宿餐饮业、交通运输业等传统服务业发展平稳;新兴服务业如信息服务、商务服务、文化创意和电子商务等产业发展成为亮点。目前在苏州、无锡、南京已经开始出现一批具有各自特色的现代服务业集聚区，如无锡动漫产业、南京软件产业、苏州研发设计和创意产业等局出现了具有较大规模的产业园区和聚集区，除了特色和优势服务产业形成集群效应之外，苏南各地区的服务业集聚区发展迅速，集聚效应逐渐凸显。

到 2016 年底，苏南已经拥有近百家省级现代服务业集聚区。现代服务业集聚区凭借功能互补、资源共享、功能集聚、规模经济等优势，业已成为推进现代服务业发展的重要载体。集聚区有中央商务区、创意产业园、科技创业园、软件园、现代物流园、产品交易市场、服务外包等多种形态，各集聚区细分产业、错位竞争，主导产业销售收入和利润在区内占比均达 80%以上。苏南地区的南京等五市严格按照省里提出的“重点突破电子商务、云计算服务、物联网服务、数字文化、工业设计、环境服务六个现代服务业新兴产业，把加快发展现代服务业作为产业结构调整的重中之重，重点在高端化、集聚化、国际化上下功夫”的目标任务。在巩固提升传统商贸服务业发展水平的基础上，加快现代服务业发展步伐，突破发展生产性服务业、提升发展消费性服务业、培育发展民生性服务业，推进服务业结构优化、水平提升。

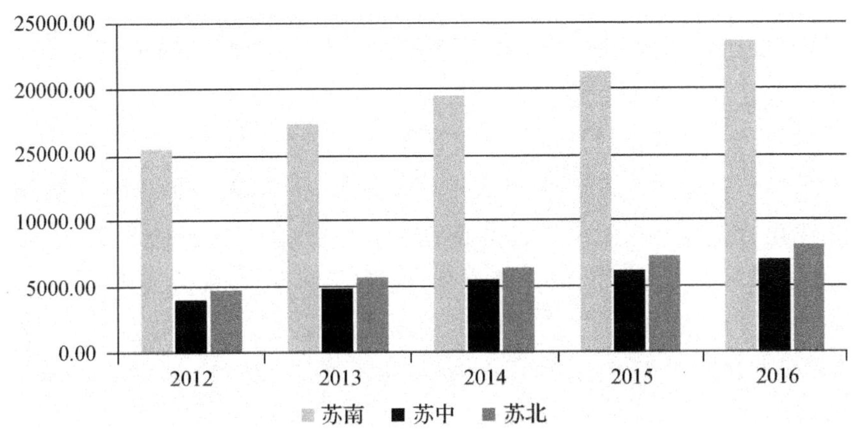

图 22　2016 年三地区服务业增加值（亿元）

数据来源：2017 年《江苏统计年鉴》。

苏中地区充分利用沿江和沿海开发战略实施所带来的历史机遇，大力发展现代服务业，提升服务业产业结构。苏中各地延续“十二五”初期的时机，努力实施“十二五”的服务业发展规划，践行未来五年内服务业重点发展方向和发展策略，并出台了一系列专门计划对服务业发展进行扶持，对服务业发展的政策支持持续加码。2016 年苏中实现服务业增加值 7159.5 亿元，比 2015 年增加 922.7 亿元，增幅为 14.8%。

2016 年泰州市服务业增加值为 1927.9 亿元，增长 16.3%，高于全市 GDP 增速 5.1 个百分点，服务业对全市经济增长的贡献率为 47.0%，拉动 GDP 增长 5.3 个百分点，对全市经济的支撑作用不断增强。全市服务业增加值占 GDP 的比重为 47.0%，比去年同期提高 1.2 个百分点，三次产业结构由上年的 6.0 ∶ 49.8 ∶ 44.2 优化为 5.8 ∶ 48.4 ∶ 45.8。2015 年，泰州市完成服务业增加值 1643.56 亿元，同比增长 11.2%，高于前三季度 0.7 个百分点。其中，金融业、营利性服务业增势强劲，增加值分别增长 12.1%、16.5%。省级现代服务业集聚区达 9 家，兴化、高港获批省级农村电子商务示范县。2015 年，扬州市服务业增加值 1762.94 亿元，总量排名全省第 8 位。按可比价计算，增长 10.8%，高于 GDP 增速 0.5 个百分点，高于省均 1.5 个百分点，增速排名全省第 7 位。服务业增加值占比继续超过工业，为43.9%，比上年同期提高1个百分点。三次产业比重由2014年的6.1∶51.0∶42.9调整为2015年的6.0∶50.1∶43.9。经测算，服务业对经济增长的贡献率为40.7%，拉动GDP增长4.2个百分点。

伴随着服务业规模的提高，苏中地区的服务业聚集区的发展步伐加快，服务业集聚发展的效应初步显现。南通市级以上服务业集聚区已由2007年的21家(省级3家、市级18家)发展到2012年的41家(省级7家、市级34家)，年均增长近20%。这41家省、市级集聚区涵盖了中心商务区、软件与服务外包集聚区、科技服务集聚区、现代物流集聚区、文化创意集聚区、旅游休闲集聚区、市场与商贸集聚区7种形态，较2007年增加了3种形态，体现了服务业聚集区结构的不断优化。2013年，扬州新认定服务业集聚区12个，全市市级以上服务业集聚区达到38个(其中省级服务业集聚区8个)，覆盖金融、科技、商贸、旅游、软件与信息、物流、文化、商务等八大产业，38个集聚区集聚企业12464家，增长7.7%，吸纳就业20.82万人，增长14.5%。全年预计完成固定资产投资154.05亿元，增长33.5%，实现营业收入1030.06亿元，增长19.1%，上缴税收32.77亿元，增长34.5%。

苏北地区经济的快速增长为苏北5市现代服务业的发展提供了基础，同时苏北各地政府发布一系列政策，将服务业发展放在显著重要的位置，积极推动服务业的发展。2016年苏北实现服务业增加值8160.1亿元，较2015年增长911.1亿元，增幅12.6%。

“十二五”时期，徐州市坚持把发展现代服务业作为产业转型升级的重要方向，服务业发展呈现出增长较快、结构优化、后劲增强、贡献提高的良好态势，重点发展现代物流、金融服务、科技服务等生产性服务业。连云港市则优先发展现代物流业、旅游休闲业、商贸流通业三大主导产业，创新提升金融保险、商务会展、科技服务、电子商务四大重点产业，培育壮大文化创意、互联网平台、软件信息、养老、服务外包五大新兴产业。2016年，淮安实现服务业增加值1455.2亿元，占GDP比重达47.7%，较2012年提高8.4个百分点，构建“4 +3”服务业特色产业体系，明确做强物流、金融、旅游、商贸四大基础服务业，做大电子商务、健康养生、文化创意三大新兴服务业。

表14　三地区服务业增加值指数(按可比价计算，上年=100)

	2010年	2011年	2012年	2013年	2014年	2015年	2016年
苏　南	113.5	112.5	112.3	111.6	109.1	110.6	111.1
苏　中	113.8	113.2	112.5	112.8	110.7	110.5	114.8
苏　北	113.8	113.9	113.1	113.1	110.6	111.3	112.6

数据来源：历年《江苏统计年鉴》。

从服务业实际增速来看，三地区差异并不大，基本维持在一个水平上，使得三地区服务业增加值占江苏的比例基本上没有大的变化，2005年苏南、苏中和苏北地区占比分别为64.61%、16.73%和18.66%，到2016年变为60.6%、18.4%和21.0%，苏南地区份额稍有下降，但变化很小，苏中、苏北则基本保持不变。

表 15　三地区服务业增加值占江苏的比例(%)

年份	苏　南	苏　中	苏　北
2010	63.5	16.7	19.8
2011	63.2	16.8	20.0
2012	63.3	16.7	19.4
2013	63.0	16.9	20.1
2014	61.9	17.6	20.5
2015	61.2	18.0	20.9
2016	60.6	18.4	21.0

数据来源:历年《江苏统计年鉴》。

从江苏 13 个省辖市来看,服务业增加值规模最大的是苏州,南京和无锡次之,苏北的连云港和宿迁规模最小,虽然苏州服务业产值总体规模最大,但是由于其制造业高度发达,服务业比重并不是很高,服务业占 GDP 比例最高的是南京,2016 年达到 58.4%,明显高于苏州,这和南京独特的地理、历史、教育等优势是密不可分的。

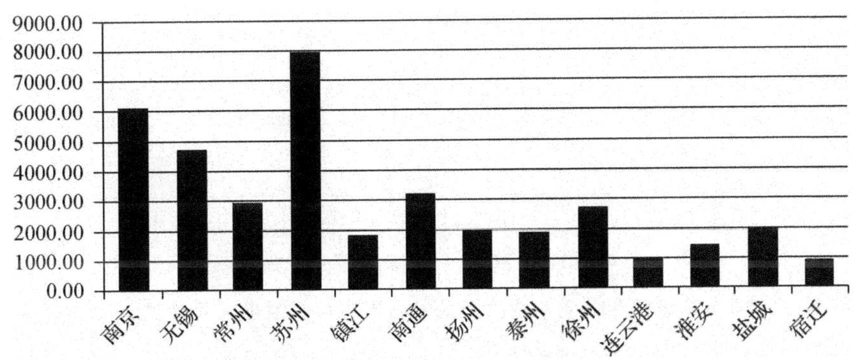

图 23　2016 年江苏十三市服务业增加值(亿元)

数据来源:2017 年《江苏统计年鉴》。

表 16　江苏十三市服务业占 GDP 比例(%)

地区	2010 年	2011 年	2012 年	2013 年	2014 年	2015 年	2016 年
南　京	51.9	52.4	53.4	54.4	56.5	57.3	0.58
镇　江	39.5	40.6	41.6	42.7	48.4	49.1	0.48
常　州	41.4	42.4	43.9	45.2	48	49.5	0.51
无　锡	42.8	44	45.2	46.0	48.4	49.9	0.51
苏　州	41.4	42.7	44.2	45.7	46.1	46.9	0.52
南　通	37.2	38.5	40.0	41.1	44.2	45.8	0.48
扬　州	37.6	38.7	40.0	41.0	42.9	43.9	0.45
泰　州	37.6	38.8	39.8	40.8	43.4	45.0	0.47

续表

地区	2010年	2011年	2012年	2013年	2014年	2015年	2016年
徐　州	39.7	40.5	41.5	42.5	45.2	46.2	0.47
连云港	39	39.1	39.6	40.3	41.4	42.5	0.43
淮　安	39.3	39.8	40.8	41.8	44.1	45.9	0.48
盐　城	37	37.8	38.2	38.9	40.8	42.1	0.44
宿　迁	37.4	37.6	38	38.4	38.9	39.4	0.40

数据来源:历年《江苏统计年鉴》。

从服务业人员就业角度来看,2016年苏南地区43.0%的从业人员从事服务业工作,而苏中和苏北只有36.0%和37.0%(图24),从13个省辖市数据看到,南京市服务业从业人员比例最高,达到57.0%,明显高于其他地区,这和南京市服务业比重很高是一致的。

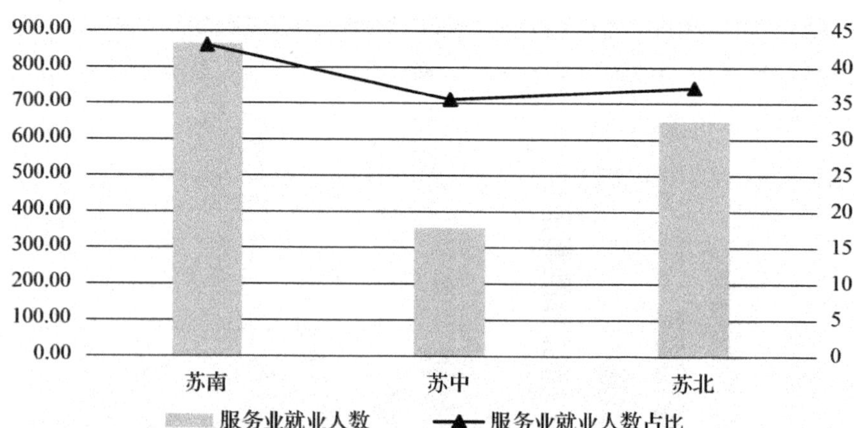

图24　2016年三地区服务业从业人员人数及其在所有从业人员中的占比(人、%)

数据来源:2017年《江苏统计年鉴》。

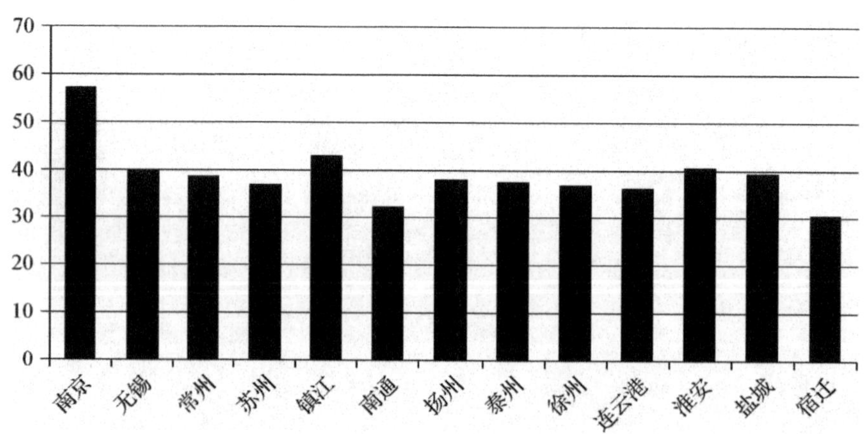

图25　2016年13市服务业从业人员在所有从业人员中的占比(%)

数据来源:2017年《江苏统计年鉴》。

三、对外经济

（一）出口

江苏经济尤其是苏南经济是高度开放型的经济，出口在国民经济中占据十分重要的作用，是经济增长的重要拉动力。2008年金融危机所造成的外需不足对江苏出口造成了巨大影响，2009年江苏出口额出现了明显下降，不过，随着政府采取了诸多措施，以及外需的回暖，2010年江苏出口呈现恢复性增长态势并逐步迈上新台阶。2016年江苏全年进出口总额5096.1亿美元，比上年下降6.6%。其中，出口总额3193.4亿美元，苏南、苏中和苏北分别实现出口2642.6亿美元、369.5亿美元和128.4亿美元。与2015年相比，苏南和苏北地区呈现小幅下滑的态势，而苏中地区略微上升。

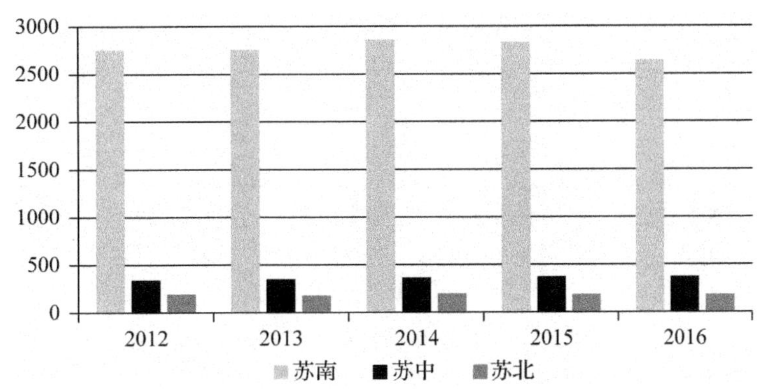

图26　三地区出口规模（亿美元）

数据来源：历年《江苏统计年鉴》。

2016年，无锡、常州和镇江进出口情况均好于全省平均水平，但同属苏南的南京、苏州降幅较大。苏中三市普遍表现较好，苏北各市既有以15.34%的进出口增幅居全省之首的徐州，也有以12.49%的降幅落后全省的连云港。

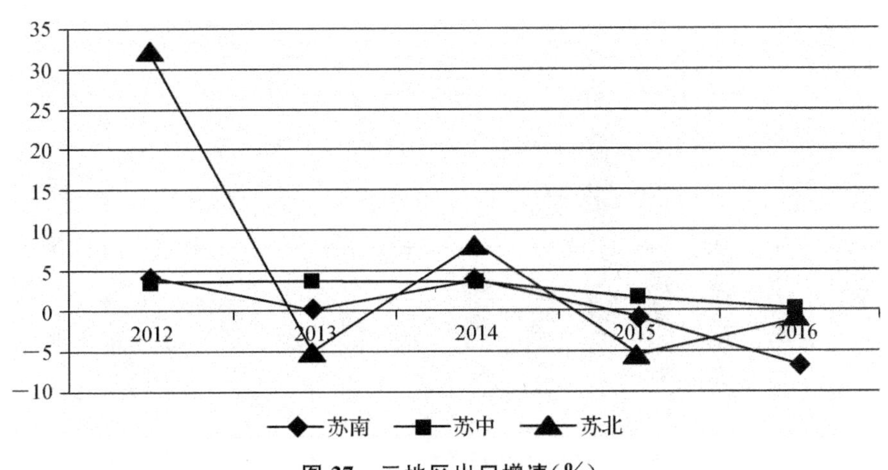

图27　三地区出口增速（%）

数据来源：历年《江苏统计年鉴》。

盐城市对外贸易保持增长态势，进出口商品总值503.5亿元人民币，同比增长9.1%，连续10个月增速列全省各省辖市首位。其中出口持续显著增长，出口商品总值317.7亿元，同比增长17.7%，增幅列全省第一。

传统上，苏南形成的外向型经济模式使其对出口和外资依赖程度比较高，而苏中和苏北地区外向型程度相对较低，这使得苏南地区出口占江苏的比例高于其GDP占江苏的比例，以2016年为例，苏南地区GDP占江苏的57.23%，但是出口上，苏南占到江苏的82.72%，苏中和苏北GDP分别占江苏的19.57%和23.2%，但出口仅占江苏的11.57%和5.71%，苏北和苏中地区对出口的依赖程度相对较低。

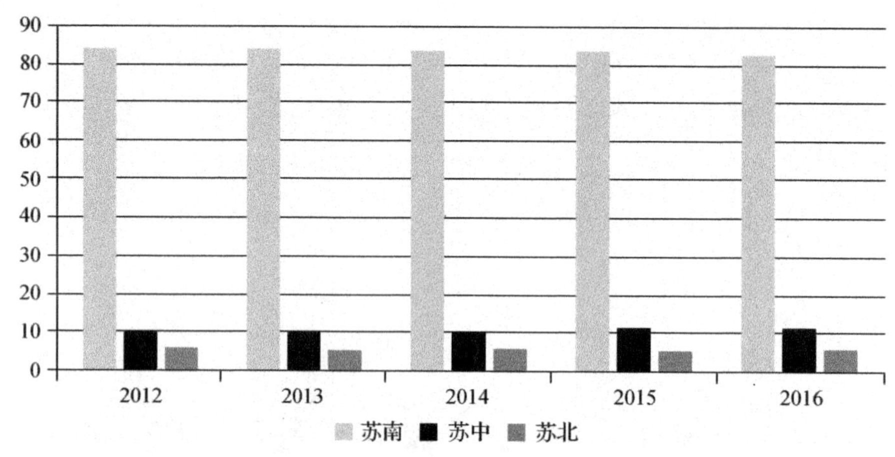

图28　三地区出口占江苏省比例(%)

数据来源：历年《江苏统计年鉴》

虽然苏中和苏北出口规模相对较小，但是这两个地区也一直在积极吸引外商直接投资，希望通过出口拉动经济增长，利用其后发优势，呈现出高于苏南的增长速度。由于增幅上超过苏南地区，所以它们在江苏出口中的比例也在提高，2016年苏中和苏北地区出口占江苏省比例分别比2011年提高了1.07个和1.1个百分点。

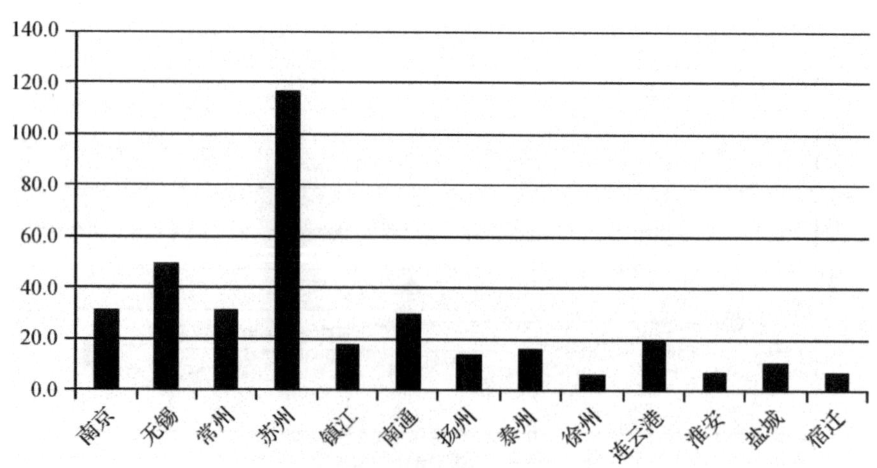

图29　2016年江苏各市的外贸依存度(%)

数据来源：2017年《江苏统计年鉴》。

江苏地区差异不仅体现在苏南、苏中和苏北三个地区上，同样也体现在地区内部，从苏南内部结构来看，2016 年苏州出口占到苏南五市的 62.04%，南京和无锡只占到 11.20%和 16.24%，而镇江仅占到 2.63%，这远远低于它们在苏南 GDP 中的份额，苏州出口所占比例如此之高，除了其地理位置、国家政策等原因之外，与外资企业尤其是出口型外资企业大量聚集有很大的关系，如昆山的台资企业聚集等。

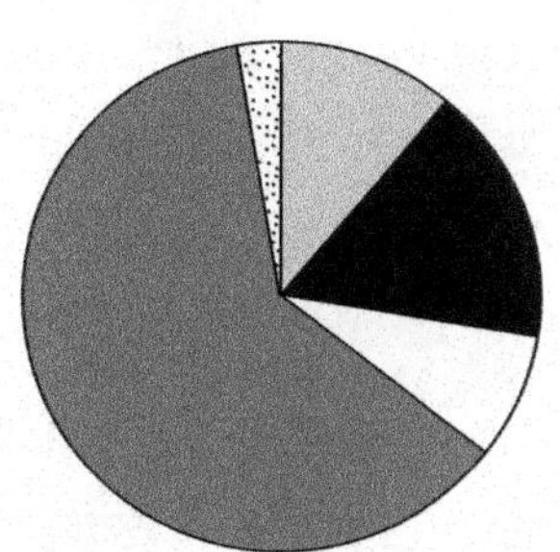

图 30　2016 年苏南各市出口占苏南比例(%)

数据来源：2017 年《江苏统计年鉴》。

2016 年苏州市外贸进出口 18957.1 亿元人民币，比上年(下同)下降 0.9%。其中，机电产品出口 8870.9 亿元，增长 2.3%，占全市出口的 78.8%。对出口增长贡献较大的主要是手机等通信设备，出口 1188.8 亿元，增长 45.8%；单项货值最大的笔记本电脑出口 5731.2 万台、货值 1407.3 亿元，分别下降 1.7%和 2.1%。

苏中出口相对苏南的苏州"一家独大"来说比较均衡，不过南通占据 62.29%的份额也高于其 GDP 份额。从 1982 年南通港水运口岸对外开放，到近五年如东洋口港、启东港、南通兴东机场口岸开放先后获得国务院批准并通过国家验收，南通拥有两个江港口岸、两个海港口岸、一个空港口岸，形成全方位、立体式的口岸开放格局，位居全省第一。2016 年南通外贸出口总值 230.11 亿美元，全市已从初期以劳动密集型、出口加工型为主，逐步向特色产业、科技和资本含量较高的先进制造业转变，初步形成以装备制造业、电子信息、新能源、新材料、生物医药、现代纺织为代表的支柱产业。

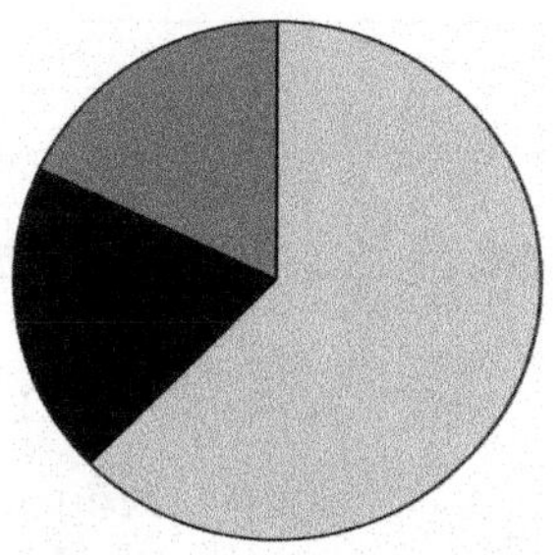

图 31　2016 年苏中各市出口占苏中比例(%)

数据来源：2017 年《江苏统计年鉴》。

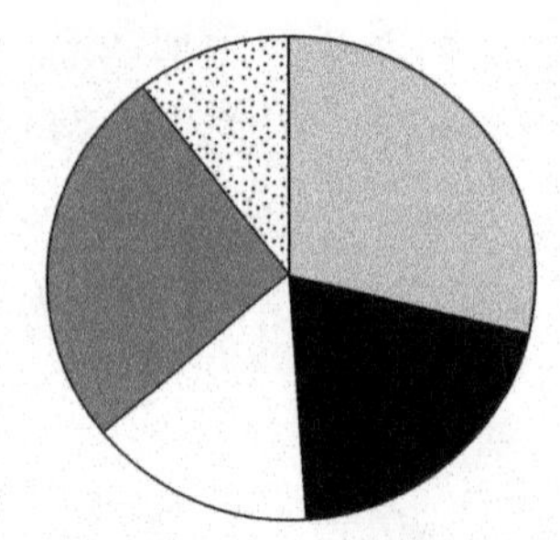

图32　2016年苏北各市出口占苏北比例(%)

数据来源:2017年《江苏统计年鉴》。

苏北地区中除了连云港利用其港口城市优势外,各市出口比例和GDP比例大致比较吻合。盐城市出口额一直占苏北地区的份额较高,且占比增速较其他4市都高。2016年,盐城市对外贸易保持增长态势,出口额占苏北地区的29.3%,位居第一,其次是连云港25.9%,徐州23.0%,淮安13.0%,宿迁8.9%。

(二)进口

由于受到金融危机的影响,江苏进口在2009年出现了下滑,不过之后出现了明显的反弹和回升,但随之又出现了衰退。到2016年,江苏进口总额为1902.68亿美元,与2015年相比,减少166.77亿美元,其中苏南地区进口1674.22亿美元,占江苏进口的87.99%,苏中和苏北进口分别为139.21亿美元和89.19亿美元,分别占江苏进口的7.32%和4.69%,和出口一样,江苏进口同样表现出明显的地区差异,而且进口的集中程度高于出口。然而在增速上,2016年苏北、苏南和苏中都出现不同幅度的下降。

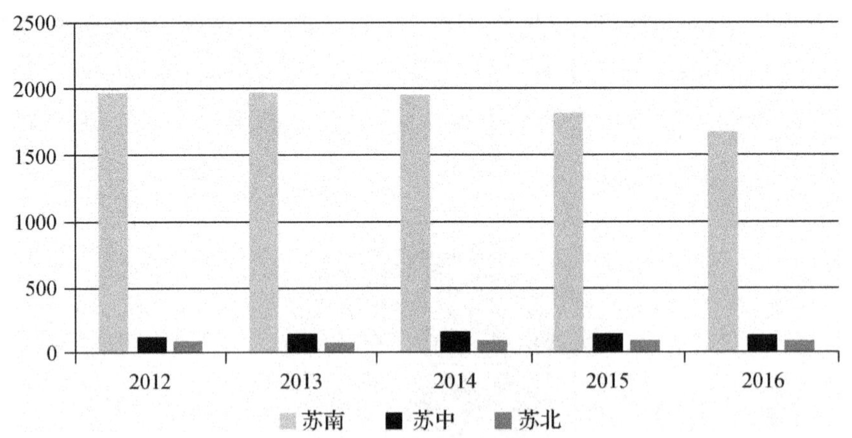

图33　历年三地区进口规模(亿美元)

数据来源:历年《江苏统计年鉴》。

(三)外商直接投资

近年来,发达国家"再工业化"的"制造业回流"效应逐渐显现。数据显示,2012年至2013年,欧洲与日本对江苏省实际外商直接投资额均出现小幅下降。美国的直接投资波动更加显著，自奥巴马政府正式提出重振制造业战略(2009 年)起，对江苏省的实际外商直接投资额逐年下降。2016 年苏南地区吸引 FDI167.46 亿美元，与 2012 年相比，减少 61.34 亿美元，降幅达到 26.81%。苏中地区，虽然在吸引 FDI 的总量上与苏南有较大差距，但依旧遭遇 FDI 大幅下滑的困境，降幅约为 14.34%。苏北地区年吸引 FDI 只占苏南地区的 26.12%，但降幅较为轻微，只有 3.88%。

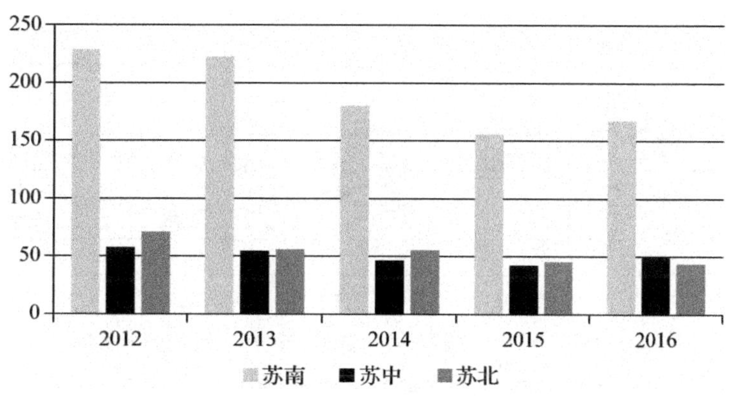

图 34　历年江苏三地区实际外商直接投资规模(亿美元)

数据来源：历年《江苏统计年鉴》。

江苏省内，制造业正发生“三位叠加”效应：传统制造业受挑战，中坚 IT 业在动荡，新兴产业正孵化。受国际市场需求萎缩、贸易摩擦频发、产能相对过剩等因素影响，制造业遭遇挑战。在这样的经济运行环境中，江苏外企生存压力大增。南京海关人士表示，人工成本、汇率成本、融资成本、环保成本、摩擦成本等都构成了外贸企业生存压力。因此，在此背景下，苏南、苏中 2013 年以来，吸引 FDI 逐年下降，2014 年降幅较大，2015 年有所收窄，在 2016 年又急剧回升，且苏南和苏中地区回升速度大于苏北。

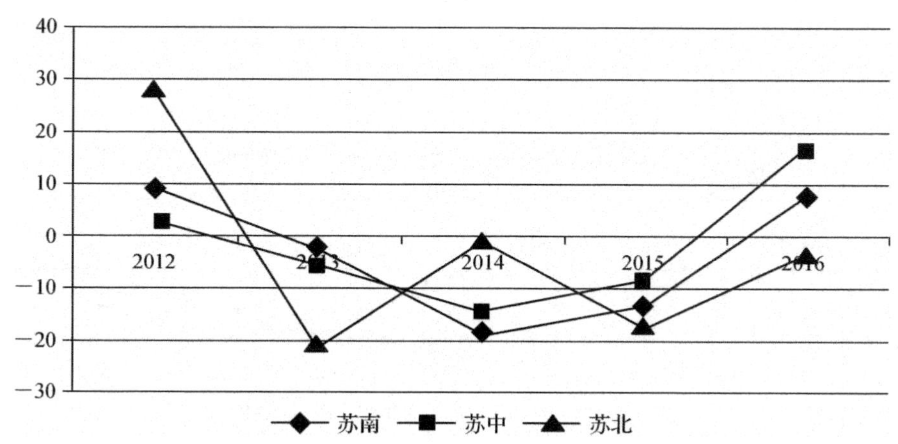

图 35　三地区实际外商直接投资增速(%)

数据来源：历年《江苏统计年鉴》。

未来 5—10 年，江苏应对发达国家“再工业化”、在更高水平上参与国际竞争，必须改变以加工出口贸易为导向、建立在引进技术和模仿创新基础上的发展模式，从优化原始创新体系，突破转型升级的技术障碍;顺应"互联网+"趋势,大力推进智能制造;提升企业创新水平,培育世界一流企业;完善人才激励机制,营造宜居宜研的创新氛围四个方面着手,实现生产自主装备与产品、推动江苏制造业向中高端发展的目标。

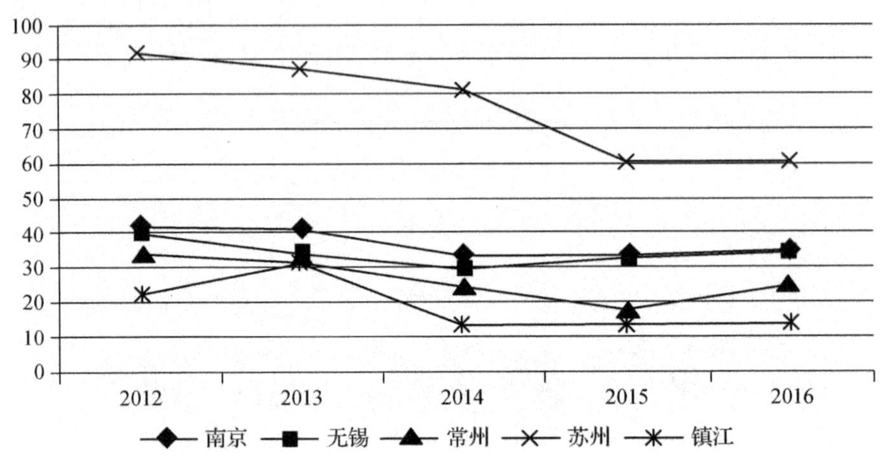

图 36　苏南各市实际外商直接投资规模(亿美元)

数据来源:历年《江苏统计年鉴》。

从苏南内部结构来看,苏南地区外商直接投资规模最大的是苏州,2016 年为 60.03 亿美元,与 2012 年相比减少了 31.62 亿美元,降幅达到 34.5%。苏州因其发达的制造业,一直是我国吸引外商直接投资企业最多的地区,但 2013 年以来,外商对苏州的投资呈现出新的变化——制造业投资不断减少,但服务业投资有所提高。外商对苏州第三产业投资主要集中在批发零售业、住宿餐饮、信息技术、金融、租赁和商务服务、房地产和科学研究和技术服务业,三年中,每个行业均有不同程度下降,只有餐饮业一直呈现增长态势。

苏南地区中,吸引 FDI 第二多的城市是南京,2016 年时达到 34.79 亿美元,与苏州所不同的是,近五年来,从总量上来说,南京对 FDI 的吸引力度并没有出现大幅的下降,反而在 2016 年时,还出现了正增长。

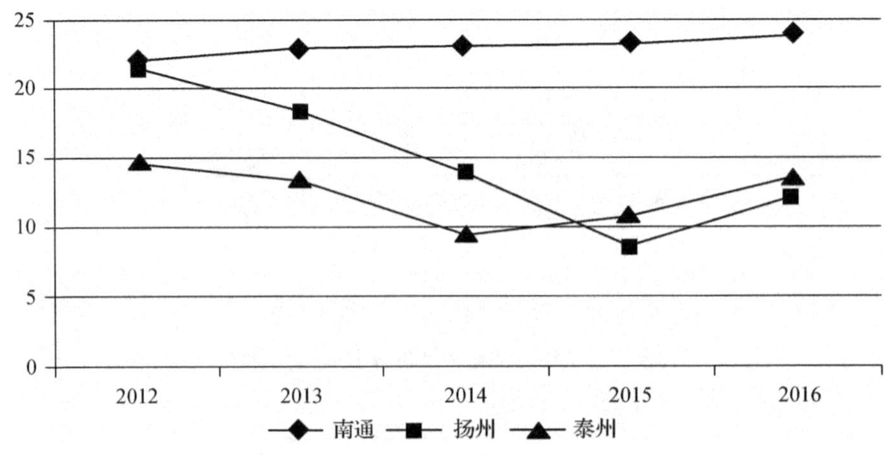

图 37　苏中各市实际外商直接投资规模(亿美元)

数据来源:历年《江苏统计年鉴》。

从苏中内部结构来看，2012—2015年，扬州和泰州两地吸引FDI有出现不同程度的下滑，特别是扬州，2015年实际利用外资资金只有8.48亿美元，比2014年减少5.4亿美元，与2011年相比，减少12.54亿美元。但是，在2016年苏中地区的三市FDI规模都有上升，其中，扬州增幅最大为42%，其次是泰州为26%，南通为3.1%。

南通市"十二五"前四年实际利用外资89.8亿美元，年均增长3.0%，虽增势有所回落，但占全省的比重却由7.2%提高到8.2%，实现引进外资份额不减少、位次不后移、质量有提升的发展态势。

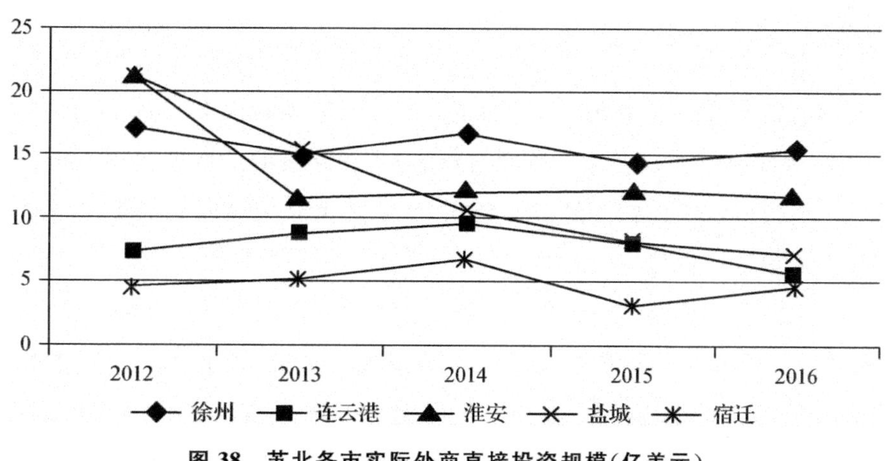

图38　苏北各市实际外商直接投资规模(亿美元)

数据来源：历年《江苏统计年鉴》。

从苏北内部结构来看，利用外资规模出现了明显分化，2012—2014年苏北5市中，连云港和宿迁吸引FDI出现了正增长，分别从2012年的7.3亿美元和4.52亿美元，增加到2016年的5.5亿美元和4.5亿美元，在2014年后苏北5市都出现下滑，且在2016年只有徐州和宿迁有所回升。2016年徐州市在苏北5市中，吸引FDI最多的城市，达到15.06亿美元，比2015年增长0.78亿美元，其次是淮安市为11.61亿美元。

第二章　江苏沿海区域

一、整体概况介绍

江苏沿海北起苏鲁交界的绣针河口，南抵长江口，大陆岸线全长954公里，海堤外滩涂面积750万亩，占全国滩涂面积1/4以上。早在新石器时期，江苏沿海地区就出现了海洋经济萌芽。如今的江苏，地处丝绸之路经济带、长江经济带与21世纪海上丝绸之路的交汇处，区位优势独特，发展海洋经济有着得天独厚的优势。

江苏沿海三市主要是指南通、连云港和盐城。沿海开发区域包括连云港、盐城和南通三市市区以及赣榆、东海、灌云、灌南、响水、滨海、射阳、大丰、东台、海安、如东、海门、启东等13个县(市)。沿海开发影响范围包括连云港、盐城和南通三市的全部区域。2016年沿海三市人口2131.18万，面积35095.56平方公里，地区生产总值13720.76亿元，分别占全省的26.64%、32.74%和18%，人均地区生产总值72147元，相当于全省平均水平的75.74%。沿海开发区区域人口1671.04万，面积28887平方公里，地区生产总值11522.52亿元，分别占全省的20.89%、26.95%和15.14%，人均地区生产总值75649元，相当于全省平均水平的79.42%。江苏沿海区域位于我国沿海地区中部，是我国沿海、沿江、沿陇海线生产力布局主轴线的交汇区域。南部毗邻我国最大的经济中心上海，是长江三角洲的重要组成部分；北部拥有新亚欧大陆桥东桥头堡连云港，是陇海—兰新地区的重要出海门户；东与日本、韩国隔海相望。该地区人均土地面积2.31亩，比全省平均水平多0.23亩；沿海滩涂面积1031万亩，约占全国的1/4。海洋生物资源种类多、数量大，吕四渔场和海州湾渔场为全国重要渔场，海洋资源综合指数居全国第四位，是全国海洋资源富集区域之一。岸线资源优良，具备在淤泥性海岸建设深水海港的技术条件，连云港港可布局建设30万吨级航道和码头。该地区区劳动力资源较为丰富，产业基础良好。农业开发历史悠久，生产条件优越，产业化和规模化经营水平较高，是黄淮海平原和江淮地区国家粮食主产区的重要组成部分；工业初具规模，纺织、机械、汽车、化工等已成为主导产业；建筑业较为发达，旅游业特色鲜明，海洋产业在部分领域具备明显的比较优势；服务业发展水平逐步提升，现代物流等生产性服务业处于加速发展阶段，生活性服务业发展模式不断创新。作为全国主要港口的连云港港和南通港辐射带动能力不断增强，南通、盐城和连云港三个机场的运输能力快速增长，新长铁路、沿海高速公路、苏通大桥等相继建成通车，区域综合交通体系初步形成；能源结构逐步优化、供给充足；水利设施较为完善，水资源供给和防洪保安能力显著增强。

2005年11月江苏省委十届九次全会正式提出把“三沿”开发进一步拓展为“四沿”开发。沿海开发，是江苏继沿沪宁线、沿江、沿东陇海线经济带之后，又一次重要的生产力战略布局。江苏省省委省政府以《中华人民共和国国民经济和社会发展第十一个五年规划纲要》及《江苏省国民经济和社会发展第十一个五年规划纲要》为编制依据，出台了《江苏省沿海开发总体规划》(2005—2015年)。该规划将江苏沿海开发地区的战略定位为区域性国际航运中心、新能源和临港产业基地、农业和海洋特色产业基地、重要的旅游和生态功能区。2009年国务院通过《江苏沿海地区发展规划》(2009—2020年)，使得江苏沿海地区发展从“地方战略”升级到“国家战略”，按照该规划，江苏沿海地区将建设我国重要的综合交通枢纽，沿海新型的工业基地，重要的后备土地资源开发区，生态环境优美、人民生活富足的宜居区，成为我国东部地区重要的经济增长极和辐射带动能力强的新亚欧大陆桥东方桥头堡。

2009年江苏沿海地区发展上升为国家战略以来，全省上下特别是沿海地区抢抓战略机遇，坚持规划引领，突出项目带动，加强政策支持，推动沿海地区发展取得重大阶段性成果，提前一年实现国家规划确定的第一阶段目标，圆满完成了沿海开发五年推进计划和六大行动确定的目标任务，成为全省增长速度最快、发展活力最强、开发潜力最大的区域之一，为全省经济增长和区域协调发展作出了重要贡献。

二、2016年经济表现

(一) 经济规模不断增长

中国经济最发达的地方是沿海地区，而江苏经济最不发达的地区也是沿海地区。沿海本应成为江苏经济“增长极”，但由于江苏经济发展存在着“浅内陆省”的倾向，江苏沿海经济成为中国沿海经济的“断裂带”，是整个沿海经济带发展的“凹地”。2004年以来在江苏省强力推进区域共同发展战略和市场机制作用下，沿海地区抢抓沿海开发和长三角区域一体化两大国家战略的叠加机遇，经济建设取得了显著成效，总量规模大幅攀升，为全省区域共同发展新添了强劲引擎。以2013年GDP突破1万亿元和2015年人均GDP突破1万美元为标志，江苏沿海发展站上了新的起点，进入了新的阶段，东部地区重要经济增长极和新亚欧大陆桥东方桥头堡的地位初步显现。

2016年沿海开发地区实现地区生产总值11522.52亿元，与2012年(8096.43亿元)相比，增长了42.32%，人均地区生产总值则从50362元提高到75649元，增幅达到50.21%。沿海三市的地区生产总值增长幅度为47.82%，比沿海开发区的42.32%略高；而沿海三市人均地区生产总值增幅为47.03%，比沿海开发区的50.21%略低。按可比价格计算，沿海开发地区的地区生产总值和人均地区生产总值的年均增长率为10.58%和12.55%；沿海三市的地区生产总值和人均地区生产总值的年均增长率为11.96%和11.76%。这一数值都要高于全省的平均水平10.19%和9.84%，表明江苏的沿海地区在全省的经济发展中还是比较领先的。

表 1 沿海地区经济 GDP 与人均 GDP(2012—2016 年)

	地区生产总值(亿元)			人均地区生产总值(元)		
	2012 年	2016 年	增幅(%)	2012 年	2016 年	增幅(%)
沿海三市合计	9282.09	13720.76	47.82%	49069	72147	47.03%
沿海地带合计	8096.43	11522.52	42.32%	50362	75649	50.21%
南通市市区	1758.13	2475.03	40.78%	76058	105599	38.84%
海安县	480.14	755.29	57.31%	55443	87201	57.28%
如东县	478	746.69	56.21%	48364	76045	57.23%
启东市	589.14	881.85	49.68%	61127	92534	51.38%
海门市	663.1	1005.06	51.57%	73473	111099	51.21%
连云港市区	564	1307.59	131.84%	52392	62788	19.84%
赣榆县	331.36			34996		
东海县	277.3			29233		
灌云县	220.29	328.66	49.19%	27401	40926	49.36%
灌南县	210.47	306.8	45.77%	33914	48429	42.80%
盐城市市区	855.1	1884.64	120.40%	53039	80122	51.06%
响水县	181.35	270.64	49.24%	35908	53971	50.30%
滨海县	267.69	391.61	46.29%	28245	41761	47.85%
射阳县	320.31	441.65	37.88%	35841	49749	38.80%
东台市	506.69	727.01	43.48%	51342	73902	43.94%

数据来源:各年《江苏统计年鉴》。
注:2012 年连云港市区包括了赣榆县、东海县的数据。

从沿海开发区域内部各城市来看,如同全省情况一样,存在着严重的地区发展不平衡,自南向北,梯度落差较大。2016 年,国民生产总值超过 2000 亿元的地区只有南通市区,达到 2475.03 亿元。连云港市区的国民生产总值只有南通市区的一半左右。连云港市区的国民生产总值刚超过 1300 亿元,仅仅略高于南部沿海市(县)启东市和海门市。南部市(县)的发展规模普遍要高于北部市(县),海安、如东、启东和海门的 GDP 均超过 700 亿元,最高的海门达到了 1005.06 亿元。而北部市(县)只有东台市的 GDP 超过 700 亿元,为 727.01 亿元,最低的是响水县,只有 270.64 亿元。南通及所属四个县(市)的发展在江苏沿海地区具有龙头地位,而南通又是江苏沿江区域,所以可以很好地利用其特殊的地理位置,加强江海联动,加强与长三角的联系,进而带动整个江苏沿海地区的发展。虽然沿海地区北部城市的经济发展水平要落后于南部的南通地区,从 2012—2016 年的增幅来看,苏北和苏南的增速都比较接近。其中苏南增速比较快的几个县是海安县和如东县,增速达到了 57.31%和 56.21%,相比之下苏北的增速有所减缓,增速最快的是响水县为 49.24%。2016 年人均国民生产总值最高的城市是海门市,超过 10 万元,高于全省平均水平 95257 元,其次是南通市区 105599 元。人均 GDP 高于全省平均水平的沿海城市也就只有南通市和海门市,其他城市都在 95257 元以下。除了盐城市区,其他北部所有市(县)的人均 GDP 均低于沿海地区平均水平

75649 元，其中最低的是灌云县，只有 40926 元。倒数第二是滨海县 41761 元。同样人均 GDP 的增幅还是南部地区比北部地区要稍大，其中增幅最多的是海安县，达到了 57.28%，而最低的是连云港市市区，只有 19.84%。低于沿海地区人均 GDP 增幅的还有南通市市区 38.84%、灌云县 49.36%、灌南县 42.86%、滨海县 47.86%、射阳县 38.8%和东台市 43.94%。

（二）增速全面"领跑"全省

图 1 是沿海开发区域 2009 年以来 GDP 与各产业年增长速度与全省水平的一个比较。从中可以发现，2009 年国务院通过《江苏沿海地区发展规划》，从"地方战略"升级到"国家战略"后，沿海地区国民生产总值、第二产业、工业和第三产业的增速全面"领先"全省平均水平。其中，GDP 增速高于全省平均值，2010 年达到 10%，高出全省水平 1.07 个百分点，而 2011 年以后，GDP 增速有所下降，但仍高于全省平均值。沿海地区的第二产业发展势头一直很强劲，2009 年以来，其增速和工业增速大多高于全省平均水平。沿海地区一个中心城市位于苏中，其余两个中心城市位于苏北，因此既不是全省的服务业中心，经济发展水平也还没有达到向服务业转型的时期，因此第三产业发展起步较晚，也相对比较落后，但在目前沿江地区加速起飞的发展阶段，加上一系列扶持沿海和苏北现代服务业的政策措施，使得 2011 年后沿海地区的服务业发展也开始迎来了快速增长时期，全面超越全省平均水平。总的来说，2011 年、2012 年、2013 年、2014 年和 2015 年连续五年，沿海地区的经济发展速度令人惊讶，这也显示出江苏沿海大开发战略为这些地区带来的发展动力和初步成效。

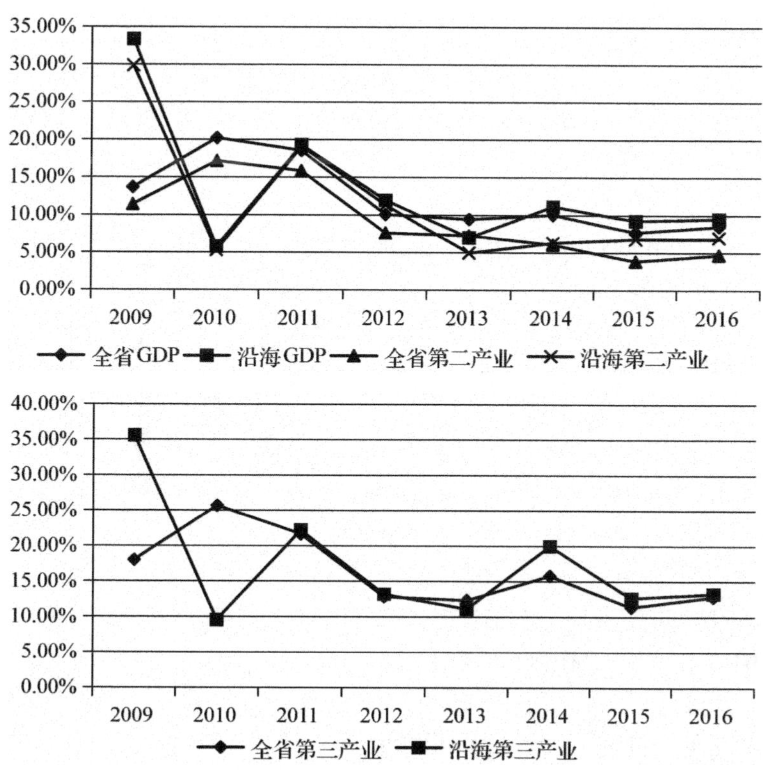

图 1　沿海地区 GDP、各产业增速与全省的比较

数据来源：各年《江苏统计年鉴》。

2012—2016 年江苏沿海地区国民生产总值、第二产业和第三产业的年均增长率分别达到了

13.42%、11.34%和17.2%,同期全省平均值为12.28%、9.24%和16.32%。这三个指标都超越全省水平,沿海地区的人均GDP增速要高出全省GDP增速4.57个百分比。人均GDP增速高于GDP增速可能得益于两个方面的原因:一是江苏沿海地区经济增长较快,但人口资源较好,人口负担有所减轻。二是产业结构有所提升,技术进步加快,人均劳动生产率得以提高。沿海地区经济越落后的地方增速反而越快,因为这些地区的发展潜力和要素回报率会更高。从表2可以看出,沿海地区GDP、人均GDP、第二产业和第三产业的年均增长率最快的城市主要集中在连云港市市区和经济最为落后的灌南县和灌云县。第二产业增速与往年相比有放缓趋势。GDP年均增长率最慢的城市是南通市市区、射阳县和东台市,其中东台市只有9.47%,东台市也是唯一经济发展比较落后增速却不高的北部市(县)。沿海三市中盐城市市区的人均GDP年增长率最低,只有10.77%,相比较于其余两个中心城市市区要偏低不少,连云港市区达到了12.8%,南通市市区也有12.55%。第二产业增速最低的地区主要是东台市和海安县,均没有超过6%,此外南通市市区也比较低。灌云县和响水县增长速度比较快,都超过了20%。

表2 沿海各城市主要经济指标年均增长率(2012—2016年,%)

	GDP增速	人均GDP增速	第二产业增速	第三产业增速
全　省	7.43	7.19	4.54	11.23
沿海地带合计	11.95	11.76	8.91	17.78
南通市市区	10.58	12.55	6.88	17.54
海 安 县	10.19	9.71	5.18	16.63
如 东 县	14.33	14.32	10.95	21.36
启 东 市	14.05	14.31	10.03	22.40
海 门 市	12.42	12.84	9.54	19.28
连云港市市区	12.89	12.80	8.40	21.78
灌 云 县	32.96	27.62	25.23	37.37
灌 南 县	12.30	12.34	10.00	19.83
盐城市市区	11.44	10.70	9.38	16.99
响 水 县	30.10	12.77	21.02	47.34
滨 海 县	12.31	12.58	10.27	20.80
射 阳 县	11.57	11.96	8.23	19.18
东 台 市	9.47	9.70	5.10	17.21

数据来源:各年《江苏统计年鉴》。

注:2012年连云港市区包括了赣榆县的数据。

(三)绝对数指标依旧落后全省平均水平

虽然沿海地区近几年经济加速发展领跑全省,但由于基础薄弱,主要经济指标的绝对数与全省平均水平仍然存在不小的差距。表3是沿海各城市主要经济指标绝对数以及占全省的比重情况。

首先分析沿海开发区域的地区生产总值、第一产业、第二产业和第三产业的占比情况,2016年这四个指标分别为15.14%、23.8%、15.75%和13.65%，而人口与土地面积的占比有20.86%和25.79%。可见，只有第一产业的产值比重与其人口和土地面积的份额相匹配，其余都明显较低，在全省经济中的地位并不突出，这也从一方面说明实施沿海开发的必要性。再结合图2，我们发现，2010—2016年，沿海地区GDP占全省的比重先是不断上升，从2010年的14.63%上升到2012年的14.98%，仅在2012年后又开始有所下降，到2016年时达到了15.14%，总的来说波动不是很大，但近四年有上升的势头。沿海地区一直都是江苏重要的农产品基地，2010年以来，其第一产业产值占全省的份额一直都围绕在25%上下波动，2012年曾经下滑到25.07%，2013年有所回升，到2016年又下降到23.8%。第二产业是沿海地区发展势头最为强劲的产业，2010年后第二产业和工业产值占全省的比重就持续呈现出不断提高的趋势，其中，第二产业从2010年的14.36%提高到了2012年的15.28%，随后两年又呈现出略微下降的态势，到2015年又开始回升。工业则从2010年的13.42%提高到2012年的14.44%，随后又略有下降，2014年之后开始回升。在苏南发达地区和沿江地区城市不断向服务业转型的过程中，沿海地区的服务业产值占全省的比重是在下降的，从2010年的13.07%%减少到2013年的12.65%，但之后也出现回升趋势。这一变化基本反映了江苏区域发展的战略，即苏南地区以制造业、服务业"双轮驱动"，苏中和苏北地区积极承接产业转移，重点发展优势制造业，可见，各个地区的产业正在慢慢地步入成熟。

表3 沿海各城市主要经济指标占全省的比重情况(2012—2016年)

指标	2012年		2016年	
	数值	占全省比重	数值	占全省比重
地区生产总值(亿元)	8096.43	14.98%	11522.52	15.14%
第一产业	856.88	25.07%	970.53	23.80%
第二产业	4142.99	15.28%	5282.55	15.75%
第三产业	3096.56	13.17%	5269.44	13.65%
规模以上工业总产值(亿元)	16530.23	12.78%	25352.43	15.23%
固定资产投资额(亿元)	5437.62	16.95%	9495.89	19.12%
#房地产开发投资	850.51	13.70%	1063.76	2.15%
社会消费品零售总额(亿元)	2897.7	15.81%	4376.69	15.25%
进出口总额(亿美元)	359.79	6.56%	422.83	1.26%
#出口	230.56	7.02%	285.37	1.35%
地方财政一般预算收入(亿元)	829.43	14.15%	1051.76	10.32%
地方财政一般预算支出(亿元)	1128.1	15.35%	1548.44	14.09%
金融机构存款余额(亿元)	9396.3	12.50%	16598.95	13.71%
金融机构贷款余额(亿元)	6199.98	11.07%	11080.74	12.16%

数据来源：各年《江苏统计年鉴》。

沿海地区其他经济指标的绝对值与全省平均水平相比，显著落后的有其外向型经济发展水平。2016年沿海开发区域的进出口总额为422.83亿美元、出口总额为285.37亿美元，只占到全省水平的 1.26%和 1.35%，与一般认为的沿海地区的贸易地位是极不相符的。这主要是由于从客观条件来看，江苏的海岸线虽然有 1000 多公里，但大部分属于淤涨型海岸，难以泊船，因此江苏沿海地区长期以来内陆化倾向明显，缺乏开放积淀，经济的关联度更多的是倾向于内陆，没能利用海洋形成经济、文化的纽带。

表 4　沿海地区 GDP、各产业占全省的比重情况(2010—2016 年)

	2010 年	2011 年	2012 年	2013 年	2014 年	2015 年	2016 年
GDP	14.63%	14.72%	14.98%	14.50%	14.79%	15.01%	15.14%
第一产业	27.50%	25.24%	25.07%	25.19%	24.17%	23.42%	23.80%
第二产业	14.36%	14.77%	15.28%	14.95%	14.98%	15.40%	15.75%
工　　业	13.42%	13.91%	14.44%	14.23%	14.25%	14.68%	14.87%
第三产业	13.07%	13.12%	13.17%	12.65%	13.49%	13.65%	13.65%

数据来源：各年《江苏统计年鉴》。

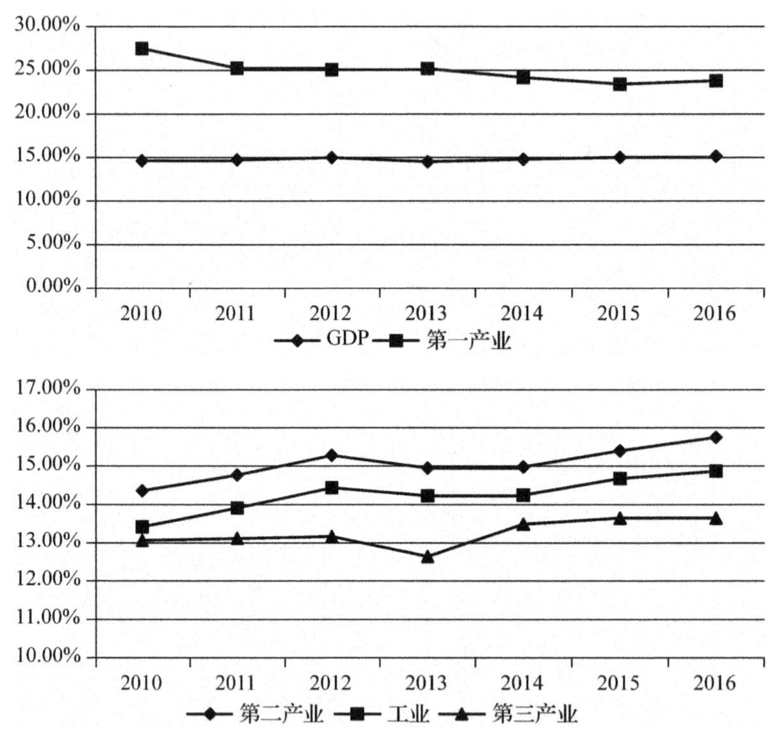

图 2　沿海地区 GDP、各产业占全省的比重情况(2010—2016 年)

数据来源：各年《江苏统计年鉴》。

总体来说，表 3 所列的经济指标，绝大多数指标的占比数值都有了一定的提高，这显示出沿海地区的经济地位在整个江苏都有所提高。其中固定资产投资额提高的百分点最多，其次是地方财政一般预算收入和地方财政一般预算支出。这说明在江苏沿海战略升级为"国家战略"后，对沿海地区建设的投入不断加大，2016 年，江苏省集中力量组织实施沿海开发港口功能提升、沿海产业升级、临海城镇培育、滩涂开发利用、沿海环境保护和重大载体建设"六大行动"，进一步推动沿海地区科学发展，着力解决一批事关沿海开发的重大关键问题，为江苏沿海地区海洋经济的发展打好了坚实的基础。

（四）区域内县（市）经济发展不如沿江地区

沿海地区的县（市）包括南通的海安县、如东县、海门市和启东市，连云港的赣榆县、东海县、灌云县和灌南县，盐城地区的响水县、滨海市、射阳县、大丰市和东台市。从表5可以看出，GDP、工业增加值、人均GDP、人均地方一般预算收入、规模以上工业企业利税总额、出口总额、外商直接投资总额、农村居民人均纯收入、城镇居民人均可支配收入等经济指标在全省42个县（市）的排名中，南通地区的四个县（市）位于中游偏上，盐城地区的五个县（市）位于中游偏下，而连云港地区的四个县（市）排名靠后，相较于沿江地区的县（市）经济发展要落后不少。

表5　区域内县（市）经济主要指标在全省中的排名（2016年）

名　称	GDP	工业增加值	人均GDP	人均地方一般预算收入	规模以上工业企业利税总额	出口总额	外商直接投资总额	农村居民人均可支配收入	城镇居民人均可支配收入
海安县	15	9	14	17	8	13	9	15	14
如东县	17	13	17	19	12	12	10	18	15
启东市	10	15	13	10	16	8	11	11	13
海门市	8	10	9	7	5	6	13	10	11
东海县	30	26	38	37	24	27	26	32	26
灌云县	38	34	41	41	35	36	38	40	39
灌南县	39	40	32	38	34	38	41	41	35
响水县	40	30	29	35	32	23	37	33	31
滨海县	35	39	40	29	38	31	30	29	29
射阳县	29	35	30	40	39	37	34	24	30
东台市	18	25	18	13	26	18	28	12	20

数据来源：《江苏统计年鉴2017》。

在整个沿海地区十三个县（市）中，海门市的各项经济指标排名是最靠前的。其GDP、人均GDP、人均地方一般预算收入、规模以上工业企业利税总额和农村居民人均可支配收入都挤进了前10。其次是启东市，大部分指标排名在10—15名。排名最后的是连云港地区的灌云县和灌南县，其中灌云县的人均GDP、农村居民人均可支配收入和城镇居民人均可支配收入，灌南县的GDP、人均GDP、农村居民人均可支配收入均排在全省42个县（市）中的倒数。盐城地区的东台市在沿海北部县（市）中经济发展情况较好，各项指标基本排名处于全省中游水平。

（五）基础设施日臻完善，支撑保障能力明显增强

以连云港港为核心的沿海港口群基本形成，连云港港30万吨级航道一期工程建成通航，2016

年沿海港口吞吐量突破3亿吨,年均增长14.8%。沿海综合交通体系逐步完善,海洋铁路、宁启铁路复线电气化改造建成通车,连盐、沪通、连淮扬镇、徐宿淮盐铁路建设进展顺利;临海高等级公路建成通车,“三纵五横”干线公路网络基本建成;长江南京以下-12.5米深水航道延伸到南通,“一纵两横”干线水运通道初步形成。沿海水利保障能力不断增强,海堤巩固完善、区域骨干河道整治工程有序推进,淡水资源供给、防洪减灾、水资源保护和河湖管理能力明显提高。能源基地建设取得新进展,沿海发电装机容量占全省比重提高5个百分点以上,风电、光伏电站并网容量分别占全省98%和50%左右,海上风电并网容量全国第一。

三、沿海地区产业经济发展现状

(一)产业结构高度化趋势,工业主导地位继续加强

随着江苏沿海地区生产力水平的提高和经济社会的发展,三次产业内部结构已发生了积极的变化。沿海地区三次产业结构比例由2010年的11.5∶51.5∶36.9调整为8.4∶45.8∶45.7,呈现出第一产业比重下降,第二产业、第三产业比重在上升,第二产业已占最大比重,产业结构正向合理化方向演变,这也预示着沿海地区工业进程正在加速。与全省5.7∶45.7∶48.6、沿江地区3.0∶47.8∶49.2和长三角地区4.3∶43.3∶52.4的三次产业构成比例相比较,可以看出,沿海地区的第一产业比重遥遥领先其他各经济带,高于全省平均水平,是沿江地区的将近3倍,第二产业比重略高,第三产业比重不够高,工业是带动这一地区经济增长的主要动力,产业层次还较低。近年来,江苏沿海地区产业基础条件不断改善,产业利好政策不断出台,以高新技术、资本密集型企业为代表的新型产业纷纷落户沿海地区,推动了沿海地区第二产业的大发展,也推动了农业产业化的进程。沿海地区产业内部结构所发生的变化,符合三次产业内部结构变化的一般规律,产业发展步入快车道。

表6 沿海地区三次产业结构变化(2010—2016年)

	2010年	2011年	2012年	2013年	2014年	2015年	2016年
第一产业	11.5	10.7	10.6	10.1	9.1	8.9	8.4
第二产业	51.5	51.5	51.2	50.2	48.0	46.9	45.8
第三产业	36.9	37.8	38.2	39.7	42.9	44.2	45.7

数据来源:各年《江苏统计年鉴》。

表7是沿海地区2016年三次产业产值和就业结构情况。在沿海地区所有城市中,2016年第一产值占GDP的比重最高的城市是灌云县,达到了19.5%,射阳县也达到了18.3%,除此以外,响水县、滨海县、灌南县的第一产值比重也较高。说明这些地区的农业经济占整个国民经济的重要性还很大,产业结构比较落后,社会经济发展和工业化程度不够高。三个市区,南通市市区的第一产业产值比重最低,只有2.4%,其次是盐城市8.5%,最后是连云港市市区9.1%,相比较于苏南五市市区只有2.6%的第一产业而言,这一比重还是过高。第二产业在沿海地区各城市的经济地位都非常重要,基本在50%上下,最高的是盐城市市区50.5%,最低的是射阳县35.3%。沿海地区

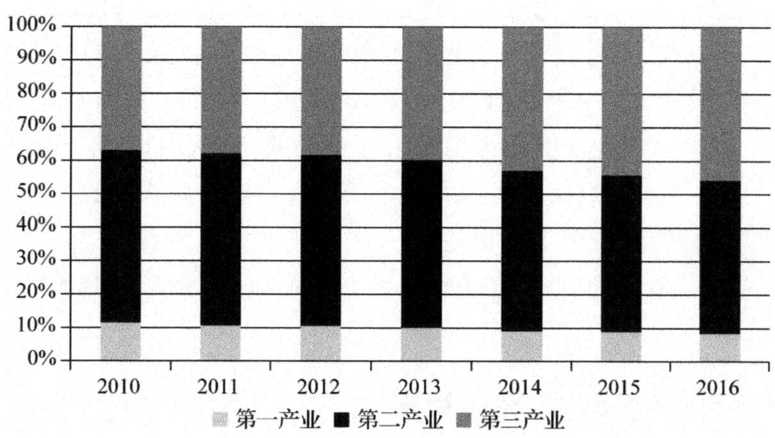

图 3　沿海地区三次产业结构情况(2010—2016 年)

数据来源:各年《江苏统计年鉴》。

的苏北城市中,除了盐城市市区的第二产业占比超过 50%外,其他市(县)都低于 50%,可见在整个沿海地区中南部的南通地区产业结构要大大优于北部地区。第三产业产值占 GDP 的比重在整个沿海地区都偏低,最低的灌云县只有 26.99%。

表 7　沿海地区三次产业产值和就业结构(2016 年,%)

	三次产业占 GDP 比重				三次产业就业人口占总就业人数的比重		
	第一产业	第二产业	#工业	第三产业	第一产业	第二产业	第三产业
沿海三市合计	8.8	45.7	38.3	45.5	24.67	39.28	36.05
沿海地带合计	8.4	45.8	38.5	45.7	23.77	39.52	36.72
南通市市区	2.4	45.0	37.7	52.6	12.70	43.26	44.04
海　安　县	7.4	46.9	38.5	45.7	20.85	52.68	26.48
如　东　县	9.1	45.6	38.4	45.3	21.53	49.52	28.95
启　东　市	7.6	48.0	38.2	44.5	27.31	43.58	29.10
海　门　市	5.3	50.2	41.9	44.5	25.50	48.22	26.28
连云港市市区	9.1	44.0	34.7	46.9	24.08	35.59	40.33
灌　云　县	19.5	43.5	33.3	37.0	38.63	26.99	34.38
灌　南　县	16.8	47.2	41.0	36.0	41.41	30.08	28.51
盐城市市区	8.5	50.5	44.1	41.0	18.49	37.75	43.76
响　水　县	15.3	46.8	42.0	37.9	28.57	34.69	36.74
滨　海　县	14.8	40.0	33.9	45.2	29.88	33.28	36.84
射　阳　县	18.3	35.3	32.2	46.4	28.14	34.29	37.57
东　台　市	12.6	40.2	35.2	47.2	25.04	35.49	39.47

数据来源:2017 年《江苏统计年鉴》。

从三次产业的就业结构来看,江苏沿海区域的南部地区,即南通的四个市(县),第二产业是吸收劳动力的最主要产业部门。其中,海安县的第二产业就业人口占到总就业人数达到52.68%,是沿海地区所有城市中最高的,也是唯一超过50%的城市。在沿海北部地区的一些经济发展较落后的市(县)中,农业反而成为劳动力最重要的流向,例如:灌云县、灌南县、滨海县普遍存在第一产业就业人口比重过高(超过30%)的现象,表现沿海北部的产业发展水平与南部地区的差距还很大,但充裕的农村劳动力也将成为这些地区的一大优势,在苏南逐渐丧失轻工产业的比较优势的情况下,沿海北部地区应该做好充分准备,积极承接区域产业转移,加快追赶步伐。

(二)工业生产快速增长、效益平稳攀升

从上文的分析中可以看出江苏沿海地带工业化进程明显加快,第二产业产值占地区生产总值的比重相对较高。纺织、机械,汽车、化工等已成为沿海地区的主导产业,南通的造船业、连云港的化学工业、盐城的纺织业和汽车制造业都具有重要地位。以风力发电,核电为基础的新能源产业和现代医学产业发展势头良好。

表 8 沿海地区工业经济主要指标变化情况(2010—2016 年)

	2010 年	2011 年	2012 年	2013 年	2014 年	2015 年	2016 年
工业总产值(亿元)	11518.6	13762.68	16530.23	18554.44	20872.75	22823.54	25352.43
主营业务收入(亿元)	11222.6	13078.78	16352.6	18610.17	20731.08	21556.29	24982.76
单位产值利税率	11.32	12.02	12.51	12.7	12.7	12.9	13.3

数据来源:各年《江苏统计年鉴》。

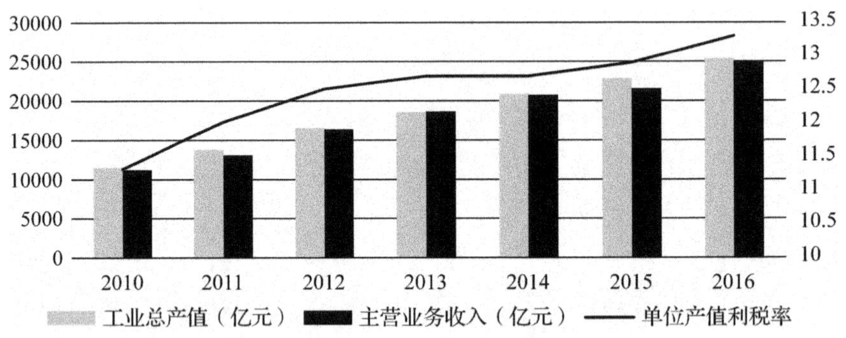

图 4 沿海地区工业经济主要指标变化情况(2010—2016 年)

数据来源:各年《江苏统计年鉴》。

图 4 是 2010—2016 年沿海地区规模以上工业企业运行的相关指标走势图。可以看出,工业生产持续增长,总产值从 2010 年的 11518.6 亿元上升到了 2016 年的 25352.43 亿元、主营业务收入从 11222.6 亿元提高到了 24928.76 亿元,按可比价格计算,年均增长率分别达到了 20.02%和20.44%,高于同期 GDP 增速,也高于苏南地区和全省平均水平。在工业生产快速增长的同时,企业效益平稳攀升,2016 年规模以上工业企业完成利税总额 1796.04 亿元,单位产值利税率也从11.32%稳步攀升到 13.3%,保持持续增长态势。

2016年沿海三市规模以上工业企业数量达到了10071个，完成工业总产值29681.37亿元、主营业务收入29467.68亿元，实现利润总额2090.63亿元。其中南通市规模以上工业增加值4771.88亿元。工业产值中，装备制造业产值4679.92亿元。规模以上工业主营业务收入4688.23亿元，增长7.96%；利润总额332.71亿元。连云港市2016年以加快国家创新型试点城市建设为主线，深入实施创新驱动战略，推进科技创新工程，加快培育创新主体，完善科技服务体系，推动高新技术产业平稳较快发展，对全市经济转型升级起到积极的支撑作用。规模以上工业增加值3663.54亿元，2016年所有沿海地区的城市中，南通市市区的工业总产值最高，达到了4771.88亿元，其次是盐城市市区3932.36亿元、连云港市市区3663.54亿元和海安县2204.77亿元。南通四个沿海市（县）的工业经济规模要远远高于其他城市的市（县），全部突破1800亿元。而沿江北部市（县）的工业经济规模都普遍偏低，超过800亿元的只有东台市（924.82亿元），最低的灌南县只有670.38亿元。

表9　沿海地区工业经济运行情况（2016年）

地　区	规模以上工业企业个数（个）	工业总产值（亿元）	制造业	主营业务收入（亿元）	利润总额（亿元）
沿海三市合计	10071	29681.37	29576.84	29467.68	2090.63
沿海地带合计	7991	25352.43	24842.03	24982.76	1796.04
南通市市区	1515	4771.88	4679.92	4688.23	332.71
海　安　县	895	2204.77	2194.69	2213.06	159.99
如　东　县	689	1896.41	1840.26	1883.91	147.18
启　东　市	503	1829.18	1777.07	1839.18	130.52
海　门　市	650	2053.24	2047.58	2072.14	220.61
连云港市市区	798	3663.54	3547.13	3627.12	323.48
灌　云　县	279	762.14	742.69	715.77	44.99
灌　南　县	192	671.18	670.38	666.61	46.83
盐城市市区	1204	3932.36	3878.79	3791.86	202.25
响　水　县	166	924.82	888.47	922.06	53.93
滨　海　县	228	705.15	689.86	685.29	35.01
射　阳　县	312	751.19	711.71	731.74	32.58
东　台　市	560	1186.59	1173.50	1145.78	65.96

数据来源：各年《江苏统计年鉴》。

（三）高新技术产业与新兴产业加速崛起

江苏沿海三市的高新技术产业总产值自2010年以后一直都保持着高速增速，南通、连云港和盐城的年均增长率分别达到了28.7%、39.5%和57.1%，比规模以上工业总产值的增长率要高出不少，也比苏南地区、沿江地区的同期增长率要高。其中，南通的高新技术产业产值在沿海三市中一直遥遥领先，2016年超过7000亿元，达到7072.89亿元，是盐城市3044.15亿元的2.32倍和连云港市2178.43亿元的3.24倍。高新技术产业快速增长的背后是其对各市工业结构的调整与升级。2010年,南通、连云港和盐城市的高新技术产业占工业总产值的比重只有35.22%、33.38%和17.46%,到了2016年,这一比重上升到了55.45%、42.74%和40.59%,成为工业生产中最重要的一股力量。盐城市的高新技术产业发展相对比较落后,产业发展慢、比重低的原因主要来自于两个方面的原因:一是盐城市的产业层次原来就比较低,其优势和支柱产业都不属于高新技术产业,如传统的汽车及其零部件制造业、纺织业,而且在沿海大开发过程中重点布局的造船和风电等产业也不属于高新技术产业。二是盐城市主要的高新技术企业是重化工业,在《江苏沿海开发战略》中明确指明了江苏沿海地区要发展生态化工业,因此盐城市除了响水县和滨海县的化工园区得到了发展外,其他地区的化工业都在萎缩。

表10 沿海三市高新技术产业发展情况(2010—2016年) (单位:亿元)

高新技术产值(亿元)	2010年	2011年	2012年	2013年	2014年	2015年	2016年
南通市	2599.99	3250.83	3836.8	4816	5404.0	6048.4	7072.89
连云港市	646.28	868.7	1144.58	1830	1699.3	1936.90	2178.43
盐城市	687.54	908.46	1302.54	1774	2045.0	2455.42	3044.15
占规模以上工业总产值比重(%)	2010年	2011年	2012年	2013年	2014年	2015年	2016年
南通市	35.22	37.45	38.65	42.4	43.2	51.45	55.45
连云港市	33.38	33.02	33.53	44.3	34.3	43.01	42.74
盐城市	17.46	20.84	23.45	27.5	28.3	37.41	40.59

数据来源:各年《江苏统计年鉴》。

2016年南通市完成高新技术产业产值7072.89亿元,增长16.9%,占规模以上工业比重达到55.45%,同比提高4个百分点。新兴产业发展势头强劲,海洋工程装备、新能源、新材料、生物技术和新医药、智能装备和节能环保等六大新兴产业完成产值4552.4亿元,增长10.6%,占规模以上工业的比重达到33.1%,与上年持平。盐城市高技术产业发展加快。2016年,全市高新技术产业实现产值3044.15亿元,比上年增长24%,占全市规模以上工业产值的比重为40.59%,分别比上年提高3.2个百分点。2016年,高新技术产业产值对全市规模以上工业增长贡献率达40.4%,比上年提高8.1个百分点。连云港市以推进国家创新型城市建设和高新区升格发展为契机,加快创新资源集聚,强化创新载体支撑,着力打造了新医药、硅材料、高性能纤维及复合材料、装备制造四大国家级产业基地,有力优化了产业结构,促进了高新技术产业的聚集发展。高新产业快速发展。2016年高新技术产业产值67124.65亿元,增长9.4%;总量占全市规模以上工业总产值的39.1%,增幅高出5.8个百分点,对全市工业总产值增长的贡献率达53.4%,拉动全市工业总产值增长7.1个百分点。临港产业平稳发展。产业集中程度不断提高,2016年石化产业和装备制造业产值均超过千亿,分别达到1201.53亿元、1053.72亿元;冶金业产值接近千亿,为974.19亿元。以上三大产业产值占全市规模以上工业总产值的57.9%。工业产值过亿元企业854家,较上年增加110个;亿元以上企业占规模以上工业企业的比重为52.2%,较上年高3.6个百分点。

表 11　沿海三市高新技术产业和新兴产业基本情况（2016 年）

	高新技术产业		新兴产业	
	产值(亿元)	增速(%)	主要优势新兴行业	产值(亿元)
南通	7072.89	11.93	海洋工程装备、新能源、新材料、生物技术和新医药、智能装备和节能环保	4552.4
连云港	2178.43	13.98	新材料、新医药、新能源	1201.53
盐城	3044.15	20.07	节能环保、海洋生物、新材料产业	1364.3

数据来源：南通、连云港和盐城市《2016 年国民经济运行与统计年报》。

（四）海洋经济发展前景广阔

全省海洋生产总值由“十一五”末的 3551 亿元增至 6406 亿元，占全省地区生产总值比重由 8.6%提升至 9.1%，占全国海洋生产总值比重由 9.0%提升至 9.9%。其中，沿海三市南通、盐城、连云港海洋生产总值分别达到 1684 亿元、914 亿元、642 亿元，占地区生产总值的比重由“十一五”末的 25.3%、19.4%、27.0%提升至 27.4%、21.7%、29.7%。

2015 年全省海洋第一产业增加值 288 亿元，第二产业增加值 3037 亿元，第三产业增加值 3081 亿元，三次产业占比为 4.5∶47.4∶48.1，海洋第三产业占比首次超过海洋第二产业。海洋工程装备产品数量和产值约占全国 1/3，海洋船舶造船完工量、新船承接订单量和手持订单量等主要指标稳居全国首位；海上风电（潮间带和近岸海域风电）装机容量规模全国居首；海洋交通运输能力大幅提高，沿海沿江亿吨大港数、货物吞吐量均居全国第一。

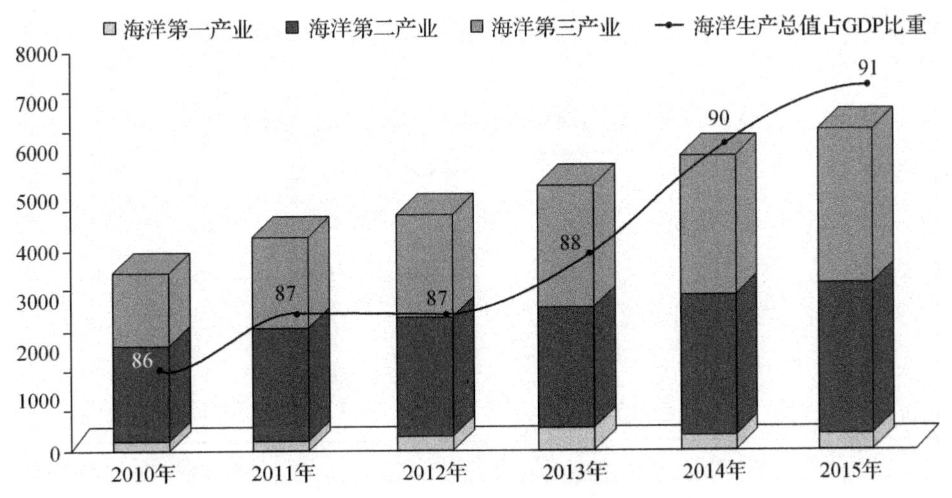

图 5　江苏海洋经济发展情况（2010—2015 年）

目前，全省涉海类园区超过 30 个，形成三个特色鲜明的区域带，沿海北部侧重发展港口物流、海洋渔业等产业；沿海中部做大做强海洋生物、海水淡化等产业；沿海南部和沿江重点打造船舶与海工装备产业。南通陆海统筹综合配套改革试验区建设稳步推进，盐城大丰港城经济区、滨海港城经济区等涉海园区加速崛起，连云港徐圩新区、赣榆海洋经济开发区等涉海经济园区快速成长。创建首批省级海洋经济创新示范园区，有力促进了海洋产业集聚发展。

表 12　江苏首批海洋经济创新示范园区功能定位

园　区	主导产业
上海合作组织(连云港)国际物流园区	中亚—环太平洋沿岸货物转运、物流增值服务创新、综合服务型现代化物流、跨境电子商务
启东海工船舶工业园	海洋工程装备、特种船舶制造及重大技术装备、海工船舶配套
如东洋口港经济区	临海石化、新能源、装备制造、新材料、港口物流
盐城新能源淡化海水产业示范园	淡化海水技术与综合利用、淡化海水装备、新能源装备、智能化控制装备
东台海洋工程特种装备产业园	船用油水分离器、生活污水处理装置、船用消声设备、船用导航等海洋工程特种装备

四、沿海地区开放型经济发展现状

2016 年沿海地区出口总额为 285.37 亿美元，占全省比重为 7.12%。实际利用外商直接投资分别为 32.06 亿美元，占全省比重为 14.76%。沿海地区外向型经济发展近几年保持着高速增长，承接国际资本和产业转移的步伐加快，后发优势开始显现，正在成为江苏省开放型经济新的增长极，为地区经济的稳定发展和综合实力的提高作出了贡献。

(一) 对外贸易规模不断扩大，成为全省新的出口增长极

2010—2016 年江苏沿海地区的出口总额在 201 年之前都保持着增长趋势。但到 2015 年开始有所下降，进出口总额和出口总额从 2010 年的 190.04 亿美元，增长到 2016 年的 285.37 亿美，年均增长率达到了 8.36%。

表 13　沿海地区对外贸易发展情况(2010—2016 年)

绝对值(亿美元)	2010 年	2011 年	2012 年	2013 年	2014 年	2015 年	2016 年
出口总额	190.04	224.77	230.56	256.81	312.30	286.39	285.37
实际外商直接投资额	44.65	37.01	45.08	40.45	40.06	35.38	32.06
占全省的比重(%)	2010	2011	2012	2013	2014	2015	2016
出口总额	7.02	7.19	7.02	7.81	9.14	8.46	7.12
实际外商直接投资额	15.67	11.52	12.61	12.16	14.22	14.57	14.76

数据来源：各年《江苏统计年鉴》。

从沿海地区的内部城市来看，2016 年出口总额最高的城市是南通市市区，占到整个沿海地区的 50.62%，加上海安县、如东县、启东市和海门市，南通沿海地区的进出口总额和出口总额的占比达到了 81.53%，是整个沿海地区对外贸易的绝对主体，这也反映出江苏沿海地区南北部开放型经济的巨大差异，连云港市市区和盐城市市区 2016 年的出口总额是 35.79 亿美元和 1.7 亿美元，远落后于南通。且从 2010—2016 年的年均增长率来看，沿海北部地区的增长率总体高于南部城市。其中最高的灌云县达到了 257.9%，最低的为盐城市市区，出现了负增长为－13.8%。

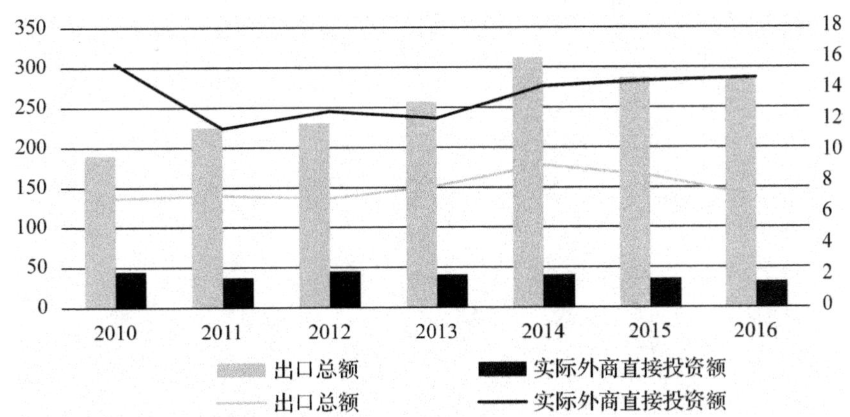

图 6　沿海地区实际外商直接投资额和出口总额及增长率变化情况(2010—2016 年)

数据来源:各年《江苏统计年鉴》。

表 14　沿海地区开放型经济主要指标及增长率情况(2010—2016 年)

	2016 年(亿美元)		2010—2016 年年均增长率(%)	
	出口总额	实际外商直接投额	出口总额	实际外商直接投资额
沿海合计	314.34	32.06	12.9	−1.6
南通市市区	285.37	9.96	39	59.6
海安县	119.11	2.96	203	100.4
如东县	14.05	2.94	12.3	1
启东市	14.51	2.84	−4.1	3
海门市	26.51	2.40	30.7	−3.1
连云港市市区	35.79	4.29	12.8	−7.9
灌云县	29.43	0.24	257.9	30.8
灌南县	2.03	0.03	20.1	−14.2
盐城市市区	1.7	4.51	−13.8	−16.5
响水县	25.45	0.29	139.4	58.5
滨海县	4.7	0.53	57.3	−12.6
射阳县	3.08	0.45	33.1	−8.6
东台市	1.95	0.62	−3.4	−13.5

数据来源:各年《江苏统计年鉴》。

(二) 吸引 FDI 比较平稳,年增长率不断下滑

从图 7 江苏沿海地区 2010—2016 年的实际外商直接投资额及增长率的变化情况可以看出,沿海地区吸引 FDI 的规模明显上升,2010 年时实际外商直接投资为 44.65 亿美元,2011 年就下降到 37.01 亿美元,2012 年实际外商直接投资额开始激增到 45.08 亿美元,增长率高达 21.8%。2016 年之后就开始一直下降到 2015 年的 32.06 亿美元。在沿海所有地区中,2016 年吸引实际外商直接投资额最多的是南通市市区,有 9.96 亿美元,其次是盐城市市区 4.51 亿美元、连云港市市区 4.29 亿美元。沿海北部一些市(县)在 2016 年获得的外资直接投资额都不足 2 亿美元,最低的灌

南县只有 0.03 亿美元、灌云县也都只有 0.24 亿美元。

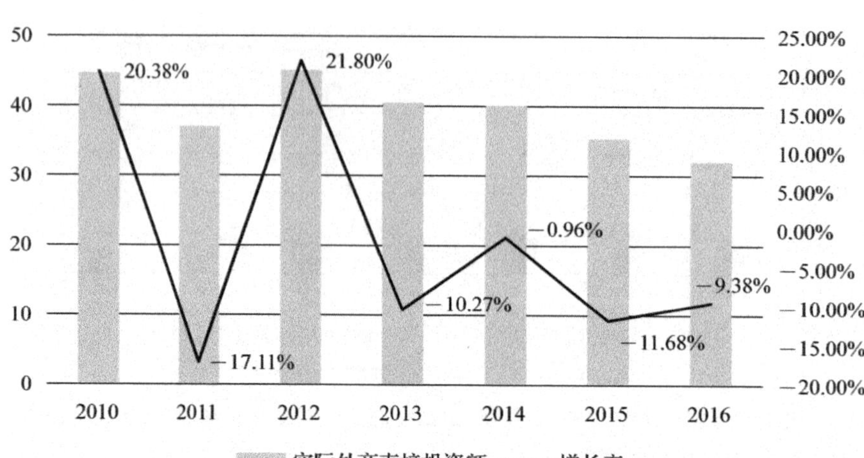

图 7　沿海地区实际外商直接投资额及增长率变化情况(2010—2016 年)

数据来源:各年《江苏统计年鉴》。

(三) 对外贸易地位在全省偏低

图 8 是沿海地区进出口总额、出口总额和实际外商直接投资额占全省比重的变化情况。其中,2010—2016 年间,进出口总额和出口总额在全省的比重有所增加,分别从 5.98%和 6.56%提高到 8.3%和 8.94%,但相较于该地区 GDP 和工业总产值占全省的比重,对外贸易的地位在省内偏低。实际外商直接投资总额从 2010 年到 2016 年都超过同期 GDP 和工业总产值比重,2010—2016 年间,沿海地区吸引的 FDI 占全省的份额呈现有增有减的趋势,2011 年下降比较明显,从 2010 年的 14.17%下降到 11.52%,之后开始逐年上升到 2015 年的 14.58%,随后 2016 年下降到 13.06%。这表明在沿海大开发战略的背景下,江苏沿海地区并没有成为外资特别青睐和省内外资转移的目的地。

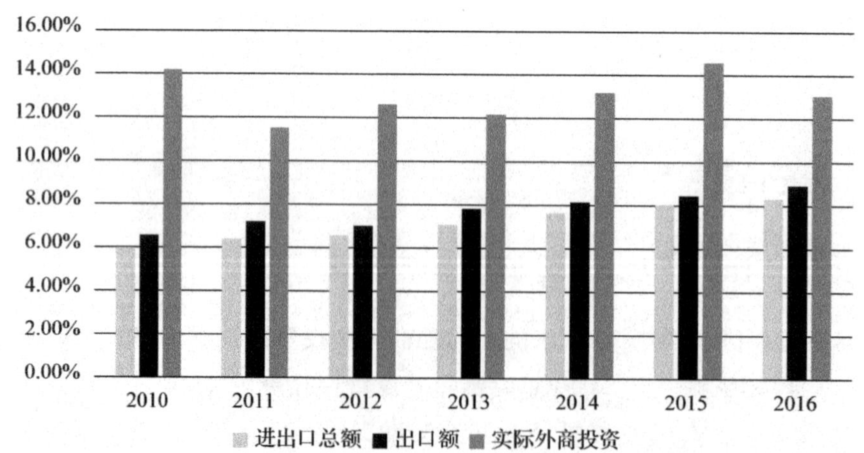

图 8　2010—2016 年沿海地区进出口总额、出口总额和外商直接投资占全省的比重

数据来源:各年《江苏统计年鉴》。

五、沿海地区人民生活发展现状

（一）收入水平不断上涨，农村居民收益更多

在沿海开发战略引领下，人民群众富裕程度有了明显提高，幸福感明显增强，居民收入持续增加。图 9 和图 10 是沿海三市城镇与农村居民人均收入变化情况。从绝对数量来看，在沿海三市中，南通市的城镇与农村居民人均收入最高，2016 年达到了 39247 元和 18741 元，比 2010 年分别增长了 79.8%和 89%，年均增长率为 13.3%和 14.84%。其次是盐城市，2016 年盐城市的城镇与农村居民人均收入达到了 40496 元和 17172 元，年均增长率分别为 13.35%和 16.04%。最后是连云港市，2016 年城镇居民人均可支配收入为 27853 元，而农村居民人均纯收入只有 13932 元，突破 13000 元大关，但连云港农村居民人均纯收入的年均增长率却是最高的，有 16.32%。与沿江八市相比，沿海三市的居民收入要低出不少，但增长率却普遍要高。从图 8 中我们还可以发现，2010 年后沿海三市城镇与农村居民人均收入的增速开始加快，可见，江苏沿海大开发战略升级成为“国家战略”后对人民生活水平提高的作用更加显现，可以说沿海开发惠及民生的社会效应同样令人瞩目。

表 14　沿海地区居民收入水平变化情况（2010—2016 年）

城镇居民人均可支配收入（元）	2010 年	2011 年	2012 年	2013 年	2014 年	2015 年	2016 年
南　通	21825	25094	28292	31059	33374	36291	39247
连云港	15790	18483	20816	22985	23595	25728	27853
盐　城	16935	19414	21941	24119	25854	28200	30496
农村居民人均纯收入（元）	2010	2011	2012	2013	2014	2015	2016
南　通	9914	11730	13231	14754	15850	17267	18741
连云港	7039	8434	9589	10745	12067	12778	13932
盐　城	8751	10511	11898	13344	14891	15748	17172

数据来源：各年《江苏统计年鉴》。

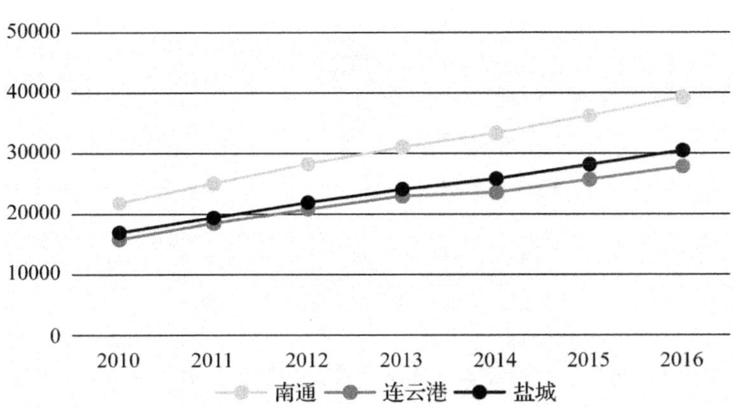

图 9　沿海三市城镇居民人均收入变化情况（2010—2016 年）

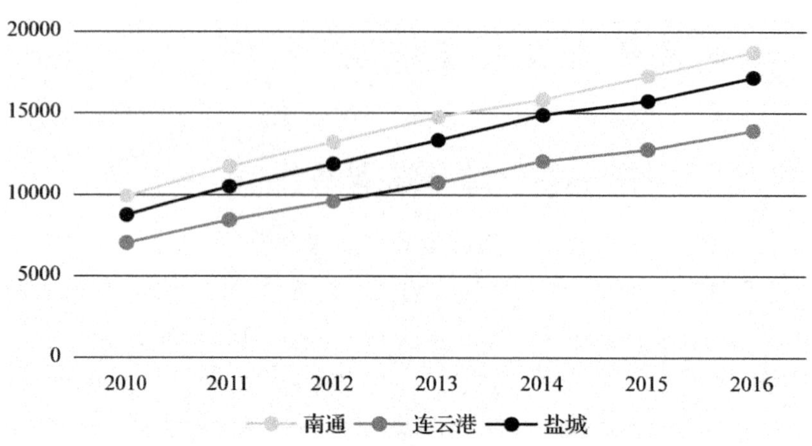

图 10 沿海三市农村居民人均收入变化情况(2010—2016 年)

数据来源:各年《江苏统计年鉴》。

沿海三市城镇居民恩格尔系数波动存在一定的差异性。总体上说沿海三市城镇和农村的恩格尔系数处于下降趋势,其中,南通市一度由 2012 年的 34.8 和 36 下降到 2016 年的 28.7 和 29.2。连云港市则由 2012 年的 36.9 和 42.1 下降到 2015 年的 32.3 和 32.6。在 2012 年到 2013 年之间,南通市和盐城市的城镇恩格尔系数十分接近,由于 2013 年出现了较大幅度的通货膨胀,尤其是食品价格涨幅明显,盐城市 2013 年有一个小幅度的回升。三市农村居民的恩格尔系数一直都保持着逐年下降的情况,并且连云港和盐城市 2015 年城镇居民的恩格尔系数跟农村居民的恩格尔系数相同或略高,2016 年跟 2015 年的城镇和农村恩格尔系数比较接近,变化比较小。这与沿海八市的情况相似。说明盐城和连云港城镇居民的食品消费支出受价格变化影响较小,而农村居民则较大。根据联合国的标准,恩格尔系数在 59%以上为贫困,50%—59%为温饱,40%—50%为小康,低于 40%为富裕。目前发达国家的恩格尔系数基本上在 10%—20%左右。因此按照联合国的恩格尔系数标准来说,沿海三市的城镇居民和农村居民都处在相对富裕的水平。

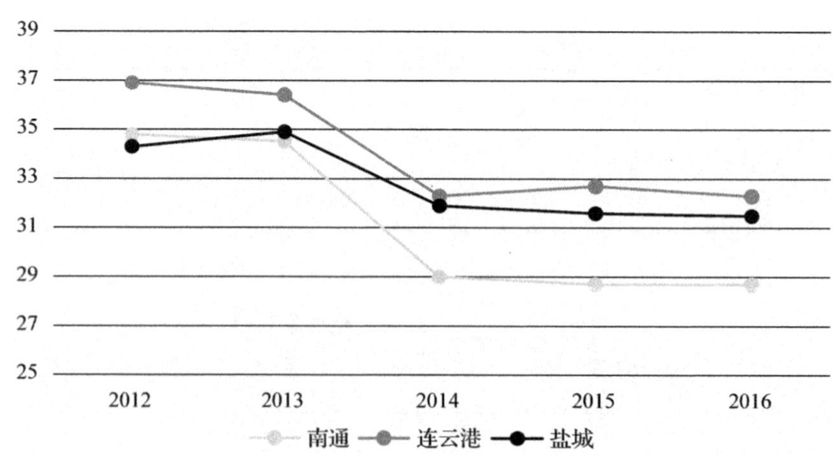

图 11 沿海三市城镇居民恩格尔系数变化情况(2012—2016 年)

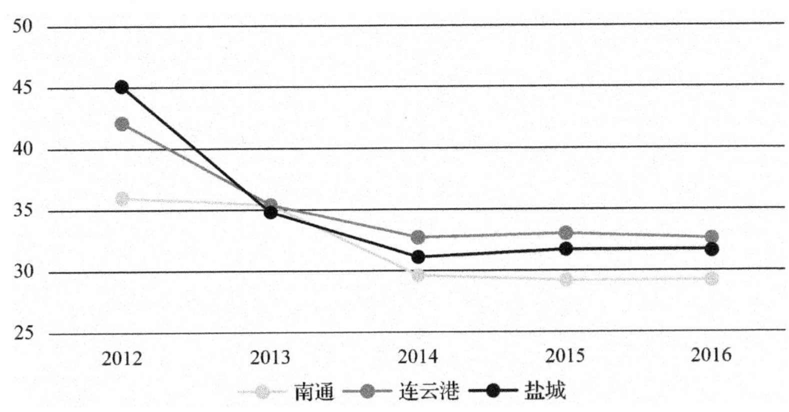

图 12　沿海三市农村居民恩格尔系数变化情况(2012—2016 年)

数据来源:各年《江苏统计年鉴》。

(二)人民生活全面提高

沿海大开发战略除了在收入水平上给予民众实惠外,人均可支配收入、人均住房面积等指标的提升反映了人民生活水平的全面提高。南通市区是沿海地区所有城市中城镇居民人均收入最高的,在市(县)的比较中,海门、启东、如东和海安排在前四位,都超过了 37000 元,其次是东台,最低的是灌云县,只有 22979 元。在所有市(县)中,东台市的农村居民人均纯收入增长最多,从 2012 年的 13647 元提高到 2016 年的 19727 元。海安县也是所有市(县)中 2016 年农村居民人均纯收入最高的,这几乎是收入最低的射阳县的 1.6 倍多。居住水平是衡量一个国家或地区生活质量的指标之一,也是反映社会发展水平和文明程度的重要标志。沿海地区城镇居民人均住房建筑面积与农村居民人均住房建筑面积的全面增加,则反映了沿海大开发战略的对居民生活质量和居住环境的提升。其中,东台市的城镇人均住房面积最多,为 57.6 平方米,而滨海县只有 31.8 平方米。农村人均住房面积最多的是启东市,为 64.1 平方米,是农村人均住房面积最低的射阳县的 1.74 倍,响水县的增长率最快,从 2012 年只有 34.6 平方米涨到了 2016 年的 48.1 平方米。

表 15　沿海地区人民生活主要指标变化情况(2012—2016 年)

	城镇居民人均可支配收入(元)		农村居民人均纯收入(元)		城镇居民人均住房建筑面积(平方米)		农村居民人均住房面积(平方米)	
	2012 年	2016 年	2012 年	2016 年	2012 年	2016 年	2012 年	2016 年
海安县	26771	37297	12663	17978	44.1	51.6	51.3	60.7
如东县	26768	37133	12156	17119	44.4	54.0	52.9	60.5
启东市	26875	37390	14127	19875	39.4	45.4	53.3	64.1
海门市	29631	40509	15162	20608	38.7	47.5	57.1	63.0
灌云县	15943	22979	8929	12969	38.3	42.5	40.9	41.9
灌南县	18535	24494	8472	12430	47	51.8	40.3	54.3
响水县	18207	25564	9861	14299	36.4	36.2	34.6	48.1
滨海县	19090	26543	10429	14931	33.9	31.8	40.2	43.7
射阳县	19373	26509	11726	16536	35.6	41.4	41	36.9
东台市	23867	32686	13647	19727	37.7	57.6	54.6	58.0

数据来源:《江苏统计年鉴 2013》、《江苏统计年鉴 2017》。

第三章　江苏沿江区域

一、整体概况介绍

沿江地区是江苏省乃至长江三角洲地区产业发展条件最优越的地区。本区是以上海为龙头的长江三角洲的重要组成部分，交通便利，辐射势能强劲，经济腹地广阔，消费市场巨大，是经济社会发展的上乘区域和贴近市场的理想投资区域，开发条件优良，现状经济基础好。其中，淡水资源丰沛，长江过境江苏多年平均径流量 9730 亿立方米；岸线资源优良，拥有 1175 公里长江岸线以及 142.3 公里可建万吨港口泊位的主江岸线；土地平坦，自然生态约束较小，空间开发适应性强，山地、湿地以及水面等不适宜开发土地仅占 20%；劳动力充足且素质较高，1996 年已普及 9 年义务教育，劳动者平均受教育年限超过 9 年。区位、水、土、岸线以及劳动力资源的综合叠加，产生优势发展要素整合的共振效应，使沿江地区成为江苏省乃至长江三角洲地区产业发展条件最为优良的区域。

江苏沿江八市，包括苏南地区的南京、无锡、苏州、常州和镇江，以及苏中地区的南通、扬州和泰州，是长江三角洲城市群的重要组成部分，是江苏经济发展的先发区域和主要支撑。土地面积 5.1 万平方公里，占江苏的 47.58%、长三角的 23.69%；2016 年末总人口 4210.61 万人，占江苏的 54.15%、长三角的 26.30%。

2001 年江苏省省委、省政府制定了《江苏省沿江开发总体规划》(2003—2010 年)。规划中指出江苏拥有长江岸线的地区是沿江开发的核心区域。本区包括南京、镇江、常州、扬州、泰州、南通 6 个市区和句容、扬中、丹阳、江阴、张家港、常熟、太仓、仪征、江都、泰兴、靖江、如皋、通州、海门、启东 15 个县(市)①，是江苏经济社会发展较为发达的地区。2016 年该区域人口 2810.55 万人，面积 3.05 万平方公里，国内生产总值 40078.76 亿元，分别占全省的 36.1%、28.4%和 52.7%，人均国内生产总值 123994 元，是全省平均水平的 1.3 倍。规划中制定的目标到 2010 年江苏沿江地区的国民生产总值达到 12800 亿元，已经提前三年，在 2007 年就实现了。该规划将江苏沿江开发的战略定位为：区域性国际制造业基地，走新型工业化道路的先行区，长江流域对外开放的重要门户，缩小江苏南北差距的重要纽带。

经过十几年的开发，截至 2016 年底江苏沿江地区集聚了 98 个省级开发区、37 个国家级开发区、出口加工区和物流园区，集中了全省 90%以上的大型冶金、石化企业和 60%的电力企业，装备制造、化工、冶金、物流四大产业集群初步形成。以机械、成套设备、汽车和船舶产业为重点，形成机械基础件、关键零部件——先进重大技术装备的装备制造业产业链。以石油化工为龙头，形成基础

① 2009 年通州并入南通市，2010 年江都并入扬州市。

石化原料—精细化工、合成材料的化工产业链。以特种钢为重点，形成钢冶炼—特种钢材—金属制品的冶金产业链。同时，积极发展了电子、纺织、医药、造纸等优势产业。建立了社会化、专业化、信息化、规模化的现代物流服务体系，形成市场—第三方物流—生产企业—用户供应链，构建南京、苏州、无锡三大物流枢纽和一批专业物流中心。随着新一轮沿江开发的加速推进，为进一步加快沿江地区的发展带来了极其宝贵的契机和更广阔的空间。沿江地区作为江苏经济社会发展核心区域、先导区域的地位更加强化。

二、沿江区域综合经济发展现状

（一）经济总量规模不断扩大

在二十余年的发展过程中，江苏沿江区域抢抓机遇，加快发展，经济不断实现新跨越，综合实力增强。经济总量迅速扩张，占全省份额明显提升，增长极的辐射带动作用日益显著。2016 年，沿江八市及沿江开发区域完成地区生产总值为 60115.19 亿元和 40078.76 亿元，按可比价格计算，比 2012 年的 43575.2 亿元和 27386.39 亿元，分别增长了 37.96%和 46.35%。2012 年，沿江开发区域中仅有南京市区、江阴市、常州市区、常熟市、张家港市、南通市区、扬州市区和镇江市区的地区生产总值超过 1000 亿元（1152 亿元），到 2016 年，南京市区、常州市区、江阴市、张家港市、太仓市、常熟市、扬州市区、南通市区、海门市、镇江市区、丹阳市、泰州市区均超过 1000 亿元。2012—2016 年间，地区生产总值增幅最高的沿江开发区域中的城市是泰州市区，增幅达 131.38%，其次是南京市区和常州市区，增幅均超过 60%。

沿江八市及沿江开发区域的人均地区生产总值从 2012 年的 88358 元和 91473 元，分别提高到 2016 年的 120906 元和 123994 元，增幅达到了 36.84%和 35.55%。在沿江开发区域的所有市县中，2016 年江阴市的人均地区生产总值最高，达到了 188108 元，随后是张家港、太仓、常熟和扬中，这四市的人均地区生产总值均超过 14 万元。发达的县域经济是江苏沿江地区经济发展的最大推动力之一，“江阴现象”、“张家港精神”、常熟“富民兴市”等成为这些地区经济特色和发展经验的概况。2012—2016 年间，人均地区生产总值增幅最大的是如皋和泰兴两市，大幅增长了 54.39%和 52.99%。可以发现在这 5 年时间内，整个常州地区（包括常州市区和常熟、张家港、太仓）和镇江地区（包括镇江市区和丹阳、扬中、句容）的人均地区生产总值增幅都较为显著。

表 1　江苏沿江八市及沿江开发区域经济总量情况

	地区生产总值（亿元）			人均地区生产总值（元）		
	2012 年	2016 年	增幅（%）	2012 年	2016 年	增幅（%）
沿江八市	**43575**	**60115**	**37.96**	**88358**	**120906**	**36.84**
沿江开发区域	**27386**	**40079**	**46.35**	**91473**	**123994**	**35.55**
南京市区	6467	10503	62.41	88625	127264	43.60
江 阴 市	2535	3083	21.61	156471	188101	20.21
常州市区	3022	4986	65.00	90108	126424	40.30

续表

	地区生产总值(亿元)			人均地区生产总值(元)		
	2012 年	2016 年	增幅(%)	2012 年	2016 年	增幅(%)
常熟市	1870	2112	12.95	123882	139768	12.82
张家港市	2051	2317	13.00	164441	184747	12.35
太仓市	955	1155	20.94	134439	162526	20.89
南通市区	1758	2475	40.78	76058	105599	38.84
启东市	589	882	49.68	61127	92534	51.38
如皋市	590	904	53.22	46801	72255	54.39
海门市	663	1005	51.57	73473	111099	51.21
扬州市区	1949	2900	48.80	80824	119578	47.95
仪征市	370	557	50.44	65842	98558	49.69
镇江市区	1152	1712	48.58	94880	139126	46.63
丹阳市	831	1136	36.79	85549	115816	35.38
扬中市	360	505	40.12	106269	147431	38.73
句容市	337	493	46.41	54275	78862	45.30
泰州市区	743	1718	131.38	84093	105789	25.80
靖江市	601	802	33.44	87639	116703	33.16
泰兴市	544	833	53.24	50537	77315	52.99

数据来源:各年《江苏统计年鉴》。

(二)经济地位十分显要

沿江开发区域在江苏经济发展全局中占有举足轻重的地位。2012—2016 年,沿江开发区域的国民生产总值占全省 GDP 的比重在小幅增长,最高的年份是 2013 年达到 52.9%,超过江苏经济总量的一半,最低的年份是 2012 年,只有 50.7%。第二产业占全省的比重有缓慢上升的趋势,从 2012 年的 53.9%提高到 2016 年的 56.5%。其中,工业占全省的份额在三次产业中最高,2016 年时已达 56.5%,2014—2016 年间呈现出小幅上升趋势。第三产业占全省的比重呈现明显的波动趋势,2016 年时沿江开发区域第三产业占全省比重已达 53.0%。

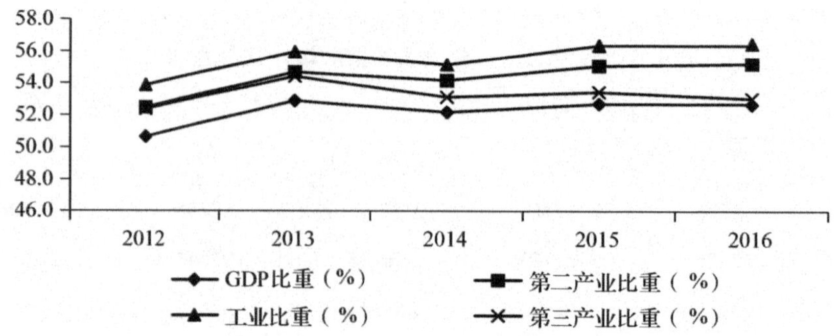

图 1 沿江开发区域经济指标占全省比重(2012—2016 年)

数据来源:各年《江苏统计年鉴》。

2016年江苏沿江开发区域规模以上工业总产值占全省的48.6%，其中制造业比重略高，达到49.5%。固定资产投资额、社会消费零售品总额、公共财政预算收入分别占到全省的47.2%、50.8%和44.7%。金融机构存、贷款余额均超过全省的一半以上，分别高达55.9%和55.0%。进出口总额2100.39亿美元，其中出口1338.94亿美元，占到全省的41.2%和41.9%。实际使用外资139.06亿美元，占全省的份额为56.7%。

可以说，从各项指标来看，沿江开发区域对江苏的经济地位至关重要，很多核心的经济指标都接近或者超过全省的50%，占到"半壁江山"。而该地区的人口和土地面积却只占全省的36.1%和28.4%。沿江地区作为江苏经济社会发展核心区域、先导区域的地位更加强化。

表2　沿江开发区域主要经济指标占全省比重(2016年)

指　标	全　省	沿江开发区域	沿江开发区域占全省比重(%)
年末户籍人口(万人)	7775.66	2810.55	36.1
土地面积(万平方公里)	10.72	3.05	28.4
地区生产总值(亿元)	76086.17	40078.5	52.7
第一产业	4078.48	1145.28	28.1
第二产业	33855.73	18695.56	55.2
第三产业	38151.96	20237.79	53
#工业	29689.92	16768.05	56.5
规模以上工业总产值(亿元)	157640.23	76616.63	48.6
#制造业	151934.14	75153.06	49.5
固定资产投资额(亿元)	49370.85	23280.1	47.2
#房地产开发投资	8956.37	4455.85	49.8
社会消费品零售总额(亿元)	28707.12	14590.06	50.8
进出口总额(亿美元)	5096.12	2100.39	41.2
#出口	3193.44	1338.94	41.9
实际使用外资(亿美元)	245.43	139.06	56.7
一般公共预算收入(亿元)	8121.23	3627.22	44.7
一般公共财算支出(亿元)	8754.5	3948.39	45.1
金融机构存款余额(亿元)	121106.58	67717.28	55.9
#住户存款	43900.5	22651.58	51.6
金融机构贷款余额(亿元)	91107.6	50100.54	55

数据来源：2017年《江苏统计年鉴》。

(三)经济增长速度有高有低

得益于良好的政策环境、自身增长动力的增强，沿江开发区域的经济增长速度持续保持高速。2013—2016年，GDP、人均GDP、第二产业、第三产业的年均增长率分别为10.02%、7.9%、7.09%

和 13.23%。其中,GDP 增速高于全省平均水平 1.1 个百分点,“领跑”全省。第二产业增速也高于全省平均水平,超过 1.38 个百分点,第三产业增超过全省平均水平 0.36 个百分点。但人均 GDP 增速落后全省平均水平 0.76 个百分点。这反映出江苏近几年经济呈现出“南温北快”的特点,经济基础最为薄弱的苏北地区在国民经济生产总值及人均 GDP、第三产值上都表现出更高的增长率。2016 年苏北五市 GDP 相比 2012 年增长了 49.06%,分别比江苏省和全国高出 8.31 个、5.77 个百分点,经济发展势头迅猛。

表 3 沿江开发区域与全省相关经济指标年均增长率(2013—2016 年,%)

	GDP 增速	人均 GDP 增速	第二产业增速	第三产业增速
全　　省	8.92	8.66	5.71	12.87
沿江开发区域	10.02	7.90	7.09	13.23
南京市区	13.06	9.47	10.86	14.44
江 阴 市	5.03	4.73	3.91	6.82
常州市区	13.42	8.88	8.89	18.26
常 熟 市	3.11	3.08	2.09	4.25
张家港市	3.11	2.96	0.83	6.04
太 仓 市	4.87	4.86	2.93	7.45
南通市区	8.93	8.55	4.86	13.70
启 东 市	10.62	10.93	8.43	15.39
如 皋 市	11.27	11.48	8.07	16.79
海 门 市	10.97	10.90	7.52	17.01
扬州市区	10.45	10.30	7.37	14.55
仪 征 市	12.10	11.97	12.49	14.88
镇江市区	10.42	10.06	8.41	13.03
丹 阳 市	8.17	7.89	6.12	11.22
扬 中 市	8.83	8.56	6.60	12.14
句 容 市	10.09	9.87	6.90	14.65
泰州市区	25.97	6.12	20.34	32.30
靖 江 市	7.60	7.55	4.12	12.08
泰 兴 市	11.27	11.22	7.52	16.83

数据来源:各年《江苏统计年鉴》。
注:按当年价格计算。

从城市来看,2013—2016 年间,泰州市区、南京市区、常州市区三市的 GDP 年均增长率在沿江开发区域所有城市中最高,而张家港市、常熟市最低,均没有超过 5%。苏中地区过去一直落后于苏南沿江,但随着沿江高速公路、苏北铁路以及润扬大桥的相继建成通车,苏中地区的交通条件明显改善,区位优势和成本优势日益显现,在经济增长速度上已逐步开始表现出与苏南地区的趋同性。人均 GDP 增速排在最前的三座城市依次是仪征市、如皋市和泰兴市,排在末尾的城市则是常熟市、张家港市。随着中心城市的经济结构转型，工业在城市中的地位开始逐步被服务业取代，制造业将向周边地区转移，因此从表 3 中可以看出，沿江开发区域中的中心城市，江阴市、常熟市、张家港市、太仓市、南通市区和靖江市的第二产业年均增速都要低于平均水平，相反，泰州市区、启东市、如皋市等县市的第二产业增速要普遍高于平均水平，其中泰州市区年均增长率甚至超过了 20%。服务业自 2005 年后一直是江苏经济较发达地区发展的一个重点，因此 2012—2016 年第三产业的年均增长率高于第二产业和 GDP 的增速，其中沿江开发区域为 13.23%，略高于全省平均水平。在所有沿江开发区域的城市中，泰州市的第三产业年均增长率位列前茅，超过了 30%，增速最慢的城市是常熟市，都没有超过 5%。

表 4　沿江开发区域与全省主要经济指标年增长率比较(2012—2016 年,%)

	2012 年	2013 年	2014 年	2015 年	2016 年
GDP					
沿江开发区域	12.44	14.28	13.44	8.81	8.43
全省	10.10	9.60	9.15	7.72	8.51
第二产业					
沿江开发区域	9.44	11.77	10.02	5.61	5.91
全省	11.10	10.00	9.06	3.86	5.65
第三产业					
沿江开发区域	16.20	16.70	16.12	12.06	11.08
全省	9.70	9.80	8.78	11.39	11.93

数据来源：各年《江苏统计年鉴》。
注：按当年价格计算。

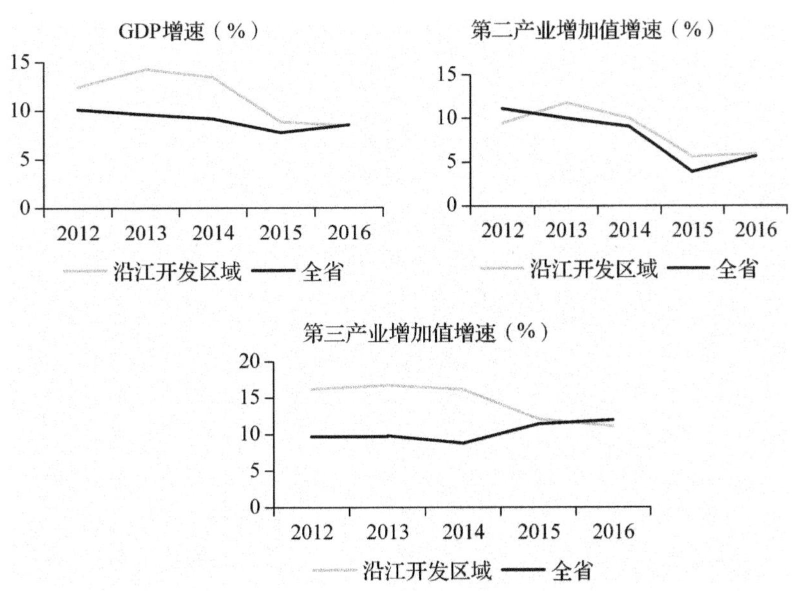

图 2　沿江开发区域 GDP、第二产业、第三产业增速与全省的比较(2012—2016 年)

数据来源：各年《江苏统计年鉴》。

注：按当年价格计算。

图 2 是沿江开发区域的 GDP、第二产业和第三产业生产总值 2012—2016 年间的年增长率与全省的比较。可以看出,2012—2014 年间沿江开发区域表现出较为明显的领先优势,近五年沿江开发区域的 GDP 增速超过全省水平。沿江开发区域的第二产业增速仅在 2012 年低于全省平均水平,是江苏工业经济在遭遇全球经济危机后较重要的支撑地区。2015 年前沿江开发区域的第三产业增速也均高于全省平均水平,2016 年略低于全省平均水平。沿江开发区域在 GDP、第二和第三产业增速上表现出一定的优势,这主要由于近些年在推进江苏区域均衡发展的过程中,苏北五市的经济发展显示了强劲的增长势头,加上苏南地区产业升级与转型来到了"瓶颈"时期,发展后劲略显不足。

(四) 县(市)经济较为发达

沿江地区的县(市)包括苏州的常熟市、张家港市和太仓市,无锡的江阴市,南通的启东市、如皋市和海门市,镇江的丹阳市、扬中市、句容市,泰州的靖江市和泰兴市,扬州的仪征市。从表 5 可以看出,GDP、工业增加值、人均 GDP、人均地方一般预算收入、规模以上工业企业利税总额、出口总额、外商直接投资总额、农村居民人均纯收入、城镇居民人均可支配收入等经济指标在全省 44 个县(市)的排名中都十分靠前。尤其是江阴市、常熟市和张家港市大部分指标都能进入前 5 名。在沿江开发区域 13 个县市中,江阴的实际使用外资额、农村居民人均纯收入在全省 44 个县(市)中排名首位。

表 5　区域内县(市)经济主要指标在全省中的排名(2016 年)

名称	GDP	人均 GDP	公共财政预算收入	规模以上工业企业利税总额	出口总额	实际使用外资	农村居民人均纯收入	城镇居民人均可支配收入
江阴市	2	2	2	2	4	1	1	2
常熟市	4	6	4	4	3	3	3	4
张家港市	3	3	3	7	2	4	4	3
太仓市	6	4	5	10	5	5	5	5
启东市	10	13	10	16	8	11	11	13
如皋市	9	21	9	17	10	12	22	16
海门市	8	9	7	5	6	13	10	11
仪征市	22	12	21	14	24	20	17	17
丹阳市	7	8	11	9	9	8	9	9
扬中市	25	5	31	22	25	23	6	7
句容市	27	15	23	25	22	14	14	10
靖江市	13	7	15	11	11	39	13	12
泰兴市	11	16	18	3	14	6	16	18

数据来源:2015 年《江苏统计年鉴》。

南通地区的三个沿江县(市)经济发展也较好,在全省中的排名中游靠前,并且相比较于其沿海地区(海安县、如东县)要稍好。丹阳市虽然总量指标并不突出,但人均指标都在全省前 10 名,是沿江地区经济发展不错的县(市)。相比较而言,仪征市、句容市和泰兴市在整个沿江地区的县(市)中经济较靠后，但在大部分指标在全省的排名中也都在20位以内。

三、沿江地区产业经济发展现状

（一）产业结构不断优化

沿江开发区域的产业结构层次经过多年的调整，正逐步向高度化方向转换。以高新技术为主导、现代制造业为主体、大企业为支柱、现代物流业相配套的沿江工业走廊已初步形成。沿江八市三次产业结构比例由2012年的3.4∶51.9∶44.7调整为2016年的2.9∶45.9∶51.2；沿江开发区域三次产业比例由2012年的3.0∶52.0∶45.0调整为2016年的2.9∶46.6∶50.5，呈现出第一、第二产业比重下降，第三产业比重上升的格局。2012—2016年间，沿江开发区域的第三产业比重一直呈现不断上升的态势，与此对应的是第二产业的比重在不断下降，其中工业产值的份额从2012年的47.0%下降到2016年的41.8%（如表6所示）。与全省5.36∶44.10∶50.55、长三角地区4.1∶41.36∶54.53和全国8.56∶39.81∶51.63的三次产业构成比例相比较，可以看出，沿江8市及沿江开发区域的农业比重较低，第二产业比重较高，第三产业比重不够高，工业是带动这一地区经济增长的主要动力。这一结构特征与该地区大力推进工业结构的高加工度化和资本技术密集型工业的发展密切相关，是经济发展特定阶段的必然结果。

表6　沿江地区三次产业结构变化（2012—2016年）

	2012年	2013年	2014年	2015年	2016年
沿江八市					
第一产业	3.4	3.4	3.1	3.0	2.9
第二产业	51.9	50.7	48.5	47.3	45.9
工　业	46.6	45.6	43.1	42.2	41.0
第三产业	44.7	45.9	48.4	49.6	51.2
沿江开发区域					
第一产业	3.0	3.4	2.9	3.0	2.9
第二产业	52.0	50.7	49.2	47.8	46.6
工　业	47.0	45.8	43.8	42.7	41.8
第三产业	45.0	45.9	47.9	49.3	50.5

数据来源：各年《江苏统计年鉴》。

从沿江开发区域的内部城市来看，句容、启东、如皋三市的第一产业比重最高，分别为8.7%、7.6%和7.0%，远高于沿江开发区域的平均水平。泰兴市和海门市的第一产业比重也较高，均超过5%。表明这些地区的农业发展对当地的国民经济还有不小的作用，工业化进程要落后于区域中的其他城市。除了南京市区外，沿江开发区域内其他城市的第二产业比重差别不大，都集中在50%上下，其中最高的是江阴市54.5%，其次是仪征市52.8%和张家港52.4%。江阴的工业比重在所有城市中最高，达到了52.29%，其次是张家港市49.86%。南京市区是沿江开发区域中第三

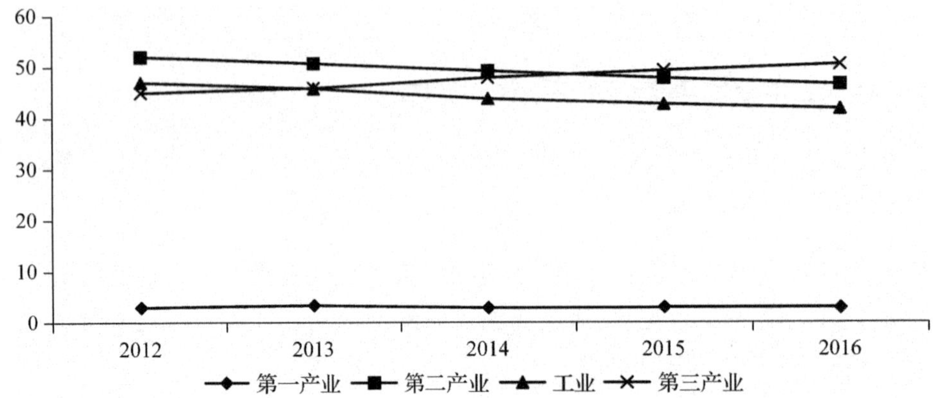

图 3　2012—2016 年沿江开发区域三次产业占国民生产总值的比重(%)

数据来源：各年《江苏统计年鉴》。

产业比重最高，达到了 58.4%，这表明南京市区在产业结构的调整升级中走在了前列，全市经济正在向服务主导型的产业结构迈进。近五年来，南京市区的服务业发展速度明显加快，增加值年均增长率近 15%，高于同期 GDP 增长水平，实现了"三二一"经济结构的战略转变。南通市区和常州市区的第三产业比重在 50%以上，镇江市区的第三产业比重略低为 49.8%，泰州市区是五个市区中最低的，只有 46.2%。苏南沿江工业较发达县市的第三产业比重基本均超过 45%，普遍高于沿江开发区域中的苏中县市。总的来说，在当前服务业正在逐渐成为经济结构战略性调整的主导产业和促进经济增长的支柱产业的背景下，沿江开发区域的第三产业虽然在加速发展，但与发达的制造业相比，存在"滞后"的问题。

表 7　2016 年沿江开发区域三次产业产值和就业结构(%)

地　区	三次产业占 GDP 比重			三次产业就业人数占比		
	第一产业	第二产业	第三产业	第一产业	第二产业	第三产业
沿江八市	2.9	45.9	51.2	11.3	48.1	40.5
沿江开发区域	2.9	46.6	50.5	10.9	45.6	43.6
南京市区	2.4	39.2	58.4	5.4	35.0	59.6
江 阴 市	1.4	54.5	44.0	4.9	61.7	33.4
常州市区	2.1	46.0	52.0	8.0	50.4	41.6
常 熟 市	2.0	51.2	46.7	3.8	61.4	34.8
张家港市	1.4	52.4	46.2	5.7	60.2	34.1
太 仓 市	3.2	50.5	46.3	5.7	58.5	35.8
南通市区	2.4	45.0	52.6	12.7	43.3	44.0
启 东 市	7.6	48.0	44.5	27.3	43.6	29.1
如 皋 市	7.0	48.0	45.0	26.0	46.6	27.5

续表

地　区	三次产业占 GDP 比重			三次产业就业人数占比		
	第一产业	第二产业	第三产业	第一产业	第二产业	第三产业
海门市	5.3	50.2	44.5	25.5	48.2	26.3
扬州市区	3.2	49.0	47.8	9.6	45.2	45.2
仪征市	4.2	52.8	43.0	22.0	46.0	32.0
镇江市区	1.7	48.5	49.8	7.9	38.7	53.4
丹阳市	4.6	50.0	45.4	9.1	53.1	37.8
扬中市	2.6	51.8	45.6	6.1	54.0	39.9
句容市	8.7	47.0	44.2	24.4	39.7	35.9
泰州市区	3.5	50.3	46.2	14.7	40.7	44.6
靖江市	2.8	48.9	48.3	16.8	50.1	33.1
泰兴市	6.5	46.6	46.9	25.0	41.0	34.0

数据来源:《江苏统计年鉴 2017》。

从三次产业就业人数占比的情况来看,第二产业依旧是沿江开发区域吸纳就业的最主要产业。在五个市区和十三个县市中,只有南京市区和镇江市区的第三产业就业人数占比超过 50%,高于第二产业。江阴市、常熟市和张家港市三市的第二产业就业人数占比在 60%以上,是沿江开发区域所有城市中最高的。

(二) 工业产值规模不断扩大,企业效益稳步攀升

2013—2016 年,沿江开发区域的规模以上企业工业总产值保持着逐年递增的趋势,从 66247.79 亿元,增长到 76616.63 亿元,占全省的 48.6%,四年间增长接近 15.65%。在产值不断扩大的同时,企业的效益也在稳步攀升。2016 年,沿江开发区域规模以上工业企业实现利润总额 5210 亿元,是 2012 年的 1.25 倍,单位产值利润率从 6.28%上升到 6.80%(如图 4 所示)。

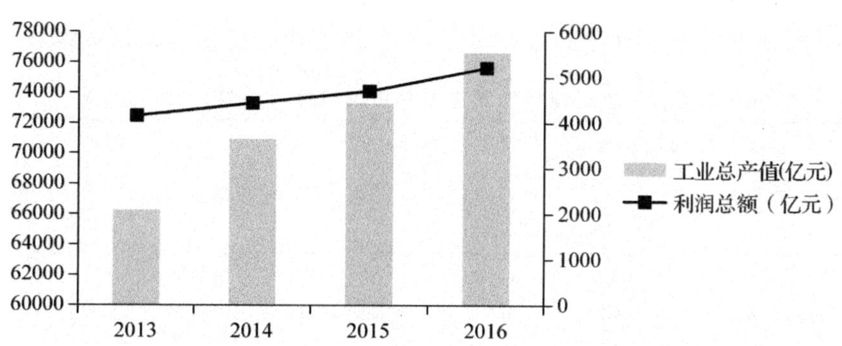

图 4　沿江开发区域工业产值及利润总额(2013—2016 年)

数据来源:各年《江苏统计年鉴》。

表 8　沿江开发区域工业经济主要指标情况(2013—2016 年,亿元)

	2013 年	2014 年	2015 年	2016 年
工业总产值	66247.79	70920.39	73281.81	76616.63
制 造 业	64835.94	69358.96	71862.66	75153.06
主营业务收入	65778.31	70144.41	71953.10	76241.33
利润总额	4158.85	4437.23	4702.63	5210.00

数据来源:各年《江苏统计年鉴》。

2013 年沿江开发区域规模以上工业企业总产值占全省的比重为 48.1%,到 2016 年上升到 48.6%,显示出沿江地区的工业对江苏的支撑作用在不断加强。目前沿江地区已经按照产业集群、资源集约、生态优先、和谐发展的原则,产业空间划分为 10 个产业集中区,包括南京浦口产业集中区、宁南沿江产业集中区、宁扬化工产业集中区、南京栖霞一丹徒产业集中区、镇江产业集中区、扬镇沿江产业集中区、常澄滨江新城产业集中区、高港一泰兴产业集中区、澄靖一皋张产业集中区、通常太产业集中区,重点发展化工、冶金、机械装备等沿江基础产业。沿江地区已经成为江苏开发开放和转型升级的主阵地,汽车、船舶、机械装备、石油化工四大产业 85%以上的规模企业在沿江地区集聚,战略性新兴产业 80%以上的规模企业在沿江地区落地生根。

2013 年沿江地区单位产值利润率是 6.28%,而 2016 年则增长到 6.80%,这可以从一个侧面反映出沿江开发区域工业企业效益的提升,以及产业结构的升级和资本/技术含量的增加。2016 年在沿江开发区域的五大市区城市中,南京市区的规模以上工业企业总产值最高,为 12945.02 亿元,占全省 8.21%,其次是常州市区、扬州市区,最后是泰州市区、南通市区和镇江市区。13 个县市中,苏南沿江的江阴市规模以上工业企业总产值高达 5376.01 亿元,这一数值介于泰州市区和南通市区之间,超过镇江市区和南通市区,是所有县市中最高的。张家港市和常熟市规模以上工业企业总产值也相当高,分别达到 4571.66 亿元和 3684.89 亿元。句容、扬中两市的规模以上工业企业总产值刚刚超过千亿元,排在沿江开发区域中的末尾。2013—2016 年,沿江开发区域规模以上工业企业总产值年均增长率为 7.41%。其中,泰州市区是所有城市中增速最快的,超过了 27.06%。泰兴的年均增长率也较快,超过 20%,随着苏中交通条件的不断改善,其承南启北、江海联动的区位优势开始突出,在沿江开发和沿海开发的过程中,苏中的工业发展速度尤其耀眼。

表 9　沿江开发区域各城市工业经济发展情况(2013—2016 年)

地　区	2013 年			2016 年			
	工业总产值(亿元)	占全省的比重(%)	单位产值利润率(%)	工业总产值(亿元)	占全省的比重(%)	单位产值利润率(%)	工业总产值年均增速(%)
沿江区域	66247.79	49.20	6.28	76616.63	48.60	6.80	7.41
南京市区	**12563.09**	**9.33**	**7.79**	**12945.02**	**8.21**	**7.41**	**6.66**
江 阴 市	6140.78	4.56	5.48	5376.01	3.41	6.28	−2.23
常州市区	**7724.21**	**5.74**	**4.97**	**10733.40**	**6.81**	**6.02**	**11.15**
常 熟 市	3582.25	2.66	5.00	3684.89	2.34	6.40	2.30
张家港市	4922.05	3.66	2.34	4571.66	2.90	3.87	−0.58

续表

地　区	2013 年			2016 年			
	工业总产值（亿元）	占全省的比重(%)	单位产值利润率(%)	工业总产值(亿元)	占全省的比重(%)	单位产值利润率(%)	工业总产值年均增速(%)
太仓市	1994.70	1.48	5.17	2027.67	1.29	7.63	2.68
南通市区	**3826.80**	**2.84**	**6.98**	**4771.88**	**3.03**	**6.97**	**8.50**
启东市	1356.46	1.01	8.44	1829.18	1.16	7.14	12.18
如皋市	1412.27	1.05	4.23	1985.12	1.26	6.49	9.96
海门市	1629.51	1.21	11.10	2053.24	1.30	10.74	9.60
扬州市区	**5425.97**	**4.03**	**6.77**	**5918.50**	**3.75**	**5.65**	**5.69**
仪征市	1257.42	0.93	8.00	1616.84	1.03	8.48	11.53
镇江市区	**2761.84**	**2.05**	**7.29**	**3421.62**	**2.17**	**7.51**	**9.45**
丹阳市	2263.70	1.68	5.21	2529.31	1.60	6.31	7.14
扬中市	1056.61	0.78	6.63	1372.66	0.87	6.86	11.98
句容市	1096.64	0.81	4.58	1399.25	0.89	5.11	12.01
泰州市区	**3617.52**	**2.69**	**6.72**	**5489.57**	**3.48**	**7.41**	**27.06**
靖江市	1933.65	1.44	7.20	1888.79	1.20	7.83	2.46
泰兴市	1682.32	1.25	8.88	3002.02	1.90	9.26	20.44

数据来源：各年《江苏统计年鉴》。

（三）高新技术产业带动制造业结构升级

传统的观点认为工业结构的发展路径遵循着劳动密集型一资本密集型一技术密集型。高新技术产业的带动效应大，可以促进传统产业的整体进步，催生新兴产业，使主导产业、关联产业和基础产业之间形成体系。沿江八市和沿江开发区域抢抓国际制造业向长三角地区转移的机遇，着力于建设国际制造业生产基地，冶金、化工、电力、造纸、机械和运输仓储物流等沿江产业加速增长，基础产业带和高新技术产业群的集聚效应显现，集中了电子信息、生物与医药、光机电一体化、新材料等一批高水平的高新技术产业群，带动了沿江制造业产业层次的显著提升。

表 10　沿江八市 2016 年高新技术产业发展情况

地区	高新技术产业产值(亿元)	占规模以上企业工业总产值份额比(%)	2013—2016 年均增长率(%)
南京	5902.61	45.60	5.74
无锡	6548.72	45.63	3.73
常州	5453.78	45.08	11.42
苏州	14470.32	47.11	5.09
南通	7072.89	48.69	16.68
扬州	4520.07	46.78	9.89
镇江	4586.86	52.58	13.10
泰州	5310.75	43.64	19.15

数据来源：各年江苏省高新技术产业主要数据统计公报。

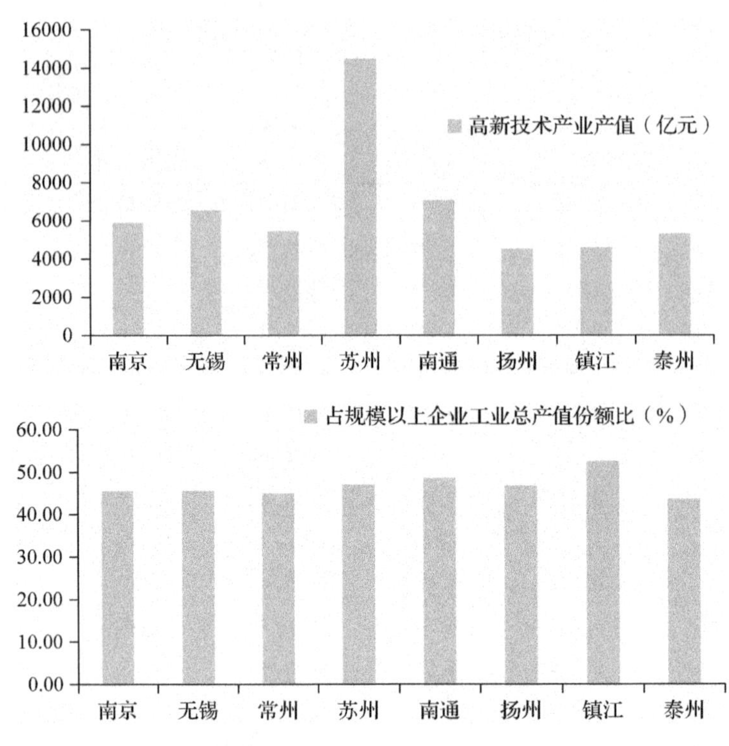

图 5　沿江八市高新技术产业发展情况(2016 年)

数据来源:各年江苏省高新技术产业主要数据统计公报。

图 5 显示出沿江八市高新技术产业近年来的总体规模情况,从中可以看出高新技术产业产值的增加速度是相当快的,年均增长率达到了 10.6%,大大超过了同期工业产值的增长。同时,高新技术产业占规模以上工业总产值的比重也在逐步攀升,从 2012 年的 40.71%增加到 2016 年 46.76%,超过全省 42.58%的平均水平。沿江八市是江苏重要的高新技术产业带,其 2016 年的高新技术产业产值占到全省的 80.25%。

2013 年,沿江八市中苏州市的高新技术产业产值遥遥领先于其他城市,也是唯一产值突破 10000 亿元并逼近 15000 亿元的城市。2012 年来,苏州市充分发挥开放型经济的优势,积极承接国际高技术产业的转移,形成了以产业集群为特征,以产业功能区为增长极,沿“两轴三带”展开的高新技术产业发展新格局,高新技术产业产值实现年均增长率 5.09%,电子信息产业、装备制造产业、新材料产业、生物技术与新医药产业和新能源产业是苏州高新技术产业的五大主导产业。其中电子信息产业是苏州第一大支柱产业,占苏州高新技术产业总产值近 70%,目前已经形成了软件、集成电路和新型电子元器件、计算机及外部设备、网络及通信类产品、数字化视听电子产品等五大门类近百个产品集群的规模化生产能力。南通、无锡和南京排在第二方阵,三市 2016 年高新技术产业共实现产值 7072.89 亿元、6548.72 亿元和 5902.61 亿元,四年来的年均增长率分别为 16.68%、3.73%和 5.74%。排在第三方阵的是常州、扬州、镇江和泰州,均在 4500 亿元以上。但第三方阵的城市年均增长率都普遍较高,除了扬州全部超过 10%,最高的泰州达到了 19.15%的年均增长。从高新技术产业占规模以上工业企业总产值的份额来看,镇江最高,达到了 52.58%,在整个沿江八市中表现夺目。

四、沿江地区开放型经济发展现状

沿江开发区域是江苏经济发展的重心区，包括苏南地区的南京、苏州、无锡、常州、镇江五市和苏中地区的南通、扬州、泰州三市，是长江三角洲城市群的重要组成部分，也是江苏经济发展的先发区域和主要支撑。2016 年沿江开放区域城市进一步整合各种发展要素，创造新的沿江发展优势，主动与上海相呼应，积极融入长三角地区一体化发展的大战略中，经济开放度水平再上新台阶。2016 年，沿江八市和沿江开放区域进出口总额为 4825.44 亿美元和 2100.39 亿美元，占全省比重为 94.69%和 41.2%，其中出口为 3012.01 亿美元和 1338.94 亿美元；实际使用外资分别为 216.82 亿美元和 139.06 亿美元，占全省比重为 88.34%和 56.7%。沿江地区外向型经济发展一直保持着快速增长，基本形成了全方位、多层次、宽领域的对外开放格局，为地区经济的稳定发展和综合实力的提高作出了贡献。

（一）对外贸易规模持续扩大，但增速不断放缓

2012—2016 年，沿江开发区域的对外贸易总额从 2177.04 亿美元下降到 2100.39 亿美元，总体呈现下降趋势。其中，出口总额从 1284.28 亿美元，提高到 1338.94 亿美元，呈上升趋势。沿江八市的进出口总额从 5189.81 亿美元，下降到 4825.44 亿美元，呈现下降趋势。其中，出口总额从 3095.03 亿美元，下降到 3012.01 亿美元。2016 年，沿江开发区域的进出口总额和出口额占全省的比重达到 41.2%和 41.9%。沿江八市的进出口总额和出口额占长三角地区的 37.70%和 39.09%。可见，沿江开发区域和沿江八市在江苏及长三角地区都具有举足轻重的贸易地位。但从年增长率来看，2012—2016 年中，无论是沿江开发区域还是沿江八市的对外贸易总额和出口额的增速都呈现出不断下降的趋势，只有在 2010 年经历过国际金融动荡，贸易额突然萎缩后出现大幅反弹，其余年份增速都不断放缓，2013 年、2015 年和 2016 年有些指标的增速反而为负。沿江八市则是从 2010 年后出口增速一直层面大幅下降的趋势，到 2016 年时出口增速从 55.04%降到－5.94%，对国外市场的依赖也使得沿江八市在 2009 年全球金融危机后出现负增长，虽然 2010 年强劲反弹，但 2013—2016 年国际经济形势不容乐观，出口增速再次出现负增长，对该地区的宏观经济冲击不小。

表 11 沿江区域及沿江八市外向型经济发展情况(2012—2016 年)

沿江开放区域	2012 年	2013 年	2014 年	2015 年	2016 年
外贸进出口总额(亿美元)	2177.04	2188.33	2279.46	2204.92	2100.39
出口(亿美元)	1284.28	1282.71	1365.29	1394.22	1338.94
FDI(亿美元)	171.1	178.76	142.28	135.04	139.06
出口增速(%)	3.07	－0.12	6.44	2.12	－3.97
沿江八市	2012 年	2013 年	2014 年	2015 年	2016 年
外贸进出口总额(亿美元)	5189.81	5244.02	5343.66	5173.08	4825.44
出口(亿美元)	3095.03	3108.35	3223.42	3202.37	3012.01
FDI(亿美元)	286.73	282.65	226.51	197.92	216.82
出口增速(%)	18.77	0.43	3.7	－0.65	－5.94

数据来源：各年《江苏统计年鉴》。

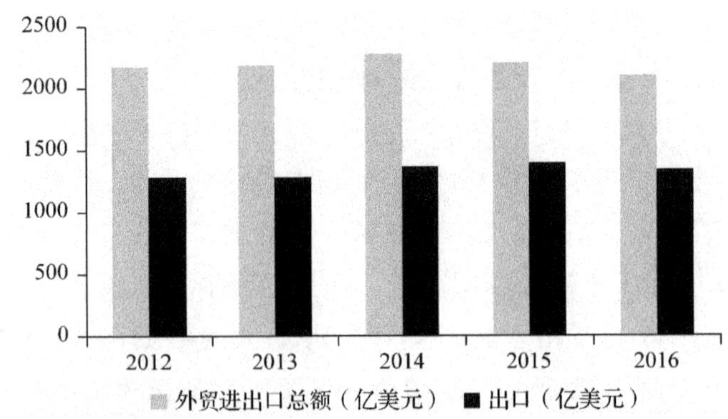

图6 沿江开发区域进出口总额及出口额规模与增速(2012—2016年)

数据来源:各年《江苏统计年鉴》。

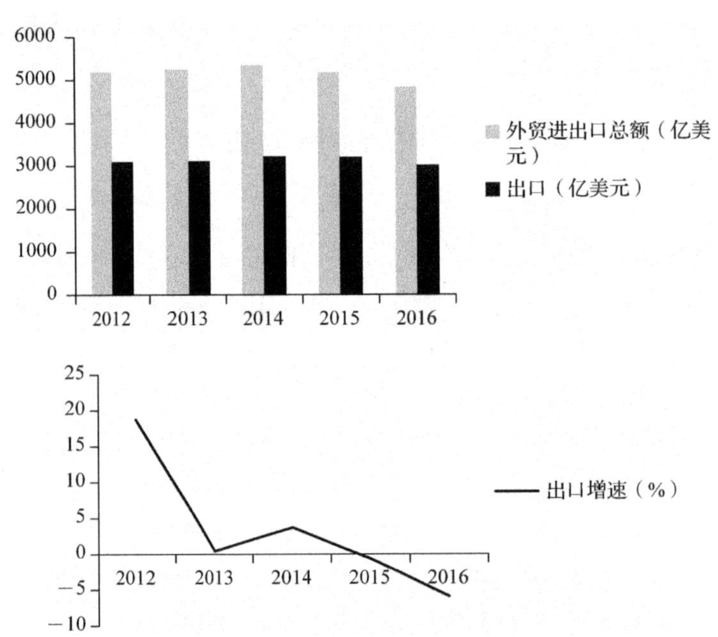

图7 沿江八市进出口总额及出口额规模与增速(2012—2016年)

数据来源:各年《江苏统计年鉴》。

(三)外贸依存度低于全省平均水平

长期以来,理论界一直把外贸依存度作为衡量一国(地区)经济开放度的重要指标。外贸依存度是一国(区)对外贸易总额与国内生产总值的比值,用于衡量一国(地区)经济对国际市场的依赖程度。根据对有关统计资料进行整理,2012—2016年沿江开发区域平均对外贸易依存度水平为40.30%,比江苏平均水平低近6.14个百分点。沿江八市因为包括了苏州和无锡的所有地区,外贸依存度提高到63.43%,高于省内平均水平,这说明沿江八市的经济开放程度处于领先地位,但存在明显的地区不平衡,苏中地区的外向型经济要远落后于苏南地区,因此沿江开发区域的对外贸易依存度在全省平均水平之下。

从沿江开发区域的单个城市来看,各地区的外贸依存度差异明显,依存度较高的城市都集中在苏南地区。2012—2016年,张家港的外贸依存度高达88.52%,是所有沿江开发区域中最高的城市，其次是太仓和常熟，分别为75.09%和63.05%。其中太仓的外贸依存度上升的幅度最高，从2009年的61.15%提高到2014年的79.5%。苏南沿江地区抢抓了率先发展乡镇企业、浦东开发开放和国际产业转移三次重大战略机遇，不仅在20世纪80年代创造了闻名遐迩的“苏南模式”，而且在改革与建设进程中创新出工业化、城市化、信息化、国际化互动并进的“新苏南发展模式”，经济开放度也走在江苏的前列。依存度最低的城市是句容和扬中，都不超过10%。但我们也看出，沿江地区的区位优势及相应的优惠政策，也促进了镇江及苏中三市的出口贸易的发展，这些地区的外贸依存度都表现出不同程度的增长，但增长的幅度还是要普遍低于苏南沿江地区。

表12　沿江开发区域各城市贸易依存度（2012—2016年，%）

地区＼年份	2012年	2013年	2014年	2015年	2016年	2012—2016年均
长三角地区	75.27	69.50	77.70	60.59	53.13	67.24
全　　省	64.00	18.64	59.38	48.47	41.72	46.44
沿江八市	75.18	68.11	63.50	57.39	52.97	63.43
沿江开发区域	50.18	43.31	41.20	36.64	30.16	40.30
南京市区	53.30	43.10	39.90	33.66	31.57	40.31
江阴市	47.97	45.77	49.70	43.31	42.54	45.86
常州市区	54.93	49.07	43.10	36.86	35.64	43.92
常熟市	66.66	58.25	61.70	66.56	62.06	63.05
张家港市	98.39	93.01	92.50	80.63	78.06	88.52
太仓市	83.42	78.84	79.50	71.07	62.62	75.09
南通市区	58.21	53.20	51.50	51.93	45.91	52.15
启东市	21.73	30.42	25.50	23.46	22.54	24.73
如皋市	38.38	29.73	26.50	23.08	18.43	27.23
海门市	16.11	15.70	14.90	15.13	25.65	17.50
扬州市区	26.95	21.03	19.70	18.39	15.81	20.38
仪征市	15.89	15.04	13.50	5.60	12.71	12.55
镇江市区	42.03	30.79	27.30	24.09	25.46	29.93
丹阳市	20.15	17.28	16.90	16.09	14.77	17.04
扬中市	8.43	7.20	7.70	7.26	7.49	7.61
句容市	11.45	9.87	8.10	6.93	7.93	8.85
泰州市区	29.49	22.53	21.40	17.12	17.56	21.62
靖江市	36.87	25.20	25.20	24.54	22.24	26.81
泰兴市	23.64	25.24	24.30	20.18	20.42	22.76

数据来源：各年《江苏统计年鉴》。

（四）外商直接投资稳步上升

2016年沿江开发区域的实际使用外资额为139.06亿美元，占全省的56.7%，沿江八市的实际使用外资额为216.82亿美元，占长三角地区的40.64%。外资存量的增加促使外资经济成分在国民经济中所占的比重快速上升。

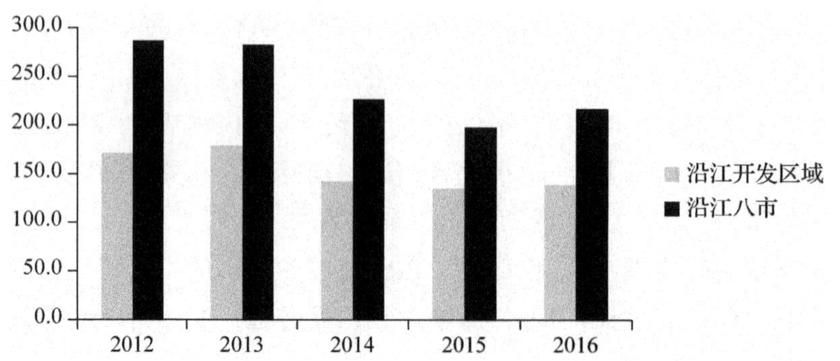

图 8　沿江开发区域和沿江八市 FDI 情况(2012—2016 年、亿美元)

数据来源:各年《江苏统计年鉴》。

从表 13 可以看出,沿江开发区域各城市的实际使用外资表现出了极大的差异,2016 年南京市区实际使用外资 34.79 亿美元,占苏南地区 14.18%,占全省 20.78%,是所有沿江开发区域中实际使用外资最高的城市。其次是常州市区 21.64 亿美元、江阴 10.55 亿美元。而实际使用外资额最低的城市靖江没有超过亿美元,还不到南京市区的 10%。沿江开发区域中苏中城市实际外商直接投资最多的是南通市区,其次是扬州市区和泰州市区。总的来说,沿江开发区域中,市区城市比县市城市吸引了更多的 FDI。外向型经济较为发达的常熟、江阴、张家港、丹阳等市 2013 年的 FDI 都在 6 亿美元以上,在江苏所有县市中排在第二、三、四和第五位。但与昆山市的 17.54 亿美元相比,还是差距较大。

表 13　沿江开发区域各城市的实际使用外资及在所在区域中比重的情况(2016)

	实际使用外资(亿美元)	占苏南/中地区的比重(%)	占全省的比重(%)
南京市区	34.79	14.18	20.78
江阴市	10.55	4.30	6.30
常州市区	21.64	8.82	12.92
常熟市	6.30	2.57	3.76
张家港市	6.04	2.46	3.61
太仓市	5.61	2.28	3.35
南通市区	9.96	4.06	20.17
启东市	2.84	1.16	5.76
如皋市	2.77	1.13	5.62
海门市	2.40	0.98	4.85
扬州市区	9.75	3.97	19.75
仪征市	1.29	0.53	2.61
镇江市区	6.90	2.81	4.12
丹阳市	3.22	1.31	1.92
扬中市	1.18	0.48	0.70
句容市	2.21	0.90	1.32
泰州市区	7.86	3.20	15.92
靖江市	0.23	0.09	0.46
泰兴市	3.53	1.44	7.15

数据来源:《江苏统计年鉴 2017》。

五、沿江地区人民生活发展现状

（一）人均收入持续上升，但增速低于同期GDP水平

江苏沿江区域的国民经济和社会事业在近十年里得到了迅速发展，城乡人民生活水平不断提高，人均收入持续上升。从收入绝对额来看，2016年沿江八市城镇常住居民人均可支配收入唯一超过50000元的是苏州（54341元），超过40000元的有南京（49997元）、无锡（48628元）、常州（46058元）和镇江（41794元）属于第一层次；苏中三市中南通城镇居民人均可支配收入最高，为39247元，其次是泰州（36828元），扬州最低（35659元），但也都超过了35000元。按2000年不变价格来看，2012—2016年沿江八市的城镇居民人均可支配收入变化趋势如图9所示，在位次排序上，有一处变化：南京在2013年之前一直落后于无锡，2014年开始反超。沿江八市的城镇居民人均可支配收入自2004年以后每年都保持正增长，只有扬州2008年出现过一次负增长，但增速却有所放缓。2005年和2006年两年，沿江八市城镇居民人均可支配收入全部有两位数增长，平均增速达到了13.9%和12.6%，但2011年和2012年两年，只有扬州、苏州和泰州的增速超过10%。2012—2016年的城镇居民人均可支配收入年均增长率最高的城市是南京，达到9.26%，是唯一超过9%的城市。增速最慢的城市是无锡和常州，只有8.06%和8.43%。这一增速要低于同期GDP增速、人均GDP增速。

表14　沿江八市城镇常住居民人均可支配收入（2012—2016年）

地区	2012年	2013年	2014年	2015年	2016年
南京	35092	38531	42568	46104	49997
无锡	35663	38999	41731	45129	48628
常州	33326	36611	39483	42710	46058
苏州	39079	42748	46677	50390	54341
镇江	30045	32977	35752	38666	41794
南通	28292	31059	33374	36291	39247
扬州	25712	28145	30322	32946	35659
泰州	26574	29112	31346	34092	36828

数据来源：各年《江苏统计年鉴》。

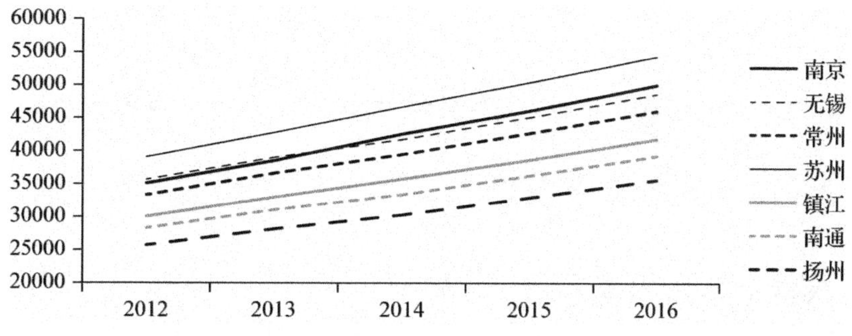

图9　沿江八市城镇常住居民人均可支配收入（2012—2016年）

数据来源：各年《江苏统计年鉴》。

注：按2000年不变价格计算。

农村居民人均纯收入也同样表现出不断增长的态势。从绝对数额来看,2016 年沿江八市中苏州、无锡的农村居民人均纯收入最高,分别达到了 27691 元和 26158 元,其次是常州 23780 元、南京 21156 元和镇江 20922 元,泰州、扬州、南通排在倒数三位,均没有超过 19000 元。可见,沿江八市中苏南和苏中在人均收入中表现出了极大的差距,并且这种差距随着时间的变化有不断扩大的趋势,2012 年农村居民人均收入最低的泰州是排在最高的苏州的 64.41%,2016 年增大到了 64.50%。2012—2016 年间,沿江八市农村居民人均收入的排位并没有发生任何变化,并且这八市的年均增长率都比较接近,增速最快的是镇江 9.58%、最慢的是无锡 9.04%,苏中三市普遍高于苏南五市。农村居民人均收入的年均增速低于同期水平的城镇居民人均可支配收入,这反映出沿江八市城乡居民的收入差距在进一步扩大。

表 15　沿江八市农村常住居民人均纯收入(2012—2016 年)

地区	2012 年	2013 年	2014 年	2015 年	2016 年
南京	14786	16531	17661	19483	21156
无锡	18509	20587	22266	24155	26158
常州	16737	18643	20133	21912	23780
苏州	19396	21578	23560	25580	27691
镇江	14518	16258	17617	19214	20922
南通	13231	14754	15821	17267	18741
扬州	12686	14214	15284	16619	18057
泰州	12493	13982	15076	16410	17861

数据来源:各年《江苏统计年鉴》。

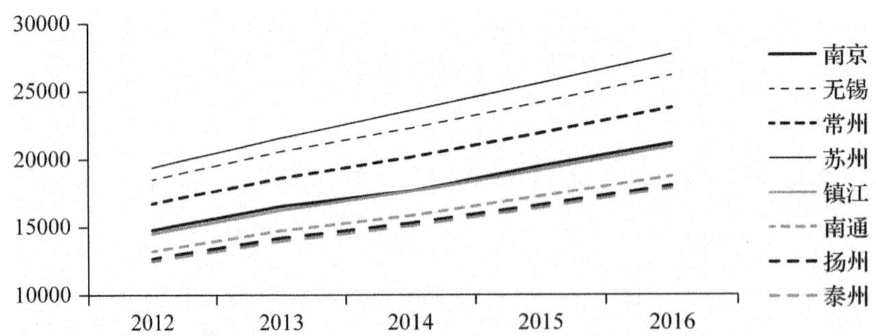

图 10　沿江八市农村常住居民人均纯收入(2012—2016 年)

数据来源:各年《江苏统计年鉴》。

注:按 2000 年不变价格计算。

(五)恩格尔系数不断下降

恩格尔系数指食品支出金额在居民生活消费总支出金额中所占的比例。一般说来,恩格尔系数的降低意味着居民的消费支出中用于购买食品的比重减少了,由此可表明社会整体的生活水准得到了提高。沿江八市城镇居民恩格尔系数的平均值从 2012 年的 35.21% 下降到 2016 年的

28.09 %，高于全省的平均水平 28.0%。农村居民恩格尔系数的平均值从 2012 年的 35.74%下降到 2016 年 29.39%，低于全省平均水平 29.5%。同时从图 11 中我们可以发现，在 2007 年后农村居民的恩格尔系数开始连续 5 年低于城市，这是因为城镇居民的食品消费支出受价格上涨影响较大，而农村居民则较小。根据联合国的标准，恩格尔系数在 59%以上为贫困，50%—59%为温饱，40%—50%为小康，低于 40%为富裕。目前发达国家的恩格尔系数基本上在 10%—20%左右。因此按照联合国的恩格尔系数标准来说，沿江八市的城镇居民和农村居民都处在相对富裕的水平。

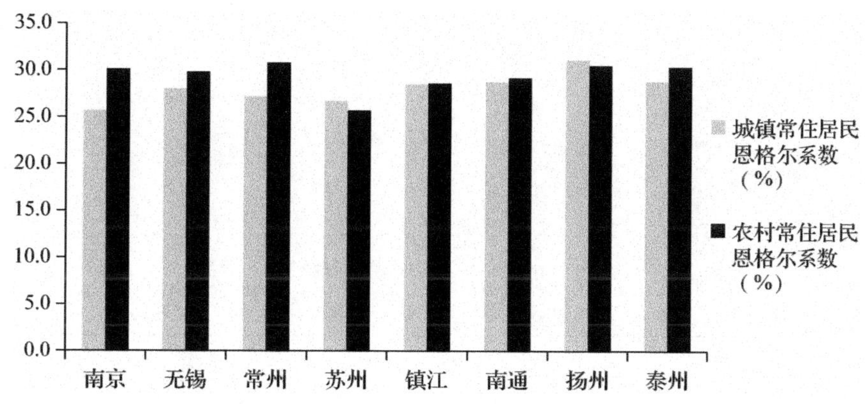

图 11　沿江八市城镇居民与农村居民恩格尔系数（2016 年）

数据来源：2017 年《江苏统计年鉴》。

细看 2016 年沿江开发区内部城市收入及恩格尔系数情况（如表 16 所示）可以发现，在城镇常住居民人均可支配收入上，常熟、张家港、江阴、太仓处于第一层次，收入均超过 54000 元；南京市区、常州市区和扬中市紧随其后，收入超过 45000 元；海门市、镇江市区、丹阳市和句容市处于第三层次，收入超过 40000 元；其他城市处于第四层次，收入均超过 35000 元。城镇居民恩格尔系数最低的是南京市区，只有 25.7%，最高的是丹阳，达到了 34%。农村居民人均纯收入最高的依旧是江阴、常熟、张家港和太仓四市，超过 27000 元；最低的城市是如皋市，只有 16883 元。农村居民恩格尔系数最高的是启东市 32.2%，最低的是泰兴市 20.8%，南京市区、江阴市、常州市区、太仓市、启东市、如皋市、扬州市区、仪征市等均超过全省平均水平（29.5%）。沿江开发区域中所有县市的城乡居民收入比均低于全省平均水平 2.28，启东市最低 1.88，南京市最高 2.36。

表 16　沿江开发区内各城市收入及恩格尔系数情况（2016 年）

沿江开发区域	城镇居民人均可支配收入（元）	城镇居民恩格尔系数（%）	农村居民人均纯收入（元）	农村居民恩格尔系数（%）	城乡居民收入比（以农民收入为 1）
南京市区	49997	25.7	21156	30.1	2.36
江 阴 市	54631	29.2	28181	30.1	1.94
常州市区	46058	27.2	23780	30.8	1.94
常 熟 市	54411	28.8	27956	28	1.95
张家港市	54602	28.6	27849	28.3	1.96
太 仓 市	54099	30.1	27766	30.6	1.95
南通市区	39247	28.7	18741	29.2	2.09

续表

沿江开发区域	城镇居民人均可支配收入(元)	城镇居民恩格尔系数(%)	农村居民人均纯收入(元)	农村居民恩格尔系数(%)	城乡居民收入比(以农民收入为1)
启东市	37390	30.9	19875	32.2	1.88
如皋市	36590	29.1	16883	30.9	2.17
海门市	40509	29.3	20608	29.3	1.97
扬州市区	35659	31.1	18057	30.5	1.97
仪征市	36523	32.5	17516	30.5	2.09
镇江市区	41794	28.5	20922	28.6	2.00
丹阳市	41653	34	21706	30.8	1.92
扬中市	45842	29.5	23855	29.6	1.92
句容市	40582	30.4	18893	31.8	2.15
泰州市区	36828	28.8	17861	30.4	2.06
靖江市	39713	29.9	19605	30.7	2.03
泰兴市	36521	28.6	17842	20.8	2.05

数据来源:各年《江苏统计年鉴》。

六、扬子江城市群

扬子江城市群,涵盖江苏南京、镇江、常州、无锡、苏州、扬州、泰州、南通沿江八市,面积5.1万平方公里,人口近5000万,经济规模达到6万亿元,人均GDP超过12万元,是中国经济发展基础最好,综合竞争力最强的地区之一,也是江苏发展的精华所在,具备了建设城市群的良好基础和条件。

从国际上看,扬子江城市群应是竞争力强、影响力大的开放重要门户和标志性区域,要在更高层次上参与国际竞争和合作;从全国范围看,应是长三角城市群北翼核心区,建成长江经济带示范性的绿色城市群;从江苏省内看,则是全省的"发动机"和增长极,将苏南与苏中进一步融合起来,形成高端发展的新经济板块,支撑全省,带动其他区域发展。

第四章　沿东陇海线区域

一、整体概况介绍

东陇海铁路沿线地区是沿东陇海线产业带的建设区域。本区包括徐州、连云港两个市区和邳州、新沂、东海三个县(市)。2016年人口992.02万人,面积1.1789万平方公里,区内生产总值6179.40亿元,分别占全省的12.4%、11.00%、8.12%,人均GDP为71439元,超过苏北平均水平,为全省平均水平的75.00%,三次产业增加值结构为7.48∶44.71∶47.19,三次产业从业人员结构为1.30∶1.54∶1.86。

沿东陇海线位于江苏省最北端,地处长江三角洲地区与环渤海地区的中间地带,交通大动脉陇海铁路和连霍高速公路横贯东西,京沪铁路和京沪高速公路纵贯南北,使本区西连广阔的中原和西部地区,北通我国政治文化中心北京,南与经济中心上海相连,东与日本、韩国隔海相望,区位优势明显,战略地位重要。该区自然环境优良,人居条件较好;土地、淡水、非金属矿产和海洋资源较为丰富,特别是非农用地资源独特,开发条件较好;教育基础扎实,文化底蕴较深,劳动力资源丰富,在矿业、机械、海洋、农业等领域拥有较强的科研力量。特别是改革开放以来,该区经济发展步伐不断加快,人民生活水平不断提高,形成了较好的农业基础,一定的工业优势和产业规模,商贸流通较为发达,交通、通信、电力、水利等基础设施条件较为完备,基本形成了支撑该区产业发展的基础设施体系。初步形成了以资源加工为主的加工工业,以工程机械、食品、化工、医药、纺织为主的支柱行业,以新医药、新材料、新能源等一批高附加值新型工业为主的产业发展体系。但囿于历史条件、基础薄弱、经济结构等多重因素,两市总体上看发展不快,经济实力仍然较弱,经济发展与先进地区的横向差距相当明显,属于全省整体经济的相对"低洼"地带,是江苏经济快速发展的主要"瓶颈"。

2005年,江苏省委、省政府在区域共同发展战略、加快苏北振兴重要举措,国家西部大开发、陇兰经济带建设战略的背景下,提出了建设沿东陇海线产业带,并规划制定了《江苏省沿东陇海线产业带建设总体规划》(2005—2010年)。该规划对沿东陇海线产业带建设的战略定位是:新兴的产业密集带、苏北地区对外开放的先导区、全省经济发展的重要增长极。目前,沿东陇海线产业带已经形成资源型加工、机械、化工、医药四大产业集群。以具有比较优势的农副产品资源和非金属矿产资源为基础,形成资源—初加工—制造的资源型加工产业链。以工程机械、重型汽车为重点,形成优质基础件—关键零部件—高水平辅机—整机组装的机械产业链。以盐化工和农用化工为重点,形成基础化工原料—化学中间体—精细化工的化工产业链。以拥有自主知识产权的医药研发和生产为重点,形成基础原料—中间体—制成品—药品包装的医药产业链。

江苏把沿东陇海线经济带建设作为发展重要战略,就是要在贯彻国家"一带一路"倡议中,发挥沿东陇海线经济带的先行先导作用,使其成为国家"一带一路"倡议总体布局的新经济增长极。

二、沿东陇海线综合经济发展现状

东陇海线经徐州自西向东依次穿越徐州市区、邳州市、新沂市、东海县和连云港市区,与沿海经济带交汇。长期以来,徐连两市经济发展相对滞后,是江苏经济快速发展的主要"瓶颈"。但徐州、连云港两市位于沿海经济带与陆桥经济带的交汇处,具有良好的区位条件和资源优势,近些年通过推进沿东陇海线产业带建设,快速振兴徐连经济,已成为全省培育的新区域经济增长极,提升了苏北的发展水平,进而促进全省区域共同发展。

(一)经济总量大幅提升

2016年沿东陇海地区实现地区生产总值6179.40亿元,与2012年(4107.88亿元)相比,增长了50.4%,人均地区生产总值则从54797元提高到71439元,增幅达到30.3%。按可比价格计算,沿东陇海地区的地区生产总值和人均地区生产总值的年均增长率为12.6%和7.58%。全省的平均水平为8.51%和8.25%,与沿海地区的GDP和人均GDP增长率(9.52%和9.26%)相比,地区生产总值增长速度具有一定的优势,在全省的经济发展中比较抢眼。

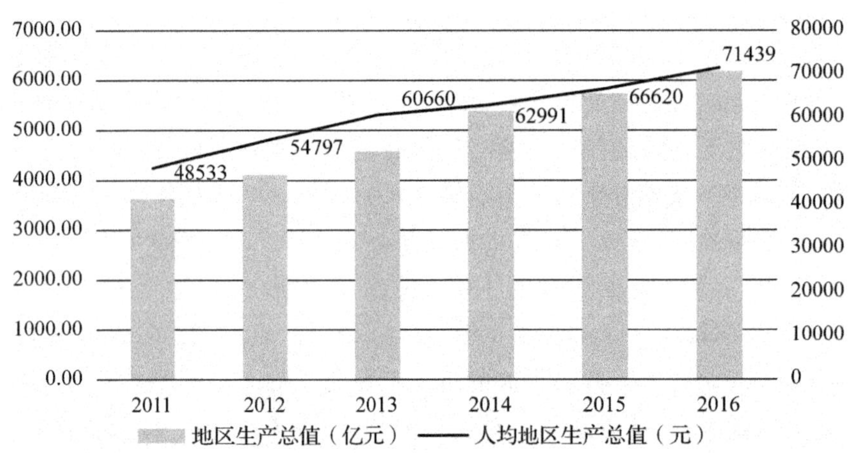

图1 沿东陇海地区GDP与人均GDP变化情况(2011—2016年)

数据来源:各年《江苏统计年鉴》。

注:按增速计算按2000年不变价格。

自2004年以来,沿东陇海地区生产总值的规模就持续增大,2004年为1033.78亿元,2009年突破2000亿元大关,2016年达到了6179.4亿元。人均地区生产总值同样也保持着持续向上的趋势,2004年是14110.06元,2007年突破20000元,2010年突破30000元,2016年达到了71439元。

从沿东陇海地区的内部城市来看,2016年实现地区国民生产总值最高的城市是徐州市市区,达到了3072.18元,占整个沿东陇海线地区GDP的49.7%,而连云港市市区只有1307.59亿元的地区国民生产总值,是徐州市市区的二分之一不到。徐州市市区加上新沂市和邳州市的GDP占整个沿东陇海线地区的71.8%,可见徐州地区是该经济地带最重要的组成部分,有着举足轻重的作用。连云港的东海县在2016年只取得了433.43亿元的地区生产总值,是整个沿东陇海线地区中最低的城市，而 2010 年 GDP 垫底的仍是连云港的东海县。但连云港市市区的地区生产总值增幅较高，达到了 198.95%，从 2010 年的 437.39 亿元，提高到 2016 年的 1307.59 亿元。2016 年沿东陇海线地区人均地区生产总值最高的城市是徐州市市区，为 94402 元，其次是连云港市市区 62788 元，从增幅来看，连云港市市区人均 GDP 的增幅只有 47.1%，远低于沿东陇海线的平均水平，也是该地区所有城市中最低的，而徐州市市区的增幅却有 63.49%，可见相比较于连云港的经济发展，徐州在近几年更加突出。人均地区生产总值最低的是东海县，只有 44871 元，其次是邳州市 55960 元，但东海县和邳州市的人均 GDP 的增幅很大，分别到达了 116.81%和 122.19%，仅次于新沂市的 134.31%。

表 1　沿东陇海地区 GDP 与人均 GDP(2010—2016 年)

地　区	地区生产总值(亿元)			人均地区生产总值(元)		
	2010	2016	增幅(%)	2010	2016	增幅(%)
东陇海合计	3023.58	6179.4	104.37	40643	71439	75.77
徐州市市区	1779.47	3072.18	72.65	57742	94402	63.49
新　沂　市	241.2	562.06	133.03	26360	61765	134.31
邳　州　市	365.39	804.14	120.08	25186	55960	122.19
连云港市市区	437.39	1307.59	198.95	42683	62788	47.10
东　海　县	200.14	433.43	116.56	20696	44871	116.81

数据来源：各年《江苏统计年鉴》。
注：2010 年徐州市区的数据包括了当时的铜山县。

（二）2010 年后经济加速增长，增速超过全省平均水平

从表 2 中可以很清楚地看出，2012 年后沿东陇海地区的经济开始加速增长，连续三年的经济增长率超出全省平均水平。尤其是 2013 年，当年 GDP 的增长率高达 11.4%，比全省平均水平高出近 2 个百分点，相当令人瞩目。2014 年沿东陇海地区的 GDP 增速为 10.77%，高于全省水平 8.93%、沿江地区 8.55%。但到了 2015 年增速开始下滑，低于全省和沿江、沿海地区，2016 年比 2015 年略有增长，不过也低于全省和沿海沿江地区。我们发现与整个苏北地区的经济发展情况相比，同属于该地区的沿东陇海经济带并不突出，无论是 GDP 增速还是人均 GDP 增速都要低于苏北地区平均水平。江苏省加大统筹力度，提出实施区域共同发展战略，加大对苏北发展的政策支持力度后，近三年来，全省呈现出“南升北快”的良好格局，在此背景下沿东陇海地区不断加速增长，逐步缩小与苏南、沿海和沿江地区的差距。

表 2　沿东陇海地区 GDP、人均 GDP 增长率与全省及其他经济带的比较(%)

GDP	2012 年	2013 年	2014 年	2015 年	2016 年	年均增长率
东陇海地区	10.65	11.40	10.77	6.95	7.87	9.53
全省平均水平	7.29	9.44	8.93	8.26	8.51	8.49
苏北地区	10.52	11.29	11.75	9.86	9.63	10.61
沿海地区	9.14	7.00	11.21	9.81	9.52	9.34
沿江地区	9.59	14.28	8.55	9.34	8.43	10.04

续表

GDP	2012年	2013年	2014年	2015年	2016年	年均增长率
人均GDP						
东陇海地区	10.05	10.70	9.94	6.28	7.23	8.84
全省平均水平	6.94	9.16	8.65	7.97	8.25	8.19
苏北地区	10.48	11.07	11.35	8.90	9.25	10.21

数据来源:各年《江苏统计年鉴》。
注:按2000年不变价格计算。

(三)经济规模较小,占全省比重有所上升

沿东陇海地区的人口和土地面积占全省的比重大约在10%左右,然而从表3中可以看出,2016年包括GDP、规模以上工业总产值、社会消费品零售额、进出口总额、实际外资直接投资额、地方财政一半预算收支等经济指标占全省的比重都在10%以下,而且与沿江和沿海地区相比,差距也非常大,这说明沿东陇海地区的经济规模还较小,在全省中的地位较低。

2016年沿东陇海地区的规模以上工业总产值达到了166463.8亿元,占全省比重8.95%,是所有指标中占全省比重最高的。这说明随着各政府对沿东陇海产业带的重视程度提高,有关部门对沿线区、县(市)的港口、工业园区等基础设施的建设力度也明显增强。而三个外向型经济指标的比重都偏低,2016年沿东陇海地区进出口总额和出口总额分别为116.16亿美元和75.04亿美元,只占全省的1.82%和1.87%。江苏作为长三角地区和全国的出口大省,外向型经济相当发达,然而东陇海地区的对外贸易发展相对比较落后。这主要由于连云港港口发展的滞后及徐州身处江苏腹地,对外部的交流相对较少,沿线经济外向扩张能力较弱,经济对外贸易依存度低。

表3　沿东陇海地区主要经济指标及占全省的比重情况(2016年)

指　　标	全　省	东陇海地区	占全省比重
地区生产总值(亿元)	95257	6179.40	6.49%
第一产业	5104	462.33	9.06%
第二产业	42004	2762.71	6.58%
第三产业	48149	2916.10	6.06%
规模以上工业总产值(亿元)	166463.8	14894.75	8.95%
固定资产投资额(亿元)	62327	5560.31	8.92%
#房地产开发投资	11240	633.94	5.64%
社会消费品零售总额(亿元)	36027	2803.51	7.78%
进出口总额(亿美元)	6396	116.16	1.82%
#出口	4008	75.04	1.87%
地方财政一般预算收入(亿元)	10192	548.38	5.38%
地方财政一般预算支出(亿元)	10987	827.46	7.53%
金融机构存款余额(亿元)	121071.8	6346.25	5.24%
金融机构贷款余额(亿元)	91124.51	4725.00	5.19%

数据来源:各年《江苏统计年鉴》。

沿东陇海地区由于经济基础较差,与苏南、苏中地区存在不小的差距,虽然经济总量规模在全

省中的地位较低，但随着赶超脚步的不断加快和不断深入推进的省内区域均衡发展战略，沿东陇海地区主要经济指标占全省的比重有所提高(如图 2)。其中，地区国民生产总值的比重从 2012 年的 7.6%提高到 2014 年的 8.27%，但在 2015 年却有所下降，下降到 8.17%，2016 年下降到 8.12%。近几年，沿东陇海地区的工业经济发展势头一直较好，因此第二产业占全省的比重呈现出上升的势头，从 2012 年的 7.72%提高到了 2016 年的 8.23%。而第三产业的比重在 2014 年上升到 7.85%，之后发展一直较为缓慢，略有下降，到 2016 年占全省的 7.58%。

表 4　沿东陇海地区主要经济指标占苏北及全省的比重情况(2012—2016 年,%)

	2012 年	2013 年	2014 年	2015 年	2016 年
苏　北					
GDP	33.72	33.75	35.53	34.58	34.02
第二产业	36.20	36.20	37.14	35.59	34.44
第三产业	35.77	35.62	37.20	36.34	35.74
全　省					
GDP	7.60	7.74	8.27	8.17	8.12
第二产业	7.72	7.91	8.35	8.27	8.23
第三产业	7.38	7.43	7.85	7.73	7.58

数据来源：各年《江苏统计年鉴》。

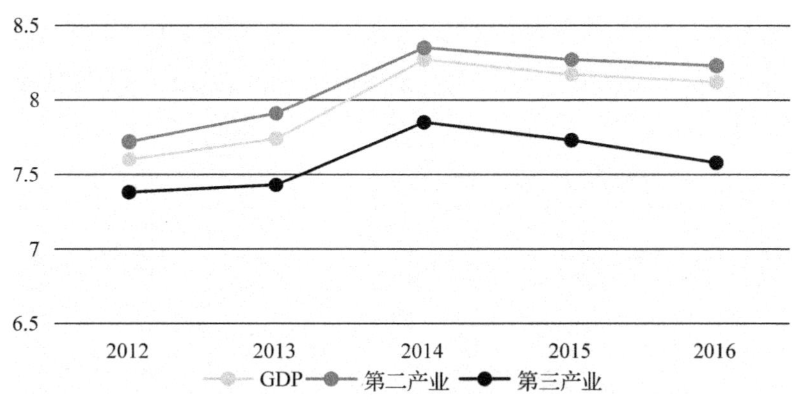

图 2　沿东陇海地区主要经济指标占全省比重情况(2012—2016 年)

数据来源：各年《江苏统计年鉴》。

图 3 是沿东陇海地区主要经济指标占苏北比重的变化情况。其中，沿东陇海地区的 GDP 占苏北的比重从 2012 年的 33.72%首先持续上升到 2014 年的 35.53%，2016 年下降到 34.02%。第三产业首先从 2012 年的 35.77%下降到 2013 年的 35.62%，随后持续到 2014 年的 37.20%，2016 年又下降到 35.74%。而第二产业占苏北地区的比重则相对稳定，基本持平。这显然由于在 2009 年后苏北地区加快经济增长步伐，虽然沿东陇海地区的增速也大幅提速，但却低于苏北的平均水平，才导致其在区域经济中的地位有所下降。从绝对值来看，沿东陇海地区是整个苏北经济版图中最重要的一部分的地位并没有下降多少，其经济总值还是占到了苏北的三分之一以上。

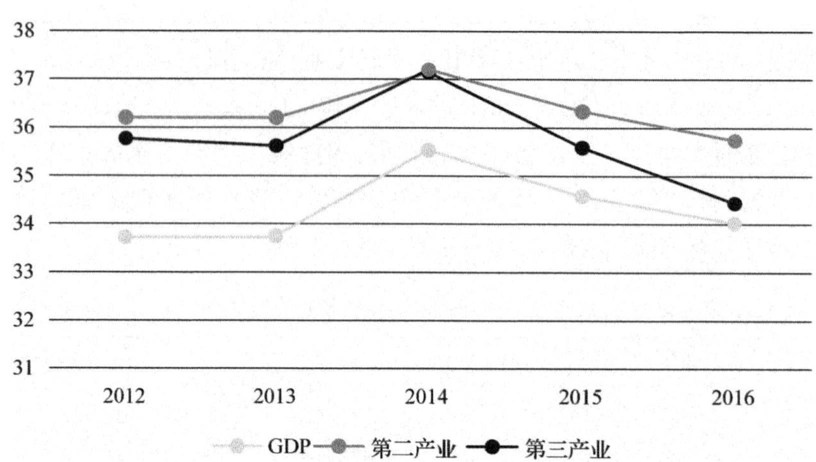

图 3　沿东陇海地区主要经济指标占苏北比重情况(2012—2016 年)

数据来源:各年《江苏统计年鉴》。

(四) 区域内县(市)经济在全省中排名靠后

沿东陇海线地区包括三个县(市),分别是徐州地区的新沂市、邳州市和连云港地区的东海县。从表 5 可以看出,GDP、工业增加值、人均 GDP、人均地方一般预算收入、规模以上工业企业利税总额、出口总额、外商直接投资总额、农村居民人均纯收入、城镇居民人均可支配收入等经济指标在全省 45 个县(市)的排名中,沿东陇海地区的三个县(市)排名都比较靠后,其中,邳州市在 GDP、工业增加值、人均地方一般预算收入、出口总额、外商直接投资上挤进过前 15 位,其他指标都在 16 位之外。新沂市很多指标都在 25 位后面,而东海县几乎所有指标都在 30 位后面。

表 5　区域内县(市)经济主要指标在全省中的排名(2016 年)

	新沂市	邳州市	东海县
GDP	21	12	30
工业增加值	16	6	26
人均 GDP	24	27	38
人均地方一般预算收入	20	12	37
出口总额	32	15	27
外商直接投资总额	25	15	26
农村居民人均可支配收入	30	28	32
城镇居民人均可支配收入	34	25	26

数据来源:2017 年《江苏统计年鉴》。

三、沿东陇海地区产业经济发展现状

东陇海产业带建设不仅能够促进徐连两市加快发展,带动苏北地区的发展,而且可以调动苏北各市的积极性和创造性，形成你追我赶、争先进位的良好发展态势。同时还能进一步呼应沿江开发，有利于承接沿沪宁线、沿江产业的梯度转移，实现全省南北上游产品与下游产品的延伸对接，对构筑江苏国际制造业基地是一个有力支撑。对全国来讲，加快东陇海产业带建设，使中西部地区在有了面向远东和欧洲陆路通道的基础上，又有了一条面向世界的出海大通道，实现了双向开放，为打破陇兰地区既不沿边又不沿海的封闭状态创造了条件，有利于推动陇兰经济带快速隆起，进一步加快中西部地区的开放、开发。

（一）产业结构调整稳步推进

随着江苏沿东陇海线地区生产力水平的提高和经济社会的发展，三次产业内部结构已发生了积极的变化。沿东陇海线地区三次产业结构比例由 2012 年的 7.18∶51.08∶41.74 调整为 7.48∶44.71∶47.19，呈现出第二产业比重下降，第一产业、第三产业比重在上升的趋势，产业结构正向合理化和更高层次的方向演变，这也预示着沿东陇海线地区产业结构在不断优化。这也预示着沿海地区工业进程正在加速。与全省的三次产业构成比例相比较，可以看出，沿东陇海线地区的第一产业比重高于其他产业带和全省平均水平，第二产业比重较为合理，第三产业比重不够高，工业是带动这一地区经济增长的主要动力，工业化进程加快。从图 4 可以看出，2012—2016 年沿东陇海线地区产业结构变化呈现出以下特征：第二产业比重不断下降，而同时第三产业的比重迅速提升。沿东陇海线地区产业内部结构所发生的变化，符合三次产业内部结构变化的一般规律，也体现出该地区经济发展近些年的主要变化，三次产业总体呈现“稳固、提升、活跃”的良好局面，产业发展步入快车道。

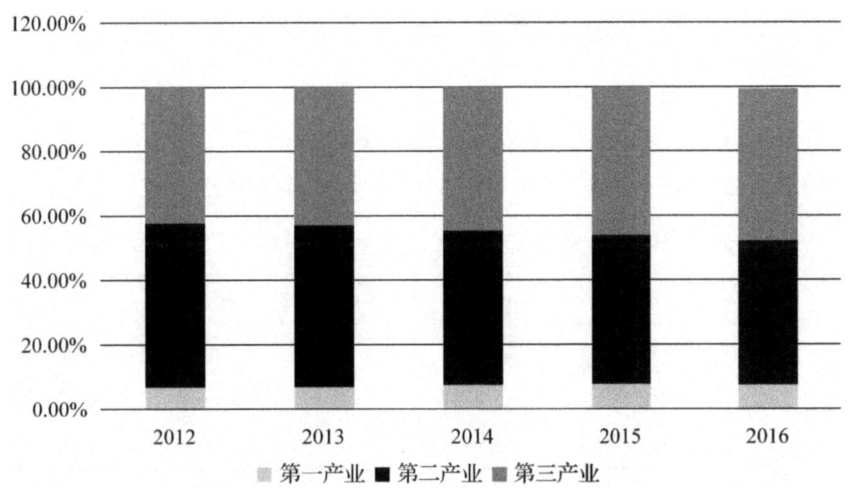

图 4　沿东陇海线地区三次产业结构情况（2012—2016 年）

数据来源：各年《江苏统计年鉴》。

2016 年整个沿东陇海地区，第一产业比重最高的是东海县，达到了 14.44%，是第一产业比重最低的徐州市市区 3.55%的 4 倍多。第二产业比重最高的是徐州市市区 46.95%，其次是东海县 43.87%，其他三个县（市）的第二产业比重均没有超过 45%，工业化进程相对落后。第三产业比重最高的是徐州市市区 49.48%，其次是新沂市 47.14%，而东海县最低只有 40.02%。就

2010—2016年的变化趋势而言,沿东陇海地区的三县(市)新沂市、邳州市和东海县,都呈现出第一产业比重大幅下降的情况,分别从2010年的14.96%、16.31%和20.54%,降低为2016年的11.55%、13.92%和14.44%。随着上升的是第二产业和第三产业的比重。其中,东海县第三产业比重的上升幅度最大,从2010年的33.89%提高到2016年的40.02%。徐州市市区和连云港市市区与三个县(市)的三次产业结构调整有所差异,徐州市市区的第二产业比重并没有增加,反而有所下降,从54.36%下降到46.95%,而连云港市市区的第二产业也有所下降,从50.71%下降到42.09%。徐州市市区第三产业比重从42.71%上升到49.48%,连云港市市区的第三产业比重则从42.85%上升到46.83%。

表6 沿东陇海线各地区三次产业比重变化情况(2010—2016年)

	2010年			2016年		
	第一产业	第二产业	第三产业	第一产业	第二产业	第三产业
东陇海合计	7.18	51.08	41.74	7.48	44.71	47.19
徐州市市区	2.93	54.36	42.71	3.55	46.95	49.48
新沂市	14.96	42.83	42.21	11.55	41.31	47.14
邳州市	16.31	43.99	39.70	13.92	43.19	42.90
连云港市市区	6.44	50.71	42.85	8.71	42.09	46.83
东海县	20.54	45.57	33.89	14.44	43.87	40.02

数据来源:各年《江苏统计年鉴》。

(二)工业化进程加快,对地区经济的贡献率提高

从上文的分析中可以看出江苏东陇海地带工业化进程明显加快,第二产业产值占地区生产总值的比重相对较高。机械、医药、化工、食品等已成为该地区的主导产业,连云港的化学工业、造船业、医药业,徐州的装备制造业、食品、能源和冶金行业是两市的优势产业。

表7 沿东陇海线各地区工业经济发展主要指标情况(2012—2016年)

	2012年	2013年	2014年	2015年	2016年
工业总产值(亿元)	8786.43	10186.74	12479.50	13332.23	14894.75
制造业(亿元)	8127.73	9498.88	11823.33	12733.49	12571.20
主营业务收入(亿元)	8723.56	10256.45	12465.54	13201.24	15163.22

数据来源:各年《江苏统计年鉴》。

图5是2012—2016年沿东陇海地区规模以上工业企业运行的相关指标走势图。可以看出,工业生产持续增长,总产值从2012年的8786.43亿元上升到了2016年的14894.75亿元、主营业务收入从8723.56亿元提高到了15163.22亿元,年均增长率分别达到了18.37%和18.45%,高于同期GDP增速,也高于全省平均水平和沿海地区水平。

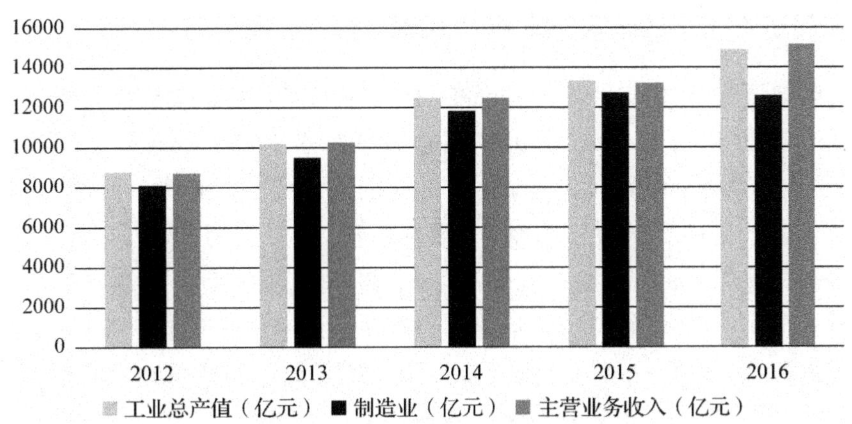

图 5　沿东陇海地区工业经济主要指标变化情况(2012—2016 年)

数据来源:各年《江苏统计年鉴》。

2016 年沿东陇海地区所有城市中,徐州市市区拥有规模以上工业企业个数最多,达到了 779 个。完成工业总产值 5701.27 亿元和主营业务收入 5888.95 亿元,均占到整个沿东陇海地区的 35%以上,分别达到 38.83%和 38.27%。邳州市的工业总产值也突破了 2500 亿元,为 2592.57 亿元。徐州地区的"一区二县(市)"是沿东陇海线区域工业发展的主要力量,其工业总产值和主营业务收入在区域中的占比都接近 80%,占绝对主导地位。整个徐州市 2016 年拥有规模以上工业企业达到 3151 家,规模以上工业企业增加值比上年增长 11.71%。规模以上工业企业实现主营业务收入 15163.22 亿元,比上年增长 14.86%;利润 1230.27 亿元,增长 13.14%。工业经济效益稳步提升。

表 8　沿东陇海地区工业经济运行情况(2016 年)

地　区	规模以上工业企业个数(个)	工　业总产值(亿元)	#制造业	资产合计(亿元)	主营业务收入(亿元)	利润总额(亿元)
东陇海合计	3151	14894.75	12571.20	9137.26	15163.22	1230.27
徐州市市区	779	5701.27	4999.47	4615.69	5888.95	488.16
新　沂　市	504	1812.43	1709.27	539.15	1861.13	138.29
邳　州　市	524	2592.57	2400.59	839.90	2676.86	206.01
连云港市市区	798	3663.54	2453.97	2708.96	3627.12	323.48
东　海　县	546	1124.94	1007.90	433.55	1109.15	74.33

数据来源:《江苏统计年鉴 2017》。

2016 年连云港市市区拥有规模以上工业企业 798 个,实现工业总产值和主营业务收入分别为 3663.54 亿元和 3627.12 亿元,实现利润总额 323.48 亿元。东海县是沿东陇海地区工业发展规模最小的城市,2016 年的工业总产值只有 1124.94 亿元,占整个区域的比重 7.5%,并且利润总额也是最低的,只有 74.33 亿元,相当于利润率最高的徐州市市区的六分之一。2016 年工业总产值最高是徐州市市区为 5701.27 亿元,占整个区域的比重 38.2%,而连云港市市区的总产值为 3663.54 亿元,占整个区域的比重 24.6%。

(三) 高新技术产业与新兴产业逐步崛起

江苏沿东陇海地区的徐州市和连云港市在2005年以来,高新技术产业发展非常迅猛,年均增长率分别达到了40.44%和46.94%,既高出全省平均水平(24.18%)以及沿江八市平均水平(22.04)和沿海三市平均水平(35.01%),也高出同期GDP及工业总产值增长率。高新技术产业占规模以上工业总产值的比重也不断攀升,徐州市从2012年的33.79%,快速增长到2016年的36.8%;连云港市则从34.13%提升到44.3%。高新技术产业在工业经济中的份额越大,越能说明沿东陇海地区工业结构在不断优化,经济增长方式调整、升级推动力越强。2016年徐州市高新技术产业产值达5177.46亿元,同比增长14.92%,占工业产值比重达36.8%,同比提高0.4个百分点。2016年徐州市主导产业增长态势平稳。列统的37个工业行业大类中,32个行业保持正增长,其中,产值前十位行业共实现产值8348.68亿元,同比增长8.3%。重点培育的六大千亿元产业产值达10989.58亿元,增长7.7%,其中,食品与农副食品加工业、煤盐化工业、建材业、装备制造业分别增长10.4%、10.9%、7.8%和5.4%;冶金业增长10.5%,首次进入千亿元行列;能源业下降5.4%。列统的188种产品中有64种产品产量较上年下降,105种产品产量增速较上年有所回落。

表9 沿东陇海地区徐州和连云港高新技术产业发展情况(2012—2016年)

	2012年	2013年	2014年	2015年	2016年
高新技术产值(亿元)					
徐州市	3016.11	4013.63	4047.74	4505.26	5177.46
连云港市	1144.58	1426.58	1669.25	2181.15	2178.43
占规模以上工业共产值比重(%)					
徐州市	33.79	38.14	35.54	36.2	36.8
连云港市	34.13	34.54	34.31	39.1	44.3

数据来源:各年《江苏统计年鉴》。

2016年,高新产业快速发展。2016年连云港市高新技术产业产值2178.43亿元,下降—0.12%;总量占全市规模以上工业总产值的44.3%,增幅高出5.2个百分点,对全市工业总产值增长的贡献率达53.4%,拉动全市工业总产值增长7.1个百分点。临港产业平稳发展。产业集中程度不断提高,2016年石化产业和装备制造业产值均超过千亿,分别达1201.53亿元、1053.72亿元;冶金业产值接近千亿,为974.19亿元。以上三大产业产值占全市规模以上工业总产值的57.9%。工业产值过亿元企业854家,较上年增加110个;亿元以上企业占规模以上工业企业的比重为52.2%,较上年高3.6个百分点。

表 10　沿东陇海地区高新技术产业和新兴产业基本情况(2016 年)

	高新技术产业		主要优势新兴行业
	增速(%)	产值(亿元)	
徐州	5177.46	14.92	新材料、新能源、新医药、节能环保、智能装备
连云港	2178.43	−0.12	新材料、新医药、新能源

数据来源:徐州、连云港《2015 年国民经济运行与统计年报》。

沿东陇海线产业带建设也存在一些急需解决的问题:一是产业规划起点比较低,战略定位不高。产业带的定位是江苏省"新兴的产业密集带、苏北地区对外开放的先导区、全省经济发展的重要增长极",但却没有争取将其上升到国家发展战略层面,成为西部大开发及中部崛起的龙头。二是建设区域过于狭窄。产业带的建设区域是东陇海铁路沿线地区,而紧邻东陇海铁路线的宿迁市只是产业带的影响区域,削弱了产业带对苏北的带动作用。三是主导产业定位不合理。产业带的主导产业是以资源加工型为主,没有突出临港工业和高新技术产业的地位,造成了产业功能和经济结构上的严重缺陷。

四、沿东陇海地区开放型经济发展现状

2016 年,沿东陇海线地区的进出口总额为 116.16 亿美元,占全省比重为 1.81%,其中出口为 75.04 亿美元,占全省比重 1.87%;实际利用外商直接投资 17.38 亿元,占全省比重为 7.9%。沿东陇海线地区的外向型经济总体上比较不发达,与苏南和沿江地区有较大差距,但近几年迅猛发展,增长率领先于全省其他地区,承接国际资本和区域产业转移的步伐加快,后发优势开始显现,正在成为江苏省开放型经济新的增长极为地区经济的稳定发展和综合实力的提高作出了贡献。

(一) 对外贸易规模不断扩大,增速领先于其他三个经济带

从图 6 可以看出,2012 年以来沿东陇海地区的进出口总额和出口总额都是有增有减的状态,分别从 142.75 亿美元和 82.34 亿美元下降到 116.16 亿美元和 75.04 亿美元。2013 年、2015 年和 2016 年都出现了负增长。其余年份的进出口总额增长率和出口总额增长率都在 15%上下,最高时曾分别达到 21%和 23%。2012 年国际经济形势不断下行,我国出口受阻严重,江苏及苏南部分地区对外贸易增速都出现大幅下滑,但沿东陇海地区却"逆势上扬"继续保持 20%左右的增长率,成为全省外向型经济新的增长点。

表 11　沿东陇海地区对外贸易发展情况(2012—2016 年)

	2012 年	2013 年	2014 年	2015 年	2016 年
进出口总额	142.75	109.32	126.12	120.25	116.16
出口总额	82.34	71.03	78.79	72.38	75.04
实际外商直接投资额	18.58	18.08	22.56	19.18	17.38

数据来源:各年《江苏统计年鉴》。

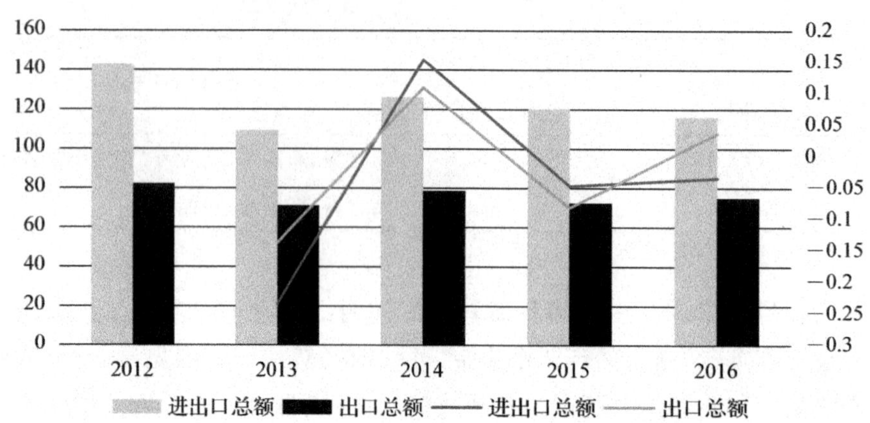

图 6　沿东陇海地区进出口总额和出口总额变化情况(2012—2016 年)

数据来源:各年《江苏统计年鉴》。

2016 年徐州市市区实现进出口总额和出口总额 35.45 亿美元和 29.78 亿美元,占到整个东陇海线地区的 30.5%和 39.7%。连云港市市区实现进出口总额和出口总额 61.23 亿美元和 29.43 亿美元,占到整个东陇海线地区的 52.7%和 39.2%。三个县(市)的进出口总额都没有超过 10 亿美元,最低的东海县和新沂市进出口总额只有 4.58 亿美元。徐州市市区的进出口总额增长率最高,达到了 11.57%,但实际外商直接投资达到却增长缓慢,仅为 0.98%,新沂市和东海县的进出口总额和出口总额出现了负增长。总体来说,徐州市市区的增长要快于连云港市区。主要是因为连云港市市区的出口总额和实际外商直接投资也出现了负增长,为−1.54%和−2.45%,进出口总额增长率也没有超过 5%,而徐州市市区的增长率都为正,其中进出口总额增长率甚至达到了 11.57%。

表 12　沿东陇海地区开放型经济主要指标及增长率情况(2012—2016 年)

地　区	2016 年(亿美元)			2012—2016 年增长率(%)		
	进出口总额	出口总额	实际外商直接投资额	进出口总额	出口总额	实际外商直接投资额
东陇海合计	116.16	75.04	17.38	5.72	2.43	1.73
徐州市市区	35.45	29.78	9.31	11.57	5.27	0.98
新　沂　市	4.58	2.98	1.00	−1.53	−3.94	21.13
邳　州　市	10.32	9.16	1.83	9.96	13.26	−0.42
连云港市市区	61.23	29.43	4.29	3.34	−1.54	−2.45
东　海　县	4.58	3.68	0.94	−9.96	−10.60	12.06

数据来源:各年《江苏统计年鉴》。

(二) 吸引 FDI 规模不断扩大,年增长率持续保持高位

从图 7 江苏沿东陇海地区 2012—2016 年的实际外商直接投资额及增长率的变化情况可以看出,该地区实际外资直接投资额的规模有增有减,较为波动。从 2012 年的 18.58 亿美元下降到

2016年的17.38亿美元。在《江苏省沿东陇海线产业带建设总体规划》出台之后，FDI增长率出现了飞跃，之后一直保持在15%上下。2012年的增长率为7.17%，低于全省平均水平(11.29%)、沿海地区水平(21.80%)，而到了2013年FDI的增长率出现了负值，但到了2014年增长率猛增到24.78%，随后2015年也出现了负增长，2016年仍然是负增长，但负增长的趋势有所缓解。

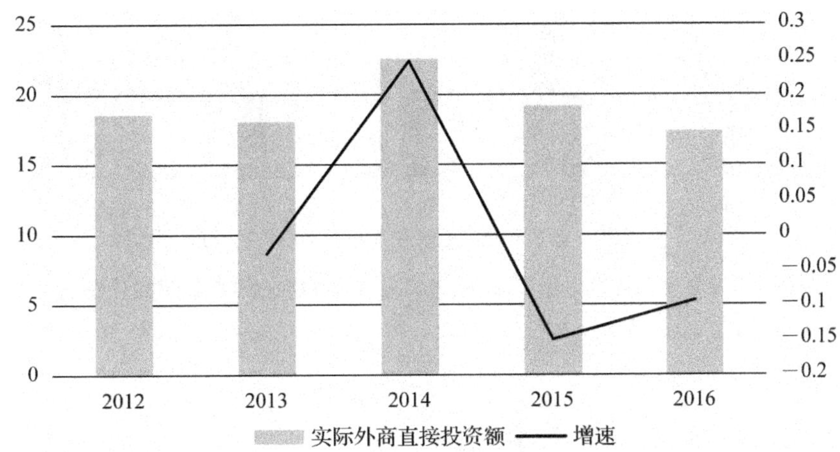

图7　沿东陇海地区实际外商直接投资额及增长率变化情况(2012—2016年)

数据来源：各年《江苏统计年鉴》。

2016年，在沿东陇海线地区中，徐州市市区是吸引外商直接投资额最高的城市，达到了9.31亿美元，占整个区域的53.56%。其次是连云港市市区4.29亿美元，占整个区域的24.69%。在三个县(市)中，邳州市的实际外商直接投资额最高，为1.83亿美元，其次是新沂市的1亿美元，东海县最低，只有0.94亿美元。

(三) 外向型经济在全省中的地位缓慢提高

图8是沿东陇海地区进出口总额、出口总额和实际外商直接投资额占全省比重的变化情况。其中2012—2016年间，进出口总额和出口总额的比重有所下降，分别从2.6%和2.51%下降到2.38%和2.46%，但相比较于该地区GDP和工业总产值占全省的比重，对外贸易的地位在省内较低。实际外商直接投资总额占全省的比重稍高一点，并表现出持续的上升趋势。从2012年的5.16%提高到2014年的8%，2015年又略微降低到7.9%，2016年增长到8.25%，承接国际资本和区域产业转移的步伐加快，后发优势开始显现。

表13　沿东陇海地区对外贸易发展在全省中的比重(2012—2016年，%)

	2012年	2013年	2014年	2015年	2016年
进出口总额	2.60	1.98	2.24	2.20	2.38
出口总额	2.51	2.16	2.30	2.14	2.46
实际外商直接投资额	5.20	3.82	8.00	7.90	8.25

数据来源：各年《江苏统计年鉴》。

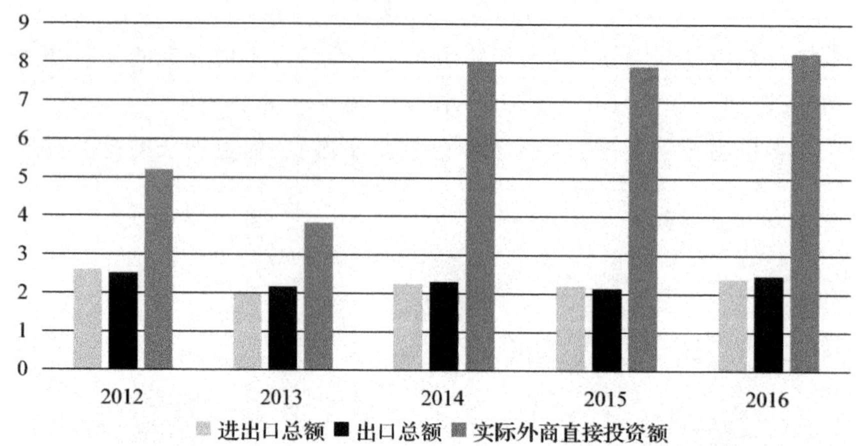

图 8　沿东陇海地区进出口总额、出口总额和 FDI 占全省比重变化情况

数据来源：各年《江苏统计年鉴》

五、沿东陇海地区人民生活现状

（一）城乡居民收入较快增长

在江苏省大力建设沿东陇海线产业带的政策推动下，城乡居民收入得到了较快的增长，民生民计明显改善。图 9 是沿东陇海地区徐州与连云港城镇与农村居民人均收入变化情况。

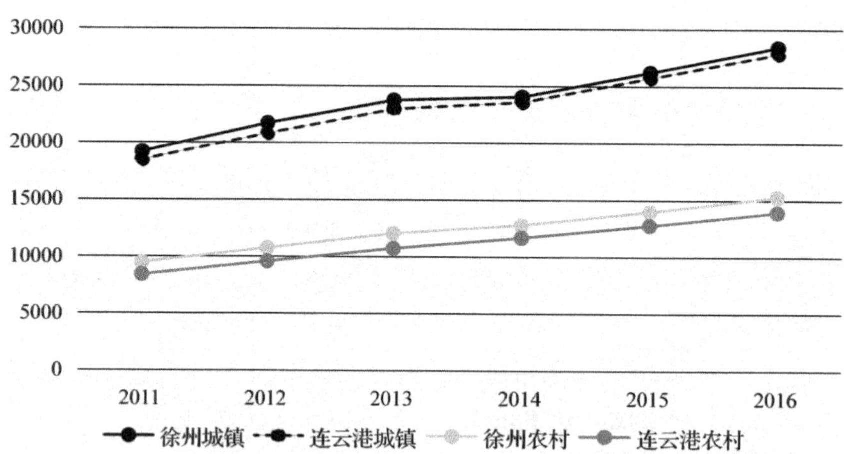

图 9　徐连两市城镇和农村居民人均收入变化情况（2011—2016 年）

数据来源：各年《江苏统计年鉴》。

从绝对数量来看，徐州市的城镇与农村居民人均收入比连云港市要高，2016 年达到了 28421 元和 15274 元，比 2011 年分别增长了 47.98%和 60.95%。连云港市 2016 年城镇居民人均可支配收入为 27853 元，而农村居民人均纯收入只有 13932 元，但连云港城镇居民人均可支配收入和农村居民人均纯收入的年增长率却是高出徐州市的，为 50.7%和 65.19%。但是与江苏省全省相比，居民收入要低出不少，2016 年沿江八市城镇居民人均可支配收入最高的是昆山市(54728 元)、最低的宿迁市(24086 元),农村居民人均纯收入最高的是江阴市(28181 元)、最低的是宿迁市(13929 元)。

从表 14 中可以看出连徐两市城镇和农村居民人均收入年增长率变化情况还是存在差异的。徐连两市城镇居民可支配收入的年增长率从 2012 年之后开始走低,2014 年两市的城镇居民可支配收入的增长率只有 9.38%和 9.90%。但在 2015 年迅速增长到 19.68%和 20.42%,到 2016 年下降到 8.4%和 8.26%。而徐连两市的农村居民人均纯收入增长率在 2014 年有小幅的下降,在 2015 年迅速增长到 22.04%和 22.73%,到 2016 年下降到 9.24%和 9.03%。与城镇居民可支配收入的年增长率所不同的是,徐连两市的农村居民可支配收入的增长率在 2012 年后连续年保持两位数的高速增长,2015 年时分别达到了 22.04%和 22.73%,虽然在 2016 年有所下降,但依然高于城镇居民可支配收入,这表明在沿东陇海线经济发展的过程中,农村居民的民生问题得到了越来越多的重视,而且从趋势来看,农村居民的收入增长还将继续持续下去。

表 14　徐连两市城镇和农村居民人均收入年增长率(2012—2016 年,%)

	2012 年	2013 年	2014 年	2015 年	2016 年
徐州城镇居民可支配收入	10.2	9.46	9.38	19.68	8.4
连云港城镇居民可支配收入	9.77	10.42	9.9	20.42	8.26
徐州农村居民人均纯收入	10.53	11.99	11.27	22.04	9.24
连云港农村居民人均纯收入	10.81	12.06	11.8	22.73	9.03

数据来源:各年《江苏统计年鉴》。

注:按 2000 年不变价格计算。

徐连两市的城镇居民恩格尔系数从 2011 年的 34.8%和 37.7%分别下降到 2016 年的 30%和 32.3%。农村居民恩格尔系数的从 2011 年的 36.3%和 36.7%分别下降到 2016 年 31.4%和 32.6%。图 10 显示了 2012—2016 年,江苏徐连二市城镇与农村居民的恩格尔系数变化情况,从中可以看出,城镇居民的恩格尔系数在整体上是下降的。由于 2011 年出现了较大幅度的通货膨胀,尤其是食品价格涨幅明显,连云港的城镇居民恩格尔系数有所上升。两市比较的话,徐州市的城镇居民恩格尔系数一直低于连云港市。徐连两市的农村居民的恩格尔系数则一直都保持着逐年下降

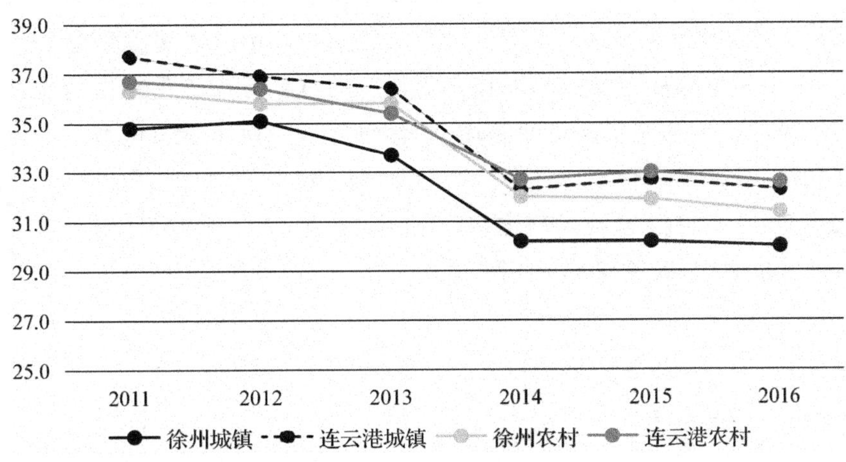

图 10　徐连二市城镇和农村居民恩格尔系数变化情况(2011—2016 年)

数据来源:各年《江苏统计年鉴》。

的情况。徐州和连云港的农村居民恩格尔系数降幅都要比城镇居民的恩格尔系数明显很多。并且徐州市2014年的城镇居民的恩格尔系数要比农村居民的恩格尔系数低,这与沿海八市的情况相似。说明徐州城镇居民的食品消费支出受价格上涨影响较大,而农村居民则较小。根据联合国的标准,恩格尔系数在59%以上为贫困,50%—59%为温饱,40%—50%为小康,低于40%为富裕。目前发达国家的恩格尔系数基本上在10%—20%左右。因此按照联合国的恩格尔系数标准来说,徐连两市的城镇居民和农村居民都处在相对富裕的水平。

(二)人民生活水平全方位提升

江苏沿东陇海线产业带的建设除了在收入水平上给予民众实惠外,人均储蓄存款余额、人均住房面积等指标的全面提升反映了人民生活水平全面的进步。2016年徐州市市区和连云港市市区的城镇居民人均收入水平为28421元和27853元,分别是2012年的1.3倍和1.34倍,徐州市市区要高出连云港市市区568元。

表15 沿东陇海地区人民生活主要指标变化情况(2012—2016年)

	城镇居民人均可支配收入(元)		农村居民人均纯收入(元)		城镇居民人均住房面积(平方米)		农村居民人均住房面积(平方米)	
	2012年	2016年	2012年	2016年	2012年	2016年	2012年	2016年
徐州市市区	21716	28421	10762	15274	35.0	41.4	45.6	53.3
新沂市	17617	24928	9808	14526	40.5	46.0	45.8	49.1
邳州市	20542	28546	11282	15321	34.7	64.3	50.3	67.3
连云港市市区	20816	27853	9589	13932	37.4	46.1	42.1	48.7
东海县	19726	27391	9910	14487	39.4	45.5	41.6	56.9

数据来源:2013年和2017年《江苏统计年鉴》。

在市(县)的比较中邳州市城镇居民人均收入水平最高,为28546元,其次是东海县27391元,最后是新沂市24928元。在三个县中邳州市的农村居民人均纯收入是最多的,从2012年的11282元提高到2016年的15321元,也是所有市(县)中2016年农村居民人均纯收入最高的。新沂市和东海县的农村居民人均纯收入比较接近,都在14000元左右。居住水平是衡量一个国家或地区生活质量的指标之一,也是反映社会发展水平和文明程度的重要标志。沿东陇海地区城镇居民人均住房建筑面积与农村居民人均住房建筑面积均全面增加,其中徐州市市区和连云港市市区的城镇居民人均住房面积从35平方米和37.4平方米,增加到2016年的41.4平方米和46.1平方米。三个县(市)中邳州市2016年农村居民人均住房面积最高,为67.3平方米,新沂市和东海县也都在50平方米左右,而在2012年都只有45平方米左右。

第五章　沿沪宁线区域

一、整体概况介绍

沿沪宁线江苏地域内主要指东起苏州周庄，西至南京浦口，以沪宁铁路为主干，总长为300公里，两侧外沿50公里，包括南京、苏州、无锡、常州、镇江五个地级城市和昆山市、吴江市、常熟市、张家港市、太仓市、江阴市、句容市、丹阳市八个县级市[①]。2016年沿沪宁线江苏区域总人口（户籍人口）3069.41万人、土地面积35501平方公里，占全省的比重分别为39.48%和33.11%，完成国民生产总值58253.38亿元，占全省的76.56%。沿沪宁线苏南五市总人口（常住）3333.6万人、土地面积28084平方公里，占全省的比重分别为42.87%和26.19%，实现地区生产总值44795.83亿元，占全省的58.88%，人均地区生产总值134569元，是全省平均水平的1.41倍。

沿沪宁线位于长江三角洲的北翼，紧邻中国改革开发的前沿，中国经济、文化、科技、金融、国际航运中心上海，地处素有“黄金水道”之称的长江下游，也是长江经济带与沿海经济带交汇处。区内交通便捷，高速公路网架基本形成，信息港、空港、河港网发达。公路里程达到62966公里，客运量70179.68万人。

沿沪宁线地区包括了江苏乃至长三角地区经济最为发达的“苏南地区”。近些年，该地区依托原有工业和经济基础、人才和科教资源、开发园区和产业载体以及长三角的区域优势，在加快经济转型升级中，大力发展战略性新兴产业，在全国新兴产业链中快速崛起了“苏南板块”，为江苏经济转变增长方式及转型升级提供了内生动力和创新活力。目前，沿沪宁线地区重点发展了资源消耗少、环境污染小、附加值高的电子信息产业、生物医药、新材料等高新技术产业集群，为加快产业结构升级，提高产业竞争力，大力发展现代服务业，构筑辐射面广、影响力大的现代服务业高地，形成具有国际竞争力的高新技术产业带。其中，占高新技术产业主导地位的信息产业在这一地区初步形成了移动和卫星通信、光纤和光电子、微电子、计算机及网络设备、软件等五大产业链。新材料产业、太阳能产业也形成了一定的集聚，产业链基本形成。

二、沿沪宁线区域综合经济发展现状

江苏沿沪宁线地区的苏州、无锡、常州以及南京、镇江，在中国改革开放的过程中走在了前列，其创造的“苏南模式”闻名全国。最初通过乡镇企业的发展实现工业化和城市化。在经历乡镇企业异军突起和外向型经济崛起后，苏南地区全面建设小康社会的创新性实践，演变成了“新苏南模

① 2012年吴江被并入苏州市区

式”。投资驱动向创新驱动转变,生产制造向设计创造转变,资源依赖向科技依托转变,这“三大转变”是目前苏南地区,也是沿沪宁线地区经济发展的战略调整重点,是经济增长方式的又一次转型之路。

(一) 国民经济规模不断扩大,但增速全省最低

2016年沿沪宁线区域的苏南五市共实现地区生产总值44795.83亿元,相较于2012年的33382亿元,增幅达到了34.19%。沿沪宁线五个市区及七个县(市)完成地区生产总值58253.38亿元,比2012年增长了30.36%。其中,五个市区的比较,苏州市区的GDP最高,达到15475亿元,其次是南京市区10503亿元、无锡市区9210亿元、常州市区5774亿元,最低的是镇江市区只有3834亿元。南京的GDP增幅最多,为45.84%,而镇江和常州的增幅也超过45%,苏州为28.83%,无锡最低,为21.69%。在七个县市中,昆山市的GDP总量领先于其他城市,2016年完成地区生产总值3160亿元,在全省48个县(市)中排名第一。江阴市紧随其后,GDP总量为3083亿元,在全省中排名第二。张家港、常熟紧随其后,也都超过了2000亿元大关,分别位列第三和第四。相比而言,沿沪宁线镇江地区的丹阳市和句容市在经济总量上略微落后,其中丹阳市2016年实现地区生产总值1136亿元,是2012年831亿元的1.37倍。最低的是句容市,只有493亿元,但其增幅也超过了40%。县(市)中,2012—2016年间,地区生产总值增幅最大的是句容市,达到了46.41%,其次是南京市区的45.84%。江阴、太仓和丹阳等市的GDP增幅也都超过20%,最低的是常熟,也有12.95%。沿沪宁线区域内县(市)的经济总量规模增幅要普遍小于五个市区,说明沪宁线上的市区经济更具活力和实力,在2016年全国百强县域经济排名中,沪宁线上的昆山市、江阴市、张家港市、常熟市排在前4名,太仓市排第6名。

表1 沿沪宁线区域经济总量情况(2012—2016年)

	地区生产总值(亿元)			人均地区生产总值(元)		
	2012年	2016年	增幅(%)	2012年	2016年	增幅(%)
苏南五市	33382	44796	34.19	101370	134569	32.75
南京市区	**7202**	**10503**	**45.84**	**88525**	**127264**	**43.76**
无锡市区	**7568**	**9210**	**21.69**	**117357**	**141258**	**20.37**
江阴市	2535	3083	21.61	156471	188101	20.21
常州市区	**3970**	**5774**	**45.44**	**85040**	**122721**	**44.31**
苏州市区	**12012**	**15475**	**28.83**	**114029**	**145556**	**27.65**
常熟市	1870	2112	12.95	123882	139768	12.82
张家港市	2051	2317	13.00	164441	184744	12.35
昆山市	2725	3160	15.96	165291	191058	15.59
太仓市	955	1155	20.94	134439	162523	20.89
镇江市区	**2630**	**3834**	**45.75**	**83651**	**120603**	**44.17**
丹阳市	831	1136	36.79	85549	115816	35.38
句容市	337	493	46.41	54275	78862	45.30

数据来源:各年《江苏统计年鉴》。

2016年,沿沪宁线上苏南五市的人均GDP为134569元,比2012年的101370元增长了32.75%。沿沪宁线上的五个市区,人均GDP最高的是苏州市区,为145556元,比2012年增长了27.65%,其次是无锡市区141258元、南京市区127264元、常州市区122721元和镇江市区121603元。在五个市区中,人均地区生产总值增幅最多的是常州市区,达到了44.31%,镇江市区也有44.17%。七个县(市)人均GDP最高的是昆山市,达到了191058元,在全省48个县(市)中排名第一,这一数值将近是五个市区中人均GDP最高的苏州市区的1.31倍。紧随其后的是江阴市、张家港市,分别为188101元和184744元,太仓市、常熟市和丹阳市的人均GDP也突破了十万元大关。而句容市只有78862元,是沪宁线上最低的城市。从2012—2016年的增幅来看,句容市最高,为45.3%,其次丹阳市是35.38%,最低的是张家港只有12.35%,其他县(市)均超过12%。从表1中我们还发现,GDP增幅与人均GDP增幅相比较时,前者普遍要大于后者,这与苏中、苏北地区以及"四沿"中的沿海和沿东陇海线地区的情况恰恰相反。这其中的原因可能有三点:一是沪宁线经济带上的劳动力人口从低附加值部门到高附加值部门的转移力度不够,这反映出产业结构的层次还有待提升,加工工业的比重过大。二是人口老龄化问题。三是劳动力和资本的配置效率不高,劳动生产率没有随经济规模增长而提高。

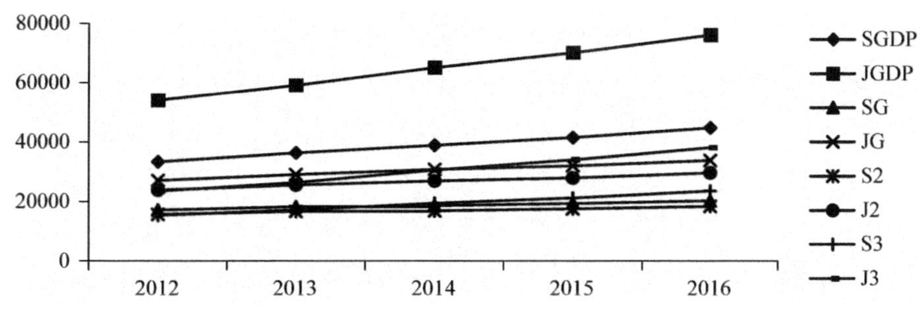

图1 沿沪宁线上苏南五市的GDP、各产业增速与全省的比较

数据来源:各年《江苏统计年鉴》。

图1是沿沪宁线上苏南五市的GDP、第二产业、工业和第三产业的年增长率与全省平均水平的比较。其中SGDP是指苏南GDP,JGDP是指全省GDP,S2是指苏南第二产业产值,J2是指全省第二产业产值,SG是指苏南工业产值,JG是指全省工业产值,S3是指苏南第三产业产值,J3是指全省第三产业产值。从中可以发现,与全省平均水平相比,苏南五市的GDP增速低于全省平均水平,2013年的全省水平为9.44%,苏南五市落后0.4个百分点。一方面是由于苏中、苏北地区后发优势显现后经济加速增长的势头很猛。另一方面是因为苏南五市现有的经济增长方式和产业发展来到了"瓶颈"阶段,再加上国际经济形势的不稳定,使得出口受限,经济增速放缓,随着经济复苏,外贸条件改善。第二产业和工业作为苏南五市的传统主导产业增速持续大幅下降,分别从2005年的17.88%和21.83%,降为2008年的8.06%和7.46%。虽然2009年在经历全球金融危机后,出现反弹企稳回升,但增速与危机前相比还是稍低,并且2012年再次下滑到7.02%和6.82%,但都高于当年全省平均水平。在工业增速不断下滑的同时,苏南第三产业开始加速发展,年增长率一直保持着在较高的水平上,2013年增速接近第二产值增速的两倍,第三产业正逐步成为苏南五市经济增长的新动力。

表 2　沿沪宁线苏南五市 GDP 增长率(2012—2016 年,%)

GDP 增速	2012 年	2013 年	2014 年	2015 年	2016 年
苏南	**10.8**	**10.2**	**9.1**	**6.62**	**7.89**
南京	11.7	11.0	10.1	10.20	8.05
无锡	10.1	9.3	8.2	3.81	8.12
常州	11.5	10.9	10.1	7.57	9.50
苏州	10.1	9.6	8.3	5.40	6.69
镇江	12.80	12.1	10.9	7.69	9.46

数据来源:各年《江苏统计年鉴》。

沿沪宁线苏南五市近几年的 GDP 增长率比较如表 2 所示,从中可以发现苏南五市的 GDP 增长率在 2012—2016 年都表现出了不同程度的持续下降趋势。2008 年由于全球金融危机,出现了大幅减速,降幅基本在 3 个百分点左右,2009 年 GDP 增速再次下滑,但降幅有所减少,虽然在 2010 年出现反弹,但 2011 年又开始减少,2012 年发展比较稳定,各地各有增减。2013 年有所下降,2014 年变化剧烈,尤其是无锡、苏州和镇江,2015 年增长率普遍下降,2016 年除了南京,其他四市增长率均出现不同程度的反弹。2015 年无锡市和苏州市的 GDP 增速在苏南五市中最低,只有不到 6%,而之前几年除了 2012 年均在 10%以上,也是全省 13 个地级市中增速最慢的,降幅也最明显,其中无锡比 2012 年的 10.1%减少了 6.3 个百分点,苏州的 GDP 增速比 2012 年减少了 4.7 个百分点。南京市的 GDP 增速相对较高,为 10.2%,是苏南五市中最高的,常州和镇江紧随其后,均超过了苏南地区平均水平(6.62%)。总体来看,沿沪宁线经济区域 GDP 增速不断放缓的主要原因从根本上讲是当地经济结构所导致的,在人民币不断升值、国内货币政策从紧、国际需求萎缩、企业生产成本上升等因素的影响下,苏南以传统产业、加工制造业为主体的产业结构遭到了前所未有的危机,产业国际竞争力下降、出口受阻。

(二) 在全省中经济地位显著,但有所下降

沿沪宁线苏南五市的总人口和土地面积占全省的比重分别为 42.87%和 26.19%,然而表 3 中所列的包括地区生产总值、三次产业生产总值、规模以上工业总产值、地方财政一般预算支出以及进出口贸易等经济指标,除了第一产业产值和固定资产投资外,苏南五市 2016 年所占的比重都超过了 50%,在全省的经济地位显著。其中 GDP、第二产业、工业和第三产业产值占全省比重分别为 58.88%、59.94%、62.06%和 61.86%,相较于 2012 年的 61.75%、63.44%、65.80%和 65.55%,所有比重均有所降低。再结合图 1 可以看出,2012—2016 年间,沿沪宁线苏南五市的 GDP 占全省比重表现出不断下滑的趋势,2012 年为 61.75%,五年连续下降到 2016 年的 58.88%。五年间苏南五市第二产业、工业和第三产业占全省的比重也表现出持续减少的态势。

表 3 沿沪宁线苏南五市主要经济指标占全省的比重情况(2012—2016 年)

指 标	2012 年		2016 年	
	数值	占全省比重(%)	数值	占全省比重(%)
地区生产总值(亿元)	33381.66	61.75	44795.83	58.88
第一产业	759.50	22.22	899.99	22.07
第二产业	17205.36	63.44	20294.42	59.94
#工业	15731.53	65.80	18425.16	62.06
第三产业	15416.80	65.55	23601.42	61.86
规模以上工业总产值(亿元)	69706.19	58.03	78831.63	50.01
固定资产投资额(亿元)	17401.28	54.88	22454.26	45.48
社会消费品零售总额(亿元)	10967.82	59.83	16584.16	57.77
进出口总额(亿美元)	4721.40	86.14	4316.78	84.71
#出口	2755.99	83.89	2642.56	82.75
实际外商直接投资(亿美元)	228.80	63.98	167.46	68.23
地方财政一般预算收入(亿元)	3189.85	54.43	4520.94	55.67
地方财政一般预算支出(亿元)	3158.20	44.94	4529.36	51.74
金融机构存款余额(亿元)	52543.72	69.61	80846.02	66.76
#居民储蓄存款	17759.57	59.09	23921.70	54.49
金融机构贷款余额(亿元)	39314.39	72.25	63476.16	69.67

数据来源:各年《江苏统计年鉴》。

沿沪宁线上的苏南五市外向型经济指标在全省中的比重尤其重要,2016 年进出口总额、出口总额和实际使用外资额占全省的比重分别达到了 84.71%、82.75%和 68.23%,比 GDP 份额要高出许多。在江苏省拉动经济增长的“三驾马车”中,出口拉动起到十分重要的作用,苏南地区是全省开放型经济的主阵地,在全省经济社会发展大局中的地位至关重要。然而相较于 2012 年的情况,苏南五市的外向型经济指标所在比重还是有所下降的。不过沿沪宁线上的苏南五市在全省经济地位的略微下降,就整个江苏而言,意味着苏中、苏北地区的经济赶超步伐在加快,南北之间的区域经济差距有望缩小。

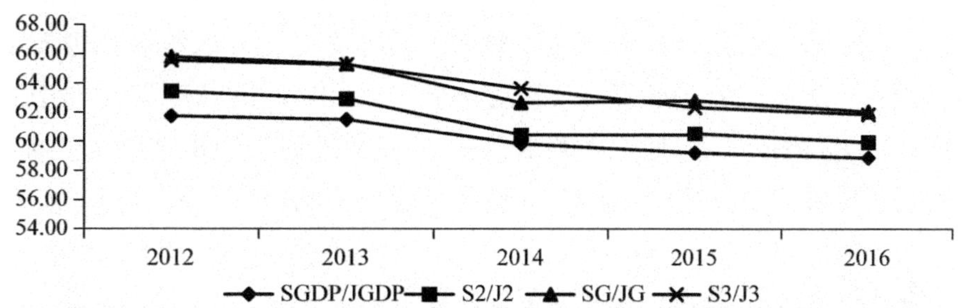

图 2 沿沪宁线上苏南五市的 GDP、各产业在全省中的占比情况(%)

数据来源:各年《江苏统计年鉴》。

注:SGDP/JGDP 是指苏南 5 市 GDP 占全省比重,S2/J2 第二产业占全省比重,SG/JG 工业的占全省比重,S3/J3 第三产业占全省比重。

(三) 区域内的县(市)经济高度发达

沿沪宁线上的县(市)包括无锡的江阴市、苏州的昆山市、张家港市、常熟市和太仓市,以及镇江的丹阳市和句容市。从表4可以看出,GDP、工业增加值、人均GDP、人均地方一般预算收入、规模以上工业企业利税总额、出口总额、外商直接投资总额、农村居民人均纯收入、城镇居民人均可支配收入等经济指标在全省48个县(市)的排名中,苏州地区的四个县(市)和无锡地区的江阴市均排在前列,镇江地区的两个县(市)也能排在中游靠上。可以说,沿沪宁线区域内集中了全省乃至在全国都是最强的县(市),这也是区域经济的一大特征,"外向型经济发达、县区域经济发达"。

表4　区域内县(市)经济主要指标在全省中的排名(2016年)

名称	GDP	工业增加值	人均GDP	人均地方一般预算收入	规模以上工业企业利润总额	出口总额	外商直接投资总额	农村居民人均纯收入	城镇居民人均可支配收入
常　熟	4	4	6	5	4	3	3	3	4
张家港	3	3	3	3	7	2	4	4	3
昆　山	1	2	1	1	1	1	2	2	1
太　仓	6	6	4	2	10	5	5	5	5
江　阴	2	1	2	4	2	4	1	1	2
丹　阳	7	7	8	13	9	9	8	9	9
句　容	27	23	15	16	25	22	14	14	10

数据来源:《江苏统计年鉴2017》。

沿沪宁线上七个县(市)的主要经济指标在全省中的排序如表4所示。昆山市在GDP、工业增加值、人均GDP、人均地方一般预算收入、规模以上工业企业利税总额、出口总额、外商直接投资总额和城镇居民可支配收入上都在全省48个县(市)中排名第一,是名副其实的全省经济最强县(市)。江阴市也表现不俗,农村人均纯收入上排名全省第一。镇江的丹阳和句容两市在全省的县(市)中表现不如苏州和无锡的县(市)优秀。其中,丹阳市在GDP、工业增加值、人均GDP、出口总额、外商直接投资总额、农村居民纯收入和城镇居民人均可支配收入的排名都进入了前十名,总体来说处于中游偏上的位置。句容市的经济要相对落后一点,出口总额、工业增加值、GDP和规模以上企业利润总额排在22名或之后,处于中游水平,只有吸引外商直接投资额、农村居民可支配收入和城镇居民人均可支配收入在2016年全省48个县(市)中分别排在了第14、14和10位。

三、沪宁线区域产业经济发展现状

2016年虽然面临着成本压力加大、外需萎缩的严峻形势,沿沪宁线江苏区域城市苦练内功,通过转型升级寻求新的发展动力,以推动新兴产业和高新技术产业发展为抓手,努力促进工业生产平稳发展。

（一）产业结构持续优化

江苏沿沪宁线区域是全省乃至全国现代化建设的先导地区，在复杂多变的国内外经济形势下，也走在了经济增长方式调整的前列。三次产业内部结构发生了积极的变化，三次产业结构比例由2004年的2.96∶59.79∶37.25调整为2016年的2.82∶49.05∶48.14，呈现出第一产业和第二产业比重下降、第三产业比重上升的特点，产业结构正向合理化方向演变，这也预示着沿沪宁线地区的产业结构优化升级在不断推进。与全省17.7∶43.0∶39.3的三次产业构成比例相比较，可以看出，沿沪宁线江苏地区的第一产业比重偏低，第二产业比重略高，第三产业比重略高，二、三产业是带动这一地区经济增长的主要动力，产业层次已进一步提升。按三次产业的比重结构来看，沿沪宁线地区的苏南五市已经进入了后工业化时代，新兴产业、高技术产业和现代服务业等高端产业将是该地区未来产业结构调整有转型的主要方向。从图3中可以发现，2012—2016年间，沿沪宁线区域的第二产业占GDP的比重还有所下降，同时第三产业比重逐渐上升，三次产业的优化调整正在加速进行，总体呈现第二产业比重不断下滑，而第三产业比重不断上升的态势。

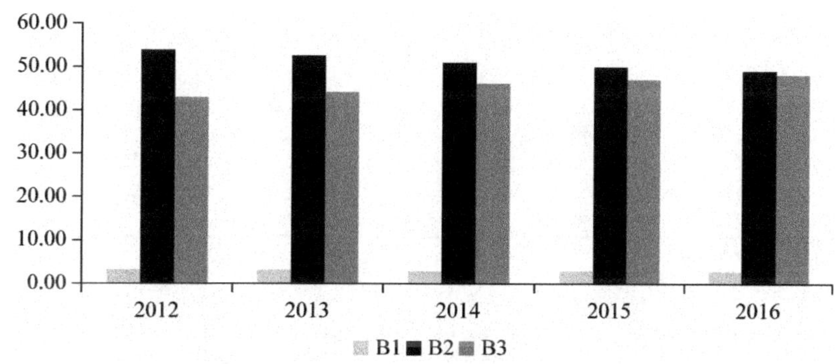

图3　沿沪宁线区域三次产业结构情况（2012—2016年）

数据来源：各年《江苏统计年鉴》。

注：B1、B2、B3分别为第一产业比重，第二产业比重，第三产业比重。

表5是沿沪宁线地区2016年三次产业产值和就业结构情况。在苏南五个市区中，除了镇江市区外，2016年的第三产业比重均比第二产业高，并且超过了50%，其中南京市最高，达到了58.39%，无锡市区、苏州市区的第三产业比重为51.34%和51.54%，仅次于南京市区。原因是南京市、苏州市、无锡市和常州市近些年在服务外包、信息服务、现代物流、科技研发等现代服务业上加快发展。七个县（市）的第三产业比重相差不大，均处于45%左右的水平，其中，常熟市最高，为46.73%，最低的句容市为44.24%。可见，沿沪宁线上的县（市）目前还处于工业经济高度发达，在国民经济中的地位显著，但服务业发展落后的阶段。

从三次产业的就业结构来看，除了南京市区，江苏沿沪宁线的其他城市都主要以工业吸纳大量劳动力。在苏南五个市区中，南京市区第三产业就业人数占比为57.26%，是唯一超过50%的城市。苏州市区的第三产业就业人数为36.99%，比第二产业占比（59.61%）低，苏州的第二产业就业人数占比最高。无锡第二产业比重为55.53%，相应的第三产业占比只有40.05%。镇江市区第一产业就业人数达到了11.43%，是最低的苏州市区的3.36倍，但第二产业就业人数大于第三产业。七个县（市）中，全部都是第二产业就业人数高于第三产业，且高出的幅度还不小，第三产业就业人数占比均处于30%多水平。例如,江阴市2016年第二产业吸纳的就业人口就是第三产业的1.84倍,最低的句容市也有1.10倍。句容市的农业就业人口都超过了20%,是最低的昆山市的16.36倍。

表5 沿沪宁线地区三次产业产值和就业结构(2016年,%)

苏南五市市区	三次产业占GDP比重			三次产业就业人数占比		
	第一产业	第二产业	第三产业	第一产业	第二产业	第三产业
南京市	2.40	39.20	58.39	10.09	32.65	57.26
无锡市	1.47	47.20	51.34	4.42	55.53	40.05
常州市	2.64	46.46	50.90	10.66	50.53	38.81
苏州市	1.43	47.03	51.54	3.40	59.61	36.99
镇江市	3.59	48.79	47.62	11.43	45.34	43.23
县(市)						
江阴市	1.44	54.52	44.04	4.91	61.65	33.44
常熟市	2.02	51.24	46.73	3.78	61.38	34.84
张家港市	1.35	52.42	46.23	5.71	60.19	34.10
昆山市	0.95	54.07	44.98	1.49	63.99	34.52
太仓市	3.18	50.55	46.27	5.68	58.54	35.79
丹阳市	4.60	49.96	45.44	9.13	53.12	37.76
句容市	8.74	47.02	44.24	24.38	39.69	35.93

数据来源:《江苏统计年鉴2017》。

(二)工业生产平稳增长、运行质量持续升高

工业经济是沿沪宁线江苏区域内最重要的产业,在国民经济中具有举足轻重的作用。通信设备、计算机及其他电子设备制造业、黑色金属冶炼及压延加工业、电气机械及器材制造业和化学原料及化学制品制造业是苏南五市的优势制造业,相对来说,产业层次比较高端,多为资本密集型产业或信息产业。表6和图4是沿沪宁线苏南五市2012—2016年工业经济的发展情况,从中可以看出,工业总产值、主营业务收入都呈现出不断增长的态势。2016年苏南五市共完成工业总产值78831.63亿元和实现主营业务收入78119.21亿元。单位产值利润率在2012—2016年处于小幅波动总体上升的状态,从2012年的5.08%下降到2013年的4.97%,2013—2016年又呈现上升态势,从2013年的4.97%,持续上升到2016年的6.35%。

表6 沿沪宁线苏南五市工业经济主要指标变化情况(2012—2016年)

	2012年	2013年	2014年	2015年	2016年
工业总产值(亿元)	69706.19	75195.84	77069.43	77209.71	78831.63
主营业务收入(亿元)	69547.02	74060.18	76868.57	75745.07	78119.21
单位产值利润率(%)	5.08	4.97	5.64	5.78	6.35

数据来源:各年《江苏统计年鉴》。

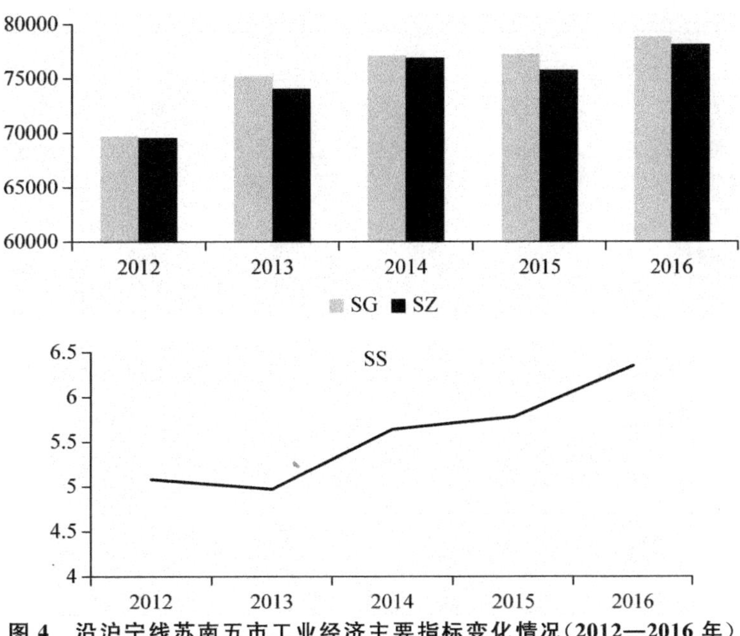

图 4　沿沪宁线苏南五市工业经济主要指标变化情况(2012—2016 年)

数据来源:各年《江苏统计年鉴》。

注:SG、SZ、SS 分别为工业总产值、主营业务收入、单位产值利润率(%)。

其中,南京市规模以上工业总产值继 2011 年突破万亿元后,2016 年达到 12945.02 亿元;规模以上工业企业主营业务收入继 2013 年突破万亿元后,实现工业主营业务收入 12442.36 亿元;实现利润总额 959.35 亿元。无锡市规模以上工业企业实现增加值 14352.96 亿元。规模以上工业实现主营业务收入 14120.24 亿元,略有下滑;工业企业实现利润 968.02 元。苏州市实现规模以上工业总产值 30713.99 亿元,主营业务收入 30380.18 亿元,利润总额 1772.74 元。常州市完成规模以上工业产值 8942.07 亿元,完成主营业务收入 12435.86 亿元;实现利润总额 725.27 亿元。

表 7　沿沪宁线地区工业经济运行情况(2012—2016 年)

	2012 年			2016 年		
	工业总产值(亿元)	占全省的比重(%)	单位产值利润率(%)	工业总产值(亿元)	占全省的比重(%)	单位产值利润率(%)
苏南五市市区						
南　京	11437.80	9.52	5.28	12945.02	8.21	7.41
无　锡	14446.85	12.03	6.08	14352.96	9.10	6.74
常　州	8970.30	7.47	4.95	12096.82	7.67	6.00
苏　州	28745.54	23.93	4.36	30713.99	19.48	5.77
镇　江	6105.69	5.08	5.95	8722.84	5.53	6.67
县(市)						
江阴	5915.23	4.92	6.51	5376.01	3.41	6.28
常　熟	3369.21	2.80	5.11	3684.89	2.34	6.40

续表

	2012年			2016年		
	工业总产值(亿元)	占全省的比重(%)	单位产值利润率(%)	工业总产值(亿元)	占全省的比重(%)	单位产值利润率(%)
张家港	4700.56	3.91	1.80	4571.66	2.90	3.87
昆　山	7686.82	6.40	5.23	8383.24	5.32	5.33
太　仓	1831.88	1.52	4.66	2027.67	1.29	7.63
丹　阳	1931.79	1.61	4.81	2529.31	1.60	6.31
句　容	896.48	0.75	4.54	1399.25	0.89	5.11
沿沪宁线区域	96038.15	79.95	5.00	106803.67	67.75	6.17

数据来源:各年《江苏统计年鉴》。

根据表7中的数据可以对比沿沪宁地区五个市区和七个县(市)的工业经济运行情况。2016年,五个市区中,苏州市区完成工业总产值最多,达到了30713.99亿元,占全省的比重为19.48%,其次是无锡市区14352.96亿元,占全省的比重为9.1%,南京市区12945.02亿元、常州市区12096.82亿元,最后是镇江市区,只有8722.84亿元。单位产值利润率最高的是南京市区,为7.41%,镇江市区为6.67%,苏州市区最低,只有5.77%。从2012年与2016年的对比来看,镇江市区的工业总产值增幅最高,达到了42.86%,无锡市区则出现了负增幅,增速−0.65%。

从对七个县(市)工业经济运行情况的比较中发现,2016年昆山市的工业总产值最高,达到了8383.24亿元,其次是江阴市5376.01亿元、张家港市4571.66亿元,句容市只有1399.25亿元。2012—2016年间工业总产值的年均增长率则是句容最高,为12.01%,丹阳其次,只有这两个城市增速超过了7%,张家港和江阴增速略低。对比2012年发现,七个县(市)除了句容市工业总产值占全省的比重均有不同程度的下降。2016年单位产业利润率最高的县级市是太仓,达到7.63%,最低的张家港市只有3.87%。与2012年比较,只有江阴有所减少,从6.51%减少到6.28%。其他县级市均增加,张家港提高的幅度最多,从1.8%增加到3.87%。

(三)工业结构调整升级加快,高新技术产业蓬勃发展

在沿沪宁线江苏区域苏南五市大力进行工业结构调整升级的过程中,以通信设备、计算机及其他电子设备制造业、电气机械及器材制造业等为代表高新技术产业蓬勃发展。高新技术产值从2012年的28663.2亿元提高到2016年的36962.3亿元,年均增长率达到了7.79%。高新技术产业总产值占工业总产值的比重也从41.55%稳步提升到47.2%。从各年的增速来看,2015年最低,只有3.52%,2012年为12.49%,2016年增速也只有4.4%,增速呈现下降的趋势。

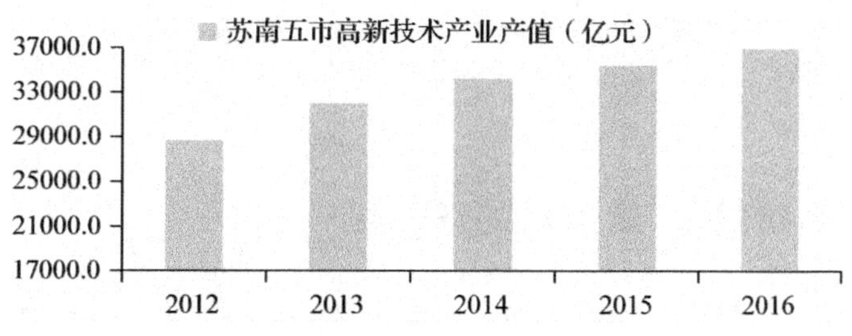

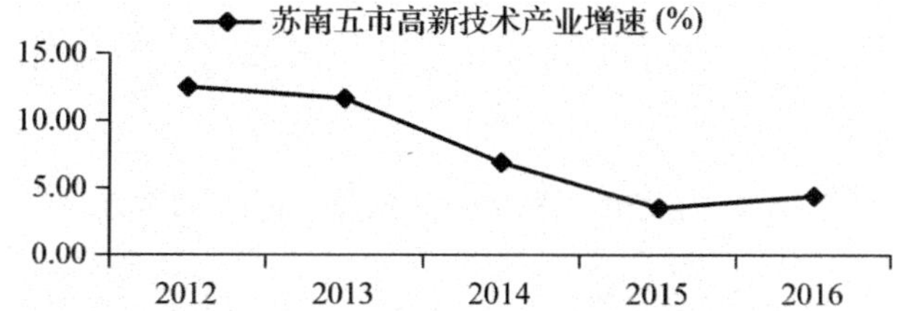

图 5　沿沪宁线苏南五市高新技术产业发展情况(2012—2016 年)

数据来源：各年《江苏统计年鉴》。

注：SGAO 为 5 市高新技术产业产值。

根据表 8 可以对沿沪宁线苏南五市的高新技术产业发展情况进行比较分析。2016 年苏州市高新技术产业产值最高，达到 14470.3 亿元，遥遥领先于其他四市，占规模以上工业总产值 47.11%，苏州市高新技术产业主要集中在电子及通信设备制造业、电子计算机及办公设备制造业、电气设备制造业。其次是无锡市，2016 年高新技术产业实现产值 6548.7 亿元，占规模以上工业总产值比重为 45.63%。镇江市 2016 年高新技术产业总产值在五市中最低，只有 4586.9 亿元，但其占规模以上工业总产值的比重却最高，达到了 52.58%。

表 8　沿沪宁线苏南五市高新技术产业发展情况(2012—2016 年)

高新技术产业产值(亿元)	2012 年	2013 年	2014 年	2015 年	2016 年
南京	4739.6	5260.0	5740.9	5918.9	5902.6
无锡	5665.2	6108.1	6110.7	6211.4	6548.7
常州	3555.2	4138.0	4805.9	4975.6	5453.8
苏州	11888.8	13183.0	13644.9	13962.3	14470.3
镇江	2814.4	3311.0	3900.8	4337.5	4586.9
占规模以上企业工业总产值比重(%)					
南京	41.44	41.59	43.49	45.87	45.60
无锡	39.21	41.02	42.36	42.69	45.63
常州	39.63	41.10	43.54	44.82	45.08
苏州	41.36	43.38	45.00	46.16	47.11
镇江	46.10	46.00	48.25	51.61	52.58

数据来源：各年江苏省高新技术产业主要数据统计公报。

从 2013—2016 年的年均增长率来看，苏南五市中，最快的是镇江市，年均增长率为 13.1%，最低的是无锡市 3.73%。苏南五市高新技术产业产值占规模以上工业总产值的比重都呈现出不断提高的趋势，增幅最多的是镇江市，从 2012 年的 46.16%提高到 2016 年的 52.58%，增长了 6.48 个百分点。南京市的增幅最小，只增长了 4.16 个百分点。其余各市增幅依次为无锡 6.42 个百分点、苏州 5.75 个百分点、常州 5.45 个百分点。

(四) 新兴产业迅猛发展，成为新的增长极

大力支持和力度培育战略性新兴产业是江苏经济长远发展的重大战略选择，是实现江苏产业升级和以创新为内在驱动力的经济增长方式转型的突破口。沿沪宁线的苏南五市根据自己的工业经济发展现状，结合本身的优势产业，各自确立了本市优先发展的战略性新兴产业，并制定了相关的扶持政策和规划安排。

表 9　沿沪宁线新兴产业发展情况(2016 年)

	主要优势新兴行业	主要经济指标	增速(%)
南京	新一代信息技术、生物医药、节能环保、风电光伏装备、新能源汽车、高端装备制造业、新材料、轨道交通、智能电网与电力自动化、航天航空	主营业务收入 6800 亿元	13
苏州	工业机器人、光伏、轨道交通、新能源汽车、生物技术、新医药	15265 亿元产值	2.2
无锡	物联网、新能源、新材料和新型显示、新能源汽车、生物技术、新医药、节能环保、微电子、生物技术和新医药、软件和服务外包、工业设计和文化创意产业		8.9
常州	轨道交通、汽车及零部件、农机和工程机械、太阳能光伏、碳材料、新医药、新光源、通用航空、智能电网、智能数控和机器人	4212.7 亿元主营业务收入	9.5
镇江	新材料、高端装备制造、新能源、航空航天、生物技术与新医药、新一代信息技术	4089.95 亿元销售收入	12.5

数据来源：南京、无锡、苏州、常州和镇江市《2017 年国民经济运行与统计年报》。

2016 年南京市全市七大类 14 个重点领域的战略性新兴产业中，超千亿元规模的已经达到了 6 个。全市七大类 14 个重点领域战略性新兴产业共实现主营业务收入 6800 亿元，同比增长 13%，增速较上年同期提高了 2.3 个百分点。战略性新兴产业(不包括软件及服务业)占全市工业比重达到了 38.7%，较上年同期提高 2.1 个百分点，新兴产业对全市工业的支撑能力明显增强。2016 年无锡市战略性新兴产业加快成长，全市新兴产业产值增长 8.9%，其中物联网产业营业收入增长 20%。现代服务业快速发展，全市第三产业增加值占地区生产总值比重达到 51.3%，首次超过二产比重，占据产业结构主导地位。2016 年苏州市先进制造业生产体系和产业链逐步完善，新引进航空材料、轨道交通减震系统、汽车变速箱等一批高端制造业项目。全市制造业新兴产业产值 15265 亿元，比上年增长 2.2%，占规模以上工业总产值的比重达 49.8%，比上年提高 1.1 个百分点。工业机器人、光伏、轨道交通、新能源汽车、生物技术和新医药五大新产业实现产值 1915 亿元，比上年增长 5.2%。其中工业机器人产业产值 161 亿元，增长 14.8%；光伏产业产值 615 亿元，增长 10.3%。高端产品产量快速增长。工业机器人产量比上年增长 171.3%；运动型多用途乘用车(SUV)产量增长 110.7%；锂电池产量增长 67.9%；光电子器件产量增长 25%；医疗仪器设备及器械产量增长 29.2%。2016 年常州市十大产业链发展良好，全市十大产业链规模以上工业企业完成产值 4212.7 亿元，同比增长 9.5%，十大产业链产值占全市规模以上工业产值的比重达 34.3%，较

上年提高1个百分点，对规模以上工业产值的贡献率达36.7%。十大产业链中，轨道交通产业链完成产值400.2亿元，同比下降2.8%；汽车及零部件产业链产值873.1亿元，增长31.1%；农机和工程机械产业链产值577.3亿元，增长4.9%；太阳能光伏产业链产值690.8亿元，增长8.4%；碳材料产业链产值86.5亿元，增长14%；新医药产业链产值432亿元，增长5%；新光源产业链产值111.6亿元，增长8.1%；通用航空产业链产值22.7亿元，增长30.5%；智能电网产业链产值743.7亿元，增长2.1%；智能数控和机器人产业链产值274.7亿元，增长11.8%。镇江市新兴产业发展势头良好，全年六大新兴产业(新材料、高端装备制造、新能源、航空航天、生物技术与新医药、新一代信息技术)实现销售收入4089.95亿元，比上年增长12.5%，占规模以上工业销售比重为46.2%。

(五)外资企业在工业经济中的地位显著

沿沪宁线江苏区域的城市因为其优越的地理位置和良好的工业基础，改革开放以来就一直是长三角地区以及全国吸引外商直接投资的“高地”，而外资企业在为该区域的工业发展和经济增长作出了重要的贡献。

表10是沿沪宁线江苏区域内五个市区和七个县(市)工业总产值中内外资企业的比重情况。2016年，整个区域外资企业的工业总产值占比达到了44.85%，与内资企业比重相当，高于2012年的外资企业份额(44.03%)。从苏南五市市区的比较情况来看，苏州市市区对外资的依赖程度最高，其外资企业工业总产值的份额高达64.69%，远高出其他四市市区，而无锡、南京、常州和镇江四市的市区都还是内资企业的比重要高于外资企业。七个县(市)中昆山市的外资经济最为发达，占到总产值的84.56%，几乎是排在之后的太仓市的1.62倍，太仓市的外资企业产值较内资企业相当。江阴市内资企业占工业总产值的比重在七个县(市)中最多，达到77.55%，其次是丹阳市，也有72.98%。从2012—2016年的变化情况来看，除了无锡市、苏州市、镇江市、昆山市、句容市、丹阳和江阴市，其他城市的外资企业在工业经济中的地位都有所提升。当然我们也要看到，处在工业化后期的沿沪宁线江苏区域，继续维持利用外资带来高增长的经济增长方式已相当困难。随着该地区成本优势和土地价格、税收优惠等地方政策优势的丧失，外资随时会发生迁徙，将对经济造成严重的打击。沿沪宁线地区应该深化对外开放，鼓励外商投资高端制造业、战略性新兴产业、现代服务业，增强外资工业发展优进而改善出口结构，推动工业经济转型升级。

表10　沿沪宁线各地区内、外资企业占工业总产值的比重(%)

	2012年		2016年	
	内资企业	外资企业	内资企业	外资企业
苏南五市				
南　京	59.72	40.28	58.36	41.64
无　锡	63.38	36.62	63.46	36.54
常　州	69.16	30.84	66.55	33.45
苏　州	34.35	65.65	35.31	64.69
镇　江	66.38	33.62	67.93	32.07

续表

	2012年		2016年	
	内资企业	外资企业	内资企业	外资企业
县(市)				
江　阴	74.99	25.01	77.55	22.45
常　熟	57.31	42.69	51.38	48.62
张家港	75.01	24.99	66.63	33.37
昆　山	9.39	90.61	15.44	84.56
太　仓	49.86	50.14	47.75	52.25
丹　阳	71.42	28.58	72.98	27.02
句　容	63.22	36.78	70.54	29.46

数据来源:各年《江苏统计年鉴》。

四、沿沪宁线区域开放型经济发展现状

2016年,沿沪宁线苏南五市进出口总额和出口总额为4316.78亿美元和2642.56亿美元,占全省比重为61.80%和59.92%,实际利用使用外资167.46亿美元,占全省比重为48.37%。2016年,沿沪宁线江苏区域完成进出口总额5851.92亿美元,其中出口总额3580.99亿美元,占全省的比重分别达到了83.78%和81.20%,实际使用外资额210.35亿美元,占全省的60.75%。沿沪宁线江苏区域是全省对外开放的排头兵,外向型经济十分发达,对全省的对外贸易发展有着极其重要的作用。2009年受全球金融危机影响,江苏外贸发展遭遇严峻考验,进出口增幅迅速回落。此后,江苏沿沪宁线地区积极转变外贸增长方式,以发展新兴产业或实现国际分工位次提升来向价值链的高端攀升,但我们要意识到低技术劳动密集型产品出口占相当比重、加工贸易为主要贸易方式、外资企业为外贸主体的情况仍将长期存在,外贸结构演进将是一个较长期的过程。

(一)对外贸易规模再创新高,但增速不断回落

图6是沿沪宁线苏南五市进出口和出口总额及增长率变化情况。从中可以看出,2012—2014年间,苏南五市的进出口总额和出口总额连创新高,从2012年的4721.40亿美元和2755.99亿美元,增长到2014年的4818.13亿美元和2860.03亿美元。2009年因为遭遇全球金融危机的影响,企业订单迅速减少,导致当年苏南五市的进出口总额和出口总额比上年有所减少。从增速来看,趋势还是十分明显的,呈现出不断回落的情况。2004—2008年间,进出口总额和出口总额的年增速从43.10%和41.24%逐步降为9.87%和14.36%,2009年首次出现了负增长,虽然2010年大幅反弹,但2012年又再次下滑到0.59%和3.85%。2014—2016年间进出口总额和出口额出现不同程度的下滑,从2014年的4818.13亿美元和2860.03亿美元,下降到2016年的4316.78亿美元和2642.56亿美元。当前,国际金融危机深层次影响日益显现。

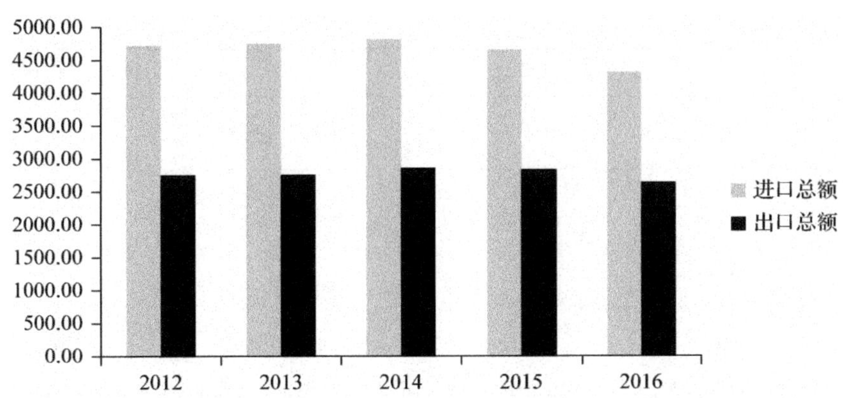

图 6 沿沪宁线苏南五市进出口和出口总额及增长率变化情况(亿美元)

数据来源:各年《江苏统计年鉴》。

从沿沪宁线江苏区域的内部城市来看,2016 在五个市区城市中,苏州市市区的进出口总额和出口总额遥遥领先,分别达到了 2737.58 亿美元和 1639.41 亿美元,是排在第二位的无锡市市区的 3.92 倍和 3.82 倍。最低的是镇江市市区,只有 103.07 亿美元和 69.52 亿美元。七个县(市)中 2016 年完成进出口总额和出口总额最多的城市都是昆山市,分别达到了 722.66 亿美元和 463.21 亿美元,比无锡市区还高出不少。除了丹阳和句容,其他县(市)的出口总额都超过 100 亿美元,除了太仓都集中在 150 亿美元到 200 亿美元之间。丹阳和句容的进出口总额和出口总额明显要比苏、锡地区的县级市少很多,其中,句容市最低,只有 5.93 亿美元和 4.71 亿美元。

2010—2014 年间,进出口总额年均增长率最高的市区城市是常州市区,达到 6.64%,出口总额增长最快的是镇江,年均增长率为 8.57%。苏州市区的进出口总额和出口的年均增速最低,只有 1.50%和 2.67%。七个县(市)中 2014 年完成进出口总额和出口总额最多的城市都是昆山市,分别达到了 847.91 亿美元和 535.77 亿美元,比无锡市区还高出不少。除了丹阳和句容,其他县(市)的出口总额都超过 100 亿美元,并且都集中在 150－200 亿美元之间。丹阳和句容的进出口总额和出口总额明显要比苏、锡地区的县级市少很多,其中,句容市最低,只有 5.79 亿美元和 4.52 亿美元。2010—2014 年间七个县级市的进出口总额和出口总额的年均增长率普遍要高于五市市区,其中进出口总额增速最快的是太仓市,达到了 12.20%,出口总额增长最快的是丹阳市,为 10.76%,而最低的昆山市只有 0.80%和 0.11%。

2015—2016 年间,受世界经济形势的影响,苏南五市中除了无锡和镇江进出口总额和出口额均出现较大幅度的下滑,其中苏州市下滑最为明显,下浮近 10%。七个县级市中除了句容市进出口总额和出口额同样也出现较大幅度的下滑,昆山和太仓下浮最大。

表 11 沿沪宁线地区开放型经济主要指标及增长率情况(2010—2016 年)

	2014 年(亿美元)			2010—2014 年年均增长率(%)		
	进出口	出口	实际外资直接投资	进出口	出口	实际外资直接投资
苏南五市市区						
南　京	572.21	326.28	32.91	5.84	7.01	5.31
无　锡	741.70	442.31	29.04	4.91	5.08	－3.14

续表

	2014年(亿美元)			2010—2014年年均增长率(%)		
	进出口	出口	实际外资直接投资	进出口	出口	实际外资直接投资
常　州	288.10	213.64	24.09	6.64	8.25	−0.35
苏　州	3113.06	1811.78	81.20	1.50	2.67	−3.66
镇　江	103.07	66.02	12.95	6.03	8.57	−5.36
县(市)						
常　熟	201.80	125.53	10.52	3.89	1.87	4.80
张家港	328.26	148.10	6.72	5.93	10.44	−5.16
昆山	847.91	535.77	12.84	0.80	0.11	−7.12
太仓	137.91	60.80	3.96	12.20	10.32	−16.30
江阴	223.04	130.23	8.55	8.92	8.42	5.13
丹阳	27.73	22.41	3.48	11.28	10.76	12.18
句容	5.79	4.52	2.57	7.02	10.25	4.03
沿沪宁线区域	6590.57	3887.39	228.83	3.12	3.81	−2.02
	2016年(亿美元)			2015—2016年均增速(%)		
	进出口总额	出口额	实际使用外资	进出口总额	出口额	实际使用外资
苏南五市市区						
南 京 市	502.1	295.9	34.8	−5.7	−6.1	4.3
无 锡 市	698.0	429.1	34.1	2.0	1.6	6.6
常 州 市	275.8	208.6	25.0	−1.6	−1.9	45.3
苏 州 市	2737.6	1639.4	60.0	−10.3	−9.7	0.1
镇 江 市	103.2	69.5	13.5	2.5	1.1	3.5
县(市)						
江 阴 市	198.8	119.2	10.6	−2.1	−3.9	4.4
常 熟 市	198.5	133.6	6.3	−10.4	−8.6	−21.7
张家港市	274.2	142.0	6.0	−6.3	−4.2	−7.1
昆 山 市	722.7	463.2	9.0	−13.4	−13.9	−18.6
太 仓 市	109.6	54.3	5.6	−13.9	−13.9	11.9
丹 阳 市	25.4	21.4	3.2	−9.3	−8.9	−2.5
句 容 市	5.9	4.7	2.2	12.3	3.8	−21.2
沿沪宁线区域	5851.9	3581.0	210.3	−8.0	−7.7	3.9

数据来源：各年《江苏统计年鉴》。

（二）引资规模具有优势

沿沪宁线江苏区域内的各个城市积极优化本地投资环境，加大招商引资力度，不断提升引资质量。2016 年沿沪宁线线苏南五市实际使用外资 167.5 亿美元，比上年上升 7.6%。其中苏州市实际使用外资 60 亿美元，居长三角十六个城市中的第二位，仅次于上海。镇江市引资 2.2 亿元，位居末位。从图 7 可以看出，2010—2012 年，沿沪宁线苏南五市的实际外商直接投资额一直呈现出不断上升的势头，从 2010 年的 194.6 亿美元，攀升到 2012 年的 228.8 亿元，之后便出现下降的势头，尤其是 2014 年下降幅度最大。从年增速来看，2006 年出现过一次较大幅度的提升，之后一直持续下降，到 2009 年由于全球金融危机的影响，当年引资增速只有 3.64%，2010 年和 2011 年逐步企稳回暖，2013 年增速又有所放缓，2014 年下降不少。2016 年除无锡市，其他地区的实际使用外资额的变化趋势同外商直接投资，增速放缓，有些甚至出现较大增幅的负增长，说明我国正在从外资引进向资本输出转变。

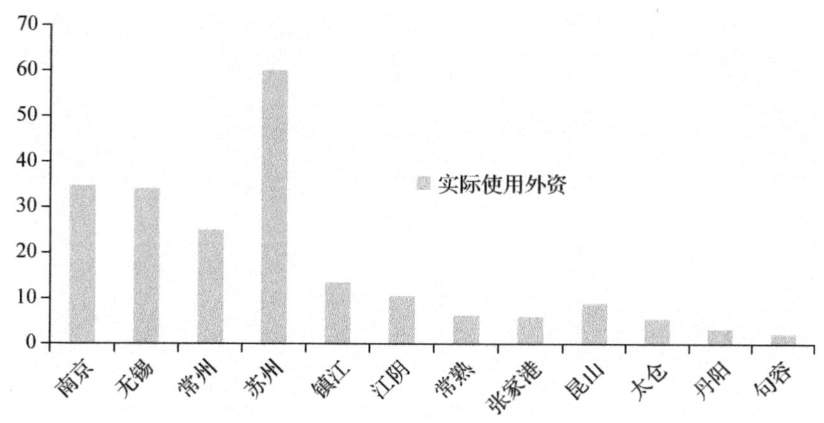

图 7　2016 年沿沪宁线苏南五市实际使用外资额情况（亿美元）

数据来源：2017 年《江苏统计年鉴》。

表 11 中数据显示，2016 年沿沪宁线区域五个市区中的苏州市区实际使用外资额最高，为 60.03 亿美元，其次是南京市区 34.79 亿美元，镇江只有 3.22 亿美元。与 2015 年相比，常州市区年均增长 45.31%，其他城市的实际使用外资额年均变化较小，均不超过 10%，其中苏州市区变化最小，仅仅增长了 0.05%。七个县（市）中，江阴市的实际使用外资领先于其他县级市，2016 年为 10.55 亿美元，昆山为 8.96 亿美元，排在第二位。最低的句容市，只有 2.21 亿美元，其次是丹阳市 3.22 亿美元。

五、沿沪宁线区域人民生活发展现状

沿沪宁线江苏区域在保持经济又好又快发展的同时，把切实提高城乡居民收入作为经济发展的基本出发点，通过调整收入分配制度、鼓励就业和用好公共财政等政策措施，使人民更多地分享经济发展的成果。而城乡居民收入的提高也是作为进一步扩大内需、推动经济平稳较快发展的重要保障。因此，基本形成了经济增长—社会财富增加—居民收入水平提高—消费需求增加—消费水平提高—经济持续增长的良性循环和良性互动局面。

(一)居民收入稳步增加,城乡收入差距有缩小的趋势

图8显示出沿沪宁线区域的城镇居民人均可支配收入与农村居民人均纯收入自2012年以来,一直保持着持续不断的增长。分别从2012年的35827元和17160元,提高到2016年的49627元和25019.7元。同时城乡收入比表现出先不断扩大而后缩小的趋势。2004—2008年是城乡收入比持续扩大的时期,从2004年的1.91增加到2.18,2009年之后开始不断缩小,2012—2016年间持续缩小,从2012年的2.088缩小到2016年的1.98,说明沿沪宁线区域的城乡收入差距还是很大,但存在不断缩小的趋势。

表12 沿沪宁线地区城乡收入及恩格尔系数变化情况(2012—2016年)

	2012年	2013年	2014年	2015年	2016年
城镇居民人均可支配收入(元)	35827	39085.9	42515.03	45978.1	49627.0
恩格尔系数(城镇)(%)	34.3	33.13	29.33	29.07	28.8
农村居民人均纯收入(元)	17160	19206.2	21195.43	23062.5	25019.7
恩格尔系数(农村)(%)	35.7	33.92	30.25	29.96	29.5

数据来源:各年《江苏统计年鉴》。

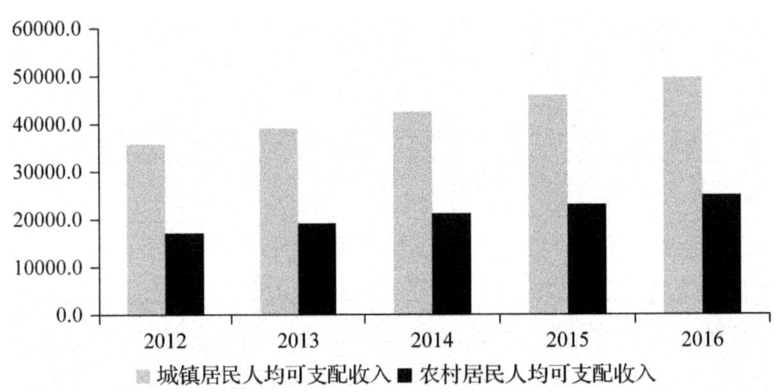

图8 沿沪宁线居民人均收入变化情况(2012—2016年)

数据来源:各年《江苏统计年鉴》。

从沿沪宁线江苏区域各城市来看(表13),2016年苏南五市中城镇居民人均可支配收入最高的是苏州市区,达到54341元,其次是南京市区49997元、无锡市区48628元,最后是常州市区46058元和镇江市区41794元。2016年沿沪宁线地区县级市的农村居民人均纯收入最高的是江阴市,为28181元。苏州的四个县(市)与江阴市的差距都不大,均超过了27000元。丹阳和句容的农村居民人均纯收入在七个县市中最低,只有21706元和18893元。

2012—2016年间,沿沪宁线江苏区域的城乡收入不仅都持续上升,而且每年的增速与当年的GDP增速相比,都要稍高。例如,2013年城镇居民和农村可支配收入增速比当年的GDP增速分别高出3.5个和0.67个百分点。

（二）人民生活质量全面提高

伴随着沿沪宁线江苏地区经济社会的发展和综合实力的提高，人均储蓄存款余额、人均住房面积、恩格尔系数等反映人民生活水平指标全面提升。如表 13 所示，南京、无锡、常州、苏州和镇江市区的城镇居民人均恩格尔系数在持续下降，分别从 2012 年的 34.9%、34.8%、34.6%、33.3%和 36.8%，降为 2016 年的 25.7%、28.0%、27.2%、26.7%和 28.5%，其中南京市区的降幅最多，达到了 9.2 个百分点。城镇居民人均住房建筑面积的不断增加则反映了居民生活质量和居住环境的提升，2016 年无锡市区的城镇居民住房面积最多，为 46.7 平方米，较 2012 年增加了 10.3 平方米，是增加最多的城市。只有南京市区的城镇居民人均住房建筑面积不足 40 平方米，为 36.7 平方米，但也比 2012 年增加了 4.4 平方米。

表 13　沿沪宁线地区人民生活主要指标变化情况（2012—2016 年）

	城镇居民人均可支配收入（元）		城镇居民人均住房建筑面积（平方米）		城镇居民恩格尔系数（%）	
	2012 年	2016 年	2012 年	2016 年	2012 年	2016 年
苏南五市市区						
南　京	35092	49997	32.3	36.7	34.9	25.7
无　锡	35663	48628	36.4	46.7	34.8	28.0
常　州	33326	46058	37.5	44.3	34.6	27.2
苏　州	39079	54341	36.1	43.3	33.3	26.7
镇　江	30045	41794	39.1	44.7	36.8	28.5
	农村居民人均纯收入（元）		农村居民人均住房面积（平方米）		农村居民恩格尔系数（%）	
	2012 年	2016 年	2012 年	2016 年	2012 年	2016 年
县（市）						
江　阴	19660	28181	68.4	47.8	35.6	30.1
常　熟	19467	27956	82.4	72.6	32.3	28.0
张家港	19460	27849	67.4	66.4	30.4	28.3
昆　山	19563	28178	58.7	44.8	33.5	29.2
太　仓	19411	27766	73.5	77.5	34.0	30.6
丹　阳	15171	21706	61.8	55.6	35.4	30.8
句　容	13235	18893	45.9	49.3	38.2	31.8

数据来源：《江苏统计年鉴 2013》、《江苏统计年鉴 2017》。

沿沪宁线江苏区域七个县市的农村居民人均纯收入，按可比价格计算，2012—2016 年的五年间，增速均徘徊在 43%左右，增速最高的昆山为 44.04%，最低的句容为 42.75%，差异不是很大。农村居民恩格尔系数所有县级市都有所下降，降幅最多的是句容市，下降了 6.4 个百分点，最少的是张家港，下降了 2.1 个百分点。七个县市除了句容和丹阳，农村居民人均住房面积都在减少，其中江阴市减少最多，从 2012 年的 68.4 平方米减少到 2016 年的 47.8 平方米。

第六篇　县域经济篇

第一章　江苏省县域经济发展研究报告

一、整体概况介绍

县域经济作为国民经济的基本单位，是经济社会生活中宏观和微观的结合部，无论在人口数量、地域规模，还是在经济发展中，都有着十分重要的地位。2012年9月，经国务院、江苏省政府批复同意，苏州市县级吴江市撤销，设立苏州市吴江区，以原吴江市行政区域为吴江区的行政区域。2012年12月，经国务院、江苏省政府批复同意，泰州市撤销县级姜堰市，设立泰州市姜堰区，以原姜堰市行政区域为姜堰区行政区域。2013年2月，经国务院、江苏省政府批复同意，南京市溧水县、高淳县被撤销，设立南京市溧水区、高淳区，分别以原溧水县、原高淳县的行政区域为南京市溧水区、高淳区的行政区划。2014年5月，经国务院、江苏省政府批复同意，连云港的赣榆县整建制撤县设区，为连云港赣榆区。2015年6月，经国务院、江苏省政府批复同意，常州的金坛县，撤县设区，为常州金坛区。2015年8月，经国务院、江苏省政府批复同意，撤销县级大丰市，设立盐城市大丰区，以原大丰市的行政区域为大丰区的行政区域。2016年6月，经国务院批准撤销洪泽县，设立洪泽区。

因此，2016年江苏县域经济研究对象共有41个县(市)，比2015年相比，减少1个。具体包括常州地区的溧阳市，淮安地区的金湖县、涟水县、盱眙县，连云港地区的东海县、灌南县、灌云县，南通地区的海安县、海门市、启东市、如东县、如皋市，苏州地区的常熟市、昆山市、太仓市、张家港市，泰州地区的靖江市、泰兴市、兴化市，无锡地区的江阴市、宜兴市，宿迁地区的沭阳县、泗洪县、泗阳县，徐州地区的丰县、沛县、邳州市、睢宁县、新沂市，盐城地区的滨海县、东台市、阜宁县、建湖县、射阳县、响水县，扬州地区的宝应县、高邮市、仪征市，镇江地区的丹阳市、句容市、扬中市。

2016年，江苏县域经济总体保持良好发展势头。全国县域经济专门研究机构、社会智库中郡所发布了《2016县域经济与县域发展报告》中，江苏县域整体实力摘得百强县第一，前5占4席，前10占6席，而浙江省、福建省10席中均只占2席。其中，昆山为江苏第一，全国第一。昆山作为百强县的"尖子生"，一直保持名列前茅的地位，拥有国家级经济技术开发区、国家级高新技术产业开发区、综合保税区。2016年1月，昆山被住房和城乡建设部评为首批"国家生态园林城市"。而江阴、张家港、常熟排在2—4名，太仓、宜兴进入前10名。其余入围的百强县市集中在镇江、常州、苏州、南通、无锡、泰州这些苏南、苏中地区，苏北地区仅有盐城的东台市入围。苏南地区县域经济发展源于乡镇企业的发展，在新形势下苏南地区加快创新步伐，积极发展园区经济，使其县域经济实力继续保持全国领先。

2016年，江苏省县域经济土地面积为70477.9平方公里，占全省的66.57%；年末户籍人口数量达到4185.20万人，占全省户籍人口总数的53.82%。县域经济全年实现区域生产总值33599.8亿元，占江苏省GDP总量的44.16%，其中实现工业增加值16219.2亿元，服务业增加值15007.47亿元，分别占全省的48.34%和39.02%。与2015年相比,虽然比重有下降,但绝对数均超过了2015年的水平。县域经济在江苏省总体发展中依旧占有重要的地位,县域经济的崛起对带动江苏省整体经济发展具有积极的推动作用。

二、江苏县域综合经济发展现状

自20世纪80年代以来,伴随着乡镇企业的兴起,江苏的县域经济一度进入一个蓬勃发展的时代,占据全省经济的半壁江山。以昆山、江阴为代表的一大批沿海县市成为江苏经济最为活跃的地区。从最早"村村点火、户户冒烟"的原始模式,到园区化承载、集群式推进,县域经济成为支撑国民经济中不可忽视的力量。

改革开放之初,苏南以"吃螃蟹"的勇气和决心,坚持走市场化之路,大力发展乡镇经济和乡镇企业,不仅冲击了高度集中统一的计划经济和资源配置的行政方式,而且为社会主义市场经济体制的建立开拓了道路,推动了区域经济长达数十年的高速发展。在全面深化改革的新形势下,苏南乡镇经济只有秉承改革思路,坚持破立并举,充分发挥市场配置资源的决定性作用,着力推动产业重兴、特色重显、渠道重拓、环境重建,才能重构发展新优势,推动经济新转型。

近五年来,江苏省县域经济规模不断扩大,但增速与大环境相似,有明显下降趋势。2012年江苏省42个①县域经济全年完成地区生产总值27211.55亿元,至2016年,全省县域经济地区生产总值已达33599.8亿元,五年内平均增速到4.69%。但从具体增速来看,经过2010年的短暂调整之后,县域经济近几年面临较大的增速下滑问题。2016年的情况开始稍有转好,2016年县域经济地区生产总值增速平均值7.19%,增速相较于2015年加快了1.21个百分点。县域经济总量在全省的占比有所下滑,从2011年的45.36%上升到2012年峰值46.20%,之后一路下滑到2015年的44.71%,2016年又下降到44.16%。以常住人口计算的人均GDP也面临同样的问题,2016年江苏省县域经济人均GDP年增长率均值达到11.03%,比全省人均GDP增长高出2.78个百分点。

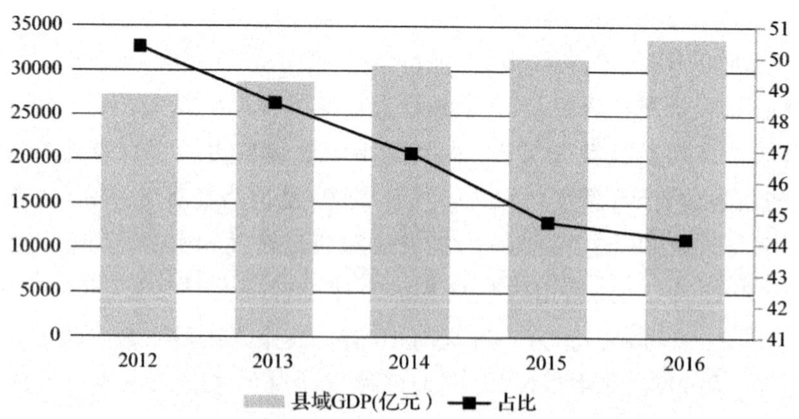

图1　江苏省县域经济地区生产总值及占全省的比重

数据来源:历年《江苏统计年鉴》。

注:本表县域经济数据由2016年的41个县(市)相关指标加总计算所得。

① 按2016年的41个县域进行计算。

县域地区生产总值占全省地区生产总值的比重继续呈现下降趋势，这反映出随着宏观经济的日益严峻，竞争力薄弱的县域经济逐渐陷入困局，产业同质化、结构单一、技术力量不足等短板逐渐暴露。背后的核心重要因素在于县域产业发展同质化和产能过剩。从目前的情况来看，江苏相当部分县域产业体系雷同，而且很多产业链条短、科技含量低、附加值不高、能源消耗较大。特别是一些县域经济主要依靠钢铁、电解铝、水泥等传统工业或光伏、风电等新能源产业支撑，目前供给能力大幅超出需求，运行风险逐步显性化。

从苏南、苏中和苏北三大区域来看，其内部县域经济发展依然存在一定的差距。从经济总量上来说，苏南县(市)地区生产总值在全省县域经济中依旧占有绝对优势，但其占比逐步下降，五年间由52.98%下降到48.03%。苏中县(市)与苏南县(市)保持了基本一致的增长趋势，在近年来在增速降低的情况下保持了总体经济的规模扩张。苏北县(市)在2010年后与其他区域县(市)的总体增长情况出现分离，虽然增速也出现了小幅下降，但与其他区域的增速差距逐步扩大。苏北县(市)经济总量保持了较高的增长速度，但是在2014年和2015年出现不同程度的下降，2016年出现了小幅度的上升。总体而言在全省县(市)经济中的地位逐步提升，2016年时苏北县域经济总量占全部县域经济的27.32%，较2015年增加了0.32个百分点。

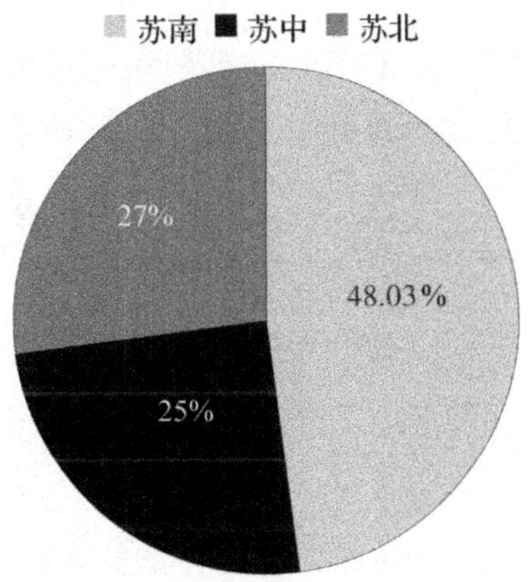

苏南 ■苏中 ■苏北
27%
48.03%
25%

图2　2016年江苏省三大区域县域经济地区生产总值占比(%)

数据来源：历年《江苏统计年鉴》。

注：本表县域经济数据由2016年的41个县(市)相关指标加总计算所得。

从县域经济数量来看，2016年苏南地区共有10个县(市)，年末户籍人口数达811.83万人，占全部县(市)的19.39%，土地面积共计11276平方公里，占全部县(市)的17.29%；苏中地区共有11个县市，年末户籍人口达1129.68万人，占全部县(市)的26.99%，土地面积共计16915平方米，占全部县(市)的25.93%；苏北地区共有20个县市，年末户籍人口为2243.71万人，占全部县(市)的53.61%，土地面积共计37032平方米，占全部县(市)的56.8%。

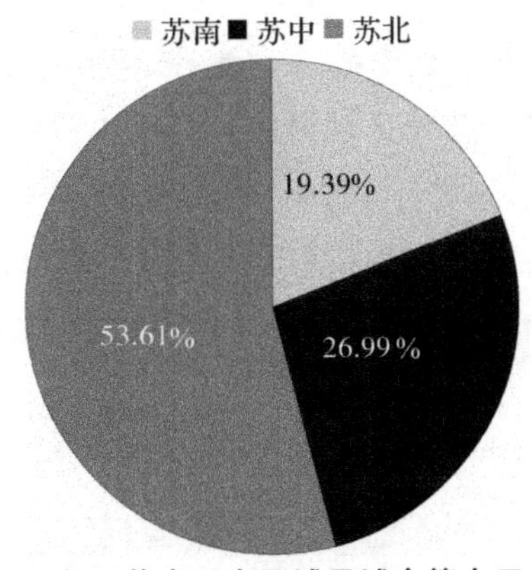

图3　2016年江苏省三大区域县域户籍人口占比(%)

数据来源：历年《江苏统计年鉴》。

注：本表县域经济数据由2016年的41个县(市)相关指标加总计算所得。

2016年，苏南地区10个县(市)全年实现地区生产总值16141.28亿元，占全省县域经济的48.04%；苏中和苏北地区分别实现地区生产总值8277.52亿元、9181亿元，占全省县域经济总量的24.6%和27.3%。

从表1中可以看出，三大区域中县域经济中的户籍人口和土地面积存在显著差异，苏南地区以全省县域经济中19.39%的人口和17.29%的土地创造了3倍于苏中的全省县域经济平均水平的经济密度,在全省县域经济发展中起到极为重要的作用。苏中地区全年地区生产总值仅为苏南地区县(市)的51.28%,苏北地区全年地区生产总值是苏南地区县(市)的56.87%,三大区域之间的总体经济发展还存在一定差距。

但从发展速度上来看,2016年全年苏中地区县(市)GDP平均增速为12%,高于苏南地区7个百分点,苏北地区县(市)GDP平均增速达到6.97%,比苏南地区高1.97个百分点。由于苏南地区经济发展基数较大,苏南、苏中、苏北三大区域县域经济在未来相当时间中仍将保持一定的差距。基于"长三角规划实施"、"江苏沿海开发"、"跨江联动"、"长江经济带"、"一带一路"等政策的叠加效应,苏北地区县域经济出现了快速发展的势头,展现出"三快于"的局面,即苏北地区县域经济增长速度快于苏北地区增长速度,更快于江苏省县域经济增长速度,更快于江苏省经济增长速度。

表1　2016年江苏省三大区域县(市)主要综合指标

	绝对值			比重(%)		
	苏南	苏中	苏北	苏南	苏中	苏北
县(市)数量	10	11	20	25	27.5	50
年末户籍人口(万人)	811.83	1129.68	2243.71	19.4	26.99	53.61
土地面积(平方公里)	11276	16915	37032	17.29	25.93	56.78
GDP(亿元)	15374.01	7390.32	8582.42	49.04	23.58	27.38
经济密度(万元/平方公里)	13634.3	4369.1	2317.6			

数据来源:《江苏统计年鉴2017》。

注:本表县域经济数据由41个县(市)相关指标加总计算所得;经济密度比重是指区域县(市)经济密度与全部县(市)经济密度的比例。。

从具体县(市)表现来看,以昆山市、常熟市、江阴市等为代表的明星苏南县(市)依旧保持了较好的发展态势,为县域经济发展树立了榜样。2016年全省县(市)地区生产总值排名中,前十位依次为昆山市、江阴市、张家港市、常熟市、宜兴市、太仓市、丹阳市、海门市、如皋市、启东市,其中7个县(市)来自苏南区域,该排名与2015年基本相同。人均GDP排名前十位依次为昆山市、江阴市、张家港市、太仓市、扬中市、常熟市、靖江市、丹阳市、海门市和宜兴市,其中8个县(市)来自苏南区域。排名前十位的县(市)人居GDP均超过10万元,远高于全省人均GDP均值95257元,排名首位的昆山市人均GDP达191058元,是末位县(市)人均GDP的4.67倍。

表2　2016年全省各县(市)主要经济指标

	GDP		GDP增长率		人均GDP	
	绝对值(亿元)	排名	绝对值(%)	排名	绝对值(元)	排名
江阴市	3083.26	2	7	34	188101	2
宜兴市	1377.74	5	7.2	32	109881	10
丰　县	405.19	31	9.4	19	42739	39
沛　县	665.03	20	9.8	24	59604	26
睢宁县	497.38	26	10.1	17	48556	31
新沂市	562.06	21	10.7	14	61765	24
邳州市	804.14	12	9.9	19	55960	27

续表

	GDP		GDP 增长率		人均 GDP	
	绝对值(亿元)	排名	绝对值(%)	排名	绝对值(元)	排名
溧阳市	801.26	14	8.5	27	105256	11
常熟市	2112.39	4	3.3	40	139768	6
张家港市	2317.24	3	3.9	39	184744	6
昆山市	3160.29	1	2.6	41	191058	1
太仓市	1155.13	6	5	38	162523	4
海安县	755.29	15	11	10	87201	14
如东县	746.69	17	11	10	76045	17
启东市	881.85	10	9.8	20	92534	13
如皋市	904.27	9	11.3	7	72255	21
海门市	1005.06	8	9.8	20	111099	9
东海县	433.43	30	10.1	17	44871	38
灌云县	328.66	38	9.5	23	40926	41
灌南县	306.80	39	8.9	25	48429	32
涟水县	387.09	36	13.6	2	45680	35
盱眙县	356.70	37	11.4	6	54625	28
金湖县	241.88	41	11.7	5	72987	19
响水县	270.64	40	10.8	13	53971	29
滨海县	391.61	35	8.4	29	41761	40
阜宁县	394.40	34	8.6	26	47236	34
射阳县	441.65	29	8.4	29	49749	30
建湖县	466.13	28	8.1	31	63514	23
东台市	727.01	18	8.5	27	73902	18
宝应县	506.30	24	10.5	16	66962	22
仪征市	557.05	22	36.5	1	98558	12
高邮市	537.50	23	11.1	9	72562	20
丹阳市	1136.04	22	6.1	35	115816	8
扬中市	504.73	25	6.1	35	147431	5
句容市	493.20	27	5.3	37	78862	15
兴化市	748.85	16	12.2	4	59662	25
靖江市	801.75	13	7.1	33	116703	7
泰兴市	832.91	11	12.4	3	77315	16
沭阳县	697.31	19	10.7	14	45107	36
泗阳县	402.75	32	11.2	8	48006	33
泗洪县	401.14	33	11	10	45039	37

数据来源:《江苏统计年鉴 2017》。

从增长速度来看,由于明星县(市)经济基数较大,在地区生产总值和人均 GDP 增长率上相对较低,苏中、苏北县(市)总体增速迅猛。地区生产总值增长率排名前十的县(市)依次为仪征市、涟水县、泰兴市、兴化市、金湖县、盱眙县、如皋市、泗阳县、高邮市和海安县。其中排名前三位的县(市)GDP增长率均超过11%,最高的仪征市增速达36.5%,增速最低的是昆山市,只有2.6%。

三、江苏县域产业经济发展现状

(一)县域产业结构进一步调整

2016年,江苏省县域经济三次产业结构由2015年的7.29∶49.03∶43.68,进一步调整为7.06∶48.27∶44.67,第二产业主导地位依旧不变,产业结构向第三产业倾斜,县域经济整体"服务化"进程稳步推进。该阶段特征符合钱纳里产业结构理论中关于"后工业化"阶段的描述:第二产业比重转为相对稳定并且开始有所下降,第三产业比重开始不断提高。相比于全省产业结构来看,县域产业结构依然存在第一、第二产业比重略高,第三产业比重偏低的问题。

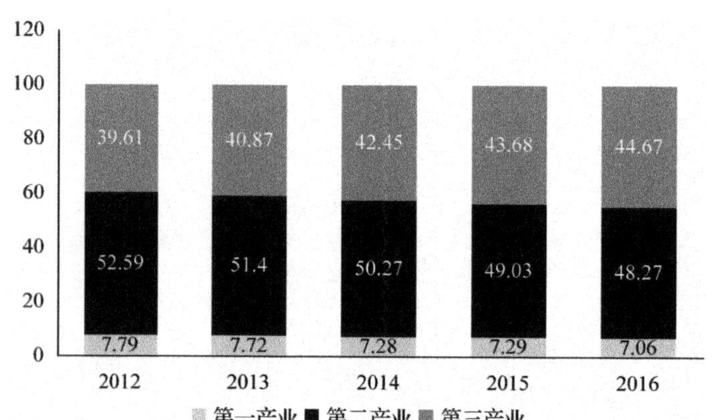

图4 2016年江苏省县域经济产业结构变化情况(%)

数据来源:历年《江苏统计年鉴》。

注:本表县域经济数据由2016年的41个县(市)相关指标加总计算所得。

从苏南、苏中、苏北三大区域来看,其县域产业结构存在显著差别。苏南县域产业结构存在显著的"弱农业"特征,第二和第三产业比重都处于较高的水平,其中第二产业及第三产业比重显著高于全省及县域平均水平,说明苏南地区县域工业发展规模虽然较大,但服务业已经成为经济发达县域地区产业结构调整的主导方向。以张家港市为例,该市服务业占地区生产总值比重每年提升1.4个百分点,达到46.2%,一般公共预算收入占GDP的比重达到8.2%,服务业成为促进经济社会发展的"主引擎"。张家港市依托较为发达的工业经济基础,打造现代物流、专业市场、金融保险等生产性服务业,促进产业转型升级,构筑高端的现代产业体系,并引导传统工业企业向服务业领域进军,推进传统产业优化升级,实现"二三产融合发展"。形成了以现代物流、专业市场为重点产业,创意产业、科技服务、现代商务等新兴服务业协调发展的较为完整的县域服务业产业链。

苏中县域产业结构与全省县域产业结构较为类似,其工业规模与全省县域平均水平相比减少了1.33个百分点,而服务业发展水平较之增加了0.6个百分点。苏北县域产业结构中的农业比重过高,达到14.6%,第二和第三产业比重均较低,县域经济整体对农业发展依赖程度较高,工业、服务业发展较为不足。

表 3　2016 年全省及地区县(市)三次产业结构(%)

	第一产业	第二产业	第三产业
全省县(市)	7.06	48.27	44.67
苏南县(市)	2.4	52.25	45.33
苏中县(市)	7.8	46.94	45.27
苏北县(市)	14.57	42.48	42.95

数据来源:《江苏统计年鉴 2017》。
注:本表县域经济数据由 2016 年的 41 个县(市)相关指标加总计算所得。

从具体县(市)来看,明星县(市)的第一产业比重非常低,昆山市第一产业比重已经低于 1%,张家港市、江阴市、常熟市第一产业比重分别为 14%、1.6%、2.0%,县域经济发展对农业发展的依赖极低。值得注意的是,这些县(市)基本都具有较大的工业发展规模,其中昆山市第二产业比重已经达到 55.0%,但其第三产业比重达到 43.4%,还未成为主导产业,产业结构整体由工业主导。灌云县经济的发展则依赖于农业经济的发展,第一产业比重达到 19.9%,而邳州市、新沂市、洪泽县、金湖县、涟水县、盱眙县、滨海县、射阳县、东台市、大丰市、建湖县、泗洪县、沭阳县虽然农业比重都超过 10%,但其第三产业比重均超过 40%。这种现象说明,江苏省经济强县(市)目前基本脱离传统农业,处于工业主导状态,服务业比重有待进一步提高;传统弱县(市)在依赖农业发展的同时,克服工业基础不足的劣势,大力发展第三产业取得了一定的成果。

(二)县域农业发展稳步推进

2011—2016 年间,江苏省县域农业规模稳步扩大,2016 年江苏省县域农业全年实现增加值 2357.27 亿元,同比上年增长 3.16%。全省县(市)第一产业增加值增速在 2010 年达到顶峰,苏南、苏中、苏北县(市)该指标分别达到 10.16%、14.39%和 13.01%,之后呈现波动下降的趋势。2016 年,苏南地区第一产业生产总值为 390.68 亿元,占全省县(市)总量的 16.5%;苏中地区完成第一产业生产总值 645.13 亿元,占全省县(市)总量的 27.18%;苏北地区全年实现第一产业生产总值

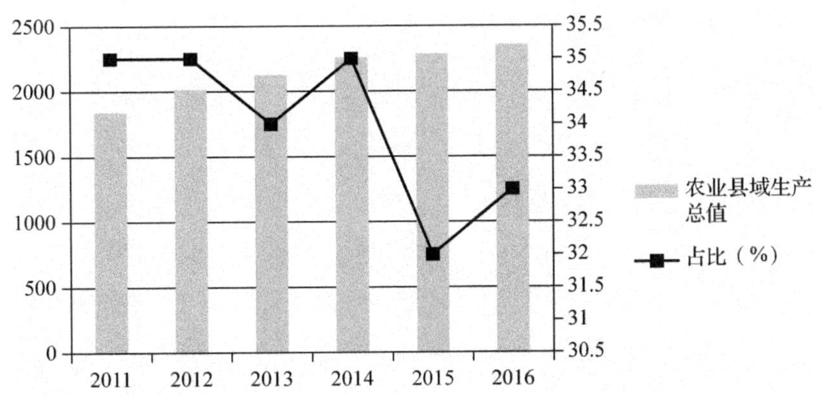

图 5　江苏省县域农业生产总值及占全省的比重

数据来源:历年《江苏统计年鉴》。
注:本表县域经济数据由 2016 年的 41 个县(市)相关指标加总计算所得。

1337.33亿元，占全省县(市)总量的56.35%。“十三五”期间，江苏将支持苏北大力发展优势特色产业，建设一批以“一村一品”“一镇一业”为特征的规模化、集约化、标准化生产基地，以产粮大县为重点，加强设施农业、农产品精深加工、仓储物流建设，加大高标准农田建设力度，到2020年苏北地区高标准农田比重达60%，高效设施农业比重达20%。

从具体县(市)农业发展状况来看，邳州市、东台市、射阳县、兴化市、沛县、沭阳县、睢宁县、丰县、如东县和新沂市2016年第一产业增加值排名全省县(市)前十位，全部来自苏中、苏北地区，其增加值总和占全省县(市)总量的32.72%，全省县(市)第一产业增加值差距较小，产业集中度不高。从第一产业增加值增长率来看，最高的前十位县(市)依次是泰兴市、兴化市、靖江市、邳州市、扬中市、睢宁县、丰县、泗阳县、灌云县、金湖县，其中泰兴市第一产业增长率超过9%，达到9.94%。全省县(市)中38个县(市)第一产业增加值出呈现增长状态，另有3个县(市)第一产业增加值出现下滑。

表4　2016年全省各县(市)第一产业经济指标

市　县	农林牧渔业总产值			
		农业	林业	畜牧业
江阴市	87.83	41.06	8.18	16.56
宜兴市	86.58	50.68	3.50	7.16
丰　县	147.91	105.49	1.16	35.30
沛　县	173.84	107.50	0.98	49.99
睢宁县	158.62	93.82	2.67	52.00
新沂市	136.09	67.18	4.65	41.49
邳州市	223.30	143.75	3.90	57.52
溧阳市	89.72	49.07	1.14	6.55
常熟市	79.80	47.53	3.14	5.32
张家港市	61.14	34.49	7.29	5.17
昆山市	54.51	15.32	4.80	2.77
太仓市	69.48	29.95	3.47	13.43
海安县	113.29	44.34	0.33	48.60
如东县	139.88	46.52	1.03	33.35
启东市	131.73	43.07	0.76	13.73
如皋市	108.88	59.63	0.25	35.45
海门市	94.12	46.93	1.05	12.57
东海县	130.31	74.42	4.55	26.52
灌云县	128.00	62.47	2.84	35.46
灌南县	97.07	60.11	2.11	23.11
涟水县	109.49	75.67	3.12	25.30

续表

市　县	农林牧渔业总产值	农业	林业	畜牧业
盱 眙 县	100.75	60.03	1.67	19.01
金 湖 县	62.56	35.89	1.88	7.36
响 水 县	75.13	35.16	1.41	23.35
滨 海 县	110.69	56.14	4.59	24.60
阜 宁 县	110.41	41.61	3.86	37.32
射 阳 县	181.07	70.42	4.75	42.42
建 湖 县	92.99	34.77	1.59	26.21
东 台 市	203.11	93.90	4.40	59.08
宝 应 县	124.99	47.50	2.22	18.68
仪 征 市	45.84	27.46	2.30	10.16
高 邮 市	135.64	50.24	2.08	21.97
丹 阳 市	86.64	50.31	2.02	10.71
扬 中 市	25.53	12.46	0.97	3.37
句 容 市	73.32	43.08	5.01	8.08
兴 化 市	179.94	85.10	1.56	18.70
靖 江 市	39.81	22.53	0.50	9.77
泰 兴 市	91.76	56.05	1.01	26.91
沭 阳 县	172.56	129.89	5.27	31.65
泗 阳 县	106.53	54.72	7.43	18.72
泗 洪 县	121.89	51.02	1.54	22.13

数据来源:《江苏统计年鉴 2017》。

(三) 县域工业规模持续扩张

工业是江苏县域经济的重要支柱。2001 年中国加入 WTO 之后，江苏以制造业为代表的实体经济得到了突飞猛进的发展，也涌现出了一批具备全球竞争力的知名企业，如沙钢集团、江苏阳光、红豆集团、森达等。特别是一大批中小企业的成长，向国内和世界提供丰富的价廉物美的产品，向世界输出了“江苏制造”的新概念，给江苏县域经济带来了充沛的活力。

2016 年江苏省 41 个县(市)实现第二产业增加值 16219.20 亿元，同比增长 6.19%。其中工业增加值完成 14461.18 亿元，比上年增加 6.39%，高出 2015 年 0.31 个百分点。县域经济第二产业增加值完成额占全省总量的 48.34%，工业增加值占比 49.21%。全省县域工业发展速度显著高于全省平均水平，县域工业发展成为全省工业经济发展的巨大推动力，为江苏省经济全面发展打下了坚实的基础。

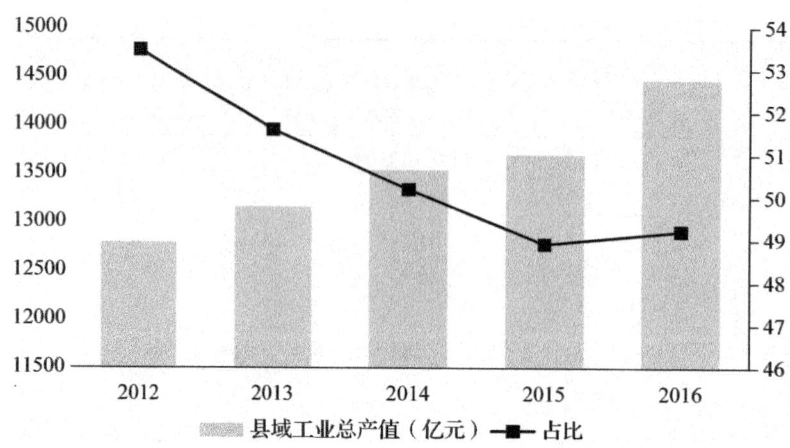

图6　江苏省县域工业生产总值及占全省的比重

数据来源:历年《江苏统计年鉴》。

注:本表县域经济数据由2016年的41个县(市)相关指标加总计算所得。

从具体区域来看,苏南县(市)2016年完成第二产业增加值8433.52亿元,占全省县(市)总量的51.99%,其中工业增加值完成789.20亿元,占全省县(市)总量的54.59%;苏中县(市)全年第二产业增加值为3855.22亿元,占全省县(市)总量的比重为23.95%,其中完成工业增加值3287.05亿元,占全省县(市)总量的比重为22.73%;苏北县(市)完成第二产业增加值3900.46亿元,占全省县(市)总量的24.05%,其中工业增加值完成3279.93亿元,占全省县(市)总量的22.68%。苏南县(市)工业增加值增速出现小许下降,但由于其工业发展基数大,在全省县域工业发展中仍占有绝对地位。苏中、苏北县(市)虽然工业规模在全市县(市)中占比仅为20%左右,但其增速显著高于其他区域,尤其是苏中地区,其县(市)工业总产值增长率达到11.71%,是苏南增长速度的3倍以上,发展势头迅猛,工业经济地位不断改善。

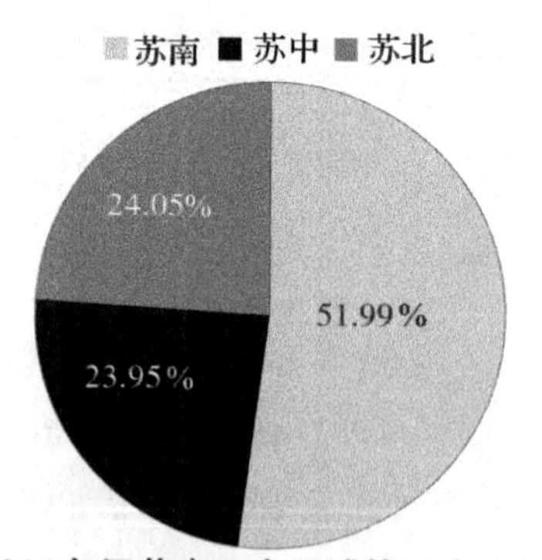

图7　2016年江苏省三大区域第二产业占比(%)

数据来源:历年《江苏统计年鉴》。

注:本表县域经济数据由2016年的41个县(市)相关指标加总计算所得。

从个体县(市)来看,江阴市、昆山市、张家港市、常熟市、宜兴市、太仓市、丹阳市、海门市、如皋市、靖江市位居全省县(市)工业增加值前10位,其中江阴市、昆山市、张家港市、常熟市工业增加值超千亿,江阴市工业增加值达到1612.25亿元。从工业增加值增长率上来看,所有县(市)均保持了工业增加值增长,仪征市、响水县、涟水县、宝应县、邳州市、海安县、盱眙县、启东市、泗洪县、新沂市进入县(市)工业增加值前十位,均来自苏中、苏北地区。全省县(市)工业总产值和工业增加值总体表现类似,昆山市、江阴市、张家港市、常熟市、泰兴市、邳州市、宜兴市、丹阳市、海安县、海门市进入县(市)工业总产值前十位,其中昆山市工业总产值超过8000亿元,达到了8383.24亿元,昆山市工业总产值是末位县(市)的15.3倍。全省县(市)工业总产值增长率表现各异,响水县、泗阳县、东海县、灌云县、射阳县、阜宁县、睢宁县、邳州市、丰县、泰兴市工业增加值增速位列前十,其中江阴市、宜兴市、昆山市和张家港市的工业规模增速较低。工业强县(市)仍然以其良好的工业基础支撑全省工业发展,并保持稳步扩张,部分县(市)以其强劲的增长势头奋起直追,个别县(市)由于内部结构调整工业发展正在经历"阵痛",县域工业整体呈现良性发展,工业规模持续扩张。

昆山市作为江苏县域经济中工业实力较强的地区,全市拥有1个千亿级产业集群和12个百亿级产业集群。2016年,昆山的内资企业工业生产总值达到了1294.31亿元,较2015年增加了149.93亿元,增长幅度达到了13.1%;外商港澳台商投资企业的工业生产总值为7088.93亿元,与内资企业不同,2016年外商港澳台商投资企业的工业生产总值出现了小幅度下降的趋势,减少了37.66亿元,降幅为0.5%。同时,昆山工业企业中从业人数也有小幅度的下降,从2015年的79.80万人减少到了75.68万人,减少了4.12万人,这从一方面也体现了昆山产业重心发生了转移。目前昆山全市拥有1个千亿级产业集群和12个百亿级产业集群,其中千亿级集群IT产业(通信设备、计算机及其他电子设备)2016年实现产值4918.76亿元,比上年下降0.6%,总量占规模以上工业产值的58.8%,继续保持总量领先的优势。以通用设备制造和专用设备制造为首的六大装备制造产业较快增长,实现总产值1821亿元,比上年增长6.7%,占规上工业产值比重为21.8%,对规上工业产值增长贡献率高达150.1%。

2016年江阴市工业增加值仅次于昆山市,达到1608.39亿元。江阴市工业发展的特点之一,就是大企业的作用非常明显,贡献继续增大。全市工业百强企业全年完成产品销售收入3883.7亿元,实现利税392.7亿元,分别占全市规模以上工业企业的68.0%和78.5%,继续支撑全市经济大局。海澜集团开票销售超500亿元,三房巷集团、澄星集团、华西集团、兴澄特钢等4家企业集团开票销售超300亿元,阳光集团、新华发集团、新长江集团等3家企业集团开票销售超200亿元,双良集团、华宏实业、法尔胜集团、利电能源、新树塑料、扬子江船业、远景能源、海达集团等8家企业集团开票销售超100亿元。33家工业百强企业入库税金超亿元,其中超10亿元的有4家。全市一般公共预算收入增长5.4%,其中税收收入增长5.7%;固定资产投资增长2.0%,其中工业投入增长7.1%;社会消费品零售总额增长9.6%。企业上市取得突破,新增境内外上市企业17家、新三板挂牌企业105家,累计分别达到111家、209家,居全国同类城市前列。规模以上工业总产值和增加值分别增长3.8%和5.8%,增速较上年分别回升2.0个和1.4个百分点,预计利润总额同比增长11%左右,增速较上年同期提高9个百分点左右,高新技术产业产值占规模工业产值比重达43%,提高0.7个百分点。

表 5　2016 年全省各县(市)工业经济指标

	工业增加值		工业总产值		工业利润总额	
	绝对值(亿元)	排名	绝对值(亿元)	排名	绝对值(亿元)	排名
江阴市	1612.25	1	5376.01	2	337.84	2
宜兴市	608.05	5	2588.86	7	137.10	15
丰　县	132.52	34	715.31	37	57.40	30
沛　县	234.93	22	1738.40	18	104.09	21
睢宁县	163.98	29	1084.38	27	114.94	19
新沂市	198.89	24	1812.43	16	138.29	13
邳州市	303.07	14	2592.57	6	206.01	6
溧阳市	334.26	13	1363.42	23	79.08	23
常熟市	1026.16	4	3684.89	4	235.76	4
张家港市	1155.30	3	4571.66	3	177.08	7
昆山市	1608.39	2	8383.24	1	446.81	1
太仓市	547.67	6	2027.67	11	154.73	10
海安县	290.67	15	2204.77	9	159.99	8
如东县	286.80	16	1896.41	13	147.18	12
启东市	336.94	12	1829.18	15	130.52	16
如皋市	364.30	9	1985.12	12	128.77	17
海门市	420.99	8	2053.24	10	220.61	5
东海县	163.08	30	1124.94	26	74.33	24
灌云县	109.30	40	762.14	34	44.99	35
灌南县	125.92	36	671.18	40	46.83	34
涟水县	121.88	37	808.17	32	37.32	37
盱眙县	113.46	39	1038.08	29	42.86	36
金湖县	79.90	41	547.97	41	22.96	41
响水县	113.66	38	924.82	30	53.93	32
滨海县	132.74	33	705.15	39	35.01	38
阜宁县	126.96	35	804.18	33	31.82	40
射阳县	142.01	32	751.19	35	32.58	39
建湖县	168.82	27	876.09	31	54.23	31
东台市	255.73	19	1186.59	25	65.96	26
宝应县	187.64	26	1075.78	28	59.59	29
仪征市	262.33	18	1616.84	19	137.14	14

续表

	工业增加值		工业总产值		工业利润总额	
	绝对值(亿元)	排名	绝对值(亿元)	排名	绝对值(亿元)	排名
高邮市	194.85	25	1218.35	24	62.28	28
丹阳市	544.57	7	2529.31	8	159.66	9
扬中市	250.74	21	1372.66	22	94.16	22
句容市	206.81	23	1399.25	20	71.56	25
兴化市	251.07	20	1790.42	17	105.72	20
靖江市	351.39	10	1888.79	14	147.87	11
泰兴市	340.07	11	3002.02	5	278.07	3
沭阳县	284.04	17	1375.83	21	119.92	18
泗阳县	166.95	28	708.99	38	51.22	33
泗洪县	142.09	31	744.10	36	64.41	27

数据来源:《江苏统计年鉴 2017》。

(四) 县域服务业发展势头良好

全省 41 个县(市)2016 年全年完成服务业增加值 15007.47 亿元,比上年增加 10%,占全省服务业增加值总量的 39%。服务业整体增速显著高于全省县(市)经济增速,成为对县域经济贡献率较高的产业。

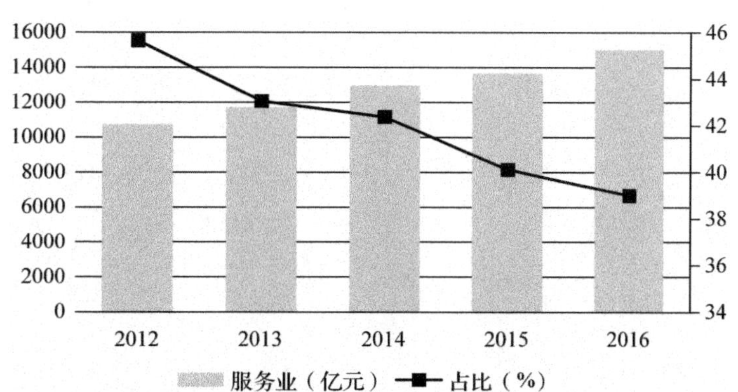

图 8　江苏省县域服务业生产总值及占所占比重

数据来源:历年《江苏统计年鉴》。

注:本表县域经济数据由 2016 年的 41 个县(市)相关指标加总计算所得。

从具体区域来看,苏南县(市)实现服务业增加值 7317.09 亿元,占全省县(市)服务业增加值比重为 48.76%;苏中和苏北县(市)全年完成服务业增加值 3747.17 亿元、3943.21 亿元,占全省县(市)服务业增加值总量的比重为 24.97%和 26.27%。苏南县(市)服务业规模依旧占据绝对优势,其增速与全省平均增速基本持平;苏中、苏北区域县(市)服务业规模较小,但增速迅猛,苏北县(市)服务业增加值增速高于全省平均水平近 4 个百分点。结合产业结构来看,苏中、苏北部分县(市)服务业在整体产业中比重甚至超过部分苏南县(市),服务业成为苏中、苏北县(市)经济发展新的增长点。

从个体县(市)服务业发展情况来看,昆山市、江阴市、张家港市、常熟市、宜兴市、太仓市、丹阳市、海门市、如皋市、启东市依次居于县(市)服务业增加值前十位,其服务业增加值之和占所有县(市)总量的51.67%,全省县(市)服务业集中度较高。其中昆山市和江阴市服务业增加值过千亿,仅这两个县(市)服务业增加值总量就超过全省县(市)总量的18.52%,昆山市服务业增加值为末位县(市)的13.87倍。

2016年,昆山全市服务业增加值达到1421.40亿元,按可比价计算,比上年增长4.9%,增速分别比地区生产总值和工业增加值高出2.3个和4.1个百分点,服务业增加值占地区生产总值的比重达到45%,比上年底提高1个百分点;服务业对经济增长的贡献率达到44.98%。

2016年全省县(市)服务业增加值增速均值达到12.52%,仪征市、涟水县、泗阳县、泰兴市、兴化市、盱眙县、如皋市、金湖县、如东县和灌南县位居前十,十个县(市)服务业增加值增速均超过14.5%,显示了强劲的发展势头。其中,苏中地区的泰兴市服务业加速增长,得益于其重点发展物流、金融、信息技术服务、电子商务、商务服务、商贸流通、住宿餐饮、家庭服务、房地产、旅游等10个服务业产业;重点扶持天星洲港口物流园、城北市场集聚区、苏中沿江化工物流园、城东高新区科技广场、总部经济集聚区、黄桥现代综合物流园、黄桥乐器文化产业园、济川健康产业园、电子商务产业园、智慧产业园等10个服务业集聚区。

表6　2016年全省各县(市)服务业经济指标

县(市)	绝对值(亿元)	排名	增长率(%)	排名
江阴市	1357.93	2	8.6	33
宜兴市	619.49	5	7.5	36
丰县	158.78	36	13	24
沛县	268.69	20	10.9	31
睢宁县	205.64	28	13.2	21
新沂市	264.98	21	13.6	16
邳州市	344.95	16	10	32
溧阳市	360.68	13	11.1	30
常熟市	987.20	4	5	40
张家港市	1071.21	3	6.2	39
昆山市	1421.40	1	4.9	41
太仓市	534.50	6	7.3	37
海安县	345.17	15	13.7	13
如东县	338.25	18	15.5	9
启东市	392.42	10	12.6	29
如皋市	406.92	9	16.1	7
海门市	447.25	8	14.2	11
东海县	179.58	31	13.7	13
灌云县	121.44	38	13.7	13
灌南县	110.51	40	14.5	10
涟水县	182.94	30	17.9	2
盱眙县	162.20	35	16.2	6

续表

县(市)	绝对值(亿元)	排名	增长率(%)	排名
金湖县	118.46	39	15.8	8
响水县	102.45	41	13.5	17
滨海县	176.90	32	13.1	22
阜宁县	170.65	34	13.1	22
射阳县	204.86	29	12.8	26
建湖县	221.81	25	12.8	26
东台市	343.51	17	13.3	19
宝应县	213.55	27	13.4	18
仪征市	239.42	22	19.7	1
高邮市	230.05	24	13.9	12
丹阳市	516.16	7	7.9	34
扬中市	230.33	23	7.6	35
句容市	218.19	26	7.3	37
兴化市	356.41	14	16.7	5
靖江市	387.29	12	12.7	28
泰兴市	390.44	11	17	4
沭阳县	288.09	19	12.9	25
泗阳县	145.69	37	17.3	3
泗洪县	171.08	33	13.3	19

数据来源:《江苏统计年鉴 2017》。

四、江苏县域开放型经济发展现状

2016 年,全省 41 个县(市)共完成进出口总额 1888.22 亿美元,占全省进出口总额的比重为 37.05%,其中完成出口总额 1215.56 亿美元,占全省比重为 38.06%。全省县域经济全年实际使用外资额为 85.68 亿美元,占全省实际外商直接投资额总量的 34.91%。

表 7　江苏省县域经济对外贸易发展情况

年份	进出口总额		出口总额		实际外商直接投资额	
	绝对值(亿美元)	占全省比重(%)	绝对值(亿美元)	占全省比重(%)	绝对值(亿美元)	占全省比重(%)
2012	1243.7	38.19	1263.61	38.46	134.25	37.54
2013	1294.15	39.11	1264.54	38.45	123.38	37.06
2014	1296.43	38.72	1314.1	38.44	95.99	34.07
2015	1204.16	37.45	1296.43	38.28	85.26	35.12
2016	1888.22	37.05	1215.56	38.06	85.68	34.91

数据来源:历年《江苏统计年鉴》。

注:本表县域经济数据由 41 个县(市)相关指标加总计算所得。

从近五年江苏省县域经济对外贸易发展情况来看,进出口总额和出口总额在2012—2014年间呈现小幅上升态势,但2015年开始出现严重下滑,2016年继续2015年的下滑状态。县域经济进出口总额由2012年的2095.25亿美元下滑至2016年的1888.22亿美元,总体减少9.88%.且2016年负增长3.4%,实际外商直接投资总额从2012年的134.25亿美元降低至2015年的85.26亿美元,总降幅达到36%,趋势非常明显,虽2016年出现了小幅度的回升,但其占全省总量的比重自2009年金融危机后持续下跌,跌至近五年来的低点34.91%。

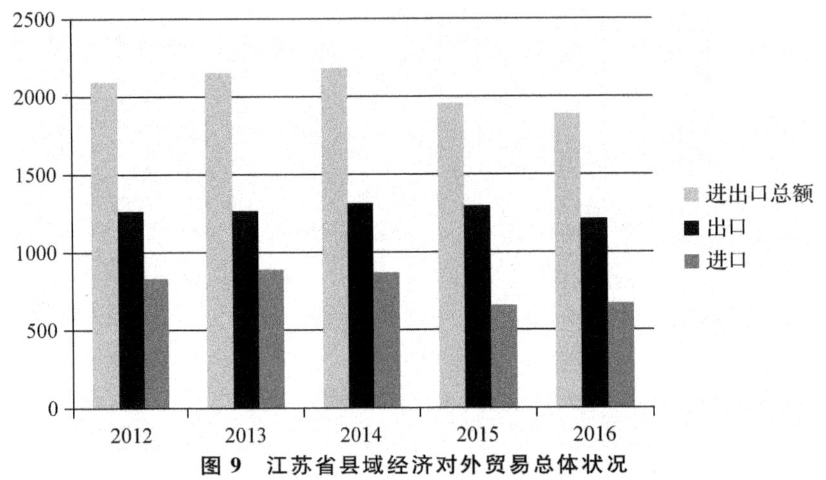

图9 江苏省县域经济对外贸易总体状况

数据来源:历年《江苏统计年鉴》。

注:本表县域经济数据由2016年的41个县(市)相关指标加总计算所得。

从县域经济内部区域来看,苏南县(市)进出口总额2016年达到1586.17亿美元,在全省县域经济进出口总额中占据绝对比重,达到84%。在经历了2009年金融危机的打击后,各区域县(市)在2010年迎来了进出口总额的全面反弹,2010年苏北县(市)进出口总额增速达到48.71%,接近50%。但受近年经济下行压力的影响,自开始2012年苏南、苏中县(市)进出口总额开始呈现负增长,而苏北县(市)的进出口总额增速则保持了相对稳定,2016年进出口累积达到81.42亿美元,占全省县域进出口总额的4.31%。

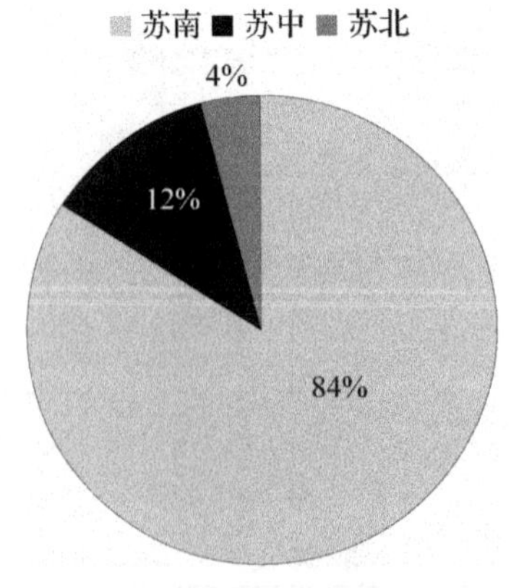

图10 2016年江苏省三大区域进出口总额占比(%)

数据来源:《江苏统计年鉴2017》。

注:本表县域经济数据由2016年的41个县(市)相关指标加总计算所得。

从出口部分来看，三大区域县(市)出口增长与进出口增长趋势相异，2016年苏南县(市)全年出口980.6亿美元，与2015年相比，实现负增长，降幅为9.96%。苏中和苏北地区均有不同程度的提高，其中，苏中升幅较大，为15.89%。

从图11中全省及县域经济实际外商直接投资额及其增速变化情况可以看出，在遭遇金融危机时，2010年全省县域经济实际外商直接投资增速达到最高点10.17%，之后2011年、2012年保持两年7%—8%的增长，但之后开始持续出现负增长，尤其是2014年下降幅度达到21.99%，2015年继续减少，由2011年的117.78亿美元下滑到85.26亿美元，2016年出现了小幅度的增长，达到了85.68亿美元。县域地区吸引FDI逐年下降的原因，既有大环境的影响，也与县域地区的产业结构与全球FDI产业调整相关。苏南地区的县域，以昆山、张家港等市为代表，过去一直通过发展外向型经济，利用加工贸易融入全球价值链而获得成功，但近年来，由于劳动力成本、环境以及全球经济形势的影响，一方面这些地区的传统比较优势不断丧失，而新的竞争优势又尚未确定；另一方面，发达国家不断调整自身的全球战略，纷纷从中国迁移工厂到成本更低的地区，同时，也调整产业上的FDI政策，越来越多地倾向于对服务业的投资。

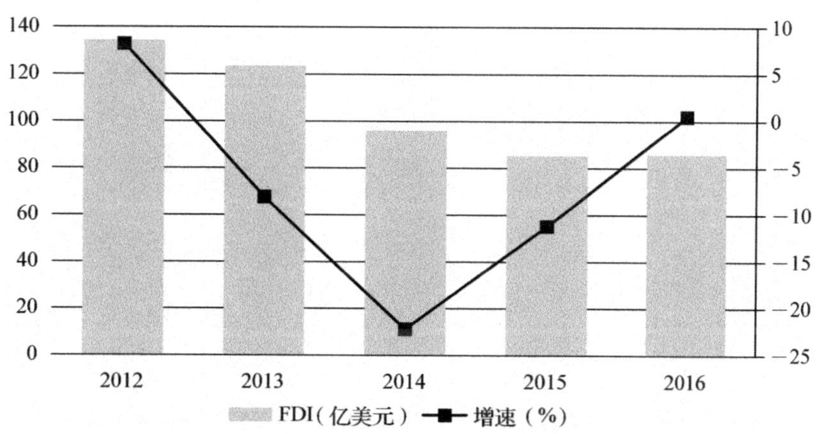

图11　县域经济实际外商直接投资额及增速(亿美元,%)

数据来源：历年《江苏统计年鉴》。

注：本表县域经济数据由41个县(市)相关指标加总计算所得。

从江苏省三大区域县(市)具体情况来看，苏北县(市)虽然从绝对值上显著低于苏南县(市)，但是近五年来，苏北县(市)增速始终高于其他区域。加之苏中县(市)实际外商直接投资总量的持续下降，苏北县(市)于2012年实现了对苏中县(市)实际外商直接投资额的反超，但在2015年又出现了大幅下滑，而2016年与2015年基本持平。2016年苏北县(市)实际外商直接投资额达14.87亿美元，仅比2015年增加了0.05亿美元，重新低于苏中县(市)21.80亿美元。苏南县(市)2016年一反以往的增长趋势，实际外资直接投资额从2015年的51.01亿美元下降到了49.01亿美元，减少了2亿美元，降幅为3.9%。苏中县(市)近年来实际外商直接投资持续低迷，但2016年较2015年实现了增长，为21.80亿美元，增幅达到了12.3%。

表8　2016年江苏省各县(市)对外贸易发展情况

市　县	进出口总额(亿美元)	出口	进口	实际使用外资(亿美元)
江阴市	198.77	119.22	79.55	10.55
宜兴市	37.00	30.17	6.82	1.58
丰　县	1.46	1.26	0.20	0.41
沛　县	3.09	2.94	0.15	1.30
睢宁县	7.52	6.35	1.17	1.11
新沂市	4.58	2.98	1.60	1.00
邳州市	10.32	9.16	1.16	1.83
溧阳市	8.30	7.46	0.85	3.36
常熟市	198.53	133.56	64.97	6.30
张家港市	274.17	142.02	132.14	6.04
昆山市	722.66	463.21	259.44	8.96
太仓市	109.64	54.30	55.34	5.61
海安县	16.55	14.05	2.50	2.96
如东县	25.10	14.51	10.59	2.94
启东市	30.22	26.51	3.71	2.84
如皋市	25.29	20.15	5.13	2.77
海门市	39.14	35.79	3.36	2.40
东海县	4.58	3.68	0.90	0.94
灌云县	2.33	2.03	0.30	0.24
灌南县	2.25	1.70	0.55	0.03
涟水县	3.71	3.30	0.41	1.41
盱眙县	1.88	1.34	0.54	1.20
金湖县	3.47	3.42	0.06	1.20
响水县	4.86	4.70	0.17	0.29
滨海县	3.77	3.08	0.70	0.53
阜宁县	2.77	2.22	0.55	0.12
射阳县	2.84	1.95	0.89	0.45
建湖县	3.03	2.92	0.11	0.55
东台市	7.37	7.07	0.30	0.62
宝应县	10.59	8.43	2.16	0.50
仪征市	10.83	4.64	6.19	1.29

续表

市　　县	进出口总额（亿美元）	出口	进口	实际使用外资（亿美元）
高邮市	4.75	4.33	0.42	0.50
丹阳市	25.44	21.40	4.04	3.22
扬中市	5.73	4.54	1.19	1.18
句容市	5.93	4.71	1.22	2.21
兴化市	5.24	4.90	0.34	1.83
靖江市	27.18	19.36	7.82	0.23
泰兴市	25.75	12.33	13.42	3.53
沭阳县	6.39	5.12	1.26	0.80
泗阳县	3.53	3.43	0.10	0.51
泗洪县	1.66	1.34	0.32	0.33

数据来源：《江苏统计年鉴 2017》。

注：本表县域经济数据由 41 个县(市)相关指标加总计算所得。

五、江苏县域人民生活发展现状

在大力发展县域经济的大背景下，通过深入实施民生幸福工程，扎实推进“六大体系”建设，持续办好各项民生实事，2016 年江苏县域(市)一般公共预算支出达 3614.54 亿元，占全省公共预算财政支出的 36.17%，县域人民群众生活得到明显改善，居民收入、消费支出和储蓄持续增加，居住条件不断提升。

全省县(市)城镇居民人均可支配收入①由 2012 年的 24654.02 元上升到 2016 年的 34338.29 元，增长 39.28%，其中城镇居民人均生活消费支出达到 20838.56 元，五年增速 29.84%，小于收入增速。城镇居民恩格尔系数基本与 2015 年持平，略低于 2015 年 0.3 个百分点，为 31.60%；农村居民人均纯收入在五年间由 12662.4 元增加到 18165 元，增长 43.46%，略高于城镇居民人均可支配收入的增速。农村人均生活消费支出达到 12907 元，农村居民恩格尔系数下降至 31.8%。城镇居民人均住房面积五年间增长了近 7.47 平方米，而相应的农村居民人均住房面积增长仅 4.8 平方米。总体来看，从绝对值增幅上来说，农村地区从县域经济发展中受益更多，农村居民生活水平提高程度更为明显；但从绝对值上来看，虽然城镇居民人均可支配收入与农村居民人均纯收入的比例已由 2010 年的 1.95 缩小至 2016 年的 1.89，但城镇居民人均可支配收入在 2011 年已经突破 20000 元大关，并在 2015 年成功突破 30000 元大关，在 2016 年达到了 34338.29 元，而农村居民人均纯收入也已经在 2014 年突破 10000 元且在 2016 年达到了 18165 元，但城乡差距依旧显著。

① 人民发展现状部分所有指标均由对应县(市)指标经算数平均计算后所得。

表 9　全省县(市)人民生活主要指标

	2012 年	2013 年	2014 年	2015 年	2016 年
城镇居民人均可支配收入(元)	24654.02	26765.28	29236.82	31652.94	34338.29
城镇居民人均生活消费支出(元)	16049.24	16781.52	17991.03	19369.46	20838.56
城镇居民恩格尔系数(%)	35.19	32.64	32.33	31.9	31.6
城镇居民人均住房建筑面积(平方米)	39.53	44.03	45.63	46.34	47
农村居民人均纯收入(元)	12662.4	13835.89	15363.14	16634.42	18165
农村居民人均生活消费支出(元)	8664.27	9543.74	10556.66	11513.89	12907
农村居民恩格尔系数(%)	36.1	33.22	32.81	32.38	31.8
农村居民人均住房面积(平方米)	51	52.46	53.56	54.38	55.8

数据来源:历年《江苏统计年鉴》。
注:本表县域经济数据由 41 个县(市)相关指标加总计算所得。

全省县(市)人民生活状况差异较大,城镇居民人均可支配收入、农村居民人均纯收入排列与县(市)整体经济发展状况接近,但恩格尔系数和住房面积可能还受到其他因素的影响,在一定程度上表现出与经济发展状况的偏离。沛县、昆山市、泰兴市、张家港市、海安县、常熟市、如皋市、江阴市、宜兴市、海门市位列城镇居民恩格尔系数①前十位,与农村居民恩格尔系数前十位有所不同。农村居民恩格尔系数前十名分别为泰兴市、常熟市、张家港市、沛县、昆山市、海门市、扬中市、如东县、江阴市、宜兴市。根据联合国对恩格尔系数标准的界定,全省各区域县(市)都处于恩格尔系数低于30%的富裕水平,事实上 2016 年江苏省排前十的县域(市)城镇居民恩格尔系数都已经低于 30%,略低于发达国家水平。从住房面积来看,城镇住房和农村住房状况存在明显差异,城镇居民人均住房建筑面积与县域经济发展水平并不完全相符,邳州市、张家港市、太仓市、东台市、靖江市、如皋市、扬中市、江阴市、如东县、涟水县排名前十,其中 6 个城市为苏中、苏北县(市),说明城镇居住条件在一定程度上可能受到经济发达县(市)房价的影响,所有县(市)城镇居民人均住房建筑面积极差②达到了 32.5 平方米;农村居民人均住房面积排名与所在县(市)经济发展状况高度相关,太仓市农村居民人均住房面积达到 77.5 平方米,高出末位县(市)40.6 平方米。

表 10　2016 年江苏县域经济人民生活主要指标

市　县	城镇常住居民人均可支配收入(元)	城镇常住居民恩格尔系数(%)	城镇常住居民人均住房建筑面积(平方米)	农村常住居民人均可支配收入(元)	农村常住居民恩格尔系数(%)	农村常住居民人均住房建筑面积(平方米)
江阴市	54631	29.2	54.0	28181	30.1	47.8
宜兴市	46092	29.2	47.5	23709	30.1	71.5
丰　县	22971	30.4	40.9	14026	32.0	48.5
沛　县	27277	27.9	42.8	15791	28.9	47.9

① 恩格尔系数排名与其他指标不同,恩格尔系数越低其排名越靠前。

② 极差为同一指标最大值与最小值之差。

续表

市　县	城镇常住居民人均可支配收入(元)	城镇常住居民恩格尔系数(%)	城镇常住居民人均住房建筑面积(平方米)	农村常住居民人均可支配收入(元)	农村常住居民恩格尔系数(%)	农村常住居民人均住房建筑面积(平方米)
睢宁县	23403	31.8	46.5	13822	32.2	54.4
新沂市	24928	32.7	46.0	14526	33.5	49.1
邳州市	28546	30.5	64.3	15321	30.5	67.3
溧阳市	42063	33.3	39.0	21899	34.6	58.3
常熟市	54411	28.8	50.0	27956	28.0	72.6
张家港市	54602	28.6	60.1	27849	28.3	66.4
昆山市	54728	28.2	36.2	28178	29.2	44.8
太仓市	54099	30.1	57.7	27766	30.6	77.5
海安县	37297	28.7	51.6	17978	31.3	60.7
如东县	37133	34.4	54.0	17119	30.0	60.5
启东市	37390	30.9	45.4	19875	32.2	64.1
如皋市	36590	29.1	55.4	16883	30.9	62.1
海门市	40509	29.3	47.5	20608	29.3	63.0
东海县	27391	34.5	45.5	14487	35.0	56.9
灌云县	22979	34.8	42.5	12969	34.2	41.9
灌南县	24494	34.8	51.8	12430	37.1	54.3
涟水县	25230	32.4	52.1	13372	31.5	62.0
盱眙县	30684	31.4	49.2	14495	32.0	53.2
金湖县	30799	30.5	41.9	15683	31.5	60.6
响水县	25564	31.3	36.2	14299	30.9	48.1
滨海县	26543	32.4	31.8	14931	31.4	43.7
阜宁县	25543	35.3	34.8	15439	33.7	43.8
射阳县	26509	32.3	41.4	16536	35.5	36.9
建湖县	29637	30.9	43.7	17083	34.1	45.8
东台市	32686	32.2	57.6	19727	32.6	58.0
宝应县	26842	33.8	40.3	16856	32.6	50.7
仪征市	36523	32.5	46.3	17516	30.5	66.7
高邮市	31430	31.3	45.3	16952	31.4	45.8
丹阳市	41653	34.0	44.8	21706	30.8	55.6
扬中市	45842	29.5	54.7	23855	29.6	61.2
句容市	40582	30.4	42.3	18893	31.8	49.3
兴化市	33614	29.8	37.4	16915	32.9	51.9
靖江市	39713	29.9	56.7	19605	30.7	74.1
泰兴市	36521	28.6	50.0	17842	20.8	69.0
沭阳县	23933	38.2	45.8	14107	37.5	49.9
泗阳县	23535	34.4	50.7	13952	35.0	46.2
泗洪县	22953	35.8	46.1	13625	37.0	45.7

数据来源:《江苏统计年鉴 2017》。

第二章 江苏县域经济社会发展综合竞争力比较

一、县域经济社会发展综合竞争力评价指标体系

对江苏省县域经济的研究显示，县域经济内部的不同区域和具体县(市)之间存在着显著的差异，不同县(市)在不同指标上的排名也千差万别。单一或者一组指标只能有限的反映县域经济社会发展的某一个或某一些方面，并不能对其进行全面的归纳和概括，这实际上就涉及县(市)社会发展的评价问题。城市竞争力概念兴起于20世纪80年代，90年代末期引入我国并引起了国内学者的广泛讨论。对于县域经济综合竞争力的确切含义，目前学术界尚无公认的统一的观点，但在概念的内涵上有一个普遍的共识，即县域经济综合竞争力是指县域经济主体集聚内外资源的能力，是在县域内市场占有、配置和利用生产要素的能力。为了将城市竞争力进行量化比较，《江苏经济年鉴2015》在总结国内外城市竞争力指标体系的基础上，从波特的国家竞争力评价的“钻石体系”和“价值”理论、城市竞争资本评价、竞争环境三个方面入手建立了江苏县域经济社会发展综合竞争力评价指标体系。本章将沿用该指标体系，并对部分指标计算过程进行微调，这种调整不会对江苏县域经济社会发展综合竞争力评价产生影响。

(一) 江苏县域经济社会发展综合竞争力评价指标体系构建的原则

想要对城市竞争力进行量化比较，必定要通过设计城市竞争力指标体系进行评价。到目前为止，国际上尚无成熟、并被广泛接受的城市竞争力指标体系。海内外学者的研究成果各有其侧重面和特点，为本研究提供了有益的借鉴(表1所示)。总体上来讲，国外城市竞争力评价主要有三套评价体系：一是借鉴了波特的国家竞争力评价的“钻石体系”和“价值链”理论；二是在城市综合评价或者说是在城市竞争资本评价的基础上，结合部分其他影响城市竞争的其他因素来进行城市竞争力的评价；三是结合城市发展新的背景，关注竞争环境(或者竞争过程)与城市竞争力的关系。

表1 国内外代表性城市竞争力评价指标

作　者	主要评价指标
Iain et al. (1999)	生活标准；就业率；生产力；上、下部门趋势及其总体影响；公司特质；商业环境；创新及学习能力
Robert et al. (1999)	环境、气候；生活形态机会；就业、退休；住宅成本与使用能力；健康服务与公共卫生；犯罪/公共安全；运输成本； 教育提供/水平/娱乐；经济/商业景气；艺术/文化多元化
IMD (2010)	经济运行：国内经济、国际贸易、国际投资、就业、消费价格； 政府效率：公共财政；财政政策；体制结构；商业立法；社会结构； 商务效率：生产率；劳动市场；金融服务；管理水平；价值观； 基础设施：基本设施；技术；科研；健康与环境；教育

续表

作　者	主要评价指标
宁越敏等(2001)	综合经济实力:经济总量、经济增长速度、资本实力等; 产业竞争力:产业结构比重、高新技术产业比重、产业结构效益; 企业竞争力:产品市场占有率、企业结构等; 科学技术竞争力:科技队伍、科技投入; 对外、对内开放度:经济的外向度、吸引外资的能力等; 基础设施:能源、通信、对外交通等; 国民素质:文化素质、健康素质、就业情况; 政府作用:调控能力、管理水平; 金融环境:上市公司数量; 环境质量:大气状况、水环境质量等;
倪鹏飞等(2003)	显示性指标体系:城市产品市场占有率、城市国内生产、总值平均增长率、城市劳动生产率、城市居民人均年收入; 解释性指标:1. 硬:劳动力、资本力、科技力、环境力; 2. 软:区位力、聚集力、秩序力、文化力、制度力、管理力开放力;
段樵(2006)	生产因素条件:人力资本、科技实力,创业精神/环境; 既有经济基础、制度基础:企业文化、产业结构; 城市社会经济发展政策、政府管治水平、引资环境; 运营商环境法规、行政、开放、生产条件、劳动; 生活环境设施、环保;
"百强县"社会经济综合发展指数测评指标体系	发展水平指数:经济规模、产业结构、经济发展水平、社会发展水平; 发展活力指数:发展速度、贸易与外资、投资; 发展潜力指数:财政、生产效率、资源环境与基础设施、文化教育;

综观国内外研究,国际竞争主体的关注从国家竞争力、产业、企业竞争力研究转到城市竞争力,主要是因为城市本身重要性的突现。一个有竞争力的城市,无论对所处的国家,还是所载含的企业的竞争力,都有至关重要的作用。国与国之间、企业与企业之间的竞争成败都取决于城市竞争力(仇保兴,2002)。

县域经济社会发展综合竞争力评价指标体系的指标选择固然越全面越好,但由于受到定量研究方法以及指标数据本身的限制,在构建指标体系时应结合研究问题的实际情况,兼顾指标的可采集性,遵循指标选择的一般原则:

1. 科学性原则

指标选择应建立在充分认识、系统研究基础上,设计应简单明了,易理解,考虑数据采集的难易性与可靠性,尽可能选择有代表性的典型指标与重点指标。

2. 系统性原则

城市本身就是一个复杂的系统,城市综合竞争力可以由城市若干个相互作用的子系统综合集成。因此系统性原则要求相应的评价指标体系能够涵盖城市发展的各个方面,充分反映城市综合竞争力系统性特质。需要注意的是,系统性原则不是简单地将指标进行堆积,应该内部有层次划分,可以分为目标层、准则层和指标层等几个层次。处理指标时必须考虑体系内在关联性,不宜采用简单加权给指标赋权,而须采用更准确的方法。

3. 合理性原则

为了全面反映城市综合竞争力高低表现的各个层面,指标结构要合理、主次要分明。然而是实际操作中往往难以把握,受到主观因素的干扰较大,因此合理性原则要求对各种指标的进行取舍,许多指标意义上是相互重复或由主体指标决定的。该原则不是简单追求指标数量,选取指标越多看似全面,实际上由于忽视指标的重复性、相互间关联机理,反而使评价结果失真。

4. 可操作性原则

主要包括两个方面:第一,数据资料的可得性和可比性。有些指标意义很重要,但数据无法通过公开的全国性或区域性的统计资料收集,也无法进行比较。第二,数据的可量化性。选取的指标可以通过数据量化后进行对比,是保证整个指标体系真实、可靠和有效的前提,应尽量减少不可应用指标,避免主观性指标对客观体系的过度干扰。

5. 潜能性原则

潜能性是选择对未来提升城市竞争力起重要作用的指标。这些指标对城市当前经济繁荣、城市发展没有太大因果关系,却有利于城市在未来(10 年或 20 年)集聚更多资源要素。

6. 动态性原则

城市所处的社会、经济、文化、环境等内容都处于不断发展的动态过程中。同时,影响城市竞争力的一些主导因素也会随着时间的变化而变化。这就需要一个动态的指标评价体系能客观反映城市整体竞争力现状与未来趋势,随着研究、统计进一步完善,应充分考虑其动态变化的特点,合理地变动、调整;在一定时期指标体系内容不宜频繁变动,应保持相对稳定。

(二)江苏县域经济社会发展综合竞争力评价指标体系的主要结构

基于县域经济社会发展综合竞争力的内涵和构成要素的分析,在吸收国内外已有研究成果的基础上,根据绝对指标、相对指标或人均指标,并考虑指标之间相关性,以及县域经济社会发展综合竞争力指标体系构建的六大原则,我们从四个方面(县域综合经济竞争力、县域社会发展竞争力、县域经济发展潜力、县域经济发展活力)组成江苏县域经济社会发展综合竞争力指标体系,并构建如图 1 所示的递阶层次结构理论模型。

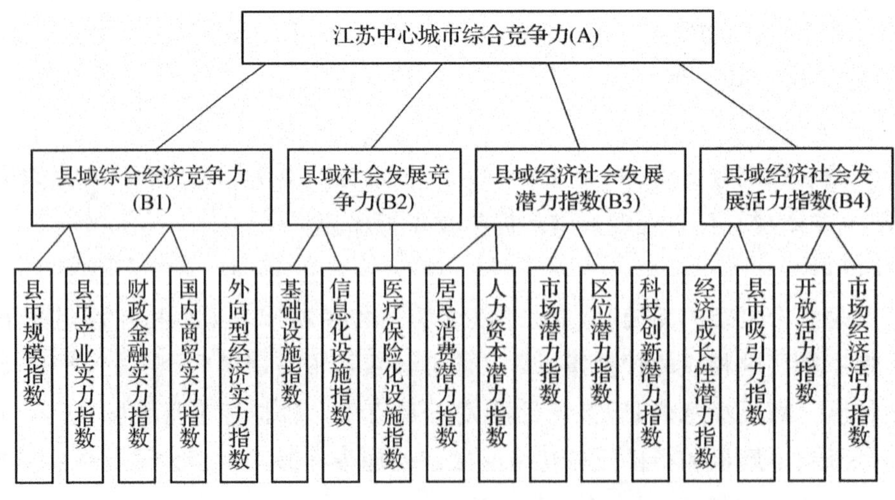

图 1　江苏中心城市综合竞争力评价指标结构图

江苏县域经济社会发展综合竞争力评价指标体系根据县域综合经济竞争力、县域社会发展竞争力、县域经济发展潜力、县域经济发展活力四个一级指标构建了一个递阶层次结构。

1. 县域综合经济竞争力(A)

县域综合经济竞争力主要反映一个县域在宏观经济运行方面的情况，是考量县域综合发展竞争力最重要的方面之一。县域以相应的平台和条件，吸引区外物资、人力、资本、技术、信息、服务等资源要素向区内集聚，通过对各种资源要素的重组、整合来促进和带动相关产业升级和扩充，进而扩大竞争能力，向周边和外界辐射扩张。在资源要素高效、规范、快速、有序的流动中实现价值，再循环往复不断扩大规模和持续增长，从而提升县域竞争力。根据江苏省45个县域经济的经济特点和发展情况，县域综合经济竞争力包括了县域规模实力指数(A_1)、县域产业实力指数(A_2)、财政金融实力指数(A_3)、国内商贸实力指数(A_4)和外向型经济实力指数(A_5)五个二级指标。其中规模实力主要反映当前各县域经济的整体发展水平，描述县域地区的经济总量和经济水平。县域产业发展实力主要反映一个县域经济的整体发展结构及在农业、工业、服务业三个产业上具体的发展情况，可以从产业规模、产业效益指数、产业结构三个方面来分析。财政金融实力指数可以用财政收支、人均财政收支、金融机构存贷款余额等指标来衡量和排序，这些指标在一定程度上可以反映江苏县域财政金融体系的核心功能和辐射功能的强弱。国内商贸实力主要是考察区域内商业规模、商业辐射力和产品集散力，反映了巩固和提升产业在区域的地位，并使本地区企业获得竞争优势的能力。外向型经济实力指数可以反映某个地区对外经济活动的基本情况及其带动国民经济发展的能力，指标的核心内容是进出口贸易和利用外资情况。

表2　江苏县域综合竞争力评价指标体系

一级指标	变量标识	二级指标	变量标识
综合经济竞争力	A	县域规模指数	A_1
		县域产业指数	A_2
		财政金融指数	A_3
		国内商贸指数	A_4
		外向型经济指数	A_5
社会发展竞争力	B	基础设施指数	B_1
		信息化发展指数	B_2
		医疗保健指数	B_3
经济发展潜力	C	居民消费潜力指数	C_1
		人力资本潜力指数	C_2
		市场潜力指数	C_3
		区位潜力指数	C_4
		科技创新潜力指数	C_5
经济发展活力	D	经济成长性活力指数	D_1
		城市吸引力指数	D_2
		开放活力指数	D_3

2. 县域社会发展竞争力(B)

社会发展竞争力是指一个城市以其现有的社会发展比较优势为基础，通过创造良好的城市环境，在资源要素流动过程中形成更强的集聚、吸引和利用各种资源的能力。城市的社会发展状况，表现为城市本身对其居民的影响，包括居民就业、收入、消费行为、养老保障，等等。因此城市社会发展竞争力主要反映城市居民的物质生活水平、社会生活参与程度以及城市社会秩序的安定程度。它所涉及的内容具体有社会结构、人民生活、科技教育、社会保障、医疗卫生和社会秩序等方面,并把消除贫困、公平分配、大众参与和生态保护、社会稳定、可持续发展等多种社会价值作为发展目标。根据江苏省45个县域城市的社会特点和发展情况,社会发展竞争力包括基础设施指数(B_1)、信息化发展指数(B_2)、医疗保健指数(B_3)三个二级指标。

3. 县域经济发展潜力(C)

社会经济发展是一项涉及人、自然、社会等多要素的复合系统工程,陈石俊等(2003)认为经济发展潜力是指稀缺要素得到正常利用时的地区产出能力,而这种能力主要取决于需求的潜力、生产要素的供给和成本等(袁晓龙,2003)。李善同等(2003)从经济增长的潜在动力出发,在对改革开放以来我国经济增长进行核算的基础上,从未来资本投入、生产率和劳动力供给的变动趋势,分析了经济增长潜力和前景。自然资源和自然条件的差异是城市分工和城市竞争的基础。根据江苏省45个县级市的社会特点和经济发展情况,社会经济发展潜力包括了居民消费潜力指数(C_1)、人力资本潜力指数(C_2)、市场潜力指数(C_3)、区位潜力指数(C_4)和科技创新潜力指数(C_5)五个二级指标。其中居民消费潜力指数主要衡量随着居民人均收入的不断上升以及国家医疗、教育等社会保障的根据,预期在未来会不断释放。一个城市的人力规模、人力结构、人力素质、人力资本投入及人力供求关系直接地影响城市的未来发展。市场潜力与经济活动之间的空间关联,印证了产地—市场空间联系和市场通达性是影响经济区位选择和区域经济格局形成的重要因素之一。良好的区位优势对于城市的发展具有较强的拉动力,使其能够减少贸易成本、受到中心经济城市的辐射等,从而获得先天的竞争优势。科技创新潜力指数反映了区域科技创新活动的发展态势和未来科技实力。

4. 县域经济发展活力(D)

“经济活力与可持续发展组织”将经济活力定义为:一个地区的经济竞争能力、适应能力,以及对私人企业和公共企业的吸引能力;具有经济活力的地区能够为居民提供满意的就业等经济活动以及长期可持续性的生活质量。本研究认为,县域经济社会发展活力是一个动态概念,随时间的变化而不断变化。根据江苏省45个县级市的社会特点和经济发展情况,社会经济发展活力指数包括了经济成长性活力指数(D_1)、城市吸引力指数(D_2)、开放活力指数(D_3)三个二级指标。其中,经济增长活力指数着眼于未来,从动态角度对城市经济活力进行阐释。一个具有活力的城市应该具有较强的吸引力,能够吸引人力和资本等生产要素,城市吸引力指数和开放活力指数主要反映了活力城市对劳动力和外资的吸引。

(三)江苏县域经济社会发展综合竞争力评价指标体系的指标选取

1. 三级指标的构建

构建的江苏县域经济社会发展综合竞争力评价指标体系中的二级指标对一级指标所涉及问题的具体方面进行了细分,但可以发现,这些二级指标大都是一种主观的指数型指标,难以进行量化,因此需要在此基础上对二级指标进行进一步量化处理。本研究从各二级指标的特征出发,根据各指标的复杂程度,采用数量不等的可量化的三级指标对其进行全面的描述,具体三级指标如表3所示。

表 3　江苏县域经济社会发展综合竞争力评价指标体系三级指标

二级指标	三级指标	变量标识	单　位
县域规模指数(A_1)	年末常住人口	A_{101}	万人
	GDP	A_{102}	亿元
	人均 GDP	A_{103}	元
	经济密度	A_{104}	万元/平方公里
县域产业指数(A_2)	第二产业增加值占 GDP 比重	A_{201}	%
	服务业增加值占 GDP 比重	A_{202}	%
	第二产业劳动生产率	A_{203}	万元/人
	第三产业劳动生产率	A_{204}	万元/人
	规模以上工业企业数	A_{205}	家
	主营业务收入	A_{206}	亿元
	工业总产值	A_{207}	亿元
	单位产值利税率	A_{208}	%
	单位产值利润率	A_{209}	%
	负债率	A_{210}	%
	总资产贡献率	A_{211}	%
财政金融指数(A_3)	财政一般预算收入	A_{301}	亿元
	财政一般预算支出	A_{302}	亿元
	财政收入占 GDP 比重	A_{303}	%
	人均财政一般预算收入	A_{304}	元
	人均财政一般预算支出	A_{305}	元
	金融机构年末储蓄总余额	A_{306}	亿元
	金融机构年末贷款总余额	A_{307}	亿元
	人均年末储蓄额	A_{308}	元
	人均财政一般收入增长率	A_{309}	%
	人均年末储蓄额增长率	A_{310}	%
国内商贸指数(A_4)	批发零售贸易业商品销售总额	A_{401}	亿元
	社会消费品零售额	A_{402}	亿元
	人均批发零售贸易业商品销售额	A_{403}	元
	人均社会消费品零售额	A_{404}	元
	社会批发零售贸易业商品销售额增长率	A_{405}	%
	社会消费品零售额增长率	A_{406}	%
外向型经济指数(A_5)	进出口总额	A_{501}	亿美元
	出口总额	A_{502}	亿美元
	出口总额增长率	A_{503}	%
	实际利用外资金额	A_{504}	亿美元
	实际利用外资金额增长率	A_{505}	%
	外资企业工业总产出	A_{506}	亿元
	外资企业工业总产出占比	A_{507}	%
基础设施指数(B_1)	固定资产投资总额	B_{101}	亿元
	房地产开发投资额	B_{102}	亿元
	新增固定资产	B_{103}	亿元
	住宅占房地产开发投资比重	B_{104}	%
	城镇居民人均住房建筑面积	B_{105}	平方米
	农村居民人均住房面积	B_{106}	平方米

续表

二级指标	三级指标	变量标识	单　位
基础设施指数(B_1)	公里里程	B_{107}	公里
	人均公路里程	B_{108}	公里/万人
	等级公路里程	B_{109}	公里
	等级公里里程占比	B_{110}	%
	地区客运总量	B_{111}	万人次
	地区货运总量	B_{112}	万吨
	民用汽车拥有量	B_{113}	万辆
	人均私人汽车拥有量	B_{114}	辆/万人
信息化发展指数(B_2)	邮电业务总量	B_{201}	亿元
	人均邮电业务消费量	B_{202}	元
	固定电话用户普及率	B_{203}	%
	移动电话普及率	B_{204}	%
	国际互联网普及率	B_{205}	%
医疗保健指数(B_3)	卫生机构数	B_{301}	个
	卫生机构床位数	B_{302}	张
	每万人拥有卫生技术人员数	B_{303}	人
	每万人拥有医生数	B_{304}	人
	每万人拥有医院病床数	B_{305}	张
居民消费潜力指数(C_1)	城镇居民人均可支配收入	C_{101}	元
	城镇居民人均消费支出	C_{102}	元
	城镇居民人均消费支出年均增长率	C_{103}	%
	城镇居民恩格尔系数	C_{104}	%
	农村居民人均纯收入	C_{105}	元
	农村居民人均消费支出	C_{106}	元
	农村居民人均消费支出年均增长率	C_{107}	%
	农村居民恩格尔系数	C_{108}	%
人力资本潜力指数(C_2)	在校学生总数	C_{201}	万人
	每万人在校学生数	C_{202}	人
	专职教师人数	C_{203}	人
	每万人专职教师人数	C_{204}	人
	师生比	C_{205}	%
	公共图书馆藏书册	C_{206}	千册
	每百人图书馆藏书量	C_{207}	册
市场潜力指数(C_3)	所在地级市 GDP	C_{301}	亿元
	所在地级市人均 GDP	C_{302}	元
	所在区域① GDP	C_{303}	亿元
	所在区域人均 GDP	C_{304}	元
区位潜力指数(C_4)	自然区位优势度	C_{401}	——
	交通区位优势度	C_{402}	——
	文化区位优势度	C_{403}	——
	经济区位优势度	C_{404}	——
	政治区位优势度	C_{405}	——

① 这里的区域是指苏南、苏中、苏北。

续表

二级指标	三级指标	变量标识	单　位
科技创新潜力指数(C_5)	专利申请受理量	C_{501}	件
	专利申请授权量	C_{502}	件
经济增长活力指数(D_1)	GDP 年均增长率	D_{101}	%
	财政收入年均增长率	D_{102}	%
	人均 GDP 年均增长率	D_{103}	%
	人均财政收入年均增长率	D_{104}	%
	人均社会消费品零售额年均增长率	D_{105}	%
县域吸引力指数(D_2)	常住人口指数	D_{201}	%
	人口密度	D_{202}	人/平方公里
开放活力指数(D_3)	外贸依存度	D_{301}	%
	FDI 占 GDP 比重	D_{302}	%
	FDI 年均增长率	D_{303}	%

2. 部分三级指标计算方法

在设置的三级指标中可以发现，该级指标由定性指标和定量指标两部分构成，其中除了包含在区位潜力指数(C_4)中的自然区位优势度(C_{401})、交通区位优势度(C_{402})、文化区位优势度(C_{403})、经济区位优势度(C_{404})和政治区位优势度(C_{405})五个定性指标外，其余均为定量指标。定性指标采用专家打分法获取，并使用德尔菲法使指标得分更为可信。专家们根据自己的知识经验对江苏 44 个县(市)在 5 个定性指标上的表现进行排序，并给出各自的排序依据，研究者汇总排序依据后，将这些信息反馈给专家们，让他们以此作为参照调整各自的排序结果，以第二次的排序结果作为最终统计值。最后将每个指标排名第一位的县域赋值为 100 分，以 2.2 分为公差，对排序统计值进行分数换算，依次递减，指标排名第 44 位的县域得分为最低值 3.2 分，各县(市)最终得分为专家打分的均值。定量指标中的大多数县域可以从相关资料中直接查询得到，部分数据需要进行简单计算。具体包括：

表 4　江苏县域经济社会发展综合竞争力评价指标体系部分三级指标计算方法

三级指标	变量标识	计算方法
经济密度	A_{104}	GDP * 10000/土地面积
第二产业增加值占 GDP 比重	A_{201}	第二产业增加值/GDP * 100
服务业增加值占 GDP 比重	A_{202}	第三产业增加值/GDP * 100
第二产业劳动生产率	A_{203}	第二产业增加值/第二产业从业人员数
第三产业劳动生产率	A_{204}	第三产业增加值/第三产业从业人员数
单位产值利税率	A_{208}	利税总额/工业总产值 * 100
单位产值利润率	A_{209}	利润总额/工业总产值 * 100
负债率	A_{210}	资产总额/负债总额 * 100
总资产贡献率	A_{211}	(利润总额＋利税总额＋利息支出)/资产总额 * 100
财政收入占 GDP 比重	A_{303}	财政一般收入/GDP * 100
人均财政一般收入增长率	A_{309}	(当年人均财政一般收入/上一年人均财政一般收入－1) * 100

续表

三级指标	变量标识	计算方法
人均年末储蓄额增长率	A_{310}	(当年人均年末储蓄额/上一年人均年末储蓄额－1)＊100
社会批发零售贸易业商品销售额增长率	A_{405}	(当年社会批发零售贸易业商品销售额/上一年社会批发零售贸易业商品销售额－1)＊100
社会消费品零售额增长率	A_{406}	(当年社会消费品销售额/上一年社会消费品销售额－1)＊100
出口总额增长率	A_{504}	(当年出口额/上一年出口额－1)＊100
实际利用外资金额增长率	A_{506}	(当年实际利用外资金额/上一年实际利用外资金额－1)＊100
外资企业工业总产出占比	A_{508}	外资企业总产出/工业总产出＊100
住宅占房地产开发投资比重	B_{104}	住宅开发投资/房地产开发投资额＊100
人均公路里程	B_{108}	公路里程/年末常住人口
等级公路里程占比	B_{110}	等级公路里程/公路里程＊100
人均私人汽车拥有量	B_{114}	私人汽车＊10000/年末常住人口
人均邮电业务消费量	B_{202}	邮电业务总量＊10000/年末常住人口
固定电话用户普及率	B_{203}	本地电话用户/本地户籍数＊100
移动电话普及率	B_{204}	移动电话用户/本地户籍数＊100
国际互联网普及率	B_{205}	国际互联网用户数/本地户籍数＊100
每万人拥有卫生技术人员数	B_{303}	卫生技术人员数/年末常住人口
每万人拥有医生数	B_{304}	执业(助理)医师/年末常住人口
每万人拥有医院病床数	B_{305}	卫生机构床位数/年末常住人口
每万人在校学生数	C_{202}	在校学生总数/年末常住人口
每万人专职教师人数	C_{204}	专任教师总数/年末常住人口
师生比	C_{205}	专任教师总数/在校学生总数＊100
每百人图书馆藏书量	C_{207}	公共图书馆图书藏量＊10/年末常住人口
GDP 年均增长率	D_{101}	2010—2014 年 GDP 增长率算数平均值
财政收入年均增长率	D_{102}	2010—2014 年财政一般收入增长率算数平均值
人均 GDP 年均增长率	D_{103}	2010—2014 年人均 GDP 增长率算数平均值
人均财政收入年均增长率	D_{104}	2010—2014 年人均财政一般收入增长率算数平均值
人均社会消费品零售额年均增长率	D_{105}	2010—2014 年人均社会消费品零售额增长率算数平均值
常住人口指数	D_{201}	年末常住人口/年末户籍人口＊100
人口密度	D_{202}	年末常住人口＊10000/土地面积
FDI 占 GDP 比重	D_{302}	实际外商直接投资/GDP＊100
FDI 年均增长率	D_{303}	2010—2014 年实际外商直接投资增长率算数平均值

注:年末常住人口从 2010 年起开始统计,在计算年均增长率时所涉及的之前年份的人均指标计算均使用年末户籍人口。

（四）数据采集与处理

江苏县域经济社会发展综合竞争力评价中所涉及的指标以 2014 年数据为主，数据主要来源于历年《江苏统计年鉴》《江苏高新技术产业发展公报》江苏省 44 个县（市）政府官方网站发布的历年《政府工作报告》《国民经济和社会发展统计公报》等官方资料，具有较高的可信度和权威性。由于县域经济社会发展综合竞争力各项指标数据的量纲不同，因此，需要对这些指标进行综合统计分析。为了消除因量纲不同的评价指标数据对评估结果的影响，一般在完成数据的采集工作后，还需要对原始数据进行无量纲化处理。本文采用标准化处理方法，具体包含两个步骤：

首先，对原始数据资料进行指数化处理，计算公式如下：$X_i = \frac{x_i}{\max(x)}$。其中，$X_i$ 是指数，x_i 是原始数据资料值，$\max(x)$ 是该指标中所有样本城市中原始数据资料值最大值。

其次，对指数化后的指标值进行标准化处理，计算公式如下：$W_i = \frac{X_i - \overline{X_i}}{\sigma(X_i)}$。其中，$W_i$ 是标准化后的指标值，X_i 是指数化后的数值，$\overline{X_i}$ 为该指标指数化后的平均值，$\sigma(X_i)$ 为该项指标指数化后的标准差。每一项指数经过标准化处理后的均值为 0，方差为 1。

主成分分析法（principal component analysis）原用于处理多维随机变量在线性变换下的分量相关问题，其方式是通过求协方差或者相关系数矩阵的特征值与特征根运算，按所要求的贡献率求出集中原理随机变量主要信息的、相互无关的主成分，是处理多维数据间相关问题的有力工具。主成分分析能将高维空间的问题转化到低维空间去处理，使问题变得比较简单、直观，而且这些较少的综合指标之间互不相关，又能提供原有指标的绝大部分信息。而且，伴随主成分分析的过程，将会自动生成各主成分的权重，这就在很大程度上抵制了在评价过程中人为因素的干扰，因此以主成分为基础的综合评价理论能够较好地保证评价结果的客观性，如实地反映实际问题。本研究采用现阶段学术界对城市竞争力评价普遍通行的数学处理方式，即主成分分析方法来进行数据的处理并最终求得评价结果。首先对第三级指标进行指数化和标准化处理，在此基础上进行主成分分析，并将主成分分析结果根据因子载荷进行加权和标准化处理得到二级指标数值，从而体现评价分项竞争力所选的视角。最后基于二级指标得分再次使用主成分分析，得到县域经济社会发展综合竞争力得分，以此评价县域整体发展状况。

二、江苏县域经济社会发展综合竞争力分析

本研究从四个二级指标的角度出发，逐一进行主成分分析，具体分析步骤为：第一步，从相关资料中找出相应数据并进行必要的计算，建立其江苏省各县（市）的三级指标的初始数据矩阵；第二步，对初始数据矩阵进行指数化及标准化处理，得到待分析数据矩阵；第三步，对待分析数据矩阵进行 KMO 和 Bartlett 球形度检验，如相应的 KMO 值大于 0.70 且 Bartlett 统计值不大于 Cronbach's Alpha 值，则表示二级指标对应的三级指标具有较好的信度和效度，能够进行因子分析；第四步，经主成分分析，提取累计方差贡献率超过 80%的公因子，同时根据旋转后的因子载荷进行加权和指数化处理得出各县域的因子得分；最后，根据四个二级指标的因子得分进一步进行主成分分析，综

合得到江苏县域经济社会发展综合竞争力的因子得分，并进行相应分析。

经济社会发展综合竞争力是一个综合概念，是城市竞争力的显性表示，能够显示一个城市好多快省创造财富的能力。经济社会发展综合竞争力排名先后，意味着城市在市场占有率、经济增长率、综合生产力、社会发展、教育科技等方面表现的好坏。表5是根据综合经济竞争力、社会发展竞争力、经济发展潜力、经济发展活力四个二级指标经主成分分析综合得到的江苏县域经济社会发展综合竞争力得分及排名情况。

表5　江苏县域经济社会发展综合竞争力15强比较

排名	经济社会发展综合竞争力	排名	经济社会发展综合竞争力	排名	经济社会发展综合竞争力	排名	经济社会发展综合竞争力
1	昆山市	5	太仓市	9	宜兴市	13	海安县
2	江阴市	6	靖江市	10	溧阳市	14	泰兴市
3	张家港市	7	丹阳市	11	启东市	15	邳州市
4	常熟市	8	海门市	12	扬中市		

2016年江苏县域经济社会发展综合竞争力综合排名前五位的县市是昆山市、江阴市、张家港市、常熟市和太仓市。排名6—10名的依次是靖江市、丹阳市、海安县、宜兴市和溧阳市。11—15名的县(市)依次是句容市、扬中市、启东市、海安县和泰兴市。对15强的分析可以看出：第一，苏州和无锡的所有县(市)虽然综合竞争力排名出现了微调，但依旧占据前列。昆山市、江阴市、张家港市位列前三甲。最具综合竞争力的前10名县(市)苏南地区占据8席，比2015年增加一位。第二，苏南地区其他县(市)虽然相比于苏州和无锡存在一定的差异，但也表现出了较强的实力。镇江市的丹阳市、扬中市位列第7位和第12位，但与2015年相比，两市均前进一位。常州市的溧阳市列县域综合竞争力第10位，比2015年上升三个位次。至此，苏南地区所有县(市)均进入县域综合竞争力15强行列。第三，南通地区凭借其优越的地理位置，受益于江苏沿江和沿海大开发战略，其县(市)竞争力表现依旧抢眼，海安县、海门市、启东市、泰兴市均进入前十五位。苏北地区唯一进入前十五强的是徐州地区的邳州市。

从江苏县域经济社会发展综合竞争力后15弱来看，综合竞争力最弱的10个县(市)依次为：灌云县、滨海县、涟水县、阜宁县、睢宁县、泗阳县、射阳县、泗洪县、灌南县和丰县。其中连云港地区2个县(市)、徐州地区2个县(市)、盐城地区3个县(市)、宿迁地区2个县(市)、淮安地区1个县(市)。

从苏南、苏中、苏北三大区域来看，县(市)综合竞争力呈现典型的由高到低的“梯度”分布。苏南地区全部10个县(市)，综合竞争力排名最低的句容市，排名第18位，与2015相比，上升6个位次，其余县(市)均在前十位上下。苏中地区的南通五县(市)综合竞争力排名均位于第8—16位的区间内，相比于去年有所提升，其中海安市位次最高位于第8位，而如东县排名最低，只有17位。泰州地区的县(市)综合竞争力存在较大差距，靖江市整体发展较好，2016年综合竞争力排名第6位，比去年上升1个名次，兴化市在泰州地区相对排名较低，在综合竞争力排名中位居第19位，与2015年相比下滑2个名次，地区整体综合竞争力呈现逐步提高的状态。扬州地区县(市)总体竞争力不如苏中其他区域，排名最高的仪征市位列第21位，最低的宝应县位列第31位。苏北地区中综合竞争力排名最靠前的县(市)为邳州市、东台市、建湖县和新沂市，排名全省第15、17、21和24位。

从具体地区来看，徐州地区、盐城地区的县(市)综合竞争力总体排名较高，宿迁、连云港和淮安地区县(市)综合竞争力整体水平相近，都处于全省末端。

三、江苏县域经济社会发展各分项竞争力分析

(一) 综合经济竞争力分析

经济规模实力指数主要考察各县市经济发展的规模，从人口、GDP、人均 GDP 和经济地理(GDP/国土面积)等四个方面进行测算。2016 年，苏南地区有 4 个县的 GDP 超过了 2000 亿元，分别为昆山、江阴、张家港和常熟，堪称是“苏南四小龙”。其实早在 2014 年，昆山市就完成地区生产总值 3001 亿元，成为全国首个 GDP 超过 3000 亿元的县级市。作为一个县级市，其经济总量曾一度逼近副省级城市厦门。不过由于近年来进入经济转型期，昆山的追赶步伐才有所放缓。2016 年，昆山市实现地区生产总值 3160.29 亿元，按可比价计算，比上年增长 7.4%，荣获中小城市综合实力百强县、最具投资潜力百强县两个第一，实现福布斯中国大陆最佳县级城市“八连冠”。江阴市紧随其后，实现地区生产总值 3083.26 亿元，按可比价格计算，比上年同期增长 7.4%。昆山市、张家港市、江阴市、太仓市、常熟市、扬中市、丹阳市、宜兴市、海门市、靖江市、溧阳市人均 GDP 突破 10 万元大关，其中溧阳市是首次达到。排名最高的是昆山市，为 191056 元，排名第二的江阴市(188101 元)与张家港市(184747 元)比较接近，之后依次是太仓市、扬中市、常熟市、靖江市、丹阳市、海门市和宜兴市。从县域规模指数上来看，昆山市、江阴市、张家港市、常熟市、太仓市位列前五，这一排名与 2015 年相比并不变化。宜兴市、丹阳市、扬中市、海门市、靖江市排名第 6—10 位。除靖江市、海门市属于苏中地区外，其余县(市)均属于苏南地区。苏北地区的邳州市、新沂市、睢宁县、沐阳县、东台市排名较为靠前，在 12—28 名之间。其中，邳州市完成地区生产总值 804.14 亿元，按可比价格计算，比上年增长 8.7%，在 41 个县市中排名第 12。苏北地区的东台市 2016 年完成地区生产总值 727.01 亿元，排名第 18 位，紧随其后的是沭阳县，2016 年实现地区生产总值 697.31 亿元。金湖县、响水县、灌南县、灌云县、盱眙县、涟水县、滨海县、阜宁县、泗洪县和泗阳县排名后十位。其中，金湖县位列最后一名，其 GDP 总量只有 241.88 万亿元。人均 GDP 排名最低的是灌云县，只有 40926 元。

江苏县域产业指数是县(市)产业经济发展的竞争力表现，主要是指产业结构、产业绩效和产业环节的技术含量和知识水平，表现为制造业、服务业的比重以及工业经济的产出规模、经济效益等。2016 年，服务业增加值占 GDP 比重最高的县(市)依次是金湖县(49.0%)、靖江市(48.3%)、兴化市(47.6%)、建湖县(47.6%)，比重最低的为泗阳县，仅有 36.2%。

常熟市是苏南县(市)中服务业发展较发达的地区，2015 年实现增加值 987.2 亿元，按可比价计算同比增长 8.9%，比全市 GDP 增速高 1.4 个百分点，分别比一产和二产增加值增速高 9.0 个和 2.4 个百分点。昆山市、江阴市和张家港市是全省第二产业劳动生产率排名前三的县(市)，其劳动生产率为末位县(市)的近 8 倍多。全省第三产业劳动生产率中昆山市、张家港市、江阴市排名前三，排名最高的昆山市第三产业劳动生产率是排名末位的灌云县的近 7 倍。从县域产业指数上来

看,昆山市、江阴市、张家港市相应得分排名前三位,与县域规模指数排名一致,常熟市、太仓市、宜兴市、丹阳市和扬中市紧随其后。海门市是 2016 年苏中地区产业总体竞争力最强的县(市),县域产业指数前十强中的苏中县市还包括靖江市,其余县(市)均来自于苏南地区。苏北地区邳州市县域产业指数得分最高,在 41 个县(市)中排名第 19 位,成为苏北产业领头羊。2016 年,邳州市完成工业总产值 2592.57 亿元,比上年增长 16.5%,第二和第三产业劳动生产率在苏北地区均处于领先位置。泗洪县、射阳县、滨海县、丰县、阜宁县、灌南县、灌云县、涟水县、泗阳县和金湖县处于县域产业指数得分末十位。

江苏县域财政金融指数是县(市)财政金融发展的竞争力表现,体现了各县(市)的资本流动状况和政府的财政收支情况。主要以人均财政收入、人均财政支出、金融机构存贷款于额为主要指标等。2016 年,全省 41 个县市中一般公共预算收入超过 200 亿元的县(市)是昆山市和江阴市,分别达到 318.92 亿元和 229.91 亿元。超过 100 亿元的有三个县市,依次是张家港市 190.58 亿元、常熟市 173.58 亿元、太仓市 127.71 亿元和宜兴市 108.65 亿元。全省公共财政预算收入最低的县市是灌云县,只有 21.52 亿元。人均公共财政预算收入最高的是昆山市,达到 19280 元,超过 10000 元的还有太仓市(17969 元)、张家港(15148 元)、江阴市(14026 元)和常熟市(11485),而最低的东海县人均财政一般预算收入只有 2340 元。2016 年全省县(市)财政金融指数如表 7 所示,前 10 位县(市)中有 7 个均来自苏南地区,分别为昆山市、江阴市、张家港市、常熟市、宜兴市,排名第 1—5 位,第 6 位县(市)为苏北地区的邳州市,第 7—9 位县(市)为海门市、启东市均来自于苏中地区,太仓市位于第 8 位,排在第 10 位的是镇江地区的丹阳市。建湖县财政金融指数得分位列苏北地区首位,在全省排名第 17 位,这主要是由建湖县较高的财政和储蓄规模和增长速度所支撑的。泗洪县、宝应县、盱眙县、涟水县、响水县、灌南县、灌云县、滨海县、东海县和射阳县排名全省县(市)财政金融指数末十位。

国内商贸指数主要是考察区域内商业规模、商业辐射力和产品集散力,反映了巩固和提升产业在区域的地区并使本地区企业获得竞争优势的能力,主要指标包括社会零售品总额、人均社会零售品额以及近三年来的增速等。2016 年,江苏 41 个县(市)中社会消费品零售额最高的县(市)为昆山市,达到 815.04 亿元,突破 500 亿元的县市还包括江阴市(776.05 亿元)常熟市(740.78 亿元)、宜兴市(556.37 亿元)和张家港市(535.16 亿元)。位于苏中南通地区的海门市、如皋市、启东市、如东县的社会消费零售总额也很高,排在第 6—9 位。传统的苏、锡地区七强县(市)中太仓市的社会消费品零售总额只有 287.31.亿元,跌出前 10 位,列第 12 位,但其人均社会消费品零售额排在第 4 位。2016 年响水县社会消费品零售总额在江苏所有县市中排名最靠后,只有 66.52 亿元,只相当于昆山市的九分之一,远低于苏南县(市)水平。金湖县和灌南县的社会消费品零售总额也都低于 100 亿元,均未超过 100 亿元,排名靠后。江苏县域国内商贸指数得分与排名情况如表 7 所示,可以看出,昆山市、江阴市和常熟市排在前三甲,之后依次是宜兴市、张家港市、邳州市、海门市、太仓市、如东市和启东市。苏北地区的邳州市排名较为靠前,原因在于邳州市是苏北大县级市,人口较多,因此社会零售总额排名较为靠前。苏中地区的仪征市国内商贸指数得分排名最后一位,不仅因为其社会零售总额较低,只有 109.75 亿元,排在 41 个县(市)的第 36 位,也是因为仪征市是所有县(市)唯一一个近三年来平均增速为负的地区。涟水县、仪征市、响水县、盱眙县、滨海县、灌云县、泗阳县、金湖县、泗洪县和响水县排名全省县(市)末十位。

外向型经济是江苏省整体经济发展的立足之本，但从省域经济内部来看，江苏省外向型经济存在较为明显的区域差异。而外向型经济指数就是能够反映出县(市)的进出口贸易情况和对 FDI 的吸引力。2016 年江苏 41 个县市中，昆山市进出口总额达到 722.66 亿美元，比 2015 年减少近 110 亿美元，但依旧比排名第二位的张家港市多出 448.5 亿美元，遥遥领先于其他县(市)。滨海县、盱眙县、灌云县、丰县、阜宁县、射阳县、灌南县、东海县、沛县和金湖县位列全省县(市)出口总额末十位，其中盱眙县、丰县、阜宁县、射阳县出口总额不足 2 亿美元，仅为昆山市出口总额的 1/280。从总体来看，昆山市外向型经济得分排名第一，显示了超强的外向型经济发展实力。张家港市、常熟市、江阴市、太仓市、海门市、如皋市、泰兴市、宜兴市和靖江市排名第 2—10 位。东海县、新沂市、灌南县、泗洪县、射阳县、盱眙县、阜宁县、建湖县、灌云县和滨海县位列末十位。

表 7　江苏县域综合经济竞争力各项指标前十强县(市)名单

排名	县域规模指数	排名	县域产业指数	排名	财政金融指数	排名	国内商贸指数	排名	外向型经济指数	排名	综合经济竞争力
1	昆山市	1	昆山市	1	昆山市	1	昆山市	1	昆山市	1	昆山市
2	江阴市	2	江阴市	2	江阴市	2	江阴市	2	张家港市	2	江阴市
3	张家港市	3	张家港市	3	张家港市	3	常熟市	3	常熟市	3	张家港市
4	常熟市	4	常熟市	4	常熟市	4	宜兴市	4	江阴市	4	常熟市
5	太仓市	5	太仓市	5	宜兴市	5	张家港市	5	太仓市	5	宜兴市
6	宜兴市	6	宜兴市	6	邳州市	6	邳州市	6	海门市	6	太仓市
7	丹阳市	7	丹阳市	7	海门市	7	海门市	7	如皋市	7	海门市
8	海门市	8	扬中市	8	太仓市	8	太仓市	8	泰兴市	8	丹阳市
9	靖江市	9	海门市	9	启东市	9	如东市	9	宜兴市	9	启东市
10	启东市	10	靖江市	10	丹阳市	10	启东市	10	靖江市	10	靖江市

(二) 社会发展竞争力分析

基础设施是城市经济、社会活动的基本载体，属于城市的不可移动要素。基础设施的规模、类型、水平直接影响着城市产业的发展和价值体系的形成。基础设施的状况影响城市的生产成本和竞争力，其中又以技术性基础设施更关键，因为技术性基础设施可以帮助城市吸引和培育高技术高附加值的产业。本报告主要从固定资产投资(包括房地产开放投资)和交通设施(公路里程、客/货运量)等方面来设计基础设施竞争力指数。2016 年，江阴市固定资产投资总额达到 1133.03 亿元，是全省 41 个县(市)中唯一一个固定资产投资超 1000 亿元的地区。邳州市、昆山市、张家港市和泰兴市分别以 763.12 亿元、757.42 亿元、724.77 亿元和 687.46 亿元排名 2—5 位。金湖县排名全省县(市)固定投资规模末位，且投资总额只有 195.54 亿元。江苏交通基础设施建设相对完善，公路路网密集度和总里程数均达到较高层次。2016 年，启东市公路里程数达到 3595 公里，另外沭阳县、常熟市、如皋市、东台市、邳州市公路里程数均超过 3000 公里；扬中市公路里程数仅为 1031 公里，远低于其他县(市)，18 个县(市)的等级公路占比达到 100%。基础设施竞争力得分与排名的情况如表 8 所示,江阴市、昆山市、张家港市位列前三,其中,昆山市与 2015 年相比,进步了两位。常熟市、宜兴市、太仓市、泰兴市、邳州市、靖江市和海门市分别占据了十强的其他席位。南通地区的海门市、如皋市、如东市、启东市都排在前二十强,究其原因主要由于优越的地理位置和沿江、沿海大开发战略,南通地区在公路、港口等各方面的基础设施建设上都有较大投入,外向型经济发展较好。射阳县、丰县、灌云县、阜宁县、灌南县、响水县、建湖县和东海县排名全省县(市)基础设施竞争力末十位。宝应县、高邮市和扬中市持续受地理位置和其他层面发展战略影响,公路铁路交通发展较为受限,基础设施竞争力排名一直靠后。

在经济全球化和社会信息化的大趋势下,信息化建设已经成为提高企业核心竞争力、带动制造业现代化发展和发展中国家发货后发优势的最主要推动力,也是提升区域竞争力的关键因素。主要从邮电业务总量、固定电话覆盖率、移动电话和互联网普及率等指标来衡量江苏县级市的信息哈发展程度。2016 年邮电业务总量最多的县(市)是常熟市,达到 67.71 亿元,首次超过之前保持多年第一的昆山市。昆山市在 2016 年邮电业务总额为 63.96 亿元,比 2015 年的 44.61 亿元,增长了近 40%。其余邮电业务总量靠前的县(市)有江阴市(35.26 亿元)、高邮市(31.52 亿元)、邳州市(29.92 亿元)、宝应县(29.43 亿元)。从排名来看,因为昆山市在人均指标上的优势,依旧在 2016 年的排名中第一。随之是常熟市,超过去年的张家港市。太仓市、江阴市、靖江市、宜兴市、海门市、扬中市、丹阳市依次排名 4—10 位。

医疗卫生与社会保障设施的建设与制度的完善体现了一个城市对公民基本生活的投入与重视,是社会高度化发展的阶段标志物。用卫生机构数、卫生结构床位数、每万人拥有卫生技术人员数、每万人拥有医生数和每万人拥有病床数等五个指标来测算社会医疗保健竞争力,得分与排名情况如表 8 所示。邳州市、沭阳县、兴化市、沛县、睢宁县、江阴市、丰县、东海县和如皋市的卫生机构数排名全省县(市)十强,数量均超过 500 个,其中最高的邳州市拥有 768 个卫生机构。最少的扬中市,医疗卫生机构不足百个。而从人均情况来看,每万人拥有卫生技术人员人数最多的是泗阳县、其次是泗洪县、张家港市,每万人拥有医院病床数最多的是张家港市、靖江市和海安县。综合指标来看,社会医疗保健竞争力最强的三个县(市)是昆山市、张家港市和江阴市。常熟市、宜兴市、沭阳县、邳州市、靖江市、太仓市和兴化市排名第 4—10 位。南通地区的五个县(市)在医疗保健竞争力指数上表现不俗,苏中的扬州和泰州地区的各个县(市)在医疗保健竞争力上排名也相对靠前,而苏北地区医疗保健竞争力最强的县(市)是邳州市,排在第 7 位。灌云县、扬中市、阜宁县、金湖县、灌南县、句容市、宝应县、仪征市和高邮市的医疗保健指数排名末十位。

表 8 江苏县域社会发展竞争力各项指标前十强县(市)名单

排名	基础设施竞争力	排名	信息化发展竞争力	排名	医疗保健竞争力	排名	社会发展竞争力
1	江阴市	1	昆山市	1	昆山市	1	昆山市
2	昆山市	2	常熟市	2	张家港市	2	张家港市
3	张家港市	3	张家港市	3	江阴市	3	江阴市
4	常熟市	4	太仓市	4	常熟市	4	常熟市
5	宜兴市	5	江阴市	5	宜兴市	5	宜兴市

续表

排名	基础设施竞争力	排名	信息化发展竞争力	排名	医疗保健竞争力	排名	社会发展竞争力
6	太仓市	6	靖江市	6	沭阳县	6	太仓市
7	泰兴市	7	宜兴市	7	邳州市	7	靖江市
8	邳州市	8	海门市	8	靖江市	8	海门市
9	靖江市	9	扬中市	9	太仓市	9	丹阳市
10	海门市	10	丹阳市	10	兴化市	10	邳州市

（三）经济发展潜力分析

扩大内需是国民经济保持平稳较快发展的战略选择，在新的国际经济形势下，外需增长受世界经济这一外部因素的影响较大不具稳定性，而居民消费作为最终需求也是经济增长的最终目标，将成为未来我国和江苏省经济最直接的增长动力。因此在分析江苏县域经济社会发展潜力时，居民消费潜力有着很大的提升空间和余地，是考虑的首要因素。2016 年江苏 41 个县(市)中城镇居民人均可支配收入最高的是昆山市，达到 46339 元，比去年的第一位江阴市高出了 2 元。同样超过 40000 元的还有常熟市(45061 元)、张家港市(44977 元)和太仓市(43867 元)，依次居于全省县(市)城镇居民人均可支配收入排名第 2—5 位。这五个县(市)的城镇居民人均可支配收入遥遥领先于其他地区，紧随之后的是宜兴市，2016 年城镇居民人均可支配收入为 37326 元，明显低于前一位太仓市。城镇收入水平最低是灌南县，为 17446 元，仅为昆山市的 37.6%。农村居民人均纯收入最高的县级市是江阴市，达到了 28181 元。昆山市、常熟市、张家港市、太仓市、扬中市、宜兴市、溧阳市、丹阳市、海门市的农村居民人均纯收入均超过 20000 元，分别为 28178 元、27956 元、27849 元、27766 元、23855 元、21899 元、21706 元和 20608 元。灌南县的农村居民人均纯收入在全省中最低，为 12430 元，与 2015 年相比，增长了 20%。恩格尔系数是指食品支出总额占个人消费支出总额的比重，能够反映人民的生活水平。2016 年江苏 41 个县(市)中，所有的城镇居民恩格尔系数均低于 40%，根据联合国恩格尔系数标准，城镇、农村恩格尔系数都显示经济处于富裕阶段。根据城镇和农村居民人均收入、恩格尔系数及人均收入五年来的年均增长率等指标可以计算出居民消费潜力指数的得分与排名(如表 9 所示)。消费潜力指数占据前三甲的是昆山市、常熟市、张家港市，江阴市、太仓市、宜兴市、海门市、扬中市、丹阳市和溧阳市位列全省县(市)居民消费潜力指数第 4—10 位。

社会已进入人力资本时代，人才而非资本才是在 21 世纪最有效连接创新、竞争力和经济增长的关键纽带，高素质的人力资源正在成为我国经济持续健康快速发展的重要推动力。本研究用在校大学生总数、每万人在校大学生数、专职教师人数、万人专职教师人数以及师生比来评价江苏各县(市)的人力资本潜力指数。2016 年邳州市拥有 26.67 万在校学生，位列全省县(市)首位，其次是沭阳县、东海县、昆山市、江阴市和睢宁县，其在校学生总数均超过 13 万人。邳州市成为全省拥有专职教师人数最多的县(市)中，达到 15258 人，加之较高的在校学生数量和师生比，表明邳州市在教育资源和人力资本培育上具有一定的发展潜力。专职教师人数超过 10000 人的县市还包括江阴市(10215 人)、睢宁县(10800 人)、东海县(10598)和沭阳县(14217 人)。人力资本潜力指数排在前三位的是邳州市、沭阳县和江阴市，昆山市、仪征市、高邮市、常熟市、丰县、东海县和张家港市位列第4—10位。可以看出扬州地区的县(市)在人力资本潜力指数上具备一定的优势。金湖县、扬中市、句容市、如东县、灌南县、东海县、金坛市排名人力资本潜力指数末十位。

如果一个县级市所属的上级城市经济发展水平更高、经济规模更大,那么该县域更容易分享各种消费市场、资源市场等,从而有更强的市场潜力。因此,潜力指数主要从各个县级市所在的地级市及苏南、苏中、苏北三大经济区域的经济发展情况来进行评价,得分与排名如表9所示。排名依次是苏州地区的4个县(市)、无锡地区的2个县(市)、常州地区的2个县(市)、镇江地区的3个县(市)、南通地区的5个县(市)、扬州地区的3个县市、泰州地区的3个县(市)、徐州地区的5个县(市)、盐城地区的7个县(市)、淮安地区的4个县(市)、连云港地区的4个县(市)和宿迁地区的3个县(市)。从自然、交通、经济、政治、文化等五个方面考虑江苏41个县(市)的区位潜力指数,在专家评分的方法上结合德尔菲方法对各县(市)进行赋值。区位优势潜力排在前十位的依次是邳州市、东台市、兴化市、沭阳县、泗洪县、射阳县、盱眙县、灌云县、启东市和海安县。扬中市、靖江市、太仓市、仪征市、张家港市、昆山市、金湖县、海门市和灌南县区位潜力指数排名全省县(市)末十位。

科技创新更加广泛地影响着经济社会发展和人民生活,科技发展水平更加深刻地反映出一个国家的综合国力和核心竞争力。由于科技相关指标通常涉及企业技术机密,许多指标获取困难,县域指标可得性,本研究用专利申请受理量和专利申请授权量等两个指标来看反映各县(市)科技创新的能力。2016年专利申请受理量最多市是江阴市,达到18537件,超过去年的第一昆山市,两者之间差380件。但从专利申请授权量来看,昆山市遥遥领先江阴市,以9833件位列首位,而江阴市只有4912件。灌南县是专利申请受理量最少的县(市),2016年专利申请受理量只有685件,仅是江阴市的3.69%。灌云县是专利申请授权量最少的县(市),仅有95件。因此在科技创新潜力指数得分上,昆山市、江阴市、张家港市排名前三,常熟市、太仓市、宜兴市、海门市、泰兴市、高邮市和海安县排名前十。泰州地区的靖江市、泰兴市和兴化市都能排在前15位,较上年有小幅提升,体现出泰州整体科技创新水平处于不断完善提升的过程之中。阜宁县、灌南县、泗洪县、滨海县、灌云县、沛县、金湖县、丰县、射阳县和响水县位居末十位。

表9 江苏县域经济发展潜力各项指标前十强县(市)名单

排名	居民消费潜力指数	排名	人力资本潜力指数	排名	市场潜力指数	排名	区位潜力指数	排名	科技创新潜力指数	排名	经济社会发展潜力
1	昆山市	1	邳州市	1	常熟市	1	邳州市	1	昆山市	1	昆山市
2	常熟市	2	沭阳县	1	张家港市	2	东台市	2	江阴市	2	江阴市
3	张家港市	3	江阴市	1	昆山市	3	兴化市	3	张家港市	3	常熟市
4	江阴市	4	昆山市	1	太仓市	4	沭阳县	4	常熟市	4	张家港市
5	太仓市	5	仪征市	5	宜兴市	5	泗洪县	5	太仓市	5	太仓市
6	宜兴市	6	高邮市	5	江阴市	6	射阳县	6	宜兴市	6	宜兴市
7	海门市	7	常熟市	7	溧阳市	7	盱眙县	7	海门市	7	海门市
8	扬中市	8	丰县			8	灌云县	8	泰兴市	8	溧阳市
9	丹阳市	9	东海县			9	启东市	9	高邮市	9	扬中市
10	溧阳市	10	张家港市			10	海安县	10	海安县	10	邳州市

（四）经济发展活力分析

近年来，苏北地区承接产业转移步伐加快，产业结构调整持续推进，外向型经济发展成果初现。从具体经济指标来看，虽然苏北地区在大多数绝对值指标上规模较小，但其指标增速显著高于苏南地区。因此从近五年的年均增长率来看，总体上依然呈现出“南低北高”的局面。2016年，苏南、苏中、苏北地区生产总值分别比上年增长7.9％、9.4％和9.9％，苏北高于全省1.1个百分点。

近四年地区生产总值年均增长率最高县（市）是徐州地区的涟水县，达到10.42％，金湖县、丰县、高邮市、海安市是经济增速排在前五位的县市。苏北连续八年经济增长超过了全省平均增长速度。未来，无论是从发展的空间，还是发展的态势，苏北都是江苏经济社会发展的一个增长极，一个新引擎。增速较低的县（市）主要集中在苏南地区，常熟市、张家港市、昆山市、江阴市和太仓市位列地区生产总值年均增长率末五位。其他经济增长活力指数中涉及的财政收入年均增长率、人均GDP年均增长率等指标排名与地区生产总值年均增长率规律类似。因此，经济增长活力指数与通常理解的明星县（市）不同，恰好出现了“倒置”的状况。经济发展总体规模较小的县（市）往往更具活力，即苏北地区县（市）的经济增长活力指数要普遍高于苏南地区县（市）。南通地区的如东县、海安县经济活力指数进入前十名，海门市、启东市和如皋市也都排在前20名，表现出较强的经济活力，这得益于南通地区着力培育高端纺织、船舶海工、电子信息三大重点支柱产业，智能装备、新材料、新能源及新能源汽车三大重点新兴产业，加快构建“3＋3＋N”的产业新体系。

本报告用人口密集和常住人口比来评价江苏各县（市）对劳动力的吸引力程度。昆山市是全省县（市）中人口密度最高的县（市）达到1758人/平方公里，其次为江阴市（1646人/平方公里）、张家港市（1255人/平方公里）、常熟市（1181人/平方公里）、靖江市（1046人/平方公里）、扬中市（1027人/平方公里），这些县（市）人口密度均超过1000人/平方公里，其中昆山市和江阴市人口密度属于同一级别，显著高于其他县（市）。人口密度最小的县（市）前十位依次是金湖县、盱眙县、东台市、射阳县、泗洪县、响水县、高邮市、灌云县、滨海县和溧阳市。县域吸引力指数得分与排名如表10所示，昆山市、江阴市、张家港市、常熟市、太仓市、扬中市、丹阳市、靖江市、海门市、宜兴市为全省县（市）县域吸引力指数十强。其中8个县（市）属于苏南地区，苏中地区占据两席。苏南地区中句容市县域吸引力居于末位，在全省县（市）中位列第19位。苏中地区中靖江市县域吸引力指数最高，高邮市县域吸引力指数位列第31位，缺乏竞争力。苏北地区中沛县县域吸引力指数相对最高，位列第14位，较上年略有上升，其次是建湖县（第18位）、沭阳县（第22位）、邳州市（第23位）。盱眙县、响水县、东台市、泗洪县、金湖县、涟水县、东海县和射阳县居于全省县（市）县域吸引力指数末十位。

城市的经济活力是多种因素共同作用的结果，其中包括许多主观性指标，如“城市在发展经济方面的做法具有的引导和示范作用”等指标。这些指标理应列入城市经济活力的评价指标体系。但相对于客观指标数据的可查性、易得性，主观指标虽然采用权威专家评分法，在对其进行量化分析时仍难免具有较大偏差，对同一个城市的经济活力评价可能会得出完全不同的结论。从而，在指标体系中应选择多大比重的主观指标，以及选取后如何测量成为构建指标体系时应当认真考虑的问题。

表 10　江苏县域经济发展活力各项指标前十强县(市)名单

排名	经济增长活力指数	排名	县域吸引力指数	排名	开放活力指数	排名	经济发展活力
1	涟水县	1	昆山市	1	昆山市	1	昆山市
2	丰县	2	江阴市	2	张家港市	2	张家港市
3	金湖县	3	张家港市	3	常熟市	3	常熟市
4	海安县	4	常熟市	4	太仓市	4	江阴市
5	高邮市	5	太仓市	5	江阴市	5	太仓市
6	如东县	6	扬中市	6	海门市	6	海门市
7	宝应县	7	丹阳市	7	泰兴市	7	泰兴市
8	睢宁县	8	靖江市	8	海安县	8	海安县
9	如皋市	9	海门市	9	如东县	9	宜兴市
10	泰兴市	10	宜兴市	10	靖江市	10	靖江市

第七篇　江苏城市发展报告

第一章　2016年南京市经济社会发展报告

2016年，面对错综复杂的宏观经济形势，南京人民在市委、市政府的坚强领导下，紧紧围绕城市战略定位，牢固树立和贯彻落实新发展理念，积极把握和引领经济发展新常态，以深化供给侧结构性改革为主线，狠抓各项政策措施推进落实，经济社会平稳健康发展，实现“十三五”发展良好开局。

一、总体经济

经济运行总体稳定。全年实现地区生产总值10503.02亿元，按可比价格计算，比上年增长8.0%，GDP总量居全省第二，增速则领跑苏南城市。其中，第一产业增加值252.51亿元，增长1.0%；第二产业增加值4117.20亿元，增长5.3%，其中工业增加值3581.72亿元，增长4.8%；第三产业增加值6133.31亿元，增长10.2%。按常住人口计算，全年人均生产总值为127264元，按年平均汇率折算为19160美元。

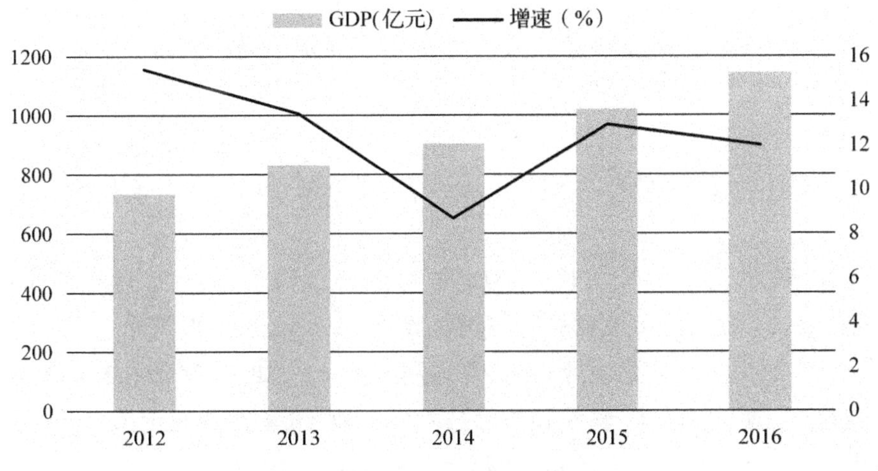

图1　南京市GDP规模及实际增速

数据来源：历年《江苏统计年鉴》。

南京成为全国第11个GDP破万亿城市。在南京之前，全国已有10个城市跻身“万亿俱乐部”。其中，2006年、2008年、2010年，上海、北京、广州相继“入万亿”，2011年，“万亿俱乐部”涌入四位成员：深圳、天津、苏州、重庆。中西部的武汉、成都则在2014年携手进入其中。2015年杭州跻身其中。

产业结构进一步优化。三次产业增加值比例调整为2.4∶39.2∶58.4，服务业主体地位不断强化，服务业增加值占南京市地区生产总值的比重达到58.4%，较上年提高1.1个百分点。

工业转型升级步伐加快，全年实现高新技术产业产值5903亿元，占规模以上工业总产值比重为45.31%。

南京经济结构有两个明显的优化：一是以新一代信息技术、智能电网、节能环保、高端装备制造、新能源等六类九大战略性产业为代表的先进制造业快速发展，在工业经济中的比重持续加大，力压石化、钢铁、建材等传统产业成为主导产业，今年规模超千亿新兴产业达到4个、超500亿元产业达3个；二是服务业增加值占地区生产总值的比重逐年提高，南京成为现代服务业占主导的城市。先进制造业和现代服务业双轮驱动，成为南京增长的新动力，加快了经济转型步伐。

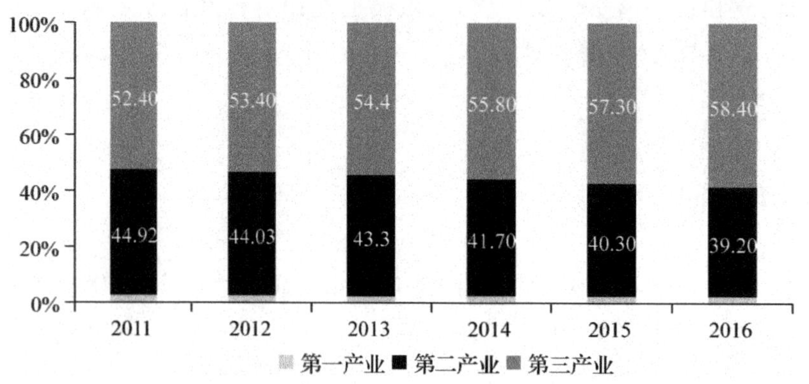

图2　南京市三次产业结构变化趋势

数据来源：历年《江苏统计年鉴》。

民营经济活力增强。年末南京市工商部门登记的私营企业为47.29万户，其中当年新增17.10万户，分别比上年增长53.8%、54.6%；私营企业注册资本13097.80亿元，其中当年新增2857.80亿元，分别比上年增长48.8%、23.1%。年末个体工商户为43.76万户，其中当年新增7.21万户，分别比上年增长14.3%、28.1%。全年完成民营经济增加值4700.11亿元，可比增长8.6%，增速快于地区生产总值增速0.6个百分点；占地区生产总值比重为44.8%，较上年提高0.8个百分点。

经济运行企稳，税收收入稳步增长。2016年南京全市国税系统组织入库税收收入预计为1400.6亿元，同比增长15.9%；市地税局组织税收收入830.5亿元，增长4.5%。其中，房地产业，货币金融服务，电力、热力生产和供应业，批发业，零售业，石油加工、炼焦和核燃料加工业，化学原料和化学制品制造业，烟草制品业，软件和信息技术服务业，汽车制造业十大行业中，有8个行业的税收收入实现增长，合计增收153.3亿元，拉动全市税收增长12.7个百分点。其中，房地产业一马当先，127.3亿元的纳税额同比增长超过2.5倍。

居民消费价格温和上涨。全年城市居民消费价格总水平比上年上涨2.7%。八大类商品“七涨一跌”，其中食品烟酒涨2.4%，衣着涨3.5%，居住涨2.2%，生活用品及服务涨2.1%，教育文化和娱乐涨3.4%，医疗保健涨9.9%，其他用品及服务涨2.9%，交通和通信跌0.7%。

表 1　2016 年城市居民消费和商品零售价格比上年涨跌幅度

指标名称	价格指数(上年＝100)	比上年涨跌幅(%)
城市居民消费价格	102.7	2.7
一、食品烟酒类	102.4	2.4
二、衣着类	103.5	3.5
三、居住类	102.2	2.2
四、生活用品及服务类	102.1	2.1
五、交通和通信类	99.3	－0.7
六、教育文化和娱乐类	103.4	3.4
七、医疗保健类	109.9	9.9
八、其他用品和服务类	102.9	2.9
商品零售价格	100.5	0.5

数据来源:2016 年南京市国民经济与社会发展统计公报。

工业生产者价格有所回升。全年工业生产者出厂价格比上年下跌 2.3%,降幅较上年收窄7.2 个百分点。其中,生产资料价格下跌 2.4%,生活资料价格下跌 1.8%;轻工业类价格下跌 1.3%,重工业类价格下跌 2.5%。全年工业生产者购进价格下跌 2.5%,降幅较上年收窄 6.7 个百分点。

二、农业

农业生产保持平稳。全年实现农林牧渔业及农林牧渔服务业增加值 264.98 亿元,可比增长 1.3%。

全年粮食播种面积 229.58 万亩,比上年下降 2.0%;受缩油扩粮影响,油料播种面积 45.75 万亩,下降 29.4%;蔬菜播种面积 119.85 万亩,下降 7.3%;花卉苗木种植面积 1.32 万亩,增长 45.3%。

受灾害性天气影响,全年粮食总产量 108.04 万吨,比上年下降 5.3%,其中夏粮 23.74 万吨,下降 3.1%,秋粮 84.30 万吨,下降 5.9%;油料总产量 7.43 万吨,下降 31.4%;蔬菜总产量 274.96 万吨,下降 9.8%,其中食用菌 3.69 万吨,增长 2.8%。

全年猪、牛、羊、禽肉类总产量 9.83 万吨,比上年下降 5.9%;禽蛋产量 6.54 万吨,下降 9.27%;牛奶产量 7.47 万吨,下降 6.21%;水产品产量 22.31 万吨,下降 2.4%。

表 2　2016 年主要农产品产量情况

产品名称	产量(万吨)	比上年增长(%)
粮食	108.04	－5.3
油料	7.43	－31.4
蔬菜	274.96	－9.8
其中:食用菌	3.69	2.8
水果(含果用瓜)	37.02	－20.1
其中:园林水果	15.59	0.9

续表

产品名称	产量(万吨)	比上年增长(%)
茶叶	0.15	−3.7
猪牛羊禽肉	9.83	−5.94
禽蛋	6.54	−9.27
牛奶	7.47	−6.21
水产品	22.31	−3.14

数据来源:2016年南京市国民经济与社会发展统计公报。

现代农业建设步伐加快。全年新增高标准农田10万亩、设施农业4.2万亩、家庭农场690家、农民专业合作社245家。南京市"菜篮子"蔬菜基地面积为18.5万亩;累计建成现代农业示范园区40个,其中国家级园区2个、省级现代农业产(渔)业园区9个;市级农业科技园区13家;省级示范家庭农场81家。

三、工业和建筑业

工业生产总体稳定。2016年,全市规模以上实现工业总产值13026.90亿元,比上年增长1.0%,增幅比上年提升2.6个百分点。在规模以上工业中,国有及国有控股企业增长0.8%,私营企业增长1.2%;股份制企业增长0.5%,外商及港澳台投资企业增长1.3%。在淘汰落后产能和"三高两低"企业整治同时,高耗能行业生产继续得到抑制,规模以上工业中五大高耗能行业实现工业产值下降2.8%。全市7种列入国家"三新"统计的新产品产量中,有4种实现增长。其中工业机器人、智能手机、光缆、智能电视同比分别增长226.4%、121.7%、11.8%和7.8%。

分行业看,南京市37个工业大类行业中,有17个行业保持增长。高技术制造业实现产值增长2.9%,占规模以上工业比重为23.5%,同比提升0.4个百分点。装备制造业实现产值[4]增长3.9%,占规模以上工业比重为55.4%,同比提升1.6个百分点,其中智能装备制造业实现产值增长4.7%。全年完成39家企业涉及低效产能的淘汰工作,生铁、粗钢、民用钢质船舶产量分别较上年减少36.88万吨、24.53万吨、8.81万载重吨。钢铁、石化、建材等五大高耗能行业实现[5]产值下降2.8%,占规模以上工业比重为26.9%,同比回落1.1个百分点。

表3 2016年主要工业产品产量及其增长速度

产品名称	计量单位	产品产量	比上年增长(%)
原油加工量	万吨	2917.14	4.6
其中:汽油	万吨	646.18	6.2
乙烯	万吨	162.16	6.5
水泥	万吨	683.26	−4.4
生铁	万吨	1480.98	−2.4
粗钢	万吨	1519.14	−1.6
钢材	万吨	1437.14	2.3

续表

产品名称	计量单位	产品产量	比上年增长(%)
汽车用发动机	万千瓦	2671.69	32.8
电动手提式工具	万台	503.49	9.8
工业机器人	套	976	226.4
汽车	万辆	57.06	33.1
新能源汽车	辆	7406	－12.5
民用钢质船舶	载重吨	3567922	－2.4
钢质机动货船	载重吨	2062783	－5.2
光缆	芯千米	14062600	11.8
家用电冰箱(家用冷冻冷藏箱)	万台	77.79	－1.0
家用燃气热水器	万台	58.73	8.4
家用洗衣机	万台	469.68	－11.0
家用电热水器	万台	163.33	19.6
电子计算机整机	万台	344.59	7.4
显示器	万台	3014.21	2.6
移动通信手持机(手机)	万台	332.95	87.3
其中:智能手机	万台	332.95	121.7
智能电视	万台	427.31	7.8
光电子器件	万只(片、套)	1823	94.5
电子元件	万只	395657	2.1
环境监测专用仪器仪表	台	7688	7.1
发电量	亿千瓦小时	514.56	3.3

数据来源:2016年南京市国民经济与社会发展统计公报。

企业效益有所改善。全年规模以上工业企业实现主营业务收入12421.68亿元,比上年增长2.2%;利润总额941.81亿元,增长12.8%,增幅较上年提升3.9个百分点;亏损企业亏损额68.47亿元,下降24.3%。规模以上工业企业每百元主营业务收入中成本下降0.7元;主营业务税金及附加下降1%;资产负债率54.2%,同比下降0.2个百分点;财务费用下降10.7%。

表4　2016年规模以上工业企业实现利润及其增长速度

指　　标	利润总额(亿元)	比上年增长(%)
规模以上工业总计	941.81	12.8
其中:国有及国有控股企业	334.18	37.6
其中:集体企业	2.56	0.9
股份制企业	557.69	20.6
外商及港澳台商投资企业	358.85	3.1
其中:私营企业	190.32	2.5

数据来源:2016年南京市国民经济与社会发展统计公报。

全年具有资质等级的总承包和专业承包建筑业企业完成建筑业总产值3094.65亿元,比上年增长2.2%,其中在外省完成建筑业总产值1111.36亿元,比上年下降2.9%。

四、服务业

服务业增加值增速继续保持两位数的增长,2016全市实现服务业增加值同比增长10.2%,比全市经济增长水平高出2.2个百分点,高出全省服务业增长水平1个百分点,高出全国服务业增长水平2.4个百分点。2016年全市新登记服务业市场主体24.09万户,比同期增加41.2%,注册资本(出资额)5746.39亿元,比同期增加47.5%。其中,企业17.29万户,增加46.1%,注册资本(出资额)5680.12亿元,增加47.8%;个体工商户6.81户,增加30.1%,出资额66.27亿元,增加28.3%。

从全年走势看,服务业增加值各季度累计增速在10.2%—10.7%,增速保持两位数的增长,并始终领跑全市经济增速及二产、一产增速。随着服务业规模的不断扩大,已连续十年总量规模超过第二产业成为全市第一大支柱产业,全年全市服务业占GDP的比重达58.4%,比上年提高1.1个百分点,高出第二产业19.2个百分点,服务业占比再创历史新高,占比位次在13个省辖市中位居首位,高出全省服务业占比8.3个百分点。服务业产业主导地位更加突出,成为新常态下稳住经济增长的"阵脚"。

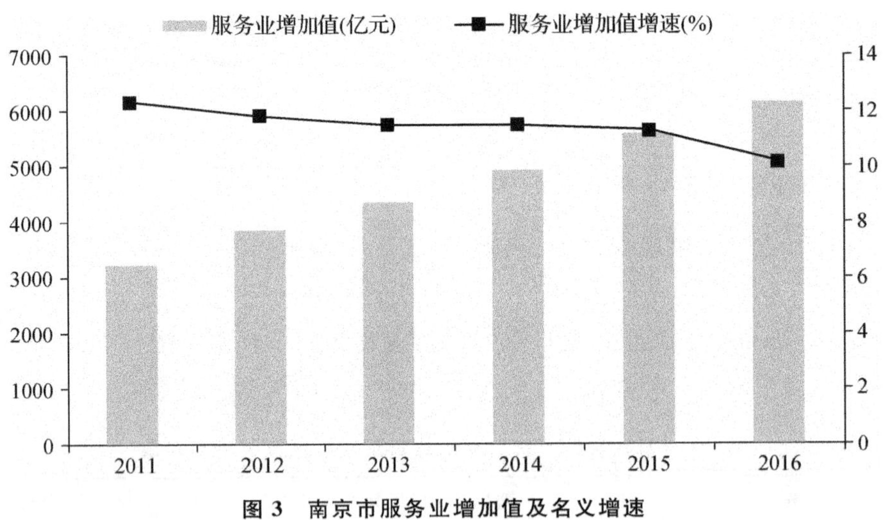

图3 南京市服务业增加值及名义增速

数据来源:历年《江苏统计年鉴》。

2016年南京以建设国际软件名城、中国"互联网"名城、中国现代服务业名城为主攻方向,加快服务业转型升级、结构调整,培育新的增长点等,形成服务业多点支撑的局面,服务业在稳步快速发展的同时,也呈现出结构不断优化的新趋势。科技服务业、文化创意和设计产业、健康服务业3个产业的规模均保持全省第一。去年全市软件和信息服务业务收入达到4737亿元,同比增长15%,其中,中国(南京)软件谷软件和信息服务业务收入达到1900亿元,在全国同类园区中排第4位;全年全市共举办大中型会议和展览项目2880个,展览总面积431万平方米,国际会议与大会协会(ICCA)最新发布全球会议目的地城市排行榜,南京列中国(内地)城市第4位。服务业的龙头企业也发展迅速：苏宁云商、途牛科技、焦点科技、云田数码4家企业被认定为江苏省互联网平台经济“百千万”工程重点企业；苏交科、擎天科技、亚信科技、润和软件、中电环保、苏鹰人才、上海外服以及江苏省建筑工程质量检测中心8家企业被认定为江苏省生产性服务业领军企业。

五、固定资产投资和房地产开发

固定资产投资稳中趋优。全年完成全社会固定资产投资5533.56亿元，比上年增长2.0%，增幅比上年提升1.6个百分点。其中，国有及国有经济控股投资2009.50亿元，增长4.9%；外商及港澳台投资603.61亿元，增长37.5%。

固定资产投资中，第一产业投资40.78亿元，比上年增长10.4%；第二产业投资1784.22亿元，下降14.2%，其中工业投资1761.65亿元，下降14.4%；第三产业投资3708.57亿元，增长12.0%。三次产业投资比例为0.7∶32.2∶67.1。

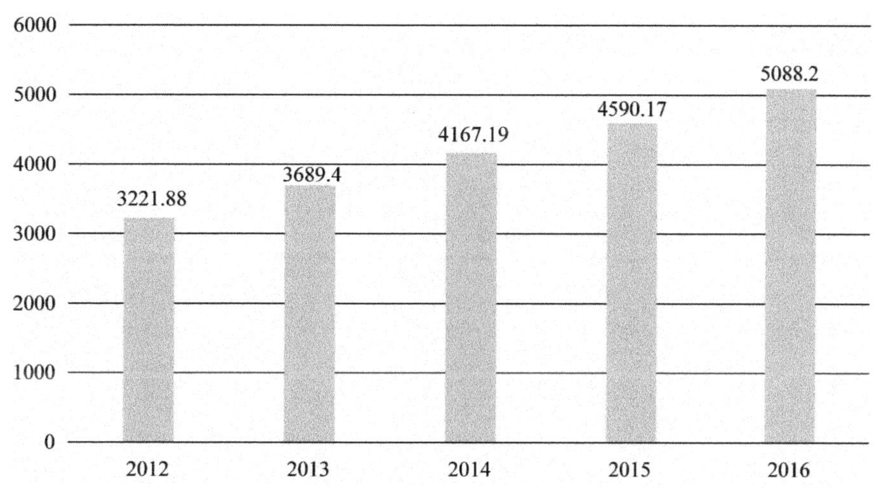

图4　2012—2016年南京市固定资产投资(亿元)

投资结构继续改善。全年完成工业技改投资1007.6亿元，占工业投资比重为57.2%，同比提高5.5个百分点。火力发电、建材、冶金、石化等高耗能行业投资274.46亿元，比上年下降21.2%，占工业投资比重为15.6%，同比回落1.3个百分点。全年完成服务业投资增长12%，增速快于南京市投资平均增速10个百分点；占南京市投资比重为67.1%，同比提升5.9个百分点。

重大项目推进有力。实施民生社会事业、城建基础设施、制造业、服务业、现代农业等188个重大项目，完成投资1600.70亿元。基础设施建设步伐加快，扬子江隧道建成通车，地铁四号线一期建成试运行，红山南路东延一期等工程顺利建成，南京长江第五大桥、南部新城医疗中心、纬七路东进二期工程、宁和线一期、宁高线二期、宁溧线等项目建设加快推进。全年基础设施投资完成951.95亿元，比上年增长7.7%。

房地产投资平稳增长。全年完成房地产开发投资1845.60亿元，比上年增长29.2%。其中住宅投资1392.76亿元，增长28.8%；办公楼投资96.68亿元，增长11.4%；商业用房投资195.05亿元,增长34.6%。全年商品房销售面积1558.18万平方米,比上年增长1.0%,商品房销售额2766.35亿元,增长56.0%。

六、国内贸易

市场销售稳中有升。全年实现社会消费品零售总额5088.20亿元,比上年增长10.9%,增速较上年提升0.7个百分点。总量规模全省第一,分别比全省第二的苏州市和第三的无锡市多151.41亿元和1968.64亿元,占全省的比重为17.7%,比苏州市和无锡市分别高出0.5个百分点和6.9个百分点。其中,限额以上单位社会消费品零售额3271.21亿元,增长9.4%,增速比上年提升2.7个百分点。分行业看,批发和零售业实现零售额4638.46亿元,增长10.6%;住宿和餐饮业实现零售额449.74亿元,增长13.2%。

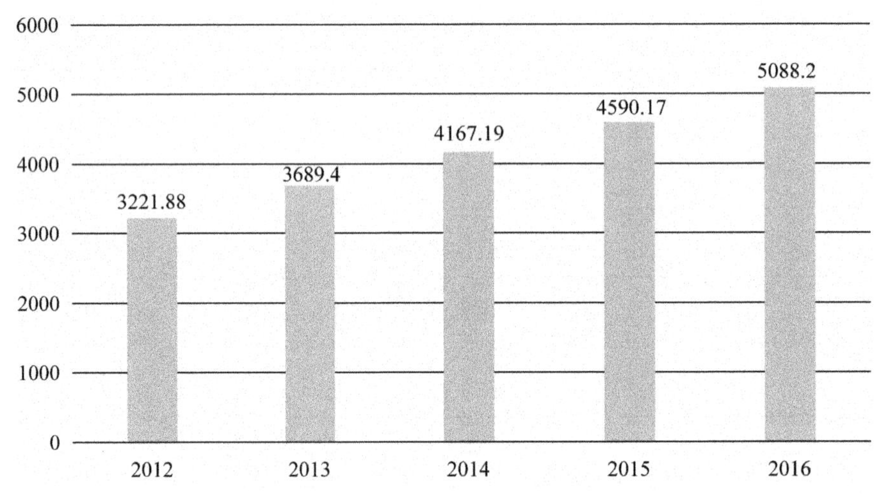

图5 2012—2016年南京市社会消费品零售额(亿元)

在限额以上企业(单位)批发零售贸易业零售额中,文化办公用品类增长45.7%,通信器材类增长37.9%,日用品类增长14.0%,家用电器和音像器材类增长10.5%,粮油、食品类增长9.2%,建筑及装潢材料类增长8.8%,中西药品类增长6.0%,服装、鞋帽、针纺织品类增长4.7%,汽车类增长4.4%,金银珠宝类增长2.7%。

七、对外经济

进出口实现正增长。全年按人民币计价海关完成进出口总额3315.19亿元,比上年增长0.3%,增速较上年提升6.3个百分点。其中出口1952.15亿元,下降0.2%;进口1363.04亿元,增长1.0%。从出口商品市场看,对欧盟、美国、东盟三大经济体出口额1038.32亿元,比上年下降1.1%,占南京市出口总额的53.2%。

表 5　2016 年南京对主要国家、地区进出口额及其增长速度

国别和地区	出口额(亿元)	比上年增长(%)	进口额(亿元)	比上年增长(%)
合　计	1952.15	−0.2	1363.04	1.0
一、亚洲	792.57	3.6	850.63	−1.6
#东南亚国家联盟	221.60	−5.2	119.32	29.2
二、非洲	72.86	−23.5	24.14	−2.1
三、欧洲	469.56	0.4	271.64	8.2
# 欧洲联盟	425.32	0.3	241.70	5.4
四、拉丁美洲	123.08	−4.0	29.51	−11.0
五、北美洲	431.60	−2.0	117.57	2.2
# 美国	391.40	−0.3	87.41	−5.9
六、大洋洲	62.47	5.4	69.40	14.9

从出口商品构成看，全年高新技术产品出口 483.05 亿元，比上年下降 1.8%，占南京市出口总额的 24.7%。机电产品出口 1006.16 亿元，比上年增长 0.4%，占南京市出口总额的 51.5%。

2016 年南京高新技术产品出口增长迅猛，无线电话机、集成电路等出口均实现倍增，塑料地板、晶体切片、眼镜、船用推进器及桨叶、铝制品等出口增长良好。大豆、多晶硅、其他机器及机械器具等进口增长显著，而传统进口商品如化工品等进口则出现明显下滑。从贸易方式来看，一般贸易进出口稳步增长，加工贸易进出口增势明显，对外承包工程出口货物和外商投资设备物品增长迅猛。

表 6　2016 年进出口总额及其增长速度

指　　标	金额(亿元)	比上年增长(%)
进出口总额	**3315.19**	**0.3**
出口额	1952.15	−0.2
其中：一般贸易	1303.06	1.3
加工贸易	568.48	−6.1
其中：机电产品	1006.16	0.4
高新技术产品	483.05	−1.8
其中：国有企业	681.77	−1.2
外商投资企业	645.84	−3.6
民营企业	619.96	4.6
进口额	**1363.04**	**1.0**
其中：一般贸易	933.74	11.4
加工贸易	259.40	−21.8
其中：机电产品	812.81	−4.7
高新技术产品	449.52	−13.6
其中：国有企业	516.65	0.8
外商投资企业	690.04	−2.2
民营企业	155.07	18.6

利用外资稳定增长。全年新批外商投资企业 346 家,较上年增长 38.4%。新批外商投资功能性机构 15 家,其中投资性公司 3 家、研发机构 8 家、销售结算和物流配售中心等其他功能性机构 4 家。注册合同外资 56.55 亿美元,下降 8.4%。实际使用外资 34.79 亿美元,增长 4.3%。分产业看,第一产业使用外资 0.31 亿美元,增长 7.1 倍;第二产业使用外资 11.66 亿美元,增长 50.1%;第三产业使用外资 22.82 亿美元,下降 10.6%。分行业看,制造业利用外资占比 25.7%,房地产业占比 21.6%,租赁和商务服务业占比 16.0%,金融租赁服务业占比 9.4%,科研技术服务业占比 5.7%,软件信息服务业占比 4.1%,批发零售和住宿餐饮业占比 3.7%。

全年开发区合同利用外资 45.52 亿美元,比上年增长 19.3%,占南京市合同利用外资的比重为 80.5%;实际使用外资 24.98 亿美元,比上年增长 36.4%,占南京市实际使用外资的比重为 71.8%。

全年新增境外投资项目 175 个(含新增),比上年增长 2.9%;中方协议投资额 30.07 亿美元,增长 45.9%。全年对外承包劳务合作合同金额为 30.72 亿美元,下降 19.4%;实际完成对外承包劳务营业额 37.25 亿美元,增长 11.7%。

八、交通、邮电和旅游

交通、邮电和旅游业总体平稳。全年货物运输总量 31460.84 万吨,比上年增长 5.5%。货物运输周转量 2483.78 亿吨公里,比上年下降 15.5%。全年港口货物吞吐量 22768 万吨,比上年增长 2.5%,其中,外贸货物吞吐量 2369 万吨,增长 5.2%。港口货物吞吐量中,集装箱吞吐量 308.39 万标箱,比上年增长 4.9%。

表 7　2016 年各种运输方式完成货物运输量及其增长速度

指　标	计量单位	绝对量	比上年增长(%)
货物运输总量	万吨	31460.84	5.5
公路	万吨	13341.00	7.9
水运	万吨	13812.00	3.7
铁路	万吨	1299.38	2.6
航空	万吨	7.61	8.6
管道	万吨	3000.85	4.8
机场货邮吞吐量	万吨	34.12	4.7
港口货物吞吐量	万吨	22768.00	2.5
其中:外贸吞吐量	万吨	2369.00	5.2
港口集装箱吞吐量	万标箱	308.39	4.9
货物运输周转量	万吨公里	24837796.48	−15.5
公路	万吨公里	1917038.00	5.2
水运	万吨公里	21853856.00	−17.4
铁路	万吨公里	688962.50	−8.3
航空	万吨公里	10947.28	10.4
管道	万吨公里	366992.70	5.0

全年旅客运输总量16300.86万人次，比上年增长2.3%。旅客运输周转量437.49亿人公里，比上年增长8.4%。南京高铁客运量3939.84万人，同比增长24.7%，增幅比上年同期高出13.5个百分点。南京客运总量的不断攀升主要得益于南京南站的快速发展，2016年南京南站高铁客运量3218.08万人，同比增长30.7%，增幅高出平均增速6.0个百分点，比上年同期高出14.2个百分点。南京南站高铁客运量占客运总量的比重更是逐年攀升，2016年占比为81.7%，比2015年占比高出3.8个百分点。

表8　2016年各种运输方式完成旅客运输量及其增长速度

指　　标	计量单位	绝对量	比上年增长(%)
旅客运输总量	万人次	16300.86	2.3
公路	万人次	10694	−1.8
铁路	万人次	4561.29	10.3
水运	万人次	20.64	2.3
航空	万人次	1024.93	16.3
机场旅客吞吐量	万人	2235.81	16.7
旅客运输周转量	万人公里	4374861.48	8.4
公路	万人公里	1264667	−1.8
铁路	万人公里	1742182.87	9.3
水运	万人公里	38.93	2.1
民航	万人公里	1367972.68	18.8

注：旅客运输总量中不含城市公共交通相关数据。

年末机动车保有量239.87万辆，比上年末增加15.81万辆，增长7.1%。民用汽车221.68万辆，比上年末增加23.75万辆，增长12.0%，其中本年新注册30.10万辆。其中，私人汽车192.71万辆，比上年末增加20.64万辆，增长12.0%；私人汽车中轿车140.90万辆，比上年末增加14.40万辆，增长11.4%，其中本年新注册19.14万辆。

年末城市公共汽车运营线路网长度为10244.5公里；公共汽车运营车辆9208辆11465.2标台；全年公共汽车客运总量20.08亿人次，比上年下降2.4%。年末有轨交通运营车辆1194辆2913标台，轨道交通运营线路长度为231.80公里；全年地铁承担客运人数8.32亿人次，比上年增长16.0%。出租车总数14297辆。

全年完成邮电业务总量(按2010年价格计算)306.42亿元，比上年增长14.3%。其中，邮政业务总量102.89亿元，增长0.3%；电信业务总量203.53亿元，增长23.0%。全年完成邮电业务收入(按现价计算)203.16亿元，比上年增长9.4%。其中，邮政业务收入78.79亿元，增长2.1%；电信业务收入124.37亿元，增长5.2%。全年完成国际国内快递业务量47229.59万件，比上年下降6.0%。年末拥有移动电话用户1107.20万户，其中4G移动电话用户707.15万户，增长51.9%；拥有固定电话用户250.28万户；拥有宽带用户339.14万户。

全年实现旅游总收入1909.26亿元，比上年增长13.1%。接待海内外旅游者11206万人次，增长9.5%。其中，接待国内旅游者11142万人次，增长9.5%；接待入境旅游者63.78万人次，增长8.5%。全年实现国际旅游创汇收入6.76亿美元，增长5.7%。年末共有等级旅游景区56家，其中4A级以上高等级景区22家;国家、省、市级旅游度假区17家。拥有星级宾馆饭店89家,其中五星级以上酒店21家。拥有各类旅行社576家,其中具有组织出境游资质的旅行社44家。

九、财政、金融和保险

财政收支结构优化。全年完成一般公共预算收入1142.60亿元,比上年增长12.0%。其中,税收收入956.62亿元,比上年增长14.1%,占一般公共预算收入的比重为83.7%。民生领域支出增长较快。全年一般公共预算支出1173.79亿元,比上年增长12.3%,其中住房保障支出增长42.2%、教育支出增长14.7%。

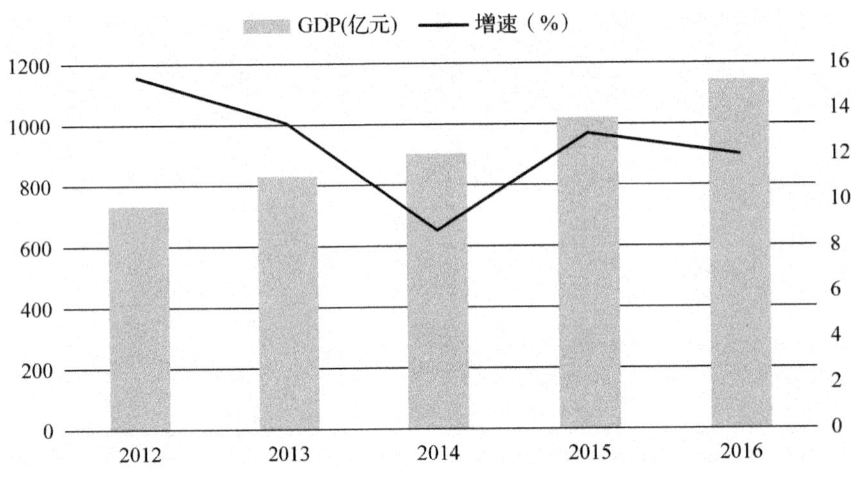

图6 2012—2016年南京市一般公共预算收入及其增长速度

金融市场发展态势较好。全年实现金融业增加值1241.76亿元,可比增长14.0%,占南京市地区生产总值比重为11.8%,比上年提高0.3个百分点。

存贷款稳定增长。年末金融机构本外币各项存款余额28355.89亿元,比年初增加1884.20亿元,比上年末增长7.1%。其中住户存款6095.08亿元,比年初增加443.51亿元;非金融企业存款3133.49亿元,比年初增加857.84亿元。年末金融机构本外币各项贷款余额22268.94亿元,比年初增加3317.21亿元,比上年末增长17.5%。其中住户贷款6533.72亿元,比年初增加2452.18亿元;非金融企业及机关团体贷款10.78亿元,比年初增加7.88亿元。

金融创新继续深化。年末金融业总资产达到6万亿元,比上年增长14.9%。全年新增上市企业7家,募集资金107.8亿元,年末共有境内外上市企业85家。新增备案创投企业3家,累计备案创投企业(含省级在宁企业)43家。年末共有203家企业挂牌或者获准挂牌新“三板”,共有证券营业部138家。

保险市场较快发展。全年实现保费收入485.80亿元,比上年增长32.0%。分类型看,财产险收入127.38亿元,增长11.4%;寿险收入252.43亿元,增长28.1%。全年累计赔付额162.75亿元,比上年增长32.5%。其中财产险赔付77.48亿元,增长9.8%;寿险赔付85.27亿元,增长63.1%。

十、科技和教育

科技创新能力增强。全年新增科技部备案众创空间27家，南京市纳入备案的众创空间累计达169家；年末在宁中国科学院院士43人、中国工程院院士38人；南京市共有省、市级企业院士工作站66家，进站“两院”院士78名；各级工程技术研究中心808家；省级以上重点实验室91家，其国家级31家、省级60家。全年共引进世界500强和中国500强企业研发机构11家，总数达到113家。新增高淳、麒麟、白马三家省级高新区。

科技创新成果丰硕。全年南京地区共有35项重大科技成果获得国家科学技术奖励，其中自然科学奖二等奖5项，技术发明奖二等奖(通用)8项，科技进步奖(通用项目)特等奖1项、一等奖2项、二等奖19项。全年签订各类输出技术合同22827项，合同成交总额215.73亿元，增长10%。全年受理专利申请65198件，其中发明专利31556件，分别增长16.2%和13.4%；专利授权28782件，其中发明专利8697件，分别增长2.4%和5.5%。全年PCT专利384件，比上年增长41.7%。

教育事业全面发展。教育事业全面发展。南京市在宁普通高等学校53所(不含部队院校)，在校学生(不含研究生)71.74万人，比上年增加1.12万人。在宁高校及研究生培养机构在学研究生11.04万人，比上年增加0.40万人。共有普通中学227所，在校学生22.45万人，比上年增加0.46万人；中等职业学校26所，在校学生6.85万人，比上年减少0.21万人。共有小学346所，在校学生37.54万人，比上年增加1.74万人；共有幼儿园878所，在园儿童22.37万人，比上年增加1.63万人。南京市共有小班化教育的中小学184所。加大老城范围外教育配套力度，建成29所幼儿园、中小学校。义务教育优质资源覆盖率达85%。

十一、文化、卫生和体育

文化事业繁荣发展。年末南京市共有文化馆14个，公共图书馆15个(不含教育系统、企事业组织的图书馆，下同)，文化站100个，博物馆57个，市级以上文物保护单位516处，拥有国家级历史文化街区2个，省级历史文化街区7个，国家级历史文化名镇(村)2个。有线电视用户204.25万户(不含电信等非广电有线系统的电视用户)，其中数字电视用户191.71万户。

文化惠民富有成效，全年市级层面组织开展交响音乐会、合唱音乐会、“520音乐厅”音乐会等公益演出1348场；举办未成年人心理健康教育活动14场、市民学堂24场、金陵群文大课堂10场、金图讲坛92场；放映公益电影7851场、送戏1268场；为农村和基层送书21.1万册，更新160家书屋出版物，创建50家星级示范农家书屋。新增全民阅读新空间20个，居民综合阅读率达到93.1%。达到省级标准的社区综合性文化服务中心280个。每万人拥有公共文化设施面积达1850平方米。文化产业实力增强，新增江苏省文化产业示范基地(园区)4个，国家、省、市文化产业(示范)基地累计分别达到12个、23个、15个。

卫生事业持续发展。南京市各类医疗卫生机构2383个，其中医院、卫生院及社区卫生服务中心348个，疾病预防控制中心17个，妇幼卫生保健机构14个。年末各类卫生机构共有病床4.99

万张,其中医院、卫生院床位数 4.52 万张,分别比上年增加 0.33 万张、0.36 万张。各类卫生机构共有卫生技术人员 7.07 万人,其中执业(助理)医师 2.53 万人,注册护士 3.21 万人,分别比上年增加 0.56 万人、0.30 万人、0.33 万人。累计建成社区卫生服务中心(卫生院)139 个、社区卫生服务站(村卫生室)681 个。社区卫生服务城市人口覆盖率达到 100%。

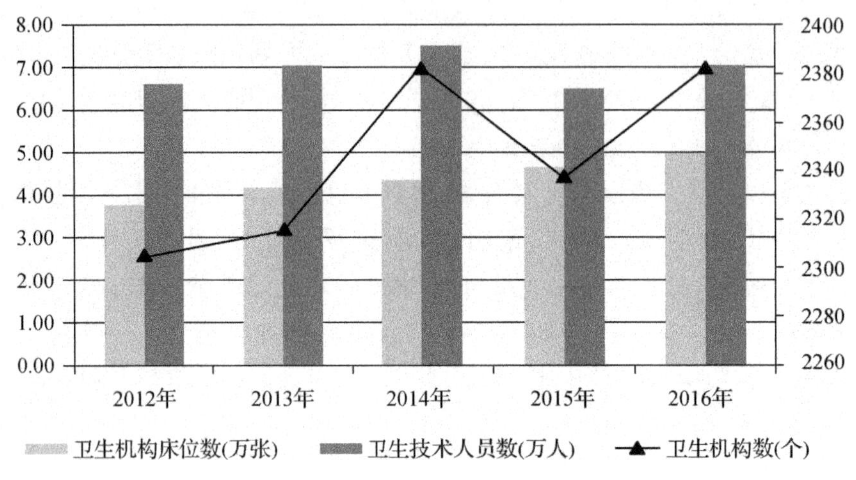

图 7　2012—2016 年卫生事业相关指标

体育事业健康发展。成功举办 2016 世界速度轮滑锦标赛、2016 南京马拉松、南京市第 21 届运动会、2016 南京国际青年体育文化活动周、2016 世界奥林匹克博物馆联盟年会等活动;南京被国际轮滑联合会授予首个"世界轮滑之都"称号,并获得 2017 年首届全项目轮滑世锦赛的承办权。城市社区"10 分钟体育健身圈"覆盖率、完好率保持 100%,广泛开展各类群体活动 2000 多项次,通过政府购买公共服务促进公共体育设施低价或者免费开放、财政直接补贴消费者约 10 万人次,为 5.4 万人进行公益体质检测服务。南京体育健儿参加里约奥运会,取得"一金、两银、一铜,十人出征、六人获牌"的优异成绩,金牌数和奖牌数均排名全省第一。

十二、节能降耗和生态环境

节能降耗成效显著。四大片区工业布局调整取得新进展,实施 100 个重点节能项目。全社会用电量 524.79 亿千瓦时,比上年增长 5.98%。其中工业用电量 310.81 亿千瓦时,增长 3.42%。规模以上工业综合能源消费量 3822.21 万吨标准煤,比上年增长 3.95%,低于工业增加值可比增速 0.85 个百分点。能源利用效率有所提高,规模以上工业万元增加值能耗下降 0.81%。从消耗的主要能源品种看:原煤 2785.91 万吨,增长 1.63%;原油 2918.68 万吨,增长 4.6%;天然气 236540 万立方米,下降 3.43%。

生态环境持续改善。推进 19 条干道和 4 个重点片区环境综合整治,鼓楼滨江、铁心桥一西善桥等五大片区改造扎实推进。深化大气污染防治,完成 125 项大气污染治理重点工程和冬春季管控措施,实施 30 家重点企业挥发性有机物治理项目。全年 PM2.5 平均浓度比上年下降 16.3%,空气质量达到国家二级标准天数为 242 天,达标率为 66.1%,比上年提升 1.7 个百分点。推进城市黑臭河道整治,43 条城市黑臭河道水质明显改善,完成排水达标区创建 230 个。强化畜禽养殖环境管理，基本完成禁养区内规模养殖场关闭搬迁。实施美丽乡村示范区340平方公里建设。绿化造林2.7万亩，被授予“国家生态市”称号。

十三、城市建设和公用事业

人口低速平稳增长。年末南京市常住人口827万人，比上年末增加3.41万人，增长0.41%。其中，城镇常住人口678.14万人，占总人口比重(常住人口城镇化率)为82%，比上年末提高0.6个百分点。在常住人口中，0—14岁人口为87.34万人，占比10.56%；15—64岁人口648.9万人，占比78.46%；65岁及以上人口90.76万人，占比10.98%。年末南京市户籍总人口为662.79万人，比上年末增加9.39万人。

就业形势总体稳定。全年培育自主创业者2.04万人，其中大学生创业5071人。城镇新增就业22.42万人，实现再就业10.67万人，援助困难人员就业1.43万人，农村劳动力转移3.12万人次。开展各类职业技能培训40.11万人次。年末城镇登记失业率为1.88%。

居民收支稳定增长。根据城乡一体化住户抽样调查，全年全体居民人均可支配收入44009元，比上年增长8.8%。按常住地分，城镇居民人均可支配收入49997元，增长8.4%；农村居民人均可支配收入21156元，增长8.6%。城镇居民人均可支配收入中位数为46392元，增长8.4%；农村居民人均可支配收入中位数为20704元，增长9.4%。全体居民人均生活消费支出26802元，比上年增长7.7%，其中食品烟酒支出占比为26.2%。按常住地分，城镇居民人均生活消费支出为29772元，增长7.1%，其中食品烟酒支出占比为25.6%；农村居民人均生活消费支出为15773元，增长12.3%，其中食品烟酒支出占比为30.0%。

社会保障扩面提标。年末南京市城镇社会保险五大险种累计参保人数为1480.31万人次，其中企业职工基本养老保险参保人数303.50万人、城镇职工基本医疗保险参保人数400.21万人、失业保险参保人数259.76万人、工伤保险参保人数265.10万人、生育保险参保人数251.74万人。城乡低保标准和基础养老金标准分别统一提高到每人每月750元和345元。企业退休人员人均月养老金达到2781元，位列全省第一。全年累计新开工保障房495万平方米，竣工413万平方米，完成棚户区改造365万平方米，率先将公租房货币化保障对象扩大到城市中等偏下收入住房困难家庭和新市民，发放住房租赁补贴5.28亿元。年末南京市城乡居民享受最低生活保障9.54万人，享受国家抚恤、补助等各类优抚人员达到2.17万人。

养老服务能力不断提高。年末南京市福利收养单位拥有床位5.5万张，收养人员2.16万人，其中社会福利院拥有床位6745张，收养人员2323人。建立城镇各类社区服务设施11030处，区、街镇社区服务中心1346个。建成社区居家养老服务中心1255个，其中由专业社会组织运营，具备“助餐、助医、助急”等养老服务能力的市3A级社区居家养老服务中心达261个。社区养老服务设施配建达标率100%。现有养老机构305家，机构床位数6.6万张，其中当年新增养老机构床位4080张，城乡居家养老服务中心覆盖率达100%。

第二章　2016年苏州市经济社会发展报告

2016年，面对错综复杂的宏观经济环境，苏州市上下在苏州市委、市政府的正确领导下，深入贯彻党的十八大和十八届三中、四中、五中、六中全会精神，以习近平总书记系列重要讲话特别是视察江苏重要讲话精神为指引，自觉践行五大发展理念，坚持稳中求进工作总基调，坚定不移推进供给侧结构性改革，积极应对各种风险和挑战，统筹推进稳增长、促改革、调结构、惠民生、防风险等各项工作，苏州市经济运行总体平稳、稳中有进、稳中向好，经济结构加快调整，改革创新深入推进，生态环境持续改善，民生质量不断提高，社会发展和谐稳定。

一、综合

经济运行总体平稳。初步核算，苏州市实现地区生产总值1.54万亿元，按可比价计算比上年增长7.5%以上。人均地区生产总值(按常住人口计算)14.5万元，按年平均汇率折算达到2.2万美元。

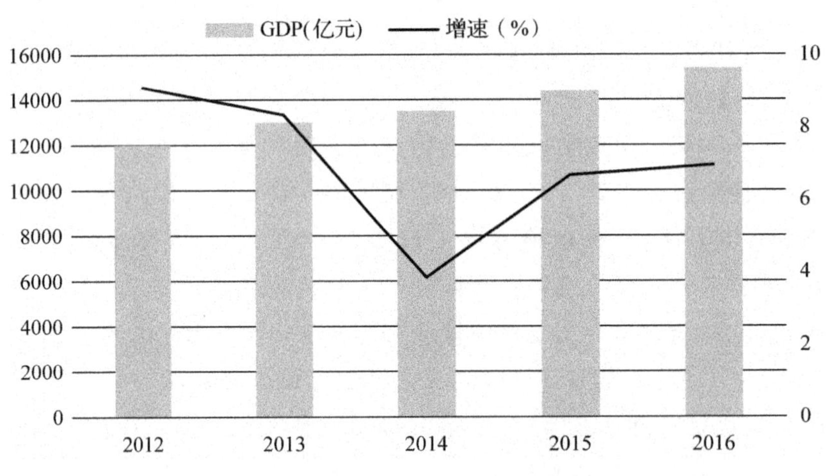

图1　苏州市GDP规模及实际增速

数据来源：历年《江苏统计年鉴》。

经济结构持续优化。服务经济发展提速，继2015年首次形成“三二一”产业结构之后，2016年苏州服务业增加值占比首次超过50%。全年实现服务业增加值7916亿元，比上年增长10.0%，占地区生产总值的比重达51.4%，比上年提高1.5个百分点。2011年全市地区生产总值跃上万亿元台阶，2016年预计达到1.54万亿元。产业结构在优化调整中实现了“三二一”的历史性转变，三次产业结构由2011年的1.5∶55.6∶42.9演变为2016年的1.4∶47.2∶51.4。

宏观效益稳定提高。财税收入平稳增长，全年实现一般公共预算收入1730亿元，比上年增长10.8%。其中税收收入1505.8亿元，增长12.5%，税收收入占一般公共预算收入的比重达87%，比上年提高1.2个百分点，财政收入总量、增量和税收占比保持全省首位。财政支出更多投向民生领域，全年一般公共预算支出1617.2亿元，比上年增长5.9%。其中城乡公共服务支出1221.3亿元，城乡公共服务支出占一般公共预算支出的比重达75.5%。

市场主体活力有效激发。年末苏州市市场主体总量达到112.8万户，总注册资本4.4万亿元，苏州成为省内首个市场主体总量超过100万户的城市。全年新增私营企业8.3万户，比上年增长27.7%；新增个体工商户10.9万户，比上年增长12.3%。新增私营企业和个体工商户注册资金分别比上年增长57.1%和19.1%。

“三去一降一补”年度任务全面完成。全年关停、淘汰落后低效产能企业977家；新增企业直接融资1399亿元；降低企业成本300亿元；基础设施、生态环境等111个“补短板”重点项目完成投资200亿元。

二、农业和农村建设

农业生产保持稳定。苏州市实现农林牧渔业总产值424.67亿元，按可比价计算比上年下降0.3%。全年粮食总产量97.68万吨，比上年下降9.7%，其中夏粮产量28.91万吨，下降20.6%；秋粮产量68.77万吨，比上年下降4.2%。全年猪牛羊禽肉产量9.83万吨，比上年下降9.2%；禽蛋产量3.8万吨，比上年下降12.4%；水产品产量25.29万吨，比上年下降3.5%。

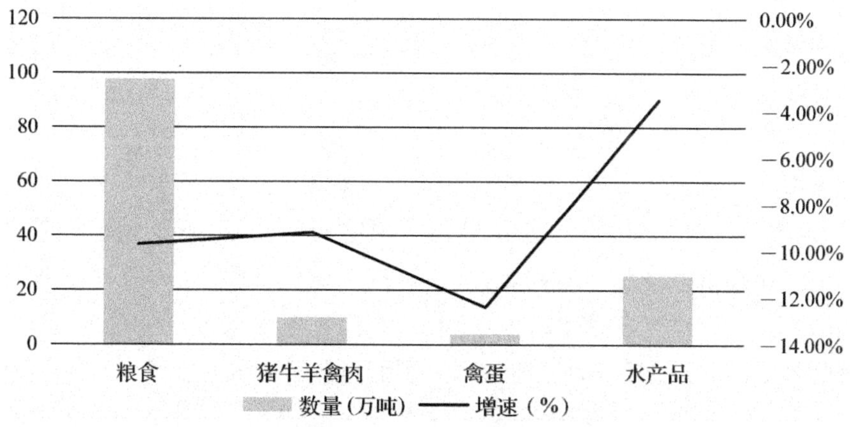

图2 苏州市2016年农产品产量及实际增速

数据来源：历年《苏州统计年鉴》。

现代农业生产方式加快转变。全年新建成高标准农田3.5千公顷，新增现代农业园区面积4.9千公顷，年末现代农业园区总面积达75.5千公顷。农业适度规模经营比重达92%，农业综合机械化水平88.5%。创新产销对接模式。搭建一批农产品产销对接平台，年末苏州市共有5家省级农产品电子商务示范单位，46个农产品电子商务“淘宝村”，全年农产品生产和经营企业实现网上交易额26.5亿元。

农村改革稳步推进。年末苏州市农村各类合作组织4407家，持股农户比例超过96%。年末农村集体经济总资产1720亿元，村均年稳定性收入801万元，分别比上年增长6.8%和3.2%。苏州市618个村完成农村承包土地确权登记颁证工作。

三、工业和建筑业

工业生产保持平稳。苏州市实现工业总产值35767亿元,比上年增长0.1%,其中规模以上工业总产值30679亿元,增长1.1%。规模以上工业中,国有及国有控股工业产值785亿元,比上年增长1.8%;外商及港澳台资工业产值19653亿元,比上年增长1.3%;民营工业产值10400亿元,比上年增长0.6%。电子、电气、钢铁、通用设备、化工、汽车六大行业实现产值20542亿元,比上年增长1.7%,占规模以上工业总产值的比重达67.0%。

表1 2016年规模以上工业企业工业总产值及其增长速度

指　　标	利润总额(亿元)	比上年增长
规模以上工业总计	30679	1.1%
其中:国有及国有控股企业	785	1.8%
外商及港澳台商投资企业	19653	1.3%
民营企业	10400	1.7%

数据来源:历年《苏州统计年鉴》。

先进制造业加快发展。苏州市制造业新兴产业产值15265亿元,比上年增长2.2%,占规模以上工业总产值的比重达49.8%,比上年提高1.1个百分点。工业机器人、光伏、轨道交通、新能源汽车、生物技术和新医药五大新产业实现产值1915亿元,比上年增长5.2%。其中工业机器人产业产值161亿元,增长14.8%;光伏产业产值615亿元,增长10.3%。高端产品产量快速增长。工业机器人产量比上年增长171.3%;运动型多用途乘用车(SUV)产量增长110.7%;锂电池产量增长67.9%;光电子器件产量增长25%;医疗仪器设备及器械产量增长29.2%。

工业效益稳定改善。2016年,在持续推进供给侧结构性改革、不断创新经济调控调节方式的综合作用下,苏州工业经济效益稳步提高,运行质量持续优化,稳中提质的特征进一步显现:一是全年销售收入由降转增。2016年,规模以上工业企业主营业务收入30223亿元,增速为1.7%,扭转了2015年销售收入下降(−1.5%)的局面。二是利润增长逐步加快。2016年,规模以上工业企业实现利润1761亿元,增速由一季度的5.5%、上半年的7.7%、三季度的12.7%提升至全年的14.1%。规模以上工业企业亏损面22.3%,比上年回落3.3个百分点,降低至2013年以来的最低值。三是利润率明显上升。2016年,规上工业企业主营业务收入利润率为5.83%,比上年提高0.75个百分点。四是部分重点行业盈利增长较快。2016年,黑色金属冶炼和压延加工业实现利润63.3亿元,同比增长39.9%,扭转了2015年利润下降(−22.8%)的局面;汽车制造业实现利润126.6亿元,同比增长46.0%;化学原料和化学制品制造业实现利润177.2亿元,同比增长33.9%,较上年增速加快25.2个百分点。

建筑业基本稳定。苏州市完成建筑业总产值1856亿元,比上年下降5.1%,其中建筑、安装工程产值1842亿元,下降5.1%。竣工产值1702亿元,比上年增长3.6%,竣工率为91.7%。苏州市资质以上建筑业企业房屋施工面积9682万平方米,比上年下降11%,其中新开工面积2730万平方米,下降1.8%。年末拥有总承包和专业承包资质建筑企业1395家,实现利税140亿元,比上年下降 5.5%。建筑业全员劳动生产率 32.28 万元/人，比上年下降 1.1%。建筑业企业在外省完成建筑业产值 513 亿元，比上年增长 19.4%。

四、服务业

2016 年，在国际、国内经济环境依然复杂严峻的情况下，苏州市主动适应经济发展新常态，积极推进服务业供给侧结构性改革，着力培育新动力，激发市场新活力，“三二一”产业发展格局得到进一步巩固，第三产业增加值 7975.8 亿元，全市服务业增加值占 GDP 比重首次超过 50%，服务业成为该市经济增长的主引擎，服务业税收 1288.9 亿元，为全市“稳增长、调结构、惠民生”作出了积极贡献。

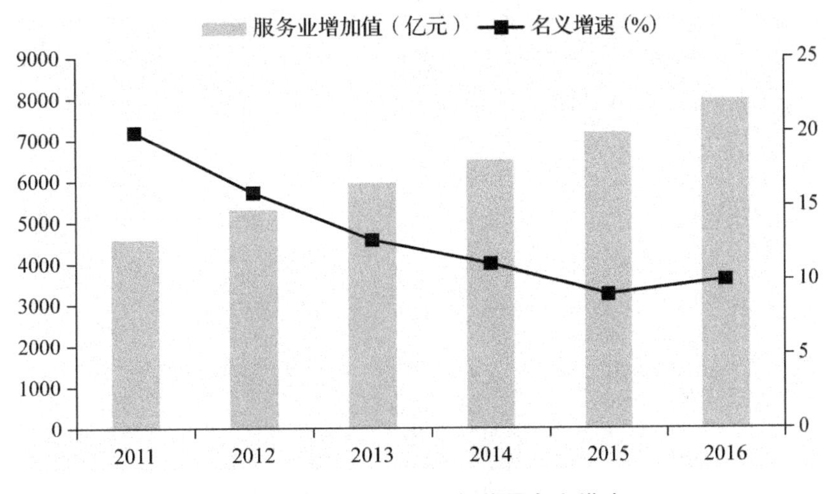

图 3　苏州市服务业增加值及名义增速

数据来源：历年《江苏统计年鉴》。

2016 年，苏州市完成服务业固定资产投资 3660.3 亿元，苏州市新设各类市场主体超 8 成都投向了服务业。全年新设服务业企业 7.37 万户，新设服务业个体户 9.75 万户，占全市的比重达到 81.5%和 89.2%；新设服务业企业注册资金 4229.6 亿元，新设服务业个体户注册资金 95.8 亿元。

2016 年，苏州市利用外资继续向服务业领域倾斜且层次有所提升。新引进养老服务、知识产权服务、纳米材料研发、能源管理、云计算和大数据服务、科技企业孵化器管理服务等一批现代服务业项目。全年服务业新设外商投资项目 554 个，实际使用外资 20.8 亿美元，比上年提高 4.8 个百分点。

重点产业的支撑作用日益明显。2016 年，金融业实现增加值 1333.8 亿元，占 GDP 的比重达 8.6%，苏州股权交易中心、江苏（苏州）环境交易中心获批开业运营。全年物流总费用 2255.1 亿元，张家港玖隆物流园获评国家级示范物流园区，“苏满欧”国际铁路货运全年累计发运出口班列 120 次，运载货物突破 1 万标箱，货值 9.77 亿美元。文化创意产业蓬勃发展，全市文化创意产业主营业务收入超过 4700 亿元，第五届苏州“创博会”成功举办，实现交易总额 65.4 亿元。旅游发展量质并举。全市实现旅游总收入 2078 亿元，增长 11.5%，成为全国首批、全省唯一的“国家全域旅游示范区”创建地级市。科技服务业提升发展，实现收入 200 亿元，增长 16%，全年分别新增国家级、省级众创空间24家和41家。

2016年,规模以上高技术服务业企业营业收入达到694.3亿元。电子商务发展迅猛,全年电子商务交易额突破9100亿元,增长30%,全市3家基地、8家企业获评国家和省级电子商务示范基地、示范企业。高新区获批国家知识产权服务业集聚发展示范区。6家企业被认定为“江苏省人力资源服务骨干企业”,3名行业精英被评为省级人力资源服务业十大领军人才。

五、固定资产投资和房地产开发

固定资产投资提质发展。全年完成全社会固定资产投资5648.49亿元,比上年下降7.8%。分产业看,第一产业完成投资0.91亿元,比上年下降76.4%;第二产业完成投资1987.31亿元,比上年下降9.8%,其中工业投资1982.29亿元,下降9.9%;第三产业完成投资3660.27亿元,比上年下降6.5%,占全社会固定资产投资的比重达64.8%。民间投资比重提升。全年完成民间投资3237.93亿元,比上年下降1.4%,民间投资占全社会固定资产投资的比重达57.3%,比上年提高3.7个百分点。

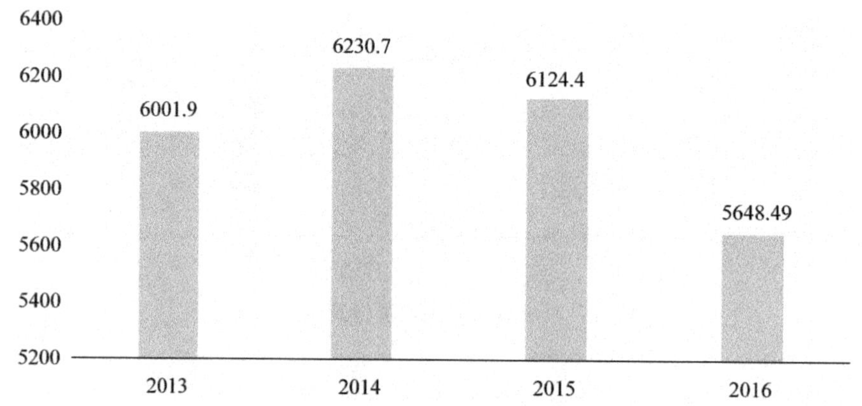

图4 2013—2016年苏州市固定资产投资(亿元)

数据来源:历年《苏州统计年鉴》。

“两新一改”投资占比提高。2016年,苏州市新兴产业投资总体表现为总量稳定、占比提升的运行态势。2016年,全市在建新兴产业投资项目2812个,比上年增加388个,完成投资1410亿元,占全社会投资的25.0%,占比提高1.4个百分点;其中工业新兴产业投资完成1290亿元,占工业投资的65.1%,占比提高4.8个百分点。

高新技术产业完成投资820.22亿元,占工业投资的比重达41.4%。工业技术改造投资1427.03亿元,占工业投资的比重达72.0%,比上年提高2.6个百分点。苏州市智能电网和物联网产业投资101亿元,增长36.2%;新型平板显示产业投资230亿元,增长17.5%;生物技术和新医药产业投资98亿元,增长16.9%。

房地产市场平稳发展。全年完成房地产开发投资2163.24亿元,比上年增长16.0%。商品房新开工面积2966.51万平方米,比上年增长37.8%;商品房施工面积12124.1万平方米,比上年增长7.4%;商品房竣工面积1882.07万平方米,比上年增长13.8%;商品房销售面积2494.05万平方米，比上年增长16.9%，其中住宅销售面积2258.6万平方米，比上年增长16.4%。

六、国内贸易和旅游

消费市场稳步提升。全年实现社会消费品零售总额4937亿元，比上年增长10.7%。其中，批发和零售业零售额4345亿元，比上年增长10.8%；住宿和餐饮业零售额592亿元，比上年增长9.3%。按经营单位所在地分，城镇消费品市场实现零售额4313亿元，比上年增长10.7%；农村消费品市场实现零售额624亿元，比上年增长10.7%。消费升级类商品增势较好。限额以上批发和零售业中，通信器材类商品零售额比上年增长12.1%；家具类商品零售额比上年增长13.3%；汽车类零售额比上年增长10.6%。

年末苏州市拥有国家级特色商业街18条，拥有亿元以上市场82个，实现市场成交额5878亿元，比上年增长5.6%。新型商业模式迅猛发展。全年电子商务交易额9000亿元，比上年增长30%。限额以上批发和零售业实现互联网零售额比上年增长29.1%。

旅游市场健康发展。苏州市实现旅游总收入2078亿元，比上年增长11.5%，其中旅游外汇收入21.56亿美元。全年接待入境过夜游客161.33万人次，接待国内游客11294.80万人次，分别比上年增长6.7%和6.5%。年末苏州市共有5A级景区6家(11个点)、4A级景区36家，五星级饭店29家。省级以上旅游度假区10家，其中国家级2家。苏州获评全国首批、全省唯一“国家全域旅游示范区”创建的地级市。游客满意度和旅游市场秩序指数保持全国前列。

七、开放型经济

对外贸易基本稳定。苏州市实现进出口总额18081亿元，其中出口10817亿元，进口7264亿元。苏州市一般贸易进出口比上年增长8.8%，占进出口总额的比重达33.6%，比上年提高4.2个百分点。从出口市场看，全年对美国出口比上年增长4.8%，对东盟出口增长4.0%，对欧盟出口增长3.2%，对日本出口下降8.2%；对“一带一路”沿线国家出口占苏州市出口总额的比重达20.3%，比上年提高1.5个百分点。

服务贸易发展良好。苏州市服务贸易进出口总额141.16亿美元，比上年增长15.0%。服务外包平稳发展。全年服务外包接包合同额128.44亿美元，比上年增长7.8%；服务外包离岸执行额66.84亿美元，比上年增长6.7%。

使用外资层次提升。全年新设外商投资项目784个，实际使用外资60亿美元，其中服务业实际使用外资占比42.8%，比上年提高4.7个百分点；战略性新兴产业和高技术项目实际使用外资占比50.0%。区域性外资总部集聚区建设取得新成效，苏州市新设具有地区总部特征或共享功能的外资企业30家，年末累计超过250家。

“走出去”步伐加快。全年新批境外投资项目中方协议投资额32亿美元，比上年增长56.7%，其中第三产业项目中方协议投资额占比56.6%；民营企业境外中方协议投资额占比74.9%。全年新签对外工程承包合同额15.1亿美元，比上年下降19.4%；完成营业额11.6亿美元，比上年增长11.2%。“一带一路”倡议效应进一步显现，对“一带一路”沿线国家协议投资额5.99亿美元，占比达18.8%。

开放水平继续提升。苏州获批国家跨境电子商务综合试验区、服务贸易创新发展试点城市。51 项自贸区改革试点经验在苏州市复制推广。年末苏州市拥有国家级开发区 14 家、省级开发区 3 家、综合保税区 7 家、保税港区 1 家。“苏满欧”国际铁路货运班列运能不断提升，全年累计发运出口班列 120 次，运载货物 10706 标箱，货值 9.77 亿美元。

八、交通运输、邮政电信

交通运输发展平稳。年末苏州市公路总里程 12680.78 公里，其中高速公路 598.12 公里。苏州市完成公路、水路客运量 3.26 亿人次，旅客周转量 124.74 亿人公里，均比上年下降 5.8%。公路、水路完成货运量 1.34 亿吨，货物周转量 225.07 亿吨公里，分别比上年增长 3.1%和 5.4%。全年铁路旅客发送量 4059 万人次，比上年增长 8.4%。铁路货物发送量 81.95 万吨，货物到达量 141.46 万吨。苏州港港口货物吞吐量 5.79 亿吨，比上年增长 7.3%，其中外贸货物吞吐量 1.51 亿吨，比上年增长 7.5%。苏州港集装箱运量 548 万标箱，比上年增长 7.4%。

汽车保有量稳步增长。年末拥有汽车 313.3 万辆，其中私家汽车 268.4 万辆，分别比上年增长 16.6%和 17.1%。

邮电业务快速发展。全年邮政业务收入 132.95 亿元，比上年增长 22.5%。全年发送快递 8.18 亿件，比上年增长 45.2%；实现快递业务收入 112.98 亿元，比上年增长 27.6%。电信业务收入 194.11 亿元，比上年增长 4.8%。年末固定电话用户 252 万户；移动电话用户 1690.6 万户，其中 4G 用户 1079.7 万户。年末互联网宽带用户数达 433.64 万户，比上年末净增 24.24 万户。

九、金融

金融运行保持稳定。年末苏州市金融机构总数 774 家，金融从业人员 7.5 万人，金融总资产 4.4 万亿元。年末苏州市金融机构人民币存款余额 25864.26 亿元，比年初增加 2205.16 亿元，比年初增长 9.3%。年末金融机构人民币贷款余额 21924.44 亿元，比年初增加 2724.34 亿元，比年初增长 14.2%。

银行业发展稳中有进、进中提质。年末全市银行业资产总额 3.28 万亿元，同比增长 8.6%。本外币存款新增 2496.5 亿元，余额 2.77 万亿元，占全省的 22%，列全国大中城市第 10 位；贷款新增 2591 亿元，余额 2.27 万亿元，占全省的 22%，列全省首位，列全国大中城市第 9 位。12 月份全市1 年期贷款加权平均利率为 5.18%，同比下降 0.2 个百分点，较全省低 0.3 个百分点。不良率 1.35%，同比下降 0.11 个百分点，低于全省平均水平。

保险业务稳步增长。全年新增保险机构 6 家，年末保险机构 81 家，各类分支机构 921 家。全年保费收入 524.57 亿元，比上年增长 42.4%；保险赔款和给付支出 156.35 亿元，比上年增长 14.5%。保险深度、保险密度分别达到 3.41%和 4940 元/人。

证券业务平稳发展。年末苏州市证券交易开户总数 233 万户。证券机构托管市值总额 6176 亿元。全年各类证券交易额 4.87 万亿元，期货市场交易额 2.84 万亿元。

资本市场作用凸显。全年新增上市公司 13 家，年末上市公司总数达 113 家，累计募集资金

1582亿元。新增“新三板”挂牌企业203家，累计达432家。全年新增债券融资1373.8亿元，比上年多增688.1亿元。债券融资快速发展。全年新增债券融资1373亿元，同比多增688亿元。东吴证券包揽全国首批双创公司债，为三家苏州创新创业企业合计募集资金6000万元。大力推动企业并购重组。设立首期规模为1亿元的并购引导基金，通过招投标方式选择国内有实力的并购专业机构，引导国内优质资源为苏州企业并购重组服务。权益类要素市场加快发展。苏州股权交易中心、江苏国际知识产权运营交易中心、江苏（苏州）环境交易中心获批开业运营，江苏国际知识产权运营交易中心是省内首家以知识产权为对象的交易市场。相城区农村产权交易中心获批筹建，市、区、镇三级农村产权交易市场体系有序建设。

十、科技和教育

科技创新加快推进。苏州市财政性科技投入95.2亿元，占一般公共预算支出的5.9%。研究与试验发展经费支出占地区生产总值的比重达到2.7%。苏州市新增高新技术企业920家，累计4133家。高新技术产业产值14382亿元，占规模以上工业总产值的比重达46.9%，比上年提高1个百分点。全年新增省级以上民营科技企业1472家，累计达11825家。

创新载体加快培育。全年新增24家国家级众创空间，41家省级众创空间，年末共有国家级众创空间32家，省级众创空间88家，规模领跑全省。年末苏州市共有省级以上科技孵化器93家，孵化面积490万平方米，省级以上在孵企业超6100家。中科院电子所苏州研究院、纳米真空互联实验站开工建设。清华—苏州环境创新研究院、华中科技大学（苏州）脑空间信息技术研究院、牛津大学—苏州先进研究中心、悉尼大学中国中心相继设立。年末省级以上公共技术服务平台60家，其中国家级15家。新增省级以上工程技术研究中心43家，累计达620家；新增省级以上企业技术中心61家，累计达381家；新增省级以上工程中心（实验室）11家，累计达68家。

创新人才加速聚集。年末苏州市各类人才总量243万人，其中高层次人才19.8万人，高技能人才52.43万人。年末拥有各类专业技术人员162.5万人，比上年增长8.6%。新增国家“千人计划”32人，累计达219人，其中创业类人才120人。新增省“双创计划”人才104人，累计达683人。

创新成果质量提升。全年专利申请量和授权量分别达10.1万件和5.1万件，其中发明专利申请量和授权量分别达4.5万件和1.2万件，发明专利申请占比由上年的43.8%提高至44.6%，发明专利授权占比由上年的16.8%提高至23.5%。万人有效发明专利拥有量达到37.6件，比上年增加10.1件。

教育资源优化布局。全年新建和改扩建中小学、幼儿园52所，新增学位6.6万个。苏州市拥有各级各类学校（含外来工子弟学校）754所，在校学生131.04万人，毕业生26.9万人，专任教师8.27万人。其中普通高等院校22所，独立学院5所，普通高等学校在校学生21.93万人，毕业生5.93万人。高等教育毛入学率68.5%。成人高等学校在校学生3.96万人，毕业生1.26万人。拥有幼儿园（含民办）754所，在园幼儿32.44万人。

十一、文化、卫生和体育

公共文化服务体系进一步完善。年末苏州市共有文化馆11个、文化站98个、公共图书馆12个、博物馆42个。文化创意产业做大做强。苏州市有8个国家级、15个省级和55个市级文化产业示范园区(基地),全年文化创意产业主营业务收入超过4700亿元,比上年增长15%。文化保护与传承进一步加强。苏州市现有市级以上文物保护单位816处,其中全国重点文物保护单位59处、省级112处,国家级历史文化名镇13个、名村5个。推动苏州文化"走出去"。全年共组织文化"走出去"项目47批次,涵盖"一带一路"沿线中东欧和欧美共23个国家和地区。

医疗卫生服务能力持续增强。年末苏州市拥有各类卫生机构3210个,其中医院208个、卫生院77个。年末卫生机构床位数6.3万张,其中医院病床5.61万张;拥有卫生技术人员7.43万人,其中执业医师和执业助理医师2.81万人、注册护士3.23万人,分别比上年增长7.3%和14.5%。学科建设和人才培养成效显著。苏州市建成国家级医学重点学科2个,临床重点专科16个,位列全国地级市前列。医药卫生体制改革取得成效,分级诊疗制度初步形成,上下联动、统一协作的健康管理综合服务机制逐步健全。苏州市建成紧密合作型医联体97个,组建家庭医生团队1030个,签约家庭65万户,实行社区药品"直通车"制度。苏州科技城医院正式投用,加快整合广济医院、苏州市第五人民医院打造公共医疗中心。

体育事业稳步发展。体育设施建设加快推进。年末苏州市公共体育设施面积超过3290万平方米,共有全民健身站点6903个、健身步道1653公里。苏州工业园区体育中心抓紧建设,苏州湾体育公园建成开园,环古城河健身步道全面提升。竞技体育实力增强。苏州体育健儿在里约奥运会、残奥会上夺得7枚金牌。昆山成功举办"汤尤杯"世界羽毛球团体锦标赛。全年体育彩票销售39.17亿元。

十二、人口和就业

人口总量基本稳定。年末苏州市常住人口1062.57万人,其中城镇人口802.24万人。苏州市户籍人口678.2万人,户籍人口出生率11.2‰,比上年提高1.28个千分点;户籍人口自然增长率4.85‰,比上年上升1.81个千分点。

就业形势保持平稳。苏州市新增就业17.11万人,开发公益性岗位0.93万个,城镇就业困难人员实现就业1.8万人。城镇登记失业率1.89%。苏州籍应届高校毕业生就业率达到98.52%。全年免费城乡劳动者职业技能培训4.3万人。全力推进大众创业。年末苏州市共有国家级创业示范基地1家,省级创业示范基地23家,各级创业孵化载体214家。

十三、人民生活和社会保障

居民收入平稳增长。根据抽样调查,全体常住居民人均可支配收入46460元,比上年增长8.1%。其中城镇常住居民人均可支配收入54400元,比上年增长8.0%;农村常住居民人均可支配收入27750元,比上年增长8.5%。

物价水平基本稳定。市区居民消费价格总水平比上年上涨2.7%。八大类商品及服务价格“七升一降”。其中食品烟酒类价格比上年上涨4.3%;衣着类价格上涨2.0%;居住类价格上涨1.7%;生活用品及服务价格上涨2.0%;教育文化和娱乐价格上涨1.4%;医疗保健价格上涨14.0%;其他用品和服务价格上涨2.8%;交通和通信类价格比上年下降2.3%。

表2 2015—2016年苏州农村居民消费情况

指标名称	2015年	占比(%)	2016年	占比(%)	增幅(%)
生活消费支出(元)	**16761**	**100.0**	**18820**	**100.0**	**12.3**
(一)食品烟酒	4327	25.8	4832	25.7	11.7
(二)衣着	1029	6.1	1058	5.6	2.9
(三)居住	3462	20.7	4468	23.7	29.1
(四)生活用品及服务	931	5.6	1084	5.8	16.5
(五)交通通信	3282	19.6	3484	18.5	6.2
(六)教育文化娱乐	2127	12.7	2171	11.5	2.1
(七)医疗保健	1089	6.5	1194	6.3	9.6
(八)其他用品和服务	515	3.1	529	2.8	2.8

社会保障体系进一步完善。年末苏州市企业职工养老保险缴费人数478.46万人,比上年增加8.45万人;企业养老保险享受人数147.06万人。市区企业退休人员月人均增加养老金148元。年末城乡居民社会养老保险参保人数46.37万人,领取基础养老金人数43.16万人。参加城镇职工基本医疗保险人数635.09万人,比上年增加23.37万人;参加居民医疗保险人数276.82万人。参加失业保险人数446.63万人,比上年增加23.09万人。苏州市城镇职工社会保险覆盖率、城乡居民养老保险和医疗保险覆盖率均保持在99%以上。

苏州市城乡最低生活保障标准由750元/月提高至810元/月。年末苏州市1.76万户、共计2.89万人享受低保,全年发放低保金2.13亿元。市区居民基础养老金由每人每月380元上调至430元。全年社会救助支出19.28亿元。年末拥有各类养老机构232个,养老机构床位总数66701张。苏州市新开工建设保障性住房3.14万套,基本建成3.21万套,为837户困难家庭发放住房租赁补贴。苏州市新增缴存公积金职工68.85万人,年末缴存住房公积金职工数达268.89万人,全年职工提取公积金245.72亿元。

强化食品安全监管。在全省率先建成覆盖城乡的食品安全监测预警网络体系。全年累计抽检各类食品5.94万批次,每千人抽检率达5.6批次,动态合格率为98.8%。立案查处食品安全案件2930起。

十四、城市建设和公用事业

全年完成基础设施投资738.1亿元。常嘉高速公路、张家港疏港高速公路建成通车,沪通铁路苏州段建设进展顺利。城市轨道交通加快建设。轨道交通2号线延伸线建成运营,4号线及支线工程试运行、3号线、5号线建设稳步推进。市区人民路综合整治提升工程基本完成。苏州汽车西站综合客运枢纽建设投运。苏州市建成换乘停车场24处,泊位1万多个。苏州工业园区桑田岛地下综合管廊建成使用,海绵城市试点项目积极推进。1000千伏特高压淮上线东吴变电站投入运行,“城市光网”覆盖到村,“智慧苏州”重点项目加快建设。

全年全社会用电量1382.58亿千瓦时,比上年增长5.4%。其中工业用电量1116.3亿千瓦时,增长3.9%;城乡居民生活用电108.26亿千瓦时,增长14.5%。苏州市拥有区域供水厂22座,总供水能力717.5万立方米/日,其中市区(不含吴江,下同)自来水日供水能力达到255万立方米。全年新建、改建城镇生活污水处理厂5座,新增生活污水处理能力11.55万吨/日,年末生活污水处理能力达到379万吨/日。城镇生活污水处理率达到95.2%,农村生活污水处理率达到75%。市区管道天然气供气总量8.3亿立方米。

年末城市轨道交通运营线路总长86.1公里,全年运营总里程864.2万列公里,线网客流总量15056.8万人次。市区新辟公交线路34条,其中社区巴士线路20条,年末营运线路364条,线路总长7290公里,全年公交运客总量5.72亿人次。年末市区营运出租汽车4803辆。全年新增农村客运(公交)班线20条,行政村农村客运班车通达率、镇村公交开通率均保持100%。

十五、环境保护和节能降耗

生态保护得到加强。苏州市环保投入641亿元,比上年增长11.2%,占地区生产总值的比重达4.2%。苏州市新增生态红线保护面积54.5平方公里,总面积达3260平方公里。生态文明建设“十大工程”重点项目全年完成投资127.1亿元。苏州市空气质量达标天数(按AQI标准)比例为76.2%。市区PM2.5年均浓度比上年下降20.7%。集中式饮用水水源地水质达标率100%。市区新增绿地面积350万平方米,建成区绿化覆盖率42.7%,市区建成区人均公园绿地面积14.99平方米。农村新增林地、绿地624.73公顷,陆地森林覆盖率29.69%。苏州市建成美丽村庄示范点10个、三星级康居乡村305个。

节能减排扎实推进。全面推进工程减排、结构减排和管理减排,实施减排项目181个。劝退、拒批不符合环保要求建设项目132个。整治燃煤小锅炉1802台。主要污染物排放总量削减完成省下达的任务。苏州市新增三星级以上“能效之星”企业33家,累计达411家。

2016年,苏州经济社会发展取得了新提升、新成效,实现了“十三五”良好开局。但同时也应看到,经济社会发展中依然面临不少困难和矛盾,经济发展新动力仍显不足,科技创新还未成为推动发展的主动力,结构性矛盾比较突出,产业竞争力整体不强,深化改革任务艰巨繁重,民生事业需要进一步加大力度,生态环境建设任务仍需持续发力。新的一年中,苏州市要以五大发展理念为引领,以提高发展质量和效益为中心,以供给侧结构性改革为主线,聚力创新求突破,聚焦富民见实效,全力推动苏州经济社会发展再上新台阶,努力当好建设“强富美高”新江苏的先行军排头兵,以优异成绩迎接党的十九大胜利召开。

第三章　2016 年无锡市经济社会发展报告

2016 年，在市委、市政府的正确领导下，无锡市上下积极贯彻五大发展理念，把握引领发展新常态，全力推进供给侧结构性改革，统筹做好稳增长、促改革、调结构、惠民生、优生态、防风险等各项工作，无锡市经济运行总体保持平稳，产业强市建设成效初显，实现了“十三五”的良好开局。

一、总体经济

经济运行总体平稳。无锡市实现地区生产总值 9210.02 亿元，按可比价格计算，比上年增长 7.5%。按常住人口计算人均生产总值达到 14.13 万元。

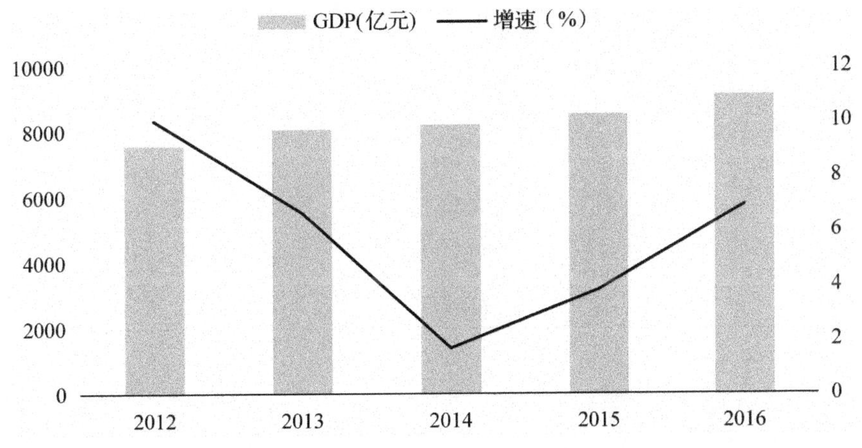

图 1　2012—2016 年无锡市 GDP 规模及实际增速

数据来源：历年《江苏统计年鉴》。

产业结构加快调整。无锡市实现第一产业增加值 135.19 亿元，比上年下降 2.4%；第二产业增加值 4346.78 亿元，比上年增长 6.8%；第三产业增加值 4728.05 亿元，比上年增长 8.6%；三次产业比例调整为 1.5∶47.2∶51.3。

就业和再就业持续推进。全年城镇新增就业 14.9 万人，其中：各类城镇下岗失业人员实现就业再就业 6.28 万人，援助就业困难人员再就业 1.94 万人。无锡市城镇登记失业率为 1.85%。

大众创业活力迸发。年末无锡市工商部门登记的各类企业达 24.15 万户，其中国有及集体控股公司 1.93 万户，外商投资企业 0.63 万户，私营企业 21.59 万户，当年新登记各类企业 3.82 万户。年末个体户 30.94 万户，当年新增 5.28 万户。

消费品价格稳中有涨。全年市区居民消费价格指数（CPI）为 102.3，比上年扩大 0.5 个百分点。其中服务项目价格指数为 103.6，消费品价格指数为 101.4，商品零售价格指数为 100.9。

市场主体活力增强。商事制度改革深入推进,在全省率先实施“三证合一”、“一照一码”和“全程电子化”登记。全年新设立各类市场主体16.7万户,比上年增长16.0%,其中新增私营企业6.5万户,增长18.7%;个体工商户9.7万户,增长15.2%。新增私营企业和个体工商户注册资金分别比上年增长69.2%和23.9%。

二、农业

农业生产小幅下降。全年粮食总产量59.16万吨,比上年下降18.1%。预计油料总产量8073吨,比上年下降6.5%,其中油菜籽6484吨,比上年下降5.6%;茶叶总产量6507吨,比上年下降3.0%;水果总产量17.62万吨,比上年略降0.4%。全年水产品产量12.67万吨,比上年略增1.2%。

种植业结构调整。全年粮食种植面积为94.06千公顷,比上年减少7.94千公顷;油料种植面积为3.65千公顷,比上年减少0.15千公顷;蔬菜种植面积45.90千公顷,比上年减少3.2千公顷;水果种植面积16.35千公顷,比上年增加0.41千公顷。

表1　2016年无锡市主要农产品产量及其增长速度

产品名称	产　量	比上年增长(%)
粮食	591626	−18.1
油料	8073	−6.5
#油菜籽	6484	−5.6
茶叶	6507	−3
水果	176222	−0.4
水产品	126715	1.2

三、工业和建筑业

工业生产保持稳定。无锡市规模以上工业企业实现增加值3075.49亿元,比上年增长5.8%。分经济类型看,国有企业总产值增长19.2%,集体企业总产值增长3.3%,股份制企业总产值增长3.2%,外商及港澳台商投资企业总产值增长4.6%,其他经济类型企业总产值下降10.5%。无锡市统计的284只主要工业产品中,产品产量比上年增长的有164只,占无锡市统计产品数的57.7%。在无锡市跟踪统计的22种重点产品中,有15种产品的产量实现增长。

2016年工业生产形势明显好于上年,产值和增加值增速呈现上半年稳步上扬、三季度小幅回落、四季度再次回升的走势。1—12月,全市完成规模工业产值15084.3亿元,首次突破15000亿元大关,同比增长3.8%,比去年同期提高2个百分点,分别比南京和苏州高出2.8个和2.7个百分点。完成规模工业增加值3075.5亿元,同比增长5.8%,比上年提高1.4个百分点,增速高于南京和苏州各1个百分点,列全省第11位,比上年前进1位。分地区看,梁溪、新吴、惠山、滨湖四个地区产值增速超额完成全年目标,分别为8.7%、6.9%、5.1%和5.1%,锡山区产值增长4.2%,超过全市平均;江阴、宜兴产值增速低于全市平均,分别为2.8%和0.6%。

企业效益明显提升。2016 年前 11 个月，全市规模工业主营业务收入 13037 亿元，同比增长 3.7%；实现利税 1104.5 亿元，同比增长 10.6%；实现利润 812.1 亿元，同比增长 11.7%，比去年同期提高 4.8 个百分点，增速超出全省平均 1.2 个百分点，列全省第 6 位，比去年同期前移 6 位。亏损企业亏损面收窄 1.95 个百分点，亏损额同比下降 9.6%。分企业规模来看，大中型企业亏损情况好于小微企业：大、中企业亏损面分别为 8.0%和 16.5%，小、微企业亏损面分别为 23.8%和 37.4%。

工业投资稳步增长。2016 年，全市工业投资增速前高后低，全年完成工业投资 2045.5 亿元，同比增长 7.1%，比上年下降 5.9 个百分点，高于全社会固定资产投资 5.1 个百分点。总量列全省第 4 位，比上年前进 2 位；增速列全省第 11 位，分别比南京和苏州高出 21.5 个和 14.5 个百分点。全市工业技改投资完成 1329.3 亿元，占工业投资的 65%，投入超千万元的工业技改项目开工 867 个，增长 22.1%；竣工 563 个，下降 14%。民间投资完成 1487.9 亿元，同比增长 8.1%，成为全市工业投资增长的主要拉动力量。全市新增工业用地 588.7 公顷，同比略降 1.8%，增速比去年同期提高 20.5 个百分点。

表 2　2016 年无锡市主要工业产品产量及其增长速度

产品名称	单位	产量	比上年增长(%)
家用洗衣机	万台	1023.55	46.8
发动机	万千瓦	5078.64	47.3
电动自行车	万辆	371	2.1
家用电热水器	万台	101.34	−6.6
电力电缆	万千米	381.5	0.5
塑料制品	万吨	135.03	8.3
纱	万吨	55.65	−0.9
布	万米	78329.54	59.7
呢绒	万米	11316.92	−2.2
服装	万件	55889.8	3.6
合成纤维	万吨	393.08	3.6
锂离子电池	万只	41426.35	−12.4
半导体分立器件	亿只	1121.37	13.6
集成电路	亿块	292.54	25.3
数码照相机	万台	248.91	−33.2
硬盘存储器	万台	6787.13	24
微型计算机设备	万台	101.84	0
电子元件	亿只	133.24	12.7
印制电路板	万平方米	1540.15	−0.8
粗钢	万吨	1261.51	12.3
钢材	万吨	2259.22	15.8
发电量	亿千瓦时	432.78	19

数据来源：历年《江苏统计年鉴》。

建筑业稳步发展。全年建筑业完成增加值 369.68 亿元，比上年增长 4.3%；实现建筑业总产值 633.52 亿元，比上年增长 5.3%。施工房屋建筑面积 3313.48 万平方米。2 个建设工程项目获得鲁班奖,8个建设工程项目获江苏省优质工程奖“扬子杯”(房屋建筑工程),114个建设工程项目获无锡市“太湖杯”优质工程奖。

四、固定资产投资

固定资产投资小幅增长。全年固定资产投资完成4795.25亿元,比上年增长2.0%。分产业投向:第一产业投资9.05亿元,比上年下降11.4%,第二产业投资2048.65亿元,比上年增长7.0%,第三产业投资2737.55亿元,比上年下降1.4%。

商品房销售快速增长。全年房地产业实现增加值527.49亿元,比上年增长8.4%。完成房地产开发投资1033.62亿元,比上年增长4.2%,商品房施工面积为5986.76万平方米,比上年下降9.1%,竣工面积1325.22万平方米,比上年增长12.3%。全年商品房销售面积1276.41万平方米,比上年增长29.3%,商品房销售额1108.03亿元,比上年增长42.7%。

五、国内贸易

消费品市场平稳运行。全年实现社会消费品零售总额3119.56亿元,比上年增长9.6%。其中,批发和零售业零售额2880.94亿元,比上年增长9.4%,住宿和餐饮业零售额238.62亿元,比上年增长11.2%。按经营地统计,城镇社会消费品零售总额2671.95亿元,比上年增长10.0%;乡村社会消费品零售总额447.61亿元,比上年增长7.1%。在限额以上批发和零售业零售额中,汽车类增长6.3%;粮油、食品类增长3.6%;石油及制品类增长1.1%;中西药品类增长11.6%;家具类增长6.6%;文化办公用品类增长2.2%。

六、开放型经济

对外贸易实现正增长。按美元计,全年实现对外贸易进出口总额698.05亿美元,比上年增长2.0%。其中,进口总额268.95亿美元,比上年增长2.5%;出口总额429.10亿美元,比上年增长1.6%。一般贸易实现出口额232.67亿美元,总量占比达54.2%。按人民币计,全年实现对外贸易进出口总额4610亿元,比上年增长8.5%。其中,进口总额1777.73亿元,比上年增长9.1%;出口总额2832.26亿元,比上年增长8.1%。

表3 2016年无锡市对主要国家和地区进口、出口总额及其增长速度

出口国家和地区	2016年	增长(%)	进口国家和地区	2016年	增长(%)
美国	656535	−0.7	日本	498391	−2.8
香港	583308	−2	韩国	495361	13.2
日本	397408	1.5	台湾	221927	5.4
韩国	335814	11.8	澳大利亚	156124	12.3
印度	131406	3.3	美国	146617	−8.9

利用外资结构优化。全年批准外资项目354个，协议注册外资44.83亿美元，下降19.0%。到位注册外资34.13亿美元，增长6.3%。制造业利用外资占到位注册外资比重达到66.3%，全年完成协议注册外资超3000万美元的重大外资项目45个。至2016年底，全球财富500强企业中有96家在无锡市投资兴办了182家外资企业。

服务外包产业快速增长。无锡市服务外包产业接包合同总额122.4亿美元，比上年增长23.4%，执行金额102.9亿美元，比上年增长24.6%；离岸合同总额80.9亿美元，比上年增长23.2%，离岸执行金额65.1亿美元，比上年增长22.8%。

对外经济合作势头良好。全年备案投资项目142个，中方协议投资额达到20.97亿美元，比上年增长20%，其中1000万美元以上项目42个。

七、交通运输、邮政电信和旅游业

交通运输能力提升。年末全社会拥有车辆176.9万辆，比上年增长6.4%。其中汽车158.5万辆，比上年增长11.5%。私人汽车拥有量年末达到133.8万辆，比上年增长13.8%。

客货运输基本稳定。全年完成客运量9025.56万人次，比上年增长1.4%；完成货运量15408.68万吨，比上年增长0.4%。无锡市港口吞吐量18815.07万吨，比上年下降5.3%。全年空港旅客吞吐量556.29万人次，比上年增长20.7%。

邮政通信较快发展。全年邮电业务总量201.4亿元，发送函件3697万件。全年规模以上快递服务企业业务量完成3.48亿件，比上年增长30.3%。率先建成国内高标准全光网城市，覆盖用户超过648.6万户，城域网出口带宽4.34T。建设4G基站累计达到22372个。年末移动电话用户864.62万户，其中4G手机用户达到547.76万户。固定互联网宽带接入用户275.47万户，移动互联网宽带接入用户699.74万户。

旅游业较快增长。全年共接待国内游客8586.03万人次，比上年增长6.7%；接待旅游、参观、访问及从事各项活动的入境过夜旅游者43.92万人次，比上年增长12.2%。旅游总收入达1555.62亿元，比上年增长12.0%。无锡市拥有年接待游客10万人以上的景区50个，国家5A级景区3家，国家4A级景区27家，3A级景区14家，2A级景区16家。省星级乡村旅游区(点)86个。年末无锡市星级宾馆已达42家，其中五星级宾馆13家，四星级宾馆11家。无锡市拥有旅行社189家，其中出境游组团社20家。

八、财政和金融业

财税实力明显增强。无锡市一般公共预算收入875亿元，比上年增长5.4%。财政支出结构继续调整，预计一般公共预算支出867.66亿元，比上年增长5.6%。

表 4　2016 年无锡市全年财政分项情况

指　　标	2016 年(亿元)	比上年增长(%)
一般公共预算收入	875	5.4
#税收收入	706.04	5.7
#增值税	262.52	72.7
营业税	121.33	−42.4
企业所得税(40%)	103.65	4.9
个人所得税(40%)	49.51	21
城市维护建设税	54.18	2.8
房产税	33.06	6.3
印花税	10.42	−1.2
契税	24.1	−2.1
上划中央四税收入	595.13	0.4

金融信贷规模扩大。年末金融机构各项本外币存款余额达 14612 亿元,比上年增长 10.9%;各项本外币贷款余额 10517.75 亿元,比上年增长 10.4%。存款中,非金融企业存款余额 6429.48 亿元,比上年增长 7.8%;住户存款余额 4957.02 亿元,比上年增长 5.6%。贷款中,非金融企业及机关团体贷款 8470.3 亿元,比上年增长 6.5%;住户贷款 2043.62 亿元,比上年增长 30.9%。全年现金净投放 313.85 亿元。

保险业收入增长较快。全年实现保费收入 316.68 亿元,比上年增长 17.3%。其中财产险收入 86.01 亿元,比上年增长 6.0%;人寿险收入 230.67 亿元,比上年增长 67.9%。保险赔款支出 55.35 亿元,比上年下降 21.3%。保险给付支出 24.94 亿元,比上年增长 19.7%。

证券交易市场稳定发展。全年证券市场完成交易额 5.46 万亿元,比上年增长 2.1%。本年新增上市公司 17 家,累计 111 家;无锡市证券交易开户总数 141.02 万户,托管市值 2933.2 亿元,增长 16.9%。年末无锡市共有证券公司 2 家,证券营业部 132 家。全年新三板企业挂牌 105 家,累计挂牌 209 家。

九、科学技术和教育

科技人才不断强化。无锡市共有国家级工程技术研究中心 6 家,国家、省级高技术研究重点实验室 10 家,国家级国际合作基地 10 家,省级外资研发中心 41 家,省级国际技术转移中心 8 家。当年入选国家“千人计划”5 人,累计培育国家“千人计划”专家 84 人,目前无锡市共有“千人计划”人才 241 人。

科技产出水平上升。无锡市高新技术产业产值占规模以上工业总产值比重达到 43.4%,比上年提高 1.1 个百分点。截止到 2016 年底,有效期内高新技术企业 1638 家,省级高新技术产品 1072 个。

科技创新成效明显。无锡市发明专利申请量达 32610 件,比上年增长 34.8%;发明专利授权量达 5583 件,比上年增长 1.9%。无锡市获国家、省科技计划到位经费 6.45 亿元,比上年增长

32.1%，其中获国家科技经费1.06亿元。

质量检验能力增强。无锡市共有国家级产品质量监督检查中心12个，国家级型式评价实验室1个，国家级检测重点实验室7个，国家级产业计算测试中心1个，全年省级监督抽查无锡市产品719批次，强制性产品认证获证企业6729家，法定计量技术机构3家，强制检定计量器具70万台(件)，全年新增主导和参与制修订国际、国家、行业标准98项。

教育事业全面发展。无锡市共有普通高校12所。普通高等教育本专科招生3.23万人，在校生10.7万人，毕业生3.22万人；研究生教育招生0.22万人，在校生0.67万人，毕业生0.18万人。无锡市中等职业教育在校生达6.61万人。九年义务教育巩固率100%，高中阶段教育毛入学率100%，普及高中阶段教育。特殊教育招生248人，在校生1118人。无锡市共有幼儿园383所，比上年增加13所；在园幼儿18.2万人，比上年增加1.2万人。

表5　各类教育招生和在校生情况

指　　标	学校个数(所)	招生数(万人)	在校生数(万人)	毕业生数(万人)
普通高等学校	12	3.45	11.37	3.4
普通中等专业学校	20	1.55	4.43	1.24
普通中学	183	7.62	21.54	6.9
职业高中	2	0.12	0.39	0.32
小学	197	6.5	36.13	5.36

十、文化、卫生、体育和民族宗教

文化事业和文化产业持续推进。年末共有艺术表演团体57个，文化馆8个，公共图书馆8个，文化站80个，博物(纪念)馆61个。无锡市人民广播电台节目8套，电视台节目10套，无锡有线电视总用户已达152.49万户。电视人口总覆盖率和广播人口覆盖率均达100%。无锡市档案馆10个，已向社会开放档案15.77万卷(件、册)。

卫生事业健康发展。无锡市拥有卫生医疗机构2309个，其中综合医院82家，社区卫生服务中心(卫生院)89家，社区卫生服务站(村卫生室)710家，护理院15家，疗养院7家。年末无锡市共有卫生技术人员4.75万人，其中执业(助理)医师1.81万人；拥有医疗床位3.98万张，其中医院、社区卫生服务中心(卫生院)3.85万张。无锡市实际参合农民54.16万人，人口覆盖率100%。无锡市各级医疗机构全年完成诊疗5145.58万人次，比上年增长2.9%。

体育事业有序发展。无锡市新增公共体育设施面积22.86万平方米，新增各级社会体育指导员1300人。国民体质总体达标率达96.34%。成功举办无锡国际马拉松赛、环太湖国际公路自行车赛、亚洲击剑锦标赛等一批大型国际赛事。全年无锡籍运动员在全国以上各级各类比赛中共取得46个冠军，其中2人获4项世界冠军。无锡市体育彩票销售达到26.09亿元，增长14.6%。

民族宗教领域和谐稳定。年末有宗教活动场所271处，教职人员785名(不含散居道士)。

十一、人口、人民生活和社会保障

人口规模逐步扩大。年末无锡市户籍人口 486.20 万人,比上年增长 1.1%。全年出生人口 44836 人,出生率 9.2‰;死亡人口 31253 人,死亡率 6.4‰,人口自然增长率为 2.79‰。户籍人口城镇化率 74.88%。年末无锡市常住人口 652.90 万人,比上年增长 0.28%,其中城镇常住人口 494.9 万人,比上年增长 0.8 %,常住人口城镇化率 75.8%。

居民收入不断提高。全体居民人均可支配收入 42757 元,比上年增长 8.4%。城镇常住居民人均可支配收入 48628 元,比上年增长 7.8%。农村常住居民人均可支配收入 26158 元,比上年增长 8.3%。全体居民人均消费支出 27932 元,比上年增长 7.6%,城镇常住居民人均消费支出 31438 元,比上年增长 6.7%。农村常住居民人均生活消费支出 18463 元,比上年增长 12.1%。

社会保障逐步完善。无锡市企业职工基本养老保险人数达到 239.96 万人,扩面 5.95 万人。无锡市参加城镇职工基本医疗保险人数达到 314.53 万人,扩面 5.17 万人。无锡市参加失业保险职工人数为 204.25 万人,扩面 3.29 万人。无锡市参加工伤保险人数 198.54 万人,扩面 3.3 万人。无锡市参加生育保险人数 199 万人,扩面 3.3 万人。市区月低保标准提高至 760 元。年末在领失业保险金人数为 3.98 万人。

社会福利事业全面推进。城乡居民最低生活保障对象 29027 人;全年共发放低保金 1.65 亿元。实施城乡医疗救助 21.8 万人次,支付救助金 6045.04 万元;实施临时救助 44902 人次,发放救助金 4573.79 万元。无锡市重点优抚对象 6103 人。保障性安居工程建设有序推进,无锡市新开工保障性住房 12784 套,基本建成 9508 套。

十二、资源、环境和安全生产

用地分配更趋务实。全年无锡市国有建设用地供应总量 2085.95 公顷,比上年增长 11.6%,其中,工矿仓储用地 599.36 公顷;房地产用地 372.08 公顷,基础设施等其他用地 1114.51 公顷。

水资源得到充分利用。预计,年末无锡市水资源总量 62.9 亿立方米,比上年增长 43.9%,全年总用水量 26.59 亿立方米,比上年下降 0.2%。其中,生活用水增长 0.1%,工业用水(不含火电用水)下降 0.5%,农业用水下降 6.8%,生态补水下降 0.4%。

环境保护力度加大。预计,无锡市 PM2.5 年均浓度较上年下降 13.1%。环境空气质量优良天数比例为 66.9%,集中式饮用水源地水质达标率 100%,无锡市功能区昼间和夜间噪声达标率分别为 87%和 80%。

城市绿化不断提升。年内市区新增绿地面积 200 公顷,人均公园绿地面积 14.91 平方米,建成区绿化覆盖率达到 42.98%。

安全生产“双下降”。全年发生各类事故 833 起,死亡 394 人。亿元 GDP 生产安全事故死亡率 0.043 人/亿元。

第四章　2016年常州市经济社会发展报告

2016年，常州市上下坚持稳中求进总基调，积极践行新理念，主动适应新常态，着力加强供给侧结构性改革，加快推进转型升级、产城融合、民生保障等各项工作，全市经济社会呈现平稳健康发展的态势，实现了“十三五”良好开局。

一、综合经济

经济运行总体平稳。经初步核算，全年实现地区生产总值5773.9亿元，按可比价计算增长8.5%。其中，第一产业增加值152.7亿元，下降0.9%；第二产业增加值2682.3亿元，增长7.4%；第三产业增加值2938.9亿元，增长10.1%。常州市按常住人口计算的人均生产总值达122721元，按平均汇率折算达18476美元。常州市三次产业增加值比例调整为2.6∶46.5∶50.9，全年服务业增加值占GDP比重提高1.4个百分点。民营经济完成增加值3882.3亿元，按可比价计算增长8.6%，占地区生产总值的比重为67.2%。

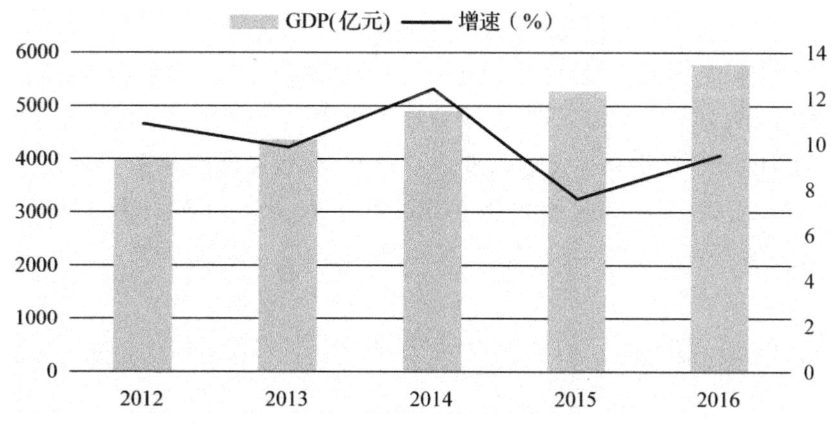

图1　2012—2016年常州市GDP规模及实际增速

数据来源：历年《江苏统计年鉴》。

财政收入增速放缓。全年完成一般公共预算收入480.3亿元，增长3%，其中税收收入383.2亿元，增长2.5%，税收占比79.8%。主要税种中，增值税及营改增增值税完成132.5亿元，营业税完成55.2亿元，企业所得税完成51.3亿元。全年一般公共预算支出505.5亿元，增长4.2%，其中教育支出83.5亿元，社会保障和就业支出56亿元，医疗卫生与计划生育支出43.2亿元，科学技术支出27.4亿元。

二、农业与农村经济

农业生产总体平稳。2016年,常州市完成农林牧渔业现价总产值284亿元,增长4.5%。其中,农业产值152.4亿元,增长3.5%;林业产值2亿元,增长3.7%;牧业产值39.4亿元,增长1.7%;渔业产值73亿元,增长6.9%;农林牧渔服务业产值17.2亿元,增长10.1%。受不利天气影响,全年粮食播种面积199.2万亩,比上年下降7%;粮食总产量93.7万吨,下降13.5%,其中夏粮、秋粮总产分别为25万吨、68.8万吨,分别下降19.2%和11.2%。2016年,常州市稻谷亩产617.4公斤,下降4.1%;小麦亩产307.1公斤,下降13.9%。

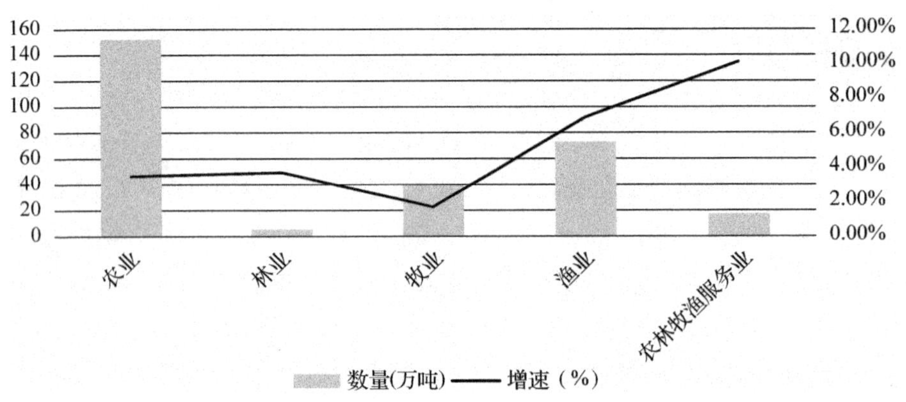

图2 常州市2016年农业产值及实际增速

现代农业持续推进。2016年,常州市新建高标准农田4.3万亩,累计建成139.3万亩,占常州市耕地面积比重达61.9%;新增高效设施农业1.5万亩、高效设施渔业1.1万亩,累计建成47.5万亩、20.3万亩,占耕地面积、水产养殖面积比重分别超过21%和36%。预计常州市农业综合机械化水平达到86.5%。

三、工业和建筑业

工业经济稳中有升。2016年,常州市规模以上工业企业完成工业总产值12266.9亿元,比上年增长8.5%。按省统一口径计算,常州市规模以上工业增加值增长8%。常州市规模以上重工业完成产值9430.9亿元,轻工业完成产值2836亿元,同比分别增长9%、8.3%。七大工业行业产值同比均实现增长,电子、机械、化工、建材、纺织服装、冶金、生物医药行业分别完成工业总产值735.4亿元、4892.4亿元、2119.5亿元、361.7亿元、1032.5亿元、1975亿元、285亿元,同比分别增长12%、9.8%、9.4%、8.8%、7.1%、6.6%、1.5%。企业效益稳定增长,2016年常州市规模以上工业企业实现主营业务收入12441.4亿元,比上年增长9.2%;实现利润730.7亿元,比上年增长14.5%。

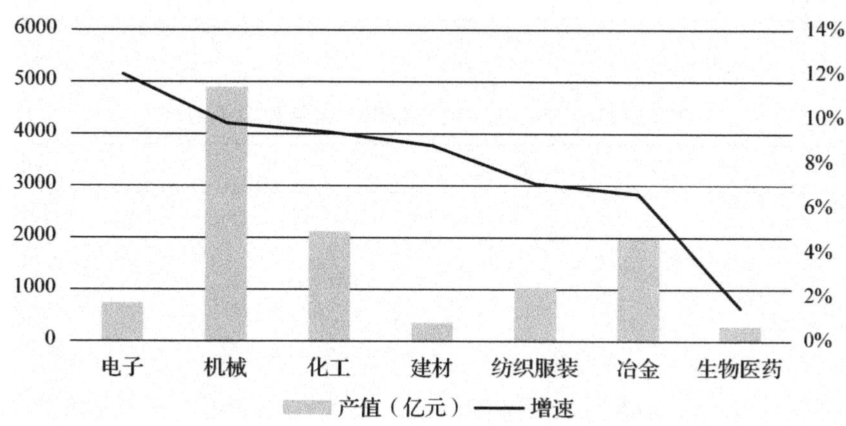

图 3　常州市 2016 年主要工业产值及实际增速

十大产业链发展良好。2016 年常州市十大产业链规模以上工业企业完成产值 4212.7 亿元，同比增长 9.5%，十大产业链产值占常州市规模以上工业产值的比重达 34.3%，较上年提高 1 个百分点，对规模以上工业产值的贡献率达 36.7%。十大产业链中，轨道交通产业链完成产值400.2 亿元，同比下降 2.8%；汽车及零部件产业链产值 873.1 亿元，增长 31.1%；农机和工程机械产业链产值 577.3 亿元，增长 4.9%；太阳能光伏产业链产值 690.8 亿元，增长 8.4%；碳材料产业链产值 86.5 亿元，增长 14%；新医药产业链产值 432 亿元，增长 5%；新光源产业链产值 111.6 亿元，增长 8.1%；通用航空产业链产值 22.7 亿元，增长 30.5%；智能电网产业链产值 743.7 亿元，增长 2.1%；智能数控和机器人产业链产值 274.7 亿元，增长 11.8%。

建筑行业发展放缓。建筑企业全年完成施工产值 1273.4 亿元，比上年下降 1.2%；房屋施工面积 9236.2 万平方米，下降 7.7%；房屋竣工面积 3575.2 万平方米，增长 3.7%。建筑业按施工产值计算的全员劳动生产率为 27.7 万元/人，比上年下降 2.8%。

四、固定资产投资

投资结构不断优化。2016 年常州市完成固定资产投资 3605.1 亿元，增长 6.5%，其中工业投资 1918.5 亿元，增长 9.2%，服务业投资 1681.5 亿元，增长 2.7%。常州市高新技术产业完成投资 891.2 亿元，增长 8.8%。全年房地产开发投资 446.7 亿元，比上年下降 12.1%；商品房施工面积 3388.9 万平方米，比上年下降 14.2%，其中新开工面积 514.3 万平方米，下降 19.4%；年末商品房待售面积 535.3 万平方米，比上年末减少 97.5 万平方米。

五、国内贸易

消费品市场稳步增长。2016 年常州市实现社会消费品零售总额 2202.8 亿元，增长 10.7%。从消费形态看，批发业实现零售额 278.3 亿元，增长 15.9%；零售业实现零售额 1737.7 亿元，增长 9.6%；餐饮业实现零售额 169.6 亿元，增长 13.2%；住宿业实现零售额 17.2 亿元，增长 16%。从城乡消费市场看,城镇消费品零售额2060.1亿元,增长10.7%,农村消费品零售额142.7亿元,增长10.3%。

表1　2016年社会消费品零售总额及其增长速度

消费品种类	产　量(亿元)	比上年增长(%)
批发业	278.3	15.90%
零售业	1737.7	9.60%
餐饮业	169.6	13.20%
住宿业	17.2	16%
零售总额	2202.8	10.70%

六、开放型经济

对外贸易稳中向好。2016年,常州市完成外贸进出口1820亿元,增长4.6%,其中出口1375亿元,增长4.2%。新兴市场特别是"一带一路"市场有效拓展,全年对"一带一路"出口增长9.8%,增幅高于常州市平均5.6个百分点。全年完成高新技术产品出口240亿元,增长5.1%。

利用外资难中求进。全年新增协议注册外资41.1亿美元,比上年增长48.3%,其中总投资超亿美元项目24个,比上年增加10个。常州市实际到账注册外资25亿美元,增长0.5%。新增省级跨国公司地区总部和功能性机构6家,住友电气、富士通等5家世界500强企业投资项目实现增资扩股。

外经合作稳步推进。全年新备案境外投资项目91个,中方协议投资额9.7亿美元,增长27.9%,其中涉及"一带一路"国家和地区项目14个,中方协议投资额2.9亿美元,占比达30%。全年完成服务外包合同额4.9亿美元,服务外包执行额4.1亿美元,分别增长27.9%和29.0%,其中离岸服务外包合同额1.6亿美元,离岸服务外包执行额1.4亿美元,分别增长7.2%和24.6%。

开发区建设步伐加快。常州市开发区实现一般公共预算收入236.6亿元,完成工业投入1436.5亿元,基础设施建设投入323.7亿元,实际到账外资23亿美元,新批协议注册外资37亿美元。开发区新增协议注册外资3000万美元以上外资项目37个,占常州市的86%。江苏中关村科技产业园获批筹建省级高新区,苏澳合作园区正式落地,武进高新区、武进经开区获批国家生态工业示范园区。

外事活动保持活跃。全年接待外宾215批1399人次,其中外国驻华使领馆团组35批174人次,外国友好城市团组43批242人次,外国来访记者17批52人次,经贸团组39批371人次。2016年新缔结友城两个,分别是德国明登市和英国索利哈尔市。

七、交通运输、邮政电信业和旅游业

交通运输业平稳发展。年末常州市公路总里程9031公里,其中高速公路306公里。全年营业性客运量7204.5万人,比上年下降4.9%,货运量13396.1万吨,比上年增长3.4%。公路客运量

5423万人，比上年下降7.4%，公路旅客周转量37.1亿人公里，下降7.7%；公路货运量1.1亿吨，增长4%，公路货物周转量122亿吨公里，增长4%。铁路客运量1434.3万人，增长4.8%；铁路货运量108.9万吨，增长2.9%。民用航空旅客吞吐量195.6万人次，增长8%，货物邮吞吐量1.57万吨，下降10.9%。港口货物吞吐量9385万吨，其中常州长江港货物吞吐量4031万吨，分别增长4.5%和11.4%。年末常州市民用汽车拥有量109.8万辆，其中个人汽车93.9万辆。

邮政通信业快速发展。全年邮政业务总量40.6亿元，比上年增长38.5%；全年邮政业务总收入33.9亿元，增长30.5%，其中快递业务收入24.5亿元，增长41.3%。邮政业全年发送特快专递1.6亿件，增长40.4%。全年通信业务收入54.7亿元，增长3.7%。年末常州市固定电话用户123.4万户，移动电话用户526.2万户，其中4G用户达到388.9万户。年末互联网用户216.1万户，其中宽带网用户210.3万户。

旅游产业快速发展。2016年，常州市实现旅游总收入833.6亿元，比上年增长14%；旅游接待总人数6004.2万人次，增长10.1%，接待国内游客5989.6万人次，国内旅游收入820亿元，分别增长10%和14.2%；接待入境过夜旅游者14.6万人次，旅游外汇收入1.3亿美元，分别增长14.9%和9%。年末常州市共有省级以上旅游度假区4家，其中国家级旅游度假区1家；国家A级以上景区32家，其中5A级2家，4A级9家；全国工农业旅游示范点17家，江苏省四星级乡村旅游点28家，江苏省工业旅游点4家，江苏省自驾游基地7家；旅行社139家，1家旅行社进入全省旅行社20强；星级酒店46家，其中五星级7家，四星级19家。旅游公共服务能力不断提升，全年新建旅游厕所67座，改扩建旅游厕所31座。新建旅游停车场15个，总面积12.3万平方米，共计新增大车停车位283个，小车停车位2399个。新设、更新旅游道路交通指引标志282块。

八、金融业

常州市金融机构人民币贷款余额6043.2亿元，比年初增加688.6亿元，增长12.9%，其中住户贷款余额1460.1亿元，非金融企业及机关团体贷款余额4582.3亿元，分别增长18.3%和11.2%。

保险业加快发展。年末常州市保险公司共68家，其中产险公司28家，寿险公司40家。全年保费总收入224.9亿元，比上年增长43.6%，其中人寿险169.4亿元，增长61.5%，财产险55.5亿元，增长7.4%。全年保险赔(结)款支出67.4亿元，比上年增长22.3%，其中人寿险33.2亿元，增长53%，财产险34.2亿元，增长2.3%。

证券市场运行平缓。年末常州市证券营业部总数达46个，资金账户总数106.9万户，持有A股市值1198亿元。证券市场全年各类证券交易总额19439亿元，比上年下降39.6%。其中A股交易额16684亿元，下降42.4%；B股交易额321亿元，增长817.7%；基金成交额334.4亿元，下降55.4%；债券成交额2099.6亿元，下降14.0%。年末常州市共有境内外上市公司43家，累计募集资金638亿元；年内新增上市企业5家，首发募集资金共16.5亿元。

九、科技创新

科技创新能力提升。全年完成专利申请43860件,其中发明专利15349件;专利授权17790件,其中发明专利授权2865件;万人发明专利拥有量24件。全年新增高新技术企业105家,累计1231家。全年新增产学研合作项目1066项。科技进步监测位居全省第4名。大力引进科技人才,年末常州市拥有高技能人才26.7万人,每万劳动者中高技能人才949人。

平台建设提质加速。全年新增省级以上企业研发机构56家,累计建成"两站三中心"1249个,其中省级以上631个。新增孵化器、加速器15家,累计123家;新增孵化、加速面积超50万平方米,累计达850多万平方米;培育科技企业6300多家。积极推进江苏省智能装备产业技术创新中心及4家省产业研究院预备研究所建设,其中2家正式挂牌;完成30家市级重大公共研发机构的建设和提升。

示范区建设全面推进。编制完成示范区空间规划,"一核两区多园"的常州苏南国家自主创新示范区建设框架基本形成。获批建设江苏省西太湖高新区、江苏省中关村高新区。"中国以色列常州创新园"建设步伐加快;"常州国家科技领军人才创新驱动中心"成效明显;科教城省科技服务示范区特色鲜明;武进高新区及江南石墨烯研究院被列为科技部科技服务业区域和行业试点。

十、教育、文化、卫生和体育

教育现代化水平不断提高。年末常州市拥有各级各类学校696所,在校学生81.3万人,教职工5.8万人,九年义务教育巩固率100%,高中阶段毛入学率100%。2015年常州市教育现代化建设综合得分为88.1分。现代化学校建设稳步实施,全年列入市年度考核重点建设项目52个,投入使用6个,在建38个,8个项目正在办理前期相关手续。各级各类教育协调发展,全年新增20所省优质园,13所市优质园,7所市特色幼儿园;开展常州市义务教育"新优质学校"创建工作,6所学校通过首批"新优质学校"评估;全面完成"江苏省高水平现代化职业学校"建设,年末常州市共有8所省高水平现代化职业学校,数量位居全省前列;重点实施"省级高水平示范性实训基地"建设,已投入使用10个,并通过省级验收。教育教学保持全省前列,常州市本二以上达线率达80.6%,较上年提高3.1个百分点,本一以上达线率达26.31%,较上年提高近2个百分点;职业学校对口单招本科录取率达37.6%;省职业学校技能大赛总分位居全省第三,省技能状元大赛总分位居全省第二。

文化事业加快发展。年末常州市共有艺术表演团体11个,群众艺术馆、文化馆8个,博物馆27个;公共图书馆5个,图书总藏量332.9万册,全年总流通236.6万人次;自办广播节目7套,电视台节目7套,有线电视、数字电视用户分别为116万户、114.7万户。常州博物馆顺利通过国家一级博物馆创建验收并荣获"2016年全国最具创新力博物馆"称号。通过江苏省公共文化服务体系示范区创建验收,常州市四级文化设施网络覆盖基本到位,每万人拥有公共文化设施面积超过1600平方米。连续三年成功举办"文化100"大型惠民行动,全年共推出十大系列、387项免费文化活动与市民共享。原创锡剧《夕照青果巷》代表江苏进京演出,大型滑稽戏《幸福的红萝卜》成功入选省舞台艺术十大精品工程并参加“江苏省第三届艺术节”展演，中篇弹词《龙城谍恋》入围全国牡丹奖。

卫生服务水平不断提升。年末常州市共有各级各类医疗卫生机构1267个，拥有总床位25085张，卫生技术人员3.1万人，其中执业(助理)医师12297人、注册护士13394人，常州市每千人拥有执业(助理)医师2.61人。深化公立医院综合改革，区域型医疗联合体实现全覆盖。大力提升公共卫生服务效能，人均基本公共卫生服务经费标准提高至60元，居民电子健康档案合格率94.7%。深化智慧健康建设，成为首批健康医疗大数据中心与产业园建设国家试点城市。

体育事业蓬勃发展。年末常州市拥有体育场地12837个，其中体育场27个，体育馆30个。常州市公共体育设施面积147.9万平方米，其中年内新增35.6万平方米。体育民生实事扎实推进，常州市建设包括笼式足球场、灯光篮球场、拼装式游泳池等全民健身示范工程25个，新建和更新288个健身点、2494件健身器材。年内共承办中国羽毛球大师赛、首届中国常州国际标准舞(体育舞蹈)国际公开赛、常州武进西太湖国际半程马拉松等8项次国际比赛以及24项次全国比赛和16项次省级比赛。竞技体育实现突破，5名常州运动员和4名省市联办优秀运动队运动员参加第31届奥运会，获得2枚金牌、1枚铜牌，江苏省体育局、常州市人民政府和南京工业大学三方联办的江苏女子垒球队分别获得全国锦标赛和全国冠军杯赛冠军。

十一、人口、民生与社会保障

人口规模保持稳定。年末常州市常住人口470.8万人，比上年末增长0.1%，其中城镇人口334.3万人，城镇化率达到71%。常州市户籍总人口374.9万人，增长1.1%。其中，男性185.2万人，增长0.9%；女性189.7万人，增长1.3%。户籍人口出生率9.93‰，死亡率6.06‰，人口自然增长率3.87‰。

就业创业工作不断推进。全年城镇新增就业13.4万人，失业人员实现再就业5.1万人，扶持创业1.5万人，援助困难群体再就业1.1万人，年内新安置残疾人就业522人，年末城镇登记失业率为1.85%。

居民收入稳步增长。2016年常州市居民人均可支配收入38435元，增长8.6%，其中城镇居民人均可支配收入46058元，增长7.8%，农村居民人均可支配收入23780元，增长8.5%，城乡居民收入比为1.94:1。常州市居民人均生活消费支出23980元，增长7.9%，其中城镇居民人均生活消费支出27080元，增长6.8%，农村居民人均生活消费支出16567元，增长12.2%。城镇居民恩格尔系数27.2%，农村居民恩格尔系数30.8%，分别较上年下降0.8个、0.9个百分点。

居民消费价格温和上涨。全年居民消费价格总指数为102.5，八大类商品“六涨两跌”，其中食品烟酒价格上涨3.6%，衣着上涨3.3%，居住上涨1.9%，生活用品及服务上涨2.5%，医疗保健上涨12.6%，其他用品和服务上涨2.6%，交通和通信下降1.3%，教育文化和娱乐下降0.4%。

住房保障力度加大。全年新开工保障房27440套，基本建成27476套。全年新增公共租赁住房家庭1151户，其中实物配租家庭829户，租金补贴家庭322户。中低收入公共租赁住房申请家庭及经济适用住房申请家庭的人均月可支配收入门槛放宽到3560元(含)以下。

社会保障水平稳步提升。年末常州市企业职工养老保险参保人数137.9万人，比上年增长

3.1%;城镇职工基本医疗保险参保人数193.0万人,增长2.5%;城镇失业保险参保人数111.6万人,增长2.7%。养老、医疗、失业三大保险综合覆盖率达98%。企业退休人员月均养老金2143元,比上年提高4.1%。

社会福利事业不断完善。最低生活保障水平不断提升,四城区城乡低保标准提高到730元/月,金坛区、溧阳市城乡低保标准均为670元/月。2016年常州市19584户、32229人纳入低保范围,其中城镇低保对象6738户、10679人,农村低保对象12846户、21550人,累计发放保障金1.9亿元。全年医疗直接救助27.4万人次,医疗直接救助金额6189.8万元。年末常州市拥有各类养老机构102个,养老机构床位数22009张,收养人数12615人。全年发行福利彩票11.43亿元。

十二、城乡建设和公用事业

城乡基础设施不断完善。122省道常州东段等道路建成通车,340省道常州东段、地铁1号线一期等在建工程进展顺利。城市路网得到优化完善,永宁路、新一路、龙汇路、红梅南路和新堂北路建成通车;青果巷历史文化街区、文化广场、金融商务区等重点工程快速推进。年内完成各类水利建设土方3301.1万立方米,恢复治理水土流失面积20平方公里。新孟河、新沟河延伸拓浚工程顺利推进。

公交服务不断提升。年末常州市公交线路324条,公交营运车辆3106辆,营运出租汽车3680辆。城市居民公共交通出行分担率29.4%,镇村公交开通率100%。

公用事业不断发展。全年全社会用电量429.9亿千瓦时,比上年增长5.4%,其中城乡居民生活用电41.8亿千瓦时,增长21.7%。全年城区实现供水3.3亿立方米,供气9.1亿立方米,污水处理2.5亿立方米,供水普及率100%,供气普及率99.96%,污水处理率96.2%。通用自来水深度处理工艺改造加快推进,港华天然气利用铸铁管改造全面完工,改造、新建管道77.3公里。戚墅堰污水处理厂三期工程竣工并调试运行,市区污水收集管网不断完善,污水集中处理率进一步提升。基本完成了老小区雨污分流改造和污水提升工作。

十三、生态建设和环境保护

生态绿城建设持续推进。常州市林木覆盖率达25.5%,建成区绿化覆盖率达43.1%,市区人均公园绿地达14.5平方米。完成老运河陶家村绿地、桃园路、红梅南路街头绿地、美然印染厂地块沿新运河滨河绿地、高架沿线地块补绿等9个项目。积极推进皇粮浜公园、老运河小九华地块等项目,建成贺家塘河生态绿道,基本建成劳动西路与勤业路交叉口绿地、老运河保护和环境整治工程部分段落。2016年圆满创成国家森林城市。

环境质量持续改善。2016年,常州市完成大气污染防治项目1083项、水环境整治项目475项。环境质量不断改善,市区空气质量优良天数为246天,优良率为67.4%;市区PM2.5平均浓度比上年下降10.5%;重污染天数比上年减少13天。集中式饮用水水源地水质达标率为100%。

第五章　2016年镇江市经济社会发展报告

2016年，在宏观经济环境依然复杂严峻，实体经济仍面临较多困难，结构调整任务艰巨繁重的形势下，全市上下紧紧围绕市委、市政府"六个年"的工作部署，坚持"生态领先，特色发展"战略，积极践行新发展理念，以创新驱动激发内生动力，加快供给侧结构性改革步伐，以"一切在于干"推动各项工作"实现新发展"，全市经济运行总体平稳，创新活力增强，民生持续改善，各项社会事业健康稳步发展，"十三五"实现良好开局。

一、总体经济

经济运行平稳。全年实现地区生产总值3833.84亿元，按可比价计算比上年增长9.3%，其中第一产业增加值137.78亿元，增长0.1%；第二产业增加值1870.40亿元，增长8.6%；第三产业增加值1825.66亿元，增长10.7%。人均地区生产总值120603元，比上年增长9.1%，按年平均汇率折算18750美元。产业结构继续优化，三次产业增加值比例由上年的3.8∶49.3∶46.9调整为3.6∶48.8∶47.6，服务业增加值占GDP比重提高0.7个百分点。

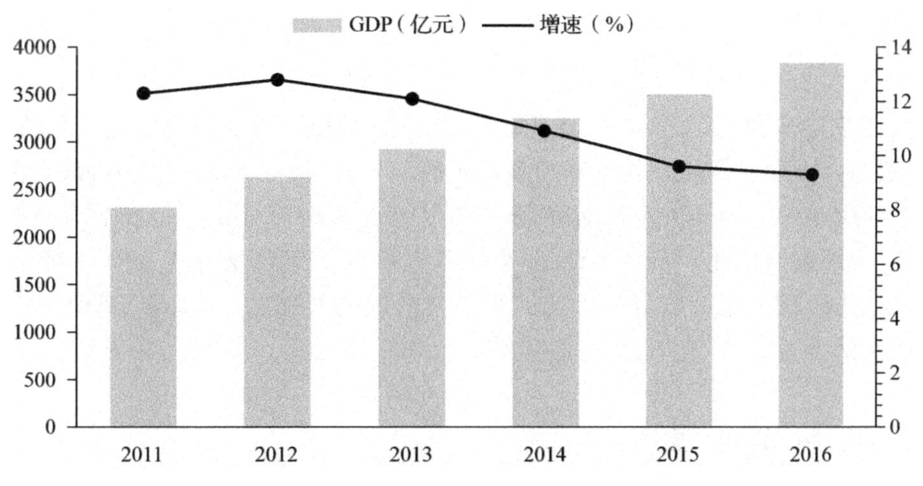

图1　镇江市GDP规模及实际增速

数据来源：历年《江苏统计年鉴》。

物价温和上涨。全年居民消费价格(CPI)总指数为102.2，比上年上涨2.2%。其中消费品价格上涨1.9%，服务项目价格上涨2.6%。居民消费价格八大类呈"六升二降"：食品烟酒类上涨4.0%，衣着类上涨1.0%，居住类上涨2.9%，生活用品及服务类上涨1.7%，医疗保健类上涨5.9%，其他用品和服务类上涨2.8%，交通和通信类下跌1.6%，教育文化和娱乐类下跌0.4%。

二、农林牧渔业

农业生产稳定。全年粮食播种面积261.03万亩,比上年减少1.73万亩,下降0.7%。受播种面积减少和气候因素影响,全市粮食总产量118.74万吨,比上年减少6.41万吨,下降5.1%,其中夏粮总产量34.97万吨,减少2.59万吨,下降6.9%;秋粮总产量83.77万吨,减少3.82万吨,下降4.4%。全年油料总产量5.83万吨,比上年增长0.3%。蔬菜总产量95.83万吨,比上年增长1.2%。瓜果类产量10.69万吨,比上年增长26.2%。

牧渔业发展平稳。全年肉类总产量7.95万吨,比上年下降2.5%。全年生猪出栏量58.36万头,比上年下降2.4%。家禽出栏量1674.91万只,比上年下降0.3%。禽蛋产量2.78万吨,比上年增长4.1%。牛奶产量1.8万吨,比上年下降2.2%。水产品产量9.85万吨,比上年增长0.8%。

表1 主要农产品产量情况

产品名称	产量(吨)	比上年±%
粮食	1187435	−5.1
棉花	910	−16.1
油料	58291	0.3
#油菜籽	54474	0.8
花生	1846	−13.7
肉类总产量	79477	−2.5
水产品	98543	0.8

农业结构调整稳步推进。全年新增高效设施农业面积2.5万亩,高效设施农业面积占比20%,比上年提高0.8个百分点。新增高标准农田面积3万亩,累计117.83万亩,高标准农田占比重50%。全年新增农业部标准化示范养殖场1家、省级生态健康养殖示范场8家。全年绿化造林面积1万余亩,完成省级绿化示范村建设26个。积极培育新型农业经营主体,全市新增省级示范家庭农场25家、市级示范家庭农场101家。全市共有农民合作社3472家,新增3家国家级示范社。年末农机总动力145.72万千瓦,比上年增加4.33万千瓦。

三、工业和建筑业

工业生产总体走势趋稳。年末拥有规模以上工业企业2710家,实现工业总产值9066.19亿元,比上年增长7.2%,其中大中型企业总产值6180.02亿元,增长7.5%。分轻重工业看,轻工业总产值1575.66亿元,比上年增长8.1%;重工业总产值7490.53亿元,比上年增长7.0%。分经济类型看,国有企业总产值60.51亿元,比上年下降5.8%;集体企业总产值38.46亿元,比上年下降0.6%;股份制企业总产值5483.72亿元,比上年增长7.9%;三资企业总产值3038.03亿元,比上年增长6.5%。在规模以上工业企业中,民营企业总产值5560.67亿元,比上年增长8.5%,其中私营企业总产值3735.24亿元,增长9.5%。

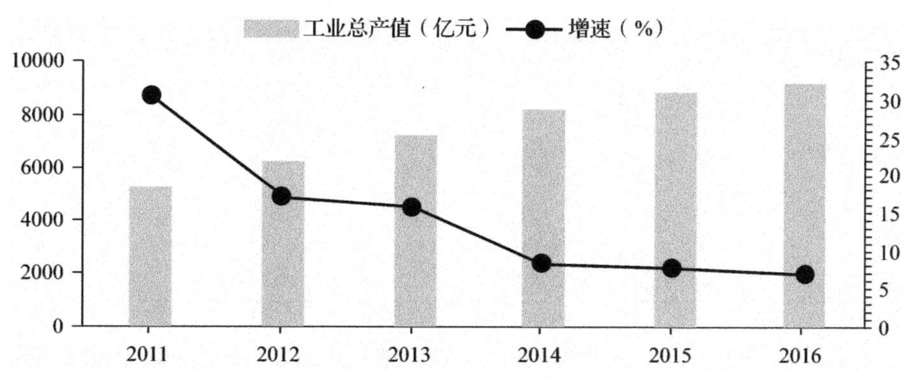

图 2　镇江市工业总产值及名义增速

数据来源：历年《江苏统计年鉴》。

企业效益逐步改善。全年规模以上工业实现主营业务收入 8852.71 亿元，比上年增长 7.4%；实现利税总额 906.74 亿元，比上年增长 7.0%；实现利润总额 585.40 亿元，比上年增长 6.4%。

表 2　工业

项　　目	1—12 月	同比±%
企业单位数(个)	2710	−4.0
# 亏损企业	277	2.2
主营业务收入(亿元)	8852.71	7.4
亏损企业亏损面(%)	10.12	0.2
亏损企业亏损额(亿元)	16.06	8.8
资产总计(亿元)	5555.14	4.7
流动资产(亿元)	2850.89	5.9
负债总计(亿元)	2937.13	3.2
应收账款(亿元)	883.7	6.6
产成品存货(亿元)	247.21	6.4
工业产品销售率(%)	98.52	0.2

表 3　主要工业产品产量情况

产品名称	单　位	产　量	比上年±%
机制纸及纸板	万吨	216.51	1.6
复合木地板	万立方米	5314.3	10.1
水泥	万吨	1587.85	3.9
钢材	万吨	373.42	2.3
铝材	万吨	46.45	2.7
硫酸	万吨	24	持平
冰醋酸	万吨	101.63	−18.1
香醋	万吨	24.45	8.7
民用钢质船舶	载重吨	100857	−23.1

续表

产品名称	单　位	产　量	比上年±%
多晶硅片	万片	22944	4.3
高低压开关板	万面	41.26	1.9
电力电缆	万千米	18.12	−1.7
眼镜成镜	万副	1060.71	17.9
发电量	亿千瓦时	408.87	2.1

新兴产业发展势头良好，全年六大新兴产业(新材料、高端装备制造、新能源、航空航天、生物技术与新医药、新一代信息技术)实现销售收入4089.95亿元，比上年增长12.5%，占规模以上工业销售比重46.2%。

表4　新兴产业销售收入情况

指　　标	绝对值(亿元)	比上年±%
新兴产业销售收入	4089.95	12.5
#新材料	1310.78	13.6
高端装备制造	1212.87	12.7
新能源	580.89	16.9
航空航天	253.41	6.9
生物技术与新医药	241	12.4
新一代信息技术	490.97	7.3

建筑业发展放缓。年末拥有资质以上建筑业企业369家。全年实现建筑业总产值530.67亿元，比上年下降2.4%，其中竣工产值387.26亿元，下降13.2%。建筑业全员劳动生产率为29.29万元/人，比上年增长10.8%。建筑业企业房屋建筑施工面积2406.84万平方米，比上年增长1.9%；竣工面积878.01万平方米，比上年下降5.3%，其中住宅竣工面积499.69万平方米，下降10.1%。

四、服务业

2016年，服务业发展势头良好。全年服务业增加值增幅较上年提高0.5个百分点，高于GDP增幅1.4个百分点，对经济增长的贡献率达54.1%。2016年镇江市服务业用电量为28.96亿千瓦时，同比增长11.6%，高于全社会用电量增速4.1个百分点，增幅已连续五年高于全社会和工业用电量。分行业来看，金融、房地产、商务及居民服务业增长最快，达19.1%；公共事业及管理组织增长其次，为11.1%。

服务业主要行业发展良好：全市邮电业务总量增长52.9%，保费总收入增长26.1%，金融机构存贷款余额增长17.2%，社会消费品零售总额增长11.1%，住餐业营业额增长15.6%，物流业增加值增长12%，商贸业销售额增长12.7%，商品房销售面积增长66.7%，商品房销售额增长91.8%，软件业务收入增长17.6%，服务业外商直接投资增长32.0%，服务外包执行额增长16.5%。全年实现旅游综合收入718亿元，同比增长15.6%，旅游项目完成投资118.1亿元，同比增长 18.1%。房地产销售面积增长 66.7%，销售额增长 91.8%。

2016 年全市 650 家规模以上服务业企业实现营业收入 380.2 亿元，同比增长 29.4%。涉及的 9 个行业门类中，7 个行业门类同比有增长，分别是：交通运输、仓储和邮政业增长 59.2%，租赁和商务服务业增长 30.0%，居民服务、修理和其他服务业增长 13.7%，文化、体育和娱乐业增长 8.8%，信息传输、软件和信息技术服务业增长 4.0%，教育增长 1.1%，卫生和社会工作增长 0.1%。另外，水利、环境和公共设施管理业同比下降 0.6%，科学研究和技术服务业同比下降 1.9%。

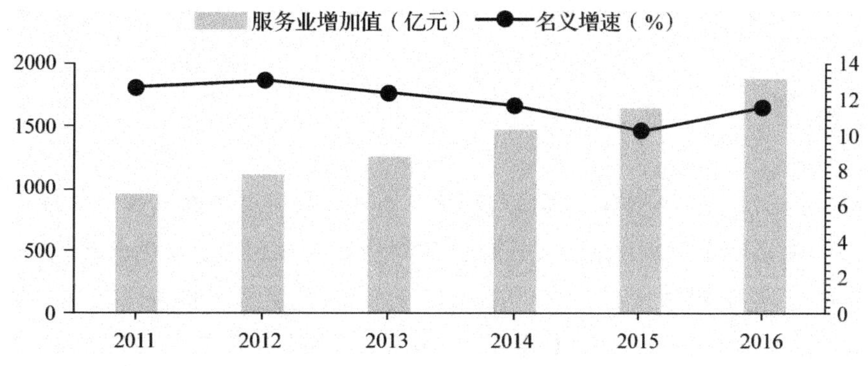

图 3　镇江市服务业增加值和增速

五、固定资产投资和房地产开发

投资保持较快增长。镇江市 2016 年在建亿元以上项目 606 个，其中当年新开工项目 259 个。全年完成固定资产投资 2873.43 亿元，比上年增长 15.1%。从投资主体看，国有及国有经济控股投资 634.62 亿元，下降 3.5%；港澳台及外商投资 280.51 亿元，增长 25.9%；民间投资增长较快，完成 2034.98 亿元，增长 21.5%，快于全市平均 6.4 个百分点，占全市比重达 70.8%，比上年提高 4.9 个百分点。分三次产业看，第一产业投资 5.34 亿元，增长 92.0%；第二产业投资 1515.95 亿元，增长 12.1%，其中：工业投资 1475.13 亿元，增长 11.5%；第三产业投资 1352.14 亿元，增长 17.9%。从结构来看，在全部固定资产投资中，工业技改投资 739.18 亿元，比上年增长 31.5%，占比 50.1%，比上年提高 9.1 个百分点。

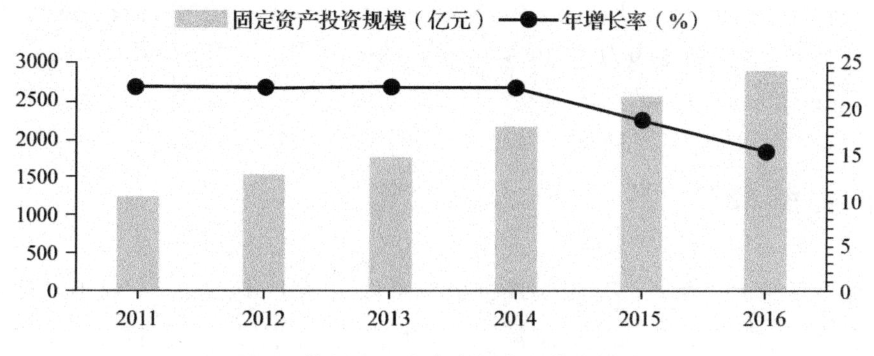

图 4　苏州市固定资产投资规模及增速

数据来源：历年《苏州统计年鉴》。

房地产市场明显升温。镇江市受销售市场影响,2016全年完成房地产开发投资448.64亿元,比上年增长26.1%,其中住宅投资341.45亿元,增长26.6%。房地产开发企业房屋施工面积3177.73万平方米,比上年下降0.6%,其中住宅施工面积2440.07万平方米,增长0.2%。商品房竣工面积446.66万平方米,比上年下降32.4%,其中住宅竣工面积359.24万平方米,下降34.1%。商品房销售面积996.5万平方米,比上年增长66.7%,其中住宅销售面积947.93万平方米,增长75.4%。商品房销售额631.05亿元,比上年增长91.8%,其中住宅销售额584.70亿元,增长107.6%。

六、国内贸易与旅游

总体来说,2016年镇江市消费品市场运行平稳。全年实现社会消费品零售总额1236.78亿元,比上年增长11.1%。按经营单位所在地分,城镇市场零售额1170.93亿元,比上年增长11.5%;乡村市场零售额65.85亿元,比上年增长10.6%。按消费形态分,批发业零售额194.99亿元,比上年增长7.9%;零售业零售额891.95亿元,比上年增长10.6%;餐饮业零售额135.87亿元,比上年增长17.3%;住宿业零售额13.97亿元,比上年增长31.3%。从零售业态看,全市限上单位中专卖店、专业店、百货店、大型超市零售额分别比上年增长7.1%、10.1%、8.3%、3.6%。

从限额以上批发和零售业分类商品零售情况看,汽车类零售额129.69亿元,比上年增长8.6%;石油及制品类零售额94.80亿元,比上年增长11.2%;通信器材类零售额6.57亿元,比上年增长18.1%;日用品类零售额18.67亿元,比上年增长14%;家用电器和音像器材类零售额33.13亿元,比上年增长7.5%;化妆品类零售额5.19亿元,比上年增长2.7%;金银珠宝类零售额16.22亿元,比上年增长6.4%;文化办公用品类零售额10.90亿元,比上年增长21.3%;建筑及装潢材料类零售额36.30亿元,比上年增长14.6%;粮油食品、饮料烟酒类零售额74.03亿元,比上年增长6.2%。

旅游业快速发展。成功举办第六届苏台灯会"江苏·台湾灯会",入选"国家全域旅游示范区"第二批创建单位。全市共接待国内旅游人数5348.34万人次,比上年增长11.4%。接待入境过夜旅游者5.49万人次,比上年增长3.7%。实现旅游业总收入714.35亿元,增长15%。实现国内旅游收入706.19亿元,增长15%。旅游外汇收入6479万美元,增长8.1%。年末拥有A级景区44个,其中5A级景区2家,4A级景区7家,3A级景区11家。拥有省级旅游度假区3家,省星级乡村旅游点101家,其中三星级及以上69家;拥有星级宾馆34家,其中五星级宾馆3家;拥有旅行社108家,其中星级旅行社31家。

七、开放型经济

2016年,对外贸易形势稳定。全年实现进出口总额103.16亿美元,比上年增长2.5%,其中出口总额69.51亿美元,增长1.1%;进口总额33.65亿美元,增长5.5%。进出口总值及进口值增幅均列全省第二位。从出口方式上看,一般贸易出口51.32亿美元,比上年增长1.7%;加工贸易出口17.55亿美元,比上年增长3.5%。分企业类型看,国有企业出口1.80亿美元,比上年增长

1.3%；外商投资企业出口30.82亿美元，比上年下降2.6%；民营企业出口36.12亿美元，比上年增长4.8%。从主要出口产品看，机电产品出口31.11亿美元，比上年增长6.0%；纸及纸制品出口7.65亿美元，比上年增长3.2%。高新技术产品出口12.69亿美元，比上年增长61.2%。从出口市场看，对亚洲出口36.51亿美元，比上年增长9.5%，其中对东盟组织出口7.74亿美元，下降0.7%；对韩国出口3.5亿美元，增长48.2%；对日本出口4.31亿美元，下降4.7%；对印度出口3.53亿美元，增长7.1%。对欧洲出口10.79亿美元，比上年增长3.2%，其中对欧盟出口8.50亿美元，增长1.7%。对美国出口12.83亿美元，比上年下降10.5%。

表5　进出口贸易情况

指　　标	绝对值(亿美元)	比上年±%
进出口总额	103.16	2.5
#进口总额	33.65	5.5
#一般贸易	71.98	1.6
加工贸易	27.4	12
#国有企业	4.05	1.5
外商投资企业	52.86	-4.4
私营企业	45.27	13.6
出口总额	69.51	1.1
#一般贸易	51.32	1.7
加工贸易	17.55	3.5
#纸及纸制品	7.65	3.2
机电产品	31.11	6
#高新技术产品	12.69	61.2

利用外资保持稳定。全年新批外商投资企业106家，新批协议外资24.05亿美元，比上年增长64.9%；实际利用外资13.51亿美元，比上年增长3.5%。新批及净增资1000万美元以上项目89个，其中新批及净增资3000万美元以上项目37个。

对外经济稳定增长。全年新批境外投资项目34个，比上年下降22.7%；中方协议投资1.95亿美元，比上年下降10.8%；新签订对外承包工程合同额4018万美元，比上年下降17.5%；完成营业额3.28亿美元，比上年增长88.2%；新派劳务1442人，比上年增长14.6%。截至年末，全市累计批准196家企业在65个国家和地区，投资270个境外项目，中方协议投资11.09亿美元

八、交通运输和邮政电信

交通运输基本平稳。全年公路客运量4439万人，比上年下降1.8%；铁路客运量1054.50万人，下降0.5%。公路旅客周转量253345万人公里，比上年下降3.1%。公路货运量7447万吨，比上年增长2.0%；水路货运量1430万吨，增长2.1%；铁路货运量224万吨，下降33.5%。公路货物

周转量 793232 万吨公里,增长 2.0%;水路货物周转量 378387 万吨公里,增长 5.1%。全年完成港口货物吞吐量 14887 万吨,比上年增长 0.7%,其中长江港口吞吐量 13137 万吨,增长 1.0%;港口集装箱吞吐量 37.30 万标箱,下降 8.4%。年末全市民用汽车拥有量 43.68 万辆,其中私人汽车 41.73 万辆,分别比上年增长 17.3%和 18.0%。

邮政电信业较快发展。全年邮政电信业务总量 109.87 亿元,比上年增长 52.9%,其中:邮政业务总量 16.62 亿元,增长 28.3%;电信业务总量 93.25 亿元,增长 58.3%。邮政电信业务收入 42.60 亿元,比上年增长 7.9%,其中:邮政业务收入 12.41 亿元,增长 27.5%;电信业务收入 30.19 亿元,增长 1.5%。年末固定电话用户 75.79 万户,比上年末减少 11.44 万户。移动电话用户 305.89 万户,比上年减少 3.67 万户。年末互联网宽带接入用户 107.69 万户,比上年增加 15.88 万户。

九、财政与金融业

2016 年,镇江市财政增收形势趋紧。财政收入受"营改增"影响较大,全年实现一般公共预算收入 293.01 亿元,同口径比上年增长 4.7%,其中税收收入 231.40 亿元,下降 5.7%;非税收入61.61 亿元,增长 7.2%。分国地税看,国税完成 81.36 亿元,比上年增长 59.5%;地税完成 150.14 亿元,比上年下降 22.8%。从主要税种看,增值税比上年增长 91.8%,营业税比上年下降 45.1%,企业所得税比上年下降 1.7%,个人所得税比上年下降 16.3%。全年一般公共预算支出 360.10 亿元,比上年增长 2.4%,其中教育支出 65.85 亿元,社会保障和就业支出 32.06 亿元,医疗卫生支出 23.53 亿元,环境保护支出 17.71 亿元。

表 6 一般公共预算收入和支出分项情况

指 标	绝对值(亿元)	比上年 ±%
一般公共预算收入	293.01	4.7(同口径)
#税收收入	231.4	−5.7
#增值税	66.08	91.8
营业税	60.89	−45.1
企业所得税(40%)	22.16	−1.7
个人所得税(40%)	11.64	−16.3
房产税	8.28	7
印花税	3.7	12.9
契税	18.22	60.4
一般公共预算支出	360.1	2.4
#一般公共服务	38.15	4.9
教育	65.85	3.2
科技	13.25	−2.6
社会保障和就业	32.06	25.6
医疗卫生	23.53	6.4
环境保护	17.71	8.2

金融存贷规模不断扩大。年末全市金融机构人民币存款余额 4705.99 亿元，比年初增加 736.88 亿元，其中：住户存款 1879.10 亿元，比年初增加 137.62 亿元；非金融企业存款 1711.03 亿元，比年初增加 365.52 亿元。年末金融机构人民币贷款余额 3444.36 亿元，比年初增加 461.48 亿元，其中：短期贷款 1421.33 亿元，比年初减少 19.61 亿元；中长期贷款 1845.45 亿元，比年初增加 451.46 亿元。

表 7　年末金融机构人民币存贷款情况

指　　标	绝对值(亿元)	比年初增减额(亿元)
金融机构人民币存款余额	4705.99	736.88
#住户存款	1879.1	137.62
非金融企业存款	1711.03	365.52
金融机构人民币贷款余额	3444.36	461.48
#住户贷款	894	248.68
非金融企业及机关团体贷款	2549.69	219.11

企业上市取得积极进展。全年新增 1 家在上交所主板上市企业，15 家“新三板”挂牌企业，21 家“四板”市场挂牌企业，上市挂牌企业股权融资金额 87 亿元。截至年末，累计挂牌上市企业 117 家，其中主板上市 16 家(境内 10 家，境外 6 家)，“新三板”挂牌企业 43 家，“四板”挂牌企业 58 家。

保险业保持较快发展。全年保费收入 100.96 亿元，比上年增长 26.1%。其中，财产险收入 25.35 亿元，增长 10.8%；寿险收入 75.62 亿元，增长 32.3 %；健康险和意外伤害险收入 3.4 亿元，增长 26.5 %。全年赔付额 34.53 亿元，比上年增长 26%。其中，财产险赔付 13.74 亿元，增长 2.8%；寿险赔付 20.79 亿元，增长 48.1%；健康险和意外伤害险赔付 1.85 亿元，增长 22.4%。

十、科技和教育

科技创新能力增强。年末全市拥有省级以上工程技术研究中心 178 家，拥有省级重点实验室 6 家、产业研究院 1 家，拥有企业院士工作站 21 家。大中型工业企业和规模高新技术企业省级以上研发机构占比达 43.3%。4 家孵化器成功获批国家级孵化器，年末累计 10 个。新增入选国家级众创空间 2 家，入选省级众创空间 11 家。全市科技进步贡献率达 61%，比上年提高 0.5 个百分点。全年新增专利授权量 13836 件，其中新增发明专利授权量 2942 件。万人发明专利拥有量 23.2 件，比上年增加 2.6 件。全年研究与试验发展(R&D)经费支出占 GDP 比重 2.59%，比上年提高 0.04 个百分点。每万劳动力中研发人员数 140 人年，比上年提高 5 人年。

高新技术产业势头良好。全年高新技术产业实现产值 4451.5 亿元，比上年增长 8.2%，占规模以上工业产值比重 49.1%，比上年提高 0.5 个百分点。年末拥有国家高新技术企业数 619 家，当年新认定 134 家；拥有省级以上高新技术产品 2969 项，当年新认定 294 项。

质量检验能力稳步提升。年末共有产品质量检验机构 4 个，国家检测中心 2 个。法定计量技术机构 5 个，强制检定计量器具 21.06 万台(件)，比上年增加 2.43 万台(件)。全年监督抽查产品

30 种,完成强制性产品认证的企业 717 家,比上年增加 123 家。

教育事业全面发展。全市共有各类学校 243 所(不含技工学校),在校学生 37.61 万人,毕业生 9.45 万人。普通高校 6 所,本专科招生 2.27 万人,在校学生 7.79 万人,毕业生 1.98 万人;研究生教育招生 3092 人,在校生 9574 人,毕业生 2651 人。全市中等职业学校(不含技工学校)11 所,在校生 1.90 万人。普通中学 110 所,在校生 9.52 万人,毕业生 3.15 万人。小学 111 所,在校学生 14.38 万人,毕业生 2.27 万人。九年义务教育巩固率 100%,高中阶段教育毛入学率 100%。全市共有幼儿园 231 所,比上年增加 9 所;在园幼儿 7.37 万人,比上年增加 0.41 万人。

表 8　各类教育学校、招生和在校生情况

指　　标	学校数(所)	毕业生数(人)	招生数(人)	在校生数(人)
各类学校	243	94490	87607	376112
#高等教育学校(机构)	6	34672	38958	117568
#普通高校	6	22408	25760	87481
中等职业学校	11	5517	6594	19024
普通中学	110	31518	33345	95204
高中阶段	20	10995	10804	31561
初中阶段	90	20523	22541	63643
普通小学	111	22725	24924	143830
特殊教育学校	5	58	76	486
幼儿园	231	23356	27295	73695

注:本表不含技工学校。

十一、文化、卫生和体育

文化服务体系不断完善。扬剧《完节堂 1937》入选 2016 年江苏省舞台艺术精品工程精品剧目,获第三届江苏文化艺术节“优秀剧目奖”和“优秀表演奖”。扬剧《红船》入选文化部剧本重点孵化计划。年末共有艺术表演团体 4 个,文化馆 8 个,公共图书馆 9 个,文化站 54 个,博物(纪念)馆 14 个。年末拥有市(县)级以上文物保护单位 296 处,其中全国重点保护文物单位 13 处,省级重点保护文物单位 42 处。拥有省级历史文化街区 3 个。年末有线电视总用户 98.77 万户,有线电视入户率 97.6%,其中数字电视用户 91.92 万户。文化惠民力度加大,全年送戏下乡 535 场次,送图书下乡 4.7 万册,农村电影放映 8111 场次,观看人数达 202.4 万人次。举办“文心”系列公益文化活动 118 场,惠及群众 15 万多人次。

卫生服务能力不断提升。年末全市拥有各类卫生机构 976 个,其中医院 47 个、卫生院 48 个,社区卫生服务中心 35 个,卫生防疫防治机构 7 个,妇幼保健机构 7 个,村卫生室 311 个。卫生机构床位 14585 张,其中医院、卫生院 1830 张,社区卫生服务中心 1174 张。年末拥有卫生技术人员 19449 人,其中执业医师及执业助理医师 7884 人,注册护士 8278 人。全市医疗机构全年总诊疗

2346.5 万人次。公立医院分级诊疗制度进一步完善，共有 16 家基层医疗卫生机构开设了康复联合病房，城乡居民大病保险实现全覆盖。全市基层医疗卫生机构乡镇（街道）覆盖率 100%，省级示范乡镇卫生院（社区卫生服务中心）比重达到 64.7%，建成 304 个标准化村卫生室，形成 15 分钟健康服务圈。

体育事业持续发展。成功组织中国国际飞行器设计挑战赛总决赛和首届江苏航空体育旅游季活动。全年新增 14 所全国青少年校园足球特色学校，年末拥有全国校园足球特色学校 53 所。八叉巷小学、梦溪棋院创成国家级示范性青少年体育俱乐部。镇江市体育健儿在国内外大赛中共夺得 86 枚奖牌，其中金牌 37 枚、银牌 28 枚、铜牌 21 枚。全年实现体育彩票销售额 7.51 亿元，比上年增长 1.2 %。

十二、人民生活和社会保障

人口规模保持稳定。年末常住人口 318.13 万人，比上年增加 0.48 万人，其中城镇人口 220.79 万人，城镇化率 69.2%。全年常住人口出生率 7.98‰，死亡率 6.97‰，自然增长率为 1.01‰。在常住人口中 65 岁及以上人口占比达到 13.1%，比上年提高 0.5 个百分点。年末户籍人口 271.98 万人，比上年增加 0.31 万人，其中男性 134.53 万人，增加 0.07 万人；女性 137.45 万人，增加 0.24 万人。

就业形势总体稳定。年末从业人员 194.32 万人，比上年增加 1.25 万人，其中第一产业 22.23 万人、第二产业 88.06 万人、第三产业 84.03 万人。全年新增城镇就业 7.99 万人，城镇失业人员再就业人数 3.38 万人，新增转移农村劳动力 0.99 万人，城镇登记失业率 1.85%。全年新增登记注册私营个体从业人员 17.34 万人，其中私营企业 10.28 万人、个体工商户 7.06 万人。

居民生活持续改善。全年全市居民人均可支配收入 34064 元，比上年增长 9.0%；人均消费支出 21167 元，比上年增长 8.2%。城镇常住居民人均可支配收入 41794 元，比上年增长 8.1%；人均生活消费支出 24388 元，比上年增长 6.7%。农村常住居民人均可支配收入 20922 元，比上年增长 8.9%；人均生活消费支出 15925 元，比上年增长 12.0%。城乡收入差距不断缩小，城乡居民收入比由上年的 2.01∶1 缩小到 2.00∶1。人民生活条件持续改善，年末城镇居民现住房人均建筑面积 44.72 平方米，百户家庭拥有汽车 49 辆、电脑 112 台、手机 261 部；年末农村居民现住房人均建筑面积 57.72 平方米，百户家庭拥有汽车 33 辆、电脑 69 台、手机 255 部。

民生保障水平稳步提高。各类保险保持较高水平，主要险种参保率稳定在 98%以上，企业职工养老保险、医疗保险、失业保险参保人数分别为 90.29 万人、150.68 万人、52.9 万人。一般公共预算支出中民生类支出 256.01 亿元，占比重 71.1%，其中：社会保障和就业支出增长 25.6%，农林水事务支出增长 16.4%，交通运输支出增长 18%。企业退休人员养老金增加 162 元/每月，达 2157 元/每月，全年发放最低生活保障费 15413 万元。年末每千人拥有医生数 2.4 人、每千名老人拥有养老床位数 41 张。

十三、城建、环保

城乡基础设施不断完善。五凤口高架全面建成,312 国道南移工程年内试通车,九华山路改造建成通车,焦山路全线贯通,镇丹高速、连镇铁路、丁卯桥路快速化改造开工。全年保障房开工 18204 套(户),基本建成 15795 套(户)。海绵城市顺利通过国家三部委组织的试点期中期评估,海绵城市建设完成投资 28.81 亿元,完成 35 个小区 LID 改造。建成 1 个美丽宜居镇和 10 个美丽宜居村,建成 70 个村庄生活污水治理设施。市区建成区面积 139.23 平方公里,比上年增加 1.73 平方公里。完成农村公路升级 180 公里、桥梁改造 30 座。市区优化公交线路 19 条,城市居民公共交通出行分担率 24.03%,比上年提高 0.53 个百分点。

生态环境持续改善。成功举办 2016 镇江国际低碳技术产品交易展示会,发布低碳发展“镇江指数”。国家级生态城镇化示范区正式获批。全年主要污染物排放、单位 GDP 能耗下降率全面超额完成省下达任务,六大高耗能行业单位产值能耗下降 6.4%,占比重下降 0.4 个百分点。年末林木覆盖率达 25.1%,市区建成区绿化覆盖率 42.9%,人均公园绿地面积 18.9 平方米,年末市级以上生态村占比超 90%,生态乡镇全覆盖。全年实施大气污染防治工程 74 项,空气质量不断改善,全年 PM2.5 平均浓度下降 12.5%,空气质量优良天数占比 76.4%,比上年提高 4.6 个百分点。国考、省考断面水质优良比例分别为 75%、60%。

第六章　2016年扬州市经济社会发展报告

2016年，扬州市积极应对严峻复杂的宏观形势和艰巨繁重的发展任务，坚持稳中求进、创新发展的工作基调，自觉践行新发展理念，扎实推进供给侧改革，统筹做好稳增长、促改革、调结构、惠民生、优生态、防风险等各项工作，全市经济运行稳中有进，综合实力进一步提升，经济结构进一步优化，各项事业取得了显著成效。

一、总体经济

初步核算，全市实现地区生产总值4449.38亿元，可比价增长9.4%。其中，第一产业增加值251.49亿元，增长0.1%；第二产业增加值2197.63亿元，增长8.3%；第三产业增加值2000.26亿元，增长12.0%。三次产业结构由上年的6.0∶50.1∶43.9调整为5.6∶49.4∶45.0。人均地区生产总值99150元，增长9.2%。

2016年末全市有各类法人单位86991家，产业活动单位11550家。全市新登记民营企业21656户，注册资本885.36亿元，新登记个体工商户41794户。

全市城镇新增就业72307人，新增转移农村劳动力16300人，期末城镇登记失业率1.88%。城镇失业人员再就业69047人，就业困难人员再就业5604人。高校毕业生年末总体就业率97.8%，扶持农村劳动力自主创业5336人。

市场物价温和上涨，全年居民消费品价格指数为102.4。其中，消费品价格上涨1.7%，服务项目价格上涨3.4%。构成居民消费品价格指数的八大类指数分别是：食品烟酒类104.0、衣着类101.9、居住类100.6、生活用品及服务类101.5、交通和通信类98.5、教育文化和娱乐类101.8、医疗保健类110.9、其他用品和服务类102.1。商品零售价格总指数为100.5。

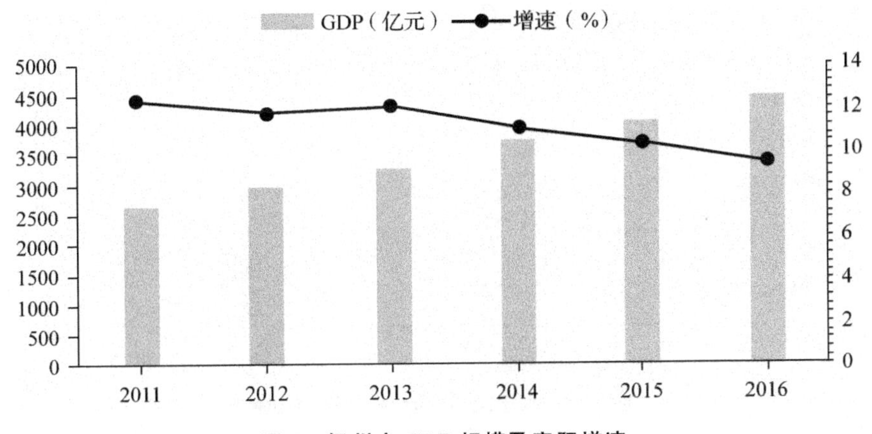

图1　扬州市GDP规模及实际增速

数据来源：历年《江苏统计年鉴》。

二、农业

全年粮食播种面积 628.3 万亩，总产 300.3 万吨，继“十二连增”后首次出现下降。生猪出栏 128.5 万头，下降 3.2%。家禽出栏 4315 万只，增长 3.1%。年末生猪存栏 70.5 万头，下降 3.1%。家禽存栏 1443 万只，下降 1.4%。肉类总产量 18 万吨，下降 0.8%。实现农林牧渔业总产值 478.8 亿元，增长 4%。

全市水产养殖面积 119 万亩，比上年扩大 1 万亩。特种水产养殖面积 105 万亩，同比扩大 1 万亩。实现水产品产量 40 万吨，比上年增加 0.5 万吨。

全市种植面积在 100 亩以上的家庭农场 2703 个，其中列入名录的家庭农场有 454 个，经营面积 9.4 万亩。全市各级农业龙头企业达 415 家，其中国家级 4 家，省级 50 家，市级 148 家，县级 213 家。市级以上农(渔)业园区 54 家，其中：国家级 1 家、省级 8 家、市级 45 家。新建高标准农田 20.45 万亩，设施农(渔)业 13.93 万亩，农业机械化水平 85.1%。

三、工业与建筑业

2016 年扬州市全市 2707 家规模以上工业企业完成总产值首次迈上万亿级大关，全年累计完成总产值 10099.6 亿元，同比增长 7.5%。产值过亿元的工业企业 1489 家，比上年增加 26 家，占全部规上企业的 55.0%。亿元企业完成产值 9542 亿元，占全市规模以上工业的 94.5%。其中完成产值 100 亿元以上的企业 9 家，50—100 亿元的 10 家，30—50 亿元的 23 家，10—30 亿元的 132 家，5—10 亿元的 255 家，1—5 亿元的 1060 家。

分各县(市、区)来看，1—12 月份，市区合计完成工业总产值 5822.5 亿元，同比增长 7.9%，高于全市平均增幅 0.4 个百分点，其中开发区、广陵区、邗江区和江都区分别完成工业总产值 1278.5 亿元、698.9 亿元、1445.4 亿元和 2399.7 亿元，同比分别增长 6.1%、8.2%、8.0% 和 8.8%。县市合计完成工业总产值 3453.7 亿元，同比增长 7.8%，高于全市平均增幅 0.3 个百分点，其中宝应县、仪征市和高邮市分别完成工业总产值 1074.7 亿元、1173.8 亿元和 1205.1 亿元，同比分别增长 8.0%、8.1% 和 7.3%。

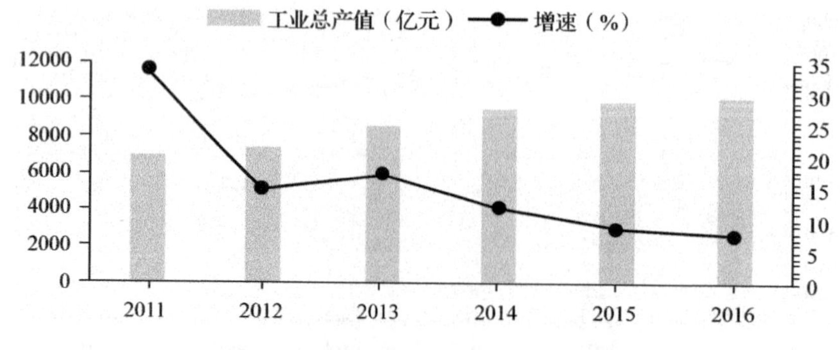

图 2　扬州市工业总产值及名义增速

数据来源：历年《江苏统计年鉴》。

分行业来看，全市列统的 35 个行业大类中，有 24 个行业大类产值同比正增长，增长面为 68.6%，其中有 20 个行业大类产值增速较上半年有不同程度回升，有 11 个行业增长速度超过 10%。累计产值列前三位的行业分别为电气机械和器材制造业，汽车制造业，化学原料和化学制品制造业，这三个行业合计完成工业总产值 4087.83 亿元，同比增长 7.8%，高于规上工业总产值增幅 0.4 个百分点。

2016 年全市完成规上工业增加值 2298.1 亿元，同比增长 9.2%，增幅高于省均 1.5 个百分点。

“三新”产业完成产值 1623.7 亿元，占全市的 16.1%，增长 7.1%，其中，114 家新材料企业完成产值 839.8 亿元，增长 7.8%；78 家新光源企业完成产值 322.7 亿元，增长 7.7%；58 家新能源企业完成产值 461.2 亿元，增长 5.4%。

五个千亿级产业累计完成产值 6815.4 亿元，增长 6.8%，其中，汽车产业 1326.1 亿元，增长 11.2%；机械装备产业 3521.6 亿元，增长 6.6%；新能源和新光源产业 783.9 亿元，增长 6.3%；石化产业 1033.6 亿元，增长 6.0%；船舶产业 257.4 亿元，下降 1.4%。

规模以上工业企业实现主营业务收入 9603.1 亿元，增长 6.6%；实现利润 603 亿元，增长 2.5%。

表 1　规模以上工业主要产品产量

产品名称	单位	2016 年产量	比上年±%
原煤	万吨	25.48	−24.5
原油	万吨	133.01	−14.5
发电量	亿千瓦小时	209.27	−0.04
烧碱(折 100%)	万吨	27.03	−3.0
合成纤维聚合物	万吨	199.22	4.4
水泥	万吨	996.98	−12.1
钢材	万吨	369.59	14.0
塑料制品	万吨	14.18	11.7
纱	万吨	18.32	1.9
服装	万件	23820.06	−1.0
化学纤维	万吨	129.20	7.8
金属集装箱	万立方米	696.39	47.3
通信及电子网络用电缆	万对千米	365.41	−5.8
移动通信手持机(手机)	万台	93.39	18.7
家用电冰箱	万台	387.26	−7.9
呢绒	万米	318.60	1.9
机制纸及纸板	吨	98965	−0.3
人造板	万立方米	56.73	8.7
单晶硅	万千克	15.58	43.9
皮革鞋靴	万双	3890.30	12.2

全社会用电量 225.37 亿千瓦时，增长 6.6%。第一产业用电量 4.73 亿千瓦时，增长 15.7%；第二产业 159.08 亿千瓦时，增长 2.7%，其中，工业用电 156.6 亿千瓦时，增长 2.7%；第三产业 27.15 亿千瓦时，增长 15.9%；城乡居民生活用电 34.41 亿千瓦时，增长 18.1%。

全市实现建筑业总产值3346.5亿元,增长5.7%;建筑业增加值272.30亿元,增长3.5%。房屋建筑施工面积26807.9万平方米,增长6%,其中新开工面积10853.6万平方米,增长8.5%;竣工产值2867.4亿元,增长4.2%;竣工面积10094.7万平方米,下降4.9%。

四、服务业

2016年扬州市服务业增加值突破2000亿元,达到2000.26亿元,增长12%,增速居全省第1位。服务业增加值占GDP比重为45%,比2015年提高1.1个百分点。服务业对GDP增长的贡献率为56%,拉动GDP增长5.3个百分点。服务业投资额达到1556.91亿元,增长17.1%。

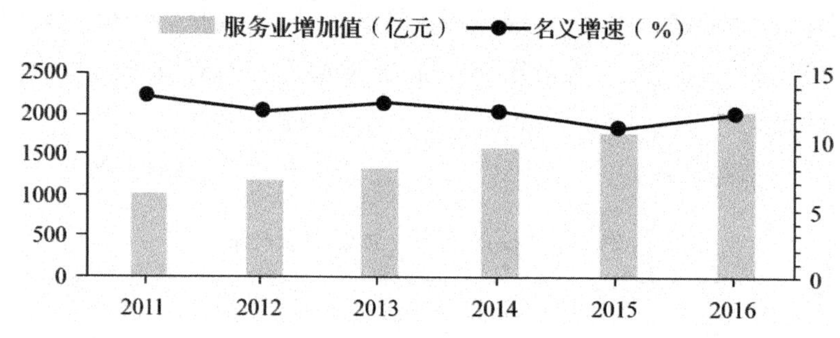

图3 扬州市服务业增加值及名义增速

五、固定资产投资和房地产开发

全市完成固定资产投资3288.68亿元,增长15.3%,其中,建设项目投资2878.51亿元,增长16.1%;房地产开发投资410.18亿元,增长8.5%。从产业来看,第一产业投资16.84亿元,增长4.3%;第二产业投资1714.93亿元,增长13.5%;第三产业投资1556.91亿元,增长17.1%。一、二、三产业投资占全部投资的比重为0.5∶52.2∶47.3。

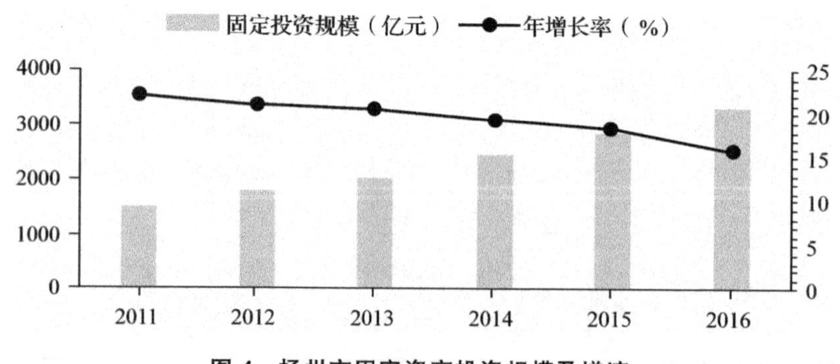

图4 扬州市固定资产投资规模及增速

数据来源:历年《苏州统计年鉴》。

全市房地产开发投资410.18亿元,增长8.5%,其中,住宅投资289.28亿元,下降3.1%;商业营业用房投资75.80亿元，增长73.9%；办公楼投资12.98亿元，下降0.1%；其他用房投资32.11亿元，增长39.1%。商品房施工面积2752.89万平方米，增长1%，其中，新开工面积709.14万平方米，增长12.6%；商品房竣工面积731.88万平方米，增长13.7%；商品房销售面积734.76万平方米，增长15.1%。

市级重大项目建设有序推进，347个市级重大项目完成投资1489亿元，48个市级政府投资项目完成投资58.6亿元。新开工重大产业项目136个，其中，工业项目54个、服务业项目50个、农业项目32个。

基础设施建设加快推进，宁启铁路开启动车。连淮扬镇铁路扬州站站场开工建设。扬宿高速、江广高速扩容全线施工。邗江南路全线通车，城市南部快速通道、金湾路、S611等加快推进。西区新城、生态科技新城、广陵新城建设明显提速。完成国庆路南段、渡江路等骨干道路整治。

六、邮电通信和交通运输

全市邮电通信业务收入61.2亿元，增长7.6%。其中，通信业务收入42亿元，增长3.9%；邮政业务收入19.2亿元，增长16.7%。年末电话用户614.01万户，增长1.7%，其中移动电话用户506.88万户，增长3.7%。互联网宽带接入用户139.25万户，增长13.9%。

全市货运总量和货物周转量分别完成1.23亿吨和357.75亿吨公里，分别增长1.3%、5.3%。客运量和旅客周转量完成3852.2万人和32.23亿人公里，分别下降7.4%、7.7%。港口货物吞吐量12159.7万吨，增长10.3%；集装箱吞吐量51.4万标箱，下降17.1%。扬州泰州机场升级为国际机场，全年旅客吞吐量143.7万人次，增长65.2%，货邮吞吐量7714.9吨，增长25%。新开辟国际航线5条，累计开通航线34条，其中国内21条，国际/地区10条，平均客座率83.25%，总起降架次36010架次，其中运输架次13010架次。

年末全市公路里程9546.36公里，年末高速公路里程270.91公里。

七、国内贸易

全市社会消费品零售总额1358.80亿元，增长9.9%，其中，批发业172亿元，增长3.3%；零售业1029.38亿元，增长10.7%；住宿业22.02亿元，增长15.2%；餐饮业135.40亿元，增长11.7%。城镇消费品零售额1260.86亿元，增长9.8%；乡村消费品零售额97.94亿元，增长9.9%。

限额以上批发和零售企业中，粮油、食品类零售额29.17亿元，增长9%；饮料类零售额3.27亿元，增长4.6%；烟酒类零售额11.23亿元，增长3.3%；服装、鞋帽、纺织品类零售额36.11亿元，增长2.7%；日用品类零售额12.68亿元，增长12%；家用电器和音像器材类零售额34亿元，增长7.8%；中西药品类零售额43.63亿元，增长9.1%；建筑及装潢材料类零售额9.53亿元，增长16%；汽车类零售额157.14亿元，增长7.2%。

八、财政金融

全市一般公共预算收入345.30亿元,增长2.5%,其中,税收收入267.16亿元,下降2.7%。主体税种中,增值税、营业税、企业所得税、个人所得税合计完成168.70亿元,下降5.1%。其中,增值税79.96亿元,增长87.5%;营业税50.70亿元,下降49.8%;企业所得税27.85亿元,增长11.4%;个人所得税10.19亿元,增长10.7%。

全市一般公共预算支出484.25亿元,增长11.2%,其中一般公共服务支出59.32亿元,增长9.1%;教育支出84.92亿元,增长13.3%;科学技术支出13.06亿元,增长1.0%;社会保障和就业支出39.28亿元,增长17.6%;医疗卫生与计划生育支出38.53亿元,增长18.2%;节能环保支出21.20亿元,增长45.4%。

年末人民币存款余额5361.55亿元,比年初增加642.15亿元,增长13.6%,其中,住户存款余额2560.98亿元,比年初增加184.29亿元。人民币贷款余额3508.13亿元,比年初增加411.63亿元,增长13.3%。其中,中长期贷款余额1822.67亿元,比年初增加421.75亿元;个人消费贷款837.40亿元,比年初增加171.89亿元。全市各类保险机构实现保费收入148.36亿元,增长20.5%。其中,财产险保费收入33.42亿元,增长6.8%;人身险保费收入114.94亿元,增长25.1%。保险赔款总支出23.31亿元,增长24.2%,其中财产险支出20.43亿元,增长28.7%;人身险支出2.88亿元,下降0.6%。

全市证券公司营业部累计开户55.67万户,比上年增加8.96万户。证券交易额11724.82亿元,比上年减少7078.35亿元,其中股票交易额9325.35亿元,比上年减少7041.37亿元,占交易额的79.54%;基金交易额312.32亿元,比上年减少183.13亿元,占交易额的2.66%。新增苏奥传感、罗思韦尔、金世纪车轮3家上市公司,累计融资10.59亿元。全市累计拥有境内外上市公司14家。

九、对外经济与旅游业

2016年全市外资实际到账12.04亿美元,增长41.9%。新批准项目70个,协议外资13.21亿美元。全市完成外经营业额8.19亿美元,增长11%;全年备案境外投资项目49个,中方协议投资额5.77亿美元,增长48.5%。

全市进出口总额96.25亿美元,下降6.9%,其中,出口72.59亿美元,下降5.9%;进口23.66亿美元,下降9.9%。从贸易方式看,一般贸易出口51.18亿美元,下降3.4%;加工贸易出口16.9亿美元,下降20.4%。从贸易市场看,美国出口17.66亿美元,下降1.1%;欧盟出口15.78亿美元,下降3.7%;东盟出口6.40亿美元,增长4.9%;中国香港出口6.65亿美元,增长12.4%;拉丁美洲出口4.72亿美元,下降14.9%。

表 2　十类主要商品出口情况

商品类别	累计出口额(万美元)	同比(%)	占全市出口比重(%)
化学化工	78762	－6.14	11.0
纺织制品	72994	－9.11	10.2
船舶	36971	－36.16	5.4
电子纸与液晶装置	33548	8.67	4.7
机动车辆与零配件	33466	－15.73	4.4
新光源新能源	29811	－31.41	4.2
鞋帽	26434	－40.43	3.7
电动工具与机床等加工设备	23399	1.48	3.2
牙刷	20585	－5.08	3.1
电缆	19203	31.66	2.8
合计	375173		52.3

全市旅游总收入 691.39 亿元，增长 15.1%。全年接待入境过夜游客 5.86 万人次，增长 14.3%。旅游外汇收入 6280 万美元，增长 12.4%。主要封闭式景区接待游客 1042.54 万人次，增长 14.6%。全市拥有国家 A 级景区 37 家，其中 5A 级 1 家、4A 级 10 家、3A 级 13 家。省星级乡村旅游区(点)48 家，其中四星级 16 家。共有星级饭店 48 家，其中五星级 4 家、四星级 13 家。星级饭店客房出租率 67.55%。旅行社 138 家，其中出境游组团社 7 家。

十、科技和教育

实施新一轮“科教合作新长征”和“科技产业合作远征”行动，签订产学研合作协议 523 项，新建校企联盟 155 家，新增市级科教合作重大项目 56 项，新引进南邮扬州研究院、武汉大学空间信息大数据研发基地、重庆市科研院扬州分院等研创中心 46 家，新建产学研联合创新载体 61 个。全年新增省级“两站三中心”42 家，累计数达 470 家。

全市新增国家高新技术企业 102 家，总数达 706 家，实现高新技术产业产值 4520.1 亿元，占规上工业总产值的比重 44.7%。全市专利受理量 27043 件，增长 8.98%；专利授权 13253 件，下降 4.98%。20 家科技型企业登陆新三板。

全年新获批国家“万人计划”领军人才 2 人；新增省双创博士“科技副总”126 人，同比增长 113%，位居全省第一。新建科技综合体和众创空间 106 万平方米，入驻企业突破 1200 家，新增国家级孵化器 3 家，省级以上众创空间 11 家。

新(迁)建中小学 12 所，新(改、扩)建幼儿园 12 所，创成省优质园 6 所，新创省义务教育现代化学校 55 所。全市共有幼儿园 295 所，小学 203 所，普通中学 166 所，普通高校 7 所。在园幼儿 110948 人，小学在校生人数 212554 人，普通中学在校生人数 175579 人，普通高校在校生人数 80305 人。全市幼儿园毛入学率为 99.1%，义务教育入学率和高中阶段毛入学率达 100%，高等教育毛入学率达 53.2%。全市高考本二以上上线人数达 11458 人。

十一、文化、卫生和体育

新建3家城市书房、399个基层综合文化服务中心。成功承办第六届江苏书展和首届江苏原创戏剧节双年展。高邮获批国家历史文化名城。主城区公共图书服务网络、农村(社区)基层综合文化服务中心覆盖率分别达到90%和30%。年末全市共有文化馆、群众艺术馆7个,公共图书馆7个。共有广播电台6座,中短波广播发射台和转播台13座,广播综合人口覆盖率和电视综合人口覆盖率均达100%,有线数字电视缴费用户107.79万户。

在全省率先成立公立医院管理委员会,实现全市范围内纵向医联体全覆盖。高邮市成为我市首家国家级妇幼健康优质服务示范市。年末共有各类卫生机构1787个,其中医院、卫生院142个。各类卫生机构拥有病床20683张,其中医院、卫生院病床18421张。共有卫生技术人员25273人,其中执业(助理)医师10405人,注册护士10406人。

第十九届省运会筹备工作有序推进,开工建设游泳健身中心、射击运动中心。承办2016国际泳联花样游泳大奖赛等3项全国以上级别比赛。新建、更新健身设施1700余件。

十二、人口、人民生活和社会保障

年末全市户籍总人口461.67万人,比上年末增加5431人。全市登记出生人口4.00万人,出生率8.66‰;死亡人口3.11万人,死亡率6.74‰。人口自然增长率为1.92‰。年末市区户籍总人口为232.47万人,增长0.24%。年末全市常住人口449.14万人,常住人口城镇化率为64.40%,比上年提高1.61个百分点。

全体居民人均可支配收入28633元,增长9.1%,其中,城镇居民人均可支配收入35659元,增长8.2%;农村居民人均可支配收入18057元,增长8.7%。全体居民人均生活消费支出18054元,增长8.0%,其中,城镇居民人均生活消费支出21064元,增长6.5%;农村居民人均生活消费支出13722元,增长11.4%。市区、县(市)最低工资月标准分别提高至1770元、1600元。

年末企业职工基本养老保险、城镇职工基本医疗保险、失业保险参保人数分别达107.42万人、124.19万人和65.49万人。年末城乡居民养老保险参保人数89.24万人,基础养老金发放率达100%。年末城镇基本医疗保险参保人数为205.81万人。2016年,全面实施城镇居民大病保险和城镇职工大病补充保险。新型农村合作医疗人均财政补助提高至425元,政策范围内报销比例提高至76%。城乡居民基础养老金月最低标准调至115元。

社会福利事业不断提升,城乡居民最低生活保障对象63820人,累计资金支出19062.28万元;临时救助33086户,支出1769.62万元;城乡医疗救助353333人次,累计支出8875.15万元。市区城乡低保标准统一提高至每月600元。

十三、城市建设和生态环境

制定推进乡镇差别化发展指导意见。加快实施居住证制度,基本实现户口迁移“零门槛”。改造区域供水支管网 220 公里。市区新改建农贸市场 12 个，取缔马路市场 20 处。新改建公共停车场 3 座、公厕 76 座。整治老旧小区 72 万平方米，实施公房解危 3.6 万平方米，完成棚户区改造 2411 户。新辟优化公交线路 26 条，主城区公交分担率达 26.6%，镇村公交覆盖率 80%。新改建农村道路 206 公里、危桥 65 座。疏浚县乡骨干河道 81 条。高邮、仪征入围“全国科学发展百强县市”，江都、邗江、广陵入围“全国科学发展百强区”。建成农村区域性医疗卫生中心 5 家。11 个村入选省级美丽乡村建设试点。

江淮生态大走廊建设上升为省级战略。基本建成十大生态中心，新改扩建公园 626 万平方米。整治挥发性有机物污染企业 30 家。淘汰 10 蒸吨以下小型燃煤锅炉 1296 台套。淘汰黄标车 7813 辆、老旧汽车 6206 辆。取缔露天烧烤点 65 个。全年空气优良天数 262 天，优良率 71.6%。PM2.5 年平均浓度比 2013 年下降 22.2%。完成 6 条市区河道整治。实行地表水“断面长制”，9 个国家考核断面水质、11 个城市集中式饮用水水源地水质全部达标。全市成片造林 2.5 万亩，恢复湿地 5650 亩，创成省级绿化示范村 56 个。古运河成功创成国家级水利风景区。成功申办省园博会和世界园博会。

第七章　2016年泰州市经济社会发展报告

2016年，面对错综复杂的国内外宏观经济环境，全市上下在市委、市政府的坚强领导下，深入贯彻落实党的十八大和十八届三中、四中、五中、六中全会精神，以省、市党代会精神为指引，坚持稳中求进工作总基调，积极践行五大发展理念，着力推进供给侧结构性改革，扎实开展"三大主题"工作和"四个名城"建设，全市经济运行稳中有进，社会事业加快发展，顺利实现"十三五"良好开局。

一、总体经济

经济发展缓中有进。全市实现地区生产总值4101.78亿元，增长9.5%，比上年回落0.7个百分点，但增速分别高于全国、全省平均水平2.8个和1.7个百分点，超过南通、宿迁，居全省首位，为泰州建市以来取得的最好成绩。其中第一产业增加值240亿元，增长1.4%；第二产业增加值1933.89亿元，增长8.8%；第三产业增加值1927.89亿元，增长11.4%。三次产业结构为5.9∶47.1∶47.0。按常住人口计算，全年人均地区生产总值88330元，增长9.4%，人均地区生产总值按当年汇率折算为13298美元。

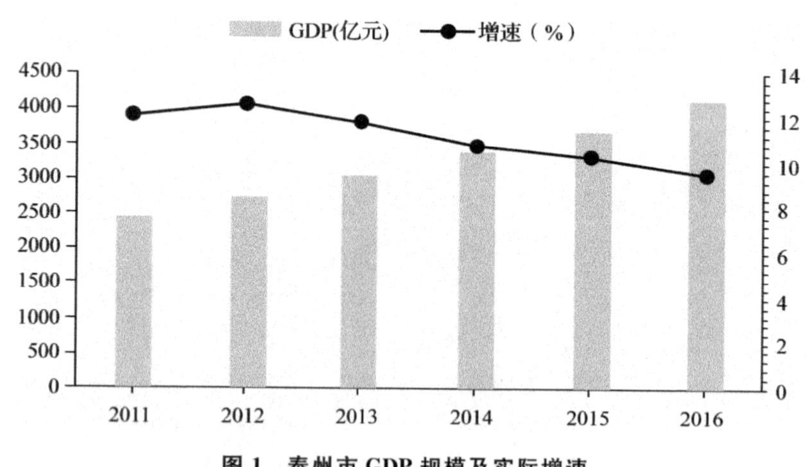

图1　泰州市GDP规模及实际增速

数据来源：历年《江苏统计年鉴》。

经济结构持续优化。服务业加快发展。全年服务业增加值增速比上年提升0.2个百分点；服务业增加值占地区生产总值比重为47.0%，比上年提升2.0个百分点。服务业税收有所回落，全年完成服务业税收收入206.82亿元，下降4.4%；服务业税收收入占全部税收收入的比重为44.7%。

价格指数保持在合理区间。居民消费价格指数温和上涨。全年居民消费价格指数(CPI)同比上涨2.1%，较上年扩大0.4个百分点。从调查项目看，食品价格上涨4.6%，非食品价格上涨

1.5%，服务项目价格上涨2.2%，工业消费品价格上涨0.6%。从调查类别看，八大类商品和服务价格“七涨一跌”，其中食品烟酒类上涨3.8%，衣着类上涨2.2%，居住类上涨1.5%，生活用品及服务类上涨1.9%，教育文化和娱乐类上涨1.3%，医疗保健上涨3.3%，其他用品和服务类上涨2.8%；交通和通信类下跌0.3%。工业生产者价格重回涨势。全年工业生产者出厂价格指数(PPI)同比下降1.9%，跌幅较上年缩小2.1个百分点；工业生产者购进价格指数(IPI)同比下降1.7%，跌幅较上年缩小7.7个百分点。

市场活力进一步释放。全年新增私营企业1.44万户，同比增长18.0%；新增个体工商户3.4万户，同比增长31.8%。截至12月末，全市每万人拥有私营企业191家，每万人拥有个体工商户552户。

全市经济社会发展仍存在一些困难和问题，主要表现在：船舶、化工等传统产业转型任务艰巨，不少中小微企业面临融资难、盈利难的困境，高水平研发机构、高层次创新人才、高新技术企业总量偏少；老城区的道路交通、市政设施、人居环境有待进一步改善，新城区的现代化功能品质有待加快提升；城乡居民收入与经济发展水平远不匹配，教育、医疗、养老等公共服务供给还存在短板，空气、水、土壤等污染治理还需加大力度。

二、农林牧渔业

农业生产因灾减产。全年粮食总产量313.03万吨，比上年减少16.3万吨，下降5.0%。其中夏粮113.99万吨，下降7.5%；秋粮199.04万吨，下降3.5%。棉花产量1770吨，下降64.6%；油料产量12.20万吨，下降8.1%。粮食播种面积652.58万亩，比上年减少3.6万亩，下降0.5%。粮食单产479.7公斤/亩，比上年减少22.3公斤，下降4.4%。虽因灾减产，但粮食综合亩产仍位于全省第一。

农林牧渔业平稳发展。全年肉类产量26.03万吨，下降3.3%；禽蛋产量12.44万吨，增长3.5%；牛奶产量4.21万吨，下降8.0%；水产品产量39.64万吨，增长1.0%。完成成片造林面积3.85万亩，新建完善农田林网27.7万亩，四旁植树446.9万株，森林抚育面积5.4万亩，年末林木覆盖率23.5%。

随着泰州市农业装备和技术水平不断提升，农业现代化水平不断提高，新型农业经营主体发展加快，农业生产更加集约化，农业从业人员进一步减少。据统计，2016年农林牧渔业从业人员42.93万人，比上年下降1.9%，其中：种植业从业人员34.2万人，比上年下降1.5%。全年新增设施农业面积4000公顷，新增设施渔业面积1561公顷，新增有效灌溉面积0.79千公顷，新增节水灌溉面积9.1千公顷。农业机械化耕种程度提高。全年新增大中型高效农机具5412台，新增粮食烘干机1152台，年末农业机械总动力达275.52万千瓦，增长2.7%。全市水稻机插率、秸秆还田率超过85%和65%，其中机插率超90%的“整体推进镇”达到52个。

三、工业与建筑业

工业增长稳中趋缓。全年规模以上工业增加值增长10.0%，比上年回落1.0个百分点；规模以上工业总产值12575.81亿元,增长12.9%,比上年回落2.0个百分点。分轻重工业看,轻工业产值3444.08亿元,增长15.3%;重工业产值9131.73亿元,增长12.0%。分经济类型看,国有、集体、股份制、外商和港澳台投资企业分别完成产值91.13亿元、167.69亿元、9007.12亿元、2645.20亿元,分别增长2.9%、10.0%、13.2%、11.0%。分企业规模看,大中型、小微型企业分别完成产值6155.71亿元、6420.09亿元,分别增长7.7%、18.3%。分重点行业看,食品制造业产值886.56亿元,增长8.0%;纺织服装业产值682.74亿元,增长17.6%;石化产值1826.25亿元,增长12.2%;医药制造业产值863.36亿元,增长19.7%;建材产值207.37亿元,增长11.4%;冶金行业产值668.29亿元,增长3.2%;装备制造业产值6822.85亿元,增长12.9%。

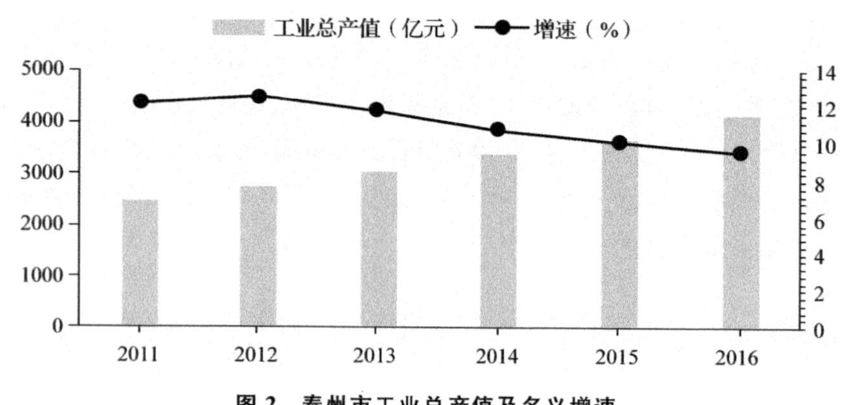

图2　泰州市工业总产值及名义增速

数据来源:历年《江苏统计年鉴》。

工业效益稳中向好。全市规模以上工业企业实现主营业务收入12190.18亿元,增长13.0%;实现利润936.76亿元,增长11.2%。年末,规模以上工业亏损企业亏损额9.16亿元,下降56.3%;规模以上工业企业资产负债率为51.1%,比上年下降2.3个百分点。

建筑业平稳发展。全年建筑业完成总产值2924.44亿元,同比增长9.8%;实现增加值255.4亿元,增长3.4%。年末具有资质等级的总承包和专业承包建筑企业633家,其中具有特级、一级和二级资质企业262家,比上年增加21家。全年建筑业企业平均从业人员98.32万人,增长9.5%。

四、服务业

2016年,泰州市以调整产业结构,提升经济发展质量为主线,进一步加大对服务业发展的支持力度,服务业保持较快发展,服务业增加值占全市GDP的比重不断提升。2016年,全市服务业持续较快增长,现代服务业发展势头较好。2016年,全市服务业实现增加值1927.89亿元,比上年增长11.4%,增速分别高于GDP和第二产业增速1.9个和2.6个百分点,位居全省第2位,较前三季度前进3位,对全市经济增长的贡献率超过五成,达到53.7%,较去年提高10.7个百分点。

服务业增加值占GDP的比重达到47.0%,比上年提高2个百分点。全年第三产业增加值同比增长11.4%,快于第二产业增速2.6个百分点,服务业增加值占地区生产总值的比重为47.0%,比2015年提升2个百分点,服务业占比高于工业占比6个百分点,略低于第二产业占比0.1个百分点;服务业对经济增长的贡献率达到53.7%,分别高于第二产业、工业8.3个、11.9个百分点。

从服务业的内部结构看,营利性服务业实现增加值384.69亿元,同比增长22.4%,对第三产业增长的贡献率达到35.5%,对经济增长的贡献率达到19.1%;非营利性服务业实现增加值437.60亿元,同比增长10.9%,对第三产业增长的贡献率为21.7%;金融业实现增加值214.06亿元,同比增长15.7%,对第三产业增长的贡献率为15.3%;房地产业实现增加值293.09亿元,同比增长9.8%,对第三产业增长的贡献率为12.2%。这四大行业对第三产业的贡献率合计达到84.7%。

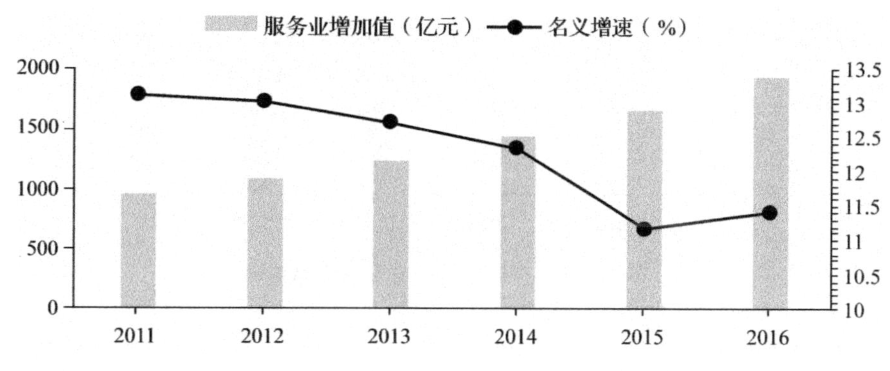

图3 泰州市服务业增加值及名义增速

数据来源:历年《江苏统计年鉴》。

五、固定资产投资和房地产开发

2016年,全市固定资产投资突破3000亿元,达3164.12亿元,同比增长17.4%,高于全省平均水平9.9个百分点,增幅列全省第一。分行业看,一产投资6.84亿元,增长10.5%;二产投资1962.54亿元,增长19.6%;三产投资1194.74亿元,增长14.0%。在二产投资中,工业投资1957.87亿元,增长19.8%,其中食品制造业投资131.83亿元,增长75.0%;纺织服装业投资77.36亿元,下降2.7%;石化投资186.87亿元,增长11.3%;医药制造业投资95.49亿元,增长33.7%;建材行业投资52.54亿元,增长6.5%;冶金行业投资64.45亿元,增长60.7%;装备制造业投资1109.68亿元,增长27.3%。

在三产投资中,信息传输、软件和信息技术服务业投资22.82亿元,增长59.0%;租赁和商务服务业投资119.36亿元,增长52.4%;科学研究和技术服务业投资56.83亿元,增长30.8%;教育投资49.27亿元,增长97.8%;卫生和社会工作投资24.08亿元,增长23.8%;文化、体育和娱乐业投资63.41亿元,增长274.3%。从新开工项目看,全年新开工项目4121个,增长8.2%;完成投资2172.09亿元,增长11.4%。其中,亿元以上新开工项目543个,增长61.6%;完成投资785.74亿元,增长38.9%。

城乡基础设施建设扎实推进。重大城建项目大突破。稻河古街区保护复兴工程建设全面完工,九州森美国际影视城和古井博物馆顺利建成,省泰中新校区竣工交付,东风路快速路、永定路与东风路交叉形成的五层高架、永定路1号和2号隧道全面贯通,农溱线接通、运河路接通、京泰路南延、梅兰路东延、吴陵路北延等一批城市道路正在抓紧推进。生态建设全面提升。周山河十里生态长廊景观工程全面完成,凤城河污水管网全覆盖工程完成阶段性目标,市区人行道进行海绵化试点改造总面积约 8000 平方米。民生实事稳步推进。完成 30 个老旧小区的“微整治”,累计增加停车位 2800 个,道路维修 6000 平方米,清掏下水管网 450 处;完成 13 个小区共 3290 户老小区管道燃气改造和 2000 多户居民二次供水改造接管等。

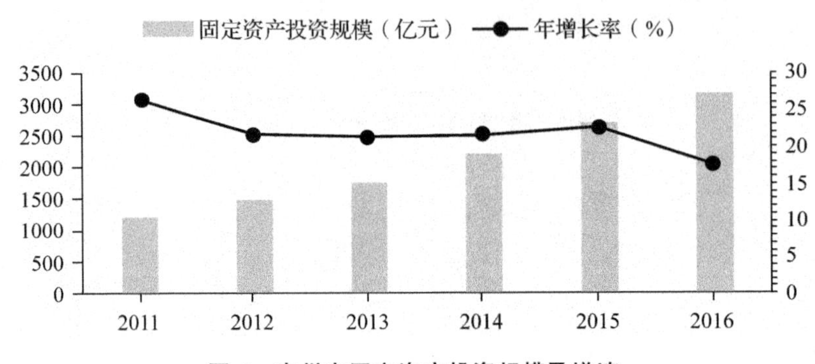

图 4　泰州市固定资产投资规模及增速

数据来源:历年《苏州统计年鉴》。

房地产市场健康发展。全年房地产开发投资 250.71 亿元,增长 1.3%,其中住宅投资 194.91 亿元,下降 2.0%。商品房施工面积 2312.85 万平方米,增长 0.7%,其中住宅 1809.61 万平方米,下降 0.8%;商品房新开工面积 555.03 万平方米,增长 31.4%,其中住宅 413.39 万平方米,下降 221.3%;商品房竣工面积 525.97 万平方米,下降 6.7%,其中住宅 437.40 万平方米,增长 0.3%;商品房销售面积 698.56 万平方米,增长 31.8%,其中住宅 645.44 万平方米,增长 31.4%;商品房待售面积 435.46 万平方米,增长 7.4%,其中住宅 291.77 万平方米,增长 4.2%;商品房销售额 402.68 亿元,增长 28.8%,其中住宅 359.33 亿元,增长 30.1%。年末全市商品房库存去化周期为 9.5 个月,同比下降 8.5 个月。

六、国内贸易和旅游

消费品市场发展势头加快。全年社会消费品零售总额 1118.34 亿元,增长 11.7%,比上年提升 0.8 个百分点。从城乡市场看,城镇消费品零售额 1035.78 亿元,增长 11.6%;乡村消费品零售额 82.56 亿元,增长 12.8%。从消费形态看,批发和零售业 964.94 亿元,增长 11.7%;住宿和餐饮业 153.40 亿元,增长 11.1%。从限额以上单位看,全年限额以上社会消费品零售总额 446.90 亿元,增长 14.3%,其中限额以上批发零售业零售额 424.08 亿元,增长 14.6%;限额以上住宿餐饮业零售额 22.82 亿元,增长 7.7%。

发展享受型消费市场快速成长。全年限额以上贸易单位中书报杂志、家用电器和音响器材、通信器材、建筑及装潢材料、汽车等发展享受型消费实现零售额 178.57 亿元,同比增长 16.3%,高于限额以上社会消费品零售增速 2 个百分点;发展享受型消费占限额以上社会消费品零售额的比重为 40.0%,同比提升 0.7 个百分点。

旅游市场健康发展。全年接待国内游客 2282 万人次,增长 12.0%;接待入境过夜游客 3.61 万人次,增长13.1%。全年实现旅游总收入283亿元,增长15.5%;实现旅游外汇收入3631万美元,增长11.6%。

七、开放型经济

对外贸易基本稳定。全年完成进出口总额103.81亿美元,增长1.5%,其中出口66.74亿美元,增长4.7%;进口37.07亿美元,下降3.8%。按贸易方式分,出口中,一般贸易出口40.07亿美元,与上年持平;加工贸易出口26.33亿美元,增长14.6%。进口中,一般贸易进口26.04亿美元,下降3.8%;加工贸易进口7.97亿美元,增长0.6%。按企业性质分,出口中,外商投资企业出口36.35亿美元,增长2.2%;民营企业出口28.62亿美元,增长10.0%。进口中,外商投资企业进口26.72亿美元,增长5.6%;民营企业进口9.62亿美元,下降23.7%。按商品类别分,出口中,机电产品出口35.32亿美元,增长10.6%;农产品出口3.28亿美元,增长32.4%。进口中,机电产品进口6.06亿美元,下降10.4%;农产品进口9.57亿美元,下降18.4%。按产销国别分,对亚洲出口24.82亿美元,下降0.4%;对非洲出口1.06亿美元,下降41.1%;对欧洲出口5.6亿美元,下降37.5%;对拉丁美洲出口5.57亿美元,下降37.5%;对北美洲出口13.91亿美元,增长6.3%;对大洋洲出口8.55亿美元,增长138.8%。

利用外资形势良好。全年新批协议注册外资25.16亿美元,增长100.6%;实际到账注册外资13.44亿美元,增长26.2%。

八、交通运输和邮政电信

交通运输平稳发展。全年公路客运量8766万人,下降2.6%;公路客运周转量542963万人公里,下降0.7%;公路货运量2546万吨,增长2.3%;公路货运周转量716605万吨公里,增长4.1%;水路货运量15215万吨,增长0.6%;水路货运周转量7981620万吨公里,增长6.3%。港口货物吞吐量18823万吨,下降3.5%,其中泰州港区吞吐量16941万吨,增长0.8%,外贸吞吐量1524万吨,增长3.5%。

居民汽车保有量稳步增长。年末民用汽车拥有量61.93万辆,增长15.0%;私人汽车拥有量55.56万辆,增长15.3%。

邮电业发展较快。全年邮政业务总量18.25亿元,比上年增长23.8%。邮电业务收入51.46亿元,同比增长7.8%。年末移动电话用户405.17万户,比上年增长6.1%。互联网宽带接入用户117.50万户,比上年增长28.7%。

九、财政、金融、保险和证券

财政收支平稳增长。受“营改增”影响,全年完成一般公共预算收入327.60亿元,增长1.7%(同口径增长5.8%),其中税收收入263.73亿元,增长0.6%,税收收入占公共财政预算收入的比重为80.5%。全年一般公共预算支出450.88亿元,增长4.9%,其中公共安全支出29.08亿元,增长14.1%;教育支出75.05亿元,增长8.8%;科学技术支出11.61亿元,增长3.6%;文化体育与传媒支出6.24亿元,下降21.1%;社会保障和就业支出43.85亿元,增长17.7%;医疗卫生支出40.40亿元,增长1.9%;节能环保支出11.06亿元,增长9.8%;城乡社区事务支出56.91亿元,下降0.6%;交通运输支出10.94亿元,增长12.6%。

金融市场规模不断扩大。年末全市金融机构人民币各项存款余额5275.62亿元,比年初增加833.92亿元,其中住户人民币存款余额2474.71亿元,比年初增加232.25亿元。金融机构人民币各项贷款余额3656.79亿元,比年初增加428.71亿元,其中住户人民币贷款余额1010.62亿元,比年初增加152.77亿元;人民币贷款中短期贷款1218.19亿元,中长期贷款1211.56亿元。

保险业发展势头良好。全年保险业务收入123.30亿元,增长24.4%,其中财产险收入32.87亿元,增长10.6%;人寿险收入90.43亿元,增长30.3%。全年赔款和给付51.38亿元,增长37.9%,其中财产险赔付19.97亿元,增长19.7%;人寿险赔付31.41亿元,增长52.7%。

证券市场回归理性。全年证券交易额7946.99亿元,下降30.6%;基金交易额155.53亿元,下降11.2%;债券交易额3.91亿元,下降68.0%。全年期货交易额605.76亿元,下降30.2%。

十、科学技术和教育

2016年,泰州市科技创新能力不断提升。全市科技进步贡献率达60.5%,比上年度提高0.8个百分点。全社会R&D支出占GDP比重2.45%,比上年提高0.08个百分点。全市获国家科技奖3项,其中发明奖1项,科技进步奖2项。全市专利授权12489件,发明专利授权939件,增长47.9%,万人发明专利拥有量达到7.86件。高新技术产业化步伐加快。全年实现高新技术产业产值5393.86亿元,增长14.4%,快于规模以上工业1.5个百分点;高新技术产业产值占规模以上工业的比重为42.9%,比上年提高0.6个百分点。高新技术产业投资不断加快。全年高新技术产业完成投资688.54亿元,增长45.8%。

教育现代化建设加快推进。学前教育优质资源不断扩大。新创建省优质园31所,占成型园总数的77%,占比列全省第一。义务教育实现高位全域均衡发展。新创义务教育现代化学校36所,建成比例达88%。普通高中教育优质特色发展稳步推进。全市高考再创佳绩,本二以上达线人数连续9年超万人,高分层人数继续位列全省第一方阵。新增四星级高中1所,四星占比达40%。高等教育内涵发展成效明显。全年新增本科专业16个,引进博士、教授等高层次人才27名。年末全市拥有小学149所,在校学生22.00万人;初中149所,在校学生10.94万人;高中37所,在校学生6.14万人;职业高中3所,在校学生0.26万人;普通中等专业学校9所,在校学生2.13万人;普通高等学校7所,在校学生5.92万人;特殊教育学校5所,在校学生1029人。

十一、文化、卫生和体育

文化事业蓬勃发展。公共文化服务设施更加完善。打造“泰州掌上图书馆”手机移动阅读APP,24小时自助图书馆、实体书店、阅读书吧建成并对外开放,年末全市共有文化馆7个、公共图书馆7个、博物馆19个。文艺精品创作生产成果丰硕。全年创成一批带有鲜明泰州烙印的文艺精品，大型现代淮剧《赶鸭子下架》在各类评比中取得优异成绩，广播文艺作品《桑梓情深话梅郎》获得广播影视大奖广播电视节目奖提名奖，《花开等你来》泰州风情组歌等18个作品参选2016年度江苏艺术基金资助项目。公共文化活动影响力进一步提升。成功举办2016中国泰州梅兰芳艺术节，开展"书香泰州"全民阅读活动，圆满举办"2016胡瑗读书节"，全市居民综合阅读率达87.5%。年末全市公共图书馆总藏量298.38万册，电子图书藏量28.52万册，电视综合人口覆盖率100%，有线电视入户率97.2%。

卫生事业加快发展。年末全市拥有各类卫生机构1963家，其中医院、卫生院183家，卫生防疫防治机构11个，妇幼卫生保健机构6个；各类卫生机构拥有病床23237张，其中医院、卫生院拥有病床21778张；拥有卫生技术人员26124人，其中执业（助理）医师11317人、注册护士10172人。其中乡镇卫生院116个，床位5187张，卫生技术人员5819人；乡村医生和卫生员2709人。新型农村合作医疗人口覆盖率100%。

体育事业持续发展。打造"康泰之州、运动之城"，构建"1＋4＋N"体育健身场馆格局。实施民生体育"十百万工程"，投入4000多万元用于体育设施建设，为12000多名市民提供健康评估测试并建立健康档案。推动社会优质体育设施资源对外开放，率先试点推行高校体育场地设施向社会免费开放，最大限度满足市民体育健身需求。主动承办体育赛事活动。成功举办中欧乒乓球冠军对抗赛、第十一届"春兰杯"世界职业围棋锦标赛、泰州"铁人三项"亚洲杯，顺利实现"泰铁"两年"三步跳"，从业余赛直接升格为洲际性比赛。

十二、人民生活和社会保障

人口平稳增长。年末户籍总人口508.21万人，增长0.07%，其中市区163.98万人，其中女性249.25万人，性别比103.90，比上年下降0.11。当年出生人口4.66万人，人口出生率9.17‰；死亡人口3.67万人，人口死亡率7.23‰；人口自然增长率1.94‰。年末全市常住人口464.58万人，其中市区162.60万人。年末常住人口城镇化率为63.2%，比上年提高1.65个百分点。

居民生活持续改善。全年城镇常住居民人均可支配收入36828元，农村常住居民人均可支配收入17861元，分别增长8.0%、8.8%。城镇常住居民、农村常住居民人均生活消费支出分别为22480元和13250元，分别增长7.0%和11.9%。

就业形势整体良好。积极推进城乡统筹就业，着力解决困难群众就业问题。全年新增城镇就业9.96万人，城镇失业人员再就业5.28万人，新增创业6.65万人，带动就业18.59万人，培训城乡劳动者17.85万人，年末城镇登记失业率1.87%。2016年末，全市常住人口中就业人数总量278.1万人，占常住人口比重59.9%，与2015年末相比，就业总量减少3.2万人，占常住人口的比重下降0.7个百分点。从就业的三次产业分布结构看，第一产业就业人员60.1万人，比上年减少3.1万人，占全市就业人员总数的21.6%，比上年减少0.9个百分点；第二产业就业人员112.8万人，比上年减少5.2万人，占就业人员总数的40.6%，比上年减少1.3个百分点；第三产业就业人员105.2万人，比上年增加5.1万人，占就业人员总数的37.8%，比上年提高2.2个百分点，第三产业就业人口数及比重呈增长态势。

保障水平不断提高。全市企业职工基本养老、医疗、失业、工伤和生育保险参保人数分别达到

84.9万人、121.68万人、65.3万人、82.4万人、59.19万人,城乡居民养老保险参保209.3万人、机关事业单位养老保险参保5.5万人。职工医保、城镇居民住院合规费用报销比例分别达到81.91%和70%。提高城乡低保标准,城市统一提高到每人每月590元,农村提高到470元以上,保障了1.12万名城镇和6.72万名农村低保对象的基本生活,其中市区和靖江实现低保标准城乡一体化。继续实施覆盖市区所有户籍居民和自住房的"佑护万家"自然灾害惠民保险,市区全年累计赔付119例、115.65万元。稳步推进养老服务设施建设。全市建成标准化社区居家养老服务中心154个、社区日间照料中心6个、助餐点152个。开展未成年人保护工作。全市排查出留守儿童2.1万人,为市区500名监护缺失未成年人营造良好的成长环境。

十三、资源环境、节能降耗和安全生产

生态文明建设成效显著。全市通过国家生态市考核验收,海陵、姜堰获得国家生态区正式命名,靖江、泰兴、高港通过国家生态市(区)考核验收,全市建成国家级生态乡镇85个,覆盖率高达95.5%。环境质量持续改善。全市PM2.5平均浓度同比下降9.8%,优良天数同比增加4天,其中空气质量优的天数同比增加45天;城市空气质量达到及好于二级标准天数比例达到74.0%,环境污染治理项目842个;地表水好于Ⅲ类水质比例达到87.5%;村庄环境整治达标率100%。

节能降耗压力较大。全市规模以上工业综合能源消费量为970.08万吨标准煤,比上年增长21.3%,规模以上工业万元产值能耗为0.0779吨标准煤/万元,同比增长7.0%。其中电力、热力生产和供应业498.7万吨标准煤,增长49.8%,万元产值能耗4.7943吨标准煤/万元,增长11.1%;石化工业42.54万吨标准煤,增长19.0%,万元产值能耗0.1344吨标准煤/万元,增长8.7%。高耗能投资回落较快。全年高耗能制造业投资下降17.9%,高耗能制造业占工业投资的比重下降7.3个百分点。

安全生产形势基本稳定。全市发生各类安全生产事故503起,上升7.5%;死亡265人,下降7.0%。其中生产经营性道路交通事故451起,死亡211人,事故起数上升5.4%,死亡人数下降10.66%。全市亿元GDP生产安全事故死亡0.065人,下降15.1%。

第八章　2016年南通市经济社会发展报告

2016年，面对严峻复杂的外部环境和困难挑战，全市上下全面贯彻落实习近平总书记系列重要讲话特别是视察江苏重要讲话精神，按照“五位一体”总体布局和“四个全面”战略布局的要求，坚持稳中求进，推动好上又好、能快则快发展，主要指标符合预期，经济社会发展呈现稳中有进的态势，实现了“十三五”良好开局。

一、总体经济

2016年，南通市国民经济平稳增长。初步核算，全市实现生产总值6768.2亿元，按可比价格计算，比上年增长9.3%。其中：第一产业增加值366.1亿元，增长0.7%；第二产业增加值3170.3亿元，增长9.0%；第三产业增加值3231.8亿元，增长10.7%。人均GDP达到92702元，增长9.3%。按2016年平均汇率计算，人均GDP为13961美元。

全市实现一般公共预算收入590.2亿元，因“营改增”政策因素影响下降5.7%（同口径增长0.5%），其中，税收收入456.8亿元，下降12.3%，税收占比达到77.4%，比上年同期下降5.9个百分点。一般公共预算收入占地区生产总值的比重达8.7%，比上年下降1.5个百分点。

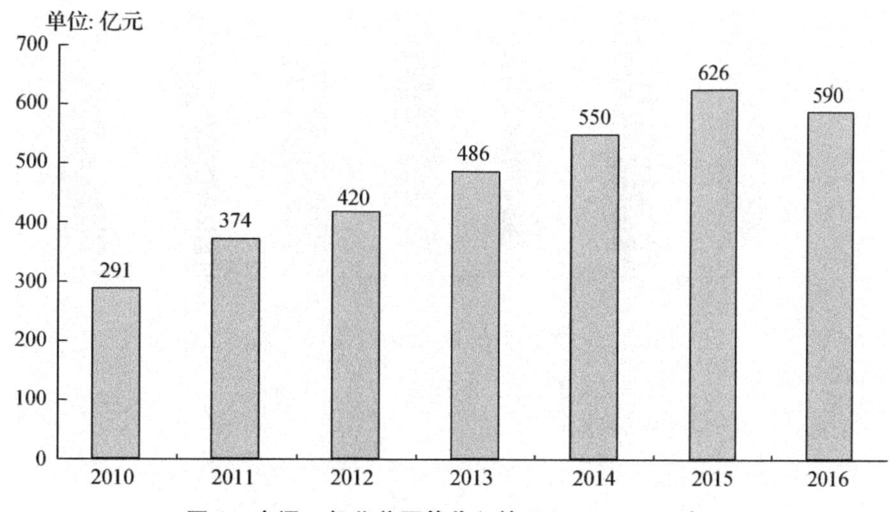

图1　南通一般公共预算收入情况（2010—2016年）

数据来源：历年《江苏统计年鉴》。

就业持续增加。全年新增就业人数8.59万人，新增转移农村劳动力2.67万人。全年提供就业岗位34.6万个。年末从业人员达458万人，其中，第一产业96万人，第二产业213万人，第三产业149万人。劳动生产率稳步提高。全年全员劳动生产率为140069元/人，比上年提高9.8%。

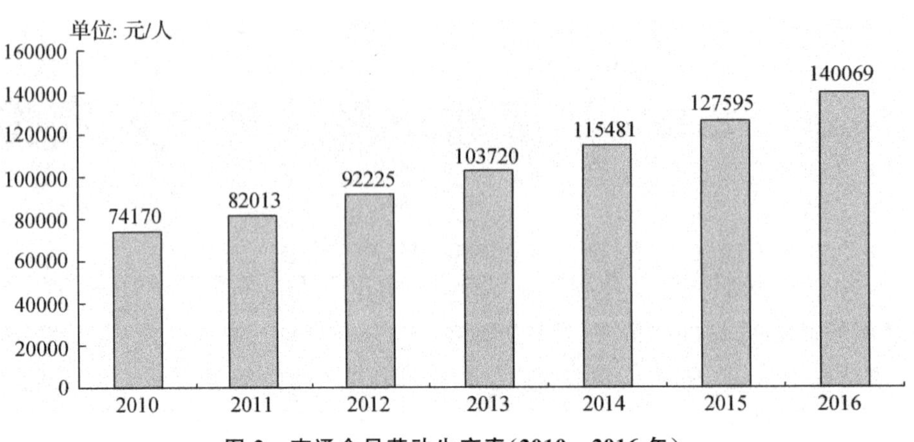

图 2 南通全员劳动生产率(2010—2016 年)

数据来源:历年《江苏统计年鉴》。

产业结构继续优化。全市三次产业结构演进为 5.4∶46.8∶47.8。"两新"产业较快发展,完成高新技术产业产值 6883.1 亿元,增长 12.6%,占规模以上工业比重达到 46.0%,同比提高 1 个百分点;六大新兴产业完成产值 5074.2 亿元,增长 11.8%,占规模以上工业的比重达到 33.9%,同比提高 0.8 个百分点。投资结构加快调整,产业项目加快投入,完成市级重大产业项目投入 830 亿元;服务业投资占固定资产投资比重达到 49.8%,同比提高 0.8 个百分点。

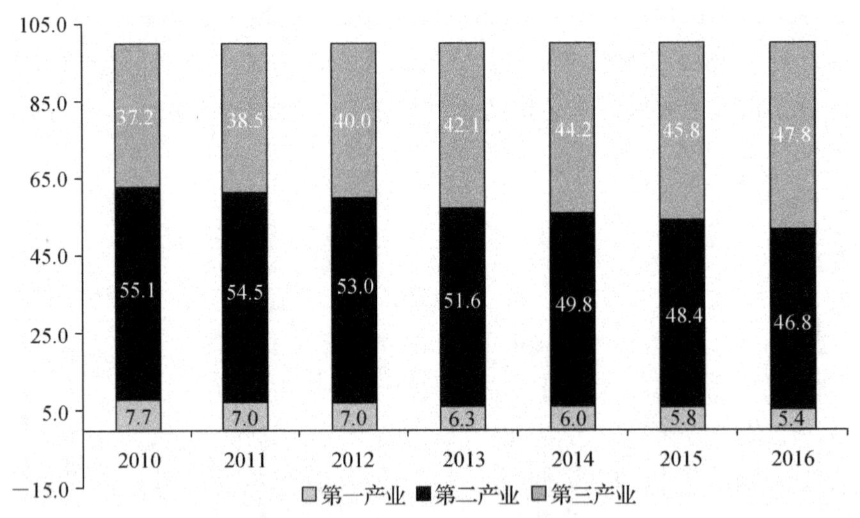

图 3 南通三次产业结构(2010—2016 年)

数据来源:历年《江苏统计年鉴》。

区域经济协调发展。县区实现生产总值 4293.2 亿元,增长 9.5%,快于市区增幅 0.3 个百分点,其他在工业应税销售收入、工业用电量、固定资产投资、社会消费品零售总额和进出口总值等方面,县区增速也快于市区。县区完成一般公共预算收入 326.6 亿元,下降 7.5%,降幅高于市区增幅 4.2 个百分点。

大众创业万众创新氛围更趋浓厚,全年新登记私营企业 2.53 万户,年末累计达 17.3 万户;新登记私营企业注册资本 1316.0 亿元,年末累计注册资本 8829.4 亿元。全年新登记个体户 6.9 万户，年末累计达 48.5 万户；新登记个体工商户资金数额 76.7 亿元，年末累计资金数额 336.5 亿元。年末全市共有规模以上民营工业企业 3811 家，占全市规模以上工业企业总数的比重达 75.8%；全年民营工业增加值 2123.2 亿元，增长 11.3%，占全市规模以上工业的比重达 63.8%。

二、农林牧渔业

全市农林牧渔业总产值 691.6 亿元，按可比价计算，增长 2.0%。其中，农业产值 294.6 亿元，与上年持平；牧业产值 159.1 亿元，增长 2.6%；渔业产值 164.0 亿元，增长 1.9%。全年粮食亩产 417.8 公斤，下降 3.9% 。粮食播种面积 778.3 万亩，增长 0.4%；棉花种植面积 28.7 万亩，下降 40.0%；油料种植面积 172.5 万亩，下降 5.4%；蔬菜种植面积 204.2 万亩，增长 2.5%。

表 1　南通 2016 年主要农副产品产量情况

产品名称	计量单位	产量	比上年增长(%)
粮食	万吨	325.20	－3.5
棉花	万吨	2.38	－34.8
油料	万吨	35.82	－7.4
蚕茧	万吨	1.32	－17.5
生猪存栏	万头	267.05	0.3
生猪出栏	万头	377.12	－1.6
羊存栏	万只	215.65	－2.4
羊出栏	万只	266.37	－2.8
家禽存栏	万羽	4714.44	1.2
家禽出栏	万羽	10824.32	－1.0
肉类	万吨	47.45	－1.1
禽蛋	万吨	44.99	0.6
水产品	万吨	89.03	－1.1

数据来源：历年《江苏统计年鉴》。

三、工业和建筑业

全市规模以上工业增加值 3330.4 亿元，增长 9.8%，其中，轻重工业分别增长 6.8% 和 11.3%。分经济类型看，国有企业增长 7.5%，股份制企业增长 10.8%，外商及港澳台投资企业增长 7.6%。“3＋3”重点产业较快增长，重点产业产值同比增长 10.5%，高于全市平均水平 1.6 个百分点，其中，电子信息业、高端纺织业、船舶海工产业三大重点支柱产业同比分别增长 17.4%、8% 和 7.6%。新能源、智能装备和新材料三大重点新兴产业分别增长 19.4%、15% 和 6.8%。工业产值中，装备制造业产值 7447.1 亿元，增长 12.6%，占全市规模以上工业总产值的比重达 49.8%，比上年提高1.2个百分点。

全市规模以上工业主营业务收入14683.6亿元,增长10.2%,利润总额1110亿元,增长8.1%。亏损企业亏损总额86.2亿元,增长108.1%。

表2 南通2016年主要工业产品产量情况

产品名称	计量单位	产量	比上年增长(%)
纱	万吨	62.19	0.5
布	亿米	34.61	4.4
印染布	亿米	31.66	3.4
服装	亿件	8.13	8.2
化学纤维	万吨	151.03	7.9
金属集装箱	万立方米	218.43	−33.0
电动手提式工具	万台	10531.43	8.9
民用钢质船舶	万载重吨	317.47	−25.8
海洋工程及特种船舶	万综合吨	750.86	−8.3
通信及电子网络用电缆	万对千米	0.23	78.8
光缆	万芯千米	981.10	8.3
半导体分立器件	亿只	74.55	1.1
集成电器	亿块	140.03	20.3
发电量	亿千瓦时	407.31	3.0
其中:风力发电量	亿千瓦时	22.74	−1.6

数据来源:历年《江苏统计年鉴》。

规模以上工业企业中,七大高耗能行业产值增长4.2%,占规模以上工业产值比重为28.9%,同比下降1.3个百分点。初步核算,全市能源消费总量2427.9万吨标准煤,万元地区生产总值能耗为0.361吨标准煤,比上年下降3.97%。

表3 十大行业能源消耗情况

指标	综合能源消费量(万吨标准煤)	单位产值能耗(吨标准煤/万元)	单位产值能耗比上年增长(%)
电力、热力生产和供应业	680.4	4.3188	3.4
化学原料和化学制品制造业	217.7	0.1079	−5.8
纺织业	129.9	0.0929	−5.5
化学纤维制造业	74.3	0.1900	−4.6
造纸和纸制品业	67.5	0.9217	173.7
金属制品业	54.9	0.0660	−8.8
电气机械和器材制造业	43.1	0.0181	−23.5
计算机、通信和其他电子设备制造业	34.7	0.0356	−10.4
黑色金属冶炼和压延加工业	33.5	0.1361	−10.3
文教、工美、体育和娱乐用品制造业	28.3	0.0447	−7.8

数据来源:历年《江苏统计年鉴》。

全市实现建筑业增加值539.4亿元，增长5.8%。全市建筑企业承建施工面积7.17亿平方米，增长4.9%。全市建筑队伍人数170万人，建筑队伍遍及39个国家和地区，年末出国人数0.77万人；年末全市拥有特级资质建筑企业15家，拥有一级建造师8780人。2016年新增鲁班奖3项，累计共获91项，居全国地级市之首。

四、固定资产投资和房地产业

全市完成固定资产投资额4812亿元，比上年增长10.0%，其中，民间投资3621.5亿元，增长6.6%，占固定资产投资的比重达75.3%，回落1.9个百分点；工业投资2406.4亿元，增长8.2%，其中技改投资1664.7亿元，增长9.1%，占工业投资的比重达到69.2%，比上年提高0.6个百分点。全市服务业投资达到2396.1亿元，增长11.8%。完成基础设施投资717.4亿元，增长5.8%。

全年房地产开发投资584.1亿元，下降15.5%。商品房施工面积5102.3万平方米，下降5.1%，其中，普通商品房施工面积3692.8万平方米，下降5.5%。全市商品房竣工面积1049.3万平方米，下降17.1%，其中，普通商品房竣工面积771.5万平方米，下降6.3%。商品房销售面积1200.8万平方米，增长28.0%，其中普通商品房975.1万平方米，增长53.3%。

五、国内贸易和旅游业

全年社会消费品零售总额2632.9亿元，增长10.7%。其中，城市消费品零售额1942亿元，增长11.0%；农村消费品零售额690.9亿元，增长9.7%。分行业看，批发和零售业消费品零售额2406.8亿元，增长10.5%；住宿和餐饮业消费品零售额226.1亿元，增长11.9%。

限额以上贸易单位商品零售额中，汽车类零售额比上年增长9.5%，石油及制品类增长4.8%，粮油食品饮料烟酒类增长8.7%，服装鞋帽针织纺品类增长13.1%，日用品类下降1.8%，金银珠宝类下降11.0%，家用电器和音像器材类增长6.6%。

全年接待海内外旅游者总人数3810.13万人次，比上年增长11.9%。其中，国内旅游者3792.11万人次，增长12%，旅游住宿设施和居民家中接待过夜海外旅游者18.0万人次，增长4.1%。全年实现旅游总收入533.83亿元，比上年增长15.2%，其中，外汇收入1.25亿美元，增长7%。年末全市拥有旅游星级饭店80家，旅行社163家，A级旅游景区(点)48处，全国农业旅游示范点2个，全国工业旅游示范点11个。

六、开放型经济

全年进出口总值2035.3亿元，增长3.8%，其中，出口总值1516.7亿元，增长7.0%；进口总值518.6亿元，下降4.5%。年末与南通市建立进出口贸易关系的国家和地区201个，比上年减少8个。全市有进出口业绩的企业5798家，增长7.2%。

表 4 2016 年南通市对外贸易基本情况

指 标	总量(亿元)	比上年增长(%)
进出口总值	2035.32	3.8
进口	518.60	−4.5
出口	1516.72	7.0
#三资企业	650.24	−7.1
私营企业	810.20	19.1
#一般贸易	937.99	−0.9
加工贸易	390.15	−10.4
#纺织品	455.57	10.9
化工产品	124.47	7.0
机电产品	617.86	1.9
高新技术产品	215.70	21.0
#船舶及海工	82.73	−43.2
光伏产品	61.64	16.7
#亚洲	832.06	11.8
#东盟	212.81	−1.3
日本	223.70	6.5
欧洲	253.62	12.9
#欧盟	198.23	3.1
北美洲	223.73	−1.4
#美国	204.57	−3.3

数据来源:历年《江苏统计年鉴》。

全年新批外商投资项目 329 个,比上年增长 4.4%,其中,千万美元以上项目 194 个,比上年增长 15.5 %;新批协议外资 60.5 亿美元,增长 20.8%;实际到账注册外资 23.9 亿美元,增长 3.1%。

全年新批境外投资项目 112 个,中方协议投资额 12.1 亿美元,比上年增长 6.1%。新签对外承包劳务合同额 10.5 亿美元,下降 10.0%;完成对外承包劳务营业额 20.1 亿美元,下降 17.6%;新派劳务人员 9149 人次,下降 35.8%;年末在外劳务人员 23948 人,减少 5.2%。

七、交通、邮政电信业和电力业

全年交通运输、仓储及邮政业增加值 229.1 亿元,比上年增长 3.6%。兴东国际机场年末拥有国际航线 4 条、开通周航班量 13 班,国内航线 23 条,开通周航班量 171 班,完成旅客运输量 153.8 万人次,增长 32.4%;全年民航货邮吞吐量 4.27 万吨,增长 18.2%。年末铁路南通站始发列车 28 对;全年铁路客运量 380.7 万人次,增长 36.0%;货运量 104.8 万吨,增长 17.3%。全年公路货运量 11737 万吨,增长 5.8%;公路客运量 6761 万人次,下降 5.5%。

南通港全年货物吞吐量 22614 万吨,增长 3.6%,其中,进港 13429 万吨,增长 3.9%;外贸吞吐量 5811 万吨,增长 12.8%。集装箱吞吐量 82.7 万标准箱,增长 9.0%,其中,外贸航线 36.1 万标准箱,增长 15.5%。年末全市机动车保有量 177.72 万辆,比上年末减少 16.82 万辆。其中,载客汽车126.60万辆，增加18.09万辆；载货汽车7.63万辆，增加0.59万辆；摩托车42.13万辆，减少35.59万辆。年末全市个人汽车保有量达120.41万辆，比上年末增加17.59万辆。

全年实现邮政业务收入37.4亿元，增长31.0%，电信业务收入65.4亿元，增长4.8%。年末全市固定电话用户179.7万户，比上年减少26.1万户，其中，城市电话用户100.2万户，减少35.4万户；住宅电话用户152.1万户，减少5.23万户。年末移动电话用户819万户，减少115.1万户。年末互联网用户891.8万户，新增31万户，其中固定宽带互联网用户247.6万户，新增41.5万户，无线宽带互联网用户644.3万户，减少10.5万户。

全年用电量374.8亿千瓦时，增长7.3%。分产业看，第一产业用电量7.8亿千瓦时，增长15.3%；第二产业用电量269.8亿千瓦时，增长4.5%，其中，工业用电量265.7亿千瓦时，增长5.0%；第三产业用电量43.7亿千瓦时，增长17.3%。全年城乡居民生活用电量53.5亿千瓦时，增长13.8%。

全市拥有发电装机容量1030.3万千瓦，其中燃煤火电厂装机737.7万千瓦，占全市总装机容量的71.6%，风力发电、光伏发电、生物质发电、燃气发电装机容量分别为182.7万千瓦、52.8万千瓦、13.1万千瓦、44.0万千瓦，占全市总装机容量的比重分别为17.7%、5.1%、1.3%和4.3%。

八、财政、金融

全年一般公共预算收入590.2亿元，同口径增长0.5%，其中，增值税增长66.9%，改征增值税增长143.2%，营业税下降48.6%，企业所得税下降11.5%，个人所得税下降30.1%，契税增长13.5%。全年一般公共预算支出750.1亿元，增长0.2%。一般公共预算支出中民生支出570亿元，占一般公共预算支出的比重达到76%，比上年提高1个百分点。

全年金融机构新增本外币存款1486.6亿元，年末存款余额11330.6亿元，其中，储蓄存款余额5395.4亿元，比年初增长319.9亿元；非金融企业存款余额3808.8亿元，比年初增长707.3亿元。全年金融机构投放贷款814.9亿元，年末各项贷款余额6896.6亿元。

全年发放住房公积金贷款74.5亿元，比上年增长23.4%；本年提取公积金68.6亿元，增长27.9%。全年新增公积金开户人数13.1万人，年末开户职工人数达97.2万人。

年末全市拥有保险机构76家，保险行业从业人员3.1万人。全年保费收入270.7亿元，比上年增长51.0%，其中，财产险收入59.7亿元，增长9.6%；人寿险收入170.7亿元，增长63.8%。全年已决赔款及给付111.3亿元，增长53.3%。

年末全市上市公司37家，其中境内上市公司31家，比上年新增5家，上市公司通过首发、配股、增发、可转债、公司筹集资金237.5亿元。企业境内上市公司年末总股本265.6亿股，市价总值3559.2亿元。

九、科学技术和教育

年末全市拥有高新技术企业978家；新增省级高新技术产品876项；年末拥有省级企业重点实验室(含企业研究院)6家，省级工程技术中心352家，院士工作站43家；新建市级公共技术服务平台3家，市级工程技术研究中心69家，重点实验室5家。全年有14项科技成果获江苏省科技进步奖,其中,一等奖4项,二等奖3项,三等奖7项;获国家专利优秀奖10项。年末,全市共建成科技孵化器51家,其中国家级12家、省级26家。全年专利申请量45557件,比上年增长31.0%;专利授权量24337件,同比减少6.3%;其中,发明专利申请量9303件,增长6.4%,发明专利授权量2725件,增长22.9%,万人发明专利拥有量18.32件,增长21.7%。全社会研发投入占GDP的比重达到2.61%,比上年提高0.06个百分点。

全市拥有普通高等学校8所,年末在校学生9.48万人;成人高校2所,在校学生2.43万人;中等职业教育学校18所,在校学生6.02万人;普通高中46所,在校学生7.73万人;普通初中160所,在校学生15.86万人;小学322所,在校学生32.71万人;特殊教育学校7所,在校学生0.11万人;各级各类幼儿园462所,在园儿童17.06万人。

十、文化、卫生和体育

年末全市拥有文化馆9个,文化站97个,公共图书馆10个,“农家书屋”1650个。全市拥有博物馆(纪念馆)24个。市级以上文物保护单位91处,其中全国重点文物保护单位10处,省级文物保护单位22处。市级以上非物质文化遗产106项,其中国家级10项,省级53项。全市拥有广播电视台7座,年末数字电视用户223.79万户,有线电视数字化率达88.7%。全市全年共免费登记一般作品版权4.2万件。全市文化市场经营单位1437个,印刷发行单位2100个。全市拥有文化产业示范园区(基地)47个,其中国家级2个,省级5个。

2016年末全市拥有卫生机构3131个,其中,医院、卫生院321个,妇幼保健院(所、站)7个,疾病预防控制中心(站)9个,专科疾病防治院(所、站)3个,卫生监督所7个。卫生机构床位数38892张。卫生技术人员4.37万人,其中,执业医师和执业助理医师1.80万人,注册护师1.82万人。

全市共建成社区卫生服务中心30个,其中市区27个,市区以街道(镇)为单位建成率100%。全市累计建成农村社区卫生服务站、村卫生室1498个,行政村覆盖率100%。全市新型农村合作医疗参合率99.91%。

全年成功承办了5项次全国赛事、8项次省级赛事。全市拥有各级各类体育协会俱乐部196个,拥有社会体育指导员1.9万人,经常参加体育锻炼的人数比例达到36%。体育彩票销售创历史新高,全年销售额13.6亿元。

十一、环境保护和安全生产

全年市区新增绿地600公顷,城市绿化覆盖率43.6%;日供水能力达到160万立方米,水质综合指标合格率100%;市区燃气普及率、用水普及率、生活垃圾无害化处理率均达到100%。全年市区新增路灯、景观灯23748盏,城市道路亮灯率达到99.7%。

全年共新建(改造)燃煤火电、热电机组脱硫设备6套、脱硝设施6套、除尘改造6套,锅炉平均脱硫效率达80%以上、综合脱硝效率达50%以上,烟尘排放基本达到重点区域特别排放限值。全市各地根据实际划定了禁燃区范围。

环境质量保持稳定,环境空气主要污染物年平均值为:二氧化硫25微克/立方米,二氧化氮

36微克/立方米，可吸入颗粒物70微克/立方米，PM2.5浓度为46微克/立方米，其中二氧化硫、二氧化氮和可吸入颗粒物年均值符合国家空气质量二级标准，PM2.5年均值超过国家空气质量二级标准；全年空气质量指数达到良好以上的天数达263天，占全年有效监测天数的71.9%。长江南通段主流水质符合国家地表水环境质量Ⅲ类水质标准，饮用水源地水质达标率100%。区域环境噪声平均值为57.1分贝，交通干线噪声平均值为67.9分贝，均符合国家环境噪声质量标准。全年共发生各类安全生产事故429起，死亡333人，比上年分别下降16.9%和15.5%，其中，工矿商贸企业(含建筑业)发生生产安全亡人事故151起，死亡155人。全年发生一次死亡3人(含3人)以上安全生产事故2起，死亡7人。全市共发生火灾2104起，死亡5人，受灾1136户，烧毁建筑面积1.55万平方米，直接财产损失1592.7万元。全市共发生一般以上交通事故1256起，死亡426人，伤1143人，直接经济损失264.7万元。

十二、人口、人民生活和社会保障

年末全市常住人口730.2万人，其中，城镇人口达到470.0万人，增长2.6%，城镇化率64.4%，比上年提高1.6个百分点。年末户籍人口766.7万人。全市人口出生率7.45‰，人口死亡率7.75‰，人口自然增长率−0.3‰。

城乡居民收入稳步增加。全体居民人均可支配收入30084元，比上年增长9.1%，按常住地分，城镇居民人均可支配收入39247元，比上年增长8.1%；农村居民人均可支配收入18741元，比上年增长8.5%。

全体居民人均消费支出19827元，比上年增长8.0%，按常住地分，城镇居民人均消费支出25217元，增长6.5%；农村居民人均消费支出13440元，增长11.5%。

年末，城镇居民家庭每百户拥有电冰箱114台，空调211台，移动电话258部，家用电脑102台，家用汽车60辆。农村居民家庭每百户拥有电冰箱107台，空调136台，移动电话245台，家用电脑59台，家用汽车34辆。

年末全市城镇居民人均住房建筑面积47.8平方米，比上年增长1.1%。农村居民人均住房面积61.5平方米，比上年增长3.7%。

市区居民消费价格总指数102.3，物价总水平比上年增长2.3%，其中，服务项目价格上涨2.8%，消费品价格上涨1.9%。八大类消费价格呈现“六涨一平一降”的态势。

年末全市参加企业职工养老保险(在职)人数149.6万人，比上年增加2.7万人。全市城镇职工基本养老保险离退休人数60.5万人，比上年增加3.3万人。城乡居民养老保险参保人数151.7万人；参加失业保险人数103.3万人，比上年末增加2.5万人；参加城镇职工医疗保险人数(在职)达135.7万人，比上年末增加3.3万人；参加工伤保险人数为129.8万人，比上年末增加2.9万人。

年末全市拥有各类养老机构250家，床位数39546张，其中，农村敬老院92家，床位23466张。全市拥有养老床位总数(含社区养老)69985张。年末农村五保对象21057名，集中供养9744人，农村五保集中供养能力达到111.2%。全年登记结婚55641对。

第九章　2016年徐州市经济社会发展报告

2016年，面对错综复杂的经济形势和艰巨繁重的振兴转型任务，全市上下认真贯彻落实党的十八大和十八届三中、四中、五中、六中全会精神，主动适应引领新常态，认真践行五大发展理念，着力推进供给侧结构性改革，与时俱进抓好各项重点工作，全市经济运行呈现稳中有进、稳中向好的发展态势，转型升级步伐加快，改革开放日益深化，民生事业持续进步，经济社会发展迈上新台阶。

一、总体经济

经济运行保持平稳。初步核算并经省统计局核定，2016年，全市实现地区生产总值(GDP)5808.52亿元，按可比价计算，较上年增长8.2%。其中，第一产业增加值542.89亿元，增长1.9%；第二产业增加值2513.85亿元，增长8.7%；第三产业增加值2751.78亿元，增长9.1%。人均GDP达66845元，较上年增长7.7%。全社会劳动生产率持续提高，全年平均每位从业人员创造的增加值达120160元，比上年增加9812元。

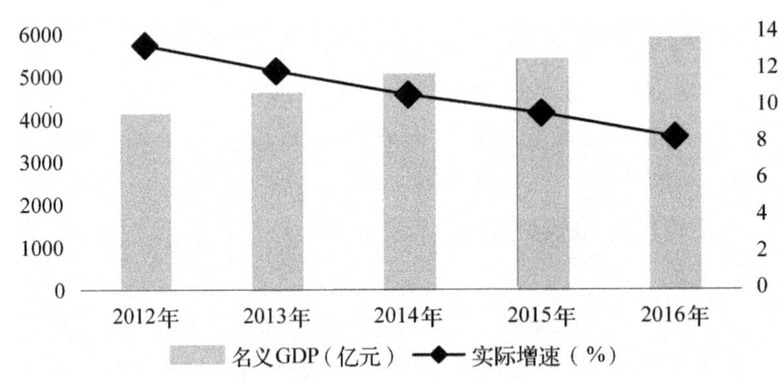

图1　2012—2016年地区生产总值与增速

数据来源：《2016年徐州统计公报》。

产业结构持续优化。全市三次产业结构调整为9.3∶43.3∶47.4，第三产业增加值比重较上年提高1.2个百分点，超过二产4.1个百分点。全年实现高新技术产业产值5177.46亿元，同比增长16.7%，占规模以上工业总产值比重为36.7%，较上年提高0.5个百分点；高耗能产业产值增长10.9%，增速低于规模以上工业4.1个百分点，占规模以上工业产值比重下降1.2个百分点。

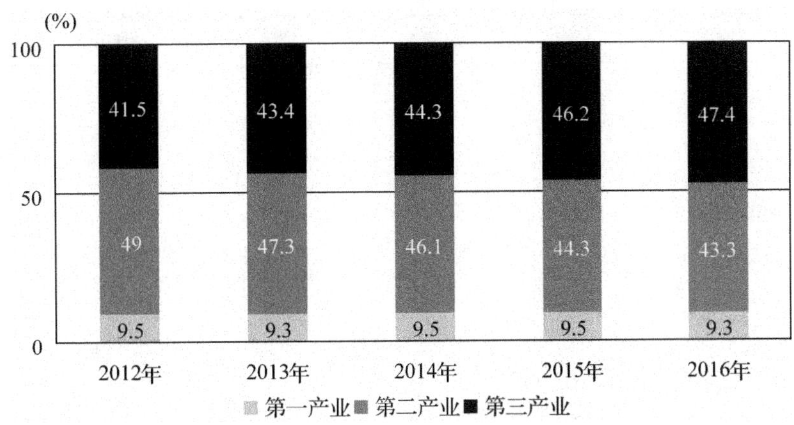

图 2　2012—2016 年三次产业结构情况

数据来源:《徐州经济统计公报》。

经济活力继续增强。新市场主体快速增加,全年全市工商新登记企业 3.69 万家,较上年增长 46.5%,注册资金 1814.48 亿元,增长 68.8%;其中新增私营企业 3.33 万家,增长 40.9%,注册资金 1357.69 亿元,增长 51.3%;新增外资企业 227 家,增长 49.3%,注册资金 35.23 亿美元,增长 178.3%;新增个体户 9.11 万户,增长 72.2%,注册资金 106.25 亿元,增长 60.8%。全年新增"四上"列统企业 1023 家,增长 55.9%;其中私营企业 902 家,增长 73.5%,私营企业占比达到 88.2%,较上年提高 8.9 个百分点。

新型城镇化建设步伐较快。年末全市城镇化率为 62.4%,比上年提高 1.4 个百分点;县域城镇化水平达 53.0%,较上年提高 1.6 个百分点。5 个中等城市建设,30 个重点中心镇、30 个重点镇和 130 个新型城镇社区创建卓有成效。区域发展趋于协调,县域大部分指标增幅继续高于全市平均水平,五县(市)生产总值为 2933.80 亿元,比上年增长 8.8%,增速高于全市 0.6 个百分点;对全市经济增长的贡献率达到 56.9%,较上年提高 6.8 个百分点。

价格指数温和上涨。全市城市居民消费价格总水平较上年上涨 2.3%,涨幅较上年提高0.8 个百分点。全年工业品出厂价格指数上涨 0.1%;工业品购进价格指数上涨 1.4%,涨幅较上年提高 1.1 个百分点。

表 1　2016 年城市居民消费价格总水平涨跌情况(以上年同期为 100)

指　　标	比上年增长
居民消费价格总指标	102.3
#食品烟酒	102.8
#食品	103.7
#粮食	99.8
食用油	101.9
菜	106.9
#鲜菜	107.5
畜肉类	112.5

续表

指　　标	比上年增长
禽肉类	97.4
水产品	106.4
蛋类	93.2
干鲜瓜果	94.6
烟酒	101
衣着	103.2
居住	100.5
生活用品及服务	101.5
交通和通信	98.4
教育文化和娱乐	101.1
医疗保健	112.6
其他用品和服务	103.6

二、农林牧渔业

农业生产保持稳定。全市实现农林牧渔业总产值1046.76亿元,按可比价计算,比上年增长1.7%。全年粮食总产量469.16万吨,下降0.4%,粮食亩产423.9公斤,减少2.5公斤;其中夏粮产量203.28万吨,增长0.3%;秋粮产量265.88万吨,下降1.0%。棉花总产量2.07万吨,下降20.5%;油料产量13.45万吨,增长20.1%;园林水果产量110.07万吨,增长1.5%;蚕茧产量3674吨。全年成片造林面积3.73千公顷,下降8.0%。全年猪牛羊禽肉产量101.05万吨,增长8.4%;禽蛋产量46.90万吨,下降18.8%。水产品产量18.88万吨,增长0.5%。

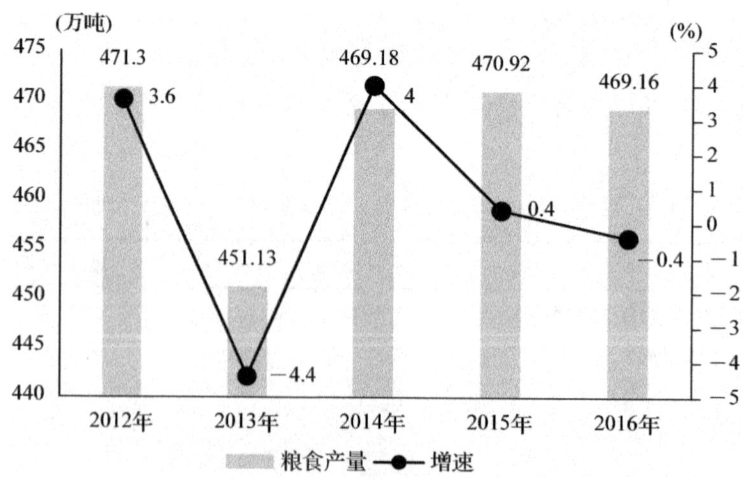

图3　2012—2016年粮食总产量及增速

数据来源:《徐州市经济统计公报》。

现代农业加快推进。全年新增设施农业面积7.07千公顷,设施农业面积累计达141.8千公顷，占全市耕地面积比重达25.9%；新增设施渔业面积0.23千公顷，累计达6.65千公顷，比上年增长3.5%；新建高标准农田24.6千公顷，累计建成312.15千公顷，高标准农田比重达到51.3%，比上年提高4.0个百分点。新增有效灌溉面积9.87千公顷，累计达521.30千公顷；新增节水灌溉面积17.1千公顷，累计达319.36千公顷；年末农业机械总动力712.33万千瓦，比上年增长4.1%，农业生产机械化水平达81.0%。

农业生产方式不断革新。新增国家级农业龙头企业2家、新增市级农业龙头企业34家、年产值超3亿元的农业企业6家。市级以上农业龙头企业销售收入1310亿元，同比增长8.6%；带动农户206.9万户，同比增长8.9%。搭建一批农产品产销对接平台，年末全市共有21个省级电子商务示范村、8个示范镇。全年秸秆还田面积达812万亩，综合利用率达92%以上；累计建设秸秆收储中心和临时堆放点1187处，年收储能力达100万吨。全市土地承包经营权流转面积达370万亩，家庭农场、农民合作社分别达到5180家和1.58万个，农村产权交易市场建设进展顺利。

三、工业和建筑业

工业生产稳中有升。全年规模以上工业增加值比上年增长9.8%，其中轻工业增长9.0%，重工业增长10.3%。分经济类型看，国有工业增加值增长9.4%；股份制工业增长10.7%；外商及港澳台投资工业增长4.2%；国有控股工业下降6.5%，民营工业增长13.9%。重点培育的六大千亿元产业产值达12442.09亿元，增长15.1%，占规模以上工业总产值比重达到88.2%。其中，装备制造业、食品与农副食品加工业、煤盐化工业、冶金业和建材业分别增长17.7%、18.8%、14.5%、10.0%和20.2%；能源业下降7.6%。工业产品销售率达到98.1%。

产业结构向中高端攀升。规模以上工业企业中先进制造业产值保持较快增长。其中，医药制造业实现产值601.30亿元，同比增长10.7%；仪器仪表制造业761.70亿元，增长26.4%；计算机、通信和其他电子设备制造业397.79亿元，增长9.9%；专用设备制造业541.96亿元，增长22.9%；电气机械和器材制造业945.84亿元，增长18.5%；汽车制造业84.12亿元，增长32.2%。工业机器人产量增长70.2%，太阳能电池增长20.0%。

企业效益总体稳定。全市规模以上工业企业实现主营业务收入13866.05亿元，比上年增长14.9%；利税1980.55亿元，增长11.9%；利润1106.16亿元，增长13.3%。企业亏损面为3.5%，较上年收窄1.3个百分点；亏损企业亏损额下降49.9%。规模以上工业企业营业收入利润率和成本费用利润率分别为7.5%和8.2%。

表2　2016年规模以上工业企业主要产品产量

产品名称	单　位	绝对量	增长(%)
原煤	万吨	1342.43	−28.8
发电量	亿千瓦时	506.21	1.5
发酵酒精	万千升	35.64	0.5
卷烟	亿支	351.51	5.7
纱	万吨	156.63	11

续表

产品名称	单　位	绝对量	增长(%)
布	万米	34119	3.4
轻革	万平方米	1628.29	19.1
纸制品	万吨	37.72	17.4
烧碱(折 100%)	万吨	8.49	3.3
化肥(折 100%)	万吨	26.94	−41.1
树脂	万吨	34.66	15.8
轮胎外胎	万条	20.75	−9.4
水泥	万吨	2755.19	2.7
生铁	万吨	607.09	27.6
铝材	万吨	55.26	−11.3
起重设备	台	5111	25
铲土运输机械	台	15513	35.4
压实机械	台	3379	24.2
混凝土机械	台	1072	−35.1

数据来源:《徐州市经济统计公报》。

建筑业发展态势平稳。年末全市资质以上建筑企业达 455 家,比上年增加 25 家;全年实现建筑业总产值 1387.79 亿元,比上年增长 2.0%。全年房屋建筑施工面积 11880.35 万平方米,增长 1.4%,其中新开工面积 5371.02 万平方米。全年建筑业竣工产值 1164.20 亿元,增长 4.1%。

四、固定资产投资

固定资产投资较快增长。全年完成固定资产投资 4797.33 亿元,较上年增长 12.5%,其中项目投资完成 4248.20 亿元,增长 11.9%。在项目投资中,国有经济控股投资 809.60 亿元,增长 6.0%;外商及港澳台商投资企业完成投资 169.59 亿元,增长 30.2%;民间投资 3335.78 亿元,增长 13.0%,占固定资产投资比重达 78.5%,其中私营企业完成投资 2701.66 亿元,增长 34.4%。基础设施投资 844.43 亿元,增长 6.5%。全市亿元以上在建项目 951 个,比上年增加 378 个,完成投资额 2322.60 亿元,增长 32.7%。其中亿元以上新开工项目 658 个,增加 233 个,完成投资 1417.07 亿元,增长 13.7%。

投资结构持续优化。分产业看,第一产业完成投资 40.37 亿元,比上年下降 17.5%;第二产业投资 2668.61 亿元,增长 14.3%;第三产业投资 2088.35 亿元,增长 10.9%。第二产业投资中,工业投资 2664.93 亿元,增长 15.4%,其中,制造业投资 2415.91 亿元,增长 16.7%;高新技术产业投资 664.30 亿元,增长 12.6%,占全市投资比重达 13.8%。技改投资 818.39 亿元,增长 35.9%。航空航天器及设备制造业、计算机及办公设备制造业、新材料制造业、新能源制造业和软件业等高新技术产业投资分别为 7.40 亿元、3.0 亿元、142.03 亿元、40.97 亿元和 18.01 亿元,分别增长

111.2%、84.2%、44.6%、325.5%和24.3%。

房地产市场企稳回升。全年房地产开发投资549.13亿元,比上年增长16.8%。其中,住宅开发投资415.04亿元,增长22.5%;商业营业用房投资84.77亿元,增长11.2%;办公楼投资25.52亿元,下降7.0%。全年商品房施工面积4290.41万平方米,增长12.4%;新开工面积1309.92万平方米,增长22.0%;竣工面积601.79万平方米,下降10.4%。全年商品房销售面积1071.43万平方米,增长35.5%,其中住宅917.89万平方米,增长34.0%;商品房销售额587.82亿元,增长36.3%,其中住宅467.02亿元,增长36.3%。

五、国内贸易

消费品市场平稳增长。全年实现社会消费品零售总额2659.39亿元,比上年增长12.8%。按经营单位所在地分,城镇消费品零售额2192.97亿元,增长12.3%;乡村消费品零售总额466.41亿元,增长15.1%。按消费形态分,批发业实现零售额428.30亿元,增长13.2%;零售业零售额2005.22亿元,增长12.1%;住宿业42.10亿元,增长8.8%;餐饮业183.77亿元,增长19.9%。在限额以上单位中,粮油食品类、饮料类、服装鞋帽针纺织品类和日用品类商品分别实现零售额273.7亿元、27.6亿元、172.1亿元和83.2亿元,分别增长24.5%、18.6%、16.5%和17.6%;五金电料类、家具类和建筑及装潢材料类商品分别实现零售额103.7亿元、43.9亿元和201.0亿元,分别增长18.9%、19.7%和21.1%;文化办公类、体育娱乐用品类分别实现零售额43.5亿元和6.8亿元,分别增长16.0%和13.6%;石油及制品类、汽车类分别实现零售额79.8亿元和407.3亿元,分别增长14.1%和14.7%。

六、开放型经济

外贸进出口发展向好。全年实现进出口总额62.48亿美元,比上年增长15.4%;其中,出口总额52.54亿美元,增长19.7%。按人民币计价的进出口总额413.8亿元,增长23.0%;其中,服务贸易进出口总额4.82亿元,增长16.7%。出口结构有所优化,一般贸易出口额45.80亿美元,增长26.3%;加工贸易出口额6.69亿美元,下降11.6%。机电产品出口额20.47亿美元,增长6.9%,高新技术产品出口额2.29亿美元,增长22.3%。分出口市场看,对东南亚国家联盟出口11.65亿美元,增长42.6%;对欧盟出口7.0亿美元,增长47.0%;对美国出口8.5亿美元,增长68.0%;对拉丁美洲出口3.36亿美元,下降5.6%;对日本出口2.01亿美元,下降0.8%;对非洲出口4.15亿美元,下降6.3%。

实际使用外资和对外经济合作发展良好。全年实际使用外资15.06亿美元,比上年增长5.5%。新批外商投资企业166个,增加57个;新批协议外资35.12亿美元,增长121.0%;新批及净增资3000万美元以上的项目55个,增加29个,其中1亿美元以上的项目11个,增加8个。对外投资增势良好,新签对外承包工程合同额、新签对外承包工程完成营业额分别为0.98亿美元和1.0亿美元;新批境外投资项目24个,境外投资中方协议外资7.65亿美元,增长4.0%。

开发区经济稳定发展。全市共有省级以上开发园区13个,其中国家级开发区2个。全年开发区业务总收入 1.41 万亿元,比上年增长 5.2%;一般公共预算收入 252.49 亿元,下降 2.1%。全市开发区实现进出口总额 45.08 亿美元,占全市总量的 72.2%;其中,出口总额 36.21 亿美元,占全市总量的 68.9%;实际到账注册外资 12.02 亿美元,增长 42.8%,占全市总量的 79.8%。

七、交通运输、邮政电信和旅游业

交通运输业基本平稳。全市年末公路总里程 16277.36 公里,其中高速公路 458.57 公里。完成公路货运量 17586 万吨,比上年增长 4.0%。水运货运量 5801 万吨,增长 2.6%。分别完成公路、水运货物周转量 445.12 亿吨公里和 212.37 亿吨公里,分别增长 4.0%和 9.2%。完成公路旅客运输量 1.32 亿人次,公路旅客周转量 78.62 亿人公里,分别下降 1.0%和 1.3%。完成港口吞吐量 9122.14 万吨,增长 1.0%,公路水路国际标准集装箱吞吐量达 11.40 万标箱,增长 1.6%。年末输油管道 6548 公里,管道货物运输量 13828 万吨,管道货物周转量 642.24 亿吨公里。观音机场航空旅客运输量 148.71 万人次,增长 12.8%;航空货物运输量 9088.1 万吨,增长 29.1%。年末铁路营业里程 488.80 公里,铁路正线延展长度 949.09 公里,全年完成铁路客运量 4629.94 万人,货运量 3342.08 万吨。年末民用汽车保有量 101.61 万辆,比上年末增长 13.9%,本年净增 18.53 万辆;年末私人汽车保有量 92.64 万辆,增长 21.4%,净增 16.34 万辆,其中,私人轿车保有量 56.29 万辆,增长 21.7%,净增 10.03 万辆。

邮政电信快速发展。邮政行业业务总量 39.30 亿元,增长 63.1%;邮政行业业务收入 23.77 亿元,增长 37.2%。电信业务总量 207.39 亿元,增长 64.1%;电信业务收入 60.78 亿元,增长 7.0%。年末固定电话 115.78 万户,比上年末减少 22.72 万户;移动电话用户 762.01 万户,比上年末增加 5.57 万户。年末互联网宽带接入用户 227.04 万户,新增 46.95 万户。

旅游业较快增长。全年接待境内外游客 4518.89 万人次,比上年增长 12.7%;实现旅游总收入 572.74 亿元,增长 16.4%。接待入境过夜旅游者 3.41 万人次,增长 1.0%。其中,外国人 2.53 万人次,增长 1.9%。旅游外汇收入 3938.36 万美元,增长 2.0%。接待国内游客 4515.48 万人次,增长 12.7%,实现国内旅游收入 565.90 亿元,增长 16.4%。云龙湖、大龙湖景区分别获批国家 5A 级旅游景区、省级旅游度假区。

八、财政、金融业

财税收入缓中趋稳。全年完成一般公共预算收入 516.06 亿元,按同口径计算比上年增长 6.1%;其中,完成税收收入 390.31 亿元,占一般公共预算收入比重为 75.6%。国税、地税和财政部门分别实现一般公共预算收入 98.23 亿元、325.07 亿元和 92.77 亿元。占税收收入 86.3%的营业税、增值税、土地增值税、契税、城市维护建设税和企业所得税六大主体税种分别实现税收收入 104.69 亿元、82.64 亿元、48.73 亿元、33.33 亿元、29.40 亿元和 25.93 亿元。

表 3　2016 年全市财政收入分项情况

指　　标	绝对量(亿元)	比上年增长(%)
一般公共预算收入	516.06	6.1(同口径)
#增值税	82.64	68.3
营业税	104.69	−44.1
企业所得税	25.93	−0.9
个人所得税	12.47	15.6
契税	33.33	21.3
上划中央四税	285.95	1.3
#国内消费税	114.91	1.8
增值税	113.45	−0.5
基金预算收入	233.29	−28.8

数据来源:《徐州市经济统计公报》。

财政支出结构不断优化。全年一般公共预算支出 798.89 亿元,比上年增长 6.2%。其中,教育支出 161.53 亿元,增长 9.1%;社会保障和就业支出 88.02 亿元,增长 30.4%;医疗卫生与计划生育支出 60.41 亿元,增长 3.0%;住房保障支出 25.0 亿元,增长 4.4%;城乡社区事务支出 125.21 亿元,增长 16.8%;节能环保支出 19.87 亿元,下降 4.5%;农林水事务支出 116.56 亿元,下降 11.0%。

金融信贷规模稳步扩大。年末全市金融机构人民币存款余额 5495.31 亿元,比年初增加 748.30 亿元,比上年末增长 15.8%。其中,住户存款 3090.21 亿元,增长 11.1%;非金融企业存款 1408.89 亿元,增长 21.1%。年末金融机构贷款余额 3620.21 亿元,比年初增加 550.07 亿元,比上年末增长 17.9%。其中,住户贷款 1231.35 亿元,增长 25.8%;非金融企业及机关团体贷款 2388.76 亿元,增长 14.2%。按贷款期限分,中长期贷款 1862.88 亿元,增长 34.8%;短期贷款 1370.76 亿元,下降 5.2%。

表 4　2016 年末金融机构人民币存贷款情况

指　　标	绝对量(亿元)	比年初增加(亿元)	比上年末增长(%)
各项存款余额	5495.31	748.3	15.8
#住户存款	3090.21	309.61	11.1
非金融企业存款	1408.89	245.66	21.1
各项贷款余额	3620.21	550.07	17.9
#短期贷款	1370.76	−78.21	−5.2
中长期贷款	1862.88	482.91	34.8
#消费贷款	901.85	234.25	35.1
经营贷款	329.49	18.24	5.9

数据来源:《徐州市统计年鉴》。

证券业务平稳发展。年末全市共有证券公司3家,证券营业部29家;期货经纪公司1家,期货营业部6家。全市A股账户数110.03万个,比上年末增长25.9%;资金账户数61.28万个,增长25.8%。全年累计证券交易额为10861.83亿元,指定与托管市值581.93亿元,期货经营机构累计交易金额4461.39亿元。

资本市场作用凸显。年末全市境内上市公司11家,上市公司通过首发、配股、增发、可转债、公司债在上海、深圳、香港证券交易所累计募集资金430.84亿元,比上年增长20.4%;当年新增募集资金总额73.0亿元,增长17.7%。上市公司总股本132.69亿股,增长10.7%;市价总值1014.66亿元,增长1.2%。新增"新三板"挂牌企业11家,累计达20家。新增债券融资226亿元,比上年多增79.5亿元。新增股权交易挂牌企业155家,累计达到281家,累计融资3.6亿元。

保险业健康平稳运行。新增保险机构2家,年末保险机构59家,各类分支机构148家。全年实现保费收入166.43亿元,比上年增长30.2%。其中,财产险收入50.09亿元,增长17.2%;寿险收入116.34亿元,增长36.7%;健康险和意外伤害险收入6.37亿元,增长30.3%。全年保险赔款和给付支出52.68亿元,比上年增长24.8%;其中赔付额28.06亿元,增长18.7%。在赔付额中,财产险赔付24.44亿元,增长18.4%;寿险赔付3.62亿元,增长20.0%;健康险和意外伤害险赔付3.20亿元,增长63.3%。保险深度、保险密度分别为2.9%和1911元/人。

九、科学技术和教育

科技创新能力持续增强。省级以上科技创新平台200个,当年新增5个;科技企业孵化器达到35个,新增4个;大中型工业企业及规模以上高新技术企业研发机构492个,新增18个。国有独立科研机构17个;民营型科技企业9915个,比上年增长25.3%。高新技术企业317家,新增64家;新认定的省级高新技术产品346项,增长13.1%。技术市场签订技术合同817个,技术合同成交金额24.19亿元,增长135.3%。科技服务业总收入267.04亿元,比上年增长5.4%。

科技创新成绩明显。全市通过鉴定的科技成果240项,当年新增60项;其中达到国际水平的72项,比上年增加37项。获国家专利奖6项,比上年增加3项;省级科学技术奖17项,增加8项;发明专利授权1330件。组织实施省重大科技成果转化专项资金项目6项,比上年增加3项。万人发明专利拥有量5.02件,比上年增加1.23件。

质量检验检测能力全面增强。全市共有质量检验机构143家、国家级产品质量监督检验中心3个、国家公证实验室3个、省级产品质量监督检验中心6个。全年监督抽查产品112种736批次。企业获批强制性产品认证证书1347张,较上年增长2.0%。共有法定计量技术机构7家,其中省级计量中心1个,强制检定计量器具12.57万台件。新增43个江苏名牌产品,获批建设5项国家级和7项省级标准化项目,制修订国家标准和行业标准9项、地方标准6项。全市质量管理体系证书达2899张。

教育事业全面发展。年末全市拥有各级各类学校2172所,招生47.14万人,在校学生184.35万人,毕业生42.11万人,专任教师10.44万人。其中普通高等院校10所,全日制本专科招生2.95万人，在校学生10.68万人，毕业生2.67万人；成人高等学校在校学生3.44万人，毕业生1.6万人。研究生教育招生0.40万人，在校生1.20万人，毕业生0.34万人。中等职业教育在校生8.01万人，毕业生3.27万人。普通高中在校生11.90万人，毕业生4.57万人。全市共有初中249所，在校学生24.21万人，比上年增长10.1%；小学928所，在校学生90.54万人，比上年增长7.6%；特殊教育学校12所，在校学生0.23万人；幼儿园（含民办）861所，在园幼儿37.59万人，比上年下降5.8%。小学学龄儿童入学率为100%，九年义务教育巩固率达到99.8%。

表5　2016年各类教育招生和毕业生情况

指　　标	学校数(所)	招生数(万人)	在校学生数(万人)	毕业生数(万人)
研究生教育	3	0.4	1.2	0.34
普通高等教育	10	2.95	10.68	2.67
普通高中教育	88	3.77	11.9	4.57
普通初中教育	249	9.28	24.21	7.15
小学教育	928	16.14	90.54	9.59

数据来源:《徐州市统计年鉴》。

十、文化、卫生和体育

公共文化服务水平稳步提高。年末全市共有艺术表演团体9个、文化馆11个、博物馆21个、美术馆1个，共有公共图书馆8个，公共图书馆总藏量329.52万册、电子图书藏量611.02万册。综合档案馆11个，向社会开放档案超过12.40万件。共有电影放映单位31家、广播电台8座、中短波广播发射台和转播台10座、电视台8座，广播和电视综合人口覆盖率均为100%。有线电视用户263.77万户，有线电视入户率95.0%。全市现有市级以上文物保护单位297处，其中全国重点文物保护单位8处，省级29处。拥有9个国家级、43个省级非物质文化遗产名录项目和6位国家级、28位省级非遗代表性传承人。全年组织实施52个文化产业项目，淮海文博园获2016年首批江苏省重点文化产业示范园区称号。

医疗卫生服务能力持续增强。年末全市共有各类卫生机构4584个，其中，医院、卫生院291个，卫生防疫防治机构12个，妇幼保健机构13个。各类卫生机构拥有病床5.22万张，其中，医院、卫生院床位4.89万张，每千人拥有医疗机构床位数6.0张，较上年增加0.47张。共有各类卫生技术人员5.55万人，其中，执业医师、执业助理医师2.18万人，注册护士2.43万人，每千人拥有执业(助理)医师数和注册护士数分别为2.51人和2.79人，分别比上年提高0.18人和0.33人。卫生防疫防治机构卫生技术人员441人，妇幼卫生保健机构卫生技术人员1029人。城乡基本卫生服务网络更加健全，乡镇卫生院160个，床位1.07万张，卫生技术人员1.16万人，乡村医生和卫生员6805人，新型农村合作医疗人口覆盖率100%。

体育事业蓬勃发展。全年徐州体育健儿在7个项次国际比赛中获得3金、1银、5铜。7名徐州籍运动员入选里约奥运会中国代表团，获得1金、2铜，参赛人数和成绩创历史最佳。年末全市共有32名一级运动员、137名二级运动员，参加省级注册运动员2716名，向省优秀运动队输送超过30名运动员;2人被授予“国际级运动健将”称号。全市社会体育指导员3万余人,其中国家级170人,一级537人;国际级裁判6人,国家级裁判员35人。市属体育社会组织达119个,晨晚练健身站点达4606个。圆满举办徐州市第21届运动会暨第2届全民健身运动会和首届中国·徐州国际武术大赛暨丝路汉风武术文化周。承办7项国家级赛事、7项省级赛事。体育彩票全年销售额9.47亿元,增长5.1%。

十一、环境保护、节能降耗和安全生产

生态环境建设稳步推进。年末全市自然保护区6个,面积3.66万公顷。全市林木覆盖率和市区建成区绿化覆盖率分别为30.3%和43.3%。大气污染治理工程扎实开展,市区PM2.5浓度较上年下降7.7%。空气质量二级以上优良天数为238天,优良率65.0%,较上年提高1.6个百分点。地表水国控断面优于Ⅲ类水质的比例为78%,省考以上地表水断面水质优良(达到或优于Ⅲ类)比例为79.2%。成功创建省级生态市,并以综合得分第一名的成绩荣膺中国人居环境奖。全市生活垃圾收运覆盖率和无害化处理率均达到100%。

节能减排成效明显。严格按照国家过剩产能化解政策淘汰落后产能,严控高耗能高污染项目,重点耗能企业能效持续提升。全市单位GDP能耗下降5.9%,超额完成省定目标,达到国家节能减排财政综合示范城市节能任务要求。主要污染物排放逐年递减,化学需氧量、氨氮、二氧化硫、氮氧化物四项主要污染物减排完成省定任务。

安全生产形势良好。全年发生各类生产安全事故912起,死亡405人,按可比口径比上年分别下降21.9%和7.5%,事故总量和死亡人数继续实现“双下降”。

十二、人口、民生和社会保障

人口总量略有增长。年末全市常住人口871.00万人,比上年末增加4.10万人,增长0.5%;其中城镇人口543.85万人,增长2.8%。在常住人口中,0—14岁人口169.38万人,15—64岁人口600.36万人,65岁及以上人口101.26万人。全年人口出生率12.93‰,比上年提高0.84个千分点;人口死亡率为7.27‰,提高0.07个千分点;人口自然增长率5.66‰,比上年提高0.77个千分点。年末全市户籍人口1041.39万人,比上年增长1.2%;其中男性人口539.47万人,女性人口501.91万人;户籍人口出生率为17.7‰,死亡率为3.8‰。

居民收入持续增长。全年全市居民人均可支配收入22348元,比上年增长9.4%。其中,城镇居民人均可支配收入28421元,增长8.4%;农村居民人均可支配收入15274元,增长9.2%。城乡收入比由上年的1.88:1调整为1.86:1,收入差距进一步缩小。全市居民人均生活消费支出14321元,增长8.7%,其中,城镇居民人均生活消费支出17255元,增长6.9%;农村居民人均生活消费支出11059元,增长12.0%。

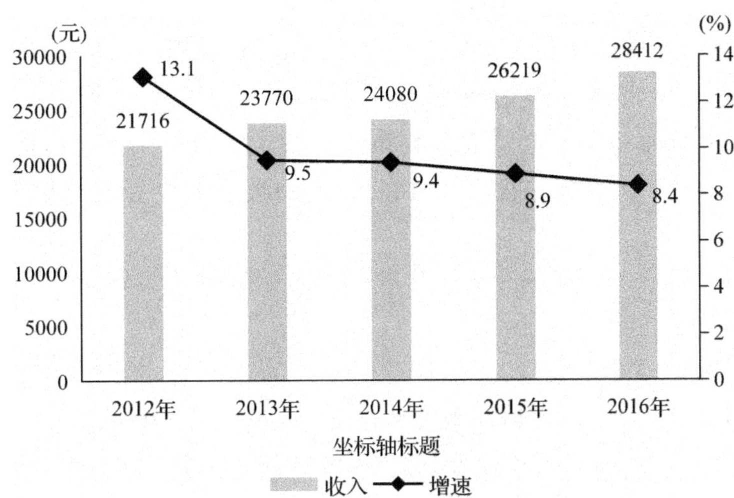

图 4　2012—2016 年城镇居民人均可支配收入与增速

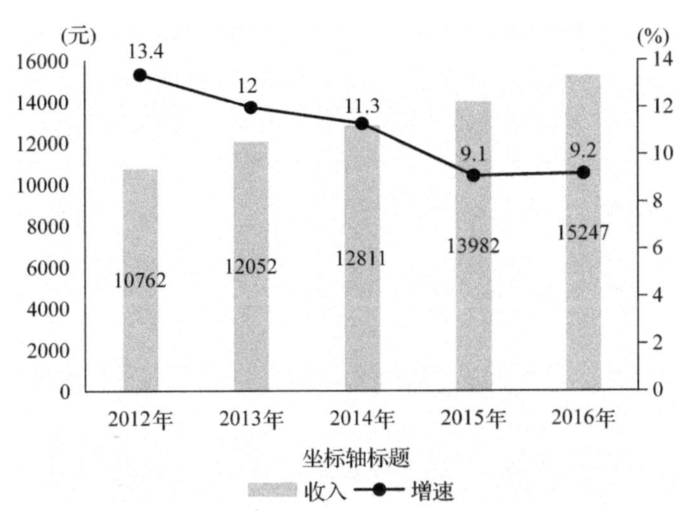

图 5　2012—2016 年农民人均可支配收入与增速

数据来源:《徐州市统计年鉴》。

就业情况总体稳定。年末全市就业人口 483.4 万人,其中,第一产业 144.3 万人,第二产业 159.9 万人,第三产业 179.2 万人。全年新增城镇就业 11.94 万人,比上年增长 0.7%;失业人员再就业 10.06 万人,其中就业困难人员就业 1.34 万人;新增农村劳动力转移 5.68 万人。年末城镇登记失业率为 1.85%,较上年下降 0.04 个百分点。新增大学生创业人数 1578 人,增长 35.0%,创业人数累计达到 7767 人。全年城乡劳动者职业技能培训 7.59 万人。规模以上企业劳动合同签订率达 99.5%,已建工会企业集体合同签订率达 96.0%。

社会保障体系不断完善。年末职工养老保险、城乡居民养老保险参保人数分别达 155.57 万人和 194.70 万人,较上年分别增长 1.7%和 0.4%,城乡基本养老保险覆盖率达 97.1%,较上年提高 0.5 个百分点;城镇居民医疗保险、职工医疗保险参保人数分别达 140.89 万人和 157.03 万人,城镇基本医疗保险覆盖率达 97.5%,较上年提高 0.4 个百分点。全市城镇和农村低保标准分别达到每人每月558元和430元，最低生活保障救济人数18.07万人，比上年增长0.3%；全年实施医疗救助37.24万人次，支出救助金2.1亿元。年末各类养老机构达277家，养老床位6.3万张，千名老人拥有机构养老床位39.2张，比上年增加2.7张。

保障性住房建设有序推进。基本建成公共租赁住房3767套，完成目标任务的121.5%；基本建成经济适用住房373套，完成目标任务的100%；新增廉租补贴住户201户，完成目标任务的118.2%。

十三、城乡建设

城建重点工程进展顺利。190项城建重点工程开工172项，开工率达90.5%，竣工76项。郑徐客专开通运营，三环北路高架快速路建成通车，徐济高速全线开通，轨道交通1、2、3号线全部开工建设，空军徐州机场迁建以及徐宿淮盐铁路、徐明高速等工程进展顺利。完成56.7公里城市道路改造，新增停车泊位3.2万个、更新泊位4600个。中心医院新城区分院、二院开发区分院投入使用，第一医院迁建、北区股份制医院建设有序推进。骆马湖水源地及徐庄水厂建成使用。启动市区棚户区改造58个项目，达579.78万平方米；完成73个老旧小区环境综合整治。

村镇建设水平持续提升。成功申报省级美丽村庄建设示范项目16个、省级康居村庄10个、省级村庄村落保护项目6个，省级试点示范村庄累计达32个。持续推进农村危房改造，全年改造农村危房3089户。12个重点中心镇申报的182个镇村建设项目全部完成，城镇面貌和基础设施、公共服务设施建设水平得到较大提升。

第十章 2016年淮安市经济社会发展报告

2016年，面对错综复杂的外部环境和不断加大的经济下行压力，全市上下认真贯彻落实中央和省委、省政府决策部署，按照市委工作要求，紧紧围绕早日建成全面小康社会和苏北重要中心城市两大目标，自觉践行新发展理念，扎实推进供给侧结构性改革，全面统筹改革发展稳定各项工作，经济社会保持平稳健康发展，实现了"十三五"发展良好开局。

一、综合

经济运行平稳增长。完成GDP总量3048亿元，按可比价格计算，比上年增长9.0%。其中，第一产业增加值324.61亿元，增长1.7%；第二产业增加值1268.15亿元，增长9.1%；第三产业增加值1455.24亿元，增长10.6%。三次产业比例由上年11.2∶42.9∶45.9调整升级为10.6∶41.7∶47.7，第三产业增加值占GDP比重47.7%，比上年提升1.8个百分点。人均GDP 62446元人民币（按当年汇率折算9401美元），增长8.6%。

消费价格温和上涨。市区居民消费价格比上年上涨2.2%。其中，食品烟酒类涨4.8%，生活用品及服务类涨1.8%，教育文化和娱乐类涨0.4%，医疗保健类涨12.7%，其他用品和服务类涨2.6%，衣着类跌0.6%，交通和通信类跌2.2%，居住类基本持平。

就业形势保持稳定。全年城镇新增就业7.78万人；下岗失业人员再就业4.32万人，其中困难群体再就业6508人。年末城镇登记失业率为1.87%，保持在较低水平。新增转移农村劳动力2.26万人，城乡劳动者职业技能培训3.03万人、创业培训2.9万人。

2016年，全市经济社会发展中还面临一些问题，主要是：产业支撑不够牢固，自主创新有待增强，居民增收难度较大，中心城市的集聚辐射以及县域综合实力需要提升，基本公共服务均衡配置、宜居生态家园建设等方面尚存短板。

二、农林牧渔和水利业

农业生产保持稳定。全年粮食总产量458.55万吨，受极端气候因素影响，比上年减少8.67万吨，下降1.9%。其中，夏粮总产量170.57万吨，减少6.80万吨，下降3.8%；秋粮总产量287.98万吨，减少1.87万吨，下降0.6%。全年粮食播种面积989.99万亩，比上年增加2.63万亩，其中夏粮面积463.08万亩，增加1.47万亩；秋粮面积526.91万亩，增加1.15万亩。油料种植面积43.71万亩，减少1.04万亩，蔬菜种植面积145.65万亩，增加0.92万亩。完成成片造林面积2.53万亩。水产品总产量26.10万吨，下降1.0%。年末农业机械总动力623万千瓦，增长0.4%。

水利建设成效显著。完成水利建设投资32.5亿元。淮河入江水道整治、洪泽湖大堤加固、分淮入沂整治等工程全部完成;黄河故道水利综合治理工程基本完成;列入国家规划的中小河流、大中型涵闸加固、大型泵站更新改造全面完成、发挥效益;淮河入海水道二期等一批重大项目前期工作取得新突破。里运河北门桥、堂子巷及古黄河水利枢纽等“三闸”工程全面建成运行,清江浦老城区除涝综合整治、清隆桥泵站改造、西郊泵站迁建等一批城市河道治理及涵闸工程建成运行。完成农村水利建设 4650 万土方,兴建建筑物 8758 座、防渗渠道 645 公里,疏浚县乡河道 1398 公里,整治村庄河塘 1413 面。

三、工业和建筑业

工业经济平稳运行。完成规模以上工业增加值 1626.18 亿元,比上年增长 9.8%。其中:国有工业增加值 8.19 亿元,增长 16.3%;集体工业增加值 3.14 亿元,下降 17.8%;股份制工业增加值 1108.31 亿元,增长 17.5%;外商港澳台投资工业增加值 313.13 亿元,下降 7%。大中型工业企业增加值 678.02 亿元,下降 3.2%。轻工业企业增加值 709.48 亿元,增长 7%;重工业企业增加值 916.70 亿元,增长 12.0%。

优势特色产业不断壮大。“4+2”优势特色产业实现产值 4200.40 亿元,比上年增长 5.9%。其中盐化新材料、特钢及装备制造产业、电子信息、食品四大主导产业实现产值 3840.10 亿元,占规模以上工业产值比重 51.4%;新能源汽车及零部件产业、生物技术及新医药产业等两大战略性新兴产业实现产值 360.30 亿元,增长 9.5%。食品产业实现产值 1015.9 亿元,成为继电子信息产业后第二个千亿级产业。单位 GDP 能耗降低率完成省定任务。

骨干企业支撑有力。全市有规模以上工业企业 2664 户,其中年销售收入 100 亿元以上企业 3 户,50 亿元以上企业 9 户,10 亿元以上企业 90 户。全市百户重点企业实现销售 2818.78 亿元,比上年增长 20.8%,高于规模以上工业 8.6 个百分点,占全市工业销售比重 38.6%;实现利润 192.87 亿元,增长 18.1%,高于规模以上工业 9.4 个百分点,占全市工业利润比重 48.0%。

建筑业稳步增长。全市具有资质等级的总承包和专业承包建筑业企业 547 户,完成建筑业总产值 1337.29 亿元,增长 1.0%,其中建筑工程产值 1282.16 亿元,增长 0.4%。实现建筑业增加值 196.70 亿元,比上年增长 2.7%。

四、固定资产投资

投资规模较快扩张。完成规模以上固定资产投资 2535.19 亿元,比上年增长 15.1%。其中工业投资 1518.49 亿元,增长 17.3%;房地产开发投资 321.41 亿元,增长 13.3%。民间投资 1781.94 亿元,增长 15.4%,占全市规模以上投资比重 70.3%。完成 220 个市级重大项目投资 1040 亿元,比上年增长 11.5%,德科玛半导体、时代芯存相变存储器等一批投资超百亿元重大项目顺利开工。

五、国内贸易

消费市场稳中有进。实现社会消费品零售总额 1083.83 亿元,比上年增长 11.7%。按经营单位所在地统计，城镇消费品零售额964.50亿元，增长11.4%；乡村消费品零售额119.33亿元，增长13.7%。按消费形态统计，批发零售业完成零售额978.30亿元，增长11.9%；住宿餐饮业完成零售额105.53亿元，增长9.3%。

消费热点持续活跃。限额以上单位实现社会消费品零售额525.16亿元，比上年增长14.9%。其中粮油、食品类增长14.3%，烟酒类增长17.4%，化妆品类增长9.1%，金银珠宝类增长7.9%，电子出版物及音像制品类增长34.8%，五金电料类增长21.3%，家具类增长16.9%，石油及制品类增长6.5%，建筑及装潢材料类增长16.5%，机电产品及设备类增长46.2%，汽车类增长21.9%。

六、开放型经济

对外贸易难中有进。累计完成进出口总额35.04亿美元，比上年下降15.1%。其中，出口总额26.98亿美元，下降10.3%；进口总额8.06亿美元，下降28.1%。全市有进出口实绩企业809家，培育新增长点企业152家。组织企业参加广交会、日本大阪展、德国科隆五金展等境内外重点展会330家次，设立展位570多个。

外资外经加快发展。全年新批外资项目240个，协议外资28.58亿美元，到账外资11.6亿美元。新设立总投资1亿美元以上项目10个、3000万美元以上项目59个。新批伊弗特精密零部件、金俊装备工业和澳洋顺昌集成电路等一批重大外资项目，其中伊弗特精密零部件项目计划总投资1.55亿美元。完成外经营业额1.30亿美元，比上年增长24.4%。对外承包工程新签合同额1.25亿美元，增长近3倍。

七、交通、邮电和旅游

交通基础建设力度加大。完成交通基础设施建设投资93.80亿元，比上年增长221.0%。宁连路南门立交建成通车，新港二期码头完成主体工程施工，连淮扬镇、徐宿淮盐两条高铁完成征地拆迁，宿扬高速、503省道、淮河出海航道整治以及京杭运河淮海路大桥、京杭运河黄码大桥、淮海路跨古淮河桥等项目全面推进，348省道淮安区段等重点项目开工建设。新改建农村公路500公里、桥梁97座。计划总投资151亿元的市区快速路一期工程开工建设。全市年末公路总里程13354公里，其中高速公路里程403.40公里，一级公路里程631.90公里。

运输业稳步发展。完成公路、水路货运量1.22亿吨、周转量372.13亿吨公里，比上年分别增长1.6%和2.8%。完成港口货物吞吐量9050万吨，增长13.1%；完成集装箱吞吐量15万标箱，增长11.5%。淮安机场新开通日本大阪、重庆、大连、海口、福州等航线，通航城市达到20个；完成旅客吞吐量86万人次、货邮吞吐量4638吨，分别增长70.7%、23.5%。市区投放新能源公交车700辆。现代有轨电车全年客流突破540万人次。新增24个乡镇开通镇村公交，全市镇村公交开通率达63%。A级物流企业总数增至22家。

邮电通信业平稳发展。完成电信业务收入26.11亿元，比上年增长2.2%；邮政业务收入14.53亿元，增长39.9%。年末固定电话用户51万户，下降25.1%。移动电话用户429万户，增长2.8%。年末互联网固定宽带用户95万户，增长17.3%。

旅游业加速发展。实现旅游业总收入308.57亿元,比上年增长15.6%。其中,国内旅游收入305.64亿元,增长15.8%;旅游外汇收入1704.53万美元,增长9.4%。接待境内外游客2612.4万人次,比上年增长12.3%;接待入境过夜游客1.82万人次,增长24.2%。全市共有国家A级旅游景区41家,其中5A级1家,4A级12家;省星级乡村旅游区52家,省级自驾游基地3家,省级旅游度假区2家,省级生态旅游示范区2家。有星级旅游饭店48家,其中五星级旅游饭店1家;旅行社105家,其中四星级旅行社2家、出境社2家;持证导游4513人。中国漕运城、西游记文化体验园、白马湖生态旅游度假区、美丽蒋坝休闲旅游度假区项目入选全国优选旅游项目。

八、财政、金融

财政支出结构改善。实现财政总收入483.13亿元,比上年下降5.3%,其中一般公共预算收入315.51亿元,下降9.9%。一般公共预算支出483.45亿元,比上年下降5.8%,其中财政民生类支出353.95亿元,下降5.4%,占一般公共预算支出比重达73.2%,比上年提升0.3个百分点。

金融市场稳健运行。年末全市金融机构人民币存款余额3066亿元,比年初增长31.7%。其中,住户存款1360.51亿元,增长14.9%,占全部存款44.4%;非金融企业存款1049.81亿元,增长65.1%,占全部存款34.2%。年末金融机构人民币贷款余额2304.22亿元,比年初增长23.6%。其中,中长期贷款1426.86亿元,增长44.2%;基础设施贷款398.90亿元,增长104.6%。实现保费收入77.10亿元,比上年增长23.3%。其中,财产保险收入22.70亿元,增长15.8%;寿险收入44.90亿元,增长23.8%;健康险和意外伤害险收入9.50亿元,增长43.4%。全年保险赔款和给付支出28.70亿元。

九、科学技术和教育

科技创新能力增强。研究与试验发展(R&D)经费支出54亿元,比上年增长20%,占GDP比重1.8%。完成高新技术产业产值1909亿元,增长13.16%。新认定省级高新技术产品91个、市级85个;新认定省级高新技术企业121家、市级67家。专利申请17293件,专利授权8081件,发明专利申请量4061件。企业专利申请量9667件,增长93.8%;企业专利授权量4307件,增长49.3%。万人有效发明专利拥有量3.55件,比上年增长29.5%。新获认定国家众创空间1家、省众创空间1家,全市省级以上科技企业孵化器孵化面积达86万平方米。

科研实力显著增强。新设立清华大学苏州汽车研究院技术转移淮安中心;组织签订大院名校科技合作交流项目59项。井神盐化获国家企业技术中心认定,为全市首个国家级研发机构;新增省级科技公共服务平台1个,新建市级科技公共服务平台10个;新获认定江苏省智能交互工程技术研究中心等省级工程技术研究中心5个,新建市级重点实验室5个,市级工程技术研究中心79个。

教育事业协调发展。拥有各级各类学校、成规模幼儿园898所,在校生87.12万人,教职工5.59万人。其中,成规模幼儿园424所,在园幼儿17.56万人;小学252所,小学生35.05万人;初中157所(含38所九年制学校),初中生14.31万人;高中31所(含8所完全中学),高中生7.22万人;中等职业学校20所,在校学生6.2万人;高校7所,大学生6.69万人;特殊教育学校7所,在校学生 0.09 万人。通过义务教育基本均衡发展国家督导认定，全市 109 所中小学达到全国义务教育学校管理示范校标准。淮阴卫校成功升格为江苏护理职业学院。

十、文化、卫生和体育

文化事业繁荣发展。全市每万人拥有公共文化设施面积 1595 平方米，公共文化服务设施覆盖率 95%，人均公共图书馆总藏量 0.93 册。市公共数字文化综合服务平台项目搭建完成，被文化部评为 2016 年国家基层公共数字文化服务推广项目。淮安大剧院正式对外运营；淮海戏《林道静》等 4 个项目获得国家艺术基金资助；江苏华夏云锦织造有限公司被国家版权局授予全国版权示范单位；盱眙县创成第三批省级公共文化服务体系示范区。

卫生服务体系更加健全。全市有各类卫生机构（不含村卫生室）813 个，其中疾病预防控制机构 9 个，卫生监督机构 9 个，综合医院 36 个，专科医院 14 个，中医院 6 个，妇幼保健机构 9 个，卫生院 128 个，社区卫生服务中心（站）79 个。各类卫生机构实有病床 27529 张，其中医院 17574 张、卫生院 7926 张。卫生技术人员 3.15 万人，其中执业（助理）医师 1.24 万人，注册护士 1.43 万人；疾病预防控制机构卫生技术人员 432 人，卫生监督机构卫生技术人员 167 人，妇幼卫生保健机构卫生技术人员 1587 人。市妇幼保健院、市公共卫生中心异地新建有序推进，市直医院全部达到三级以上。

体育事业成果显著。成功举办 2016 国际智力运动联盟智力运动精英赛、里运河中国淮安·丝绸之路户外运动挑战赛以及全市第八届运动会等赛事。新建健身路径 40 套、健身步道 58 公里、笼式足球场 4 个、拼装式游泳池 1 个，全市 30 个乡镇建成多功能运动场。市本级被列为首批省级体育改革发展试验区，淮安区施河镇被命名为首批省级体育健康特色小镇。在 2016 年里约奥运会花样游泳比赛中，淮安市培养的淮安籍运动员梁馨枰摘得银牌。

十一、环境保护

环境保护能力提高。通过国家生态市考核验收，成功创建国家节水型城市。全市设立自然保护区 5 个，面积 7.09 万公顷，其中省级自然保护区 2 个，面积 5.7 万公顷。空气质量优良天数 280 天，优良率 76.5%；城市水域功能区水质优良率 81.5%，集中式饮用水源地水质达标率 100%；市区环境噪声平均等效声级 53.5 分贝，声环境质量等级较好。盱眙县、淮安区和淮阴区通过国家生态县区考核验收，市经济技术开发区通过国家生态工业示范园区验收，市工业园区获得省级生态工业园区命名。

十二、人口、居民生活和社会保障

人口规模小幅增加。年末户籍总人口 567.56 万人，比上年增加 3.11 万人；其中男性人口 291.24 万人，占总人口 51.3%，女性人口 276.31 万人，占总人口 48.7%。年末常住人口 489 万人，比上年增加 1.8 万人；其中城镇人口 291.84 万人，增加 8.53 万人。常住人口城市化率 59.7%，比上年提升 1.5 个百分点。常住人口出生率 10.93‰,死亡率 7.44‰,自然增长率 3.49‰。

居民收入稳步增长。全体常住居民人均可支配收入 22762 元,比上年增长 9.2%。城镇居民人均可支配收入 30335 元,增长 7.9%;人均消费性支出 16912 元,增长 6.6%。农村居民人均可支配收入 14319 元,比上年增长 9.1%;人均生活消费支出 9633 元,增长 11.8%。城镇常住居民人均住房面积 44.2 平方米,农村常住居民人均住房面积 51.2 平方米。

社会保障体系不断完善。年末全市参加企业养老保险职工人数 90.27 万人,比上年增加 1.37 万人;其中农民工参保 6.7 万人,个体灵活就业人员参保 36.04 万人。参加工伤保险 51.66 万人,比上年增加 0.5 万人;生育保险 50.00 万人,增加 3.13 万人;失业保险人数 64.3 人,增加 1.1 万人。参加城镇职工基本医疗保险 81.42 万人,城镇居民基本医疗保险参保人数 80.92 万人。参加农村养老保险人数 126.32 万人,参保率 99.48%。全市共支付 27.78 万名企业离退休人员养老金 60.70 亿元,全年征缴养老保险费 48.16 亿元,组织 27.63 万名企业退休人员第四轮免费体检。

第十一章　2016年宿迁市经济社会发展报告

2016年，全市上下紧紧围绕全面建成小康社会奋斗目标，深入落实"五大发展理念"，扎实推进供给侧结构性改革，突出"三抓三促"工作主线，主动适应经济新常态、引领新常态，统筹做好稳增长、调结构、促改革、惠民生各项工作，综合经济实力大幅提升，人民生活继续改善，实现了"十三五"良好开局。

一、综合

经济总量再上新台阶。初步核算，2016年全市实现地区生产总值2351.12亿元，比上年增长9.1%，比全省增速快1.3个百分点。其中第一产业增加值275.23亿元，增长2.0%；第二产业增加值1140.37亿元，增长10.1%；第三产业增加值935.52亿元，增长10.2%。人均GDP达48309元，按平均汇率达7275美元。

主要指标增速快于全省。全市16项主要指标中有九项指标增速位居全省前三。其中三项指标增速居全省第一，即规模以上工业增加值、工业用电量和实际使用外资；三项指标增速居全省第二，即社会消费品零售额、一般公共预算收入和金融机构人民币各项存款余额；三项指标增速居全省第三，即全体居民人均可支配收入、城镇居民人均可支配收入和农村居民人均可支配收入。

经济结构进一步优化。一是产业结构进一步优化。三次产业结构调整为11.7∶48.5∶39.8，其中一产比重较上年下降0.4个百分点，二产比重较上年持平，三产比重较上年提高0.4个百分点。二是服务业贡献继续提升。全市服务业增加值增速比GDP增速快1.1个百分点，服务业对全市GDP增长的贡献率为43.7%，拉动全市经济增长4.0个百分点。三是新特产业稳步发展。四大特色产业产值均突破500亿元，总量达2668.73亿元；四大新兴产业产值达448.13亿元，占比达10.4%。实现高新技术产业产值949.61亿元，占全市总量的22.0%，比上年占比提高1.8个百分点。智能家电、绿色建材双双获批省级先进制造业基地，顺利通过中国家电产业基地验收评审。四是新型服务业态加快发展。成功举办中国"互联网＋创业"大会、第四届中国淘宝村高峰论坛，获批江苏省跨境电子商务试点城市，创建全国网络市场监管与服务示范区。政经资讯专家就业形势总体平稳。年末全市从业人员283.2万人，比上年增加1.6万人，增长0.6%。其中，一产89.3万人，减少10.3万人，下降10.3%；二产106.8万人，增加7.5万人，增长7.6%；三产87.1万人，增加4.4万人，增长5.3%。城镇登记失业率1.88%，比上年回落0.12个百分点。

消费价格涨幅平稳。全年居民消费价格总水平(CPI)比上年上涨2.0%，比上年涨幅提高0.4个百分点。八大类消费价格呈现"七升一降"格局。"七升"即为：食品烟酒类上涨3.7%，衣着类上涨1.7%，居住类上涨0.2%，生活用品及服务类上涨0.4%，教育文化和娱乐类上涨0.4%，医疗保健类上涨10.3%，其他用品和服务类上涨2.1%；"一降"即：交通和通信类下降1.3%。

表1 2016年宿迁居民消费价格比上年涨跌幅度表 (单位:%)

指标	宿迁
居民消费价格总指数	2.0
其中:食品烟酒	3.7
衣着	1.7
居住	0.2
生活用品及服务	0.4
交通和通信	−1.3
教育文化和娱乐	0.4
医疗保健	10.3
其他用品和服务	2.1

二、农林牧渔业

农业经济稳步推进。2016年,全市实现农林牧渔业总产值517.24亿元,可比价增长2.0%。其中农业298.51亿元,林业18.09亿元,牧业102.14亿元,渔业84.90亿元,农林牧渔服务业13.61亿元,占比分别为57.7%、3.5%、19.8%、16.4%和2.6%。

粮食总产保持稳定。全年粮食作物播种面积869.12万亩,比上年增加3.17万亩,增长0.5%;夏秋两季受到连续阴雨天气影响,粮食单产略有下降,总产基本持平。全市粮食总产量384.54万吨,较上年下降0.5%;粮食单产442公斤/亩,较上年下降0.9%。其中夏粮总产156.93万吨,比上年增加0.22万吨,增产0.1%;秋粮总产227.61万吨,比上年减少2.3万吨,减产1.0%。

造林抚育扎实开展。大力开展植树造林工作,以"春季绿化突击月"活动为抓手,全面实施成片林营造、村庄绿化、道路河道绿化、农田防护林等四大林业重点工程建设,稳步增加绿量。2016年全市共成片造林3.7万亩,植树670万株,打造省级绿化示范村46个(其中森林生态示范村6个),森林抚育面积11.05万亩。加强林下经济示范基地建设,2016年全市建立林下经济示范基地72个,示范面积1.37万亩,推广面积7.7万亩,亩均增益1500元以上。

畜牧业、渔业稳步发展。全市生猪出栏262.71万头,家禽出栏7791.1万只,分别比上年增长1.4%和2.4%。肉类总产量34.25万吨,比上年增长1.9%。禽蛋产量14.88万吨,比上年增长1.6%。年末拥有部级畜禽养殖标准化示范场15家,省级规模养殖场943家,生猪大中型规模养殖比重75.2%。全市水产品产量27.11万吨,比上年增长1.9%。

表2 2016年全市畜牧业生产情况表

指标名称	单位	实绩	比上年增长(%)
生猪出栏量	万头	262.71	1.4
家禽出栏量	万只	7791.1	2.4
肉类总产量	万吨	34.25	1.9
禽蛋产量	万吨	14.88	1.6

高效设施农业快速发展。截至2016年末，全市建成省级现代农业园区8个，发展设施农业111.1万亩、设施渔业27.5万亩，分别占农业、渔业生产总面积的17.2%和26.7%，科技兴农步伐不断加快。

三、工业和建筑业

工业经济稳中向好。2016年，全市工业经济稳步发展，质量和效益明显提高。全部工业增加值比上年增长10.6%。规模以上工业企业实现产值4313.56亿元，比上年增长13.0%。经济效益稳步提升。全市规模以上工业企业实现主营业务收入4077.11亿元，比上年增长11.0%；实现利润总额403.28亿元，比上年增长11.6%。

重点企业梯度分布趋向改善。2016年，全市大中型工业企业实现产值1444.87亿元，占全市规模以上工业企业的33.5%。全市规模以上工业企业中，大、中、小微型企业数量占比由2011年的0.6∶4.5∶94.9调整为2016年的1.1∶6.9∶92.0，大中型企业在规模以上工业企业中的地位有所提升，“中坚力量”进一步增强，全市工业企业梯度分布趋向改善。

特色产业发展加快。2016年，全市规模以上四大特色产业实现产值2668.73亿元，比上年增长13.7%，高于全市平均增速0.7个百分点，占全市规模以上工业企业总产值的61.9%。其中发展最快的机电装备业实现产值765.70亿元，增长20.4%；纺织服装业实现产值596.93亿元，增长17.5%；家居制造业实现产值571.55亿元，增长10.0%；食品饮料业实现产值734.55亿元，增长7.6%。特色产业加速发展，进一步筑牢了工业基础。

表3　2016年全市主要行业产值完成情况表

行业名称	产值(亿元)	比上年增长(%)
非金属矿采选业	15.61	−39.0
农副食品加工业	340.84	6.9
食品制造业	75.71	11.9
酒、饮料和精制茶制造业	318.00	7.3
纺织业	348.04	19.6
纺织服装、服饰业	248.89	14.8
皮革、毛皮、羽毛及其制品和制鞋业	38.67	13.2
木材加工和木、竹、藤、棕、草制品业	571.55	10.0
家具制造业	34.42	17.1
造纸和纸制品业	75.45	71.8
印刷和记录媒介复制业	131.00	20.7
文教、工美、体育和娱乐用品制造业	152.77	22.3
石油加工、炼焦和核燃料加工业	6.07	10.6
化学原料和化学制品制造业	240.63	10.5
医药制造业	29.85	13.4
化学纤维制造业	179.63	11.6

续表

行业名称	产值(亿元)	比上年增长(%)
橡胶和塑料制品业	131.37	－3.4
非金属矿物制品业	226.33	11.0
黑色金属冶炼和压延加工业	109.59	21.9
有色金属冶炼和压延加工业	114.70	－4.3
金属制品业	105.09	8.4
通用设备制造业	133.01	12.6
专用设备制造业	36.21	3.6
汽车制造业	30.10	21.1
铁路、船舶、航空航天和其他运输设备制造业	22.36	17.7
电气机械和器材制造业	229.19	25.3
计算机、通信和其他电子设备制造业	289.18	24.1
仪器仪表制造业	12.68	10.0
其他制造业	12.98	10.0
废弃资源综合利用业	3.65	9.0
金属制品、机械和设备修理业	1.06	50.0
电力、热力生产和供应业	38.60	18.4

新兴产业发展平稳。2016 年,全市规模以上四大新兴产业实现产值 448.13 亿元,比上年增长 7.9%。其中智能家电实现 34.18 亿元,增长 34.5%;绿色建材实现 101.56 亿元,增长 15.6%;功能材料实现 284.74 亿元,增长 2.5%;智能电网实现 27.65 亿元,增长 14.4%。

主要产品产量有增有降。列入全市统计范围的工业产品共 167 个,其中 70.7%的产品产量增长,增幅在 30%以上的有 24 个,占 14.3%。

表 4　2016 年全市主要工业产品产量及增速一览表

工业产品	单位	产量	比上年增长(%)
小麦粉	万吨	201.02	19.7
大米	万吨	380.25	5.4
饮料酒	万千升	67.10	9.9
#白酒(折 65 度,商品量)	万千升	61.87	10.7
啤酒	万千升	5.23	0.8
纱	万吨	30.69	12.8
布	万米	28457.5	－20.1
蚕丝	吨	2712.33	20.9
服装	万件	22759.33	10.4
人造板	万立方米	2469.08	3.4
复合木地板	万平方米	85.36	－43.8
家具	万件	77.67	－9.1
农用氮、磷、钾化学肥料总计(折纯)	万吨	17.96	13.0
#氮肥(折含 N 100%)	万吨	13.69	－1.5

续表

工业产品	单位	产量	比上年增长(%)
磷肥(折合 P2O5 100%)	万吨	4.27	113.4
塑料制品	万吨	15.87	2.3
水泥	万吨	812.03	14.3
商品混凝土	万立方米	722.57	1.1
平板玻璃	万重量箱	861.79	0.6
钢材	万吨	60.29	16.0
铜材	万吨	6.09	−31.9
电光源	万只	3679.88	−62.7

建筑业总产值突破 700 亿元。截至 2016 年末,全市共有列统总承包和专业承包建筑企业 374 家,比上年增长 3.3%;全年完成建筑业总产值 716.82 亿元,比上年略降 2.8%;全年房屋建筑施工面积 6289 万平方米,比上年下降 9.2%;房屋建筑竣工面积 2995 万平方米,比上年下降 14.8%。其中住宅竣工面积 2153 万平方米,下降 24.2%;签订建筑合同额 1157.31 亿元,比上年增长 19.1%。其中本年新签合同额 878.40 亿元,增长 37.4%。

四、固定资产投资和房地产业

投资总体较为平稳。全市固定资产投资完成 2059.58 亿元,比上年增长 12.0%。一、二、三产业投资分别完成 26.38 亿元、1330.76 亿元和 702.44 亿元,比上年分别增长 1.2 倍、8.3%和 17.4%。三次产业投资分别占投资总量的 1.3%、64.6%和 34.1%。民间投资仍是主力,完成 1599.60 亿元,占全部投资的 77.7%。

工业投资平稳增长。全市工业投资完成 1328.70 亿元,比上年增长 8.6%。其中制造业完成 1219.38 亿元,增长 6.0%;工业投资占全部投资的 64.5%。商品房去化库存成效显著。全年房地产开发投资完成 309.76 亿元,比上年下降 14.6%。其中住宅投资完成 225.10 亿元,下降 15.5%;全市商品房施工面积 3909.47 万平方米,比上年下降 1.3%。其中商品住宅施工面积 2987.38 万平方米,下降 2.2%。网签数据显示,全市商品房销售面积 836.15 万平方米,比上年增长 46.8%。其中住宅销售面积 714.33 万平方米,增长 47.1%;市区商品住宅去化周期由最高的 28 个月缩短至 11.5 个月。

表 5　2016 年全市房地产开发投资和销售情况表

指标名称	单位	实绩	比上年增长(%)
房地产开发投资	亿元	309.76	−14.6
#住宅	亿元	225.10	−15.5
房屋施工面积	万平方米	3909.47	−1.3
#住宅	万平方米	2987.38	−2.2
房屋销售面积	万平方米	836.15	46.8
#住宅	万平方米	714.33	47.1

五、国内贸易和对外经济

国内消费稳步增长。2016年,全市实现社会消费品零售总额705.54亿元,比上年增长12.6%。按消费形态分,批发和零售业实现614.55亿元,增长12.3%;住宿和餐饮业实现90.99亿元,增长14.5%。按城乡市场分,城镇实现563.66亿元,增长13.2%;乡村实现141.88亿元,增长10.4%。全市全年限额以上批发和零售业实现社会消费品零售额262.62亿元,比上年增长14.8%。其中粮油食品类、服装鞋帽针纺织品类和日用品类分别实现19.76亿元、11.67亿元和7.73亿元,分别增长9.0%、7.9%和21.7%;烟酒类和饮料类分别实现5.83亿元和3.34亿元,分别增长4.3%和3.1%;汽车类和石油及制品类分别实现81.44亿元和44.24亿元,分别增长20.5%和7.3%;书报杂志类实现30.36亿元,增长28.4%;家用电器和音像器材类实现20.33亿元,增长8.0%。限额以上住宿和餐饮业实现零售额12.47亿元,比上年增长11.4%。

表6 2016年全市限额以上社会消费品零售额情况表

指标名称	社会消费品零售总额(亿元)	比上年增长(%)
限额以上单位社会消费品零售总额	262.62	14.8
其中:批发零售业	250.14	15.0
粮油、食品类	19.76	9.0
饮料类	3.34	3.1
烟酒类	5.83	4.3
服装、鞋帽、针纺织品类	11.67	7.9
化妆品类	4.49	33.7
金银珠宝类	3.02	−11.1
日用品类	7.73	21.7
书报杂志类	30.36	28.4
家用电器和音像器材类	20.33	8.0
中西药品类	4.83	24.0
石油及制品类	44.24	7.3
机电产品及设备类	1.58	−7.1
汽车类	81.44	20.5
住宿餐饮业	12.47	11.4

对外贸易呈下降态势。2016年,全市实现进出口总额24.22亿美元,比上年下降6.8%。其中出口18.71亿美元,增长1.2%;进口5.51亿美元,下降26.5%。全年出入境检验检疫22232批次,比上年增长11.7%;出入境检验检疫金额达9.53亿美元,比上年下降31.3%。全年新批外商投资企业46个,比上年增长70.0%;完成协议注册外资8.07亿美元,比上年增长0.7%。全市实际使用外资4.50亿美元,比上年增长51.0%。

六、园区经济

工业经济稳步增长。2016 年，全市开发区共有规模以上工业企业 1015 家，比上年增加 54 家；实现规上工业总产值 2410.02 亿元，比上年增长 17.0%；实现主营业务收入 2273.08 亿元，比上年增长 14.0%。

投资形势趋好。2016 年初全市开发区固定资产投资以－6.4%的增速开局，之后逐步回升，1—9 月增速达年内最高，增长 12.4%，此后各月投资保持平稳增长。全年完成固定资产投资 955.72 亿元，比上年增长 10.6%。其中工业投资完成 785.68 亿元，增长 7.1%。

转型升级有序推进。2016 年，全市开发区规上工业中高新技术产业完成产值 782.58 亿元，比上年增长 19.6%。从行业看，新材料制造业实现产值 266.86 亿元，占高新技术产业产值的 34.1%，占比最大；技术改造投资完成 166.57 亿元，比上年增长 17.0%，增速最快；占工业投资的 21.2%，比上年占比提升 1.8 个百分点。

一般公共预算收入较快增长。2016 年，全市开发区实现一般公共预算收入 90.16 亿元，占全市总量的 37.9%，比上年同口径增长 11.9%。外资外贸"一增一降"。2016 年，全年开发区实际使用外资 4.18 亿美元，比上年增长 46.0%；本地企业实现进出口总额 21.66 亿美元，比上年下降 3.3%。

表 7　2016 年全市开发区主要指标情况

指标名称	单位	完成	比上年增长(%)
规上工业总产值	亿元	2410.02	17.0
其中：高新技术产业产值	亿元	782.58	19.6
固定资产投资	亿元	955.72	10.6
其中：工业投资	亿元	785.68	7.1
本地企业进出口总额	亿美元	21.66	－3.3
实际使用外资	亿美元	4.18	46.0

七、交通运输、邮政电信和旅游业

交通运输业低速增长。2016 年，全市完成客运量 5909 万人，比上年下降 1.0%；实现旅客运输周转量 42.19 亿人公里，比上年下降 1.3%；全市完成货运量 6023 万吨，比上年增长 0.7%。其中公路货运 3785 万吨，增长 2.0%；水路货运 2238 万吨，下降 1.4%。全市实现货物运输周转量 202.79 亿吨公里，比上年增长 3.0%。其中公路货物周转量 133.65 亿吨公里，增长 2.0%；水路货物周转量 69.14 亿吨公里，增长 5.1%。完成港口货物运输吞吐量 1582 万吨，比上年增长 7.8%。

表 8　2016 年客货运输量情况表

指标名称	单 位	实绩	比上年增长(%)
货运量	万 吨	6023	0.7
公路	万 吨	3785	2.0
水路	万 吨	2238	－1.4
货物周转量	亿吨公里	202.79	3.0
公路	亿吨公里	133.65	2.0
水路	亿吨公里	69.14	5.1
客运量	万 人	5909	－1.0
旅客周转量	亿人公里	42.19	－1.3
港口货物吞吐量	万吨	1582	7.8

邮电通信业喜忧参半。2016 年,全市邮政业实现业务收入 11.49 亿元,比上年下降 68.9%;实现邮政业务总量 24.63 亿元,比上年下降 28.3%。2016 年,全市电信业实现业务收入 30.73 亿元,比上年增长 7.0%。年末全市有各类电话用户 478.17 万户,比上年末增加 9.87 万户。其中移动电话用户 432.70 万户,增加 21.32 万户;固定电话用户 45.47 万户,比上年末减少 11.45 万户。2016 年末,全市有国际互联网用户 382.57 万户,比上年末净增 43.21 万户。其中宽带用户 113.55 万户,净增 21.94 万户。

旅游业较快发展。2016 年末,全市有等级旅游景区 47 个,比上年末增加 16 个,增长 51.6%。其中,4A、3A 和 2A 级景区分别有 9 个、20 个和 18 个,分别比上年末增加 1 个、4 个和 11 个,分别增长 12.5%、25.0%和 157.1%。等级旅游景区数量增长较快,旅游供给能力明显增强。2016 年,全市实现旅游总收入 216.26 亿元,比上年增长 23.2%。接待国内外游客 1925.5 万人次,比上年增长 20.2%。其中 4A 级景区接待人数 658.83 万人次,增长 18.1%。年末旅行社数量达到 72 家,比上年末增加 5 家。

八、财政和金融

财政收支平稳增长。2016 年,全市实现财政总收入 444 亿元。其中一般公共预算收入 238.08 亿元,同口径增长 10.3%。一般公共预算收入中税收占比 78.2%。全市工业入库地方税收 42.0 亿元,同口径增长 29.0%;建安和房地产业入库地方税收 99.3 亿元,下降 3.6%。其中房地产业入库地方税收 64.8 亿元,增长 2.4%;建筑业入库地方税收 34.5 亿元,下降 13.1%。全市完成财政总支出 547.89 亿元,比上年增长 10.6%。其中一般公共预算支出 425.05 亿元,增长 4.7%。财政支出继续优化,民生支出保障有力。2016 年全市民生支出 342 亿元,增长 11.5%,占一般公共预算支出的 79.5%。

表 9　2016 年全市财政收支表

指标名称	单位	实绩	比上年增长(%)
财政总收入	亿元	444.00	7.8
其中：一般公共预算收入	亿元	238.08	10.3
工业入库地方税收	亿元	42.00	29.0
房地产业税收	亿元	64.80	2.4
建筑业税收	亿元	34.50	−13.1
财政总支出	亿元	547.89	10.6
其中：一般公共预算支出	亿元	425.05	4.7
民生支出	亿元	342.00	11.5

金融业发展较快。全年金融业实现增加值 108.36 亿元，比上年增长 15.6%，快于服务业增速 5.4 个百分点。南京银行、民生银行等 4 家银行成功引进，南京证券、海通证券等 9 家证券机构先后入驻，太平财险、华泰财险等 11 家保险公司开业运营，各类金融机构超过 120 家。全市金融机构人民币各项存款余额 2207.43 亿元，比年初增加 387.62 亿元，增长 21.3%。其中住户存款余额 1086.33 亿元，比年初增加 136.82 亿元，增长 14.4%。全市金融机构人民币各项贷款余额 1960.37 亿元，比年初增加 263.32 亿元，增长 15.5%。保险体系逐步健全。全市市级专业保险机构 32 家。其中人寿保险 14 家，财产保险 18 家。全市共实现保费收入 62.66 亿元，较上年增长 7.4%。其中财险保费收入 24.21 亿元，增长 15.3%；人身险保费收入 38.45 亿元，增长 3.0%。

表 10　2016 年全市保险业主要指标表

指标名称	单 位	实绩	比上年增长(%)
保险机构数	个	32	0.0
保险机构从业人员数	人	17550	16.5
保费总收入	亿元	62.66	7.4
其中：财产险保费	亿元	24.21	15.3
其中：人身险保费	亿元	38.45	3.0
保险赔款总支出	亿元	19.10	20.7

九、科技创新、社会事业和城市建设

科技创新成绩显著。2016 年，全社会研究与发展(R&D)活动经费支出 35.88 亿元，占地区生产总值的 1.54%，比上年提高 0.08 个百分点。全市新增国家高新技术企业 28 家，总数达 212 家。新认定省级科技型中小企业 142 家。新增省级企业研发机构 51 家，总数达 262 家。2016 年末，全市专利申请量达到 10522 件，比上年增长 10.7%；专利授权量 4910 件，比上年下降 4.7%。其中企业专利申请量 8387 件，授权量 3986 件。

表 11 2016 年全市专利申请受理、授权和有效专利情况表 (单位:件)

指 标	2016 年	比上年增长(%)
专利申请受理数	10522	10.7
其中:企业专利	8387	7.6
其中:发明专利	1552	19.3
专利申请授权数	4910	-4.7
其中:企业专利	3986	-6.9
其中:发明专利	162	-16.5
年末有效发明专利	734	30.4

教育事业稳步发展。基础教育进一步夯实。新增省优质幼儿园 14 所,深入推进集团化办学,成立高中、初中、小学和幼儿园 4 个学段发展联盟。全市基础教育集团拥有成员学校 184 所,集团化办学覆盖率达 54.0%。高考录取率持续攀升,2016 年全市本科录取 15999 人,录取率 55.51%。全市录取清华、北大 19 人,位居苏北前列。构建适合宿迁实际的现代职教体系,新增 5 所省高水平现代化职业学校、13 个省高水平示范性实训基地、2 个省现代化中职专业群。人才培养质量不断提高,在省职业教育技能大赛中获得奖牌 140 枚,比上年净增 26 枚。高端技能大赛成绩取得历史性突破,在全国职业教育技能大赛中获得 3 金 2 银,1 人获得“2016 中餐烹饪世界锦标赛”果蔬雕刻项目亚军。

医疗卫生事业稳步发展。医疗机构建设加快,全市医疗卫生资产突破 160 亿元。市第一人民医院正式投入运行,市人民医院新门急诊大楼、市儿童医院新院、市体检康复中心等卫生重大项目有序推进,沭阳县人民医院获批三级乙等综合医院,市人民医院顺利通过三级乙等综合医院复核评价。顺利完成乡镇卫生院、计划生育服务中心机构整合,全市共成立乡镇(街道)卫计中心 120 个,并正常开展工作。基本药物制度乡镇全覆盖。全市 129 个乡镇医院全部实施基本药物制度,平均销售基本药物采购金额占比 75%、品种占比 57%,门诊次均药品费用和住院次均药品费用分别较上年下降 18.0%和 7.0%。新农合制度进一步完善。全市新农合参合人数达 383.4 万,参合率 99.7%,连续六年稳定在 99%以上。2016 年,全市新农合补偿 164.35 万人次,累计补偿 18.76 亿元,较上年增加 2.67 亿元。

公共文化服务继续提升。市博物馆、图书馆、档案馆建成使用,宿迁音乐厅成功运营,文化建设工程综合指数跃居苏北首位。市区新增可成科技数字图书馆、高新区图书馆等市图书馆分馆 5 家,新增项里等城市书吧 4 处和“第五空间”24 小时自助图书馆 2 处。各级文化部门全年实现送戏 524 场次,送电影 10596 场次,流转配送图书 12 万册。推进乡镇电视整转工作,乡镇镇区数字电视信号通达率实现 100%;数字电视用户累计 42 万户,比上年增长 13.5%。成功举办书画作品进省展、晋京展,6 人次入选中国书法兰亭奖,30 余件作品入选全国美展,6 部文艺作品获省第九届“五个一”工程奖。市青年乐团、拂晓艺术团、大拇指艺术团揭牌成立,促进了文艺事业进一步活跃。

城市建设迈上新台阶。加快人文关怀城市建设,加快城市基础设施建设,全面推进新型城镇化。全市城镇化率 57.5%,较上年提高 2.0 个百分点。中心城市建成区面积扩大到 85 平方公里,人口增至 75 万人。成功摘得中国人居环境奖城市、国家卫生城市、国家节水型城市、全国双拥模范城、中国人居环境范例奖、省优秀管理城市等一系列桂冠。

十、环境保护和节能减排

生态环境治理成效显著。空气质量明显改善。全面完成2016年空气质量国(省)考约束性指标,市区空气质量优良天数增幅位居全省第四,PM2.5年均浓度为56微克/立方米,比2013年减降24.3%,提前一年达到“国十条”考核要求,三县空气质量全面完成市考目标。国考断面、饮用水源地水质达标率均为100%,省考以上断面水质达标率92.3%,优Ⅲ比例高于省定目标4个百分点。高水平实施绿化工程。五年来中心城市累计新(改)建绿地5.6万亩,绿地率、绿化覆盖率分别达39.7%和42.7%。植树造林工程稳步推进。五年来累计新造成片林41.89万亩,林木覆盖率提高到30.1%,居全省第二位。

环保基础设施进一步完善。加大资金投入,不断提升环保基础设施水平。实施“雨污分流”,五年来累计铺设雨污水管网1470公里,实现雨污分流面积130平方公里。大力推进高清监控“四大工程”,织密防护“天网”。污水处理设施不断健全。五年来新(扩)建城市污水处理厂6座,日污水处理能力达51.75万吨,提高了0.85倍;垃圾焚烧发电厂二期、有机生物处置中心、危险废物填埋场等先后建成,生活垃圾转运处置体系基本建成。

节能减排效果显著。2016年,全市能耗总量略有上升,能源利用率和节能降耗向好发展。全市单位GDP能耗0.37吨标准煤/万元,比上年下降1.8%;单位工业增加值能耗为0.45吨标准煤/万元,比上年下降2.1%;单位GDP电耗为0.07万千瓦时/万元,比上年上升2.3%。

十一、人口、人民生活和社会保障

全市人口逐年增长。2016年末,全市户籍总户数150.12万户,比上年增加0.84万户;户籍总人口591.60万人,比上年增加5.32万人;常住人口487.94万人,比上年增加2.56万人;常住人口出生率14.12‰,死亡率7.29‰,人口自然增长率6.83‰;全市城镇常住人口280.71万人,比上年增加11.18万人,增长4.1%。

表12　2016年全市常住人口数及其构成表

指　　标	年末数(万人)	占总人口比重(%)
全市总人口	487.94	100
其中:城镇	280.71	57.53
乡村	207.23	42.47
其中:0—14岁(含不满15周岁)	95.21	19.51
15—64岁(含不满65周岁)	340.05	69.69
65周岁及以上	52.68	10.8

居民生活水平持续改善。2016年,全市居民人均可支配收入18957元,比上年增长9.3%。按收入来源分,工资性收入10162元,增长7.8%;经营净收入5137元,增长9.5%;财产净收入

747 元,增长 13.0%;转移净收入 2911 元,增长 13.8%。按常住地分,城镇居民人均可支配收入 24086 元,增长 8.3%;农村居民人均可支配收入 13929 元,增长 9.1%。全市居民人均消费支出 12315 元,比上年增长 8.7%,恩格尔系数为 35.1%。

社会保障体系更加完善。全面落实社保惠民政策,积极构建更加公平可持续社会保障体系。开展社会保险“幸福行动”,全市职工“五险”基金总收入 43.5 亿元,“五险”扩面新增 31.2 万人次,增长 10.6%,增幅全省领先。城镇居民医保补偿率达 70%。持续提升兜底保障能力。全市共保障城乡低保对象 10.8 万户、24.5 万人,发放低保金 8.66 亿元,农村低保标准从每人每月 370 元提高至 390 元,城市低保标准继续保持每人每月 490 元。推进城乡社区居家养老服务中心、农村老年关爱之家等载体建设,全市居家养老床位 1.1 万张,居家养老服务中心(站)1352 个,建成城市社区小型托老所 39 个,农村老年人“关爱之家”102 个,全市城市社区居家养老服务中心基本实现全覆盖,农村社区居家养老服务中心覆盖率达到 87.0%。

第十二章　2016年连云港市经济社会发展报告

2016年，连云港紧紧抓住国家"一带一路"建设、沿海发展等重大战略机遇，牢固树立和贯彻落实创新、协调、绿色、开放、共享五大发展理念，以改革创新为引领，以扩大开放求突破，坚持稳中求进主基调，着力加快转型升级，全市经济运行稳中有进，综合实力日益增强，产业发展、城乡面貌、人民生活发生显著变化。

一、总体经济

经济总量不断扩大。全年实现GDP2376.48亿元，增长7.8%。其中，第一产业增加值301.56亿元，增长1.6%；第二产业增加值1049.90亿元，增长7.8%；第三产业增加值1025.02亿元，增长9.8%。第二、第三产业增加值双双跨上千亿台阶。人均GDP首超50000元，达到52986元。

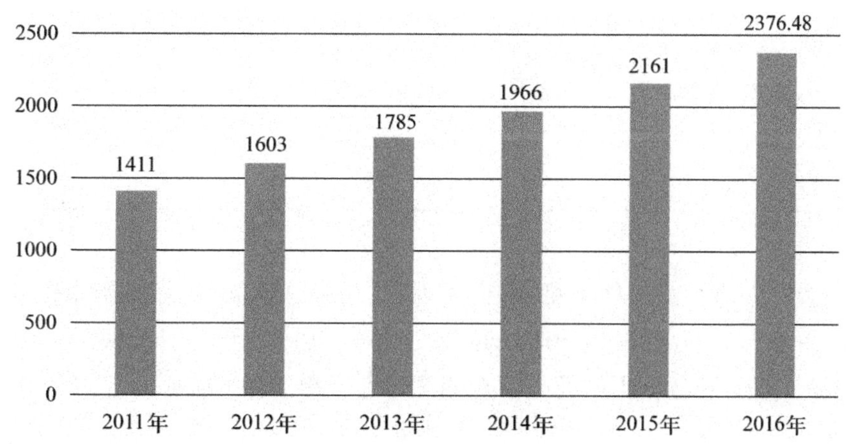

图1　连云港市GDP规模

数据来源：历年《连云港统计年鉴》。

产业结构逐步调优调高。全市三次产业结构调整为12.7:44.2:43.1。工业化进程逐步提高，工业在全市经济中的主体地位逐步提升，工业化率为35.8%，比上年提高了0.3个百分点。服务业快速发展。第三产业增加值占GDP的比重达43.1%，比上年提高0.6个百分点。

就业形势保持平稳。全年新增城镇就业5.4万人，城镇登记失业率1.95%。年末高校毕业生整体就业率稳定在92%以上，转移农村劳动力2.65万人，帮扶就业困难人员再就业0.53万人，开发公益性岗位2000个，"双零"家庭实现动态清零。在100家规模以上企业建立劳动争议调解委员会，完善87个乡镇劳动人事争议专业性调解组织。

市场活力进一步释放。随着互联网、开源技术平台等对大众创业者的开放普及,众筹、众包、众创的融资模式和生产方式使得个体能够成为产业资源的组织配置者,去中心化的自组织生产开始出现,智力资源、产业资源、社会资本更加自由流动,市场活力进一步释放。全年新增私营企业1.01万户,增长17.5%,年末全市注册私营企业达到6.77万户;新增个体工商户3.62万户,增长24.0%,年末全市个体工商户达到18.69万户。

物价温和上涨。全年居民消费价格上涨2.1%,八大类商品和服务项目价格指数均有所上涨。除医疗保健类上涨12.9%,涨幅较大外,其他涨幅均在3%以下,依次为食品烟酒类、其他用品和服务、居住、衣着、交通和通信、生活用品及服务、教育文化和娱乐,涨幅分别为2.9%、1.0%、0.8%、0.6%、0.3%、0.3%、0.1%。工业生产者价格有所回升。全年工业生产者出厂价格上涨0.2%,其中生产资料上涨0.1%,生活资料上涨0.4%;工业生产者购进价格下降0.2%。

表1 连云港CPI八大类指数情况

项目名称	2016年同比指数
居民消费价格总指数	102.1
一、食品烟酒	102.9
二、衣着	100.6
三、居住	100.8
四、生活用品及服务	100.3
五、交通和通信	100.3
六、教育文化和娱乐	100.1
七、医疗保健	112.9
八、其他用品和服务	101

数据来源:连云港统计局。

全市经济社会发展仍存在一些不足,主要表现在:经济总量仍然不大,产业短板依然突出;港口核心战略资源作用需要进一步发挥,港产城融合发展需要加强;创业创新氛围不浓,人才短缺仍然是制约发展的瓶颈;民生社会事业发展与群众期望还有一定差距,等等。

二、农林牧渔业

粮食种植丰产丰收。全年粮食播种面积752.3万亩,比上年减少1.6万亩;亩产479.6公斤,比上年减少0.7公斤;总产360.8万吨,比上年减少1.4万吨。其中,夏粮播种面积363.2万亩,比上年减少1万亩;亩产393.7公斤,比上年增加0.2公斤;总产143万吨,比上年减少0.3万吨。秋粮播种面积389.1万亩,比上年减少0.6万亩;亩产559.8公斤,比上年减少1.7公斤;总产217.8万吨,比上年减少1万吨。

农业产业化水平不断提升。积极培育农业龙头企业,年末国家级农业产业化龙头企业达到2家,省级48家,市级180家,省级以上农业龙头企业实现销售收入250亿元,规模以上农产品加工企业产值1150亿元,与农业总产值之比达1.96。

高效设施农业扩面增效。积极推进高效农业产业集聚区建设，重点抓好东海西甜瓜、灌云设施蔬菜、灌南食用菌、赣榆水果等 8 个千亩连片高效设施农业基地建设。全市新增高效设施农业面积 7 万亩，建成 7 个省级万亩“菜篮子”工程蔬菜生产基地，面积达 8.2 万亩；东海县桃林镇北芹村获批全国“一村一品”示范村镇。

外向型农业全省领先。农业国际合作示范区全面推进，国家地理标志保护产品达 10 个。农业“走出去”迈出坚实步伐，江苏海德益食品有限公司在柬埔寨投资 5000 万元建设热带作物种植农场，江苏雅仕保鲜投资 1000 万元在南非建设雪橙基地，连云港驰神科技有限公司每年向韩国出口食用菌菌棒 100 余万株，并投资 300 多万元在韩国成立公司组织食用菌种植生产。

休闲观光农业快速发展。全年新增全国休闲农业与乡村旅游星级企业 4 家，其中五星级 1 家，四星级 1 家，三星级 2 家，累计分别为 1 家、2 家、7 家。新建省级休闲观光农业示范村 2 个，累计为 9 个。新建市级休闲观光农业示范村 20 个，累计为 50 个。各类休闲观光农业经营主体达 200 多个。

三、工业和建筑业

工业生产总体平稳。全市 1694 家规模以上工业企业实现总产值 6225.87 亿元，增长 12.2%。其中，轻工业总产值 1984.07 亿元，增长 17.3%，快于全市 5.1 个百分点；重工业总产值 4241.80 亿元，增长 10.0%。

企业亏损面下降。规模以上工业企业实现产品销售收入 6051.58 亿元，增长 12.4%。实现利润总额 465.17 亿元，增长 10.0%，利润率为 7.7%。亏损企业 114 家，比上年减少 31 家，下降 21.4%；亏损企业亏损额 10.05 亿元，增长 15.7%。

小微企业经营向好。全市 1552 家企业规模以上小微企业实现总产值 2790.57 亿元，增长 19.1%，高于全市平均水平 6.9 个百分点，对全市工业生产增长的贡献率为 66.2%，拉动全市工业生产增长 8.1 个百分点。142 家大中型企业总产值增长 7.1%，对全市工业生产增长的贡献率为 33.8%，拉动全市工业生产增长 4.1 个百分点。

建筑业平稳发展。全年完成建筑业总产值 648.73 亿元，增长 3.0%。其中，房屋建筑工程总产值 600.74 亿元，增长 2.2%；安装工程总产值 47.99 亿元，增长 17.4%。资质以上建筑业企业房屋施工面积 5309.1 万平方米，与上年基本持平；房屋竣工面积 2306.1 万平方米，增长 10.6%。

四、固定资产投资

投资总量不断扩大。全年完成固定资产投资 2385.16 亿元，增长 14.8%。其中，工业投资 1487.34 亿元，增长 17.5%；服务业投资 850.35 亿元，增长 8.2%；房地产开发投资 235.41 亿元，增长 14.6%。

工业投资居主导地位。全年完成工业投资 1487.34 亿元，增长 17.5%，对全市投资增长贡献率达 72.0%。其中，化学原料和化学制品制造业完成投资 252.2 亿元，非金属矿物制品业投资 164.0 亿元，电气机械和器材制造业投资 99.0 亿元，农副食品加工业投资 82.2 亿元，专用设备制造业投资 68.5 亿元，医药制造业投资 59.4 亿元，通用设备制造业投资 52.1 亿元。

民间投资保持增长。全年完成民间投资1622.7亿元,增长15.0%,占全市投资的比重为68.0%。民间投资主要投向制造业和房地产业,其中制造业1119.9亿元,占全市民间投资69.0%,房地产业241.6亿元,占全市民间投资14.9%。

重大项目增多。全年亿元以上在建重大项目644个,比上年增加115个,完成投资1502.8亿元,占全部投资额的63.0%。

五、国内贸易

消费品市场运行良好。全年实现社会消费品零售总额933.31亿元,增长12.4%。其中,批发业实现零售额83.92亿元,增长29.8%;零售业745.72亿元,增长8.3%;住宿业13.86亿元,增长42.8%;餐饮业89.80亿元,增长32.7%。限额以上单位中,粮油食品类实现零售额50.0亿元,增长44%;服装类21.23亿元,增长25.8%;金银珠宝类15.45亿元,增长17.6%;家用电器类19.41亿元,增长19.4%;中西药品类31.9亿元,增长14.9%;石油制品类90.0亿元,增长2.4%;汽车类70.0亿元,增长10.8%。

新型业态加快发展。连云港被认定为省跨境电子商务试点城市,东海县被评为省级电商示范县,全年电子商务网络零售额突破100亿元,增长25%。苏宁广场、万达广场、东海水晶城等商业综合体人气集聚,综合体建设取得突破。

六、开放型经济

东西双向开放不断深入。向东开放优势不断扩大,进一步加强与日韩、东南亚港航贸易合作。加快做好向西开放文章,强化与上合组织、欧洲等陆桥运输合作,不断深化与哈国铁、欧亚资源、立陶宛克莱佩达港、格鲁吉亚波季港等港航企业合作关系。全年实际到账注册外资5.50亿美元,下降31.3%。进出口总额70.40亿美元,下降12.5%,其中出口总额36.84亿美元,下降9.3%。

两基地建设加快推进。中哈物流基地成效明显,连云港与哈方不断推进合作发展升级,采用“一园三区”方式共建中哈物流园。中哈物流合作基地项目一期建成启用,连云港口岸哈国过境小麦方案通过国家质检总局评审,中哈物流基地粮食仓库硬件设施建设基本完成。上合组织出海基地建设加快。规划建设上合组织成员国特色产品商贸物流园,形成上合组织成员国面向日韩和我国东中部区域的产品展示窗口和交易中心。

建成进口商品保税交易中心。全省第一家进口商品保税交易中心建成,跨境电子商务发展迅速,获批开展除网购保税进口模式以外的一般进口、一般出口、保税出口等各类跨境贸易电子商务试点。

七、交通、邮电和旅游

30万吨级深水航道一期工程建成,赣榆、灌河、徐圩两翼港区开港运营,综合通过能力达到了1.6亿吨。东疏港、大港路中期改造工程、沈海高速赣榆柘汪互通、徐圩港区疏港公路建成启用,旗台作业区铁路专用线实现通车,疏港航道、盐河航道建成通航,公路港、内河港实现运营,千吨级船舶直通京杭大运河,集疏运体系日益完善。全年港口货物吞吐量2.21亿吨,增长5.0%。

铁路建设全面提速。连盐、连淮扬镇、连青铁路建设进展顺利。江苏“十三五”开工建设的第一个重大铁路项目——徐连高铁东接在建的连盐铁路和连淮扬镇铁路，西连在建的徐盐铁路，高效便捷、内联外通的高铁路网加快形成。连云港境内铁路货运呈现明显积极变化，全年铁路货运量达4528.11万吨，增长9.1%；境内铁路客运总量403.33万人次，下降12.5%。

交通运输平稳运行。全市地方公路客运量4654万人次，旅客周转量33.33亿人公里，分别下降1.0%和1.3%；地方公路货运量8378万吨，货运周转量161.07亿吨公里，增长均为2.0%。地方水路货运量1837万吨，增长0.6%，货运周转量144.36亿吨公里，增长7.1%。民航新开通了昆明、石家庄及南宁等3条航线，年末航线达到23条，民航机场飞机起降9322架次，增长19.5%；民航机场旅客吞吐量85.1万人次，增长20.0%。

邮政通信业务较快增长。全年邮政通信总收入42.27亿元，增长9.1%。其中，邮政速递业务收入11.18亿元，增长18.4%；通信业务总收入31.09亿元，增长6.0%。年末，全市电话用户486.93万户，其中移动电话用户418.29万户。互联网用户404.33万户，增长12.9%，其中固定宽带接入用户119.07万户，增长7.6%。

旅游业较快发展。全年实现旅游总收入395.40亿元，增长15.5%。接待国内游客3011万人次，增长12.2%；实现国内旅游收入391.58亿元，增长15.6%。接待入境过夜旅游者2.26万人次，增长11.2%；实现旅游外汇收入2281万美元，增长10.5%。月牙岛、孔望山、桃花涧、后云台山等景区扩建改造快速实施，花果山景区成功创建5A级景区。

八、财政、金融

财政收入下降。受营改增等因素影响，全年实现一般公共预算收入211.47亿元，下降27.5%。其中：实现税收收入170.80亿元，下降28.1%。分地区看，市区、三县分别实现一般公共预算收入144.91亿元和66.56亿元，分别下降16.1%和44.1%。

民生支出比重较大。全年实现一般公共预算支出374.78亿元，比上年减少55.00亿元，下降12.8%。用于民生支出达到七成，其中教育支出71.41亿元，社会保障和就业36.83亿元，医疗卫生31.36亿元，城乡社区事务49.80亿元。

金融信贷较快增长。年末金融机构存款余额2555.48亿元，比年初增加391.56亿元，同比增长18.1%。其中，住户存款1179.91亿元，比年初增加123.94亿元，同比增长11.7%。金融机构贷款余额2093.9亿元，比年初增加266.22亿元，同比增长14.6%。

表2　年末金融机构存贷款情况

指　　标	绝对数(亿元)	比年初增加(亿元)	比上年末增长(%)
各项存款余额	2555.48	391.56	18.1
#住户存款	1179.91	123.94	11.7
非金融企业存款	866.31	169.52	24.3
各项贷款余额	2093.9	266.22	14.6
#住户贷款	792.91	139.9	21.4
非金融企业及机关团体贷款	1253.88	126.17	11.2

数据来源：连云港统计局。

保险市场快速发展。全年保险业务总收入 69.78 亿元,增长 20.8%。其中,寿险保费收入 41.58 亿元,增长 22.3%;财产险保费收入 20.97 亿元,增长 17.0%;健康险保费收入 5.87 亿元,增长 26.9%;意外险保费收入 1.36 亿元,增长 12.8%。保险业务总支出 23.20 亿元,增长 31.1%。

九、科学技术和教育

创新载体建设力度加大。全市不断加大创新载体建设力度,倾力打造发展新平台,加快建设区域创新高地。国家高新区、国家级农业科技园区快速推进,装备制造、高性能纤维及复合材料、硅材料、新医药等 4 个国家级特色产业基地加快建设,13 个省级以上科技企业孵化器、8 个科技产业园投入运营。恒瑞、豪森、康缘、正大天晴四大药企入选中国医药工业企业 50 强、研发企业 20 强。

高新产业规模扩大。全社会研发投入占 GDP 比重提高到 1.78%,科技进步贡献率提高到 53%。高新技术企业增至 226 家,实现工业总产值 2432.08 亿元,增长 12.0%,对全市工业生产增长的贡献率为 38.5%,拉动全市生产增长 4.7 个百分点。其中,“三新”产业实现总产值 2214.68 亿元,新材料制造业、新能源制造业、生物医药制造业分别为 1397.50 亿元、241.78 亿元、575.40 亿元。

着力实施教育强基工程。坚持育人为本,着力打造教育公共服务平台,形成学历教育和非学历教育协调发展、职业教育和普通教育相互沟通、职前教育和职后教育有效衔接的终身教育体系,教育事业实现了全面协调可持续发展。全年全市新建中小学 2 所,改造中小学校舍 31.4 万平方米,安排进城务工人员子女入学 3978 人。在苏北率先实现教育基本现代化,教育强市步伐不断加快。

教育教学质量稳步提升。全市所有县区全部通过义务教育发展基本均衡县(区)国家级督导认定,新海实验中学代表队获得“中国汉字听写大会”全国总冠军。九年义务教育巩固率 99.9%,比上年提高了 0.2 个百分点;高中阶段教育毛入学率达到 97.4%,比上年提高 0.2 个百分点。

十、文化、卫生和体育

文化服务水平提升。全年首批建设基层综合文化服务中心 325 家,新增公共文化场馆 39 个,新建市图书馆分馆 12 个。现代淮海戏《辣妈犟爸》参加第三届江苏文化艺术节并获优秀剧目奖,《白雪公主与七个小矮人》填补了本土儿童剧空白,《决战花果山》网页游戏成功上线,实现了游戏研发零的突破。制作发放 5 万张农家书屋借阅证,200 家“一卡通”农家书屋与县图书馆实现通借通还。全年组织举办广场文化活动、“港城一家亲”社区文化节等各类文化活动 2 万余场次,送戏下乡 1328 场。市图书馆入选国家第三批公共服务综合标准化试点项目,东海县入围省级书香城市示范县,灌南县成功创建省级公共文化服务体系示范区。

卫生服务能力不断增强。医疗卫生投入不断加大,第一人民医院新海院区项目竣工,市精神卫生中心建成投用。新建医养融合型养老机构 2 家,赣榆区人民医院养老护理院、市东方医院“东方康复养老中心”投入运营。生殖健康、妇幼保健、托幼等公共卫生服务能力进一步提升。分级诊疗制度加快构建,基层医疗机构首诊量达到 60%。赣榆区人民医院建成国家三级综合性医院。

积极推进健康连云港建设。发布《建设健康连云港行动计划(2016—2020)》,通过广场活动、市民健康学校、健康大讲堂、媒体专栏、健康教育讲师团巡讲等方式,大力普及健康知识;积极倡导健康运动，举办各类健身活动，学校体育设施免费向社会开放。全年新增居民健康卡 50 余万张，获评全国“居民健康卡普及应用先进单位”。

体育事业稳步发展。三名运动员入选第 31 届奥运会中国体育代表团，实现奥运会金牌零的突破。新成立市级体育协会 6 家，总数达到 52 家，组织比赛活动 45 项，举办社会体育指导员培训班 20 期。市、县区全面建成省公共体育服务体系示范区。

十一、城市建设、环境保护和节能减排

城市布局不断优化。全面落实“组团发展、功能互补、提升品质、彰显特色、快速联通”的城市发展布局，城市建成区面积扩大至 214 平方公里。全面加快“三轴一环三圈”建设，港城大道、花果山大道、海滨大道等城市发展主轴、环云台山大道和高铁、空港、海港三大特色商圈建设强势推进。开发区创智绿园、赣榆火车站广场改造获批省级试点，综合管廊获批省级试点城市。

环境综合整治深入推进。秸秆综禁成效明显，化工园区整治力度加大，小钢铁、小化工等领域去产能成效明显。市区空气质量优良率为 76.5%，PM2.5 浓度值为 46 微克/立方米，排名全省第 2 位。22 个省控考核断面中，达到或优于地表水Ⅲ类水比例为 63.6%，劣Ⅴ类水比例为 13.6%，15 条入海河流劣Ⅴ类水比例为 26.7%，均达到年度考核目标。在全国地级市中第一个开展战略环评试点，并通过环保部专家论证暨验收。东海县、赣榆区通过国家级生态县区验收，市开发区获批国家生态工业示范区，海州区、连云区通过省级生态区技术评估。

人居环境显著提升。城市快速公交、公共自行车等绿色出行网络不断完善，城市饮用水“双源双线”工程建成投用。市区新增绿地 300 公顷，建成区绿地率达 37.6%，绿化覆盖率达 40.2%，人均公园绿地面积达 14.4 平方米。公园绿地十分钟服务圈加快实施，扩建月牙岛湿地公园，新建创智绿园、香海湖公园、新丝路公园，修复郁洲公园景观；新改建庙岭游园、西盐河樱花园、和煦园等 9 个街头游园。重点中心镇和临海城镇完成验收，东海温泉、赣榆班庄获批省级重点及特色镇；连云区连岛街道西连岛村西连岛等 11 个美丽乡村示范项目完成建设，海州区浦南镇龙浦村大官庄等 8 个村庄获批省级康居村庄，连云区宿城街道大竹园村大竹园、赣榆区金山镇徐福村后徐福获批省级传统村落项目。创成全国绿化模范城市、国家园林城市和国家节水型城市，国家卫生城市创建圆满通过国家技术评估。

民生工程持续推进。改造背街小巷，完成东大新村、玉带新村、海宁小区、蔷薇小区等 23 个老旧小区 309 条 53 公里背街小巷改造。整治河道、整治生活污水排口 105 个，完成黑臭水体排查并实施综合治理。改造危旧房，改造农村危旧房 1065 户，完成渔民上岸安居工程 327 户。推进保障房建设，新增国开行、农发行等政策性贷款 133 亿元，新开工保障性安居工程 11500 套，基本建成 11000 套。加快实施公用事业，蔷薇湖输水泵站调试运行，海州水厂深度处理加快建设，大浦、墟沟污水处理厂提标改造快速实施；新建供水、污水、燃气等各类管网 60 公里，新增燃气 10800 户。城市供水普及率达 100%，城市污水处理率达 92%，燃气气化率达 99.98%。

节能减排扎实推进。积极推进生产方式绿色化转型，加强重点领域节能减排，万元地区生产总值能耗降低率及化学需氧量、二氧化硫、氨氮、氮氧化物等四类主要污染物排放削减均完成目标任务。

十二、人口、人民生活和社会保障

人口总量缓慢增长。年末全市户籍人口533.99万人，比上年末增加3.43万人，增长0.6%。其中，市区222.69万人。常住人口449.64万人，比上年末增加2.27万人，增长0.5%。其中，城镇常住人口270.68万人，比上年增加8.07万人，增长3.07%。常住人口城镇化率达60.2%，比上年提高1.5个百分点。

居民收入较快增长。根据城乡一体化住户抽样调查，全年全市居民人均可支配收入为21230元，增长9.3%。城镇常住居民人均可支配收入27853元，增长8.3%。其中，工资性收入15195元，增长8.4%；经营净收入5458元，增长6.5%；财产性收入2316元，增长13.9%；转移性收入4884元，增长7.3%。城镇居民人均消费18344元，增长6.3%。农村常住居民人均可支配收入为13932元，增长9.0%。其中，工资性收入6462元，增长9.4%；家庭经营收入4854元，增长7.2%；财产性收入190元，增长15.8%；转移性收入2425元，增长11.4%。农村居民人均消费支出10113元，增长11.7%。

保障水平稳步提升。出台《市实施〈工伤保险条例〉细则》和机关事业单位养老保险制度改革实施办法，完成全民参保登记工作，市区五险费征缴总收入增长7.0%。企业退休人员基本养老金12连调，城乡居保基础养老金实现5连调，最低标准由每人每月105元提高到115元。新农合参合率为99.7%，新增中药饮片18种、中药颗粒462种纳入新农合补偿范围。全市新农合政策补偿比为80%，实际补偿比为55.6%，实现参合患者省内联网医院住院费用即时结报。

第十三章　2016年盐城市经济社会发展报告

2016年，面对错综复杂的宏观经济形势，在市委、市政府的正确领导下，全市上下坚持稳中求进总基调，围绕"建设新盐城、发展上台阶"总定位，积极践行新发展理念，深入推进供给侧结构性改革，全市经济运行总体平稳、稳中有进，较好地完成了年初确定的目标任务，实现了"十三五"的良好开局。

一、综合

经济保持稳定增长。初步核算，2016年，全市实现地区生产总值4576.1亿元，按可比价计算，比上年增长8.9%；其中第一产业实现增加值533.9亿元，比上年增长0.9%；第二产业实现增加值2050.0亿元，比上年增长9.2%；第三产业实现增加值1992.2亿元，比上年增长10.8%。产业结构持续优化。三次产业增加值比例调整为11.7∶44.8∶43.5，二三产业比重比上年提高了0.6个百分点，人均地区生产总值达63277元(按2016年年平均汇率折算约9526美元)，比上年增长8.8%。

物价水平温和上涨。2016年，市区居民消费价格总指数(CPI)同比上涨2.1%。八大类商品价格"四升一降三平"：食品烟酒类上涨4.5%，居住类上涨1.5%，医疗保健类上涨6.1%，其他用品和服务类上涨2.8%，生活用品及服务类下降0.4%，衣着类、交通和通信类、教育文化和娱乐类与上年持平。全市工业生产者出厂价格指数(PPI)同比上涨0.3%，工业生产者购进价格指数(IPI)同比下降0.3%。

二、农林牧渔业

农业生产稳中趋缓。2016年，全市实现农林牧渔业总产值1104.9亿元，可比价增长1.9%。粮食总产量十三年来首次出现下跌。全市粮食总产量达687.3万吨，比上年减少20.8万吨，下降2.9%；粮食播种面积1472.4万亩，比上年增加0.8万亩。粮食亩产466.8公斤，比上年减少14.4公斤。棉花播种面积14万亩，比上年减少27万亩，总产1.1万吨。全市油料作物播种面积120万亩，比上年减少17.7万亩，油料总产量24.3万吨。

农业机械化规模扩大。2016年，全市农机总动力678.4万千瓦。大中型拖拉机、联合收割机、水稻插秧机保有量分别达到27608台、25727台和23960台。全市联耕联种面积523.9万亩，完成还田面积919万亩，还田率77.2%，较上年增加5个百分点。2016年农机化作业收入58亿元。

农业现代化进程加快。2016年，全市累计新增设施农业16.3万亩，总规模213.9万亩，占全省设施农业总面积17%。全市拥有无公害农产品、绿色食品、有机农产品2360个，年内新增677个。全市拥有农业产业化龙头企业1661个，比上年增加49个；农民专业合作组织10402个，比上年增加799个。全市拥有家庭农场3801家,年内新增918家。农村劳动力109.9万人,新增培训人数7.8万人。

三、工业和建筑业

工业生产总体平稳。2016年,全市规模以上工业企业实现总产值9205.8亿元,比上年增长8.3%,实现增加值2173.9亿元,比上年增长9.7%。其中轻、重工业分别比上年增长6.9%和11.1%。民营工业持续向好。2016年,全市民营企业实现增加值1547.4亿元,比上年增长10.4%,占规模以上工业比重71.2%。全市规模以上工业企业实现利润总额458.4亿元,比上年下降3%。全市工业用电量201.4亿千瓦时,比上年下降2.4%。

支柱产业稳定发展。2016年,全市工业企业实现全口径开票销售4631.5亿元,比上年增长14.3%,其中汽车、机械、纺织、化工四大传统支柱产业实现工业开票销售3221.3亿元,增长10.2%,占工业总量的69.6%。其中汽车产业实现开票1170.7亿元,比上年增长12.7%,东风悦达起亚汽车公司销售汽车65万辆,比上年增长5.5%。

高新技术产业加快发展。2016年,全市高新技术产业企业817家,实现产值3044.2亿元,占全市规模以上工业产值的比重为33.1%,比上年提高4.4个百分点。2016年,高新技术产业产值对全市规模以上工业增长贡献率达48.3%,比上年提高7.9个百分点。

建筑业稳步增长。2016年,全市完成建筑业总产值1422.7亿元,比上年增长5.9%,实现增加值280.8亿元,比上年增长5.1%。2016年,全市建筑企业房屋施工总面积12729.7万平方米,比上年增长16.8%;房屋建筑竣工面积4954.3万平方米,比上年增长15.2%,其中住宅竣工面积3411.2万平方米,比上年增长13%。

四、固定资产投资

投资结构更加优化。2016年,全市完成固定资产投资3882.8亿元,比上年增长15.2%,其中工业投资2292亿元,比上年增长14.4%。投资结构进一步优化,全市第一产业完成投资47.3亿元,比上年增长15.3%;第二产业完成投资2301.5亿元,比上年增长14.8%;第三产业完成投资1534亿元,比上年增长15.7%。民间投资2868.6亿元,比上年增长6.2%,低于投资增速9个百分点。

重点领域投资较快。2016年,全市民生行业投资保持较快增长。全市卫生和社会工作业实现投资29.8亿元,比上年增长9.3%;水利、环境和公共设施管理业实现投资335.9亿元,比上年增长26.2%;教育实现投资36.5亿元,比上年增长11.9%;居民服务、修理和其他服务业实现投资12.6亿元,比上年增长18%。全市基础设施投资732.5亿元,比上年增长30.1%,比全市固定资产投资增速高14.9个百分点,占全市固定资产投资的比重为18.9%,比上年提高2.2个百分点,拉动全部投资增长5个百分点,对全部投资增长的贡献率达33.1%。

新开工项目稳定增长。2016年,全市新开工项目4782个,比上年增加490个;新开工项目计划总投资2882亿元,比上年增长1.1%。亿元及以上新开工项目367个,其中5亿元以上51个、10亿元以上36个。新开工项目多数集中在制造业行业,其中通用设备制造业、纺织业、专用设备制造业等行业新开工项目数均在200个以上。

房地产库存周期缩短。2016年，全市房地产开发投资358.6亿元，比上年下降2.5%，增速同比回升0.7个百分点，其中住宅投资完成273亿元，比上年下降0.5%，增速同比回升0.3个百分点。商品房销售增势明显。2016年，全市实现商品房销售面积824.6万平方米，比上年增长17.6%，其中住宅751.3万平方米，比上年增长21.3%；商品房销售额433.7亿元，比上年增长27%，其中住宅销售额356亿元，比上年增长25.2%。全市商品房库存去化周期9.1个月，比上年缩短10个月。

五、交通运输和邮电业

运输能力逐步增强。截至2016年底，全市共有公路总里程19568公里，其中国道994公里、省道990公里；拥有等级公路19303公里，其中高速公路396公里、一级公路1393公里、二级公路2531公里、三级公路1517公里、四级公路13466公里，等外公路265公里。“5+1”高速铁路网建设加快推进，盐徐高铁、盐宁高铁、连盐快铁进展顺利，协调推进盐通高铁提速。2016年，全社会客运量8415万人，比上年增长0.6%，客运周转量82.0亿人公里，比上年下降0.3%；全社会货运量15551万吨，比上年下降2.7%，货运周转量412.9亿吨公里，比上年增长0.1%。全年保障航班1.24万架次，年旅客吞吐量120.9万人次，分别比上年增长40.3%、41.9%，货邮吞吐量5119.9吨，比上年增长70.3%。沿海港口货物吞吐量7964万吨，比上年增长5.1%，其中外贸2032.2万吨，比上年增长18.3%。

邮电业务平稳发展。2016年，全市完成邮电业务总量70.7亿元，比上年增长12.9%。邮政业务收入15.2亿元，比上年增长22.6%，其中规模以上快递服务企业完成业务量8560.49万件，比上年增长65.7%，实现业务收入7.32亿元，比上年增长42.5%。电信业务收入48.0亿元，比上年增长2.0%。

六、国内贸易

消费市场保持平稳。2016年，全市社会消费品零售总额完成1630.9亿元，比上年增长11.1%。分城乡看，乡村消费增速领先城镇，全年城乡分别实现社会消费品零售总额1545.3亿元和85.6亿元，比上年增长11.0%和11.5%。分行业看，消费市场平稳增长。批发、零售、住宿、餐饮业分别实现零售额198.9亿元、1266.4亿元、17.0亿元和148.7亿元，比上年分别增长10.7%、11.0%、11.6%和11.8%。分规模看，限额以上零售额618.5亿元，比上年增长9.9%；限额以下零售额578.1亿元，比上年增长12.1%。

生活消费平稳增长。在限额以上批发和零售业主要经营类别中，文化办公用品类商品销售有所提高，电子出版物及音像制品类0.6亿元，比上年增长27.7%；吃穿类消费平稳增长，粮油、食品类消费72.0亿元，比上年增长13.4%，饮料类9.5亿元，比上年增长15%；住行类消费增速趋缓，建材家具类和家用电器类分别实现销售额44.9亿元和68.3亿元，比上年增长6.7%和16%。汽车销售市场普遍进入整合期。汽车类商品实现限上零售额192.6亿元，比上年增长12.4%，较上年回落3.1个百分点。

七、对外经济和旅游业

对外贸易稳中有进。2016年,全市实现进出口总额79.5亿美元,比上年下降2.1%,其中出口47.4亿美元,比上年下降7.5%,进口32.1亿美元,比上年增长7.2%。新批利用外资项目150个,比上年增长2.7%,其中3000万美元以上项目48个,比上年增长26.3%。注册外资实际到账7.1亿美元,比上年下降11.1%。外资结构逐步优化。全市新批高新技术产业协议外资1.6亿美元、到账1.1亿美元,分别比上年增长26.5%和91%。

旅游业蓬勃发展。2016年,全市共接待海内外游客2580万人次,比上年增长13.1%,实现旅游外汇收入6418.9万美元,比上年增长9.4%。景区建设进一步加快。盐城生态湿地旅游建设内容列入国务院公布的《国家"十三五"旅游发展规划》。东台市安丰镇荣获中国首批特色小镇。丹顶鹤湿地生态旅游区和黄海国家森林公园成功创建为国家4A级旅游景区。旅游市场日渐活跃。生态湿地游、民俗文化游和乡村旅游成为新的旅游热点。成功举办2016中国盐城丹顶鹤国际湿地生态旅游节暨第九届海盐文化节旅游活动。

八、财政、金融和保险

财政收支有所下降。2016年,全市实现一般公共预算收入415.2亿元,比上年下降2.7%,其中税收收入324.7亿元,比上年下降2.3%,税收占一般公共预算收入的比重为78.2%。主体税种保持稳定,实现营业税109.7亿元、增值税69.4亿元、企业所得税25.4亿元、个人所得税14.0亿元。财政惠民力度不断加大,2016年全市一般公共预算支出732.5亿元,比上年下降1.8%,其中用于民生保障552.4亿元,占一般公共预算支出的75.4%。

信贷规模持续扩大。2016年,全市共有银行业金融机构43家,年内净增3家,其中新韩银行为苏北首家外资银行。金融机构年末本外币存款余额5471.0亿元,比上年末增长23.9%,其中住户存款2693.1亿元,比上年末增长12.0%。金融机构年末本外币贷款余额3718.4亿元,比上年末增长20.8%,其中中长期贷款1785.9亿元,比上年末增长2.2%。

保险业健康发展。2016年,全市拥有保险市场主体71家,其中市级产险公司21家,寿险公司36家,保险专业中介一级法人机构14家。保险分支机构及营销网点701个,保险从业人员4.05万人。全市实现保费收入137.9亿元,比上年增长30.8%,其中财产险35.8亿元,比上年增长9.9%;人身险102.1亿元,比上年增长39.1%。全市各项赔偿和给付48.9亿元,比上年增长55.0%。

九、科学技术和教育事业

创新能力不断增强。2016年,全市科技研发投入占地区生产总值的比重为1.9%,科技进步贡献率53.8%。全市拥有高新技术企业532家,新增148家。新认定省级以上研发机构37家,新获批国家、省级众创空间各7家。全年申请专利25926件,比上年增长25.1%,其中发明专利

4826件，比上年增长47.2%；授权专利7533件，其中发明专利768件，比上年增长5.6%和94.4%；有效发明专利拥有量2520件，比上年增长50.8%。

教育事业协调发展。2016年，全市共有普通高校6所，招生1.8万人，在校生7万人，毕业生1.7万人；普通中专5所，在校生2.1万人；职业高中10所，在校生2.5万人；普通中学277所，在校生27.0万人；小学329所，在校生45.0万人。全市初中毕业生升学率97%，在校生年巩固率99.6%；小学毕业生升学率94.4%，在校生年巩固率99.8%。学龄儿童入学率100%。幼儿园在园幼儿22.8万人，学前三年幼儿入园率为98.4%。全市共有教职工人数8.7万人，其中专任教师7.3万人。

十、文化、卫生和体育事业

文化建设成果丰硕。文化惠民工程扎实推进。深入开展文化“三送”工程，年内完成送戏1200余场，送书17万册，送电影23000多场。文化场馆建设彰显历史文化底蕴，形成地域独特的文化标识。年内完成了新四军纪念馆、市博物馆、水浒文化博物馆、市文化馆内部设施的改造提升。文化惠民系列活动被省委宣传部、省文化厅评为省首批“百千万”工程优秀文化品牌项目。现代淮剧《小镇》获中国舞台艺术政府最高奖（文华大奖）、《烽烟桃花飞》获第三届江苏文化艺术节优秀剧目奖。东方1号文化创意产业园获省重点示范园区称号，2人获省双创人才。

卫生体系更加健全。2016年，全市拥有卫生计生机构3233个，其中医院151个，基层医疗卫生机构2931个，卫生监督机构10个，妇幼卫生机构10个。各类卫生机构拥有床位3.9万张，在岗职工5万人，其中执业（助理）医师1.8万人，注册护士1.5万人。

体育事业健康发展。2016年，盐城市成功举（承）办了沿海湿地国际公路自行车赛等6项国际赛事，4项全国赛事和10项全省青少年赛事。广泛开展全民健身活动和群众体育活动，在全省率先实现公共体育服务体系示范区全覆盖。“10分钟体育健身圈”不断完善，至2016年底，全市建成各类健身步道674.2公里。继续加大社会体育指导员培训力度，2016年拥有社会体育指导员26027人。青少年校园足球活动蓬勃开展，全市共有国家青少年足球特色学校46所。

十一、人口、人民生活和社会保障

人口总量保持稳定。2016年末，全市户籍人口830.5万人，比上年末增加2.5万人，其中城镇人口484.4万人，乡村人口346.1万人。全年人口出生率为11.02‰，死亡率为6.03‰，自然增长率为4.99‰。年末常住人口723.5万人，城镇化率61.6%，比上年提高1.5个百分点。

生活水平不断提高。2016年，全体居民人均可支配收入24463元，比上年增长9.1%。城镇常住居民人均可支配收入30496元，比上年增长8.1%；人均消费支出17546元，比上年增长6.1%。农村常住居民人均可支配收入17172元，比上年增长9.0%；人均生活消费支出13145元，比上年增长11.2%。

城镇就业基本稳定。2016年末，全市从业人员446万人，比上年增加0.3万人，其中第一产业从业人员110.2万人，第二产业从业人员159.8万人，第三产业从业人员176万人。新增城镇就业人员 11.1 万人。城镇登记失业率保持在 1.85%的较低水平。

社会保障日臻完善。2016 年,全市城乡居民大病保险实现全覆盖,建立困难群众保障援助和市区困难群众托底救助制度,全年累计发放特困人员救助供养金 2.2 亿元。托底救助总支出 5800 余万元,10.7 万低收入人口完成脱贫。年内新开工各类保障性住房 15271 套,基本建成 17074 套。全市建有公办养老机构 156 家,民办养老机构 97 家,城乡标准化社区居家养老服务中心 280 个。每千名老人拥有养老床位数 38 张。大市区城乡社区居家养老信息化平台实现全覆盖,农村敬老院改造全部达到省定标准。

十二、城市建设和环境保护

城乡建设成效显著。2016 年,市区"一环五射"内环高架快速路网 54.6 公里全面建成通车,年度完成投资 34.3 亿元。市区新辟公交线路 19 条,新增公交车 200 辆,优化调整 15 条公交线路。新农村公共服务体系逐步健全,全市新增 22 个乡镇开通镇村公交,全市村通公路实现全覆盖。区域供水镇 95 个,解决 343 万人安全饮水问题。建成城镇污水处理厂 92 座,城市(县城)污水处理率超 80%,建制镇污水处理设施覆盖率 95%。城乡垃圾无害化处理率达 70.9%。

生态环境持续改善。绿色发展继续成为盐城鲜明特色。2016 年,全市实施大面积国土绿化行动,全面启动森林城市、森林小镇和森林村庄规划建设,推进沿海百万亩生态防护林工程建设,规划新建成片生态防护林 40 万亩,提升改造现有成片防护林 60 万亩。积极推动绿色盐城建设,新增绿化造林 8.8 万亩,林木覆盖率达 26.3%。整治城乡环境,开展城乡河道综合整治行动,实施通榆河沿线环境专项整治。2016 年,全市空气质量持续保持全省第一、全国前列,优良率达 77.9%,PM2.5平均浓度 43 微克/立方米,被誉为全国 18 座"洗肺城市"之一。

第八篇　重要数据指标

第一章　2016年全国各地经济发展指标

表1　中国历年地区生产总值统计(2008—2016)　　(单位:亿元)

地　区	2008年	2009年	2010年	2011年	2012年	2013年	2014年	2015年	2016年
北　京	11115	12153	14113.6	16251.9	17879.4	19800.8	21330.8	23014.6	24899.3
天　津	6719	7521.9	9224.5	11307.3	12893.9	14442	15722.5	16538.2	17885.4
河　北	16012	17235.5	20394.3	24515.8	26575	28443	29421.2	29806.1	31827.9
山　西	7315.4	7358.3	9200.9	11237.6	12112.8	12665.3	12759.4	12766.5	12928.3
内蒙古	8496.2	9740.3	11672	14359.9	15880.6	16916.5	17769.5	17831.5	18632.6
辽　宁	13668.6	15212.5	18457.3	22226.7	24846.4	27213.2	28626.6	28669.0	22037.9
吉　林	6426.1	7278.8	8667.6	10568.8	11939.2	13046.4	13803.8	14063.1	14886.2
黑龙江	8314.4	8587	10368.6	12582	13691.6	14454.9	15039.4	15083.7	15386.1
上　海	14069.9	15046.5	17166	19195.7	20181.7	21818.2	23560.9	25123.5	27466.2
江　苏	30982	34457.3	41425.5	49110.3	54058.2	59753.4	65088.3	70116.4	76086.2
浙　江	21462.7	22990.4	27722.3	32318.9	34665.3	37756.6	40153.5	42886.5	46485.0
安　徽	8851.7	10062.8	12359.3	15300.7	17212.1	19229.3	20848.8	22005.6	24117.9
福　建	10823	12236.5	14737.1	17560.2	19701.8	21868.5	24055.8	25979.8	28519.2
江　西	6971.1	7655.2	9451.3	11702.8	12948.9	14410.2	15708.6	16723.8	18364.4
山　东	30933.3	33896.7	39169.9	45361.9	50013.2	55230.3	59426.6	63002.3	67008.2
河　南	18018.5	19480.5	23092.4	26931	29599.3	32191.3	34939.4	37002.2	40160.0
湖　北	11328.9	12961.1	15967.6	19632.3	22250.5	24791.8	27367	29550.2	32297.9
湖　南	11555	13059.7	16038	19669.6	22154.2	24621.7	27048.5	28902.2	31244.7
广　东	36796.7	39482.6	46013.1	53210.3	57067.9	62474.8	67792.2	72812.6	79512.1
广　西	7021	7759.2	9569.9	11720.9	13035.1	14449.9	15673	16803.1	18245.1
海　南	1503.1	1654.2	2064.5	2522.7	2855.5	3177.6	3500.7	3702.8	4044.5
重　庆	5793.7	6530	7925.6	10011.4	11409.6	12783.3	14265.4	15717.3	17558.8
四　川	12601.2	14151.3	17185.5	21026.7	23872.8	26392.1	28536.7	30053.1	32680.5
贵　州	3561.6	3912.7	4602.2	5701.8	6852.2	8086.9	9251	10502.6	11734.4
云　南	5692.1	6169.8	7224.2	8893.1	10309.5	11832.3	12814.6	13619.2	14870.0
西　藏	394.9	441.4	507.5	605.8	701	815.7	920.8	1026.4	1150.1
陕　西	7314.6	8169.8	10123.5	12512.3	14453.7	16205.5	17689.9	18021.9	19165.4
甘　肃	3166.8	3387.6	4120.8	5020.4	5650.2	6330.7	6835.3	6790.3	7152.0
青　海	1018.6	1081.3	1350.4	1670.4	1893.5	2122.1	2301.1	2417.1	2572.5
宁　夏	1203.9	1353.3	1689.7	2102.2	2341.3	2577.6	2752.1	2911.8	3150.1
新　疆	4183.2	4277.1	5437.5	6610.1	7505.3	8443.8	9264.1	9324.8	9617.2

表 2　中国历年地区生产总值指数统计(2008—2016)(上年=100)

地　区	2008 年	2009 年	2010 年	2011 年	2012 年	2013 年	2014 年	2015 年	2016 年
北　京	109.1	110.2	110.3	108.1	107.7	107.7	107.3	106.9	106.7
天　津	116.5	116.5	117.4	116.4	113.8	112.5	110	109.3	109.0
河　北	110.1	110	112.2	111.3	109.6	108.2	106.5	106.8	106.8
山　西	108.5	105.4	113.9	113	110.1	108.9	104.9	103.1	104.5
内蒙古	117.8	116.9	115	114.3	111.5	109	107.8	107.7	107.2
辽　宁	113.4	113.1	114.2	112.2	109.5	108.7	105.8	103.0	97.5
吉　林	116	113.6	113.8	113.8	112	108.3	106.5	106.3	106.9
黑龙江	111.8	111.4	112.7	112.3	110	108	105.6	105.7	106.1
上　海	109.7	108.2	110.3	108.2	107.5	107.7	107	106.9	106.8
江　苏	112.7	112.4	112.7	111	110.1	109.6	108.7	108.5	107.8
浙　江	110.1	108.9	111.9	109	108	108.2	107.6	108.0	107.5
安　徽	112.7	112.9	114.6	113.5	112.1	110.4	109.2	108.7	108.7
福　建	113	112.3	113.9	112.3	111.4	111	109.9	109.0	108.4
江　西	113.2	113.1	114	112.5	111	110.1	109.7	109.1	109.0
山　东	112	112.2	112.3	110.9	109.8	109.6	108.7	108.0	107.6
河　南	112.1	110.9	112.5	111.9	110.1	109	108.9	108.3	108.1
湖　北	113.4	113.5	114.8	113.8	111.3	110.1	109.7	108.9	108.1
湖　南	113.9	113.7	114.6	112.8	111.3	110.1	109.5	108.5	107.9
广　东	110.4	109.7	112.4	110	108.2	108.5	107.8	108.0	107.5
广　西	112.8	113.9	114.2	112.3	111.3	110.2	108.5	108.1	107.3
海　南	110.3	111.7	116	112	109.1	109.9	108.5	107.8	107.5
重　庆	114.5	114.9	117.1	116.4	113.6	112.3	110.9	111.0	110.7
四　川	111	114.5	115.1	115	112.6	110	108.5	107.9	107.7
贵　州	111.3	111.4	112.8	115	113.6	112.5	110.8	110.7	110.5
云　南	110.6	112.1	112.3	113.7	113	112.1	108.1	108.7	108.7
西　藏	110.1	112.4	112.3	112.7	111.8	112.1	110.8	111.0	110.0
陕　西	116.4	113.6	114.6	113.9	112.9	111	109.7	107.9	107.6
甘　肃	110.1	110.3	111.8	112.5	112.6	110.8	108.9	108.1	107.6
青　海	113.5	110.1	115.3	113.5	112.3	110.8	109.2	108.2	108.0
宁　夏	112.6	111.9	113.5	112.1	111.5	109.8	108	108.0	108.1
新　疆	111	108.1	110.6	112	112	111	110	108.8	107.6

表 3　中国历年人均地区生产总值统计(2008—2016)　　(单位:元)

地　区	2008 年	2009 年	2010 年	2011 年	2012 年	2013 年	2014 年	2015 年	2016 年
北　京	64491	66940	73856	81658	87475	94648	99995	106497	114653
天　津	58656	62574	72994	85213	93173	100105	105202	107960	115053
河　北	22986	24581	28668	33969	36584	38909	39984	40255	42736
山　西	21506	21522	26283	31357	33628	34984	35064	34919	35198
内蒙古	34869	39735	47347	57974	63886	67836	71044	71101	74069
辽　宁	31739	35149	42355	50760	56649	61996	65201	65354	50314
吉　林	23521	26595	31599	38460	43415	47428	50162	51086	54266
黑龙江	21740	22447	27076	32819	35711	37697	39226	39462	40432
上　海	66932	69165	76074	82560	85373	90993	97343	103796	113615
江　苏	40014	44253	52840	62290	68347	75354	81874	87995	95257
浙　江	41405	43842	51711	59249	63374	68805	72967	77644	83538
安　徽	14448	16408	20888	25659	28792	32001	34427	35997	39092
福　建	29755	33437	40025	47377	52763	58145	63472	67966	73951
江　西	15900	17335	21253	26150	28800	31930	34661	36724	40106
山　东	32936	35894	41106	47335	51768	56885	60879	64168	67706
河　南	19181	20597	24446	28661	31499	34211	37073	39123	42247
湖　北	19858	22677	27906	34197	38572	42826	47124	50654	55038
湖　南	18147	20428	24719	29880	33480	36943	40287	42754	45931
广　东	37638	39436	44736	50807	54095	58833	63452	67503	72787
广　西	14652	16045	20219	25326	27952	30741	33090	35190	37876
海　南	17691	19254	23831	28898	32377	35663	38924	40818	44252
重　庆	20490	22920	27596	34500	38914	43223	47859	52321	57902
四　川	15495	17339	21182	26133	29608	32617	35128	36775	39695
贵　州	9855	10971	13119	16413	19710	23151	26393	29847	33127
云　南	12570	13539	15752	19265	22195	25322	27264	28806	31265
西　藏	13588	15008	17027	20077	22936	26326	29252	31999	35143
陕　西	19700	21947	27133	33464	38564	43117	46929	47626	50398
甘　肃	12421	13269	16113	19595	21978	24539	26427	26165	27458
青　海	18421	19454	24115	29522	33181	36875	39633	41252	43531
宁　夏	19609	21777	26860	33043	36394	39613	41834	43805	46918
新　疆	19797	19942	25034	30087	33796	37553	40607	40036	40427

表 4　中国历年人均地区生产总值指数统计(2008—2016)(上年＝100)

地　区	2008 年	2009 年	2010 年	2011 年	2012 年	2013 年	2014 年	2015 年	2016 年
北　京	103.7	104.6	104.8	103.8	104.9	105.2	105.2	105.5	106.2
天　津	111.4	111.1	111.7	110.9	109.2	108	106.2	106.6	107.4
河　北	109.3	109.3	110.6	109.7	108.9	107.5	105.8	106.1	106.1
山　西	107.9	104.9	111.2	110.4	109.6	108.4	104.4	102.6	104.0
内蒙古	117.1	116.2	114.4	113.8	111.1	108.7	107.5	107.4	106.8
辽　宁	112.8	112.5	113.4	111.7	109.3	108.6	105.7	103.1	97.6
吉　林	115.7	113.4	113.6	113.5	111.9	108.3	106.5	106.3	107.3
黑龙江	111.7	111.4	112.6	112.2	110.1	107.9	105.6	106.0	106.5
上　海	105.1	104.6	106.4	105	105.7	106.2	106	106.9	106.9
江　苏	111.9	111.8	112	110.3	109.8	109.3	108.4	108.3	107.5
浙　江	108.6	107.7	109.5	107.2	107.7	107.9	107.3	107.6	106.7
安　徽	112.4	112.8	118.8	112.6	111.8	109.9	108.4	107.7	107.7
福　建	112.3	111.6	113.2	111.6	110.5	110.2	109.1	108.0	107.5
江　西	112.4	112.3	113.2	111.8	110.4	109.6	109.2	108.5	108.4
山　东	111.4	111.6	111.3	109.9	109.2	109	108.1	107.3	106.7
河　南	111.9	110.2	112.6	112.5	110.1	108.9	108.7	107.9	107.5
湖　北	113.2	113.3	114.7	113.5	110.7	109.7	109.3	108.4	107.5
湖　南	113.6	113.2	112.9	111.2	110.7	109.3	108.7	107.8	107.3
广　东	107.9	107.1	109.5	108	107.4	107.8	107.1	107.0	106.2
广　西	111.7	112.9	113.9	112	110.4	109.4	107.7	107.2	106.3
海　南	109.2	110.4	115	111.1	108	108.7	107.5	106.9	106.7
重　庆	113.9	114.1	116.2	115.1	112.4	111.3	110	110.1	109.6
四　川	111.2	114	115.7	115.9	112.3	109.6	108.1	107.2	107.0
贵　州	112.8	112.9	114.7	116.1	113.5	111.9	110.4	110.3	109.8
云　南	109.8	111.4	111.6	112.9	112.3	111.5	107.5	108.0	108.0
西　藏	108.7	111.1	110.8	111.3	110.4	110.5	109.1	108.9	107.8
陕　西	116.1	113.3	114.4	113.7	112.6	110.7	109.4	107.5	107.0
甘　肃	110.1	110.2	111.6	112.3	112.2	110.4	108.6	107.7	107.2
青　海	112.9	109.6	114.5	112.3	111.3	109.9	108.2	107.2	107.1
宁　夏	111.3	110.6	112.2	110.8	110.3	108.6	106.8	106.9	107.0
新　疆	108.9	106.5	109.3	110.7	110.8	109.6	108.4	106.6	105.3

表 5　中国 2016 年地区分行业生产总值

地　区	第一产业	第二产业	第三产业	农林牧渔业	建筑业	批发和零售业
北　京	129.6	4774.4	19995.3	338.1	8841.2	11005.1
天　津	220.2	8003.9	9661.3	494.4	4891.8	5635.8
河　北	3492.8	15058.5	13276.5	6083.9	5517.7	14364.7
山　西	784.6	4926.4	7217.4	1534.0	3318.5	6480.5
内蒙古	1628.7	9078.9	7925.1	2794.2	1220.8	6700.8
辽　宁	2173.0	8504.8	11360.0	4421.8	3926.7	13414.1
吉　林	1498.5	7147.2	6240.5	2724.9	2283.6	7310.4
黑龙江	2670.5	4441.4	8274.3	5197.8	1716.6	8402.5
上　海	109.5	7994.3	19362.3	285.1	6046.2	10946.6
江　苏	4078.5	33855.7	38152.0	7235.1	25791.8	28707.1
浙　江	1966.5	20517.8	24000.6	3146.1	24989.4	21970.8
安　徽	2567.7	11666.6	9883.6	4655.5	6047.3	10000.2
福　建	2364.1	13912.7	12242.3	4155.7	8531.5	11674.5
江　西	1904.5	9032.1	7427.8	3130.3	5179.0	6634.6
山　东	4929.1	30410.0	31669.0	9325.9	10087.4	30645.8
河　南	4286.3	19055.4	16818.3	7799.7	8808.0	17618.4
湖　北	3499.3	14375.1	14423.5	6278.4	11862.4	15649.2
湖　南	3578.4	13181.0	14485.3	6081.9	7304.2	13436.5
广　东	3693.6	34372.5	41446.0	6078.4	9652.3	34739.1
广　西	2798.6	8219.9	7226.6	4591.4	3449.2	7027.3
海　南	970.9	901.7	2171.9	1470.4	307.8	1453.7
重　庆	1303.2	7755.2	8500.4	1968.3	7035.8	7271.4
四　川	3924.1	13924.7	14831.7	6831.1	9959.7	15601.9
贵　州	1846.5	4636.7	5251.2	3097.2	2363.0	3709.0
云　南	2195.0	5799.3	6875.6	3633.1	3867.2	5722.9
西　藏	105.0	429.9	615.2	173.0	111.3	459.4
陕　西	1693.8	9390.9	8080.7	2985.8	5329.2	7367.6
甘　肃	973.5	2491.5	3687.0	1778.0	1947.2	3184.4
青　海	221.2	1250.0	1101.3	338.8	410.6	767.3
宁　夏	240.0	1475.5	1434.6	493.6	511.3	850.1
新　疆	1649.0	3585.2	4383.0	2969.7	2258.2	2825.9

表6　中国历年分地区全社会固定资产投资统计(2008—2016)　　(单位:亿元)

地　区	2008年	2009年	2010年	2011年	2012年	2013年	2014年	2015年	2016年
全国总计	172828.4	224598.8	278121.9	311485.1	374694.7	446294.1	512760.7	551590.0	596500.8
北　京	3814.7	4616.9	5403.0	5578.9	6112.4	6847.1	6924.2	7446.0	7888.7
天　津	3389.8	4738.2	6278.1	7067.7	7934.8	9130.2	10518.2	11814.6	12756.4
河　北	8866.6	12269.8	15083.4	16389.3	19661.3	23194.2	26671.9	28905.7	31340.1
山　西	3531.2	4943.2	6063.2	7073.1	8863.3	11031.9	12296.1	13744.6	13859.4
内蒙古	5475.4	7336.8	8926.5	10365.2	11875.7	14217.4	17585.0	13529.2	14894.0
辽　宁	10019.1	12292.5	16043.0	17726.3	21836.3	25107.7	24730.8	17640.4	6436.3
吉　林	5038.9	6411.6	7870.4	7441.7	9511.5	9979.3	11486.5	12508.6	13773.2
黑龙江	3656.0	5028.8	6812.6	7475.4	9694.7	11453.1	9878.2	9884.3	10432.6
上　海	4823.1	5043.8	5108.9	4962.1	5117.6	5647.8	6016.5	6349.4	6751.7
江　苏	15300.6	18949.9	23184.3	26692.6	30854.2	36373.3	41938.7	45905.2	49370.9
浙　江	9323.0	10742.3	12376.0	14185.3	17649.4	20782.1	24262.8	26664.7	29571.0
安　徽	6747.0	8990.7	11542.9	12455.7	15425.8	18621.9	21688.5	23803.9	26577.4
福　建	5207.7	6231.2	8199.1	9910.9	12439.9	15327.4	18219.8	20974.0	22928.0
江　西	4745.4	6643.1	8772.3	9087.6	10774.2	12850.3	15109.9	16993.9	19378.7
山　东	15435.9	19034.5	23280.5	26749.7	31256.0	36789.1	42495.5	47381.5	52364.5
河　南	10490.6	13704.5	16585.9	17769.0	21450.0	26087.5	30782.2	34951.3	39753.9
湖　北	5647.0	7866.9	10262.7	12557.3	15578.3	19307.3	22965.3	26086.4	29503.9
湖　南	5534.0	7703.4	9663.6	11880.9	14523.2	17841.4	21269.7	24324.2	27688.5
广　东	10868.7	12933.1	15623.7	17069.2	18751.5	22308.4	26294.0	29950.5	32947.3
广　西	3756.4	5237.2	7057.6	7990.7	9808.6	11907.7	13843.2	15655.0	17653.0
海　南	705.4	988.3	1317.0	1657.2	2145.4	2697.9	3112.3	3355.4	3747.0
重　庆	3979.6	5214.3	6688.9	7473.4	8736.2	10435.2	12281.1	14208.2	15931.8
四　川	7127.8	11371.9	13116.7	14222.2	17040.0	20326.1	23318.7	24965.6	28229.8
贵　州	1864.5	2412.0	3104.9	4235.9	5717.8	7373.6	9025.7	10676.7	12929.2
云　南	3435.9	4526.4	5528.7	6191.0	7831.1	9968.3	11498.6	13069.4	15662.5
西　藏	309.9	378.3	462.7	516.3	670.5	876.0	1069.2	1295.7	1596.1
陕　西	4614.4	6246.9	7963.7	9431.1	12044.5	14884.1	17192.1	18231.0	20474.9
甘　肃	1712.8	2363.0	3158.3	3965.8	5145.0	6527.9	7884.1	8626.6	9534.1
青　海	583.2	798.2	1016.9	1435.6	1883.4	2361.1	2861.2	3144.2	3455.5
宁　夏	828.9	1075.9	1444.2	1644.7	2096.9	2651.1	3173.8	3426.4	3709.0
新　疆	2260.0	2725.5	3423.2	4632.1	6158.8	7732.3	9438.3	10525.4	9983.9

表 7　中国历年分地区社会消费品零售总额统计(2009—2016)　　(单位:亿元)

地　区	2009 年	2010 年	2011 年	2012 年	2013 年	2014 年	2015 年	2016 年
全国总计	132678.4	156998.4	183918.6	210307	242842.8	271896.1	300930.8	332316.3
北　京	5309.9	6229.3	6900.3	7702.8	8872.1	9638	10338.0	11005.1
天　津	2430.8	2860.2	3395.1	3921.4	4470.4	4738.7	5257.3	5635.8
河　北	5764.9	6821.8	8035.5	9254	10516.7	11820.5	12990.7	14364.7
山　西	2809	3318.2	3903.4	4506.8	5139.3	5717.9	6033.7	6480.5
内蒙古	2855.3	3384	3991.7	4572.5	5114.2	5657.6	6107.7	6700.8
辽　宁	5812.6	6887.6	8095.3	9304.2	10581.4	11857	12787.2	13414.1
吉　林	2957.3	3504.9	4119.8	4772.9	5426.4	6080.9	6651.9	7310.4
黑龙江	3401.8	4039.2	4750.1	5491	6251.2	7015.3	7640.2	8402.5
上　海	5173.2	6070.5	6814.8	7412.3	8557	9303.5	10131.5	10946.6
江　苏	11484.1	13606.8	15988.4	18331.3	20878.2	23458.1	25876.8	28707.1
浙　江	8622.3	10245.4	12028	13588.3	15970.8	17835.3	19784.7	21970.8
安　徽	3527.8	4197.7	4955.1	5736.6	7044.7	7957	8908.0	10000.2
福　建	4481	5310	6276.2	7256.5	8275.3	9346.7	10505.9	11674.5
江　西	2484.4	2956.2	3485.1	4027.2	4696.1	5292.6	5925.5	6634.6
山　东	12363	14620.3	17155.5	19651.9	22294.8	25111.5	27761.4	30645.8
河　南	6746.4	8004.2	9453.6	10915.6	12426.6	14005	15740.4	17618.4
湖　北	5928.4	7013.9	8275.2	9562.5	11035.9	12449.3	14003.2	15649.2
湖　南	4913.7	5839.5	6884.7	7921.9	9509.5	10723.5	12024.0	13436.5
广　东	14891.8	17458.4	20297.5	22677.1	25453.9	28471.1	31517.6	34739.1
广　西	2790.7	3312	3908.2	4516.6	5133.1	5772.8	6348.1	7027.3
海　南	537.5	639.3	759.5	870.8	1090.9	1224.5	1325.1	1453.7
重　庆	2479	2938.6	3487.8	4033.7	5055.8	5710.7	6424.0	7271.4
四　川	5758.7	6810.1	8006.6	9268.6	11001	12393	13877.7	15601.9
贵　州	1247.3	1482.7	1751.6	2075.9	2601.2	2936.9	3283.0	3709.0
云　南	2051.1	2542.4	3038.1	3511.6	4112.6	4632.9	5103.2	5722.9
西　藏	156.6	185.3	219	254.6	322.2	364.5	408.5	459.4
陕　西	2699.7	3195.7	3790	4383.8	5245	5918.7	6578.1	7367.6
甘　肃	1183	1394.5	1648	1906.5	2368.8	2668.3	2907.2	3184.4
青　海	300.5	350.8	410.5	476	549.6	620.8	691.0	767.3
宁　夏	339.3	403.6	477.6	542.9	668.5	737.2	789.6	850.1
新　疆	1177.5	1375.1	1616.3	1858.6	2179.5	2436.5	2606.0	2825.9

表8 中国2016年分地区货物出口额和进口额统计　(单位:亿美元)

地区	按经营单位所在地分		按境内目的地货源地分	
	出口额	进口额	出口额	进口额
全国总计	20981.5	15874.2	20981.5	15874.2
北　京	518.4	2301.9	255.1	967.9
天　津	442.9	583.7	416.7	652.9
河　北	305.8	160.5	439.7	309.2
山　西	99.3	67.1	125.3	63.0
内蒙古	43.7	72.4	51.9	80.3
辽　宁	430.7	434.6	446.2	512.2
吉　林	42.1	142.4	48.6	143.2
黑龙江	50.4	114.9	48.9	90.1
上　海	1834.7	2503.7	1665.0	2382.0
江　苏	3192.7	1902.6	3311.8	2162.0
浙　江	2678.6	686.4	2734.7	699.4
安　徽	284.4	158.9	259.8	149.2
福　建	1036.8	531.7	873.0	495.7
江　西	298.1	102.6	241.8	112.5
山　东	1371.6	970.5	1443.7	1288.2
河　南	427.9	284.0	453.3	287.9
湖　北	260.2	133.2	247.6	142.3
湖　南	176.7	85.8	142.8	89.1
广　东	5988.6	3566.5	6542.4	4059.7
广　西	229.6	248.7	126.6	314.6
海　南	21.2	92.1	34.7	86.9
重　庆	406.9	220.8	336.2	182.8
四　川	279.3	213.9	262.0	218.8
贵　州	47.4	9.6	39.9	12.1
云　南	114.8	84.1	88.7	85.6
西　藏	4.7	3.1	4.7	1.2
陕　西	158.3	140.9	157.9	136.5
甘　肃	40.9	27.9	19.5	25.8
青　海	13.7	1.6	3.6	1.6
宁　夏	25.0	7.8	20.5	10.5
新　疆	156.1	20.5	139.1	110.8

表 9　中国 2016 年分地区外商投资企业货物进出口总额统计　（单位:万美元）

地区	2015 年			2016 年		
	进出口总额	出口额	进口额	进出口总额	出口额	进口额
全国总计	183348065	100461441	82886624	168741314	91694811	77046503
北　京	6516180	1475411	5040768	6435466	1230723	5204742
天　津	6723518	3212814	3510704	5649164	2655933	2993230
河　北	1398362	768925	629437	1117806	605499	512307
山　西	760652	442045	318608	1024377	650935	373442
内蒙古	131844	70123	61721	100527	49077	51450
辽　宁	4133559	1873028	2260531	3874865	1792181	2082684
吉　林	936220	139875	796345	933783	134248	799535
黑龙江	121498	64321	57177	108894	53190	55704
上　海	30070260	13103107	16967153	28633077	12364151	16268925
江　苏	33729768	19388053	14341715	32594474	18655819	13938656
浙　江	8414230	5664970	2749261	7527073	5039288	2487785
安　徽	1277364	811879	465486	1313371	771156	542215
福　建	6651711	3995657	2656054	5907746	3639911	2267835
江　西	1276557	697301	579257	1174458	610064	564393
山　东	9262136	5612931	3649206	8248462	5050119	3198343
河　南	5209086	2944767	2264320	4950930	2944140	2006790
湖　北	1228564	674716	553848	1064348	601574	462774
湖　南	623785	355791	267994	631594	327002	304592
广　东	54274783	33299632	20975151	46993433	28873073	18120360
广　西	1034136	442938	591198	973325	429357	543967
海　南	1054274	242688	811586	721401	111261	610141
重　庆	3609062	2641888	967174	3334101	2324799	1009302
四　川	2673753	1528028	1145724	3122778	1589850	1532928
贵　州	26656	14130	12525	30405	18211	12194
云　南	50367	32185	18181	48744	34959	13785
西　藏				9	9	0
陕　西	2092215	927972	1164243	2159461	1100117	1059344
甘　肃	3746	2427	1319	2566	1404	1161
青　海	1328	300	1028	415	267	148
宁　夏	37308	26116	11192	44706	29765	14941
新　疆	25142	7426	17717	19556	6726	12830

表 10　中国 2016 年分地区全体居民人均收入与支出统计

地　区	人均可支配收入		人均消费支出	
	2015 年	2016 年	2015 年	2016 年
全国总计	21966.2	23821.0	15712.4	17110.7
北　京	48458.0	52530.4	33802.8	35415.7
天　津	31291.4	34074.5	24162.5	26129.3
河　北	18118.1	19725.4	13030.7	14247.5
山　西	17853.7	19048.9	11729.1	12682.9
内蒙古	22310.1	24126.6	17178.5	18072.3
辽　宁	24575.6	26039.7	17199.8	19852.7
吉　林	18683.6	19967.0	13763.9	14772.6
黑龙江	18592.7	19838.5	13402.5	14445.8
上　海	49867.2	54031.8	34783.6	37264.6
江　苏	29538.9	32070.1	20555.6	22129.9
浙　江	35537.1	38529.0	24116.9	25526.6
安　徽	18362.6	19998.1	12840.1	14711.5
福　建	25404.4	27607.9	18850.2	20167.5
江　西	18437.1	20109.6	12403.4	13258.6
山　东	22703.2	24685.3	14578.4	15926.4
河　南	17124.8	18443.1	11835.1	12712.3
湖　北	20025.6	21786.6	14316.5	15888.7
湖　南	19317.5	21114.8	14267.3	15750.5
广　东	27858.9	30295.8	20975.7	23448.4
广　西	16873.4	18305.1	11401.0	12295.2
海　南	15733.3	20653.4	13575.0	14275.4
重　庆	16568.7	22034.1	15139.5	16384.8
四　川	14231	18808.3	13632.1	14838.5
贵　州	11083.1	15121.1	10413.8	11931.6
云　南	12577.9	16719.9	11005.4	11768.8
西　藏	9740.4	13639.2	8245.8	9318.7
陕　西	14371.5	18873.7	13087.2	13943.0
甘　肃	10954.4	14670.3	10950.8	12254.2
青　海	12947.8	17301.8	13611.3	14774.7
宁　夏	14565.8	18832.3	13815.6	14965.4
新　疆	13669.6	18354.7	12867.4	14066.5

表 11 中国 2016 年分地区农村居民人均收入与支出统计 （单位：元）

地区	人均可支配收入		人均消费支出	
	2015 年	2016 年	2015 年	2016 年
全国总计	11421.7	12363.4	9222.6	10129.8
北京	20568.7	22309.5	15811.2	17329.0
天津	18481.6	20075.6	14739.4	15912.1
河北	11050.5	11919.4	9022.8	9798.3
山西	9453.9	10082.5	7421.2	8028.8
内蒙古	10775.9	11609.0	10637.4	11462.6
辽宁	12056.9	12880.7	8872.8	9953.1
吉林	11326.2	12122.9	8783.3	9521.4
黑龙江	11095.2	11831.9	8391.5	9423.8
上海	23205.2	25520.4	16152.3	17070.8
江苏	16256.7	17605.6	12882.5	14428.2
浙江	21125.0	22866.1	16107.7	17358.9
安徽	10820.7	11720.5	8975.2	10287.3
福建	13792.7	14999.2	11960.8	12910.8
江西	11139.1	12137.7	8485.6	9128.3
山东	12930.4	13954.1	8747.6	9518.9
河南	10852.9	11696.7	7887.4	8586.6
湖北	11843.9	12725.0	9803.1	10938.3
湖南	10992.5	11930.4	9690.6	10629.9
广东	13360.4	14512.2	11103.0	12414.8
广西	9466.6	10359.5	7582.0	8351.2
海南	10857.6	11842.9	8210.3	8921.2
重庆	10504.7	11548.8	8937.7	9954.4
四川	10247.4	11203.1	9250.6	10191.6
贵州	7386.9	8090.3	6644.9	7533.3
云南	8242.1	9019.8	6830.1	7330.5
西藏	8243.7	9093.8	5579.7	6070.3
陕西	8688.9	9396.4	7900.7	8567.7
甘肃	6936.2	7456.9	6829.8	7487.0
青海	7933.4	8664.4	8566.5	9222.2
宁夏	9118.7	9851.6	8414.9	9138.4
新疆	9425.1	10183.2	7697.9	8277.0

表 12 中国 2016 年分地区规模以上工业企业主要经济指标统计 (单位:亿元)

地区	亏损企业亏损总额	应收账款	存货	产成品	资产总计	负债合计
全国总计	8173.6	125800.2	105241.8	39752.1	1068296.7	596034.0
北京	254.5	4298.3	2279.1	802.4	42848.6	19607.3
天津	220.9	3785.2	2844.2	1020.8	24646.8	15244.8
河北	289.3	3553.9	4152.2	1496.4	43754.2	24174.9
山西	438.0	2320.6	1931.7	743.6	33194.1	25253.5
内蒙古	430.9	1840.8	1479.3	585.4	29677.6	18451.0
辽宁	636.6	3646.9	4054.8	1333.2	35829.1	22628.7
吉林	219.3	1470.6	1758.5	736.3	18785.4	9869.3
黑龙江	333.6	1325.1	1289.9	449.5	14744.8	8360.3
上海	287.1	6977.9	4662.1	1492.0	39258.2	19017.8
江苏	603.3	19018.8	12598.1	4755.5	114307.6	59709.2
浙江	312.8	11173.7	8181.4	3312.2	69755.3	38621.5
安徽	106.2	4476.3	3361.3	1338.4	32845.4	18648.8
福建	158.9	4200.2	3635.0	1443.7	31317.5	16375.3
江西	71.8	2094.6	2071.4	863.4	21432.7	10366.1
山东	584.4	8957.0	10658.9	4547.2	104715.5	56578.2
河南	382.9	5745.3	4416.5	1678.4	59165.5	28132.5
湖北	183.9	4234.6	3960.1	1594.3	36640.1	19499.2
湖南	167.4	3172.7	2771.9	900.7	24743.2	13057.5
广东	426.4	18500.6	13270.5	4701.4	104720.0	58614.2
广西	113.4	1495.9	1778.4	786.5	15838.8	9742.5
海南	23.4	190.7	197.8	79.5	2740.5	1521.6
重庆	157.9	2485.2	1613.6	716.0	19313.4	11809.6
四川	421.0	3968.0	3433.3	1322.3	40163.6	23608.6
贵州	122.5	921.1	1109.1	333.4	13468.9	8603.8
云南	439.5	1100.9	2207.5	527.2	19427.4	12389.2
西藏	14.9	21.1	26.4	10.2	1076.4	550.9
陕西	144.6	2060.4	1955.7	829.2	28153.3	15609.5
甘肃	143.2	830.8	1339.4	513.9	11883.1	7751.4
青海	39.0	309.5	326.7	116.8	6107.0	4170.8
宁夏	59.1	581.6	747.7	275.1	8477.1	5732.1
新疆	387.1	1041.9	1129.5	447.1	19265.6	12334.1

表 13　中国 2016 年京津冀.长江经济带国民经济和社会发展主要指标统计

指　　标	单位	京津冀		长江经济带	
		绝对数	占全国比重(%)	绝对数	占全国比重(%)
国民核算					
国内(地区)生产总值	亿元	74612.5	9.7	332905.8	43.1
第一产业	亿元	3842.6	6.1	26973.3	42.5
第二产业	亿元	27836.8	8.4	142738.6	43.2
第三产业	亿元	42933.1	11.4	163193.9	43.2
固定资产投资					
全社会固定资产投资额	亿元	52473.3	8.7	265971.2	44.2
对外贸易					
货物进出口总额	亿美元	4313.1	11.7	15675.6	42.5
出口总额	亿美元	1267.1	6.0	9574.0	45.6
进口总额	亿美元	3046.0	19.2	6101.5	38.4
农业					
主要农产品产量					
粮食	万吨	3710.3	6.0	23125.0	37.5
棉花	万吨	158.7	4.4	1617.3	44.6
油料	万吨	32.3	6.1	67.0	12.6
工业					
规模以上工业企业利润总额	亿元	6144.2	8.9	31023.0	45.1
建筑业					
建筑业总产值	亿元	19250.7	9.9	110445.9	57.1
国内贸易					
社会消费品零售总额	亿元	31005.6	9.4	139650.2	42.1

第二章　2016年江苏省经济发展指标

表1　2016年江苏地区生产总值　　（单位:亿元）

市　县	地　区 生产总值	第一产业	第二产业	第三产业	工业	人均地区 生产总值(元)
南京市	**10503.02**	**252.54**	**4117.32**	**6133.16**	**3581.72**	**127264**
无锡市	**9210.02**	**135.19**	**4346.78**	**4728.05**	**3977.58**	**141258**
江阴市	3083.26	44.34	1680.99	1357.93	1612.25	188101
宜兴市	1377.74	48.74	709.51	619.49	608.05	109881
徐州市	**5808.52**	**542.88**	**2513.85**	**2751.79**	**2122.58**	**66845**
丰　县	405.19	74.81	171.60	158.78	132.52	42739
沛　县	665.03	91.29	305.05	268.69	234.93	59604
睢宁县	497.38	84.09	207.65	205.64	163.98	48556
新沂市	562.06	64.91	232.17	264.98	198.89	61765
邳州市	804.14	111.92	347.27	344.95	303.07	55960
常州市	**5773.86**	**152.67**	**2682.46**	**2938.73**	**2428.84**	**122721**
溧阳市	801.26	48.29	392.29	360.68	334.26	105256
苏州市	**15475.09**	**221.81**	**7277.46**	**7975.82**	**6709.02**	**145556**
常熟市	2112.39	42.76	1082.43	987.20	1026.16	139768
张家港市	2317.24	31.34	1214.70	1071.21	1155.30	184744
昆山市	3160.29	30.07	1708.82	1421.40	1608.39	191058
太仓市	1155.13	36.76	583.87	534.50	547.67	162523
南通市	**6768.20**	**366.66**	**3170.30**	**3231.24**	**2633.06**	**92702**
海安县	755.29	55.97	354.15	345.17	290.67	87201
如东县	746.69	67.87	340.57	338.25	286.80	76045
启东市	881.85	66.58	422.85	392.42	336.94	92534
如皋市	904.27	62.99	434.36	406.92	364.30	72255
海门市	1005.06	53.28	504.53	447.25	420.99	111099

续表

市　县	地　区 生产总值	第一产业	第二产业	第三产业	工业	人均地区 生产总值(元)
连云港市	**2376.48**	**301.56**	**1049.90**	**1025.02**	**851.82**	**52987**
东海县	433.43	67.28	186.57	179.58	163.08	44871
灌云县	328.66	64.10	143.12	121.44	109.30	40926
灌南县	306.80	51.51	144.78	110.51	125.92	48429
淮安市	**3048.00**	**324.61**	**1268.15**	**1455.24**	**1071.99**	**62446**
涟水县	387.09	56.64	147.51	182.94	121.88	45680
盱眙县	356.70	54.20	140.30	162.20	113.46	54625
金湖县	241.88	33.11	90.31	118.46	79.90	72987
盐城市	**4576.08**	**533.91**	**2050.02**	**1992.15**	**1771.68**	**63278**
响水县	270.64	41.42	126.77	102.45	113.66	53971
滨海县	391.61	57.99	156.72	176.90	132.74	41761
阜宁县	394.40	54.60	169.15	170.65	126.96	47236
射阳县	441.65	81.01	155.78	204.86	142.01	49749
建湖县	466.13	46.73	197.59	221.81	168.82	63514
东台市	727.01	91.47	292.03	343.51	255.73	73902
扬州市	**4449.38**	**251.39**	**2197.63**	**2000.36**	**1925.92**	**99151**
宝应县	506.30	66.44	226.31	213.55	187.64	66962
仪征市	557.05	23.36	294.27	239.42	262.33	98558
高邮市	537.50	69.59	237.86	230.05	194.85	72562
镇江市	**3833.84**	**137.78**	**1870.40**	**1825.66**	**1728.00**	**120603**
丹阳市	1136.04	52.31	567.57	516.16	544.57	115816
扬中市	504.73	12.96	261.44	230.33	250.74	147431
句容市	493.20	43.11	231.90	218.19	206.81	78862
泰州市	**4101.78**	**240.00**	**1933.89**	**1927.89**	**1679.83**	**88330**
兴化市	748.85	102.59	289.85	356.41	251.07	59662
靖江市	801.75	22.51	391.95	387.29	351.39	116703
泰兴市	832.91	53.95	388.52	390.44	340.07	77315
宿迁市	**2351.12**	**275.23**	**1139.97**	**935.92**	**976.89**	**48311**
沭阳县	697.31	91.27	317.95	288.09	284.04	45107
泗阳县	402.75	57.85	199.21	145.69	166.95	48006
泗洪县	401.14	61.13	168.93	171.08	142.09	45039

表 2　江苏 2016 年地区生产总值构成

市　县	地区生产总值指数(上年=100)	三次产业占 GDP 比重(%)			一般公共预算收入占 GDP 比重(%)	外　贸依存度(%)
		第一产业	第二产业	第三产业		
南京市	**108.0**	**2.4**	**39.2**	**58.4**	**10.9**	**31.8**
无锡市	**107.5**	**1.5**	**47.2**	**51.3**	**9.5**	**50.3**
江阴市	107.4	1.4	54.5	44.0	7.5	42.8
宜兴市	106.7	3.5	51.5	45.0	7.9	17.8
徐州市	**108.2**	**9.3**	**43.3**	**47.4**	**8.9**	**7.1**
丰　县	107.9	18.5	42.4	39.2	8.6	2.4
沛　县	109.1	13.7	45.9	40.4	8.7	3.1
睢宁县	108.5	16.9	41.7	41.3	8.5	10.0
新沂市	109.4	11.5	41.3	47.1	8.9	5.4
邳州市	108.7	13.9	43.2	42.9	7.8	8.5
常州市	**108.5**	**2.6**	**46.5**	**50.9**	**8.3**	**31.7**
溧阳市	108.6	6.0	49.0	45.0	7.4	6.9
苏州市	**107.5**	**1.5**	**47.0**	**51.5**	**11.2**	**117.5**
常熟市	107.5	2.0	51.3	46.7	8.2	62.4
张家港市	107.0	1.4	52.4	46.2	8.2	78.6
昆山市	107.4	0.9	54.1	45.0	10.1	151.9
太仓市	107.3	3.2	50.5	46.3	11.1	63.0
南通市	**109.3**	**5.4**	**46.8**	**47.7**	**8.7**	**30.3**
海安县	109.6	7.4	46.9	45.7	7.6	14.6
如东县	109.2	9.1	45.6	45.3	7.3	22.3
启东市	109.5	7.6	48.0	44.5	8.1	22.8
如皋市	109.6	7.0	48.0	45.0	7.9	18.6
海门市	109.4	5.3	50.2	44.5	7.2	25.9
连云港市	**107.8**	**12.7**	**44.2**	**43.1**	**8.9**	**19.7**
东海县	108.3	15.5	43.0	41.4	5.2	7.0
灌云县	108.2	19.5	43.5	37.0	6.5	4.7
灌南县	107.5	16.8	47.2	36.0	7.3	4.9

续表

市县	地区生产总值指数（上年＝100）	三次产业占 GDP 比重（%）			一般公共预算收入占 GDP 比重（%）	外贸依存度（%）
		第一产业	第二产业	第三产业		
淮安市	**109.0**	**10.6**	**41.6**	**47.7**	**10.4**	**7.6**
涟水县	109.4	14.6	38.1	47.3	7.5	6.4
盱眙县	108.9	15.2	39.3	45.5	8.6	3.5
金湖县	109.7	13.7	37.3	49.0	9.1	9.5
盐城市	**108.9**	**11.7**	**44.8**	**43.5**	**9.1**	**11.5**
响水县	109.8	15.3	46.8	37.9	10.9	11.9
滨海县	108.9	14.8	40.0	45.2	8.7	6.4
阜宁县	108.9	13.8	42.9	43.3	9.2	4.7
射阳县	108.9	18.3	35.3	46.4	4.9	4.3
建湖县	108.7	10.0	42.4	47.6	7.5	4.3
东台市	108.9	12.6	40.2	47.2	8.3	6.7
扬州市	**109.4**	**5.7**	**49.4**	**45.0**	**7.8**	**14.4**
宝应县	109.4	13.1	44.7	42.2	6.1	13.9
仪征市	109.4	4.2	52.8	43.0	8.0	12.9
高邮市	109.5	12.9	44.3	42.8	6.3	5.9
镇江市	**109.3**	**3.6**	**48.8**	**47.6**	**7.6**	**17.9**
丹阳市	109.1	4.6	50.0	45.4	5.8	14.9
扬中市	109.5	2.6	51.8	45.6	6.4	7.5
句容市	109.3	8.7	47.0	44.2	8.2	8.0
泰州市	**109.5**	**5.9**	**47.1**	**47.0**	**7.8**	**16.8**
兴化市	110.6	13.7	38.7	47.6	4.9	4.6
靖江市	105.7	2.8	48.9	48.3	7.4	22.5
泰兴市	110.8	6.5	46.6	46.9	6.9	20.5
宿迁市	**109.1**	**11.7**	**48.5**	**39.8**	**10.1**	**6.8**
沭阳县	109.0	13.1	45.6	41.3	10.3	6.1
泗阳县	109.3	14.4	49.5	36.2	8.3	5.8
泗洪县	109.0	15.2	42.1	42.6	7.9	2.7

表3　江苏2016年农林牧渔业总产值　　(单位:亿元)

市　县	农林牧渔业总产值	农业	林业	畜牧业	渔业	农林牧渔服务业
南京市	**451.16**	**258.75**	**24.26**	**46.83**	**99.36**	**21.97**
无锡市	**249.98**	**140.30**	**18.53**	**27.46**	**35.36**	**28.32**
江阴市	87.83	41.06	8.18	16.56	9.77	12.26
宜兴市	86.58	50.68	3.50	7.16	17.86	7.37
徐州市	**1046.76**	**650.95**	**18.47**	**301.90**	**43.22**	**32.21**
丰　县	147.91	105.49	1.16	35.30	1.19	4.78
沛　县	173.84	107.50	0.98	49.99	6.75	8.62
睢宁县	158.62	93.82	2.67	52.00	5.22	4.91
新沂市	136.09	67.18	4.65	41.49	17.71	5.06
邳州市	223.30	143.75	3.90	57.52	8.63	9.50
常州市	**283.97**	**152.43**	**1.97**	**39.43**	**72.98**	**17.18**
溧阳市	89.72	49.07	1.14	6.55	29.09	3.88
苏州市	**424.67**	**178.81**	**24.76**	**37.39**	**136.08**	**47.62**
常熟市	79.80	47.53	3.14	5.32	14.39	9.43
张家港市	61.14	34.49	7.29	5.17	6.09	8.10
昆山市	54.51	15.32	4.80	2.77	28.42	3.20
太仓市	69.48	29.95	3.47	13.43	15.56	7.08
南通市	**691.55**	**294.61**	**4.60**	**159.06**	**163.99**	**69.29**
海安县	113.29	44.34	0.33	48.60	9.74	10.28
如东县	139.88	46.52	1.03	33.35	50.08	8.91
启东市	131.73	43.07	0.76	13.73	59.96	14.21
如皋市	108.88	59.63	0.25	35.45	6.25	7.30
海门市	94.12	46.93	1.05	12.57	21.80	11.77
连云港市	**589.42**	**275.56**	**16.54**	**119.01**	**143.24**	**35.07**
东海县	130.31	74.42	4.55	26.52	12.27	12.57
灌云县	128.00	62.47	2.84	35.46	16.43	10.79
灌南县	97.07	60.11	2.11	23.11	7.54	4.21
淮安市	**602.72**	**373.23**	**13.59**	**139.93**	**64.63**	**11.34**

续表

市　县	农林牧渔业总产值	农业	林业	畜牧业	渔业	农林牧渔服务业
涟水县	109.49	75.67	3.12	25.30	3.00	2.40
盱眙县	100.75	60.03	1.67	19.01	18.30	1.73
金湖县	62.56	35.89	1.88	7.36	15.64	1.80
盐城市	**1104.93**	**480.98**	**27.95**	**303.65**	**214.72**	**77.64**
响水县	75.13	35.16	1.41	23.35	8.54	6.68
滨海县	110.69	56.14	4.59	24.60	22.00	3.35
阜宁县	110.41	41.61	3.86	37.32	18.17	9.44
射阳县	181.07	70.42	4.75	42.42	48.71	14.77
建湖县	92.99	34.77	1.59	26.21	22.24	8.18
东台市	203.11	93.90	4.40	59.08	30.56	15.17
扬州市	**477.95**	**221.18**	**12.02**	**78.05**	**140.97**	**25.73**
宝应县	124.99	47.50	2.22	18.68	50.78	5.82
仪征市	45.84	27.46	2.30	10.16	1.98	3.94
高邮市	135.64	50.24	2.08	21.97	54.08	7.27
镇江市	**240.71**	**134.13**	**9.08**	**31.52**	**34.91**	**31.07**
丹阳市	86.64	50.31	2.02	10.71	12.20	11.41
扬中市	25.53	12.46	0.97	3.37	4.08	4.65
句容市	73.32	43.08	5.01	8.08	8.04	9.10
泰州市	**415.96**	**228.85**	**3.60**	**78.94**	**83.30**	**21.27**
兴化市	179.94	85.10	1.56	18.70	64.68	9.89
靖江市	39.81	22.53	0.50	9.77	3.33	3.68
泰兴市	91.76	56.05	1.01	26.91	4.91	2.88
宿迁市	**517.24**	**298.51**	**18.09**	**102.14**	**84.90**	**13.61**
沭阳县	172.56	129.89	5.27	31.65	3.10	2.65
泗阳县	106.53	54.72	7.43	18.72	21.69	3.96
泗洪县	121.89	51.02	1.54	22.13	44.52	2.67

表4　江苏2016年农业生产情况

市　县	农作物总播种面积（千公顷）	粮食作物	农业机械总动力（万千瓦）	农用化肥施用量（万吨）	农村用电量（亿千瓦小时）
南京市	**289.25**	**153.05**	**227.61**	**7.39**	**32.08**
无锡市	**160.31**	**94.06**	**99.22**	**5.18**	**394.38**
江阴市	40.15	22.72	25.63	1.31	170.16
宜兴市	87.17	59.54	52.15	2.42	84.26
徐州市	**1154.55**	**737.77**	**712.33**	**60.46**	**66.11**
丰　县	143.77	87.26	82.84	8.36	4.95
沛　县	150.88	90.98	102.08	7.23	7.01
睢宁县	189.57	148.77	122.05	12.16	8.22
新沂市	188.92	101.3	115.86	7.69	3.99
邳州市	230.21	124.86	118.52	11.85	15.7
常州市	**209.2**	**132.79**	**146.25**	**6.04**	**156.59**
溧阳市	90.98	66.54	55.86	2.17	50.66
苏州市	**241.4**	**145.01**	**163.89**	**7.11**	**609.78**
常熟市	68.4	41.24	32.03	2.44	78.52
张家港市	51.67	33.87	29.99	1.11	150.53
昆山市	21.46	15.37	18	0.75	104.55
太仓市	44.21	24.26	20.85	0.96	54.7
南通市	**824.1**	**518.87**	**398.28**	**22.24**	**170.31**
海安县	102.3	78.69	65.55	4.37	24.3
如东县	166.65	133	92.43	4.09	22.61
启东市	138.71	70.98	59.28	3.23	11.21
如皋市	152.26	107.17	81.12	3.13	38.12
海门市	112.57	39.94	38.19	4.4	26.94
连云港市	**631.9**	**501.53**	**588.06**	**34.57**	**34.28**
东海县	205.49	159.8	151.66	6.84	10.2
灌云县	135.95	112.67	126.49	10.28	6.37

续表

市　县	农作物总播种面积（千公顷）	粮食作物	农业机械总动力（万千瓦）	农用化肥施用量（万吨）	农村用电量（亿千瓦小时）
灌南县	109.87	87.03	124.14	4.51	2.35
淮安市	**797.17**	**659.99**	**622.60**	**38.85**	**16.00**
涟水县	167.88	132.93	119.12	6.29	2.01
盱眙县	162.74	143.58	123.57	5.31	2.76
金湖县	82.43	74.35	87.07	2.59	2.5
盐城市	**1399.86**	**981.57**	**679.12**	**50.56**	**80.30**
响水县	113.44	78.97	75.48	4.7	2.94
滨海县	170.63	130.08	84.52	6.89	9.55
阜宁县	168.24	125.54	84.02	3.91	6.80
射阳县	200.27	158.47	102.03	9.32	9.90
建湖县	115.77	99.71	61.84	3.32	9.53
东台市	243.88	146.57	94.00	5.09	16.11
扬州市	**507.16**	**418.85**	**270.19**	**20.03**	**61.14**
宝应县	138.48	120.25	58.36	3.62	11.77
仪征市	58.11	46.12	40.22	1.21	6.28
高邮市	139.94	117.76	71.36	4.93	11.52
镇江市	**233.75**	**174.02**	**145.72**	**5.36**	**77.44**
丹阳市	84.59	71.39	37.35	1.5	50.32
扬中市	17.85	12.70	13.65	0.35	10.52
句容市	77.01	49.68	56.26	2.11	6.67
泰州市	**575.18**	**435.05**	**275.52**	**16.12**	**124.44**
兴化市	223.43	185.52	119.76	6.32	39.08
靖江市	53.88	44.60	28.39	1.98	15.97
泰兴市	139.55	95.90	62.57	2.84	37.53
宿迁市	**718.03**	**579.41**	**577.77**	**38.59**	**46.42**
沭阳县	251.39	185.4	207.95	14.97	24.62
泗阳县	115.38	92.93	99.08	3.66	5.60
泗洪县	189.06	166.91	148.45	10.16	3.97

表5　江苏2016年工业总产值　　(单位:亿元)

市　县	工业总产值	内资企业	外商港澳台商投资企业	国有控股企业	大中型企业	轻工业
南京市	**12945.02**	**7554.24**	**5390.78**	**4920.80**	**8824.62**	**2958.57**
无锡市	**14352.96**	**9108.05**	**5244.91**	**784.92**	**9734.20**	**3642.34**
江阴市	5376.01	4169.01	1207.00	128.51	4080.44	1655.16
宜兴市	2588.86	2133.81	455.05	118.46	1384.28	306.24
徐州市	**13644.36**	**12442.52**	**1201.85**	**917.50**	**7983.71**	**4610.40**
丰　县	715.31	664.90	50.41	35.66	117.83	336.06
沛　县	1738.40	1715.17	23.23	1.37	1237.84	697.21
睢宁县	1084.38	953.12	131.26		418.92	576.46
新沂市	1812.43	1709.27	103.16	0.23	583.40	581.97
邳州市	2592.57	2400.59	191.98	19.81	1339.24	726.92
常州市	**12096.82**	**8050.37**	**4046.45**	**444.07**	**7703.92**	**2769.91**
溧阳市	1363.42	923.08	440.34	43.46	1004.09	130.26
苏州市	**30713.99**	**10845.61**	**19868.37**	**783.36**	**22961.02**	**7695.83**
常熟市	3684.89	1893.21	1791.69	38.86	2634.37	1499.50
张家港市	4571.66	3046.22	1525.44	188.33	3618.93	1067.57
昆山市	8383.24	1294.31	7088.93	119.96	6828.77	1057.15
太仓市	2027.67	968.31	1059.36	131.68	1092.95	702.61
南通市	**14525.72**	**10167.43**	**4573.17**	**632.12**	**7692.30**	**4585.27**
海安县	2204.77	1827.10	377.67	1.06	1098.72	786.84
如东县	1896.41	1348.16	548.25	65.34	791.59	839.75
启东市	1829.18	1300.61	528.57	63.23	702.30	324.37
如皋市	1985.12	1680.32	304.80	29.96	1251.12	570.43
海门市	2053.24	1291.91	761.32	35.41	1082.19	492.09
连云港市	**5974.81**	**4855.40**	**1366.39**	**356.03**	**3502.70**	**2042.27**
东海县	1124.94	1007.90	117.04	4.71	143.65	424.24
灌云县	762.14	741.68	20.46	10.37	228.42	283.71
灌南县	671.18	651.86	19.32	0.80	536.22	49.59

续表

市　县	工业总产值	内资企业	外商港澳台商投资企业	国有控股企业	大中型企　业	轻工业
淮安市	**6951.32**	**5758.55**	**1192.77**	**375.56**	**2536.24**	**2964.07**
涟水县	808.17	733.53	74.64	35.94	336.34	479.49
盱眙县	1038.08	986.35	51.74	7.54	248.97	403.16
金湖县	547.97	516.53	31.44	0.90	143.02	243.21
盐城市	**9180.84**	**7104.34**	**2076.03**	**365.87**	**4282.24**	**3143.41**
响水县	924.82	830.30	94.51	35.09	540.30	278.71
滨海县	705.15	675.32	29.84	5.68	287.89	389.66
阜宁县	804.18	741.63	62.55	14.79	157.40	271.65
射阳县	751.19	664.46	86.73	47.95	137.69	506.57
建湖县	876.09	733.13	142.96		358.28	322.73
东台市	1186.59	1008.90	177.69	84.19	330.71	461.65
扬州市	**9661.65**	**7043.23**	**2786.24**	**1634.89**	**6205.37**	**2540.76**
宝应县	1075.78	979.50	96.27	253.55	732.32	219.11
仪征市	1616.84	802.59	814.25	824.21	1041.10	346.93
高邮市	1218.35	1067.15	151.21	5.17	495.73	445.16
镇江市	**8722.84**	**5925.14**	**2797.70**	**509.50**	**6176.79**	**1535.87**
丹阳市	2529.31	1845.89	683.42	7.53	1901.26	492.59
扬中市	1372.66	1222.70	149.96	0.75	1064.72	61.22
句容市	1399.25	986.99	412.25	39.76	703.81	435.91
泰州市	**12170.80**	**9775.98**	**2394.82**	**680.64**	**6138.34**	**3407.52**
兴化市	1790.42	1669.90	120.52	6.76	237.65	438.80
靖江市	1888.79	1365.00	523.79	173.42	1375.97	249.36
泰兴市	3002.02	2419.32	582.70	55.20	1508.49	733.46
宿迁市	**4096.70**	**3679.11**	**417.58**	**105.45**	**1343.12**	**2147.38**
沭阳县	1375.83	1259.77	116.06	1.93	293.30	638.53
泗阳县	708.99	682.46	26.53	2.16	168.34	347.33
泗洪县	744.10	705.49	38.61	36.32	145.31	426.05

表6　江苏2016年工业企业主要经济指标　　(单位:亿元)

市　县	资产合计	负债合计	主营业务收　　入	利税总额	利润总额	从业人员年平均人数(万人)
南京市	**11448.85**	**6166.10**	**12442.36**	**10182.08**	**959.35**	**74.44**
无锡市	**15095.63**	**8085.84**	**14120.24**	**12097.75**	**968.02**	**116.78**
江阴市	6163.53	3481.17	5393.26	4751.64	337.84	41.42
宜兴市	2384.60	1422.59	2446.33	2113.14	137.10	15.13
徐州市	**6952.73**	**3159.11**	**13947.04**	**11725.51**	**1108.89**	**81.07**
丰　县	275.09	103.11	713.22	622.91	57.40	4.82
沛　县	354.86	192.02	1734.65	1508.55	104.09	12.99
睢宁县	328.04	132.70	1072.23	924.94	114.94	6.69
新沂市	539.15	219.59	1861.13	1605.02	138.29	9.33
邳州市	839.90	195.88	2676.86	2356.44	206.01	13.29
常州市	**8942.07**	**4945.73**	**12435.86**	**10880.58**	**725.27**	**85.68**
溧阳市	944.26	641.12	1349.51	1166.94	79.08	7.14
苏州市	**28356.50**	**14838.02**	**30380.18**	**26169.61**	**1772.74**	**286.58**
常熟市	3939.37	2189.04	3633.14	3052.59	235.76	32.97
张家港市	4746.81	2777.48	4683.67	4195.29	177.08	27.33
昆山市	5573.49	2779.55	8369.39	7446.02	446.81	75.68
太仓市	2108.82	1093.69	1968.23	1633.32	154.73	18.48
南通市	**8801.91**	**4423.65**	**14650.80**	**12761.31**	**1118.27**	**101.55**
海安县	1060.75	540.03	2213.06	1926.25	159.99	12.47
如东县	1200.34	556.42	1883.91	1650.52	147.18	11.55
启东市	1200.83	637.96	1839.18	1590.55	130.52	11.47
如皋市	955.73	496.88	2009.77	1783.00	128.77	20.89
海门市	1017.11	506.67	2072.14	1769.24	220.61	12.21
连云港市	**3650.60**	**1856.14**	**5946.41**	**5040.36**	**496.53**	**489.63**
东海县	433.55	158.38	1109.15	981.91	74.33	74.33
灌云县	192.73	80.24	715.77	603.33	44.99	44.99
灌南县	**315.35**	**181.05**	**666.61**	**591.29**	**46.83**	**46.83**

续表

市 县	资产合计	负债合计	主营业务收入	利税总额	利润总额	从业人员年平均人数(万人)
淮安市	**3071.44**	**1370.93**	**7014.24**	**6079.35**	**404.81**	**46.75**
涟水县	259.30	112.63	762.17	685.19	37.32	8.10
盱眙县	444.04	217.43	1085.70	953.09	42.86	7.52
金湖县	229.66	127.44	542.75	492.89	22.96	3.12
盐城市	**5261.76**	**2768.09**	**8870.47**	**7701.31**	**475.83**	**54.90**
响水县	767.14	390.31	922.06	843.21	53.93	3.27
滨海县	418.51	194.16	685.29	580.79	35.01	4.14
阜宁县	347.53	186.50	757.17	671.45	31.82	4.54
射阳县	383.45	207.09	731.74	605.96	32.58	4.37
建湖县	334.68	132.52	836.04	679.90	54.23	6.25
东台市	712.24	408.24	1145.78	1037.57	65.96	8.71
扬州市	**4678.72**	**2430.70**	**9502.36**	**8336.30**	**593.15**	**70.59**
宝应县	550.34	284.42	1022.58	888.70	59.59	9.19
仪征市	746.22	404.14	1558.76	1332.43	137.14	6.66
高邮市	491.17	228.06	1180.87	1041.42	62.28	9.69
镇江市	**5858.18**	**3171.09**	**8632.13**	**7419.44**	**582.17**	**55.56**
丹阳市	1494.37	812.11	2521.56	2076.24	159.66	18.29
扬中市	1050.04	595.62	1365.95	1102.28	94.16	7.90
句容市	848.64	497.54	1388.50	1232.70	71.56	13.14
泰州市	**6653.84**	**3405.33**	**12139.45**	**10133.65**	**938.67**	**59.68**
兴化市	743.31	309.77	1789.33	1567.08	105.72	6.99
靖江市	1550.00	816.15	1865.42	1639.61	147.87	12.13
泰兴市	1649.12	873.83	3090.49	2546.80	278.07	15.87
宿迁市	**3346.13**	**1337.44**	**3896.33**	**3278.80**	**391.93**	**40.85**
沭阳县	744.27	262.57	1356.37	1185.78	119.92	10.48
泗阳县	729.21	273.30	693.26	586.11	51.22	8.94
泗洪县	534.50	205.73	660.92	561.43	64.41	6.00

表 7 江苏 2016 年国内贸易对外经济

市 县	社会消费品零售总额(亿元)	批发和零售业	进出口总 额(亿美元)	出口	进口	实际使用外资(亿美元)
南京市	**5088.20**		**502.14**	**295.94**	**206.20**	**34.79**
无锡市	**3119.56**	**2880.94**	**698.05**	**429.10**	**268.95**	**34.13**
江阴市	776.05	730.46	198.77	119.22	79.55	10.55
宜兴市	556.37	530.87	37.00	30.17	6.82	1.58
徐州市	**2659.39**	**2433.52**	**62.42**	**52.48**	**9.94**	**15.06**
丰 县	151.04	139.32	1.46	1.26	0.20	0.41
沛 县	245.59	220.70	3.09	2.94	0.15	1.30
睢宁县	179.58	166.04	7.52	6.35	1.17	1.11
新沂市	174.56	157.84	4.58	2.98	1.60	1.00
邳州市	253.41	231.56	10.32	9.16	1.16	1.83
常州市	**2202.83**	**2016.06**	**275.84**	**208.60**	**67.25**	**25.00**
溧阳市	303.03	276.51	8.30	7.46	0.85	3.36
苏州市	**4936.79**	**4343.02**	**2737.58**	**1639.41**	**1098.18**	**60.03**
常熟市	740.78	678.32	198.53	133.56	64.97	6.30
张家港市	535.16	457.54	274.17	142.02	132.14	6.04
昆山市	815.04	663.93	722.66	463.21	259.44	8.96
太仓市	287.31	247.05	109.64	54.30	55.34	5.61
南通市	**2632.87**	**2406.78**	**308.59**	**230.11**	**78.48**	**23.87**
海安县	273.74	236.65	16.55	14.05	2.50	2.96
如东县	318.62	301.31	25.10	14.51	10.59	2.94
启东市	324.57	295.57	30.22	26.51	3.71	2.84
如皋市	342.21	304.74	25.29	20.15	5.13	2.77
海门市	344.60	317.46	39.14	35.79	3.36	2.40
连云港市	**933.31**	**829.64**	**70.40**	**36.84**	**33.56**	**5.50**
东海县	175.89	154.06	4.58	3.68	0.90	0.94
灌云县	119.45	103.80	2.33	2.03	0.30	0.24
灌南县	**93.52**	**85.23**	**2.25**	**1.70**	**0.55**	**0.03**

续表

市　县	社会消费品零售总额（亿元）	批发和零售业	进出口总额（亿美元）	出口	进口	实际使用外资（亿美元）
淮安市	**1083.83**	**978.30**	**35.04**	**26.98**	**8.06**	**11.61**
涟水县	130.03	119.90	3.71	3.30	0.41	1.41
盱眙县	123.89	109.89	1.88	1.34	0.54	1.20
金湖县	90.76	81.35	3.47	3.42	0.06	1.20
盐城市	**1630.88**	**1465.26**	**79.51**	**47.38**	**32.12**	**7.07**
响水县	66.52	60.92	4.86	4.70	0.17	0.29
滨海县	110.46	99.56	3.77	3.08	0.70	0.53
阜宁县	130.29	122.73	2.77	2.22	0.55	0.12
射阳县	167.90	149.09	2.84	1.95	0.89	0.45
建湖县	171.98	144.77	3.03	2.92	0.11	0.55
东台市	253.53	227.36	7.37	7.07	0.30	0.62
扬州市	**1358.80**	**1201.39**	**96.25**	**72.59**	**23.66**	**12.04**
宝应县	150.34	135.96	10.59	8.43	2.16	0.50
仪征市	109.75	97.09	10.83	4.64	6.19	1.29
高邮市	170.10	145.60	4.75	4.33	0.42	0.50
镇江市	**1236.78**	**1086.95**	**103.17**	**69.52**	**33.65**	**13.51**
丹阳市	315.61	279.39	25.44	21.40	4.04	3.22
扬中市	140.92	114.88	5.73	4.54	1.19	1.18
句容市	142.02	126.33	5.93	4.71	1.22	2.21
泰州市	**1118.34**	**964.94**	**103.81**	**66.74**	**37.07**	**13.44**
兴化市	171.24	145.74	5.24	4.90	0.34	1.83
靖江市	176.24	148.23	27.18	19.36	7.82	0.23
泰兴市	213.95	173.32	25.75	12.33	13.42	3.53
宿迁市	**705.54**	**614.55**	**24.22**	**18.71**	**5.51**	**4.50**
沭阳县	197.68	161.96	6.39	5.12	1.26	0.80
泗阳县	100.47	86.93	3.53	3.43	0.10	0.51
泗洪县	105.40	98.28	1.66	1.34	0.32	0.33

表8 江苏2016年固定资产投资完成额

(单位:亿元)

市 县	固定资产投资(亿元)	房地产开发投资	房地产开发投资住宅	新增固定资产	商品房销售建筑面积住宅
南京市	**5533.56**	**1845.60**	**1392.76**	**3019.53**	**1406.29**
无锡市	**4793.69**	**1033.62**	**684.42**	**3730.42**	**1168.43**
江阴市	1133.03	281.10	202.75	655.31	214.81
宜兴市	537.31	88.70	62.38	522.59	117.16
徐州市	**4797.33**	**549.13**	**415.04**	**3321.67**	**917.89**
丰 县	251.10	32.62	27.44	174.92	93.05
沛 县	560.35	24.68	19.12	510.16	83.51
睢宁县	320.49	43.53	31.32	203.09	103.80
新沂市	550.05	49.08	41.07	298.07	101.69
邳州市	763.12	72.83	63.42	562.24	130.32
常州市	**3605.08**	**446.70**	**316.48**	**2645.73**	**810.80**
溧阳市	486.55	44.06	35.51	335.53	71.49
苏州市	**5648.49**	**2163.24**	**1655.24**	**3682.31**	**2258.60**
常熟市	544.91	143.71	109.33	365.22	192.80
张家港市	724.77	163.81	130.62	488.41	171.75
昆山市	757.42	379.80	285.38	686.93	575.97
太仓市	465.00	94.73	69.70	357.52	170.42
南通市	**4811.95**	**584.14**	**425.88**	**3240.33**	**1115.64**
海安县	584.46	52.44	40.01	147.71	97.00
如东县	545.42	22.24	15.55	411.67	36.63
启东市	614.84	55.63	48.01	416.77	151.87
如皋市	575.25	52.68	36.34	326.78	109.97
海门市	613.19	49.77	42.56	375.69	98.22
连云港市	**2385.16**	**235.41**	**192.92**	**1541.93**	**503.30**
东海县	330.59	19.77	17.64	245.76	83.22
灌云县	272.19	27.26	24.25	233.37	46.59
灌南县	218.06	22.51	21.11	155.37	41.50
淮安市	**2535.19**	**321.41**	**222.99**	**1612.42**	**749.08**

续表

市　县	固定资产投资(亿元)	房地产开发投资	房地产开发投资住宅	新增固定资产	商品房销售建筑面积住宅
涟水县	335.29	23.83	20.22	214.30	96.32
盱眙县	350.65	45.66	20.11	190.51	77.08
金湖县	195.54	11.88	9.43	146.84	31.90
盐城市	**3882.83**	**358.57**	**273.02**	**2960.76**	**751.32**
响水县	287.25	11.07	9.00	198.37	36.95
滨海县	377.87	21.34	16.62	246.26	60.33
阜宁县	320.52	28.29	20.91	265.85	65.83
射阳县	300.16	26.21	23.44	212.45	54.24
建湖县	357.70	13.61	10.45	275.84	43.81
东台市	581.03	48.68	35.34	540.90	103.43
扬州市	**3288.68**	**410.18**	**289.28**	**2263.68**	**682.21**
宝应县	372.72	40.58	38.35	288.67	96.18
仪征市	471.00	22.11	18.83	380.87	85.20
高邮市	455.62	31.64	23.94	346.10	90.88
镇江市	**2873.43**	**448.64**	**341.45**	**1794.13**	**947.93**
丹阳市	514.01	71.73	60.88	380.04	134.33
扬中市	305.10	24.86	21.43	122.08	50.45
句容市	360.81	112.46	89.47	139.13	450.77
泰州市	**3155.87**	**249.96**	**194.91**	**2680.51**	**645.44**
兴化市	419.66	22.49	15.25	383.18	81.76
靖江市	500.00	35.08	29.91	453.64	73.94
泰兴市	687.46	67.69	51.36	577.07	134.22
宿迁市	**2059.58**	**309.76**	**225.10**	**1470.29**	**704.42**
沭阳县	515.03	74.81	43.87	352.34	164.71
泗阳县	379.23	64.29	55.63	289.13	130.42
泗洪县	380.41	49.86	39.64	307.81	148.00

表9　江苏2016年财政、金融情况　　(单位:亿元)

市　县	公共财政预算收入	税收收入	公共财政预算支出	年末金融机构存款余额	居民储蓄存款	年末金融机构贷款余额
南京市	**1142.60**	**956.62**	**1173.79**	**27633.55**	**5894.47**	**21681.28**
无锡市	**875.00**	**706.04**	**867.36**	**14101.40**	**4867.43**	**10382.93**
江阴市	229.91	191.20	226.26	3509.40	1079.72	2689.91
宜兴市	108.65	91.21	117.42	1903.25	958.60	1392.03
徐州市	**516.06**	**390.30**	**797.99**	**5495.31**	**3090.21**	**3620.21**
丰　县	35.00	25.03	70.90	354.14	251.75	177.31
沛　县	57.68	45.08	94.86	454.10	324.35	222.60
睢宁县	42.52	32.97	80.21	401.90	285.67	224.39
新沂市	49.91	37.71	91.82	386.97	217.87	246.38
邳州市	62.40	48.10	110.08	525.34	361.35	366.13
常州市	**480.29**	**383.19**	**508.11**	**8540.82**	**3366.85**	**6043.16**
溧阳市	59.00	46.74	69.44	994.82	478.51	798.94
苏州市	**1730.04**	**1505.82**	**1617.11**	**25864.26**	**7913.85**	**21924.44**
常熟市	173.58	145.54	158.74	2692.88	1192.75	2139.49
张家港市	190.00	160.11	184.86	2508.27	1018.23	1994.40
昆山市	318.92	284.07	269.00	3562.27	1155.13	2552.22
太仓市	127.71	110.52	115.84	1395.41	522.74	1245.07
南通市	**590.18**	**456.77**	**749.22**	**11097.74**	**5554.89**	**6835.46**
海安县	57.58	48.16	81.35	1286.53	696.77	798.77
如东县	54.41	44.44	102.16	1010.55	601.62	494.56
启东市	71.03	54.95	89.03	1232.03	767.24	705.13
如皋市	71.21	54.26	96.38	1135.62	716.86	709.99
海门市	72.41	53.23	85.75	1368.55	766.55	824.32
连云港市	**211.47**	**170.80**	**373.12**	**2501.84**	**1168.71**	**2046.93**
东海县	22.61	18.59	58.09	317.38	161.78	248.71
灌云县	21.52	17.64	49.64	260.88	82.62	183.80
灌南县	22.43	19.33	48.04	179.88	77.90	134.05

续表

市　县	公共财政预算收入	税收收入	公共财政预算支出	年末金融机构存款余　额	居　民储蓄存款	年末金融机构贷款余　额
淮安市	**315.51**	**235.15**	**483.47**	**3066.00**	**1360.51**	**2304.22**
涟水县	28.98	23.49	64.11	330.06	187.51	197.10
盱眙县	30.78	23.02	54.65	278.07	161.88	222.34
金湖县	22.00	19.19	41.84	221.07	129.57	171.67
盐城市	**415.18**	**324.67**	**730.33**	**5255.06**	**2682.46**	**3699.32**
响水县	29.60	20.39	50.13	178.13	93.58	139.77
滨海县	34.07	25.08	70.89	308.75	176.66	249.46
阜宁县	36.24	26.87	76.55	392.18	266.81	240.78
射阳县	21.58	17.40	64.60	413.98	277.99	264.42
建湖县	35.01	27.30	73.22	409.79	284.50	301.49
东台市	60.26	50.70	95.58	715.99	510.70	394.75
扬州市	**345.30**	**267.16**	**478.97**	**5361.55**	**2560.98**	**3508.13**
宝应县	30.81	26.60	64.38	478.68	286.71	294.60
仪征市	44.74	38.57	50.95	606.06	295.73	343.07
高邮市	34.12	28.54	56.93	552.73	345.62	322.23
镇江市	**293.01**	**231.40**	**362.94**	**4705.99**	**1879.10**	**3444.36**
丹阳市	65.55	54.23	79.01	1040.33	566.31	964.49
扬中市	32.50	26.72	38.66	578.31	276.78	431.43
句容市	40.48	36.38	53.54	629.87	287.82	561.03
泰州市	**321.18**	**257.62**	**448.93**	**5275.62**	**2474.71**	**3656.79**
兴化市	37.06	30.07	85.00	681.08	483.63	428.41
靖江市	58.93	48.08	64.15	940.16	472.16	694.02
泰兴市	57.20	47.16	76.38	912.30	465.34	581.39
宿迁市	**238.08**	**186.27**	**424.57**	**2207.43**	**1086.33**	**1960.37**
沭阳县	71.75	54.48	117.29	461.62	323.19	403.49
泗阳县	33.34	25.46	70.29	320.87	194.68	314.93
泗洪县	31.75	25.43	66.59	299.28	192.89	288.55

表 10　江苏 2016 年科技、教育情况

市　县	专利申请受理量（件）	专利申请授权量（件）	普通中学在校学生（万人）	小　学在校学生（万人）	普通中学专任教师（人）	小　学专任教师（人）
南京市	**65198**	**28782**	**22.45**	**37.54**	**22982**	**23644**
无锡市	**71673**	**29865**	**21.54**	**36.13**	**19991**	**20119**
江阴市	18537	4912	5.63	9.33	5545	4670
宜兴市	7354	3305	4.13	6.04	4181	3647
徐州市	**21511**	**11458**	**36.10**	**90.54**	**33695**	**42716**
丰　县	1053	687	4.27	8.93	4760	4470
沛　县	1520	982	3.74	10.76	3689	5138
睢宁县	1715	843	4.72	10.26	4849	5951
新沂市	1321	704	3.58	12.21	3175	4347
邳州市	1263	728	7.49	19.18	5707	9551
常州市	**43860**	**17790**	**16.53**	**28.11**	**14060**	**14173**
溧阳市	1435	764	2.62	3.86	2733	2471
苏州市	**106700**	**53528**	**30.98**	**69.37**	**27726**	**35770**
常熟市	6571	3078	4.45	8.15	3697	4611
张家港市	8889	4162	4.23	8.01	3525	4083
昆山市	18159	9833	4.76	13.02	3589	6094
太仓市	8226	3632	2.11	4.42	1813	2256
南通市	**45557**	**24337**	**23.59**	**32.71**	**24493**	**19636**
海安县	6125	3413	2.68	3.21	3356	2262
如东县	3399	1424	2.52	2.92	2839	2195
启东市	6127	2598	2.82	3.72	3250	2599
如皋市	5132	2422	4.78	6.14	4489	3430
海门市	6673	3019	3.30	4.74	3644	2683
连云港市	**8780**	**4599**	**23.01**	**43.20**	**19959**	**23614**
东海县	954	504	5.25	11.82	4512	6086
灌云县	1100	95	4.14	7.01	3086	3333
灌南县	685	680	3.33	6.25	2753	3806

续表

市　县	专利申请受理量（件）	专利申请授权量（件）	普通中学在校学生（万人）	小　学在校学生（万人）	普通中学专任教师（人）	小　学专任教师（人）
淮安市	**17293**	**8081**	**21.52**	**35.05**	**19454**	**21067**
涟水县	2299	901	4.45	8.10	3982	4841
盱眙县	1555	627	3.03	5.63	2924	3155
金湖县	1622	921	0.94	1.29	937	926
盐城市	**28509**	**8076**	**27.00**	**45.02**	**26634**	**26548**
响水县	1161	432	2.24	4.87	1915	2791
滨海县	2018	257	3.49	8.47	3279	4631
阜宁县	3061	392	3.47	6.49	3262	3828
射阳县	1976	672	3.13	4.85	3072	3046
建湖县	3044	942	2.71	4.01	2790	2547
东台市	3638	1032	3.01	3.45	3645	2370
扬州市	**27043**	**13253**	**17.56**	**21.26**	**16467**	**13593**
宝应县	3807	1156	3.21	3.63	2951	2319
仪征市	3472	1190	1.90	2.35	1825	1600
高邮市	3962	2750	2.65	2.68	2801	1938
镇江市	**34260**	**13836**	**9.52**	**14.38**	**10088**	**9632**
丹阳市	8415	3006	3.25	4.91	3452	3381
扬中市	4510	1208	0.97	1.43	1041	962
句容市	5341	3061	1.67	2.47	1992	1733
泰州市	**31598**	**12489**	**17.08**	**22.00**	**19014**	**14108**
兴化市	4524	2751	3.99	6.41	4251	4116
靖江市	5391	2453	2.38	2.83	2934	2012
泰兴市	5117	1041	4.24	4.89	5102	3067
宿迁市	**10522**	**4910**	**23.20**	**46.90**	**17104**	**24582**
沭阳县	3706	1862	7.58	16.34	5533	8684
泗阳县	2004	1064	5.04	9.02	3168	4469
泗洪县	816	229	4.41	9.02	3263	468

表 11　江苏 2016 年文化、卫生情况

市　县	公　共 图书馆(个)	公共图书馆 图书藏量 (千册)	卫　生 机构数 (个)	卫生机构 床 位 数 (张)	卫　生 技术人员 (人)	执　业 (助理)医师
南京市	**14**	**6240**	**2383**	**49857**	**70687**	**25272**
无锡市	**8**	**7100**	**2308**	**39732**	**47549**	**18107**
江阴市	1	2528	584	8080	9405	3702
宜兴市	1	815	443	5320	7887	2996
徐州市	**8**	**3300**	**4584**	**52247**	**55523**	**21836**
丰　县	1	220	554	4053	4635	2076
沛　县	1	353	612	4876	5398	2481
睢宁县	1	412	596	4540	4900	2050
新沂市	1	190	483	3549	4848	2192
邳州市	1	493	768	5678	7203	2560
常州市	**5**	**4520**	**1267**	**25370**	**31194**	**12447**
溧阳市	1	415	252	2956	4189	1879
苏州市	**11**	**18780**	**3175**	**63241**	**72166**	**27667**
常熟市	1	2533	481	7882	9114	3834
张家港市	1	2170	429	9601	9288	3814
昆山市	1	2433	504	7148	11070	4312
太仓市	1	1150	247	3853	4520	1778
南通市	**10**	**5000**	**3131**	**39147**	**43570**	**17967**
海安县	1	467	395	4974	4815	2183
如东县	1	431	461	3599	4311	1981
启东市	1	493	385	4094	4185	1667
如皋市	2	960	522	5988	6181	2820
海门市	1	564	377	3694	4154	1712
连云港市	**8**	**2650**	**2726**	**23281**	**26152**	**10979**
东海县	1	748	549	3902	4054	1883
灌云县	1	249	415	3368	3350	1471
灌南县	1	183	367	3400	3562	1535

续表

市　县	公共图书馆(个)	公共图书馆图书藏量(千册)	卫生机构数(个)	卫生机构床位数(张)	卫生技术人员(人)	执业(助理)医师
淮安市	**9**	**2860**	**2237**	**27529**	**31524**	**12385**
涟水县	1	133	477	4110	4539	1926
盱眙县	1	316	355	3607	3600	1455
金湖县	1	238	144	1557	1855	739
盐城市	**11**	**3350**	**3233**	**38663**	**39472**	**18124**
响水县	1	89	226	2616	2871	1339
滨海县	1	208	413	4940	4293	1904
阜宁县	2	304	382	4203	3828	1990
射阳县	1	256	340	3941	4314	2208
建湖县	1	263	358	3638	3503	1751
东台市	1	284	470	5109	4649	2211
扬州市	**7**	**3540**	**1787**	**20683**	**25273**	**10405**
宝应县	1	182	342	2313	3125	1386
仪征市	1	389	154	2376	2840	1158
高邮市	1	254	246	2646	3292	1488
镇江市	**9**	**3150**	**976**	**14585**	**19449**	**7884**
丹阳市	2	629	255	3232	4622	1938
扬中市	1	337	94	1100	1733	756
句容市	1	254	207	1759	2698	1140
泰州市	**7**	**2710**	**1963**	**23324**	**26094**	**11287**
兴化市	1	251	669	4783	5730	2850
靖江市	1	606	289	4275	4484	1934
泰兴市	1	325	365	4371	4628	2066
宿迁市	**6**	**1440**	**2365**	**25441**	**28412**	**10327**
沭阳县	1	167	753	7318	10276	3279
泗阳县	1	313	438	4770	6898	1658
泗洪县	1	100	503	4591	7140	2076

表 12　2016 年江苏人民生活主要指标

市　县	城镇常住居民人均可支配收入(元)	城镇常住居民人均生活消费支出(元)	城镇常住居民恩格尔系数(%)	城镇常住居民人均住房建筑面积(平方米)	农村常住居民人均可支配收入(元)	农村常住居民人均生活消费支出(元)	农村常住居民恩格尔系数(%)	农村常住居民人均住房建筑面积(平方米)
南京市	**49997**	**29772**	**25.7**	**36.7**	**21156**	**15773**	**30.1**	**56.6**
无锡市	**48628**	**31438**	**28.0**	**46.7**	**26158**	**18463**	**29.8**	**56.4**
江阴市	54631	28775	29.2	54.0	28181	18791	30.1	47.8
宜兴市	46092	28767	29.2	47.5	23709	16771	30.1	71.5
徐州市	**28421**	**17255**	**30.0**	**41.4**	**15274**	**11059**	**31.4**	**53.3**
丰　县	22971	16711	30.4	40.9	14026	9277	32.0	48.5
沛　县	27277	17050	27.9	42.8	15791	10573	28.9	47.9
睢宁县	23403	13185	31.8	46.5	13822	9064	32.2	54.4
新沂市	24928	16382	32.7	46.0	14526	10101	33.5	49.1
邳州市	28546	15765	30.5	64.3	15321	9699	30.5	67.3
常州市	**46058**	**27080**	**27.2**	**44.3**	**23780**	**16567**	**30.8**	**64.7**
溧阳市	42063	21550	33.3	39.0	21899	16895	34.6	58.3
苏州市	**54341**	**33305**	**26.7**	**43.3**	**27691**	**18820**	**25.7**	**65.6**
常熟市	54411	31520	28.8	50.0	27956	21024	28.0	72.6
张家港市	54602	31590	28.6	60.1	27849	18687	28.3	66.4
昆山市	54728	32578	28.2	36.2	28178	18890	29.2	44.8
太仓市	54099	33721	30.1	57.7	27766	19589	30.6	77.5
南通市	**39247**	**25217**	**28.7**	**47.8**	**18741**	**13440**	**29.2**	**61.5**
海安县	37297	22949	28.7	51.6	17978	15120	31.3	60.7
如东县	37133	21470	34.4	54.0	17119	13314	30.0	60.5
启东市	37390	29629	30.9	45.4	19875	14615	32.2	64.1
如皋市	36590	21810	29.1	55.4	16883	12526	30.9	62.1
海门市	40509	25928	29.3	47.5	20608	14570	29.3	63.0
连云港市	**27853**	**18344**	**32.3**	**46.1**	**13932**	**10113**	**32.6**	**48.7**
东海县	27391	18633	34.5	45.5	14487	10194	35.0	56.9
灌云县	22979	13980	34.8	42.5	12969	9140	34.2	41.9

续表

市　　县	城镇常住居民人均可支配收入(元)	城镇常住居民人均生活消费支出(元)	城镇常住居民恩格尔系数(%)	城镇常住居民人均住房建筑面积(平方米)	农村常住居民人均可支配收入(元)	农村常住居民人均生活消费支出(元)	农村常住居民恩格尔系数(%)	农村常住居民人均住房建筑面积(平方米)
灌南县	24494	15734	34.8	51.8	12430	8978	37.1	54.3
淮安市	**30335**	**16912**	**29.9**	**44.2**	**14319**	**9633**	**31.7**	**51.2**
涟水县	25230	15768	32.4	52.1	13372	8324	31.5	62.0
盱眙县	30684	16234	31.4	49.2	14495	7938	32.0	53.2
金湖县	30799	19833	30.5	41.9	15683	13385	31.5	60.6
盐城市	**30496**	**17546**	**31.5**	**43.1**	**17172**	**13145**	**31.6**	**50.9**
响水县	25564	11190	31.3	36.2	14299	9651	30.9	48.1
滨海县	26543	15922	32.4	31.8	14931	11225	31.4	43.7
阜宁县	25543	20603	35.3	34.8	15439	8275	33.7	43.8
射阳县	26509	21882	32.3	41.4	16536	8161	35.5	36.9
建湖县	29637	16084	30.9	43.7	17083	10989	34.1	45.8
东台市	32686	17641	32.2	57.6	19727	12771	32.6	58.0
扬州市	**35659**	**21064**	**31.1**	**46.4**	**18057**	**13722**	**30.5**	**54.2**
宝应县	26842	16263	33.8	40.3	16856	12145	32.6	50.7
仪征市	36523	20710	32.5	46.3	17516	16390	30.5	66.7
高邮市	31430	20610	31.3	45.3	16952	13280	31.4	45.8
镇江市	**41794**	**24388**	**28.5**	**44.7**	**20922**	**15925**	**28.6**	**57.7**
丹阳市	41653	22452	34.0	44.8	21706	18791	30.8	55.6
扬中市	45842	24103	29.5	54.7	23855	16574	29.6	61.2
句容市	40582	22893	30.4	42.3	18893	14484	31.8	49.3
泰州市	**36828**	**22480**	**28.8**	**49.0**	**17861**	**13250**	**30.4**	**64.0**
兴化市	33614	19029	29.8	37.4	16915	11691	32.9	51.9
靖江市	39713	26570	29.9	56.7	19605	16958	30.7	74.1
泰兴市	36521	22891	28.6	50.0	17842	11935	20.8	69.0
宿迁市	**24086**	**15521**	**34.7**	**46.7**	**13929**	**9395**	**35.7**	**47.8**
沭阳县	23933	15802	38.2	45.8	14107	10044	37.5	49.9
泗阳县	23535	15028	34.4	50.7	13952	10599	35.0	46.2
泗洪县	22953	15146	35.8	46.1	13625	7777	37.0	45.7

表 13 江苏 2016 年年末从业人员

(单位:万人)

市县	从业人员	第一产业	第二产业	第三产业	私营企业从业人员	个体从业人员
南京市	**456.00**	**46.00**	**148.90**	**261.10**	**371.68**	**94.60**
无锡市	**387.00**	**17.10**	**214.90**	**155.00**	**262.45**	**60.24**
江阴市	98.99	4.86	61.03	33.10	67.13	16.22
宜兴市	73.92	8.62	40.36	24.94	57.59	7.82
徐州市	**483.40**	**144.30**	**159.90**	**179.20**	**136.89**	**68.54**
丰县	55.78	19.58	5.87	17.18	11.16	5.99
沛县	64.77	22.09	19.02	20.60	14.76	4.62
睢宁县	62.89	22.33	22.09	19.31	16.82	6.97
新沂市	55.35	17.82	21.26	18.65	18.28	6.67
邳州市	87.79	29.14	18.87	28.88	17.30	13.23
常州市	**281.40**	**30.00**	**142.20**	**109.20**	**168.48**	**56.75**
溧阳市	49.84	11.56	25.47	12.81	22.25	7.74
苏州市	**691.30**	**23.50**	**412.10**	**255.70**	**440.87**	**126.95**
常熟市	104.55	3.95	64.17	36.43	50.25	17.14
张家港市	77.27	4.41	46.51	26.35	57.81	14.31
昆山市	116.27	1.73	74.40	40.14	67.68	22.97
太仓市	45.80	2.60	26.81	16.39	25.15	6.28
南通市	**458.00**	**96.00**	**213.00**	**149.00**	**211.26**	**76.03**
海安县	54.20	11.30	28.55	14.35	32.40	8.76
如东县	62.00	13.35	30.70	17.95	26.38	7.24
启东市	67.00	18.30	29.20	19.50	20.80	5.99
如皋市	74.30	19.30	34.60	20.40	32.58	10.60
海门市	64.70	16.50	31.20	17.00	23.56	9.03
连云港市	**250.50**	**78.60**	**80.70**	**91.20**	**50.19**	**28.63**
东海县	56.59	18.63	17.81	20.15	7.97	6.50
灌云县	47.87	18.49	12.92	16.46	5.22	4.59
灌南县	36.44	15.09	10.96	10.39	4.51	3.48

续表

市　　县	从　业 人　员	第　一 产　业	第　二 产　业	第　三 产　业	私营企业 从业人员	个　　体 从业人员
淮安市	**283.60**	**78.30**	**89.60**	**115.70**	**79.26**	**45.33**
涟水县	48.92	17.17	11.86	19.89	10.41	5.89
盱眙县	38.48	11.72	12.86	13.90	9.21	5.46
金湖县	19.27	5.53	6.65	7.09	7.19	3.25
盐城市	**446.00**	**110.20**	**159.80**	**176.00**	**145.28**	**55.53**
响水县	28.74	8.21	9.97	10.56	5.78	3.58
滨海县	56.40	16.85	18.77	20.78	12.43	5.20
阜宁县	51.42	15.46	17.33	18.63	20.21	6.58
射阳县	57.01	16.04	19.55	21.42	11.21	5.98
建湖县	44.18	10.86	17.04	16.28	14.24	5.40
东台市	65.17	16.32	23.13	25.72	25.91	6.76
扬州市	**263.40**	**46.20**	**116.40**	**100.80**	**133.53**	**49.71**
宝应县	41.56	12.12	17.24	12.20	15.81	6.40
仪征市	39.18	8.62	18.02	12.54	13.43	6.08
高邮市	45.52	12.29	19.11	14.12	22.56	7.24
镇江市	**194.30**	**22.20**	**88.10**	**84.00**	**98.25**	**39.79**
丹阳市	63.56	5.80	33.76	24.00	34.55	12.10
扬中市	21.72	1.33	11.73	8.66	16.80	2.82
句容市	39.30	9.58	15.60	14.12	11.54	7.06
泰州市	**278.10**	**60.10**	**112.80**	**105.20**	**115.93**	**50.42**
兴化市	75.10	22.80	26.10	26.20	18.42	11.98
靖江市	41.10	6.90	20.60	13.60	19.88	6.74
泰兴市	64.40	16.10	26.40	21.90	23.10	12.69
宿迁市	**283.20**	**89.30**	**106.80**	**87.10**	**98.18**	**49.38**
沭阳县	93.80	28.44	37.73	27.63	48.78	10.80
泗阳县	49.49	18.90	16.91	13.68	12.73	9.07
泗洪县	48.46	17.34	16.72	14.40	10.69	8.62

表 14　江苏 2016 年乡村从业人员　　(单位:万人)

市　县	乡　村从业人员	农　林牧渔业	工业	建筑业	交通运输、仓储及邮政业	批发和零售业
南京市	**116.97**	**23.21**	**36.65**	**23.81**	**7.14**	**7.99**
无锡市	**109.81**	**16.30**	**67.21**	**6.39**	**3.34**	**5.85**
江阴市	35.20	4.93	21.75	1.76	1.30	2.23
宜兴市	35.15	7.97	18.66	3.21	1.03	1.55
徐州市	**358.55**	**130.56**	**104.30**	**51.80**	**15.63**	**22.39**
丰　县	53.11	22.98	15.30	7.32	1.64	2.67
沛　县	49.57	16.91	14.16	9.70	1.80	2.40
睢宁县	59.72	23.00	17.43	8.65	1.44	2.90
新沂市	44.42	17.89	10.01	8.57	1.24	2.54
邳州市	65.49	20.61	21.25	6.51	4.18	5.65
常州市	**128.05**	**23.22**	**59.45**	**17.36**	**5.18**	**6.65**
溧阳市	31.73	7.82	8.82	9.08	1.78	1.82
苏州市	**171.89**	**21.83**	**103.57**	**9.66**	**5.48**	**10.24**
常熟市	38.42	3.58	23.87	1.98	1.17	2.30
张家港市	30.42	3.05	19.81	1.45	1.29	1.69
昆山市	20.78	1.67	12.89	1.09	0.62	1.36
太仓市	15.52	2.87	9.92	0.59	0.37	0.35
南通市	**299.48**	**63.55**	**86.19**	**62.50**	**15.58**	**27.65**
海安县	37.32	6.87	11.33	8.55	2.88	3.13
如东县	47.59	8.11	17.79	9.82	2.50	2.78
启东市	49.22	12.05	12.22	10.32	2.24	4.93
如皋市	60.00	13.20	18.10	10.50	2.10	3.50
海门市	48.88	11.57	11.40	11.36	2.30	6.70
连云港市	**177.97**	**80.84**	**31.00**	**31.30**	**8.08**	**8.50**
东海县	43.84	19.05	7.80	8.62	2.26	2.00
灌云县	38.91	20.17	5.53	4.19	1.13	1.40
灌南县	29.88	15.18	4.39	4.34	1.96	1.59

续表

市　县	乡　村从业人员	农　林牧渔业	工业	建筑业	交通运输、仓储及邮政业	批发和零售业
淮安市	**211.79**	**86.13**	**42.36**	**31.91**	**6.79**	**9.03**
涟水县	49.48	20.38	5.93	5.56	1.19	1.56
盱眙县	33.90	13.34	7.10	4.13	1.11	1.26
金湖县	13.45	4.60	3.90	2.67	0.44	0.58
盐城市	**299.92**	**107.93**	**60.76**	**36.68**	**13.71**	**14.00**
响水县	21.57	8.88	5.60	1.37	0.74	0.85
滨海县	44.09	16.12	5.89	4.81	2.49	1.87
阜宁县	36.76	14.75	4.88	5.43	1.49	1.48
射阳县	34.64	12.50	5.36	3.79	1.69	1.94
建湖县	30.31	9.21	9.32	3.59	1.35	1.68
东台市	48.23	19.01	10.22	6.64	2.04	2.24
扬州市	**181.49**	**33.22**	**64.44**	**34.69**	**7.61**	**12.13**
宝应县	41.78	10.30	11.65	10.10	1.94	3.01
仪征市	23.02	3.18	7.76	5.22	0.93	1.25
高邮市	36.52	8.98	13.92	6.79	1.32	1.96
镇江市	**101.27**	**21.68**	**50.14**	**11.64**	**3.65**	**3.54**
丹阳市	36.48	7.12	21.28	3.06	1.09	1.17
扬中市	13.66	2.01	8.71	0.69	0.38	0.53
句容市	25.97	7.58	7.91	5.70	1.10	0.84
泰州市	**212.34**	**42.93**	**63.08**	**36.42**	**13.34**	**17.24**
兴化市	60.97	19.85	10.37	5.99	4.31	5.64
靖江市	26.96	5.19	13.19	2.50	1.59	1.58
泰兴市	56.73	8.53	16.56	11.62	3.50	5.82
宿迁市	**225.25**	**84.72**	**63.12**	**28.94**	**8.41**	**13.31**
沭阳县	82.01	28.30	27.60	8.50	3.29	4.42
泗阳县	40.81	14.95	11.86	4.82	1.24	2.20
泗洪县	38.32	20.36	6.30	4.61	1.12	2.10